Hans Brugger
Die schweizerische Landwirtschaft 1850 bis 1914

Hans Brugger

Die schweizerische Landwirtschaft 1850 bis 1914

Verlag Huber Frauenfeld

Publiziert mit Unterstützung des Schweizerischen Nationalfonds zur Förderung der wissenschaftlichen Forschung

© Verlag Huber Frauenfeld
Satz und Druck: Schüler AG, Biel
Einband: Burkhardt AG, Zürich
Printed in Switzerland
ISBN 3–7193–0607–0

Inhaltsverzeichnis

Verzeichnis der Abbildungen

Zeichenerklärung

In den Tabellen bedeuten:

.: Angabe nicht möglich
−: Null (nichts)
0: Kleiner als die Hälfte der in der betreffenden Tabelle verwendeten Einheit
q: 100 kg
Jahresmittel ganzer Zeiträume sind durch einen Schrägstrich (/), Summen ganzer
Zeiträume durch einen Bindestrich (−) oder das Wort bis zwischen den Endjahren
gekennzeichnet.

Vorwort

Die vorliegende Schrift ist als Fortsetzung der 1956 im gleichen Verlag erschienenen Arbeit über «Die schweizerische Landwirtschaft in der ersten Hälfte des 19. Jahrhunderts» gedacht, indem sie die Darstellung bis zum Ausbruch des ersten Weltkrieges, der auch die Landwirtschaft tiefgreifend beeinflußt hat, weiterführt.

Die Gliederung des Stoffes entspricht weitgehend derjenigen im vorausgegangenen ersten Teil. Nach einleitenden Ausführungen über die Agrarverfassung behandeln die nächsten Abschnitte Pflanzenbau und Tierhaltung, Außenhandel und wirtschaftliche Lage, Vereinigungen, Schulen und Versuchsstationen sowie die Agrarpolitik von Bund und Kantonen. Im Anhang folgt nochmals eine Geschichte der Landwirtschaft in Form von Kurzbiographien einer größeren Zahl von Persönlichkeiten aus verschiedenen Tätigkeitsgebieten, verschiedenen Zeiten und verschiedenen Landesteilen mit Hauptlebensdaten und einer knappen Würdigung ihrer Verdienste um die Landwirtschaft. Aus Platzgründen mußte hingegen auf die Weiterführung der Liste der in den Gesetzessammlungen von Bund und Kantonen enthaltenen Erlasse landwirtschaftlichen Inhalts verzichtet werden.

Nach Möglichkeit wurde die Darstellung des geschichtlichen Verlaufs statistisch untermauert. Verhältniszahlen, Mittelwerte und Diagramme eigneten sich besonders zur Kennzeichnung regionaler Unterschiede und zur Ergänzung textlicher Erläuterungen. Dazu lag ein anfänglich zwar lückenhaftes, im Laufe der Jahrzehnte aber stark angewachsenes Zahlenmaterial vor, dessen Aussagekraft aus der heutigen Sicht beurteilt wird. Ein erheblicher Teil dieser Unterlagen konnte dem 1968 veröffentlichten «Statistischen Handbuch der schweizerischen Landwirtschaft» entnommen werden.

Der Verfasser dankt allen aufrichtig, die ihm bei der Entstehung und Drucklegung der Arbeit ihre Unterstützung liehen, insbesondere dem Schweizerischen Nationalfonds zur Förderung der wissenschaftlichen Forschung.

Brugg, im März 1978   Hans Brugger

I. Agrarverfassung

1. Bevölkerung

Von der einheimischen Bevölkerung und ihrer Kaufkraft hängt zur Hauptsache der Absatz der Lebensmittel und Lebensmittelrohstoffe ab, die von der landwirtschaftlichen Bevölkerung in ihrem Zusammenwirken mit Boden und Kapital erzeugt werden.

In der Schweiz wohnten 1910 3,75 Millionen Menschen oder 1,36 Millionen mehr als 1850 (+57%). Während die mittlere jährliche Zunahme in den ersten drei Jahrzehnten ziemlich gleichmäßig vor sich ging – sie betrug zuerst 4,5‰, dann 5,6‰ und 6,4‰, verlangsamte sie sich infolge der allgemeinen Wirtschaftsdepression zwischen 1880 und 1888 auf 3,7‰. In den folgenden beiden Zeitabschnitten von 12 und 10 Jahren war sie wegen hoher Geburtenüberschüsse und starker Einwanderung mit 10,7 und 12,4‰ rund dreimal so hoch. Auf das land- und alpwirtschaftlich genutzte Areal bezogen, das 1912 erstmals genauer erhoben wurde, ergab sich dadurch zwischen 1850 und 1910 ein Rückgang der zur Dek-

Wohnbevölkerung der Schweiz, 1850 bis 1910

Jahre	Wohn-bevölke-rung	Index, 1850 = 100	Mittlere, jähr-liche Zunahme		Flächen-aus-stattung je Ein-wohner[1] a	Verstädterung: Von der Gesamtbevölkerung wohnten in			
			absolut	in ‰		Gemeinden mit unter 10 000 Ein-wohnern	Städten (Gemeinden mit 10 000 und mehr Ein-wohnern)		
							Zahl der Städte	absolut	in % der Gesamt-bevölkerung
1850 ..	2 392 740	100			97	2 238 543	8	154 197	6,4
1860 ..	2 510 494	105	10 996	4,5	92	2 298 204	10	212 290	8,5
1870 ..	2 655 001	111	14 451	5,6	87	2 390 436	12	264 565	10,0
1880 ..	2 831 787	118	17 678	6,4	82	2 454 286	17	377 501	13,3
1888 ..	2 917 754	122	10 746	3,7	80	2 477 293	18	440 461	15,1
1900 ..	3 315 443	139	33 141	10,6	70	2 587 058	21	728 385	22,0
1910 ..	3 753 293	157	43 785	12,4	62	2 794 636	27	958 657	25,5

[1] Land- und alpwirtschaftlich genutztes Areal (2 321 234 ha nach der Arealstatistik von 1912), dividiert durch die Wohnbevölkerung.

kung des Nahrungsbedarfes geeigneten Bodenfläche je Kopf der Bevölkerung von 36%.

Da mit dem Bevölkerungswachstum eine zunehmende Verlagerung vom Land in die Städte verbunden war, hat die Entfernung zwischen Konsumenten und landwirtschaftlichen Produzenten zugenommen. Zählte man 1850 erst acht Städte (im statistischen Sinn, das heißt Gemeinden mit 10 000 und mehr Einwohnern) mit zusammen 154 000 Einwohnern, so waren es 1888 bereits achtzehn mit 440 000 und 1910 siebenundzwanzig mit 959 000 Einwohnern, was einem Viertel der schweizerischen Gesamtbevölkerung entsprach.

Noch über längere Zeit ist die Zahl der hauptberuflich in der Landwirtschaft Tätigen und deren Angehörigen, im folgenden als landwirtschaftliche Bevölkerung bezeichnet, verhältnismäßig stabil geblieben. Sie belief sich 1850 schätzungsweise auf 1,15 Millionen oder 48% der Bevölkerung unseres Landes[1] und betrug nach den Berufszählungen von 1860, 1870 und 1880 jeweils ohne die im landwirtschaftlichen Haushalt beschäftigten Dienstboten zuerst 1 095 000, dann 1 079 000 und 1 085 000 Personen. Wird diese Dienstbotengruppe ab 1870 mit berücksichtigt, so ergeben sich für die Jahre 1870 und 1880 die mit den späteren Zählungsergebnissen annähernd vergleichbaren Zahlen der folgenden Tabelle[2].

Landwirtschaftliche und übrige Bevölkerung der Schweiz, 1860 bis 1910

Jahre	Landwirtschaftliche Bevölkerung					Übrige Bevölkerung		
	ohne im landw. Haushalt beschäftigte Dienstboten	inbegriffen im landw. Haushalt beschäftigte Dienstboten	Index, 1870 = 100	Mittlere jährliche Veränderung absolut / in ‰	in % der Wohnbevölkerung der Schweiz	absolut	Index, 1870 = 100	Mittlere jährliche Veränderung absolut / in ‰
1860 ..	1 095 447							
1870 ..	1 079 131	1 111 219	100		41,9	1 543 782	100	
1880 ..	1 085 065	1 112 713	100	149 0,1	39,3	1 719 074	111	17 529 11,4
1888 ..		1 076 713	97	−4 500 −4,0	36,9	1 841 041	119	15 246 8,9
1900 ..		1 033 427	93	−3 607 −3,4	31,2	2 282 016	148	36 748 20,0
1910 ..		967 611	87	−6 582 −6,4	25,8	2 785 682	180	50 367 22,1

[1] Hans Brugger, Die schweizerische Landwirtschaft in der ersten Hälfte des 19. Jahrhunderts, Frauenfeld 1956, S. 12.

[2] Der Umstand, daß die Volkszählungen von 1870 und 1880, im Unterschied zu denen von 1860 und seit 1888, die ortsanwesende statt der Wohnbevölkerung ermittelten, vermag wegen der ausgeprägten Seßhaftigkeit der ländlichen Bevölkerung in früherer Zeit die Vergleichbarkeit der Angaben über die Landwirtschaft wenig zu beeinträchtigen.

Danach hat eine nennenswerte Abnahme der landwirtschaftlichen Bevölkerung erst nach 1880 stattgefunden, als der mittlere jährliche Rückgang zunächst, das heißt bis 1888, 4,0‰, zwischen 1888 und 1900 3,4‰ und im folgenden Jahrzehnt 6,4‰ erreichte, so daß schließlich die Gesamtzahl der landwirtschaftlichen Bevölkerung unter die Millionengrenze fiel. Sie ist von 1870 bis 1910 um 13% zurückgegangen. Dieser Schwund der Landwirtschaft zu einer kleineren Wirtschaftsgruppe zeigte sich noch ausgeprägter im Verhältnis zur Gesamtbevölkerung. Infolge der starken Zunahme der nichtlandwirtschaftlichen Bevölkerung stieg jene um 57%, wodurch der Anteil der landwirtschaftlichen Bevölkerung von 41,9 auf 25,8% oder um 38% sank. Das damit in der Landwirtschaft hervorgerufene Gefühl, immer mehr in die Minderheit zu geraten, hat wohl wesentlich dazu beigetragen, die internen Gegensätze zu überwinden und den für sie schon um die Jahrhundertwende charakteristischen hohen Organisationsgrad herbeizuführen.

Die folgende Tabelle zeigt, wie sich die landwirtschaftliche Bevölkerung der einzelnen Kantone in den Zählperioden zwischen 1870 und 1910 veränderte.

In allen Zählperioden rückläufig war die landwirtschaftliche Bevölkerung in den sechs nordostschweizerischen Kantonen Zürich, Schaffhausen, Appenzell-Außerrhoden, St. Gallen, Aargau und Thurgau sowie in den drei westschweizerischen Kantonen Waadt, Neuenburg und Genf. Neben Basel-Stadt verzeichnen die meisten dieser Gebiete auch die größte Abnahme im Zeitraum von 1870 bis 1910. Demgegenüber wies Freiburg als einziger Kanton eine ununterbrochene Vermehrung auf; im Wallis ergaben sich an drei, in Appenzell-Innerrhoden an zwei Zählungen Zunahmen, die ausreichten, 1910 ebenfalls einen Zuwachs gegenüber 1870 zu bewirken. Im ganzen gesehen, ist die Verteilung der landwirtschaftlichen Bevölkerung auf die Kantone ungleichmäßiger geworden, indem die prozentuale Standardabweichung der Kantonsziffern vom arithmetischen Mittel von 4,3 im Jahre 1870 auf 6,9% 1910 zunahm.

| Kantone | 1870 | | | Mittlere jährliche Veränderung der ldw. Bevölkerung in ‰ | | | | 1910 | | | |
	Personen	In % der Gesamtbevölkg des Kantons	In % der ldw. Bevölkg der CH	von 1870 bis 1880	von 1880 bis 1888	von 1888 bis 1900	von 1900 bis 1910	Personen	In % der Gesamtbevölkg des Kantons	In % der ldw. Bevölkg der CH	Veränderung gegenüber 1870 in %
ZH	104 112	37	9,37	−10,7	− 3,1	− 8,1	− 6,0	76 991	15	7,96	−26,9
BE	206 499	41	18,58	5,8	− 6,0	− 1,8	− 6,4	190 685	30	19,71	− 7,7
LU	67 041	51	6,03	2,2	− 8,8	− 0,8	− 1,0	62 475	37	6,46	− 6,8
UR	9 545	59	0,86	10,6	−14,6	− 5,1	− 6,5	8 189	37	0,84	−14,2
SZ	23 223	49	2,09	− 1,7	− 6,3	0,8	− 3,8	21 034	36	2,17	− 9,4
OW ...	8 328	58	0,75	5,9	− 4,6	− 5,8	0,5	7 936	46	0,82	− 4,7
NW ...	5 354	46	0,48	3,3	− 6,3	2,2	− 1,9	5 293	38	0,54	− 1,1
GL	6 746	19	0,61	− 3,1	0,9	− 5,2	− 9,2	5 603	17	0,58	−16,9
ZG	8 242	39	0,74	− 2,4	− 8,1	1,8	0,6	7 731	27	0,80	− 6,2
FR	64 186	58	5,78	0,8	1,0	0,6	0,2	65 488	47	6,77	2,0
SO	27 947	37	2,51	5,7	− 7,1	− 3,8	− 5,8	25 027	21	2,59	−10,5
BS	1 581	3	0,14	29,1	−17,9	−28,3	−20,5	918	1	0,09	−41,9
BL	17 055	32	1,54	7,5	− 2,0	− 2,4	− 8,9	15 956	21	1,65	− 6,4
SH	16 287	43	1,47	− 0,3	− 7,8	− 8,5	−13,0	11 910	26	1,23	−26,9
AR	10 187	21	0,92	− 1,1	− 7,9	− 5,3	−14,6	8 577	15	0,89	−15,8
AI	4 442	37	0,40	− 4,1	6,4	21,0	− 9,2	5 095	35	0,53	14,7
SG	71 863	38	6,47	−10,2	− 1,1	− 2,0	− 9,6	56 432	28	5,83	−21,5
GR	54 484	59	4,90	1,3	− 9,5	− 2,8	− 7,4	45 718	39	4,72	−16,1
AG	87 042	44	7,83	− 3,0	− 4,5	− 4,4	−11,8	68 025	29	7,03	−21,8
TG	39 518	42	3,56	− 1,3	− 0,9	− 0,8	− 3,6	37 049	27	3,83	− 6,2
TI	63 583	59	5,72	9,5	− 6,8	−10,8	− 8,9	52 214	33	5,40	−17,9
VD	108 024	47	9,72	− 1,8	− 1,8	− 5,8	− 8,0	89 560	28	9,26	−17,1
VS	71 785	74	6,46	4,3	2,6	1,3	− 3,3	75 045	58	7,76	4,5
NE	18 786	20	1,69	− 2,9	− 3,5	− 7,1	− 6,1	15 238	11	1,57	−18,9
GE	15 359	17	1,38	−14,7	− 4,6	− 9,1	−16,1	9 422	6	0,97	−38,7
CH	1 111 219	42	100	0,1	− 4,0	− 3,4	− 6,4	967 611	26	100	−12,9

Werden die Kantone nach dem Anteil der landwirtschaftlichen an der Gesamt-
Bevölkerung gruppiert, so zeigt sich bei den überwiegend landwirtschaftlichen
Kantonen eine Abnahme von sieben auf einen und bei den weniger als 30% landwirtschaftliche Bevölkerung zählenden Kantonen eine Zunahme von fünf auf vier-
zehn. Die Kantonsgruppe mit 30 bis 50% landwirtschaftlicher Bevölkerung vereinigte in allen Zähljahren am meisten Angehörige der Landwirtschaft.

Die Kantone nach der Größe des Anteils der landwirtschaftlichen an der Gesamt-
bevölkerung, 1870 bis 1910

Prozentanteil der ldw. Bevölkerung an der Gesamtbevölkerung des Kantons	Anzahl Kantone					Landwirtschaftliche Bevölkerung[1] absolut				
	1870	1880	1888	1900	1910	1870	1880	1888	1900	1910
70 und mehr %	1	1	1	–	–	71 785	74 850	76 946	–	–
50 bis weniger als 70% ..	6	5	5	3	1	267 260	267 079	201 950	152 831	75 045
30 bis weniger als 50% ..	13	13	12	13	10	719 787	628 267	607 433	659 082	464 127
Unter 30%	5	6	7	9	14	52 659	143 211	206 498	235 882	428 439
Total	25	25	25	25	25	1 111 491	1 113 407	1 092 827	1 047 795	967 611
						Prozentverteilung				
70 und mehr %						6	7	7	–	–
50 bis weniger als 70% ..						24	24	18	15	8
30 bis weniger als 50% ..						65	56	56	63	48
Unter 30%						5	13	19	22	44
Total						100	100	100	100	100

[1] Die Angaben über die landwirtschaftliche Bevölkerung in den Jahren 1870, 1880, 1888 und 1900 entstammen Band III der Volkszählungsergebnisse von 1900 und beruhen im Vergleich zu denen in andern Tabellen (zum Beispiel S. 14 und 16) auf einer leicht veränderten Abgrenzung gegenüber der übrigen Bevölkerung.

Die Bezirke nach der Größe des Anteils der landwirtschaftlichen an der Gesamt-
bevölkerung, 1870 bis 1910

Prozentanteil der ldw. Bevölkerung an der Gesamtbevölkerung des Bezirkes	Anzahl Bezirke					Landwirtschaftliche Bevölkerung absolut				
	1870	1880	1888	1900	1910	1870	1880	1888	1900	1910
70% und mehr	13	15	22	17	6	82 840	84 533	137 396	109 513	31 718
50 bis weniger als 70% ..	68	65	67	54	49	458 491	458 654	449 199	353 532	300 271
30 bis weniger als 50% ..	75	66	55	71	66	465 791	406 010	337 628	418 592	390 029
Unter 30%	26	36	38	40	61	104 369	164 210	168 604	166 158	255 910
Total	182	182	182	182	182	1 111 491	1 113 407	1 092 827	1 047 795	977 928
						Prozentverteilung				
70% und mehr						8	8	13	10	3
50 bis weniger als 70% ..						41	41	41	34	31
30 bis weniger als 50% ..						42	46	31	40	40
Unter 30%						9	15	15	16	26
Total						100	100	100	100	100

Wird bei der Berechnung des landwirtschaftlichen Anteils auf die Bezirke abgestellt, so ergibt sich eine weit stärkere Konzentration der landwirtschaftlichen Bevölkerung auf die Gebiete mit 50 bis 70 und über 70% Anteil der Landwirtschaft. Auf diese beiden Gruppen entfielen auch noch 1910 fünfundfünfzig der insgesamt hundertzweiundachtzig Bezirke. Diese vorwiegend landwirtschaftlichen Gegenden lagen in den Alpen und Voralpen mit einzelnen Ausläufern ins Mittelland sowie entlang der nördlichen Landesgrenze von Rheinfelden bis zum Untersee.

Nach einer Untersuchung des Eidgenössischen Statistischen Amtes betrug die mittlere jährliche Zu- oder Abnahme der landw. Bevölkerung von 1870 bis 1900:

in den 40 Bezirken, die 1900 eine landwirtschaftliche Bevölkerung von je bis 30% aufwiesen: −6,4‰

in den 71 Bezirken, die 1900 eine landwirtschaftliche Bevölkerung von je 30 bis 50% aufwiesen: −2,0‰

in den 54 Bezirken, die 1900 eine landwirtschaftliche Bevölkerung von je 50 bis 70% aufwiesen: −0,8‰ und

in den 17 Bezirken, die 1900 eine landwirtschaftliche Bevölkerung von je 70 und mehr % aufwiesen: +1,8‰

Im allgemeinen hing somit die Entwicklung der landwirtschaftlichen Bevölkerung von ihrem Anteil an der Gesamtbevölkerung ab.

Neue Verkehrswege und -mittel haben manche ländliche Gebiete aus geographischer und sozialer Isolierung herausgeführt und in engeren Kontakt mit andern Erwerbszweigen gebracht, deren Anziehungskraft in den gemischten und stark industrialisierten Bezirken am größten war.

Daneben übten auch landwirtschaftsinterne Veränderungen einen Druck auf die Beschäftigungslage aus. Seit Ende der 1880er Jahre fanden in fast allen Rebbaugebieten (Ausnahme Wallis) umfangreiche Rodungen statt, ohne daß die frei werdenden Flächen mit ebenso arbeitsintensiven Ersatzkulturen bestellt werden konnten. Auch die durch billige Getreideimporte bedingte Einschränkung der Marktproduktion von Brotgetreide hat Arbeitskräfte freigesetzt oder doch ihre lohnende Beschäftigung verhindert. Manchen Getreidebaugebieten gelang es allerdings, durch vermehrten Futterbau und größeren Viehbestand den eingetretenen Rückgang der landwirtschaftlichen Bevölkerung abzuschwächen[1].

Die soziale Schichtung der landwirtschaftlichen wie auch der übrigen Bevölkerung läßt sich genauer erst von 1888 an ermitteln, als Volkszählungen nicht mehr mit Haushaltungslisten, sondern mit individuellen Zählkarten, die eine deut-

---

[1] So nahm in den sieben wichtigsten Getreidebaukantonen Zürich, Bern, Luzern, Freiburg, Aargau, Thurgau und Waadt, die 1905 79% der schweizerischen Getreidefläche besaßen, der Viehbestand zwischen 1866 und 1911 (die verschiedenen Viehgattungen auf Großvieheinheiten reduziert) von 738 000 auf 1,1 Millionen oder um 49% zu.

lichere Fragestellung und damit eine größere Genauigkeit der Erhebung sicherten, durchgeführt wurden. Eine weitere und namentlich die Landwirtschaft interessierende Verbesserung brachte die Volkszählung von 1900 mit der Frage nach dem Nebenberuf, wodurch zum Beispiel den doppelt – in Haushalt und Betrieb – beschäftigten weiblichen Familienangehörigen und Dienstboten landwirtschaftlicher Haushaltungen die Beantwortung des Fragebogens erleichtert wurde.
Die Ergebnisse der Zählungen von 1888, 1900 und 1910 sind in der folgenden Tabelle wiedergegeben.
Der Frauenanteil an den landwirtschaftlich Berufstätigen erscheint verhältnismäßig niedrig, wenn dieser nur auf Grund der eigentlichen Berufstätigen be-

Landwirtschaftliche Bevölkerung [1] nach Geschlecht und sozialer Stellung, 1888 bis 1910

Geschlecht soziale Stellung	Personen			Prozentverteilung			Mittlere jährliche Veränderung		Veränderung 1888 bis 1910
	1888	1900	1910	1888	1900	1910	1888 bis 1900 ‰	1900 bis 1910 ‰	%
Männliches Geschlecht									
1. Berufstätige									
Selbständige	187 225	187 740	182 894	17,4	18,2	18,9	0,2	— 2,6	— 2,3
Mitarbeitende Familienglieder .	92 597	98 494	91 174	8,6	9,5	9,4	5,3	— 7,4	— 1,5
Familienfremde Arbeitskräfte .	103 058	98 444	83 037	9,5	9,5	8,6	— 3,7	—15,7	—19,4
Total	382 880	384 678	357 105	35,5	37,2	36,9	0,4	— 7,2	— 6,7
2. Nicht berufstätige Familienangehörige und Familienfremde (ohne Kinder)	11 555	7 081	7 287	1,1	0,7	0,8	—32,3	2,9	—36,9
Total	394 435	391 759	364 392	36,6	37,9	37,7	— 0,6	— 7,0	— 7,6
3. Kinder unter 16 Jahren	173 585	163 385	161 549	16,1	15,8	16,7	— 4,9	— 1,1	— 6,9
Männliches Geschlecht Total	568 020	555 144	525 941	52,7	53,7	54,4	— 1,9	— 5,3	— 7,4
Weibliches Geschlecht									
1. Berufstätige									
Selbständige	23 106	23 901	25 662	2,2	2,3	2,7	2,9	7,4	11,1
Mitarbeitende Familienglieder .	46 141	39 888	62 893	4,3	3,9	6,5	—11,3	57,7	36,3
Familienfremde Arbeitskräfte .	22 962	16 057	12 047	2,1	1,6	1,2	—25,1	—25,0	—47,5
Total	92 209	79 846	100 602	8,6	7,8	10,4	—11,2	26,0	9,1

[1] Abgrenzung der landwirtschaftlichen von der übrigen Bevölkerung nach neueren Publikationen des Eidgenössischen Statistischen Amtes (Statistische Quellenwerke der Schweiz, Heft 385, Bern 1965).

Landwirtschaftliche Bevölkerung nach Geschlecht und sozialer Stellung, 1888 bis 1910

Schluß

Geschlecht soziale Stellung	Personen			Prozentverteilung			Mittlere jährliche Veränderung		Ver- ände- rung 1888 bis 1910
	1888	1900	1910	1888	1900	1910	1888 bis 1900 ‰	1900 bis 1910 ‰	%
2. Nichtberufstätige Familien- angehörige und Familienfremde (ohne Kinder)	235 584	227 628	173 730	21,9	22,0	17,9	— 2,8	—23,7	—26,3
Total	327 793	307 474	274 332	30,5	29,8	28,3	— 5,2	—10,8	—16,3
3. Kinder unter 16 Jahren	180 900	170 809	167 338	16,8	16,5	17,3	— 4,7	— 2,0	— 7,5
Weibliches Geschlecht Total	508 693	478 283	441 670	47,3	46,3	45,6	— 5,0	— 7,7	—13,2
Zusammen 1. Berufstätige Selbständige	210 331	211 641	208 556	19,6	20,5	21,6	0,6	— 1,5	— 0,8
Mitarbeitende Familienglieder .	138 738	138 382	154 067	12,9	13,4	15,9	— 0,3	11,3	11,0
Familienfremde Arbeitskräfte .	126 020	114 501	95 084	11,6	11,1	9,8	— 9,1	—17,0	—24,5
Total	475 089	464 524	457 707	44,1	45,0	47,3	— 2,2	— 1,5	— 3,7
2. Nichtberufstätige Familien- angehörige und Familienfremde (ohne Kinder)	247 139	234 709	181 017	23,0	22,7	18,7	— 5,0	—22,9	—26,8
Total	722 228	699 233	638 724	67,1	67 7	66,0	— 3,2	— 8,7	—11,6
3. Kinder unter 16 Jahren	354 485	334 194	328 887	32,9	32,3	34,0	— 5,7	— 1,6	— 7,2
Ldw. Bevölkerung Total	1 076 713	1 033 427	967 611	100	100	100	— 3,4	— 6,4	—10,1

rechnet wird: Danach betrug er 1888 19%, 1900 17% und 1910 22%, wobei wahrscheinlich nicht bei allen Zählungen die Einreihung entweder in die Berufstätigen oder in die im Haushalt Beschäftigten gleichmäßig geschah. Diese Fehlerquelle fällt weg, wenn neben den Berufstätigen auch die nichtberufstätigen Erwachsenen berücksichtigt werden, die, wie die Ergebnisse der Betriebszählung vom 9. August 1905 und die Erhebungen über den Nebenberuf bei den Volkszählungen von 1900 und 1910 bestätigen, zeitweise fast vollzählig ebenfalls landwirtschaftlich berufstätig sind. Nach dieser Berechnungsmethode betrug der Frauenanteil 1888 45%, 1900 44% und 1910 noch 43%.

Dem Sog der nichtlandwirtschaftlichen Berufe sind bis 1910 vor allem die familienfremden Arbeitskräfte gefolgt, deren Bestand bei den Männern um 19,4%,

20

bei den Frauen um 47,5 % und im Mittel um 24,5 % abgenommen hat. Da anderseits die landwirtschaftliche Bevölkerung im ganzen um 10,1 % und die Zahl der Kinder um 7,2 % zurückging, folgt daraus, daß während der Berichtszeit die den Landwirtschaftsbetrieben zur Verfügung stehenden Arbeitskräfte zunehmend aus familieneigenen Personen bestanden: Selbständigen, deren Ehefrauen, andern weiblichen Familienangehörigen (das heißt dem Großteil der Nichtberufstätigen) und mitarbeitenden Familiengliedern.

Weil der Arbeitsbedarf und -aufwand der Landwirtschaft während der Wintermonate niedriger ist als während der Vegetationszeit, ergaben die am 1. Dezember stattfindenden Volkszählungen einen Minimalbestand an landwirtschaftlichen Berufstätigen. Dies traf namentlich für die Erhebungen vor 1900 zu, in denen nur nach der Zahl der Hauptberufstätigen gefragt wurde. Die Volkszählung 1900 hat dann erstmals sowohl von Berufstätigen wie von im Haushalt Beschäftigten auch Angaben über Nebenberuf oder regelmäßige Nebenbeschäftigung verlangt, sofern dafür wenigstens ungefähr der zehnte Teil einer vollen Jahrestätigkeit, also mindestens 30 Arbeitstage, aufgewendet wurde. Das Ergebnis war, daß keine Berufsklasse so viele Nebenberufstätige aufwies wie die Landwirtschaft.

Anteil der haupt- und nebenberuflich Tätigen an der landw. Bevölkerung [1], 1910

Landwirtschaftliche Bevölkerung	Personen			Prozentverteilung		
	Männl. Geschlecht	Weibl. Geschlecht	Total	Männl. Geschlecht	Weibl. Geschlecht	Total
Berufstätige (d. h. hauptberuflich Tätige)						
ohne Nebenberuf	308 504	96 583	405 087	58,7	21,3	41,4
mit Nebenberuf in der Landwirtschaft .	4 257	254	4 511	0,8	0,1	0,5
mit Nebenberuf in and. Erwerbszweigen	44 088	3 710	47 798	8,4	0,8	4,9
Total	356 849	100 547	457 396	67,9	22,2	46,8
Nicht berufstätige Familienangehörige und Familienfremde						
ohne Nebenberuf	164 814	309 819	474 633	31,4	68,5	48,5
mit Nebenberuf in der Landwirtschaft .	3 828	31 481	35 309	0,7	7,0	3,6
mit Nebenberuf in and. Erwerbszweigen	52	10 538	10 590	0,0	2,3	1,1
Total	168 694	351 838	520 532	32,1	77,8	53,2
Landwirtschaftliche Bevölkerung im ganzen	525 543	452 385	977 928	100	100	100
dav. hpt.- u. nebenber. tätig........	360 729	142 566	503 295	68,6	31,5	51,5
davon in nichtldw. Erwerbszweigen ..	44 140	14 248	58 388			
in %	12,2	10,0	11,6			

[1] Nr. 11 und 12 des Berufsverzeichnisses von 1910.

Die Angaben über den Haupt- und Nebenberuf können gegliedert werden in solche über die haupt- und nebenberuflich Tätigen innerhalb der landwirtschaftlichen Bevölkerung und in solche über die haupt- und nebenberuflich in der Landwirtschaft Tätigen. Für beide Nachweise werden hier die Ergebnisse der zweiten Zählung von 1910 verwendet.

Die Landwirtschaft als Hauptberuf entweder ausschließlich oder in Kombination mit einem landwirtschaftlichen oder andern Nebenberuf übten 68% der männlichen und 22% der weiblichen Personen aus. Nur nebenberuflich tätig, und zwar vor allem in der Landwirtschaft, waren 0,7% der männlichen und 9,3% der weiblichen landwirtschaftlichen Bevölkerung. Insgesamt haben 58 388 Männer und Frauen aus der Landwirtschaft oder 12% der Berufstätigen nebenberuflich in andern Erwerbszweigen gearbeitet.

Haupt- und nebenberuflich in der Landwirtschaft Tätige, 1910

Landwirtschaftlich Tätige	Personen			Prozentverteilung		
	Männl. Geschlecht	Weibl. Geschlecht	Total	Männl. Geschlecht	Weibl. Geschlecht	Total
Hauptberuflich Tätige						
a) in der Landwirtschaft						
ohne Nebenberuf	308 504	96 583	405 087	55,2	17,3	72,5
mit Nebenberuf in der Landwirtschaft	4 257	254	4 511	0,8	0,0	0,8
mit Nebenberuf in andern Erwerbszweigen	44 088	3 710	47 798	7,9	0,7	8,6
b) in andern Erwerbszweigen mit Nebenberuf in der Landwirtschaft	49 440	3 484	52 924	8,9	0,6	9,5
Nicht berufstätige Familienangehörige und Familienfremde						
a) in der Landwirtschaft mit Nebenberuf in der Landwirtschaft ...	3 828	31 481	35 309	0,7	5,6	6,3
b) in andern Erwerbszweigen mit Nebenberuf in der Landwirtschaft ...	2 323	10 398	12 721	0,4	1,9	2,3
Total haupt- und nebenberuflich in der Landwirtschaft Tätige	412 440	145 910	558 350	73,9	26,1	100
davon aus andern Erwerbszweigen ...	51 763	13 882	65 645			
in %	12,6	9,5	11,8			

Am 1. Dezember 1910 waren in landwirtschaftlichen Betrieben 558 350 Personen haupt- oder nebenberuflich beschäftigt, davon 412 440 oder 74% Männer. Den bereits erwähnten 58 388 Personen der landwirtschaftlichen Bevölkerung, die einem nichtlandwirtschaftlichen Nebenberuf nachgingen, standen, wie die

Tabelle S. 22 zeigt, 65 645 Personen nichtlandw. Erwerbszweige gegenüber, die in selbständiger oder unselbständiger Stellung nebenberuflich Landwirtschaft trieben. Erhebliche Abweichungen von der schweizerischen Prozentverteilung der haupt- und nebenberuflich in der Landwirtschaft Tätigen sind bei einzelnen Kantonen aus der folgenden Zusammenstellung ersichtlich:

Prozentverteilung der haupt- und nebenberuflich in der Landwirtschaft Tätigen nach Kantonen, 1910

Kantone	Männer				Frauen				Total
	hauptberufl. i. d. Landwirtschaft tätig		neben- berufl. i. d. Landw. tätig	Total	hauptberufl. i. d. Landwirtschaft tätig		neben- berufl. i. d. Landw. tätig	Total	
	ohne Neben- beruf	mit Neben- beruf			ohne Neben- beruf	mit Neben- beruf			
Zürich	51,4	7,7	8,2	67,3	22,2	0,7	9,8	32,7	100
Bern	57,5	7,2	11,4	76,1	14,8	0,5	8,6	23,9	100
Luzern	79,2	6,0	4,5	89,7	5,9	0,4	4,0	10,3	100
Uri	68,2	9,6	4,8	82,8	10,7	0,4	6,3	17,4	100
Schwyz	73,7	9,2	4,1	87,0	6,5	0,5	6,0	13,0	100
Obwalden	65,7	6,8	6,3	78,8	9,8	0,6	10,8	21,2	100
Nidwalden	71,9	7,8	5,6	85,3	7,0	0,4	7,3	14,7	100
Glarus	56,2	9,8	12,6	78,6	9,9	0,2	11,3	21,4	100
Zug	77,7	6,4	3,1	87,2	6,5	0,4	5,9	12,8	100
Freiburg	66,4	7,5	7,1	81,0	12,4	0,7	5,9	19,0	100
Solothurn	45,5	8,5	18,8	72,8	13,7	0,6	12,9	27,2	100
Basel-Stadt	63,1	2,8	7,6	73,5	21,1	–	5,4	26,5	100
Basel-Land	54,4	9,3	19,6	83,3	8,5	0,4	7,8	16,7	100
Schaffhausen	32,5	12,2	10,8	55,5	25,5	1,2	17,8	44,5	100
Appenzell-A. Rh. ...	54,4	16,1	23,6	94,1	1,9	0,5	3,5	5,9	100
Appenzell-I. Rh.	79,7	10,5	7,4	97,6	0,5	0,5	1,4	2,4	100
St. Gallen	57,5	10,7	13,5	81,7	8,4	0,9	9,0	18,3	100
Graubünden	41,5	9,1	8,9	59,5	32,1	1,7	6,7	40,5	100
Aargau	43,6	10,3	14,2	68,1	18,0	1,5	12,4	31,9	100
Thurgau	46,9	11,2	12,3	70,4	16,3	0,7	12,6	29,6	100
Tessin	29,7	4,1	10,3	44,1	50,0	0,7	5,2	55,9	100
Waadt	70,2	10,5	6,3	87,0	7,1	0,4	5,5	20,0	100
Wallis	54,0	11,9	6,5	72,4	20,0	0,6	7,0	27,6	100
Neuenburg	73,7	10,5	5,9	90,1	5,6	0,3	4,0	9,9	100
Genf	80,4	6,0	4,5	90,9	5,9	0,1	3,1	9,1	100
Schweiz	55,2	8,7	10,0	73,9	17,3	0,7	8,1	26,1	100
%	74,7	11,8	13,5	100	66,3	2,7	31,0	100	

Gemessen am Anteil der Frauen an der Gesamtzahl der haupt- und nebenberuflich tätigen Personen, war 1910 die Frauenarbeit in der Tessiner Landwirtschaft mit einem Anteil von 55,9% am verbreitetsten. Es folgten Schaffhausen mit 44,5%, Graubünden mit 40,5% und ebenfalls über dem Landesdurchschnitt Zürich, Aargau, Thurgau, Wallis, Solothurn und – mehr ein Sonderfall – Basel-Stadt mit 33 bis 27%. Vorwiegend waren dies Kantone mit zahlreichen Kleinbetrieben, starker Saisonauswanderung (Tessin und zum Teil Graubünden) und dezentralisierter Industrie mit Beschäftigungsmöglichkeit für Männer. Den Schluß der Reihe bilden die beiden Appenzell, wo die weitverbreitete Textilindustrie den Frauen Fabrik- oder Heimarbeit bot, so daß die Bewirtschaftung des Bodens dem Manne überlassen blieb.

Im Landesmittel haben zwei Drittel der in der Landwirtschaft mitarbeitenden Frauen diese Tätigkeit hauptberuflich und ein Drittel – darunter viele Ehefrauen von Landwirten – nebenberuflich ausgeübt.

Noch stärker überwog bei den Männern mit sechs Siebenteln der Anteil der hauptberuflich Tätigen, bei denen aber ein erheblicher Teil diesen landwirtschaftlichen Hauptberuf mit einem nichtlandwirtschaftlichen Nebenberuf verband.

Nach der vorstehenden Kantonstabelle, in der das Total von Männern und Frauen jeweils gleich 100 gesetzt wird, entfielen gesamtschweizerisch 73,9% auf Männer, ein Durchschnitt, der sich aus 10,0% nebenberuflich und 63,9% hauptberuflich in der Landwirtschaft Tätigen zusammensetzte, wovon 55,2% und 8,7% mit Nebenberuf.

Wo die Männer mehr als 50% der haupt- und nebenberuflich Tätigen ausmachen und Landwirtschaft ihren einzigen Beruf darstellt, wird zweifellos die Hauptarbeit auf den Betrieben von diesen geleistet. Nur in sechs Kantonen ist diese Quote nicht erreicht worden: in den Kantonen Tessin, Schaffhausen, Graubünden, Aargau, Solothurn und Thurgau. Die Notwendigkeit, Neigung oder auch Möglichkeit, noch einen Nebenberuf auszuüben, zeigte sich am wenigsten in den westschweizerischen Kantonen Genf, Neuenburg und Waadt, in Appenzell-Innerrhoden sowie in den zentralschweizerischen Kantonen Luzern, Schwyz, Nidwalden und Zug – mit Ausnahme von Genf und Appenzell-Innerrhoden alles Kantone mit über dem schweizerischen Durchschnitt liegender mittlerer landwirtschaftlicher Betriebsfläche, wobei aber Genf einen sehr hohen Anteil Rebland und Appenzell-Innerrhoden sehr viele Einmannbetriebe in der Landwirtschaft aufwies.

Wie schon erwähnt, entfiel im Landesdurchschnitt vom Männeranteil in der Höhe von 73,9% deren 8,7% auf landwirtschaftlich Berufstätige, die ein vollwertiges Einkommen durch Kombination landwirtschaftlicher und nichtlandwirtschaftlicher Arbeit zu erzielen suchten, sei es als hauptberufliche Landwirte mit außerlandwirtschaftlicher Nebenbeschäftigung oder als Industriearbeiter, Gewerbetreibender usw. mit landwirtschaftlichem Nebenerwerbsbetrieb. Am häufigsten fand sich diese eine relativ große Mobilität der Arbeitskräfte voraussetzende Mischung in den mit Kleinbetrieben und Heimindustrie stark durchsetzten Kantonen der Nordwestschweiz: Solothurn, Basel-Land und Aargau, sowie der Nordostschweiz: Glarus, Schaffhausen, Appenzell-Außerrhoden, St. Gallen und Thurgau.

Auch die erste eidgenössische Betriebszählung vom 5. August 1905 hat für die insgesamt 237 546 Betriebe mit mindestens 0,5 ha landwirtschaftlich bewirtschaftetem Land die Arbeitskräfte erhoben. Es wurden gezählt:

Arbeitskräfte der Landwirtschaftsbetriebe, 1905

Merkmale	Männliches Personal	Weibliches Personal	Total
Selbständige (Inhaber)	191 233	27 785	219 018
Mitarbeitende Familienglieder	127 030	268 662	395 692
Familienfremde Arbeitskräfte:			
Ständig Beschäftigte	69 845	23 901	93 746
Taglöhner	29 378	7 588	36 966
Total	417 486	327 936	745 422

Besonders beim weiblichen Personal war dies wesentlich mehr, als die Volkszählung vom 1. Dezember 1910 (und ähnlich die vorausgehende von 1900) ergeben hatte, nämlich:

In der Landwirtschaft haupt- und nebenberuflich Tätige und Nichtberufstätige der landwirtschaftlichen Bevölkerung, 1910

Merkmale	Männliches Geschlecht	Weibliches Geschlecht	Total
Haupt- und nebenberuflich Tätige aus der landwirtschaftlichen Bevölkerung ..	360 677	132 028	492 705
Nebenberuflich Tätige aus andern Erwerbszweigen	51 763	13 882	65 645
Total Berufstätige in der Landwirtschaft	412 440	145 910	558 350
Nichtberufstätige der Landwirtschaft ohne Nebenberuf	164 814	309 819	474 633

Zur Hauptsache dürften die im Sommer zusätzlich benötigten weiblichen Arbeitskräfte aus den hauswirtschaftlich tätigen Frauen rekrutiert worden sein, die anläßlich der Volkszählung im Dezember die Angabe eines landwirtschaftlichen Nebenberufes unterließen.

2. Verkehr

Die Zunahme der schweizerischen Bevölkerung von 2,4 auf 3,8 Millionen Einwohner und die Vermehrung der Städte von acht auf siebenundzwanzig zwischen 1850 und 1910 ist durch die gewaltige Entfaltung des Verkehrs ermöglicht worden.

Vor allem hat der Ausbau des Eisenbahnnetzes und dessen Anschluß an die bis zur Landesgrenze vorgedrungenen ausländischen Bahnverbindungen die Beschaffung von Lebensmitteln, Rohstoffen und andern Bedarfsgütern außerordentlich verbilligt und beschleunigt.

Im Binnenverkehr zum Beispiel sind nach den Berechnungen von E. Risler 1863 (Verhandlungen der Schweizerischen Gemeinnützigen Gesellschaft, Schweizerische Zeitschrift für Gemeinnützigkeit, III. Jahrgang, 1863/64) folgende finanzielle Vorteile gegenüber dem Straßentransport erzielt worden:

		Transportkosten Fr. je 100 kg
Strecke Basel–Zofingen		
Straßentransport,	verschiedene Waren	0.90–1.20
Bahntransport,	Kohle	0.17
Bahntransport,	Baumwolle	0.40
Strecke Romanshorn–Bern		
Straßentransport,	Getreide	7–8 (Transportzeit: 10–12 Tage)
Bahntransport,	Getreide	1 (Transportzeit: maximal 1 Tag)

		Fr. je 150 Liter
Strecke Morges–Bern		
Straßentransport,	Wein	9–10
Bahntransport,	Wein	4.70
Strecke Morges–Zürich		
Straßentransport,	Wein	15–17
Bahntransport,	Wein	8.80

Die beiden ersten Teilstrecken des inländischen Bahnnetzes führten von der französischen Grenze bei Saint-Louis bis Basel (1,9 km), 1844 dem Betrieb übergeben, und von Zürich nach Baden (23,3 km), 1847 eröffnet. Nach 1854 nahm der Normalspur- und nach 1872 der Schmalspurbau einen raschen Aufschwung, so daß die Baulänge beider Bahnarten 1860 1 000 km, 1876 2 000 km, 1890 3 000 km und 1904 4 000 km überschritt. Mit 3 562 km Normalspurbahnen und 1 314 km Schmalspurbahnen war die Längenentwicklung 1914 im wesentlichen abgeschlossen.

Durch den 1858 fertiggestellten Hauensteintunnel fand Basel mit seinen wichtigen internationalen Bahnverbindungen in Olten Anschluß an die von 1860 an durchgehende Mittellandlinie: Genf–Lausanne–Yverdon–Neuenburg (mit Abzweigung nach Verrières–Frankreich sowie nach La Chaux-de-Fonds–Le Locle)–Biel–Solothurn–Herzogenbuchsee (mit Verbindung nach Bern–Thun)–Aarburg (mit Abzweigung nach Luzern)–Olten–Zürich–Wallisellen (mit Abzweigung nach Rapperswil, Glarus und Sargans)–Winterthur (mit Abzweigungen nach Schaffhausen und Romanshorn)–St. Gallen–Rorschach–Sargans–Chur. 1864 kam die Linie Bern–Freiburg–Lausanne hinzu.

Von der Bundesstadt aus konnten 1863 die Hauptorte von 18 Kantonen per Bahn erreicht werden. Der Anschluß der übrigen erfolgte 1875 (Herisau), 1882 (Schwyz, Altdorf, Bellinzona mit der Eröffnung der Gotthardbahn), 1886 (Appenzell), 1888 (Sarnen) und 1893 (Stans).

Schließlich erhielten auch die drei großen Bergkantone Wallis, Tessin und Graubünden ihre Bahnverbindungen nach der übrigen Schweiz und zum Teil nach dem Ausland. Die 1861 von Lausanne bis Sitten führende Linie erreichte 1868 Siders und 1878 Brig, das 1906 das Tor zu Italien (Simplonbahn) und 1913 zur deutschen Schweiz (Lötschbergbahn) wurde. Seit 1882 durchquert die Gotthardbahn den Kanton Tessin, und 1890 nahm die Rhätische Bahn mit der Strecke Landquart–Davos den Betrieb auf, der 1913 bis ins Unterengadin reichte.

Von weittragendem Einfluß auf die Lage der hauptsächlich den Inlandmarkt versorgenden Wirtschaftszweige, darunter namentlich der Landwirtschaft, war die Eröffnung von Eisenbahnverbindungen mit dem Ausland. Diese begünstigten den Importgroßhandel mit Konkurrenzerzeugnissen, wodurch sich vor allem bei einigen wichtigen pflanzlichen Produkten der Entfernungsschutz verminderte.

Bis 1913 kamen folgende Bahnverbindungen mit den Nachbarstaaten zustande:

Datum der Eröffnung	Strecke
	Verbindungen mit Frankreich
15. 6. 1844	Straßburg–Mülhausen–Basel
18. 3. 1858	Marseille–Lyon–Genf
1858	Paris–Belfort–Mülhausen–Basel
24. 7. 1860	Dijon–Pontarlier–Les Verrières
23. 9. 1872	Delle–Pruntrut
Anfangs der 1850er Jahre	Verbindungen mit Deutschland
	München–Kempten–Lindau und Weiterbeförderung mit Dampfschiffen zu den Häfen Rorschach und Romanshorn
20. 2. 1855	Freiburg–Haltingen–Basel
16. 5. 1855	Romanshorn–Winterthur
25. 10. 1856	Rorschach–St. Gallen–Winterthur
13. 6. 1863	Waldshut–Schaffhausen–Singen–Konstanz
17. 7. 1875	Stuttgart–Singen–Winterthur
	Verbindungen mit Österreich
23. 11. 1872	München–Lindau–Bregenz–St. Margrethen
20. 9. 1884	Arlberg–Buchs
	Verbindungen mit Italien
28. 9. 1876	Mailand–Como–Chiasso
1. 6. 1882	Gotthardbahn
1. 6. 1906	Simplonbahn bis Brig und Fortsetzung
15. 7. 1913	von Brig bis Frutigen (Lötschbergbahn)

Hauptverbindungen davon waren in Richtung Frankreich die Anschlüsse von 1858, in Richtung Deutschland die Anschlüsse von 1855 und 1856, in Richtung Österreich seit 1884 die Arlbergbahn und in Richtung Italien seit 1882 die Gotthard- und seit 1906 die Simplonbahn.

Die in der Berichtszeit eingetretenen Veränderungen in bezug auf die Einfuhrwege seien nachstehend am Beispiel des Getreides, das alle übrigen eingeführten Nahrungsmittel und Nahrungsmittelrohstoffe an Bedeutung übertrifft, kurz erwähnt. Anfangs der 1860er Jahre gelangten erstmals größere Mengen aus Ungarn über Romanshorn in die Schweiz. Getreide aus dem Donauraum kam nach der Eröffnung der Arlbergbahn vorwiegend in Buchs an; Ende der 1880er Jahre trat Rußland als Hauptlieferant der Schweiz auf. Es behielt diesen Rang bis zum ersten Weltkrieg und benützte anfänglich die Route Le Havre–Basel, dann Marseille–Genf oder von 1882 an die Konkurrenzlinie Genua–Gotthard sowie die Rheinroute Rotterdam oder Antwerpen–Basel. Diesen Weg nahm auch die wachsende Einfuhr aus Nord- und Südamerika. 1911 entfielen von der gesamten Weizeneinfuhr der Schweiz in der Höhe von 43 000 Wagen zu 10 t auf die Rheinroute 27 000 Wagen, auf Marseille–Genf 12 000 und auf Genua–Gotthard 4 000.

Neben den Eisenbahnen hat auch der gleichzeitige Ausbau des Straßennetzes zur

Kantons- und Gemeindestraßen, 1906 und 1931/35

Kantone	1906		1931/35			
	Kantons- und Ge- meinde- straßen km	je km² pro- duktives Areal km	Kantons- straßen km	Ge- meinde- straßen km	Total km	je km² pro- duktives Areal km
Zürich	2 890	1,9	2 446	2 741	5 187	3,4
Luzern	773	0,6	292	1 374	1 666	1,2
Schwyz	414	0,6	144	446	590	0,8
Nidwalden	65	0,3	85	52	137	0,7
Glarus	150	0,3	92	202	294	0,6
Solothurn	593	0,8	632	1 014	1 646	2,2
Basel-Stadt	145	7,9	242	40	282	15,4
Basel-Land	368	0,9	374	634	1 008	2,5
Appenzell-Außerrhoden	193	0,8	217	128	345	1,5
St. Gallen	1 241	0,7	527	1 575	2 102	1,2
Graubünden	1 032	0,2	1 253	947	2 200	0,4
Aargau	1 265	1,0	1 271	2 279	3 550	2,7
Waadt	4 000	1,5	2 114	3 165	5 279	2,0
Wallis	560	0,2	798	1 020	1 818	0,7
Total	13 689	0,7	10 487	15 617	26 104	1,4
Übrige Kantone						
Bern			2 257	6 405	8 662	1,5
Uri			141	35	176	0,3
Obwalden			55	232	287	0,7
Zug			142	201	343	1,7
Freiburg			581	2 020	2 601	1,7
Schaffhausen			205	243	448	1,6
Appenzell-Innerrhoden			28	82	110	0,7
Thurgau			796	1 834	2 630	3,3
Tessin			932	823	1 755	0,8
Neuenburg			418	838	1 256	1,8
Genf			246	737	983	4,5
Total			5 801	13 450	19 251	1,5
Schweiz			16 288	29 067	45 355	1,4

Verbesserung der Verkehrsverhältnisse namentlich auf dem Lande beigetragen. Soweit die Kantone als Inhaber der Straßenhoheit nicht in der Lage waren, Alpenstraßen von besonderem Interesse für die Eidgenossenschaft selbst zu bauen und zu unterhalten, übernahm der Bund von 1856 an einen Großteil der Kosten. So entstanden mit Bundesunterstützung als wichtigste Bauwerke u. a. im J. 1856 die Brünigstraße, 1861 die Furka-, die Oberalp- und die Axenstraße, 1873 die Lukmanierstraße, 1891 die Grimsel- und die Klausenstraße, 1892 die Centovallistraße, 1894 die Straße Schangnau–Wiggen und 1897 die Umbrailstraße.

Im Unterschied zu der schon früh angelegten Eisenbahnstatistik sind Aufzeichnungen über den Bestand an öffentlichen Straßen (Kantons- und Gemeindestraßen) für die ganze Schweiz erst von 1931/35 an vorhanden. Für 14 Kantone betrug Ende 1906 die Länge der Kantons- und Gemeindestraßen 13 689 km oder 0,7 km je Quadratkilometer produktives Areal[1], verglichen mit 26 104 km oder 1,4 km je Quadratkilometer im Jahresdurchschnitt 1931/35[2] Diese Straßendichte entsprach 1931/35 annähernd auch derjenigen der übrigen 11 Kantone, da das schweizerische Mittel ebenfalls 1,4 km je Quadratkilometer erreichte. Die 1906 bestehenden kantonalen Unterschiede zeigten sich weitgehend auch 1931/35, so daß wohl angenommen werden kann, daß die 1931/35 ermittelten Unterschiede zwischen sämtlichen Kantonen im großen und ganzen schon 1906 vorhanden waren.

Danach besaßen die meisten Mittellandkantone bereits nach der Jahrhundertwende ein verhältnismäßig engmaschiges Straßennetz. Auch die beiden stark industrialisierten Jurakantone Basel-Land und Neuenburg gehörten zu den gut erschlossenen Gebieten. Anderseits beklagten vor allem Berggegenden, und unter diesen besonders die um den Gotthard gelegenen Kantone, einen Mangel an fahrbaren Straßen.

3. Ernährung

Diese Bevölkerungs- und Verkehrsentwicklung hat die Ernährungsweise in Stadt und Land tiefgreifend beeinflußt.

Die Ernährung der landwirtschaftlichen Bevölkerung ist während der Berichtszeit reichhaltiger geworden, indem bessere Einkommensverhältnisse und Verkehrsverbindungen den Zwang zu weitgehender Selbstversorgung verminderten. Beim Getreide war diese allerdings noch vielenorts vorhanden, wie aus Abbil-

[1] Artikel «Straßenbauwesen», in: Reichenberg, Handwörterbuch, III. Band, 1. Teil, Bern 1911, S. 780 ff.
[2] Statistisches Jahrbuch der Schweiz, Jahrgänge 1932 bis 1937 und 1939.

dung 1 unten, mit den Ergebnissen der Betriebszählung von 1905 über den Anteil der Landwirtschaftsbetriebe mit Getreidebau an der Gesamtzahl der Betriebe hervorgeht. Dieser lag damals im überwiegenden Teil des Juras, des Mittellandes und des Kantons Wallis sowie in Teilen des Kantons Graubünden noch über 70%. Auch der große Bedarf an Kartoffeln wurde weitgehend durch Eigenanbau gedeckt. Vermehrte Beachtung fand Gemüse, dessen Anbau von landwirtschaftlichen Vereinen seit den 1870er Jahren in besonderen Kursen gefördert wurde. Der weitverbreitete Obstbau lieferte für Ortsrayon und Region außer Frischobst das in den ersten Jahrzehnten auch als Brotersatz geschätzte Dörrobst.

Unter den tierischen Nahrungsmitteln gehörten Milch und Butter zu den gebräuchlichsten Speisen. Käse, der im Berggebiet seit langem ebenfalls dazu zählte, fand im Unterland erst mit den Käsereien allgemein Eingang, das heißt in der Westschweiz bereits vor 1850, in der deutschen Schweiz aber nach 1870. Fleisch galt lange Zeit als ein Leckerbissen, der nur alle Sonntage auf den Tisch kam. So blieb es in Kleinbetrieben über die Jahrhundertwende hinaus. In größeren

Bezirke, in denen 1905 über 50 beziehungsweise über 70% der Landwirtschaftsbetriebe Getreide pflanzten

Abbildung 1.

▨▨▨▨▨ Bezirke, in denen 1905 über 70% der Landwirtschaftsbetriebe Getreide pflanzten

▩▩▩▩▩ Bezirke, in denen 1905 über 50% der Landwirtschaftsbetriebe Getreide pflanzten

Wie oft kommt in landwirtschaftlichen Dienstbotenbetrieben pro Woche Fleisch auf den Tisch?

Kantone	1870–1890		1906		Kantone	1870–1890		1906	
	Zahl der Angaben	Mal pro Woche	Zahl der Angaben	Mal pro Woche		Zahl der Angaben	Mal pro Woche	Zahl der Angaben	Mal pro Woche
ZH	91	3,1	177	7,5	SG	36	3,1	110	8,3
BE	161	2,3	382	4,7	GR	35	3,3	123	4,6
LU	42	1,9	88	5,7	AG	81	2,9	203	5,8
UR	4	2,2	13	5,1	TG	50	3,9	95	9,2
SZ	12	1,5	27	6,7	TI	8	1,6	88	3,7
GL	6	3,0	15	6,9	VD	97	5,4	311	9,4
FR	111	3,7	210	6,3	VS	24	2,5	97	4,9
SO	35	2,4	97	5,1	NE	4	6,1	50	7,2
BL	24	2,3	57	4,4	GE	5	3,8	33	7,1
SH	19	3,1	34	6,8					
AR	6	4,5	23	9,2	CH	851	3,2	2 233	6,4

Quelle: Mitteilungen des Schweizerischen Bauernsekretariats Nr. 31, Brugg 1907.

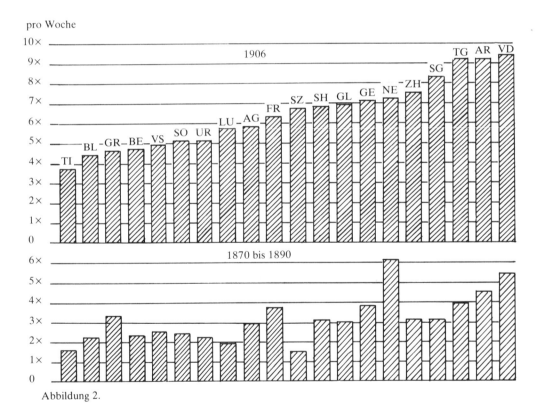

Abbildung 2.

Betrieben, vor allem in solchen mit familienfremden Arbeitskräften, wurde der Fleischgenuß allmählich häufiger, wozu auch die Vermehrung des Viehbestandes, insbesondere der Schweinehaltung, beitrug.

Das Schweizerische Bauernsekretariat erkundigte sich 1906 in einer größeren Untersuchung über die Arbeiterverhältnisse in der Landwirtschaft bei Landwirten darüber, wie oft in Dienstbotenbetrieben während der Woche durchschnittlich Fleisch auf den Tisch kommt. Es erhielt für 1906 und die Zeit von 1870 bis 1890 aus 20 Kantonen die Angaben auf Seite 32.

Im Landesmittel bekamen Dienstboten pro Woche 1870/90 an drei Tagen und 1906 an sechs Tagen Fleisch: Überdurchschnittlich häufig während beider Perioden in den westschweizerischen Kantonen Waadt, Neuenburg und Genf sowie in den Kantonen Appenzell-Außerrhoden und Thurgau, im Jahre 1906 auch in den andern ostschweizerischen Kantonen Zürich, Glarus, Schaffhausen und St. Gallen. Selten dagegen waren Fleischzutaten in der Nordwestschweiz und in den meisten Bergkantonen, vor allem im Tessin.

Anhaltspunkte über die Veränderung der Ernährungsgewohnheiten seit 1850 auf einem Gutsbetrieb mit 20 bis 25 Dienstboten vermitteln die einzigartigen Buchhaltungsergebnisse von Tänikon (der Betrieb wurde 1968 von der Eidgenossenschaft zur Unterbringung der Eidgenössischen Forschungsanstalt für Betriebswirtschaft und Landtechnik erworben), die 1910 an der Schweizerischen Landwirtschaftlichen Ausstellung in Lausanne ausgezeichnet wurden.

Danach sind je Männereinheit und Tag die gesamten Haushaltungskosten (Nahrungsmittel, alkoholische Getränke, Holz, Hausgeräte und Löhne) von 96,4 Rappen im Jahrzehnt 1850/59 auf 164,3 Rappen im letzten Jahrzehnt 1900/09 oder um 70% gestiegen, wobei die Nahrungskosten, auf die während des ganzen Zeitraums 64 bis 68% der gesamten Haushaltungskosten entfielen, ungefähr in gleichem Maße (71%) zunahmen.

Die für 1903 und 1905 bis 1909 vorliegenden Ergebnisse der Buchhaltungserhebungen des Schweizerischen Bauernsekretariates ergaben im Mittel dieser sechs Jahre für alle Buchhaltungsbetriebe einen Durchschnittsbetrag der Haushaltungskosten von 136 Rappen gegenüber einem solchen von 164 Rappen in Tänikon für die Jahre 1900/09. Dieser fiel vor allem wegen des beträchtlichen Aufwandes für Fleisch und für die Entlöhnung des Küchenpersonals so hoch aus. Bei der Zusammensetzung der Nahrungskosten im Laufe der sechzigjährigen Untersuchungsperiode ist besonders die Verdoppelung des Kostenanteils bei Fleisch und die Halbierung bei Brot und Mehl beachtenswert. Auch der von Anfang an niedrige Anteil der Kartoffeln ist weiter zurückgegangen, während bei Milch und Milchprodukten, Obst und Gemüse sowie Kolonialwaren ein Anstieg zu verzeichnen ist. Die Kosten für alkoholische Getränke erreichten im ersten Jahrzehnt noch ein Viertel der Nahrungskosten, fielen dann aber bis 1900/09 auf 14%; das

Nahrungsmittel- und gesamte Haushaltungskosten im Gutsbetrieb Tänikon (Munizipalgemeinde Aadorf TG), 1850 bis 1909

Art der Kosten	1850/59	1860/69	1870/79	1880/89	1890/99	1900/09
Rappen je Männereinheit und Tag						
Fleisch	15,2	23,5	29,8	31,4	42,5	51,4
Milch, Butter, Käse	9,9	13,5	10,7	12,2	14,5	20,8
Brot, Mehl	31,4	35,9	25,2	25,0	22,3	23,7
Kartoffeln	3,1	3,7	5,1	2,8	2,4	2,2
Gemüse, Obst	1,0	2,7	1,9	2,7	4,7	4,1
Kolonialwaren, Verschiedenes	4,3	7,2	5,2	7,1	6,3	9,0
Nahrungsmittelkosten total	64,9	86,5	77,9	81,2	92,7	111,2
Alkoholische Getränke	16,2	24,7	15,7	20,0	19,6	15,3
Holz	5,3	3,0	6,1	5,8	4,2	4,0
Hausgeräte	0,5	0,3	0,3	1,1	1,4	1,5
Löhne	9,5	14,6	17,0	19,5	24,7	32,3
Haushaltungskosten total	96,4	128,9	117,0	127,6	142,6	164,3
Wenn Nahrungsmittelkosten = 100						
Fleisch	23,4	27,2	38,3	38,7	45,8	46,2
Milch, Butter, Käse	15,3	15,6	13,7	15,0	15,6	18,7
Brot, Mehl	48,4	41,5	32,4	30,8	24,1	21,3
Kartoffeln	4,8	4,3	6,5	3,5	2,6	2,0
Gemüse, Obst	1,5	3,1	2,4	3,3	5,1	3,7
Kolonialwaren, Verschiedenes	6,6	8,3	6,7	8,7	6,8	8,1
Nahrungsmittel total	100	100	100	100	100	100
Alkoholische Getränke	25,0	28,6	20,1	24,6	21,1	13,8
Wenn gesamte Haushaltungskosten = 100						
Nahrungsmittel	67,3	67,0	66,6	63,6	65,0	67,7
Alkoholische Getränke	16,8	19,1	13,4	15,7	13,8	9,3
Holz	5,5	2,3	5,2	4,5	2,9	2,4
Hausgeräte	0,5	0,2	0,3	0,9	1,0	0,9
Löhne	9,9	11,4	14,5	15,3	17,3	19,7
Haushaltungskosten total	100	100	100	100	100	100

ist vermutlich einer teilweisen Verdrängung des Weins durch Obstgetränke zuzuschreiben.

34

Um die mengenmäßige Veränderung des Nahrungsverbrauches auf Grund der durch die Tänikoner Buchhaltung ermittelten Nahrungskosten ungefähr abzuschätzen, haben wir in folgender Übersicht für die drei größten Gruppen: Fleisch, Milch und Milchprodukte, sowie für Brot und Mehl der Kostenveränderung zwischen 1850/59 und 1900/09 die Veränderung der Produzentenpreise für fette Ochsen und Rinder, Milch und Butter sowie Weizen im gleichen Zeitraum gegenübergestellt. Das führt unter Außerachtlassung von Qualitätsveränderungen zum Ergebnis, daß die Fleischverbrauchsmenge sich wahrscheinlich mindestens verdoppelt hat und auch bei Milch und Milchprodukten sowie bei Brot und Mehl wahrscheinlich eine mäßige Mengenzunahme stattgefunden hat.

Mutmaßliche Entwicklung der Verbrauchsmengen von Nahrungsmitteln im Gutsbetrieb Tänikon

Kosten je Männereinheit und Tag				Index der Produzentenpreise[1] 1914 = 100				«Verbrauchsmenge»
Nahrungsmittel	1850/ 1859	1900/ 1909	1900/ 1909, wenn 1850/ 1859 = 100	Produkte	1850/ 1859	1900/ 1909	1900/ 1909, wenn 1850/ 1859 = 100	1900/ 1909, wenn 1850/ 1859 = 100
	Rp.	Rp.						
Fleisch	15,2	51,4	338	Ochsen, Rinder	57	87	153	221
Milch, Butter, Käse	9,9	20,8	210	Milch und Butter	47	88	187	112
Brot, Mehl	31,4	23,7	75	Weizen	126	80	63	119

[1] Statistisches Handbuch der Schweizerischen Landwirtschaft, 1968, S. 354/550.

Die Ernährungsweise in Arbeiterfamilien auf dem Lande dürfte sich ähnlich wie in Kleinbauernfamilien entwickelt haben, die ebenfalls auf teilweiser Selbstversorgung beruhte. Gemäß einer summarischen Berechnung soll sich der Reallohn der schweizerischen Arbeiterschaft von 1850 bis 1914 von 58 auf 100 Indexpunkte (wenn 1914 = 100) oder um 72% erhöht haben[1]. Daraus erklärt sich der Übergang von vorwiegend kohlehydratreicher Nahrung (Mehlspeisen, Kartoffeln) zu abwechslungsreicherer Kost mit mehr Fleisch, Milch und Milchprodukten, Fett

[1] Jürg Siegenthaler, Zum Lebensstandard schweizerischer Arbeiter im 19. Jahrhundert, in: Schweizerische Zeitschrift für Volkswirtschaft und Statistik, 1965, S. 426.

und Zucker. In den Städten war der Fleischverbrauch von jeher relativ hoch, wie Feststellungen für Basel[1] und Genf[2] ergaben. Für die Genfer Landgemeinden nahm Archinard 1883 einen Pro-Kopf-Verbrauch von 56 kg gegenüber 80 kg in der Stadt Genf an.

Die Eisenbahnen haben die Milchversorgung der Städte verbilligt und regelmäßiger gestaltet. Ende der 1870er Jahre nahmen kollektive Milchhandelsunternehmen den Kampf gegen die häufigen Milchfälschungen auf, wodurch ein weiterer Anreiz zu größerem Verbrauch geschaffen wurde. Während bei den meisten pflanzlichen Nahrungsmitteln die Preisschwankungen durch den Ausbau der internationalen Verkehrswege geringer wurden, war beim Milchpreis weiterhin mit erheblichen Ausschlägen zu rechnen, etwa in Trockenperioden mit Futterausfällen in weiten Gebieten. Diese führten mangels genügender Aufklärung zum Beispiel 1857, 1870, 1872, 1893 und 1894 zu Abwehraktionen städtischer Kreise.

Gemeinnützige Vereine und einzelne Private bemühten sich von den 1860er Jahren an um eine zweckmäßigere Ernährung namentlich minderbemittelter Familien. Zuerst hoffte man mit belehrenden Volksschriften etwas zu erreichen, später zeigten sich größere Erfolge mit praktischen Maßnahmen nach dem Beispiel der Schweizerischen Gemeinnützigen Gesellschaft, die

1880 die Ausbildung einer Leiterin von Koch- und Haushaltungskursen beschloß,

1882 nach einem grundlegenden Referat von Fabrikinspektor Schuler über die Ernährung der Fabrikbevölkerung eine Kommission zur Förderung der Koch- und Haushaltungskurse ins Leben rief und

1884 während einiger Jahre das Patronat über die von J. Maggi in Kemptthal ZH 1883 begonnene Fabrikation einer Suppenkonserve aus Hülsenfrüchten übernahm, die sich als ein gesundes, schmackhaftes und zugleich billiges und rasch zubereitbares Volksnahrungsmittel erwies.

Überhaupt haben um diese Zeit fabrikmäßig hergestellte Konserven besonders in städtischen Haushaltungen vermehrt Eingang gefunden.

Über die gesamtschweizerische Entwicklung des Nahrungsmittelverbrauches sind nur wenige verläßliche Zahlenangaben vorhanden. Die besondere Schwierigkeit solcher Berechnungen bestand weniger in der Erfassung der Ein- und Ausfuhr, über die die Außenhandelsstatistik vor allem seit 1885 mengen- und wertmäßig weitgehend Aufschluß gibt, sondern in der Schätzung der Inlandproduktion, von der höchstens Teilerhebungen vorlagen. Zu den fachkundigen Stellen, die in der

[1] E. Notz, Die säkulare Entwicklung der Kaufkraft des Geldes, 1925.
[2] Ch. Archinard, Statistique agricole du canton de Genève, 1883.

Berichtszeit versucht haben, Gesamtübersichten über Produktion und Verbrauch einzelner Lebensmittel zu gewinnen, gehören das Schweizerische Bauernsekretariat und die Eidgenössische Alkoholverwaltung. Deren Schätzungen sind nachstehend aufgeführt.

Schweizerischer Verbrauch von Hauptnahrungsmitteln in Kilogramm je Kopf der Bevölkerung zwischen 1866 und 1911

Nahrungsmittelarten	1866	1876	1876/ 1882	1886	Mitte der 1890er Jahre	1896	1906/ 1912	1911
Getreide			150				150	
Kartoffeln					137		135	
Konsummilch						258		281
Butter				3,7		4,6		5,1
Käse						10,9		11,2
Rindfleisch				25,0		30,2		30,4
Schweinefleisch	10,6	12,9	14,5			20,2		20,5

Quelle: Schweizerisches Bauernsekretariat, Enquete zur Vorbereitung der künftigen Handelsverträge, Brugg 1900, und Enquete zur Vorbereitung der Handelsverträge von 1918, Zweiter Teil, Brugg 1914.

Die Tabelle enthält von einigen Hauptnahrungsmitteln für jeweils mindestens zwei Perioden vor 1912 den mutmaßlichen Pro-Kopf-Verbrauch. Konstant oder eher rückläufig war dieser bei Getreide und Kartoffeln nach 1876/82. Bei tierischen Nahrungsmitteln folgte auf die beträchtliche Verbrauchssteigerung zwischen 1886 und 1896 und zum Teil schon vorher eine stark abgeschwächte Zunahme.
Die Eidgenössische Alkoholverwaltung ermittelte für die Jahre 1880 bis 1912 gesamthaft und je Kopf der Bevölkerung die Seite 38 aufgeführten Verbrauchsmengen an alkoholischen Getränken.
In den drei von der Alkoholverwaltung gewählten Vergleichsperioden (1880/84: Fünfjahresperiode vor Annahme des Verfassungsartikels 32bis über Fabrikation und Verkauf gebrannter Wasser in der Volksabstimmung vom 25. Oktober 1885; 1893/1902 und 1903/12: zwei Zehnjahresperioden seit Beginn der fortlaufend geführten Statistik über die Weinernten durch das Eidgenössische Statistische Amt) konnte als Erfolg der Alkoholgesetzgebung eine starke Abnahme des Pro-Kopf-Verbrauches gebrannter Wasser um 46% bis 1903/12 verzeichnet werden. Bei den vergorenen Getränken ist eine Steigerung des Konsums eingetreten: die weitaus größte beim Bier mit 98% gegenüber 1880/84, eine geringere beim

Schweizerischer Verbrauch von alkoholischen Getränken, 1880 bis 1912
(Schätzungen der Eidgenössischen Alkoholverwaltung)

Getränkearten	Hektoliter			Liter je Kopf d. Bev.		
	1880/ 1884	1893/ 1902	1903/ 1912	1880/ 1884	1893/ 1902	1903/ 1912
Wein	2 005 000	2 850 000	2 583 000	70,0	88,8	71,3
Obstwein (Gärmost)	640 000	900 000	1 100 000	22,4	28,1	30,3
Bier	1 040 000	1 975 000	2 600 000	36,3	61,6	71,7
Branntwein zu 40% Alkohol	332 000	230 000	232 000	11,8	7,2	6,4
Total 100% Alkohol	410 200	506 300	531 700	14,3	15,8	14,7
	Wenn 1880/84 = 100					
Wein	100	142	129	100	127	102
Obstwein (Gärmost)	100	141	172	100	125	135
Bier	100	190	250	100	170	198
Branntwein in 40% Alkohol	100	69	70	100	61	54
Total 100% Alkohol	100	123	130	100	110	103

Quelle: Eidgenössisches Statistisches Amt, Statistisches Jahrbuch der Schweiz.

Obstwein mit 35% und die schwächste beim Wein mit 2%, was auch annähernd dem Anstieg des Pro-Kopf-Verbrauches an absolutem (100%) Alkohol entsprach (3%).

Die der Bevölkerung zur Verfügung stehende Nahrungsmittelmenge in ihrem Gehalt an den Hauptnährstoffen Eiweiß, Fett und Kohlehydrate sowie insgesamt an Kalorien ist ein erstes Mal für 1870 und wieder für 1908/12 berechnet worden. Mangels ausreichender statistischer Unterlagen über die Produktion ging der Verfasser der Ernährungsbilanz von 1870 von der Formel Bedarf (= Verbrauch) — Einfuhrüberschuß (laut Außenhandelsstatistik) = Produktion aus. Dabei wurde der Bedarf auf Grund

eines Tagesdurchschnittes (berechnet aus dem Mittel von 7 verschiedenen Tagesrationen oder Kostmassen für Personen über 16 Jahren, kombiniert mit der Tagesration für Personen unter 16 Jahren im Verhältnis von 68,45 zu 31,55),

multipliziert mit 366 Tagen und einer Gesamtbevölkerung von 2 670 335 Personen ermittelt.

Für 1908/12 hingegen galt die Formel: Produktion + Einführungsüberschuß = Verbrauch. Der umfangreichen Berechnung Endergebnis findet sich in folgender Tabelle:

Nahrungsmittelversorgung der Schweiz, 1870 und 1908/12

Positionen	1870[1]				1908/12[2]				%-Veränderung 1908/12 gegenüber 1870			
	Eiweiß	Fett	Kohle-hydrate	Kalo-rien	Eiweiß	Fett	Kohle-hydrate	Kalo-rien	Ei-weiß	Fett	Kohle-hydrate	Kalo-rien
	1 000 q	1 000 q	1 000 q	1 000 Mio	1 000 q	1 000 q	1 000	1 000 Mio	%	%	%	%
Produktion	853	439	3 212	1 839	996	998	2 214	2 244	16,8	127,3	−31,1	22,0
Ausfuhr	65	37	13	65	144	143	390	351	121,5	286,5	2 900	440,0
Einfuhr	313	149	1 470	762	569	361	4 305	2 333	81,8	142,3	192,9	206,2
Verbrauch	1 101	551	4 669	2 536	1 421	1 216	6 129	4 226	29,1	120,7	31,3	66,6
Verbrauch je Kopf und Tag	g	g	g	Kalo-rien	g	g	g	Kalo-rien				
	113	56	479	2 601	102	87	441	3 041	−9,7	55,4	−7,9	16,9
Bevölke-rungsgröße	2 670 000 Personen				3 807 100 Personen				42,6			

[1] R. Theodor Simmler, Versuch einer Ernährungsbilanz der Schweizer Bevölkerung, in: Zeitschrift für schweizerische Statistik, Jahrgänge 1873, 1874 und 1875.

[2] Salome Schneider, Die Erzeugung und der Verbrauch von Nährwerten in der Schweiz, in: Zeitschrift für schweizerische Statistik und Volkswirtschaft, Jahrgang 1917.

Die Entwicklungstendenz dürfte in diesen zum Teil grob geschätzten Angaben wohl annähernd richtig zum Ausdruck kommen. So besteht kein Zweifel, daß die inländische Nahrungsmittelproduktion mit der Verbrauchszunahme, die sich aus der Bevölkerungszunahme und der reichlicheren Ernährung – gemessen am Kalorienverbrauch pro Kopf – ergab, nicht Schritt halten konnte. Der Anteil der Einfuhr am Verbrauch ist zwischen 1870 und 1908/12 bei allen Nährstoffarten, vor allem aber bei Kohlehydraten (Getreideeinfuhren!) gestiegen und betrug gesamthaft 1908/12 55% gegen 30% 1870. Die Tabelle bestätigt auch die aus Haushaltungsrechnungen bekannte Tatsache, daß insbesondere der Fettkonsum zugenommen hat.

4. Betriebsverhältnisse

An der Produktion von Nahrungsmitteln und landwirtschaftlichen Erzeugnissen überhaupt waren in der Berichtszeit, verglichen mit später, verhältnismäßig viele Betriebe beteiligt. Über deren Art und Größe gab für die ganze Schweiz erstmals die eidgenössische Betriebszählung vom 9. August 1905 Aufschluß, nachdem schon vorher 5 Kantone (Zürich, Bern, Freiburg, Schaffhausen, Aargau) nach unterschiedlichen Methoden mit Teilerhebungen begonnen hatten.

Die Schaffhauser Betriebszählung fand 1884 statt und gab ein ziemlich vollständiges Bild nur für 8 Gemeinden in 4 von 6 Bezirken, die insgesamt 2 829 Betriebe aufwiesen, 1 503 mehr als 1929.

Die vom zürcherischen kantonalen statistischen Büro 1886 erfolgreich durchgeführte Erhebung zeitigte folgende mit 1905 vergleichbare Daten:

Zürcher Betriebszählungen, 1886 und 1905

Größenklassen ha	1886[1]				Größenklassen ha	1905			
	Betriebe		Fläche			Betriebe		Fläche	
	Zahl	%	ha	%		Zahl	%	ha	%
0,4 bis 5 ...	18 148	72,7	43 171	43,6	0,5 bis 5 ...	11 483	54,2	26 327	26,2
5 bis 10	5 611	22,5	37 886	38,3	5 bis 10	7 023	33,1	41 505	41,4
über 10	1 205	4,8	17 894	18,1	über 10	2 695	12,7	32 456	32,4
Total	24 964	100	98 951	100	Total	21 201	100	100 288	100
Mittlere Betriebsgröße .... 3,96 ha					Mittlere Betriebsgröße ..... 4,73 ha (+19%)				

[1] Statistische Mitteilungen betreffend den Kanton Zürich (Beilage zum Rechenschaftsbericht des Regierungsrates für das Jahr 1885).

Weder mit andern kantonalen noch mit späteren eidgenössischen Zählungen können die Ergebnisse der bernischen Zählung von 1888 verglichen werden, da der Bodenbesitz der gleichen Person in verschiedenen Gemeinden nicht gesamthaft, sondern einzeln als sogenannte «Besitzungen» erhoben und nach Größenklassen gegliedert wurden. Die 74 709 «Besitzungen» gehörten 59 025 Besitzern.

Der Kanton Aargau ermittelte 1888 in Verbindung mit der Viehzählung Zahl und Betriebsfläche der viehbesitzenden Landwirte, veröffentlichte aber nur die Prozentverteilung dieser Betriebe auf die Größenklassen 0 bis 1, 1 bis 5 und über 5 ha: 20,2%, 63,7% und 16,1%. Annähernd vergleichbar mit den Ergebnissen von 1905 sind die beiden ersten Gruppen mit 83,9% und die letzte Gruppe mit 16,1% gegenüber 74,5 und 25,5% im Jahre 1905.

Die noch kurz vor der eidgenössischen Zählung durchgeführten Erhebungen im Kanton Freiburg über die Landwirtschaftsbetriebe von Rindviehbesitzern in den Jahren 1902, 1903 und 1904 bestätigten weitgehend die entsprechenden Zahlen von 1905.

Landwirtschaftsbetriebe und Rindviehbesitzer nach der Betriebszählung von 1905 und der Viehzählung von 1906

Kantone	1905			1906			
	Land-wirt-schaft-liche Betriebe über 0,5 ha	Davon Landwirt-schaftsbetriebe mit Rindvieh		Viehbe-sitzer im ganzen	Davon Viehbe-sitzer mit Land-wirt-schafts-betrieb	Davon Rind-viehbesitzer mit Land-wirtschafts-betrieb	
		Anzahl	%			Anzahl	%
Zürich	21 201	17 693	83	21 970	19 728	17 668	90
Bern	43 764	39 084	89	55 456	44 260	40 264	91
Luzern	10 571	10 083	95	11 553	10 360	10 097	97
Uri	1 824	1 497	82	1 861	1 537	1 427	93
Schwyz	4 269	3 703	87	4 914	3 993	3 803	95
Obwalden	1 839	1 330	72	1 758	1 493	1 333	89
Nidwalden	1 057	829	78	1 014	886	830	94
Glarus	1 856	1 261	68	2 213	1 577	1 284	81
Zug	1 325	1 201	91	1 523	1 240	1 207	97
Freiburg	12 069	10 528	87	14 595	11 587	10 951	95
Solothurn	8 293	6 911	83	9 183	7 364	7 100	96
Basel-Stadt	189	150	79	713	185	162	88
Basel-Land	5 547	4 423	80	6 179	5 240	4 518	86
Schaffhausen	4 079	2 913	71	3 943	3 618	2 925	81
Appenzell-Außerrhoden ...	3 629	2 904	80	3 617	3 194	2 931	92
Appenzell-Innerrhoden	1 415	1 286	91	1 432	1 331	1 265	95
St. Gallen	17 027	14 147	83	18 139	15 501	14 431	93
Graubünden	12 805	10 807	84	15 110	12 308	10 889	88
Aargau	20 568	17 659	86	21 318	18 387	17 998	98
Thurgau	11 179	9 424	84	11 220	9 622	9 428	98
Tessin	15 707	12 213	78	16 783	13 962	13 546	97
Waadt	20 051	15 489	77	22 924	16 924	16 537	98
Wallis	17 437	15 317	88	19 113	17 248	16 859	98
Neuenburg	3 537	2 790	79	4 465	3 034	2 936	97
Genf	2 472	1 450	59	3 536	1 576	1 524	97
Schweiz	243 710	205 092	84	274 532	226 155	211 913	94
Davon mit Vieh[1]	225 595						

[1] Tiere des Pferdegeschlechts, Rindvieh, Schafe, Ziegen und Schweine.

41

Es liegen somit für die Berichtszeit aus kantonalen Betriebszählungen nur wenige vergleichbare Angaben über die Veränderung der Zahl der Landwirtschaftsbetriebe vor. Sie lassen keine Schlüsse auf die Gesamtentwicklung zu. Um so größere Beachtung verdienen deshalb die Viehzählungsergebnisse, die in bezug auf den Bestand an Rindviehbesitzern tatsächlich einen gewissen Ersatz bieten können.

Die vielseitige Leistung des Rindes – es liefert Fleisch, Milch, Arbeit und Dünger – und namentlich die Eigenschaft, größere Rauhfuttermengen veredeln zu können, ließen es zur wichtigsten und verbreitetsten Viehgattung unserer Landwirtschaft werden; die große Mehrheit der Inhaber von Landwirtschaftsbetrieben ist daher auch Rindviehbesitzer. Ausnahmen bilden etwa die Spezialbetriebe ohne Landnutzung, wie Geflügelfarmen und Schweinemästereien oder Betriebe mit Spezialkulturen, wie Gemüse, Reben usw. Dies geht kantonsweise aus der Tabelle Seite 41 hervor, in der die Landwirtschaftsbetriebe mit Rindvieh allen Landwirtschaftsbetrieben von 1905 und die Rindviehbesitzer mit Landwirtschaftsbetrieben allen viehbesitzenden Landwirten von 1906 gegenübergestellt sind.

Im ganzen hielten nach der Betriebszählung von 1905 225 595 Landwirtschaftsbetriebe über 0,5 ha Vieh aller Art (= 93 % des Totals der Betriebe), was ein Jahr später durch die Viehzählung, die 226 155 Viehbesitzer mit Landwirtschaftbetrieb ergab, annähernd bestätigt wurde. Von den genannten 225 595 Landwirtschaftsbetrieben entfielen wiederum 205 092 oder 84 % auf Betriebe mit Rindviehhaltung, wobei dieser Anteil in den Kantonen zwischen 95 % (Luzern) und 59 % (Genf) schwankte. Die Viehzählungen ermöglichen nun einen zeitlichen Vergleich dieser Viehbesitzerkategorien.

Viehbesitzer im ganzen und Rindviehbesitzer, 1866 bis 1911

Jahr	Viebesitzer im ganzen					Davon Rindviehbesitzer				
	mit Landwirtschaftsbetrieb			ohne Land-wirt-schafts-betrieb	Total	mit Landwirtschaftsbetrieb			ohne Land-wirt-schafts-betrieb	Total
	ohne weitere Erwerbs-quelle	mit weiterer Erwerbs-quelle	Total			ohne weitere Erwerbs-quelle	mit weiterer Erwerbs-quelle	Total		
1866...	.	.	.	.	280 232	.	.	.	.	216 711
1876...	.	.	244 456	40 022	284 478	.	.	.	.	215 866
1886...	.	.	258 639	30 635	289 274	.	.	.	.	219 193
1896...	172 625	69 898	242 523	44 907	287 430	.	.	.	.	215 208
1901...	147 165	74 746	221 911	56 302	278 213	143 918	68 638	212 556	1 159	213 715
1906...	144 945	81 210	226 155	48 377	274 532	139 983	71 930	211 913	2 607	214 520
1911...	143 625	74 595	218 220	45 787	264 007	139 303	65 421	204 724	1 220	205 944
					Prozentverteilung					
1866...	.	.	.	.	100	.	.	.	.	100
1876...	.	.	85,9	14,1	100	.	.	.	.	100
1886...	.	.	89,4	10,6	100	.	.	.	.	100
1896...	60,1	24,3	84,4	15,6	100	.	.	.	.	100
1901...	52,9	26,9	79,8	20,2	100	67,4	32,1	99,5	0,5	100
1906...	52,8	29,6	82,4	17,6	100	65,3	33,5	98,8	1,2	100
1911...	54,4	28,3	82,7	17,3	100	67,6	31,8	99,4	0,6	100
					1876 = 100					
1866...			.	.	98,5					100,4
1876...			100	100	100					100
1886...			105,8	76,5	101,7					101,5
1896...			99,2	112,2	101,0					99,7
1901...			90,8	140,7	97,8					99,0
1906...			92,5	120,9	96,5					99,4
1911...			89,3	114,4	92,8					95,4

Mit rund 259 000 wiesen 1886 die seit 1876 in den Viehzählungsergebnissen ausgeschiedenen Viehbesitzer mit Landwirtschaftsbetrieb den höchsten Bestand auf. Der hierauf eingetretene Rückgang setzte sich fast ununterbrochen bis 1911 fort, als noch 218 000 gezählt wurden. Einen ähnlichen Verlauf nahm die Zahl der Rindviehbesitzer – zu 99 % aus Landwirten bestehend –, wobei auffällt, daß namentlich die Inhaber von Landwirtschaftsbetrieben ohne weitere Erwerbsquellen zurückgegangen sind. Erhebliche regionale Unterschiede dieser Entwicklung sind aus der folgenden Kantonstabelle ersichtlich:

Rindviehbesitzer nach Kantonen, 1866 bis 1906

Kantone	Rind-vieh-besitzer 1866	Prozentveränderung der Zahl der Rindviehbesitzer				Rindviehbesitzer 1906			
		1876 gegen 1866	1886 gegen 1876	1896 gegen 1886	1906 gegen 1896	Anzahl	Veränderung gegen 1866		in %
							Anzahl +	—	
Zürich	21 332	— 4,1	—1,3	— 5,7	— 5,7	17 967		3 365	—15,8
Bern	38 606	2,5	1,5	— 0,3	3,3	41 370	2 764		7,2
Luzern	10 346	1,2	0,0	— 1,5	— 1,2	10 199		147	— 1,4
Uri	1 457	— 1,5	6,0	— 3,0	— 1,6	1 451		6	— 0,4
Schwyz	3 643	3,2	3,4	— 1,6	0,3	3 838	195		5,4
Obwalden	1 241	6,5	—0,5	— 3,0	6,3	1 355	114		9,2
Nidwalden	779	— 2,2	5,4	3,1	2,4	848	69		8,9
Glarus	1 583	— 6,8	1,7	— 6,5	— 5,9	1 321		262	—16,6
Zug	1 131	6,3	3,3	— 0,5	0,6	1 243	112		9,9
Freiburg	9 260	1,7	7,1	6,2	3,0	11 031	1 771		19,1
Solothurn	6 557	— 6,8	7,7	2,1	6,0	7 124	567		8,6
Basel-Stadt ...	386	— 8,0	—0,8	—23,0	—27,3	197		189	—49,0
Basel-Land ...	4 243	1,8	1,3	— 0,2	4,5	4 561	318		7,5
Schaffhausen ..	3 158	–	2,5	— 4,6	— 3,8	2 971		187	— 5,9
Appenzell-A. Rh.	3 114	0,5	—1,6	— 3,9	0,8	2 983		131	— 4,2
Appenzell-I. Rh.	1 101	8,3	—3,9	7,3	4,1	1 279	178		16,2
St. Gallen	15 031	–	1,9	— 2,2	— 2,7	14 583		448	— 3,2
Graubünden ..	12 353	— 3,0	—3,1	— 5,0	— 0,6	10 960		1 393	—11,3
Aargau	19 355	— 1,7	—1,5	— 1,8	— 1,9	18 063		1 292	— 6,7
Thurgau	10 756	— 5,0	—0,1	— 2,6	— 4,8	9 465		1 291	—12,0
Tessin	14 087	3,0	5,3	— 7,3	— 2,1	13 592		495	— 3,5
Waadt	17 373	— 4,1	2,9	— 1,0	— 1,4	16 740		633	— 3,6
Wallis	14 287	6,2	5,0	0,6	5,3	16 884	2 597		18,2
Neuenburg ...	3 290	— 5,1	0,1	— 0,2	— 5,2	2 957		333	—10,1
Genf	2 242	—11,5	—6,2	— 6,0	—12,0	1 538		704	—31,4
Schweiz	216 711	— 0,4	1,5	— 1,8	— 0,3	214 520	8 685	10 876	
							Saldo	2 191	— 1,0

Zwischen 1866 und 1906 hat die Zahl der Rindviehbesitzer in 10 Kantonen zu-
und in 15 abgenommen, was gesamtschweizerisch eine leichte Abnahme um 1%
bewirkte. Ständig vermehrt hat sie sich nur in den Kantonen Freiburg und Wallis,
während in den beiden Städtekantonen Basel-Stadt und Genf sowie in den Kantonen Zürich, Aargau, Thurgau und Graubünden in allen Zählperioden ein Rückgang zu verzeichnen ist. Für Zürich läßt sich auf Grund der bereits erwähnten
Betriebszählungsergebnisse von 1886 und 1905 schließen, daß die Abnahme der

Landwirtschaftsbetriebe in dieser Zeitspanne mindestens so groß war (3 763 Einheiten oder 15%) wie diejenige der Rindviehbesitzer zwischen 1886 und 1906 (2 126 oder 11%).

Die Gruppierung der Rindviehbesitzer nach der Stückzahl ihres Rindbestandes bildet einen Ersatz für die Größengliederung der Landwirtschaftsbetriebe nach ihrer Kulturfläche.

Rindviehbesitzer nach Größenklassen, 1866 bis 1911

Größen-klassen: Stück Rind-vieh je Be-sitzer	1866	1876	1886	1896	1901	1906	1911
1.......	41 196	37 845	29 776	23 808	23 615	19 642	18 975
2.......	42 269	40 549	35 078	30 517	29 525	25 521	24 314
3.......	57 142	57 803	31 819	29 006	27 366	24 939	23 654
4.......			25 473	24 473	23 803	22 408	21 056
5, 6.....	31 623	32 393	35 853	36 921	36 288	36 922	35 093
7–10....	27 079	28 487	35 200	39 911	40 058	44 813	44 060
11–15	14 611	15 705	21 322	25 074	19 600	23 076	22 387
16–20					7 388	9 030	8 567
21–30	2 791	3 084	4 672	4 051	4 469	5 869	5 610
31–40				967	1 010	1 431	1 397
41–50				284	368	491	432
über 50 ..				196	225	378	399
Total	216 711	215 866	219 193	215 208	213 715	214 520	205 944
Durchschnitt je Besitzer							
Stück	4,6	4,8	5,5	6,1	6,3	7,0	7,0
Prozentverteilung							
1 bis 4....	64,9	63,1	55,8	50,1	48,8	43,1	42,8
5 bis 10...	27,1	28,2	32,4	35,7	35,7	38,1	38,4
11 bis 20...	6,7	7,3	9,7	11,6	12,6	15,0	15,0
über 20 ...	1,3	1,4	2,1	2,6	2,9	3,8	3,8
Total	100	100	100	100	100	100	100

Verursacht durch

die Ausdehnung der Futterfläche auf Kosten des Ackerbaus, namentlich im Mittelland,

die Steigerung der Futterproduktion infolge vermehrter Düngung und wohl auch

die ungenügende Rentabilität kleiner Betriebe,

ist der Anteil der Besitzer von 1 bis 4 Stück Rindvieh an der Gesamtzahl der Rindviehbesitzer von annähernd zwei Dritteln im Jahre 1866 auf die Hälfte 1896 und auf noch rund zwei Fünftel 1911 gesunken. Im Landesmittel stieg der Durchschnittsbestand allmählich von 4,6 auf 7,0 Stück je Besitzer. Am stärksten ist der Prozentanteil der kleinen Rindviehbesitzer zwischen 1866 und 1906 im Kanton Zürich (von 78 auf 36%) und im Thurgau (von 79 auf 38%) zurückgegangen, am wenigsten in den drei Gebirgskantonen Tessin (von 79 auf 78%), Wallis (von 62 auf 60%) und Graubünden (von 41 auf 35%), wie im einzelnen folgender Tabelle zu entnehmen ist.

Prozentanteil der Besitzer von 1 bis 4 Stück Rindvieh an der Gesamtzahl der Rindviehbesitzer, 1866 und 1906, nach Kantonen

Jahr	Prozentanteile	Kantone (in Klammern: Prozentanteil)
1866	31 bis 40%	Uri (35), Obwalden (38)
	41 bis 50%	Graubünden (41), Nidwalden, Zug (je 44), Luzern, Schwyz (je 49), Neuenburg (50)
	51 bis 60%	Freiburg (54), Glarus (56), Bern, Appenzell-Innerrhoden (je 60)
	61 bis 70%	St. Gallen (61), Appenzell-Außerrhoden, Wallis (je 62), *Schweiz (65)*, Waadt (66), Solothurn (68)
	71 bis 80%	Basel-Stadt (74), Zürich, Aargau, Genf (je 78), Basel-Land, Thurgau, Tessin (je 79)
	81 bis 90%	Schaffhausen (85)
1906	11 bis 20%	Obwalden (17), Nidwalden, Zug (je 19)
	21 bis 30%	Luzern, Uri (je 22), Schwyz (24), Glarus (27), Neuenburg (28)
	31 bis 40%	Appenzell-Innerrhoden (31), St. Gallen, Graubünden (je 35), Zürich, Freiburg, Appenzell-Außerrhoden (je 36), Thurgau (38), Bern (39)
	41 bis 50%	Waadt (42), *Schweiz (43)*, Basel-Stadt (46), Solothurn (50)
	51 bis 60%	Aargau (53), Genf (56), Basel-Land (57), Wallis (60)
	61 bis 70%	Schaffhausen (63)
	71 bis 80%	Tessin (78)

Ein umfassenderes Inventar der landwirtschaftlichen Betriebe, als es die bisherigen Zählungen ergeben hatten, lieferte die erste eidgenössische Betriebszählung vom 9. August 1905. Sie vermittelt Anhaltspunkte über die Struktur der Landwirtschaftsbetriebe am Ende unserer Beobachtungsperiode, speziell über

das Betriebspersonal,

den Einsatz sachlicher Produktionsmittel, wie Boden, Nutztiere, Maschinen und Motoren,

die Bodenbenützungssysteme

die Bodenparzellierung und

die Besitzverhältnisse am bewirtschafteten Boden.

Die folgenden drei Tabellen orientieren über die durchschnittliche Betriebsfläche, die Häufigkeit der Kleinbauernbetriebe, die Bodenparzellierung und die Besitzverhältnisse. Sie ergänzen die Ausführungen an anderer Stelle über die Verwendung von technischen Hilfsmitteln (S. 57) nach Kantonen. Die Darstellung beschränkt sich auf die Betriebe bis zu 30 ha, das sind 97 % aller Betriebe, da der Betriebsfläche der hauptsächlich aus Alpweiden bestehenden Betriebe über 30 ha wegen der schwierigen Ermittlungen der Weideflächen eine erhebliche Unsicherheit anhaftet.

Durchschnittsfläche der Landwirtschaftsbetriebe von 0,5 bis 30 ha, 1905, nach Kantonen
(Produktives Areal, das heißt Ackerland, Wiesen, Weiden, Gärten, Reben, Streueland und landwirtschaftlicher Wald)

Durchschnittsfläche a	Kantone (in Klammern: Aren je Betrieb)
201 bis 300 ...	Tessin (254)
301 bis 400 ...	Wallis (329), Aargau (390)
401 bis 500 ...	Schaffhausen (401), Basel-Land (429), Appenzell-Außerrhoden (469), Solothurn (471), Graubünden (479), Uri (482), Obwalden (494)
501 bis 600 ...	St. Gallen (528), Glarus (532), *Schweiz (539)*, Genf (540), Zürich (548), Thurgau (558)
601 bis 700 ...	Basel-Stadt (619), Schwyz (623), Bern (635), Appenzell-Innerrhoden (653), Waadt (669), Freiburg (670)
701 bis 800 ...	Nidwalden (741)
801 bis 900 ...	Neuenburg (872), Luzern (879)
901 bis 1 000 ...	Zug (957)

Niedriger als der schweizerische Durchschnitt von 539 a Kulturland je Betrieb war 1905 die mittlere Betriebsgröße besonders in den Kantonen Tessin, Wallis und Aargau, höher hingegen namentlich in den Kantonen Zug, Luzern und Neuenburg. Mehrheitlich finden sich die gleichen Kantone in umgekehrter Reihenfolge sowohl in der folgenden Tabelle über den Prozentanteil der Kleinbauernbetriebe an der Gesamtzahl der Betriebe bis 30 ha wie in der Übersicht auf der vorstehenden Seite über den Prozentanteil der Besitzer von 1 bis 4 Stück Rindvieh an der Gesamtzahl der Rindviehbesitzer im Jahre 1906.

Prozentanteil der Landwirtschaftsbetriebe mit 0,5 bis 5 ha an der Gesamtzahl der Landwirtschaftsbetriebe von 0,5 bis 30 ha, 1905, nach Kantonen

Prozentanteile	Kantone (in Klammern: Prozentanteil)
31 bis 40% ...	Zug (32), Luzern (36)
41 bis 50% ...	Neuenburg (41), Nidwalden (44), Appenzell-Innerrhoden (47), Waadt (50)
51 bis 60% ...	Schwyz, Freiburg (je 52), Zürich (54), Thurgau (55), Bern (56), St. Gallen (70)
61 bis 70% ...	Glarus (61), *Schweiz (62)*, Basel-Stadt (62), Obwalden (65), Appenzell-Außerrhoden (67), Graubünden, Uri (je 68), Solothurn (69)
71 bis 80% ...	Basel-Land (71), Schaffhausen (73), Genf (74), Aargau (75)
81 bis 90% ...	Wallis (83), Tessin (90)

Unterschiede der Besiedlung und der Übernahmeformen beim Wechsel landwirtschaftlichen Besitzes haben in den einzelnen Kantonen den Arrondierungsgrad der Betriebe maßgebend beeinflußt. Im Landesdurchschnitt traf es auf einen Betrieb 14 Parzellen zu je 37 a. Dem Idealfall eines arrondierten Betriebes kam Appenzell-Innerrhoden mit durchschnittlich 2 Parzellen zu je 264 a am nächsten, während der Kanton Tessin mit durchschnittlich 35 Parzellen je Betrieb zu je 7 a am stärksten unter der Parzellierung litt.

Parzellierung der Landwirtschaftsbetriebe von 0,5 bis 30 ha, 1905, nach Kantonen

Zahl der Parzellen je Betrieb (inbegriffen Waldparzellen)	
1 bis 5 Parzellen	Appenzell-Außerrhoden, Appenzell-Innerrhoden (je 2), Uri, Obwalden, Nidwalden (je 3), Schwyz, Zug (je 4), Luzern (5)
6 bis 10 Parzellen	St. Gallen (6), Freiburg (8), Bern, Genf (je 9) Neuenburg (10)
11 bis 15 Parzellen	Solothurn, Glarus (je 11), Basel-Land (12), Thurgau (13) *Schweiz (14)*, Aargau, Waadt (je 14), Zürich (15)
16 bis 20 Parzellen	Schaffhausen (19)
21 und mehr Parzellen ..	Basel-Stadt (21), Graubünden (26), Wallis (34), Tessin (35)

Parzellierung der Landwirtschaftsbetriebe von 0,5 bis 30 ha, 1905, nach Kantonen
Schluß

Mittlere Größe der Parzellen in Aren (Wald inbegriffen)	
1 bis 10 a	Tessin (7), Wallis (10)
11 bis 20 a	Graubünden (19)
21 bis 30 a	Schaffhausen (21), Aargau (28), Basel-Stadt (29)
31 bis 40 a	Basel-Land (36), *Schweiz (37)*, Zürich (37)
41 bis 50 a	Thurgau (42), Solothurn (44), Waadt (47), Glarus (48)
51 bis 100 a	Genf (61), Bern (73), Freiburg (84), St. Gallen (86), Neuenburg (88)
101 und mehr a	Obwalden, Luzern (je 161), Schwyz (166), Uri (169), Nidwalden (214), Zug (225), Appenzell-Außerrhoden (243), Appenzell-Inner-rhoden (264)

Über die Besitzverhältnisse in der Landwirtschaft haben schon vor 1905 zwei Volkszählungen zuverläßige Hinweise geliefert.

Die Betriebszählung kam zum gleichen Ergebnis wie die Volkszählungen von 1888, 1900 und 1910: Von 100 Betrieben beziehungsweise Selbständigen unter den hauptberuflich in der Landwirtschaft Tätigen entfallen 91 bis 92% auf Eigentümer und 7 bis 8% auf Pächter. Dazu ermittelte die Betriebszählung in bezug auf die Betriebsfläche Anteile von 81,5% eigenes Land, 16,6% Pachtland und 1,9% Nutznießungsland. Die weit auseinandergehenden Mittelzahlen der Kantone hinsichtlich des eigenen Landes sind in nachstehender Übersicht enthalten.

Besitzverhältnisse in der Landwirtschaft nach den Volkszählungen von 1888, 1900 und 1910
(Zahl der Selbständigen unter den hauptberuflich in der Landwirtschaft Tätigen)

Jahre	Geschlecht	Personen				Wenn Total = 100			
		Eigen-tümer	Pächter	Andere	Total	Eigen-tümer	Pächter	Andere	Total
1888	Männer	171 796	12 784	2 645	187 225	71,8	6,8	1,4	100
	Frauen	20 605	779	1 722	23 106	89,2	3,4	7,4	100
	Total	192 401	13 563	4 367	210 331	91,5	6,4	2,1	100
1900	Männer	171 188	14 304	2 141	187 633	91,2	7,6	1,2	100
	Frauen	22 504	840	543	23 887	94,2	3,5	2,3	100
	Total	193 692	15 144	2 684	211 520	91,6	7,1	1,3	100
1910	Männer	165 751	15 234	1 664	182 649	90,8	8,3	0,9	100
	Frauen	24 717	766	125	25 608	96,5	3,0	0,5	100
	Total	190 468	16 000	1 789	208 257	91,4	7,7	0,9	100

Besitzverhältnisse in der Landwirtschaft nach der Betriebszählung von 1905
(Betriebe von 0,5 bis 30 ha und deren Fläche nach Besitzarten)

Besitzarten	Betriebe		Betriebsfläche, ha			
	Anzahl	%	Eigenes Land	Pacht-land	Nutz-nie-ßungs-land	Total
Betriebe mit nur eigenem Land	131 355		741 644	–	–	741 644
Betriebe mit eigenem und gepachte-tem Land	44 998		159 168	73 712	–	232 880
Betriebe mit eigenem und zur Nutz-nießung zugewiesenem Land	23 715		88 813	–	12 195	101 008
Betriebe mit eigenem, gepachtetem und zur Nutznießung zugew. Land	17 074		48 992	19 954	8 112	77 058
Total Betriebe mit vorwiegend eige-nem Land	217 142	91,8	1 038 617	93 666	20 307	1 152 590
Betriebe mit nur gepachtetem Land	16 408		–	112 106	–	112 106
Betriebe mit gepachtetem und zur Nutznießung zugewiesenem Land ..	2 008		–	5 499	1 313	6 812
Total Betriebe mit vorwiegend Pacht-land	18 416	7,8	–	117 605	1 313	118 918
Betriebe mit nur Land zur Nutznie-ßung.........................	868	0,4	–	–	2 564	2 564
Betriebe im ganzen	236 426	100	1 038 617	211 271	24 184	1 274 072
%			81,5	16,6	1,9	100

Prozentanteil des eigenen Landes an der gesamten Betriebsfläche der landwirt-schaftlichen Betriebe von 0,5 bis 30 ha, 1905, nach Kantonen

Prozentanteile	Kantone (in Klammern: Prozentanteil)
21 bis 30	Basel-Stadt (29)
31 bis 40	Glarus (34)
41 bis 50	Neuenburg (44)
51 bis 60	Freiburg (53), Genf (57)
61 bis 70	Solothurn (65)
71 bis 80	Waadt (72), Graubünden (73), Basel-Land, Tessin (je 77), Bern (78)
81 bis 90	*Schweiz (82)*, Appenzell-Innerrhoden (82), Zug (84), Obwalden, Wallis (je 85), Uri, Schaffhausen (je 86), Appenzell-Außerrhoden (87), Luzern, Schwyz, St. Gallen (je 89)
91 bis 100	Aargau (91), Nidwalden (92), Zürich (95), Thurgau (97)

Mit Ausnahme von Basel-Stadt, Glarus und Neuenburg ist die Eigenbewirtschaftung des Landes in allen Kantonen vorherrschend, insbesondere in der kleinbäuerlichen Nordschweiz, wo landbesitzendes Städtepatriziat nie größere Bedeutung erlangte.

5. Technische Hilfsmittel

Der Unterschied in der Ausrüstung mit technischen Hilfsmitteln zwischen größeren und kleineren Landwirtschaftsbetrieben ist während der Berichtszeit gewachsen. Bestand anfänglich der Vorsprung der größeren Landgüter hauptsächlich in der Verwendung leistungsfähigerer Ackergeräte, wie verbesserter Pflüge, von Pflügen überhaupt, vereinzelt auch von Sämaschinen, so führten der zunehmende Mangel an familienfremden Arbeitskräften und der damit verbundene Lohnanstieg auch auf andern Arbeitsgebieten zum Ersatz von teurer Handarbeit durch Maschinenarbeit. Die Mehrproduktion sowie die meistens größere Finanzkraft und bessere Fachbildung der Inhaber erleichterten diesen größeren Betrieben die Mechanisierung[1].

Anregungen zu technischen Verbesserungen gaben vor allem die häufig von landwirtschaftlichen Vereinen veranstalteten Ausstellungen, und unter diesen besonders die acht großen schweizerischen Ausstellungen von 1873, 1877, 1881, 1883, 1887, 1895, 1903 und 1910. Einzelne Kantonalvereine unterhielten zeitweise ständige Geräte- und Maschinendepots und Prüfstationen für empfehlenswerte Fabrikate, wie die Classe d'agriculture in Genf und die Kantonalvereine Freiburg, Bern und Thurgau. Auch landwirtschaftliche Schulen übernahmen da und dort diese Aufgabe. Im Kanton Waadt war es die vom Staat unterstützte Privatschule in Bois-Bougy (1856–1865) und in den Kantonen Zürich und Bern die Schulen Strickhof und Rütti, die auch einen kommissionsweisen Verkauf betrieben. Auch spezielle Prüfstationen wurden ins Leben gerufen, da es an den Ausstellungen meistens an Zeit und genügender Bodenfläche für gründliche Proben fehlte. Im Kanton Aargau übernahmen nach Anordnung der Aargauischen Landwirtschaftlichen Gesellschaft und im Einverständnis des Kantons die drei Staatsdomänen Muri, Wettingen und Olsberg von 1871 an während einiger Jahre solche Prüfungen. Professor Kraemer schlug im Enqueтebericht von 1882 die Errichtung einer Prüfstation für landwirtschaftliche Maschinen am eidgenössischen Polytechnikum vor, und 1891 reichte auch die Gesellschaft schweizerischer Landwirte dem Schweizerischen Schulrat ein entsprechendes Gesuch ein. Gesamtschweizerisch ist die Idee durch den Schweizerischen Bauernverband 1919 mit der Gründung

---

[1] Über technische Hilfsmittel im Getreidebau siehe S. 108 f.

der Maschinenberatungsstelle und 1922 mit der Errichtung der Stiftung Trieur für Prüfung land-, milch- und forstwirtschaftlicher Maschinen und Geräte verwirklicht worden.

Durch die Gründung von Genossenschaften und seltener auch durch die Beteiligung öffentlich-rechtlicher Körperschaften (namentlich Gemeinden) an der Beschaffung von Geräten und Maschinen ist da und dort auch kleineren Betrieben der Einsatz technischer Hilfsmittel ermöglicht worden. Die erste spezielle Gerätegenossenschaft datiert noch aus der Zeit vor 1850, als für die Ausleihe von Ackergeräten im thurgauischen Tägerwilen 1843 eine Genossenschaft gegründet wurde. Ähnliche Zusammenschlüsse entstanden bis in die achtziger Jahre in den Kantonen Zürich (Genossenschaften in Andelfingen, Hedingen, Bonstetten, Bülach, Schwamendingen), Schaffhausen (Schleitheim), Aargau (Fahrwangen, Bünzen), Waadt (Aigle) und Genf (Meyrin, Pregny, Vandœuvres), um nur einige Beispiele zu nennen. Die Anschaffung von Gerätschaften aller Art ist dann durch das Aufkommen landwirtschaftlicher Bezugs- und Absatzgenossenschaften und ihrer Verbände (Volg 1886, Bern 1889, Zentralschweiz 1890 usw.) erleichtert worden, und zwar auch dadurch, daß vielenorts die lokalen Genossenschaften selbst Maschinen anschafften und sie ihren Mitgliedern leihweise zur Verfügung stellten, wobei es sich vorwiegend um Maschinen handelte, deren Benützung auf eine längere Periode verteilt und nicht zu sehr von der Witterung abhängig ist.

Der Selbsthalterpflug erschien erstmals Mitte der siebziger Jahre auf Ausstellungen, fand aber erst später in der breiten Praxis allgemeine Verwendung, wie das bei dauerhaften Kapitalgütern häufig vorkommt. Unter den Handgeräten, die bis in die neuere Zeit eine zum Teil durch die natürlichen Verhältnisse bedingte große Mannigfaltigkeit aufwiesen, hat die Sense für den Getreideschnitt in den 1860er und 1870er Jahren die Sichel verdrängt. Englische und amerikanische Geräte aus Stahl, deren kraftsparende, solide Ausführung bereits an den Vorführungen der schweizerischen Ausstellung von 1873 auffiel, fanden trotz ihrem relativ niedrigen Preis erst größere Verbreitung, als die Genossenschaftsverbände mit deren Vermittlung begannen. Dagegen hat sich der 1889 in den Handel gebrachte sogenannte Heurechen (Schlepprechen), mit dem etwa die dreifache Leistung der bis anhin gebräuchlichen Holzrechen erzielt wurde, verhältnismäßig rasch eingebürgert.

Die Dreschmaschine nach dem älteren Schlagleistensystem war in der Westschweiz, wo Weizen als Brotgetreide vorherrschte, bereits vor 1860 stark verbreitet. Im Kanton Waadt allein standen 1847 285 und 1865 925 Maschinen in Betrieb. In der deutschen Schweiz mit ihrem viel wichtigeren Korn- (= Dinkel)-Anbau erlangte erst die anfangs der 1860er Jahre konstruierte Stiftendreschmaschine größere Verbreitung. Hauptfabrikant war Johann Rauschenbach (1813–1881) in Schaffhausen, Gründer der ersten eigentlichen Landmaschinenfabrik in der Schweiz. Die anfänglich nur auf Dreschmaschinen spezialisierte Firma beschäftigte 1865 25 Arbeiter, um 1880 bereits 200. Sie verkaufte im Mittel der Jahre 1860/68 211 Stück, 1869/83 5861 und 1884/99 deren 5 692, einen Großteil davon ins Ausland. Erst nachträglich, 1865, begann Rauschenbach mit der Fabrikation von Handdreschmaschinen, nach denen bis Mitte der siebziger Jahre eine große Nachfrage bestand. Später bevorzugten aber auch mittlere Landwirtschaftsbetriebe Dreschmaschinen mit Göppelantrieb.

Außer der Dreschmaschine stellte Rauschenbach etwa von 1862 an in großen Serien auch Futterschneidmaschinen für Hand- und Göppelantrieb her. Durch den Übergang zu vermehrtem Futterbau im Mittelland mit entsprechend größerer Viehhaltung fand diese arbeitssparende, auch für kleinere Betriebe preisgünstige Maschine einen besonders aufnahmefähigen Markt. Bis 1883 wurden allein von Rauschenbach 30 000 Stück verschiedener Größe im In- und Ausland abgesetzt.

Ebenfalls im Zusammenhang mit der Ausdehnung des Futterbaus stand die wachsende Nachfrage nach Heuerntemaschinen, insbesondere Grasmähmaschinen, Heuwendern und Pferderechen. Englische und amerikanische Fabrikate tauchten vereinzelt Ende der 1850er Jahre auf. Von diesem Zeitpunkt an häuften sich Probeveranstaltungen durch landwirtschaftliche Vereine, deren wichtigste 1871 in Bernex GE, 1873 in Burgdorf BE, Boudry NE und Etoy VD, 1874 in Céligny GE und La Sagne NE, 1875 in Zürich und Hindelbank BE, 1876 in Emmenbaum LU und 1877 in Aigle VD stattfanden. Trotz ihrer verbesserten, vor allem leichteren Konstruktion vermochten die hier vorgeführten Modelle wegen der hohen Preise und der schwierigen Ersatzteilbeschaffung keine größere Verbreitung zu erlangen. Zudem setzten Mähmaschinen auch geeignete Zugtiere, insbesondere Pferde, voraus, was damals in geringerem Umfange als später zutraf, da noch 1905 erst 22% der Landwirtschaftsbetriebe mit über 0,5 ha Pferde besaßen. Als in den Jahren 1893 und 1894 dank enger Zusammenarbeit von inländischen Maschinenfabriken mit landwirtschaftlichen Genossenschaften der Ankaufpreis von 460 Franken auf 320 und später 290 Franken je Maschine fiel, nahm der Absatz rasch zu, wie folgende Tabelle und Abbildung 3 zeigen. Es bedurfte somit einer technischen und wirtschaftlichen Reifungszeit von gut drei Jahrzehnten, bis die Mähmaschine sich in der Schweiz durchsetzen konnte.

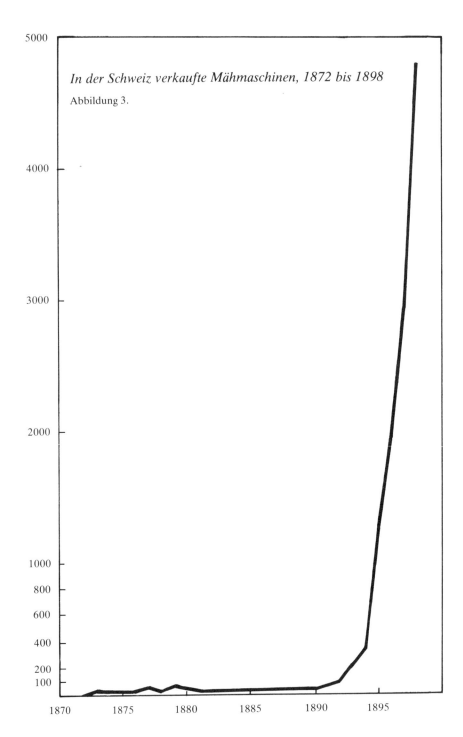

In der Schweiz verkaufte Mähmaschinen, 1872 bis 1898

Abbildung 3.

54

In der Schweiz verkaufte Mähmaschinen, 1870 bis 1898

Jahre	1870	1871	1872	1873	1874	1875	1876	1877	1878	1879
Anzahl Maschinen	–	–	–	28	34	34	34	56	38	55
Jahre	1880	1881	1882	1883	1884	1885	1886	1887	1888	1889
Anzahl Maschinen	48	23	18	16	12	13	11	15	14	21
Jahre	1890	1891	1892	1893	1894	1895	1896	1897	1898	
Anzahl Maschinen	34	62	87	229	354	1 270	1 931	2 937	4 344	

Quelle: A. Nachtweh, Dozent am eidgenössischen Polytechnikum; Entwicklungsgeschichte der Verbreitung der Mähmaschine in der Schweiz, in: Schweizerisches landw. Centralblatt, 1899, S. 45.

Als in der Schweiz die Zahl der in Betrieb stehenden Wasserkraftanlagen für die allgemeine Elektrizitätsversorgung sich von 2 im Jahre 1890 auf 56 im Jahre 1900 und 316 im Jahre 1913 erhöhte, fand die neue Energiequelle etwa von der Jahrhundertwende an auch in der Landwirtschaft Eingang. Sie diente zunächst vor allem für Beleuchtungszwecke und bewirkte eine wesentliche Verminderung der Feuersgefahr. Nach einer Schätzung des Verbandes schweizerischer Elektrizitätswerke entfielen 1913 vom Energieverbrauch der in der Landwirtschaft verwendeten elektrischen Apparate in der Höhe von insgesamt 9,5 Millionen kWh 5 Millionen auf Lampen, 3 Millionen auf Motoren und 1,5 Millionen auf Bügeleisen, Kochherde und andere Wärmeapparate.

Landwirtschaftsbetriebe mit Besitz von Pferden und Benützung von Motoren und Maschinen, 1905, nach Größenklassen

Betriebsgrößenklassen ha Kulturland mit Wald	Betriebe im ganzen	Davon					
		mit Pferden		mit Benützung von Motoren[1]		mit Benützung von Maschinen[2]	
		Betriebe	in %	Betriebe	in %	Betriebe	in %
0,5 bis 3	100 390	4 819	4,8	336	0,3	6 729	6,7
3 bis 10	101 529	23 306	22,9	2 259	2,2	33 304	33,1
10 bis 15	19 763	11 649	58,9	1 097	5,6	12 764	64,6
15 bis 30	14 744	10 648	72,2	892	6,0	10 430	70,7
Total	236 426	50 422	21,3	4 584	1,9	63 227	26,7
über 30	7 284	3 755	51,6	361	5,0	2 999	41,2
Im ganzen	243 710	54 177	22,2	4 945	2,0	66 226	27,2

[1] Wassermotoren, Dampfmotoren, Elektromotoren, andere Motoren.
[2] Sieben Arten: Sämaschinen, Mähmaschinen, Heuwender, Pferderechen, Dampfdreschmaschinen, andere Dreschmaschinen, Milchzentrifugen.

Die eidgenössische Betriebszählung von 1905 hat nur die Zahl der Landwirtschaftsbetriebe, die bestimmte Arten von eigenen oder fremden Motoren (deren 4) und Maschinen (deren 7) benützten, nicht aber die Zahl dieser Objekte selbst erhoben. Allgemein verbreitete Geräte fielen außer Betracht, so daß die ausgewählten Arten einen höheren Grad von Mechanisierung anzeigen.

Von den insgesamt 243 710 gezählten Landwirtschaftsbetrieben mit über 0,5 ha Kulturland mit Wald besaßen 1905 22,2% der Betriebe Pferde, jedoch nur 2,0% Motoren, dagegen 27,2% Maschinen der im Fragebogen bezeichneten sieben Arten.

Läßt man die hauptsächlich aus Weidebetrieben bestehende Gruppe der Größenklasse über 30 ha außer Betracht, so zeigt sich mit wachsender Betriebsgröße eine starke Zunahme der Motorisierung und Mechanisierung. Unter den verschiedenen Maschinenarten wies 1905 die Dreschmaschine die weiteste Verbreitung auf. Sie wurde in 50 806 Betrieben oder 20,8% aller Betriebe benützt. An zweiter Stelle, mit einem Anteil von 13,3%, folgten die Betriebe mit Mähmaschinenbenützung und an dritter Stelle mit einem Anteil von 6,6% die Betriebe mit Benützung von Heuwendern. Weniger als 5% betrug der Anteil der Betriebe mit Verwendung von Sämaschinen (1,7%), Pferderechen (1,6%) und Milchzentrifugen (0,3%).

Landwirtschaftsbetriebe mit Benützung von Maschinen, 1905, nach Größenklassen

Betriebs-grössenklassen ha Kulturland mit Wald	Betriebe mit Benutzung von							
	Sä-ma-schinen	Mäh-ma-schinen	Heu-wendern	Pferde-rechen	Dreschmaschinen			Milch-zentri-fugen
					Dampf-dresch-ma-schinen	Andere Dresch-ma-schinen	Total	
0,5 bis 3	131	1 166	239	42	1 043	4 700	5 743	44
3 bis 10	954	13 130	5 797	480	5 492	19 787	25 279	236
10 bis 15	932	8 816	4 229	699	1 898	7 142	9 040	137
15 bis 30	1 560	8 376	4 322	1 676	1 625	6 635	8 260	151
Total	3 577	31 488	14 587	2 897	10 058	38 264	48 322	568
über 30	614	2 290	1 438	1 060	464	2 020	2 484	242
Im ganzen	4 191	33 778	16 025	3 957	10 522	40 284	50 806	810
In %[1]	1,7	13,9	6,6	1,6	4,3	16,5	20,8	0,3

[1] aller 243 710 Betriebe.

Über 10% aller Landwirtschaftsbetriebe der folgenden Kantone haben Landmaschinen der erwähnten Art verwendet.

Kantone, in denen über 10% aller Landwirtschaftsbetriebe einzelne der in der Zählung von 1905 vorgesehenen Maschinen benützten

a)	Dreschmaschinen:												
	SH	GE	BS	BE	FR	NE	TG	SO	LU	BL	VD	ZH	AG
	45,1	42,3	40,7	36,0	35,1	33,6	33,2	30,1	29,0	27,5	26,5	25,5	12,6%
b)	Mähmaschinen:												
	BS	VD	LU	FR	ZG	TG	NE	SO	BE	GE	ZH	SG	BL
	32,3	32,0	29,5	27,7	22,9	21,6	20,6	18,3	17,9	13,9	12,3	11,6	11,4%
c)	Heuwender:												
	TG	BS	ZG	ZH	LU								
	24,1	21,2	19,3	16,6	12,4%								
d)	Pferderechen:												
	BS: 23,8%												

Die Zehn-Prozent-Grenze überschritten je 13 Kantone bei Dreschmaschinen (mit Unterschieden zwischen 12,6% für den Aargau und 45,1% für Schaffhausen) und bei Mähmaschinen (mit Unterschieden zwischen 11,4% für Basel-Land und 32,3% für Basel-Stadt) und 5 Kantone bei der Benützung von Heuwendern (mit Unterschieden zwischen 12,4% für Luzern und 24,1% für den Thurgau). Bei Pferderechen weist nur Basel-Stadt eine Quote von über 10% auf (23,8%), während die Benützung von Milchzentrifugen höchstens von 4,3% der Landwirtschaftsbetriebe eines Kantons (Glarus) gemeldet wurde.

In der folgenden Tabelle wird die Verbreitung der Sä- und Dreschmaschinenbenützung in den Getreidebaubetrieben dargestellt. Danach verwendeten im schweizerischen Mittel 2,9% der Getreidebauern Sämaschinen, mit denen schätzungsweise 6,7% der Getreidefläche angesät wurden, und 35,1% Dreschmaschinen, die für den maschinellen Drusch der Ernte ab etwa 52% der Getreidefläche dienten.

Diese Ergebnisse der Betriebszählung von 1905 lassen beim Vergleich mit den Zahlen der wenige Jahre zuvor begonnenen Buchhaltungserhebungen des Schweizerischen Bauernsekretariates, die das gesamte in den Betrieben investierte Geräte- und Maschinenkapital berücksichtigen, vermuten, daß damit dem Werte nach knapp ein Fünftel des gesamten Geräte- und Maschinenkapitals erfaßt wurde. In seiner «Landwirtschaftlichen Betriebslehre», 3. Auflage, 1912, nahm Laur folgende Wertanteile im Landesmittel an: Transportgeräte ein Viertel, Maschinen und Zuggeräte ein Fünftel, Geräte für den Obst- und Weinbau und Kellerwirtschaft ein Fünftel, Haushaltungsmobiliar (Eßzimmer und Küche) ein Zehntel und übrige Gegenstände des toten Inventars ein Viertel.

Wenn auch eine Übertragung der Mittelzahlen der Buchhaltungsbetriebe auf die gesamte Landwirtschaft nicht ohne weiteres möglich ist, so geben sie doch in

Benützung von Sä- und Dreschmaschinen, 1905, nach Betriebsgrößenklassen

Betriebsgrößenklassen ha Kulturland mit Wald	Landwirtschaftsbetriebe im ganzen	Davon Betriebe mit Getreide			Von den Betr. mit Getreide benützten Sämaschinen				Von den Betr. mit Getreide benützten Dreschmaschinen			
		Betriebe	in % aller Betriebe	Getreidefläche ha	Betriebe mit Getreide	in % der Betriebe mit Getreide	Getreidefläche, die mit Sämaschinen gesät wurde[1] ha	in %[3]	Betriebe mit Getreide	in % der Betriebe mit Getreide	Getreidefläche, deren Ernte mit Dreschmaschinen gedroschen wurde[2] ha	in %[3]
0,5 bis 3	100 390	49 978	49,8	13 492	131	0,3	40	0,3	5 743	11,5	1 552	11,5
3 bis 10	101 529	66 690	65,7	55 639	954	1,4	779	1,4	25 279	37,9	21 087	37,9
10 bis 15	19 763	14 290	72,3	24 620	932	6,5	1 600	6,5	9 040	63,3	15 584	63,3
15 bis 30	14 744	10 686	72,5	28 007	1 560	14,6	4 089	14,6	8 260	77,3	21 649	77,3
30 bis 70	4 620	2 614	56,6	10 026	527	20,2	2 025	20,2	2 154	82,4	8 261	82,4
über 70	2 664	445	16,7	2 436	87	19,6	477	19,6	330	74,2	1 808	74,2
Total	243 710	144 703	59,4	134 220	4 191	2,9	9 010	6,7	50 806	35,1	69 931	52,1

[1] Unter der Annahme, daß der Prozentanteil der Betriebe mit Sämaschinenbenützung an der Gesamtzahl der Betriebe mit Getreide auch ungefähr dem Prozentanteil der maschinengesäten Fläche an der gesamten Getreidefläche entspricht.

[2] Unter der Annahme, daß der Prozentanteil der Betriebe mit Dreschmaschinenbenützung an der Gesamtzahl der Betriebe mit Getreide auch ungefähr dem Prozentanteil der Getreidefläche, deren Ernte mit Dreschmaschinen gedroschen wurde, an der gesamten Getreidefläche entspricht.

[3] der ganzen Getreidefläche

Geräte und Maschinen in den Buchhaltungsbetrieben des Schweizerischen Bauernsekretariates im Mittel der 8 Jahre 1906 bis 1913, nach Betriebsgrößenklassen

Betriebsgrößenklassen ha Kulturland mit Wald	Zahl der Betriebe			Betriebsfläche ha Kulturland mit Wald	Geräte- und Maschinenkapital				
	in den einzelnen Jahren 1906–1913	im Mittel	Total = 100		je ha mit Wald		je Betrieb		in % des im Betrieb investierten Kapitals (Aktivkapitals)
					Fr.	Wenn 323 Fr. = 100	Fr.	Wenn 1 266 Fr. = 100	
bis 5	24– 30	30	11,0	3,92	323	100	1 266	100	4,45
5 bis 10	94–133	115	42,0	7,55	281	87,0	2 122	167,6	4,73
10 bis 15	48– 73	62	22,6	12,76	247	76,5	3 399	268,5	4,58
15 bis 30	42– 63	50	18,2	20,91	200	61,9	4 182	330,3	3,97
über 30	13– 19	17	6,2	41,87	161	49,8	6 741	532,5	4,52
Total	230–303	274	100	12,86	256	79,3	2 980	235,4	4,53

bezug auf den Einfluß von Betriebsgröße und Bodennutzungssystem auf die Höhe dieser Investitionen einige Anhaltspunkte.

Diese Durchschnittsergebnisse zeigen die auf den ersten Blick überraschende Tatsache, daß die Belastung mit Geräte- und Maschinenkapital je Hektare Kulturland in den kleinsten Betrieben am größten ist und mit jeder folgenden Betriebsgrößenklasse erheblich sinkt. Die Erklärung dafür liegt in dem Umstand, daß in Kleinbetrieben schon die für die Bewirtschaftung unentbehrlichen Geräte (Transportgeräte, Handgeräte usw.), von denen manchmal nicht alle voll ausgenützt werden können, eine bedeutende Investition darstellen.

Selbst die mit steigender Betriebsgröße besonders stark zunehmende Verwendung von Motoren und Maschinen sowie von Geräten, deren Inventarwert insgesamt je Betrieb in der Größenklasse über 30 ha das Fünffache des entsprechenden Wertes der Betriebe bis 5 ha erreicht, stellt je Hektare Betriebsfläche gleichwohl einen geringeren Betrag dar als in der kleinsten Betriebsgrößenklasse. Die folgende Übersicht gliedert die Buchhaltungsbetriebe nach Bodennutzungssystemen, die regionale Unterschiede erkennen lassen.

Geräte und Maschinen in den Buchhaltungsbetrieben des Schweizerischen Bauernsekretariates im Mittel der 8 Jahre 1906/1913, nach Bodennutzungssystemen

Bodennutzungssysteme	Zahl der Betriebe	Betriebsfläche ha Kulturland mit Wald	Geräte- und Maschinenkapital		
			je ha mit Wald Fr.	je Betrieb Fr.	in % des im Betrieb investierten Kapitals (Aktivkapit.)
Bündner- und Walliserbetriebe in Hoch-tälern	10	8,49	175	1 484	3,64
Reine Graswirtschaften in Alpentälern	24	10,77	143	1 540	3,26
Alpbetriebe	11	16,26	106	1 723	3,18
Verbesserte Dreifelderwirtschaften	47	8,79	255	2 242	4,87
Graswirtschaften mit Ackerbau	25	10,34	305	3 158	5,33
Kleegraswirtschaften der Nord- und Nord-ostschweiz	16	12,16	262	3 180	5,00
Zwischenformen	23	11,77	288	3 394	5,46
Kleegraswirtschaften der welschen Schweiz	21	16,12	218	3 514	4,40
Reine Graswirtschaften im Hügelland	24	10,29	360	3 700	5,78
Reine Graswirtschaften in besten Obstlagen	11	11,83	334	3 955	4,41
Kleegraswirtschaften von Luzern	10	15,84	294	4 662	5,66
Kleegraswirtschaften von Bern	23	18,27	272	4 978	5,07
Übrige Systeme	29	17,83	245	4 368	4,55
Total beziehungsweise Mittel	274	12,86	256	2 980	4,53

Vor allem tritt hier der große Abstand zwischen den Betrieben des Alpgebietes, vertreten durch die drei erstgenannten Bodennutzungssysteme, mit durchschnittlich 106 bis 175 Franken Geräte- und Maschinenkapital je Hektare beziehungsweise 1 484 bis 1 723 Franken je Betrieb (im Mittel 141 beziehungsweise 1 572 Franken) und denen des Mittellandes mit intensiver Bodennutzung hervor, die mindestens 200 Franken je Hektare beziehungsweise 2 200 Franken Geräte- und Maschinenkapital (im Mittel 278 beziehungsweise 3 525 Franken) benötigten.

6. Landwirtschaftliche Versicherungen

Ist der Einsatz von Geräten und Maschinen u. a. ein Mittel, die Produktivität der menschlichen Arbeit und damit das Einkommen zu erhöhen, so fällt den beiden Hauptzweigen der landwirtschaftlichen Versicherung, der Hagel- und Tierversicherung, vor allem die Aufgabe zu, dieses Einkommen gegen die wirtschaftlichen Folgen von plötzlich und unvorhergesehen auftretenden Schäden zu schützen.

Bevor 1880 die heute noch bestehende Schweizerische Hagelversicherungsgesellschaft in Zürich ihre Tätigkeit aufnahm, hatten sich Landwirte zwischen 1850 und 1880 bei folgenden inländischen Gesellschaften versichert:

höchstens 1 000   bei der Schweizerischen Versicherungsgesellschaft gegen Hagelschäden, Bern, gegründet 1825, aufgelöst 1858;

höchstens   600   bei der Freiburger Hagelversicherungsgesellschaft, Freiburg, gegründet 1831, aufgelöst 1881;

höchstens 1 000   bei der Gesellschaft zur gegenseitigen Unterstützung der durch Hagel beschädigten Mitglieder im Kanton Luzern, Luzern, gegründet 1836, aufgelöst 1863;

höchstens   430   bei der Paragrêle, Neuenburg, gegründet 1875, aufgelöst 1933.

Daneben waren von 1854 bis 1887 in verschiedenen Kantonen auch ausländische Hagelversicherungsgesellschaften zugelassen, deutsche, österreichische, italienische und französische. Als letzte verzichtete die Magdeburger Hagelversicherungsgesellschaft, Magdeburg, 1886 auf die Konzession. Mit zeitweise bis etwa 3 000 Versicherten hatte sie die größte Bedeutung erlangt. Insgesamt versicherten somit zwischen 1851 und 1879 kaum mehr als 4 000 Landwirte ihre Kulturen. Das änderte sich mit dem Tätigkeitsbeginn der Schweizerischen Hagelversicherungsgesellschaft in Zürich am 4. April 1880. Die Policenzahl betrug schon im ersten Geschäftsjahr 5 471. Als die Bundesaufsicht über die privaten Versicherungsunternehmungen 1886 infolge des Gesetzes vom 25. Juni 1885 eingeführt wurde, gab, wie erwähnt, die Magdeburger das Schweizer Geschäft auf (1887 wurden noch die mehrjährigen Verträge abgewickelt), so daß die Schweizerische Hagelversicherungsgesellschaft vorläufig die einzige konzessionierte Hagelversicherungsgesellschaft war. Die anfänglich nur als lokales Unternehmen betrachtete Para-grêle, die sich auf die Versicherung von Rebenbesitzern im Kanton Neuenburg beschränkte, wurde 1902, ohne daß eine Erweiterung des Tätigkeitsgebietes ein-trat, ebenfalls für konzessionspflichtig erklärt.

Der Geschäftsumfang der Schweizerischen Hagelversicherungsgesellschaft stieg sprunghaft an, als 1890 der Bund und die Mehrzahl der Kantone die Police-kosten übernahmen. Die Zahl der Policen erreichte 1890 bereits 10 294, 1892 das Doppelte, 1898 das Vierfache und 1917 das Achtfache. Bei der Paragrêle schwankte sie in der gleichen Zeit zwischen 246 (1891) und 677 (1911).

Hagelversicherungspolicen der beiden Gesellschaften je 100 Landwirtschafts- und Gartenbaubetriebe im Jahre 1905, nach Kantonen

Anzahl Policen je 100 Betriebe	
über 50:	Schaffhausen (59), Waadt (68)
41 bis 50:	Solothurn (43), Aargau (48), Basel-Land (49)
31 bis 40:	Neuenburg (32), Luzern (38), Thurgau (40)
21 bis 30:	*Schweiz* (Mittel von 21 Kantonen; *22*), Bern (24), Nidwalden (25), Zug (27), Zürich (30)
11 bis 20:	Freiburg (12), Obwalden (14), St. Gallen (17), Genf (18), Basel-Stadt (20)
bis 10:	Wallis und Glarus (je 0,1), Appenzell-Außerrhoden (6), Schwyz (8)

Quelle: Statistisches Handbuch der schweizerischen Landwirtschaft, 1968, S. 61, 70.

Ebenso große Unterschiede können in bezug auf die Versicherungshöhe festge-stellt werden, die nachstehend aus den Prämieneinnahmen der beiden Versiche-rungsgesellschaften im Total der Jahre 1886 bis 1913, bezogen auf die Kultur-fläche im engeren Sinne (Äcker, Wiesen, Gärten und Reben) ersichtlich sind.

Prämieneinnahmen der beiden Hagelversicherungsgesellschaften im Total der 28 Jahre 1886 bis 1913 je Hektare Kulturland im engeren Sinne, nach Kantonen

Prämieneinnahmen je Hektare Fr.	
über 50:	Genf (59.08)
40 bis 50:	Schaffhausen (40.95)
30 bis 40:	Zürich (34.29), Neuenburg (35.93)
20 bis 30:	Basel-Land (22.93), Zug (22.98), Aargau (25.08), Luzern (29.09)
10 bis 20:	Appenzell-Außerrhoden (10.52), Obwalden (12.58), Schwyz (13.89), St. Gallen (15.45), Bern (16.11), Solothurn (17.11), *Schweiz* (Mittel von 23 Kantonen: *17.24*), Basel-Stadt (17.46), Nidwalden (17.47), Thurgau (18.72)
bis 10:	Uri (0.00), Glarus (0.15), Wallis (0.45), Appenzell-Innerrhoden (1.91), Freiburg (8.17), Waadt (9.70)

Quelle: Berichte des Eidgenössischen Versicherungsamtes über die privaten Versicherungsunter-nehmungen in der Schweiz, 1886 ff., und eidgenössische Betriebszählung von 1905.

Bestimmend für diese unterschiedliche Prämienhöhe war neben der Hagelhäufigkeit die Hagelempfindlichkeit der im betreffenden Kantonsgebiet versicherten Kulturen, unter denen namentlich Rebland und Getreideäcker ins Gewicht fielen. Diese beiden Kulturen machten noch 1911/13 61,5% der Versicherungssumme der Schweizerischen Hagelversicherungsgesellschaft in Zürich aus.

Versicherungssummen der Schweiz. Hagelversicherungsgesellschaft, 1881 bis 1913

Kulturarten	In 1 000 Fr.				Prozentverteilung			
	1881/90	1891/00	1901/10	1911/13	1881/90	1891/00	1901/10	1911/13
Getreide	7 079	19 065	29 492	38 403	84,1	63,6	56,9	51,8
Kartoffeln ...	122	580	1 598	2 825	1,4	1,9	3,1	3,8
Gras	206	2 914	9 512	18 973	2,4	9,7	18,4	25,6
Reben	626	5 826	6 528	7 172	7,5	19,5	12,6	9,7
Obst	283	1 133	3 369	4 181	3,4	3,8	6,5	5,6
Übrige	99	435	1 284	2 564	1,2	1,5	2,5	3,5
Total	8 415	29 953	51 783	74 118	100	100	100	100

Stellt man den Versicherungssummen der Jahre 1906/12 für Getreide (34,3 Millionen Franken), Kartoffeln (2,4 Millionen Franken), Reben (6,7 Millionen Franken) und Obst (5,0 Millionen Franken) der Schweizerischen Hagelversicherungsgesellschaft die vom Schweizerischen Bauernsekretariat geschätzten gesamtschweizerischen Erntewerte im Mittel der Jahre 1906/12 (Getreide 103 Millionen Franken, Kartoffeln 60 Millionen Franken, Obst 70 Millionen Franken[1]) und die vom Eidgenössischen Statistischen Amt ermittelten Werte der schweizerischen Weinernten für die gleiche Periode (29,2 Millionen Franken[2]) (ohne Wert der Tessiner und der Neuenburger Weinernte) gegenüber, so errechnet sich der durch die Hagelversicherung geschützte Teil des Erntewertes bei Kartoffeln auf 4%, bei Obst auf 7%, bei Wein auf 23% und bei Getreide auf 33%.

Die steigende Zahl von Policen und der Rückgang der durchschnittlichen Versicherungssumme je Police nach dem Beginn der Subventionierung der Hagelversicherung durch Bund und Kantone im Jahre 1890, nämlich von 1193 Franken je Police im Mittel der Jahre 1880/89 auf 904 Franken 1890/99, bei nur leichter Erhöhung auf 954 Franken im Mittel der Jahre 1900/09, beweisen, daß die mit den öffentlichen Beiträgen (volle Übernahme der Policekosten in der Höhe von durchschnittlich 2 Franken je Police und Übernahme von durchschnittlich 25% der Prämien in den Jahren 1890 bis 1913) beabsichtigte vermehrte Benützung der Hagelversicherung durch die kleineren Betriebe erreicht worden ist.

[1] Schweizerisches Bauernsekretariat, Enquete zur Vorbereitung der Handelsverträge von 1918, Brugg 1914, S. 2, 13, 50.
[2] Statistisches Jahrbuch der Schweiz, Jahrgänge 1907 bis 1913.

Der Geschäftsverlauf der Versicherung in der Berichtszeit, wie er sich jährlich im Verhältnis der geleisteten Entschädigung und der Prämieneinnahmen zur Versicherungssumme äußert, ist in der folgenden Abbildung 4 dargestellt an Hand der Rechnungsergebnisse der Schweizerischen Hagelversicherungsgesellschaft in Zürich von 1880 an und für die vorangegangene Periode von 1857 bis 1885, ohne 1875, auf Grund der Tätigkeit der Magdeburger Hagelversicherungsgesellschaft im Kanton Bern, dessen Kulturland im engeren Sinn 1905 ein Fünftel des gesamtschweizerischen umfaßte und einer mittleren Hagelgefahr ausgesetzt war.

Hagelversicherung im Kanton Bern durch die Magdeburger Hagelversicherungsgesellschaft, 1857 bis 1885, und in der Schweiz (ohne Tessin) durch die Schweizerische Hagelversicherungsgesellschaft in Zürich, 1880 bis 1913

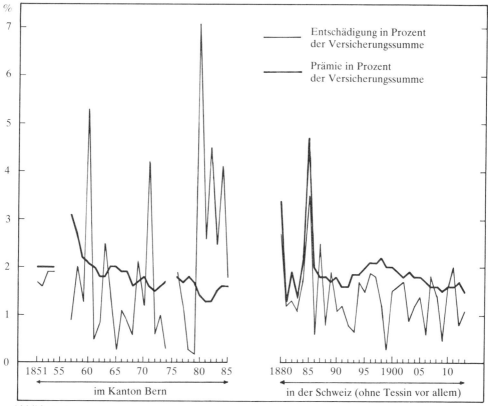

Abbildung 4.

Verlustreich waren im Kanton Bern vor allem 1860, 1863, 1871, 1875 (dieses Jahr nur nach der Schadensumme beurteilt), 1880, 1882 und 1884. Bis zu diesen ungünstigen achtziger Jahren, die schließlich den Wegzug der Magdeburger Gesellschaft mitverursachten, wiesen die Prämien eine sinkende Tendenz auf. Auch die Schweizerische Hagelversicherungsgesellschaft in Zürich hatte anfänglich für Schäden großen Ausmaßes aufzukommen, konnte sich aber besonders im zweiten Jahrzehnt ihres Bestehens dank einem ausgeglicheneren Schadenverlauf bei ansteigenden Prämieneinnahmen wieder erholen. Der mit der Ausdehnung der Versicherungsbasis verbundene bessere Risikoausgleich – die Gesellschaft vermied allerdings vorerst den Einbezug des stark hagelgefährdeten Tessins –, aber auch der rückläufige Anteil der Rebenversicherung innerhalb der Gesamtversicherung führten von 1898 an zu einer allmählichen Senkung der Prämien in Prozent der Versicherungssumme.

Die für die Entschädigung von Viehverlusten durch Seuchen seit 1803 entstandenen kantonalen Seuchenkassen oder für solche Zwecke den Staatskassen direkt entnommenen Mittel sowie die in Viehseuchengesetzen vorgesehenen polizeilichen Präventivmaßnahmen haben es örtlichen Versicherungsvereinen oder sonstigen versicherungsähnlichen Zusammenschlüssen ermöglicht, sich erfolgreich auf die Deckung von Schäden durch andere Viehkrankheiten oder -unfälle zu beschränken. Die einfachste und anfänglich verbreitetste Form der Viehversicherung bestand darin, daß sich die Viehbesitzer eines Dorfes gegenseitig verpflichteten, dem, der ein Stück Vieh wegen Krankheit oder Unfall abschlachten mußte, das Fleisch zu mäßigem Preis abzunehmen. Immer häufiger entstanden daneben Viehversicherungsvereine, die Barentschädigungen leisteten und sich den nicht aus dem Erlös der verwerteten Tiere gedeckten Teil der Entschädigung durch Mitgliederbeiträge entweder auf Grund der Stückzahl oder des Versicherungswertes beschafften. Um den Viehbesitzer an der Vermeidung von Schäden zu interessieren, hat man auf eine volle Vergütung verzichtet, indem ein Teil des Schadens, zum Beispiel 20 bis 25%, von ihm selbst zu tragen war. Zudem wehrte eine wirksame gegenseitige Kontrolle unter den Mitgliedern den Mißbräuchen, so daß allgemein die Verwaltungskosten in diesen örtlichen Vereinen niedrig gehalten werden konnten.
Die Zahl der Viehversicherungsvereine stieg von etwa 350 um 1850 auf rund 600 anfangs der 1890er Jahre, als das Bundesgesetz betreffend Förderung der Landwirtschaft durch den Bund vom 22. Dezember 1893 mit der finanziellen Begünstigung des Versicherungsobligatoriums eine raschere Entwicklung einleitete. Angeregt durch die in Aussicht gestellte Bundessubvention bis zur Höhe des kantonalen Beitrages und angeleitet durch das Eidgenössische Landwirtschaftsdepartement (mit der «Anleitung zur Einführung der obligatorischen Viehversicherung in den Kantonen mit Gesetzesentwurf und Normalstatuten», 1895) haben 17 Kantone von 1894 bis 1913 die Rindvieh- und zum Teil Kleinviehversicherung gesetzlich als Obligatorium eingerichtet, und zwar teils für den ganzen

Kanton, teils für einzelne Gemeinden oder Bezirke kraft Mehrheitsbeschlusses der betreffenden Gebiete. Durch diese Bundesaufsicht über die obligatorische Viehversicherung kam auch eine gesamtschweizerische Statistik zustande, deren Ergebnisse in bezug auf die Schadenbelastung der Versicherungskassen nachstehend aufgeführt sind.

Obligatorische Rindvieh- und Kleinviehversicherung, 1896 bis 1913

Jahresmittel	Durch die Versicherungs-kassen gedeck-ter Schaden[1] (Brutto-schaden)	Beiträge der öffentlichen Hand			Nettoschaden zu Lasten der Versiche-rungskassen	
		Kantone	Bund	Total		
	1 000 Fr.	1 000 Fr.	1 000 Fr.	1 000 Fr.	1 000 Fr.	in % des Brutto-schadens
1896/1900 ..	663	211	169	380	283	43
1901/05	1 343	434	417	851	492	37
1906/10	2 538	755	755	1 510	1 028	41
1911/13	3 915	1 007	1 007	2 014	1 901	49

[1] Nach Abzug des Schadenanteils der Viehbesitzer sowie des Fleischerlöses vom Schatzungswert der entschädigten Tiere.

Dem Anstieg der Bruttoschadensumme von 663 000 Franken im Mittel des Jahrfünfts 1896/1900 auf 3,9 Millionen Franken im Jahresmittel 1911/13 lag eine ungefähr ebenso bedeutende Zunahme des Versicherungsbestandes zugrunde, der 1913 rund 832 000 Stück Rindvieh und 41 000 Stück Kleinvieh erreichte. Dank Kantons- und Bundesbeiträgen belief sich 1911/13 der Nettoschaden auf durchschnittlich 49% des Bruttoschadens.

Auf die 17 Kantone mit abligatorischer Rindviehversicherung entfielen im Viehzählungsjahr 1911 78% des schweizerischen Rindviehbestandes. In 7 Kantonen mit allgemeinem Obligatorium waren 93% und in den übrigen 10 Kantonen mit bedingtem Obligatorium 56% des Rindviehbestandes obligatorisch versichert, im Gesamtdurchschnitt 65%.

Daß selbst beim allgemeinen Obligatorium nicht mehr als 93% des Bestandes versichert waren, erklärt sich aus den Versicherungsbedingungen, nach denen für die Aufnahme in die Versicherung je nach Kanton ein Mindestalter der Tiere von 2 bis 6 Monaten und bei in den Kanton eingeführten Tieren ein Höchstalter von 10 bis 15 Jahren verlangt wurde. Von 1911 bis 1913 hat die Zahl der obligatorisch versicherten Tiere laut nachstehender Tabelle um 14,7% zugenommen, und zwar in den 7 Kantonen mit allgemeinem Obligatorium um 7,2%, in den übrigen 10 Kantonen mit bedingtem Obligatorium jedoch um 18,2%. Das weist darauf hin, daß in dieser Gruppe weitere Gemeinden zum Obligatorium übergetreten sind.

Obligatorische Rindviehversicherung nach Kantonen, 1911 bis 1913

Kantone	Art des Obligatoriums[1]	Tiere 1911 Rindviehbestand Total[3] Stück	Davon obligat. versichert Stück	in %	1912 oblig. versichert Stück	1913 oblig. versichert Stück	Wert der obligatorisch versicherten Tiere (Versicherungssumme) 1911 1 000 Fr.	1912 1 000 Fr.	1913 1 000 Fr.
ZH	A	111 034	98 727	89	100 719	105 707	51 427	53 096	57 237
BE	B	316 868	203 138	64	214 983	224 320	101 569	107 492	112 160
UR	B	12 089	9 236	76	11 169	11 501	4 655	6 159	6 379
GL	A	11 363	11 107	98	12 083	12 727	5 666	6 292	6 404
FR	B	101 796	62 703	62	67 212	72 429	34 001	35 953	38 380
SO	A	42 437	39 985	94	40 878	42 259	17 054	18 474	18 212
BS	A	1 523	1 581	104[2]	1 616	1 703	790	808	852
BL	B	23 011	12 348	54	15 867	17 280	6 174	7 933	8 640
SH	A	12 503	10 626	85	11 111	11 463	5 793	6 498	6 674
GR	B	78 499	62 972	80	68 004	72 598	30 446	34 633	37 149
AG	B	93 354	66 155	71	68 211	73 978	33 078	34 106	36 989
TG	A	67 267	64 041	95	66 093	68 070	27 186	27 931	28 923
TI	B	41 800	5 046	12	6 260	6 669	1 609	1 994	2 247
VD	B	108 210	42 582	39	60 116	63 066	25 976	28 698	30 495
VS	B	68 481	17 600	26	22 157	26 489	5 706	7 508	8 314
NE	B	25 782	8 144	32	8 772	10 918	4 072	4 386	5 459
GE	A	8 378	9 712	116[2]	10 245	10 910	5 575	6 189	6 597
Total 17 Kt.		1 124 395	725 703	65	785 496	832 087	360 777	388 150	411 111
Übrige 8 Kt.		319 088							
Schweiz Total		1 443 483							

[1] Art des Obligatoriums: A = Allgemein, B = Bedingt, das heißt, die einzelnen Gemeinden oder Bezirke bestimmen über die Einführung des Obligatoriums.
[2] 100% überschreitender Anteil wegen unterschiedlicher Zeitpunkte der Viehzählung und der Zählung des Versicherungsbestandes.
[3] Laut Viehzählung vom 21. April 1911

Nach den direkt ermittelten Versicherungssummen von 11 Kantonen und ergänzenden Schätzungen des Eidgenössischen Versicherungsamtes für die übrigen Kantone auf Grund der Stückzahlen und eines angenommenen Durchschnittswertes von 500 Franken je Stück[1] stellte sich die Versicherungssumme des obli-

[1] Berichte des Eidgenössischen Versicherungsamtes für die privaten Versicherungsunternehmungen in der Schweiz für die Jahre 1911 bis 1913.

gatorisch versicherten Rindviehs 1911 auf 361 Millionen Franken, 1912 auf 388 Millionen Franken und 1913 auf 411 Millionen Franken, das heißt das 5,7fache des durch die Hagelversicherung geschützten Wertes.

Freiwillige Rindviehversicherungskassen haben sich seit der Förderung des Versicherungsobligatoriums durch den Bund in größerer Zahl nur im Kanton St. Gallen und in den beiden Appenzell erhalten. St. Gallen allein zählte 1900/01 104 vom Kanton subventionierte lokale Vereine mit 49 000 versicherten Tieren von 9 209 Mitgliedern. Auch 1920 waren 108 dieser Vereine vorhanden, in Appenzell-Außerrhoden 18 und in Appenzell-Innerrhoden 1, die zusammen 9 371 Mitglieder aufwiesen.

Selten haben lokale Vereine neben Rindvieh oder Kleinvieh auch Pferde versichert, und dann nur zu Entschädigungsansätzen, die niedriger waren als für die übrigen Viehgattungen[1]. Die bedeutende Verlustgefahr, hervorgerufen durch den hohen Durchschnittswert, die oft vorkommenden Unfälle und Krankheiten sowie der relativ niedrige Schlachtwert der Pferde, führten seit der Jahrhundertmitte zur Gründung spezieller Pferdeversicherungsgesellschaften mit mehreren Gemeinden, ganzen Bezirken oder Kantonen als Einzugsgebiet. Da diese regionalen Organisationen nicht der Aufsicht des Bundes (das heißt des Eidgenössischen Versicherungsamtes) unterstehen, fehlt es für die Berichtszeit an genaueren Daten über ihre Versicherungstätigkeit. Die Vereins- und Genossenschaftsenquete des Schweizerischen Bauernsekretariates vom Jahre 1910 hat insgesamt 37 solcher Vereinigungen mit rund 11 500 Mitgliedern festgestellt. Rechnet man auf 5 Mitglieder 8 Pferde zu durchschnittlich 900 Franken Versicherungswert, so ergibt sich eine Versicherungssumme von 17 Millionen Franken. Dieser Summe sind die großen privaten Viehversicherungsgesellschaften, die seit 1886 der Bundesaufsicht unterstehen, bis 1913 nahegekommen, wie aus folgender Tabelle ersichtlich ist. Am Versicherungsgeschäft, das sich fast ausschließlich auf Pferde bezog, waren 2 bis 4 ausländische Gesellschaften (die Garantie Fédérale in Paris und 1 bis 3 deutsche) sowie von 1902 an die 1901 gegründete Mutuelle chevaline suisse in Lausanne beteiligt. Als diese mit einem Verwaltungskostenanteil von 21 bis 25 % der Prämien auskam und dabei erheblich an Boden gewann, nahmen auch die übrigen Gesellschaften eine entsprechende Anpassung ihres bisher auf 32 bis 45 % festgesetzten Anteils vor.

---

[1] Nach einer Zusammenstellung der waadtländischen Viehversicherungsvereine von 1892 entschädigten 4 Vereine Rindvieh zu vier Fünfteln der Schadensumme, Pferde dagegen zur Hälfte bis drei Vierteln und 1 Verein Rindvieh zu drei Vierteln, Pferde zu zwei Dritteln. E. Heß, Über Viehversicherung, in: Landwirtschaftliches Jahrbuch der Schweiz, 1893, S. 270/71.

Konzessionierte Viehversicherungsgesellschaften, 1886 bis 1913

Jahresmittel	Ausländische Gesellschaften					Mutuelle chevaline suisse				Total				
	An-zahl	Ver-siche-rungs-sum-me 1 000 Fr.	Prä-mien 1 000 Fr.	Schäden 1 000 Fr.	in % der Prä-mien	Ver-siche-rungs-sum-me 1 000 Fr.	Prä-mien 1 000 Fr.	Schäden 1 000 Fr.	in % der Prä-mien	Ver-siche-rungs-sum-me 1 000 Fr.	Prä-mien 1 000 Fr.	Schä-den 1 000 Fr.	Prä-mien in % der Ver-sicherungs-summe	Schä-den
1886/90	2–3	1 879	74	41	55	–	–	–	–	1 879	74	41	3,9	2,2
1891/95	3–4	3 733	152	104	68	–	–	–	–	3 733	152	104	4,1	2,8
1896/1900	4	6 668	272	185	68	–	–	–	–	6 668	272	185	4,1	2,8
1901/05	3–4	8 736	350	274	78	1 268	39	31	79	10 004	389	305	3,9	3,0
1906/10	2–3	9 996	404	301	75	4 347	136	102	75	14 343	540	403	3,8	2,8
1911/13	2	9 057	403	320	79	7 111	227	179	79	16 168	630	499	3,9	3,1

Von den ausländischen Viehversicherungsgesellschaften haben auf die Konzession verzichtet:
1904 die Sächsische Viehversicherungs-Bank, Dresden,
1907 der Centralviehversicherungsverein, Berlin,
1922 die Badische Pferdeversicherungsanstalt, Karlsruhe, und
1923 die la Garantie Fédérale, Paris, so daß vorläufig ab
1924 keine ausländische Viehversicherungsgesellschaft mehr in der Schweiz tätig war. Die ebenfalls in der Schweiz von 1912 bis 1922 konzessionierte Perlebergerversicherungs-AG, Perleberg, Preußen, hat nur Schlachtvieh versichert.

Einer Verbindung der Seuchenbekämpfung mit dem Versicherungsgedanken entsprang die 1908 durch den Verein schweizerischer Bienenfreunde als Obligatorium für seine auf die deutschsprachige Schweiz verteilten Mitglieder eingeführte Faulbrutversicherung. In der welschen Schweiz fand diese Versicherungsart ebenfalls Eingang, zum Teil als staatliche Zwangsversicherung (Freiburg 1910, Waadt und Neuenburg 1911), zum Teil als ebenfalls von Bienenzüchtervereinen organisierte obligatorische (Berner Jura 1911, Wallis 1918) oder freiwillige (Genf 1919) Versicherung.

II. Pflanzenbau

1. Bodenverbesserungen

In die Berichtszeit fällt die Ausführung einer Reihe grosser nationaler Werke zum Schutze vor Überschwemmungen. Verbesserungen landwirtschaftlich genutzten Bodens sind dadurch nicht nur wirksamer gestaltet, sondern auch in manchen Fällen erst ermöglicht worden.

Wie folgenden Daten aus der Elementarschadenchronik zu entnehmen ist, traten vor allem in den ersten Jahrzehnten der zweiten Hälfte des 19. Jahrhunderts noch zahlreiche verheerende Überschwemmungen auf.

1851	Juli und August	Überschwemmungen in den Kantonen Bern, Uri, Schwyz, Obwalden und Luzern
1852	September	Überschwemmungen nördlich der Alpen von Genf bis Zürich
1853	Juli	Rheinüberschwemmungen im Kanton St. Gallen
1855	Juni	Rheinüberschwemmungen
1860	September	Rhoneüberschwemmungen im Wallis
1868	September und Oktober	Gewaltige Überschwemmungen nördlich und südlich der Alpen
1871	Juni	Rheinüberschwemmungen im Kanton St. Gallen
1876	Juni	Ausgedehnte Überschwemmungen in der Nord- und Ostschweiz
1877	Februar	Überschwemmungen in 14 Kantonen der Zentral- und Ostschweiz
1878	Juni	Überschwemmungen im Kanton Zürich
1881	August und Sept.	Überschwemmungen in den Kantonen Basel-Land, Zürich und Thurgau
1890	August und Sept.	Überschwemmungen in den Kantonen Graubünden und St. Gallen
1910	Juni	Gewaltige Überschwemmungen in 21 Kantonen

Artikel 21 der Bundesverfassung von 1848 hatte dem Bund das Recht eingeräumt, im Interesse der Eidgenossenschaft oder eines großen Teiles derselben auf Kosten des Bundes sogenannte «öffentliche Werke» zu errichten oder die Errichtung derselben zu unterstützen. Der Anstoß dazu war von Berns Bemühungen um die Juragewässerkorrektion ausgegangen, nachdem bereits in den ersten Dezennien des 19. Jahrhunderts unter den Auspizien der damaligen Tagsatzung mit der Linthkorrektion ein nationales Werk zustande gekommen war.

Dieser Verfassungsartikel lag den Bundesbeschlüssen über die Finanzierung der

Bundesbeiträge an die Kantone für öffentliche Werke, 1857 bis 1913 (siehe auch Abbildung 5)

Jahre	Schutz-bauten an Wild-wassern 1 000 Fr.	Übrige Wasser-bau-werke[1] 1 000 Fr.	Zusam-men 1 000 Fr.	Jahre	Schutz-bauten an Wild-wassern 1 000 Fr.	Übrige Wasser-bau-werke[1] 1 000 Fr.	Zusam-men 1 000 Fr.
1857....	–	15	15	1886....	250	525	775
1858....	–	14	14	1887....	355	756	1 111
1859....	–	3	3	1888....	250	1 048	1 298
1860....	–	1	1	1889....	350	1 332	1 682
1861....	–	2	2	1890....	544	1 491	2 035
1862....	–	3	3	1891....	350	1 365	1 715
1863....	–	112	112	1892....	500	1 463	1 963
1864....	–	379	379	1893....	500	1 566	2 066
1865....	–	364	364	1894....	500	2 335	2 835
1866....	–	376	376	1895....	500	2 063	2 563
1867....	–	389	389	1896....	500	2 284	2 784
1868....	–	402	402	1897....	500	2 517	2 517
1869....	–	910	910	1898....	700	2 331	3 031
1870....	–	641	641	1899....	780	2 378	3 158
1871....	–	756	756	1900....	900	2 080	2 980
1872....	100	1 101	1 201	1901....	1 000	1 889	2 889
1873....	100	1 152	1 252	1902....	1 000	2 152	3 152
1874....	100	1 058	1 158	1903....	1 100	2 242	3 342
1875....	200	751	951	1904....	1 529	2 129	3 658
1876....	158	639	797	1905....	1 200	1 731	2 931
1877....	107	539	646	1906....	1 000	1 224	2 224
1878....	171	475	646	1907....	1 000	1 298	2 298
1879....	112	412	524	1908....	850	1 495	2 345
1880....	164	471	635	1909....	800	1 880	2 680
1881....	162	396	558	1910....	850	1 957	2 807
1882....	151	391	542	1911....	1 250	2 652	3 902
1883....	170	478	648	1912....	1 450	3 419	4 869
1884....	230	482	712	1913....	1 250	3 918	5 168
1885....	200	549	749				

[1] Ohne Beiträge an Bergstraßen, an die Ufersicherung in der Stadt Zug, an den Bau der Maggia-brücke bei Ascona und an Schutzbauten gegen Felsabstürze bei Airolo.

Korrektionen des Rheins, der Rhone und der Juragewässer in den 1860er Jahren zugrunde.

Ein systematisches Vorgehen des Bundes auf dem Gebiete des Wasserbaus folgte aber erst nach der Hochwasserkatastrophe von Ende September anfangs Oktober 1868. Der Bundesbeschluß vom 21. Juli 1871 übertrug die Oberaufsicht über die Wasserbau- und Forstpolizei im Hochgebirge dem Bunde und erklärte alle Korrektionen und Verbesserungen der Wildwasser als vom Bunde zu unter-

Bundesbeiträge an die Kantone für öffentliche Werke, 1857 bis 1913

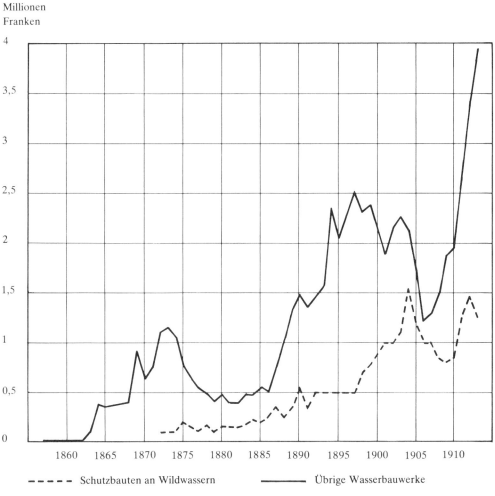

Abbildung 5.

Jahre	Rheinkor-rektion oberhalb der Einmündung in den Bodensee	Rhonekor-rektion	Juragewäs-serkorrek-tion	Sanierung der Orbe und Korrek-tion der Broye	Korrektion der Aare im Haslital (1881–1890) und Korrek-tion d. Gürbe (1894–1909)	Korrektion der Großen Emme
1857	–	–	15	–	–	–
1858	–	–	9	–	–	–
1859	–	–	3	–	–	–
1860	–	–	1	–	–	–
1861	–	–	2	–	–	–
1862	–	–	3	–	–	–
1863	110	–	2	–	–	–
1864	150	220	9	–	–	–
1865	190	171	3	–	–	–
1866	198	178	–	–	–	–
1867	169	220	–	–	–	–
1868	182	220	–	–	–	–
1869	265	215	430	–	–	–
1870	306	152	183	–	–	–
1871	193	176	387	–	–	–
1872	462	177	462	–	–	–
1873	577	258	317	–	–	–
1874	315	243	500	–	–	–
1875	33	203	500	–	–	–
1876	–	143	481	–	–	–
1877	–	125	399	–	–	–
1878	–	126	334	–	–	–
1879	158	85	154	–	–	–
1880	170	85	166	–	–	–
1881	170	81	55	–	40	–
1882	168	83	50	–	40	–
1883	170	79	140	–	40	–
1884	159	39	83	–	40	–
1885	36	–	–	–	40	34
1886	41	–	–	–	40	34
1887	36	90	30	35	40	77
1888	38	77	45	35	40	83
1889	171	79	75	35	40	74
1890	177	105	75	35	40	70
1891	169	86	75	35	–	78
1892	156	92	65	35	–	65
1893	153	79	47	135	–	50

1857 bis 1913, in 1 000 Franken

Tessin-korrektion	Korrektion der Kleinen Emme	Gewässerkorrektionen				Übrige	Total	Jahre
		in den Kantonen Ob- und Nidwalden	im Kanton Glarus	im Kanton Zürich	im Kanton Thurgau			
–	–	–	–	–	–	–	15	1857
–	–	–	–	–	–	5	14	1858
–	–	–	–	–	–	–	3	1859
–	–	–	–	–	–	–	1	1860
–	–	–	–	–	–	–	2	1861
–	–	–	–	–	–	–	3	1862
–	–	–	–	–	–	–	112	1863
–	–	–	–	–	–	–	379	1864
–	–	–	–	–	–	–	364	1865
–	–	–	–	–	–	–	376	1866
–	–	–	–	–	–	–	389	1867
–	–	–	–	–	–	–	402	1868
–	–	–	–	–	–	–	910	1869
–	–	–	–	–	–	–	641	1870
–	–	–	–	–	–	–	756	1871
–	–	–	–	–	–	–	1 101	1872
–	–	–	–	–	–	–	1 152	1873
–	–	–	–	–	–	–	1 058	1874
–	–	–	–	–	–	15	751	1875
–	–	–	–	–	–	15	639	1876
–	–	–	–	–	–	15	539	1877
–	–	–	–	–	–	15	475	1878
–	–	–	–	–	–	15	412	1879
–	–	35	–	–	–	15	471	1880
–	–	35	–	–	–	15	396	1881
–	–	35	–	–	–	15	391	1882
–	–	34	–	–	–	15	478	1883
–	–	–	–	–	–	161	482	1884
–	–	14	–	186	90	149	549	1885
–	–	20	–	186	90	114	525	1886
–	–	20	–	186	90	152	756	1887
124	–	20	–	186	90	310	1 048	1888
150	–	39	30	186	90	363	1 332	1889
150	–	50	60	221	125	383	1 491	1890
150	–	37	90	215	90	340	1 365	1891
150	–	11	90	216	90	593	1 463	1892
150	–	53	137	202	54	506	1 566	1893

Schluß

Jahre	Rheinkorrektion oberhalb der Einmündung in den Bodensee	Rhonekorrektion	Juragewässerkorrektion	Sanierung der Orbe und Korrektion der Broye	Korrektion der Aare im Haslital (1881–1890) und Korrektion d. Gürbe (1894–1909)	Korrektion der Großen Emme
1894	726	54	40	135	50	50
1895	724	10	–	135	50	55
1896	724	22	–	179	50	55
1897	709	22	–	220	50	57
1898	582	22	–	220	50	72
1899	632	94	–	220	50	67
1900	587	80	–	174	33	55
1901	615	60	–	160	55	49
1902	613	4	–	160	55	61
1903	632	13	–	160	55	58
1904	630	–	–	164	55	52
1905	630	--	–	120	32	–
1906	79	–	–	100	54	–
1907	62	25	–	100	25	35
1908	32	50	–	58	14	40
1909	669	45	–	3	20	39
1910	681	45	–	–	–	55
1911	774	43	–	20	–	58
1912	776	40	–	30	–	147
1913	770	40	–	18	–	307

stützende Werke von allgemein schweizerischem Interesse. Die neue Bundesverfassung von 1874 übernahm diesen Grundsatz im Artikel 24 unter Beibehaltung des bisherigen Artikels 21 im neuen Artikel 23.

Später ergab sich, daß auch die Verbesserung der Gewässer außerhalb des eigentlichen Hochgebirges der Oberaufsicht und finanziellen Unterstützung des Bundes bedurfte. Man strich deshalb die Worte «im Hochgebirge» in Artikel 24 der Bundesverfassung; nachträglich hat dies die eidgenössische Volksabstimmung vom 11. Juli 1897 gutgeheißen.

Eine Übersicht über alle größeren Wasserschutzbauten, gegliedert in Schutzbauten an Wildwassern und übrige Wasserbauwerke, läßt sich aus den eidgenössischen Staatsrechnungen gewinnen, die sie unter dem Titel «Bundesbeiträge an die Kantone für öffentliche Werke» aufführen.

Tessin-korrektion	Korrektion der Kleinen Emme	Gewässerkorrektionen				Übrige[1]	Total	Jahre
		in den Kantonen Ob- und Nidwalden	im Kanton Glarus	im Kanton Zürich	im Kanton Thurgau			
150	–	52	83	186	90	719	2 335	1894
150	–	32	24	108	126	649	2 063	1895
150	–	25	12	213	126	728	2 284	1896
150	–	31	4	213	100	961	2 517	1897
65	–	33	4	213	66	1 004	2 331	1898
80	–	30	11	201	49	944	2 378	1899
80	–	30	13	188	41	799	2 080	1900
80	–	25	21	224	32	568	1 889	1901
80	50	30	4	224	44	727	2 152	1902
73	50	30	30	208	24	909	2 242	1903
48	50	30	24	157	23	896	2 129	1904
60	50	29	32	89	11	678	1 731	1905
80	58	20	5	109	12	707	1 224	1906
20	26	–	1	78	16	910	1 298	1907
80	60	–	1	60	31	1 069	1 495	1908
105	32	–	3	66	25	873	1 880	1909
140	50	–	1	52	25	908	1 957	1910
150	80	25	–	84	96	1 322	2 652	1911
198	80	25	40	100	100	1 883	3 419	1912
194	80	25	167	122	70	2 125	3 918	1913

[1] 1875 bis 1913, inbegriffen je 15 000 Franken Entschädigung an das Linthunternehmen.

Mit dem Jahre 1872 setzten die gemäß Bundesbeschluß von 1871 bewilligten Bundesbeiträge für Schutzbauten an Wildwassern ein, die in den neunziger Jahren rund 0,5 Millionen Franken und später durchschnittlich 1 Million Franken erreichten. Größere Beträge erforderten die umfangreichen übrigen Wasserbauwerke: die Rheinkorrektion in den Kantonen St. Gallen und Graubünden, die Rhonekorrektion im Wallis und die Juragewässerkorrektion in den 5 Kantonen Bern, Freiburg, Solothurn, Waadt und Neuenburg. In den Jahrzehnten nach 1880 bis zum ersten Weltkrieg handelte es sich vor allem um Gewässerkorrektionen im Kanton Zürich, die Sanierung der Sümpfe der Orbe, die Korrektion der Broye, die Tessinkorrektion und erneut die Rheinkorrektion.
Aus der Tabelle S. 72 bis 75 sind die Anteile der verschiedenen Wasserbau-

Bundesbeiträge an Wasserbauten nach Kantonen, 1857 bis 1908, in 1 000 Franken

Kantone	Total	Je Hektare Gesamtfläche[1]	Kantone	Total	Je Hektare Gesamtfläche[1]
	1 000 Fr.	1 000 Fr.		1 000 Fr.	1 000 Fr.
BS	706	190	GL	1 219	18
SG	20 647	102	LU	2 467	17
GE	1 045	37	AG	2 034	14
ZH	4 811	28	VS	7 065	14
OW	1 342	27	AI	207	12
TG	2 497	25	SZ	910	10
TI	6 666	24	GR	6 073	9
BE	16 184	23	AR	193	8
NW	583	21	UR	656	6
SH	623	21	SO	479	6
ZG	490	21	FR	727	4
NE	1 520	19	BL	127	3
VD	6 025	19	CH	85 296	21

[1] Produktives und unproduktives Areal.

werke am gesamten Bundesbeitrag in den einzelnen Jahren zwischen 1857 und 1913 ersichtlich.

Alle Kantone waren als Bezüger an diesen Beiträgen interessiert. Dem absoluten Betrage nach stand St. Gallen an erster Stelle, es folgten Bern, Wallis, Tessin, Graubünden und die Waadt mit je über 5 Millionen Franken. Die obenstehenden Kantonszahlen sind dem Artikel «Wasserbauwesen» von Ch. Bühler in «Reichenbergs Handwörterbuch der schweizerischen Volkswirtschaft» (3. Band, 2. Teil, Bern 1911) entnommen und beziehen sich auf die bis Ende 1908 ausgezahlten oder in diesem Zeitpunkt erst bewilligten Bundesbeiträge an die Kantone für öffentliche Werke (Wasserbauten). Diesen fügen wir die Betreffnisse je Hektare Gesamtareal (produktives und unproduktives Betreffnis nach der Arealstatistik von 1912) an, was eine Reihenfolge ergibt, an deren Spitze Basel-Stadt mit 190 000 Franken (für Korrektionen des Rheins und der Wiese sowie für Schiffahrtseinrichtungen) und an deren Ende Basel-Land mit 3 000 Franken steht. Über dem schweizerischen Mittel von 21 000 Franken liegen außer Basel-Stadt die Kantone St. Gallen, Genf (kostspielige Rhonekorrektion und Regulierung der Wasserstände des Genfersees), Zürich (Korrektionen der Thur, Töß, Glatt, Limmat und Sihl), Obwalden, Thurgau (Korrektionen der Thur und der Murg), Tessin und Bern.

Hatten Wildbachverbauungen hauptsächlich den Zweck, den Wasserabfluß in den obersten Regionen zu verzögern und die Geschiebezufuhr in die Flußläufe zu vermindern, so versuchte man mit Flußkorrektionen, insbesondere durch Ufersicherungen, Kanäle, Durchstiche und Hochwasserdämme, die Talgebiete vor Überschwemmungen zu schützen. Bisher sumpfige und fast ertraglose Flächen wurden damit in Land verwandelt, das in einer gewissermaßen zweiten Meliorationsstufe, den eigentlichen *landwirtschaftlichen Bodenverbesserungen,* kulturfähig zu machen war[1].

Unter den verschiedenen landwirtschaftlichen Bodenverbesserungsarten hatten schon bisher die *Entwässerungen* in der Form offener Gräben, weniger als gedeckte Stein- oder Faschinendolen, eine Hauptrolle gespielt. Noch weit größere Bedeutung erlangten sie jetzt in der zweiten Hälfte des 19. Jahrhunderts. Einmal fiel durch die erwähnten Bach- und Flußverbauungen und -korrektionen mehr entwässerungsfähiges Land an, und sodann gestaltete eine neue Entwässerungstechnik, die aus England stammende Röhrendrainage, diese Bodenverbesserungsart besonders lohnend.

Selten ist denn auch ein technischer Fortschritt mit so kleinem zeitlichem Verzug in die breitere landwirtschaftliche Praxis gedrungen wie die Verwendung von Tonröhren. Nachdem 1844 in England die Tonröhrenpresse erfunden und am 28. August 1846 ein erstes englisches Gesetz über die Gewährung von Spezialkrediten für Bodenentwässerung erlassen worden war, wagten fortschrittliche Private, Vereine usw. bald auch in der Schweiz die Anschaffung von Drainröhrenpressen und die Anlage von Drainageversuchen, wie der folgenden Übersicht zu entnehmen ist.

Genf	1844	J. Naville, Verfasser der 1845 erschienenen Schrift «L'assainissement des terres ou drainage», unternimmt den ersten Drainageversuch.
	1851	Ch. Martin und Poitry erwerben eine Drainröhrenpresse und beginnen in Versoix mit der Röhrenfabrikation.
	1850/51	verteilt die Classe d'agriculture drei Prämien an Besitzer von drainierten Grundstücken.
	1855	sendet die Classe d'agriculture A. Lecointe zur Ausbildung nach Belgien bei Landwirtschaftsinspektor Ing. Leclercq.
Thurgau	1851	G.T. Thomas aus England, Besitzer des Schloßgutes Hard bei Ermatingen, erwirbt eine Röhrenpresse und beginnt die Röhrenfabrikation in Dießenhofen. 1854 erwirbt auch der Landwirtschaftliche Kantonalverein eine Röhrenpresse.
	1851	führt Moosheer, Lehrer an der Landwirtschaftlichen Schule in Kreuzlingen, eine Studienreise nach Belgien und England durch.

---

[1] C. Schuler, Kulturingenieur des Kantons St. Gallen, der sich große Verdienste um die Rheinregulierung erworben hatte, schrieb hierüber:» Wenige haben gegen die Verwendung so vieler Millionen für die Flußkorrektionen und Senkungen der Wasserstände sowie die Schaffung geeigneter Vorfluten für weitere Entwässerungen Stellung genommen; viele aber sind es, welche es nicht begreifen können, daß diesen großen Arbeiten weitere folgen müssen, um die gebotenen Vorteile auszunutzen und den Kulturboden direkt zu verbessern» (Das Bodenverbesserungswesen der Schweiz, Bern 1914).

	1852	Erste Drainage auf dem Schloßgut Hard und auf dem Schulgut in Kreuzlingen.
	1856	Studienreise von Forstmeister J. Kopp nach Deutschland.
	1857, 1858 und 1859	leitet J. Kopp 4 Lehrkurse zur Ausbildung von Draineuren.
Waadt	1852	Röhrenfabrikation in Romainmôtier und um 1856 in Nyon.
	1854	L. A. Delarageaz erhält von der kantonalen Landwirtschaftskommission den Auftrag, die Drainage zu studieren und die Landwirte darüber zu instruieren.
	1858	findet die erste staatliche Prüfung von Draineuren statt.
Zürich	1853	Der Landwirtschaftliche Kantonalverein erwirbt eine Röhrenpresse und beginnt mit der Röhrenfabrikation in Wiedikon. Erste Drainage auf dem Gute der landwirtschaftlichen Schule Strickhof.
	1856	sendet der Landwirtschaftliche Kantonalverein J. J. Keller zur Ausbildung als Drainiermeister nach Deutschland.
	1864	Erster Drainagekurs.
Bern	1853	Erster Ankauf einer Röhrenpresse durch die Besitzer des Rüttihofes, Beginn der Röhrenfabrikation in Zollikofen und erste Drainage auf dem Rüttihof.
	1854	Erster Drainagekurs in Zollikofen.
Freiburg	1854	Erster Ankauf einer Röhrenpresse durch die Regierung und Beginn der Röhrenfabrikation in Murret bei Freiburg.
	1855	Erste Drainage auf dem Gute der landwirtschaftlichen Schule Altenryf.
	1856	Erster Drainagekurs. Die Regierung sendet Ing. Maillard zur Ausbildung nach Belgien.
Solothurn	1854	Erste Drainage auf dem Gute Schöngrün.
Schaffhausen	1854	Erster Ankauf einer Röhrenpresse durch die Regierung und Beginn der Röhrenfabrikation in Schaffhausen. Erste Drainage auf der Staatsdomäne Griesbach, geleitet von F. Rödiger, worüber dieser 1855 eine Denkschrift veröffentlicht.
Zug	1854	Erste Drainage.
St. Gallen	1855	Erster Ankauf einer Röhrenpresse und Beginn der Röhrenfabrikation in Heerbrugg, erste Drainage auf dem Exerzierplatz Brühl in St. Gallen.
	1858	Erster Drainagekurs.
Luzern	1855	Erster Ankauf einer Röhrenpresse durch den Aktienverein zur Einführung der Drainage, gegründet 1855, an der sich die Regierung beteiligt. Hauptinitiant: J. Schild (Gründer des Schweizerischen Alpwirtschaftlichen Vereins und Verfasser der Schrift «Die Drainage»). Beginn der Röhrenfabrikation in Kriens. Erste Drainage durch F. Rödiger in der Gemeinde Adligenswil.
Aargau	1855	Erster Ankauf einer Röhrenpresse durch die Regierung.
	1856	Beginn der Röhrenfabrikation in staatseigener Fabrik in Muri und erste Drainage auf der Staatsdomäne Muri.
	1858	Forstinspektior Müller unternimmt im Auftrage der Regierung eine Studienreise in den Thurgau und nach Deutschland.
	1864	Erster Drainagekurs auf der Staatsdomäne Olsberg.
Graubünden	1856	Beginn der Röhrenfabrikation in Chur und 1857 erste Drainage in Zizers.

78

Den traditionell engen Beziehungen der führenden Genfer Agronomen zur englischen Landwirtschaft hat die schweizerische Landwirtschaft die ersten Drainageversuche zu verdanken. Von Genf aus verbreitete sich diese Entwässerungsart in die Kantone Waadt, Freiburg, Bern und Solothurn. In der Ostschweiz hingegen war es ein Engländer selbst, der als Gutsbesitzer von Hard bei Ermatingen im Thurgau diese Neuerung bekannt machte. Die nahe gelegene landwirtschaftliche Schule in Kreuzlingen und der Thurgauische Landwirtschaftliche Kantonalverein erkannten früh ihre wirtschaftliche Bedeutung. Sie trugen unter Führung von Forstmeister J. Kopp, nachmaligem Professor der Forstwirtschaft am eidgenössischen Polytechnikum, entscheidend zur Verbreitung der Drainage im Thurgau und in den Nachbarkantonen bei, nicht zuletzt durch das im Auftrage des Thurgauischen Landwirtschaftlichen Kantonalvereins von J. Kopp verfaßte treffliche Lehrmittel «Anleitung zur Drainage», 1865 erschienen und 1893 in revidierter zweiter Auflage vom Schweizerischen Landwirtschaftlichen Verein herausgegeben.

In den meisten Kantonen ging die Initiative zur Einführung der Drainage, die zuerst den Ankauf einer Drainröhrenpresse voraussetzte, von den landwirtschaftlichen Kantonalvereinen und in einzelnen Fällen von den Regierungen aus. Diese stellten auch häufig Staatsdomänen zur Vornahme erster Versuche zur Verfügung. Vereine und der Staat finanzierten in einigen Kantonen die Ausbildung von Fachleuten im In- und Ausland, denen später die technische Beratung und die Leitung von Drainagekursen übertragen wurden. Staatsbeiträge an Entwässerungen landwirtschaftlicher Grundstücke richteten aber nur Zürich und der Thurgau aus: Zürich nur für größere Projekte, für die der Kanton zuerst (1864 bis 1877) die Kosten der Vorarbeiten übernahm, später aber auch Beiträge an die Baukosten gewährte; der Thurgau nur für Entsumpfungen durch Kanäle und Bachkorrektionen seit 1861.

Daß namentlich in den ersten Jahren und Jahrzehnten an manchen Orten die technische Ausführung der Drainagen zu wünschen übrig ließ, war angesichts der vielfach noch mangelhaften Ausbildung und Erfahrung der daran Beteiligten nicht überraschend. Die häufigsten Fehler waren zu geringe Grabentiefe (weniger als die geforderten 1,5 bis 2 m), zu enge Röhren (Lochweite von nur 3 cm statt mindestens 6 cm), deren schlechte Lagerung und zu geringe Qualität. Neben diesen Mängeln hat in verschiedenen Kantonen auch das Fehlen von gesetzlichen Bestimmungen über die Pflicht der Besitzer von tiefer gelegenen Grundstücken zur Übernahme von künstlich abgeleitetem Wasser die Ausbreitung der Drainage vor allem in stark parzellierten Gegenden behindert.

Über das Ausmaß der Drainagen liegen meist nur für die 1850er und 1860er Jahre Angaben über den Röhrenverbrauch, die drainierte Fläche oder die Zahl der Gemeinden mit Drainagen vor. Sie lassen für diesen Zeitraum zum Beispiel in den Kantonen Genf, Waadt, Thurgau, Zürich und Luzern eine rasche Entwicklung erkennen, wobei verschiedentlich festgestellt wurde, daß namentlich Großbetriebe von der neuen Entwässerungsmethode profitierten.

Genf   1856 hatten von 45 Landgemeinden im Kanton deren 26 Drainagen zu verzeichnen. Die bis 1856 entstandenen 3 Röhrenfabriken lieferten in die Kantone Genf, Waadt und das französische Pays de Gex: 1852 und 1853 zusammen 200 000 Stück, 1854 287 000 Stück, 1855 268 560 Stück und 1856 1 128 000 Stück.

Waadt   1857 waren Drainagen zum Beispiel in 29 Gemeinden des Bezirkes Morges, 15 Gemeinden des Bezirkes Nyon und 12 Gemeinden des Bezirkes Payerne vorhanden.

Thurgau   Bis Ende 1862 wurden im Kanton verwendet (Erhebung von J. Kopp):

Röhren von thurgauischen Fabrikanten	2 450 000 Stück
Röhren von außerkantonalen Fabrikanten	80 000 Stück
Röhren von ausländischen Fabrikanten (aus Baden und Württemberg)	800 000 Stück
Im ganzen	3 330 000 Stück,

was bei Annahme von 600 Stück pro Juchart eine drainierte Fläche von rund 2000 ha ergab.

Zürich   Unter Kontrolle des kantonalen Drainiermeisters J. Keller wurden im Kanton drainiert:

bis 1856	285 Jucharten
1857	92 Jucharten
1858	80 Jucharten
1859	50 Jucharten
Im ganzen	507 Jucharten (ohne nicht kontrollierte Drainagen)

Luzern   Bis Ende November 1859 wurden im Kanton verwendet (Erhebung der Regierung):

1855	1856	1857	1858	1859 (11 Monate)
4 858	71 143	243 691	203 614	178 935 Stück Röhren

Schließlich ergab eine Umfrage der Bundesverwaltung (Landwirtschaftsdepartement) im Jahre 1892 für die ganze Schweiz einen Bestand von 93 Drainröhrenfabriken mit einer durchschnittlichen jährlichen Produktion von 6 458 000 Röhren, woraus man folgerte, daß die Leistungen unseres Landes den Vergleich mit dem Ausland aushalten dürften[1].

Nicht weniger dringend als Entwässerungen waren in vielen Gegenden des Mittellandes Weganlagen. Unter dem Dreizelgensystem, bei dem alle Grundbesitzer des Dorfes in einem bestimmten Teil des Ackerareals dieselbe Pflanzenart anzubauen hatten, also Flurzwang galt – was um die Jahrhundertmitte für das schweizerische Ackerbaugebiet die Regel war –, konnte auf Flurwege verzichtet werden. Mit zunehmender Ausrichtung der Produktion auf die Anforderungen des Marktes erhob sich stärker denn je die Forderung nach Beseitigung aller überbetrieblichen Bindungen. «Jeder muß auf seinen Grundstücken pflanzen können zu jeder Zeit,

[1] Botschaft über die Revision des Bundesbeschlusses vom 27. Juni 1884 betreffend die Förderung der Landwirtschaft durch den Bund vom 28. November 1892.

was und wie er will» (J. J. Wehrli 1852 vor dem Thurgauischen Landwirtschaftlichen Verein).

Vorbedingung für die Aufschließung der Zelgen und damit den Wegfall zahlreicher Wegservitute, die oft zu Streitigkeiten Anlaß gaben, war die Anlegung von Flurwegen. Zuerst hat der Kanton Schaffhausen die Grundbesitzer dazu verpflichtet (1846). Ihm folgte der Thurgau 1854, der Kanton Zürich 1862 und der Kanton Aargau 1875. Ähnliche gesetzliche Versuche in den Kantonen Bern und Solothurn scheiterten entweder in der Volksabstimmung (Bern 1882) oder an der zögernden Haltung der Behörden, so daß es beim Gesetzesentwurf verblieb (Solothurn 1876).

Das in diesen Jahrzehnten entstandene Wegnetz, dessen Anlage und Unterhalt ganz zu Lasten der beteiligten Grundeigentümer gingen, vermochte meistens nur bescheidensten Ansprüchen zu genügen[1].

Ein weiteres die Bewirtschaftung des Bodens behinderndes Erbe der Dreizelgenwirtschaft war die große Zahl der Parzellen, ihre oft ungünstige Form und weite Entfernung voneinander. Dieser Nachteile war man sich in landwirtschaftlichen Kreisen wohl bewußt, indem z. B. schon 1851 Ambrogio Bertoni in der Schrift «Delle condizioni agrarie nel Cantone Ticino» vor allem Güterzusammenlegungen verlangte, 1863 der Verein schweizerischer Landwirte, der Zürcherische Landwirtschaftliche Kantonalverein und die Ökonomische Gesellschaft von Bern diese ebenfalls empfahlen, 1864 in der Landwirtschaftlichen Gesellschaft des Kantons St. Gallen und im Landwirtschaftlichen Bezirksverein Aarau Gesetze über Feldwege und Güterzusammenlegungen gefordert wurden usw. Verwirklicht aber wurden die Vorschläge bis zum Erlaß des Bundesbeschlusses von 1884 nur in wenigen Fällen, zum Beispiel im Kanton Bern in den Gemeinden Ersigen und Kirchberg, wo nach zwanzigjährigen Verhandlungen von 1836 bis 1856 auf einer Fläche von 480 Jucharten die Zahl der Parzellen von 332 auf 252 reduziert wurde, ferner im Kanton Thurgau in der Gemeinde Mauren, die 1865 ebenfalls auf freiwilligem Wege auf 68 Jucharten Wiesland die Parzellenzahl von 61 auf 40 senkte. Dieses Unternehmen fand besondere Anerkennung durch den Thurgauischen Landwirtschaftlichen Verein (1865) und den Schweizerischen Landwirt-

---

[1] Noch 1891 stellte Prof. Zwicky, erster Dozent für Kulturtechnik am eidgenössischen Polytechnikum fest: «In bezug auf die Feldwege machen sich namentlich ein mangelhafter Zustand und eine allzu geringe Zahl in höchst nachteiliger Weise geltend. Es folgen die Wege in welligem Terrain allen Bodenunebenheiten. Es müssen die Fuhrwerke stärker bespannt werden. Sind die Hauptfeldwege nur gewöhnliche Erdwege ohne jede Fahrbahnbefestigung und ohne Seitengräben, so zeigen sie bei trockenem Wetter harte Längsfurchen; bei Regenwetter bildet die Oberfläche einen zähen Brei, in dem die Fuhrwerke nur mühsam vorwärts kommen. Sind die Wege schmal, so muß das Fuhrwerk immer genau in der Mitte fahren, und es bilden sich tiefe Radspuren, in denen das Regenwasser lange liegen bleibt» (Schweizerisches Landwirtschaftliches Centralblatt, Jahrgang 1891, S. 117).

schaftlichen Verein (1866) sowie an der ersten schweizerischen landwirtschaftlichen Ausstellung in Weinfelden (1873), die die gleiche Auszeichnung der Schaffhauser Gemeinde Siblingen verlieh. Diese hatte im Rahmen der vom kantonalen Bannvermessungsgesetz von 1846 vorgesehenen Maßnahmen auf einem 155 Jucharten messenden Flurbezirk die Parzellenzahl von 402 auf 347 vermindert. Auch andere Gemeinden im Kanton Schaffhausen haben in den fünfziger und sechziger Jahren nach dem genannten Gesetz Güterregulierungen durchgeführt, wenn auch mit etwas geringerem Zusammenlegungserfolg, zum Beispiel Trasadingen, Wilchingen, Hallau und Neunkirch, wobei letzteres an der kantonalen landwirtschaftlichen Ausstellung in Schaffhausen 1872 deswegen ausgezeichnet wurde.

Die neuen Feldeinteilungen im Kanton Schaffhausen und namentlich auch im benachbarten Großherzogtum Baden waren Ansporn für gleichgerichtete Bestrebungen im Kanton Aargau:

1871 besichtigten Abgeordnete des Landwirtschaftlichen Bezirksvereins Zurzach die Güterzusammenlegungen in der badischen Gemeinde Bergöschingen (gegenüber Kaiserstuhl),

1872 bis 1874 wirkte ein badischer Kulturingenieur bei der ersten Güterzusammenlegung in Schneisingen mit,

1875 reiste der Vorstand der Aargauischen landwirtschaftlichen Gesellschaft nach Wilchingen, Hallau und Siblingen zur Besichtigung der Feldbereinigungen, wobei im Frühjahr

1876 während des Abstimmungskampfes um das aargauische Flurgesetz vom 24. November 1875 die Flurpläne von Siblingen eine wichtige Rolle spielten, und

1879 sandte die Regierung den nachmaligen kantonalen Kulturtechniker ins Großherzogtum Baden zum Studium der dortigen Feldbereinigungen.

Von 1874 bis 1884 verzeichnete der Kanton im ganzen 18 Güterregulierungen auf einer Fläche von 580 ha mit einer Parzellenreduktion von 3175 auf 2618 (—18%) – ein, verglichen mit heutigen Ergebnissen von Güterzusammenlegungen, allerdings geringer Arrondierungserfolg. Doch hat man damals aus Gründen der Risikoverteilung meistens nicht mehr angestrebt, wurden doch Grundstücke mit mehr als 10 a nicht unbedingt als zusammenlegungsbedürftig betrachtet[1].

Unter allen Kantonen wies der Aargau vor 1884 die größten Leistungen auf dem Gebiete der Güterregulierung auf. Der Staat unterstützte hier diese Arbeiten durch Beiträge an die Geometerkosten. Im Kanton St. Gallen kamen auf Grund des Gesetzes betreffend den Bodenaustausch bei Gewässerkorrektionen vom 8. Februar 1866 ebenfalls mehrere Güterzusammenlegungen zustande. Sie be-

---

[1] P. Basler, Über neue Feldeinteilungen, Vortrag in Aesch, Liestal 1881.

schränkten sich auf Überschwemmungsgebiete, die durch die Korrektion der Seez, der Saar und des Rheins in Kulturland verwandelt worden waren.

Im Bericht an den Bundesrat über die Untersuchung der schweizerischen Hochgebirgswaldungen in den Jahren 1858 bis 1860 findet sich aus der Feder von E. Landolt auch eine ausgezeichnete Darstellung des damaligen Zustandes der Alpen und Juraweiden sowie eine Anzahl Vorschläge zur Behebung der angetroffenen Mängel. Die Erfolgsaussichten solcher Vorschläge haben Fachleute nie überschätzt. Landolt selbst sah die besondere Schwierigkeit solcher Verbesserungen darin, daß «die bestehenden Einrichtungen mit den Sitten und Gewohnheiten des Volkes so sehr verwachsen sind, daß die Beseitigung derselben noch viele andere Veränderungen nach sich ziehen würde». Ähnlich pessimistisch äußerte sich 1874 M. Wilkens in seiner Schrift «Die Alpenwirtschaft der Schweiz, des Allgäus und der westösterreichischen Alpenländer»: «Die Arbeiter, die im Tale fleißig und sorgsam ihrer Beschäftigung nachgehen, werden auf der Alp zu ganz andern Menschen: Nachlässigkeiten beim Hüten des Viehs, bei der Reinhaltung des Stalles und seiner Umgebung, bei der Ausfuhr und Ausbreitung des Düngers usw. würde sich derselbe Arbeiter, der sich diese Freiheiten auf der Alp gestattet, im Tale nicht zuschulden kommen lassen. Viele Alpwirte besuchen ihre Alp nur einmal oder zweimal im Sommer, und wo das Auge des Herrn fehlt, da kann die wirtschaftliche Kultur niemals die höchste Stufe erreichen.» F. G. Stebler schließlich faßte 1889 seine langjährigen Erfahrungen in folgendem Satz zusammen: «Die Ungunst des rauhen und kurzen Alpsommers, die Gewalt schädigender Naturereignisse vereinigen sich mit dem konservativen Sinn der Alpbewohner, der Entlegenheit der Alpweiden, den verbesserungsfeindlichen Besitzverhältnissen zu einem schwer zu bekämpfenden Heer von Hemmnissen, die sich allen Verbesserungsbestrebungen wie ein Bleigewicht anhängen[1].»

Als der anerkannte Förderer der Alpwirtschaft, R. Schatzmann, Präsident des Schweizerischen Alpwirtschaftlichen Vereins von 1866 bis 1886, der Bedeutendes auf diesem Gebiete geleistet hat, sich im Jahre 1880 Rechenschaft über «20 Jahre Alpwirtschaft[2]» gab, sah er den feststellbaren Fortschritt hauptsächlich in der besseren Pflege des Alpviehs. Nachdem die gestiegene Nachfrage nach Vieh und Milchprodukten auch die Nachfrage nach guten Sömmerungsweiden gesteigert hätte, seien manchem Alpbesitzer die Augen aufgegangen über den Wert ihrer Sömmerungen. Es seien fast in allen Alpgebieten unzählige Ställe und Scheunen, Wasserleitungen und Tränktröge gebaut worden; Heuvorräte für Zeiten der Not fänden sich nun auf vielen Alpen.

Mit dem Bundesbeschluß vom 27. Juni 1884 betreffend die Förderung der Land-

[1] Die besten Futterpflanzen, III. Teil, Die Alpen-Futterpflanzen, 1889. Stebler war eine Zeitlang Dozent für Alpwirtschaft am eidgenössischen Polytechnikum.
[2] R. Schatzmann, 20 Jahre schweizerische Alpwirtschaft, Aarau 1880.

wirtschaft erhielt der Bund erstmals die Möglichkeit, Verbesserungen landwirtschaftlich genutzten Bodens im Tale und im Berggebiet finanziell zu unterstützen. Da er die Hilfe aber an eine entsprechende Leistung der Kantone, Gemeinden
und Korporationen knüpfte, bildete sie in manchen Kantonen überhaupt den
Anfang staatlicher Subventionierung der landwirtschaftlichen Bodenverbesserungen. Nur 3 Kantone haben vor 1884 auf diesem Gebiete an bestimmte Projekte
Barbeiträge oder Unterstützungen in Form von technischer Beratung gewährt:
der Thurgau, Zürich und der Aargau. Die übrigen Kantone und Halbkantone
schufen die rechtlichen Voraussetzungen in den Jahren 1885 bis 1907, wie die
nachstehende Übersicht zeigt[1]:

*Beginn der kantonalen Unterstützung für Verbesserung landwirtschaftlich ge-
nutzten Bodens*

1861	Thurgau		1893	Nidwalden, Glarus, Basel-Land
1864	Zürich		1894	Appenzell-Innerrhoden, Waadt,
1867	Aargau			Wallis, Neuenburg
1885	Bern, St. Gallen,		1897	Luzern, Obwalden
	Graubünden, Tessin		1902	Uri
1887	Freiburg	um	1903	Solothurn
1890	Schwyz		1904	Zug
1892	Schaffhausen		1907	Appenzell-Außerrhoden, Genf

Das umfassendere Bundesgesetz betreffend die Förderung der Landwirtschaft
durch den Bund vom 22. Dezember 1893, das auch revidierte Bestimmungen
über Bodenverbesserungen im Sinne einer vermehrten Unterstützung enthielt, er-
laubte unter anderem erstmals die Gewährung von Bundesbeiträgen bis zu 50%
an die Besoldung kantonaler Kulturtechniker. Das wirkte sich in der Folge außerordentlich fördernd auf die Quantität und Qualität der Projekte aus. Solche
Bundesbeiträge erhielten:

*Beginn des Bezugs von Bundesbeiträgen an die Besoldung kantonaler Kultur-
techniker*

ab 1894	St. Gallen, Aargau		ab 1904	Zug, Wallis
ab 1897	Bern		ab 1906	Luzern
ab 1898	Zürich		ab 1908	Thurgau
1900, 1901 und ab 1909	Waadt		ab 1910	Glarus
ab 1901	Graubünden		ab 1911	Uri
ab 1902	Freiburg			

[1] Das Bodenverbesserungswesen der Schweiz. Unter Benützung der kantonalen Berichte zusammengestellt vom Schweizerischen Landwirtschaftsdepartement, Bern 1914.

Während somit noch 1895 nur 2 Kantone beamtete Kulturingenieure beschäftigten, haben 1912 für diesen Zweck 13 Kantone Bundesbeiträge in der Höhe von 43 000 Franken bezogen.

Die Statistik der vom Bund unterstützten Bodenverbesserung unterscheidet zwischen Verbesserungen im Tale und Alp- und Weideverbesserungen. Von 1885 bis Ende 1912 ergibt sich in bezug auf den Gesamtbetrag der subventionsberechtigten Kosten dieser beiden Projektarten folgende Reihenfolge der Kantone:

Bundessubventionsberechtigte Kosten der Verbesserungen landwirtschaftlich genutzten Bodens, nach Kantonen, 1885 bis 1912

Kantone	Verbesserungen im Tale 1 000 Fr	Alp- und Weideverbesserungen 1 000 Fr.	Total 1 000 Fr.	Franken je Hektare land- und alpwirtschaftlich genutztes Areal (ohne Wald)
SG	2 351	2 489	4 840	37
BE	1 651	2 091	3 742	10
VD	2 042	1 501	3 543	20
GR	45	3 293	3 338	10
VS	955	1 580	2 535	14
AG	2 275	103	2 378	28
NE	2 259	–	2 259	52
FR	1 854	107	1 961	17
ZH	1 719	28	1 747	17
TI	464	1 032	1 496	11
LU	1 022	246	1 268	13
SZ	799	332	1 131	22
BL	1 029	43	1 072	42
GL	623	376	999	30
ZG	500	–	500	35
SH	425	55	480	30
TG	316	21	337	5
OW	69	196	265	11
UR	2	259	261	7
SO	124	134	258	6
GE	156	–	156	8
AI	44	65	109	9
NW	11	96	107	8
AR	29	63	92	5
CH	20 764	14 109	34 873	16

Dem absoluten Betrage nach weisen unter den 6 flächenmäßig größten Kantonen – gemessen an der land- und alpwirtschaftlich genutzten Fläche ohne Wald – Bern, Graubünden, Waadt, Wallis, Tessin und St. Gallen alle mit Ausnahme von Tessin auch die höchsten Aufwendungen für Verbesserungen landwirtschaftlich genutzten Bodens auf. Je Hektare rücken jedoch neben St. Gallen 5 andere Kantone an die Spitze: Neuenburg mit 52 Franken, Basel-Land mit 42, St. Gallen mit 37, Zug mit 35 und Schaffhausen und Glarus mit je 30 Franken.

Die Gliederung der gesamtschweizerischen Kostensumme nach einzelnen Bodenverbesserungsarten ergibt folgende Verteilung:

Bundessubventionsberechtigte Kosten der Verbesserungen landwirtschaftlich genutzten Bodens nach Verbesserungsarten, 1885 bis 1912

Arten	1 000 Fr.	%	Maßzahlen	
Verbesserungen im Tale				
1. Entwässerungen	11 452	55	16 654 ha	
2. Bewässerungen	913	4	4 627 ha	
			28 km	Kanäle
3. Kanalisationen	958	5	97 km	
4. Güterzusammenlegungen ...	2 822	14	6 893 ha	
5. Weganlagen	2 279	11	227 km	
6. Urbarisierungen	1 657	8	1 439 ha	
7. Andere	683	3	.	
Total	20 764	100		
Alp- und Weideverbesserungen				
1. Entwässerungen	633	5	760 ha	
2. Bewässerungen	53	0	304 ha	
3. Kanalisationen	36	0	7 km	
4. Stallbauten	5 897	42	134 507 m²	überbaute Bodenfläche
5. Weganlagen	3 903	28	1 111 km	
6. Räumungen, Reutungen	1 024	7	6 699 ha	
7. Wasserversorgungen	2 154	15	620 km	Leitungen
			3 634 m³	Zisternen und Reservoire
8. Andere	409	3	.	
Total	14 109	100		
Im ganzen	34 873			

Zu den wichtigsten Verbesserungen im Tale zählten 1885 bis 1912 die Entwässerungen (mit einem Anteil von 55% an der gesamten Kostensumme), die Güterzusammenlegungen (14%) und die Weganlagen (14%). Unter den Alp- und Weideverbesserungen dominierten die Stallbauten (42%), es folgten die Weganlagen

(28%) und Wasserversorgungen (15%). Wie schon vor 1880 lag somit das Schwergewicht der Alpverbesserungen auf der Förderung der Viehhaltung.

Unter den Kantonen zeichnete sich Neuenburg durch die umfangreichen kollektiven Entwässerungen im Val-de-Ruz, im Bezirk Neuenburg (Gemeinden Cressier, Cornaux, Saint-Blaise; Thielle-Wavre) und im Val-de-Travers aus. Basel-Land tat sich besonders durch Güterzusammenlegungen im ehemaligen Rebgebiet der Bezirke Arlesheim, Liestal und Sissach hervor, und St. Gallen war bekannt durch die gedeihliche Zusammenarbeit von Regierung und kantonalem Kulturingenieur, die zahlreiche Meliorationswerke im Tale (namentlich Entwässerungen und Güterzusammenlegungen) und im Berggebiet (besonders Weganlagen und Stallbauten) möglich machte.

2. Düngung

Bereits zu Beginn der Berichtsperiode hat die schweizerische Landwirtschaft neben Hofdünger kleinere Mengen Handelsdünger: Kalkdünger, Knochenmehl, Guano und Chilesalpeter, verwendet.

Mergel und Gips wurden seit Jahrzehnten aus einheimischen Abbaustätten bezogen und mit einigem Erfolg auf Kunstwiesen ausgebracht.

Knochenmehl war etwa seit den 1820er Jahren in rohem, grob gemahlenem Zustand in Gebrauch, aber mit relativ geringer Düngewirkung.

Ende der vierziger Jahre gelangte Guano, ein aus naturgetrockneten Exkrementen und Kadavern fischfressender Vögel bestehender Dünger aus Südamerika, auf den Markt. Er fand nicht zuletzt wegen der Ähnlichkeit mit Stallmist bald Anklang bei den Landwirten.

Der Stickstoffdünger Chilesalpeter ist anfangs der fünfziger Jahre erstmals eingeführt worden.

Etwa von 1865 an datiert der Bezug von Kalisalz aus Deutschland. Hier waren um 1855 in Staßfurt bei Magdeburg über Steinsalzlagern kalihaltige Schichten entdeckt worden, die bei der Ausbeutung des Steinsalzes abgeräumt werden mußten. Bald darauf gelang es, diesem Material das Kali zu entziehen und es als begehrten Dünger unter der Bezeichnung «Staßfurter Abraumsalz» in den Handel zu bringen.

Um die gleiche Zeit war auch das Superphosphat im Aufkommen, das auch in der Schweiz den Anstoß zu fabrikmäßiger Herstellung von Düngern gegeben hat. Es war Superphosphat mit den Ausgangsmaterialien Knochenmehl, stickstoffarme Guanosorten und Phosphatgesteine, die mit Schwefelsäure aufgeschlossen wurden um dadurch einen Teil ihres Phosphorsäuregehaltes in eine wasserlösliche Form überzuführen. Am 1. September 1860 begannen die Gebrüder Van Vloten in der

1856 in Marthalen ZH errichteten «Chemischen Düngerfabrik» mit der Fabrikation von gedämpftem, fein gemahlenem Knochenmehl und zwei Sorten Knochenmehlsuperphosphat. 1864 entstand die «Chemische Düngerfabrik Freiburg» von Wicky und Castella, die anfänglich das sogenannte «Fécondine», einen aus städtischen Fäkalstoffen bestehenden Dünger, auf den Markt brachten, aber ihn von 1871 an durch Superphosphat und verschiedene Mischdünger ersetzten. Neben diesen zwei Unternehmen beteiligte sich aus der Schweiz an der Pariser Weltausstellung von 1867 noch als dritte Firma die «Basler Guanofabrik» in Basel.

Stebler hat den schweizerischen Handelsdüngerverbrauch 1875 auf 60 000 q und Grete diesen 1884 bereits auf 260 000 q, davon 100 000 q ausländischer Herkunft, geschätzt.

Die Zahl der größeren inländischen Düngerfabriken stieg zwischen 1870 und 1885 von 3 auf den später nicht mehr erreichten Bestand von 18, waren doch bald darauf eine Reihe von Fabriken der ausländischen Konkurrenz zum Opfer gefallen.

Der nach kurzer Zeit vielverwendete, weil relativ billige Phosphorsäuredünger Thomasmehl kam Mitte der 1880er Jahre auf. Er wurde nach dem vom Engländer Thomas 1876 patentierten Verfahren bei der Flußstahlfabrikation durch Entzug des Phosphors aus dem geschmolzenen Roheisen gewonnen und gelangte als fein gemahlene Schlacke in den Handel. Für die letzten neunziger Jahre hat Grandeau den schweizerischen Verbrauch an reiner Phosphorsäure (P_2O_5) zu Düngezwecken auf 136 000 q geschätzt, nämlich auf 98 000 q oder 72 % Superphosphat, 27 000 q oder 20 % Thomasmehl und 11 000 q oder 8 % übrige phosphorsäurehaltige Dünger.

Da die Schweiz ihren ganzen Bedarf an Kali-Handelsdünger einzuführen hat und der Fabrikation von Phosphorsäuredüngern höchstens 50 000 q Knochenmehl jährlich aus dem Inland zur Verfügung standen, ist die Entwicklung des Verbrauchs an diesen Haupthandelsdüngern weitgehend aus der Einfuhrstatistik ersichtlich.

Die Änderungen des Zolltarifs in den Jahren 1885, 1892 und 1906, die jeweils auch Änderungen des handelsstatistischen Warenverzeichnisses nach sich zogen, beeinträchtigen zwar den zeitlichen Vergleich der einzelnen Düngerpositionen; durch ihre Zusammenfassung in nur zwei Gruppen: Stalldünger und Abfälle zur Düngerfabrikation einerseits und Hilfsdünger andererseits, lassen sich aber für die Jahre 1877 bis 1913 brauchbare Vergleichszahlen gewinnen.

Bei beiden Hauptgruppen zeigt sich in der folgenden Tabelle eine stetige Zunahme der Mehrjahresdurchschnitte bis 1913. Während die Einfuhr bei der ersten Gruppe durch eine ungefähr ebenso hohe Ausfuhr ausgeglichen wurde, stand der Einfuhr der zweiten Gruppe nur eine unbedeutende Ausfuhr gegenüber.

88

Im Vergleich zur Vorperiode wies die mittlere jährliche Einfuhrmenge von Hilfsdünger seit 1877/80 im Jahrfünft 1896/1900 die höchste absolute (209 108 q)
und im Jahrfünft 1891/95 die höchste prozentuale Zunahme (80%) auf.

Schweizerische Düngereinfuhr, 1877 bis 1913

Jahresmittel	Stalldünger, Abfälle zur Dünger- fabrikation[1]	Hilfsdünger[2]		Total
			Zunahme gegenüber der vorausgehenden Periode	
	q	q	q	in %
1877/80	32 787	93 087	.	.
1881/85	70 873	147 014	53 927	58
1886/90	114 125	216 865	69 851	48
1891/95	137 982	390 821	173 956	80
1896/1900 ...	140 892	599 929	209 108	54
1901/05	167 401	701 863	101 934	17
1906/10	252 048[3]	867 115	165 252	24
1911/13	278 129[3]	976 598	109 483	13
	1 000 Fr.	1 000 Fr.	1 000 Fr.	%	1 000 Fr.
1886/90	653	2 545	.	.	3 198
1891/95	916	3 809	1 264	50	4 725
1896/1900 ...	924	4 864	1 055	28	5 788
1901/05	897	5 285	421	9	6 182
1906/10	1 913[3]	6 781	1 496	28	8 694
1911/13	1 931[3]	7 486	705	10	9 417

[1] Mit den Zolltarifpositionen:

Tierische Abfälle:	1877 bis 1884
Positionen 1, 4:	1885
Positionen 1, 2:	1886 bis 1891
Positionen 1, 8:	1892 bis 1905
Positionen 161, 162, 165, 171:	1906 bis 1913

[2] Mit den Zolltarifpositionen:

Guano, künstliche Dünger usw.	1877 bis 1884
Positionen 5, 6, 21:	1885
Positionen 3, 4, 15 c:	1886 bis 1891
Positionen 9, 10:	1892 bis 1905
Positionen 163, 164, 166 bis 170:	1906 bis 1913

[3] Inbegriffen Knochenmehl, das bis 1905 unter Hilfsdünger eingereiht war.

In allen Perioden von 1886/90 an, mit Ausnahme von 1906/10, stieg die mittlere
Einfuhrmenge stärker als der mittlere Einfuhrwert. Zwischen 1886/90 und
1911/13 erhöhte sich die Menge um das 5,50fache, der Wert um das 2,94fache.
Die Erklärung liegt vor allem in den rückläufigen Preisen und im Vordringen der
billigeren Phosphorsäuredünger (zum Beispiel Thomasmehl) auf Kosten der
teureren (zum Beispiel Superphosphat). Die Verbilligung wäre noch ausgeprägter
gewesen, wenn nicht umgekehrt bei den Kalidüngern etwa von 1900 an eine Ver-

lagerung zu den höherprozentigen und damit teureren Kalisorten stattgefunden hätte (dreiprozentiges Kalisalz an Stelle von zwölf- bis fünfzehnprozentigem Kainit).

Die als Stalldünger anfallenden inländischen Pflanzennährstoffmengen haben mindestens im gleichen Ausmaß wie der Viehbestand zugenommen, der, in Vieheinheiten ausgedrückt, sich von 1866 bis 1911 um 38% vermehrte. Mindestens deshalb, weil während dieses Zeitraums die Tiere nicht nur reichlicher, sondern auch besser, vor allem eiweißreicher gefüttert wurden.

Angeregt durch seinen Lehrer, Justus von Liebig, den Begründer der modernen Agrikulturchemie, hat 1852 J. Schild von Grenchen mit einer Düngerbilanz in der Schrift «Die Zunahme der Land- und Abnahme der Alpwirtschaft» nachzuweisen versucht, daß die Schweiz zwar einen Einfuhrüberschuß an phosphorsauren Salzen aufweise, dieser aber ungleich auf das Land verteilt sei. «Während in den Tälern der Gehalt an phosphorsauren Salzen zunimmt, nimmt er auf unsern Alpweiden ab, weil wir denselben durch die Alpwirtschaft in der Milch, im Käse und durch die Körperzunahme des Viehs phosphorsaure Salze entziehen, ohne sie zu ersetzen. Dadurch nimmt notwendigerweise die Ertragsfähigkeit immer mehr ab. Die Klagen, welche bereits darüber aus den Kantonen Schwyz und Glarus ertönen, sind gewiß ernst genug, um Behörden und Volksfreunde aufmerksam zu machen, daß hier geholfen werden müsse.» In einer ergänzten Fassung von 1862 fand diese Schrift allgemeine Beachtung. Sie führte 1863 zur Gründung des Schweizerischen Alpwirtschaftlichen Vereins, dessen Hauptanliegen vorerst die Errichtung von Versuchsstationen für künstliche Düngung auf Alpen der Kantone Bern, Schwyz, Freiburg und Graubünden war. Schild wußte auch den Schweizerischen Landwirtschaftlichen Verein für sein Anliegen zu interessieren, indem er ihn zu Untersuchungen über das Vorkommen von phosphor- und kalihaltigen Gesteinen durch eine aus Geologen und Chemikern bestehende Expertenkommission veranlassen konnte. Diese von 1867 bis 1872 vorgenommenen Nachforschungen endeten mit dem Ergebnis, daß fossile Dünger in der Schweiz nirgends in einer abbauwürdigen Menge vorhanden seien; dies bestätigten übrigens auch die während der beiden Weltkriege wiederholten Untersuchungen.

Einer weiteren Anregung Schilds folgend, erließ der Schweizerische Landwirtschaftliche Verein 1864 ein Regulativ für agrikulturchemische Untersuchungen, das die Vornahme von Handelsdüngeranalysen und Bodenuntersuchungen regelte, für die je ein Laboratorium in Bern (an der landwirtschaftlichen Schule Rütti) und Zürich (am eidgenössischen Polytechnikum) vorgesehen war.

Mit dem steigenden Verbrauch von Handelsdünger mehrten sich auch die Fälle von Fälschungen. Diese zu bekämpfen war eine Hauptaufgabe der 1865 an der landwirtschaftlichen Schule Rütti errichteten chemischen Versuchsstation. Der Schweizerische Landwirtschaftliche Verein führte 1868 die sogenannte Lager-

90

kontrolle bei Düngerfabrikanten und -händlern ein, die vorrätige Dünger vor deren Verkauf prüfte. Ein noch wirksameres Verfahren wendete die 1878 eröffnete agrikulturchemische Untersuchungsstation des Polytechnikums an, das auch vom bernischen chemischen Laboratorium und von der 1886 gegründeten waadtländischen Anstalt übernommen wurde. Dieses bestand im Abschluß von Verträgen mit Fabrikations- und Handelsfirmen, in denen sich diese verpflichteten, ihren Abnehmern, sofern das gekaufte Quantum 500 kg und mehr betrug, kostenfreie Nachuntersuchungen der bezogenen Ware zu gewähren und im Falle eines durch die Untersuchungsanstalten festgestellten Minderwertes gegenüber dem garantierten Gehalt Schadenersatz zu leisten.

Wie notwendig diese Kontrolle durch die drei schweizerischen agrikulturchemischen Anstalten (die beiden kantonalen Anstalten von Bern und der Waadt waren 1897 an den Bund übergegangen) auch in den letzten Jahren der Berichtszeit war, zeigen folgende Untersuchungsergebnisse:

Düngerkontrolle der agrikulturchemischen Anstalten Zürich, Bern und Lausanne, 1908 bis 1912

Jahr	Gesamtzahl der auf Grund von Kontrollverträgen kostenfrei untersuchten Düngerproben	Davon wegen Mindergehalts oder Fälschung beanstandete Proben	
		Anzahl	in %
1908	7 650	1 283	17
1909	7 450	893	12
1910	7 072	1 099	16
1911	7 078	1 261	18
1912	7 456	1 472	20

Die Tätigkeit der Untersuchungsanstalten hat wesentlich dazu beigetragen, bei den Landwirten das Vertrauen in Wirkung und Wert zugekaufter Dünger zu heben und damit deren Verwendung zu verallgemeinern.

3. Witterung

Der Zustand des Bodens und die Vorgänge in der Atmosphäre bestimmen in hohem Maße den Pflanzenbau. Dieser hat sich zwar den Gegebenheiten angepaßt, ist aber immer wieder den Gefahren extremer Schwankungen der meteorologischen Elemente ausgesetzt.

Betrachtet man nur die Elementargefahren im engeren Sinn, das heißt Wasser-verheerungen, Gesteinsbewegungen, Stürme, Hagel, Lawinen und Schneedruck, so läßt sich auf Grund der eingehenden Untersuchungen von Lanz-Stauffer und Rommel für das 19. und das laufende Jahrhundert das Elementarschadenrisiko in den einzelnen Kantonen wie folgt umschreiben:

Elementarschadenrisiko in den Kantonen

Kantone	Wichtigste Elementarschaden-gefahr	Davon betroffenes Hauptobjekt	Elementarschaden-risiko insgesamt
TI	Hagel	Kulturen	schwer
GR . . .	Rüfen, Rutschungen, Fels- und Bergsturz, Lawinen	Technische Bau-werke	erheblich
VS	Hochwasser, Überschwemmungen	Kulturen	ziemlich schwer
AR . . .	Stürme	Gebäude	ziemlich schwer
AI	Stürme	Gebäude	ziemlich schwer
BE	Hagel	Kulturen	nicht besonders schwer
VD . . .	Hagel	Kulturen	nicht besonders schwer
SG	Hagel	Kulturen	keineswegs gering
GL	Wasser- und Runsenschäden	Kulturboden	nicht gering
LU	Hagel	Kulturen	nicht gering
UR . . .	Überschwemmungen, Rutschungen, Lawinen	Kulturboden	nicht unbedeutend
ZG	Stürme	Kulturen	nicht unbedeutend
SZ	Hochwasser, Überschwemmungen	Kulturboden	nicht unbeträchtlich
OW . . .	Überschwemmungen, Gesteins-bewegungen	Kulturen	nicht unbeträchtlich
NW . . .	Sturm- und Wasserschäden	Kulturen	nicht unbeträchtlich
ZH	Hagel	Kulturen	nicht schwer
FR	Hagel	Kulturen	nicht schwer
SO	Hagel	Kulturen	nicht schwer
BL	Hagel	Kulturen	nicht schwer
SH	Hagel	Kulturen	nicht schwer
AG . . .	Hagel	Kulturen	nicht schwer
TG	Hagel	Kulturen	nicht schwer
NE	Hagel	Kulturen	nicht schwer
GE	Hagel	Kulturen	nicht schwer
BS	Hagel	Kulturen	nur gering

Unter den Elementargefahren, die das Gebiet der Gebirgskantone bedrohen, stehen Rüfen, Rutschungen, Fels- und Bergstürze und Lawinen an erster Stelle. In den Mittellandkantonen verursacht der Hagel die höchsten Verluste. Durch Verbauungen von Wildbächen und Lawinenzügen sowie durch Aufforstungen und großzügige Flußregulierungen ist in Berg und Tal das Elementarschaden-risiko in den letzten 100 Jahren vermindert worden.

Die Ermittlung der Hagelfrequenz hat mit dem Ausbau des meteorologischen Beobachtungsnetzes und besonders durch die Ausdehnung der Geschäftstätigkeit der Schweizerischen Hagelversicherungsgesellschaft an Zuverlässigkeit gewonnen. Für den dreißigjährigen Zeitraum von 1921 bis 1950 hat Bider die folgende durchschnittliche Anzahl Hageltage pro Jahr berechnet:

Hageltage pro Jahr und Kanton während des Zeitraums 1921 bis 1950

Kantone	Tage (in den Monaten Mai bis September)
Bern, Freiburg	37,0
Zürich, Schaffhausen, Aargau	29,5
Waadt, Neuenburg, Genf	28,2
Tessin	27,3
Luzern	25,9
St. Gallen, beide Appenzell, Thurgau	25,6
Uri, Schwyz, Obwalden, Nidwalden, Glarus, Zug	19,0
Basel-Stadt, Basel-Land, Solothurn	17,3
Graubünden	9,1
Wallis	4,5

Häufigkeit und Schwere des Hagelschadens im zeitlichen Verlauf lassen sich an-nähernd den Angaben der Hagelversicherungsgesellschaft(en) über den Anteil der Entschädigungen an der Versicherungssumme entnehmen, die für die Jahre 1862 bis 1871 aus dem Schweizer Geschäft der Magdeburger Hagelversicherungs-gesellschaft und von 1880 bis 1913 aus der Tätigkeit der Schweizerischen Hagel-versicherungsgesellschaft vorliegen.

Danach zählten ohne Berücksichtigung des Zeitraums von 1872 bis 1879 die Jahre 1866, 1871, 1880, 1885, 1887 und 1911 zu den hagelhäufigsten, die Jahre 1865, 1886, 1899, 1906 und 1909 zu den hagelärmsten der Beobachtungs-periode.

Gegen die finanzielle Einbuße aus Hagelschäden konnte man sich an den meisten Orten wenigstens teilweise durch den Abschluß einer Versicherung schützen. Bis 1858 und von 1880 an standen hiefür schweizerische und in der Zwischenzeit ausländische und zum Teil kantonale Gesellschaften zur Verfügung. Die Hagel-abwehr durch Schießen mit Hagelkanonen und -raketen fand 1900 und 1901 in verschiedenen Kantonen (zum Beispiel Zürich, Bern, Tessin, Waadt) Eingang, nützte aber kaum etwas, so daß zum Beispiel die Regierung des Kantons Zürich es 1906 ablehnte, für weitere 5 Jahre an die Betriebskosten des «Wetterschießens» einen Staatsbeitrag zu leisten.

Erhebliche Schäden verursachen jeweils auch Spätfröste im Frühjahr, wenn die Vegetation sich noch in einem frostempfindlichen Stadium befindet. Über die Jahre mit solchen Witterungsschäden fehlt ein umfassendes Verzeichnis, doch läßt sich landwirtschaftlichen Zeitungen entnehmen, daß zum Beispiel von den 28 Jahren 1866 bis 1893 mindestens 12 weitverbreitete Spätfröste aufwiesen, wobei besonders das Wallis, aber auch oft die Kantone Zürich, Schaffhausen und Genf heimgesucht wurden.

Im Gegensatz zum Hagel kann der Spätfrost aktiv in seinen Auswirkungen bekämpft werden, entweder durch Verzicht auf den Anbau frostempfindlicher Kulturen in Frostlagen oder durch die Anwendung von Abwehrmaßnahmen, wie Räuchern, Heizen und Verwendung von Frostschirmen. Der hohen Kosten wegen kommen sie allerdings nur bei unmittelbarer Gefahr und bei Kulturen mit hohen Erträgen, wie Reben, Obstgärten und Gemüse, in Betracht. Von großer Bedeutung ist die Frostvoraussage. Bereits 1885 hat ein Genfer Meteorologe dafür eine brauchbare Methode, basierend auf der Nachmittagstemperatur, entwickelt, doch fand sie erst Jahrzehnte später praktische Anwendung. Das Räuchern als Frostschutzmittel wurde 1868 in Walliser Rebbergen angewendet und von 1867 bis 1876 auch von E. Risler auf seinem Gut Calèves bei Nyon erprobt. Nach den schweren Frostschäden der Jahre 1880 bis 1882 tagte in Zürich eine von der Schaffhauser Regierung einberufene Konferenz, an der die Verwendung von Frostschirmen aus Stroh demonstriert wurde.

In einer Untersuchung über die 12 trockensten und heißesten Sommerhalbjahre (April bis September) von 1864 bis 1947 in Zürich, das homogene Niederschlags- und Temperaturreihen besitzt, konnte ermittelt werden, daß von den 12 trockensten Sommern deren 7, nämlich 1864, 1865, 1868, 1870, 1893, 1895 und 1911, und von den 12 heißesten Sommern deren 6, nämlich 1865, 1868, 1869, 1875, 1893 und 1911, in die Zeit vor 1914 fallen. Die 4 Sommer 1865, 1868, 1893 und 1911 finden sich in beiden Reihen. Auffällig ist die Häufung der trockenen und heißen Sommer zwischen 1864 und 1875 und der relativ große Abstand bis zur nächsten Gruppe in den 1890er Jahren. Obschon der Sommer 1893 im Vergleich zu den übrigen aufgeführten Sommerhalbjahren weder die niedrigste Niederschlagsmenge noch das höchste Temperaturmittel aufwies, brachte er der schweizerischen Landwirtschaft doch die größten Trockenheitsschäden während der ganzen Berichtszeit. Ähnlich wie im Dürrejahr 1947 hatten zwei Trockenperioden, die eine im Frühjahr während der Monate März und April, die andere im August, besonders zu Rauhfutterausfällen geführt, die im Jura und im westlichen Mittelland am größten waren. Kraemer schätzte damals den durch die Futternot direkt und indirekt entstandenen Schaden auf 40 Millionen Franken.

In den 1880er Jahren ist vielfach die kritische Lage der Landwirtschaft zum Teil auf eine ungewöhnlich lange Reihe von Jahren mit ungünstiger Witterung zurückgeführt worden. Tatsächlich befand sich, wie oben erwähnt, zwischen 1875 und 1885 kein Jahr mit überdurchschnittlich trockenem, heißem und sonnigem Sommerhalbjahr. Die überwiegend kühle und feuchte Witterung beeinträchtigte namentlich den Rebbau, dessen Ertrag, wie vieljährige Beobachtungen zeigen, deutlich durch relativ hohe Temperaturen im Juli und niedrige Niederschläge im Juni und Juli begünstigt wird[1].

In der Schweiz besteht ein staatliches Netz von Beobachtungsstationen mit einheitlichen Erhebungsmethoden seit 1864. Mit dem stufenweisen Ausbau mehrten sich die gesammelten Daten und ihr Wert für prognostische Zwecke. Als zuerst in Nordamerika und dann 1877 in Frankreich kurzfristige Wettervorhersagen eingeführt wurden, erhoben sich namentlich in landwirtschaftlichen Kreisen der Westschweiz Stimmen, die die Ausgabe eines täglichen Wetterberichtes mit Wetterprognose verlangten. Trotz gewissen Bedenken der Mehrheit der Eidgenössischen Meteorologischen Kommission setzte 1879 das Eidgenössische Departement des Innern die Veröffentlichung von Wetterprognosen durch, «zur Förderung des allgemeinen Interesses an den Bestrebungen der Meteorologie, namentlich aber um der schweizerischen Landwirtschaft Nutzen zu gewähren», wie es in einem Zirkular des Handels- und Landwirtschaftsdepartements hieß. Die täglichen Wetterberichte erschienen ab 1. Mai 1879 für die Stationen Zürich und Bern und ab 15. Juni 1879 für die Station Genf.

4. Gesamtareal und Anteil von Acker- und Wiesland

Das Gesamtareal der Schweiz, seine Gliederung in produktives und unproduktives Land und die Unterscheidung von land- und alpwirtschaftlich genutzten Flächen und Wald beim produktiven Land ist von eidgenössischen Amtsstellen seit 1855 wiederholt berechnet worden:

1855 durch das Departement des Innern, zum Teil mit kantonalen Angaben aus den Jahren 1842/43, die für die Handelsenquete bestimmt waren,
1877 durch das Büro des Bauwesens,
1882 durch das Statistische Amt,
1901 ebenfalls durch das Statistische Amt anläßlich der eidgenössischen Viehzählung und
1912 am genauesten auf Grund der ersten schweizerischen Arealstatistik.

---

[1] Vgl. B. Primault, La qualité du vin et la météorologie, Arbeitsberichte der Schweizerischen Meteorologischen Zentralanstalt Zürich, Nr. 11, 1971.

Areal der Schweiz, 1855 bis 1912

Jahre	Produktives Areal			Unproduk- tives Areal	Gesamt- fläche
	Land- und alp- wirtschaftlich genutzt	Wald	Total		
	ha	ha	ha	ha	ha
1855	2 037 730	712 800	2 750 530	1 240 230	3 990 760
1877	2 192 330	771 420	2 963 750	1 175 230	4 138 980
1882	2 178 480	785 280	2 963 760	1 170 890	4 134 650
1901	2 235 572	854 467	3 090 039	1 042 360	4 132 399
1912	2 321 234	881 704	3 202 938	926 897	4 129 835

Quelle: Statistisches Handbuch der schweizerischen Landwirtschaft, Bern 1968, S. 90.

Die Gesamtfläche wurde 1855 mit 3 990 760 ha angenommen, 1877 aber bereits auf 4 138 980 ha erhöht. Von dieser wohl zuverlässigeren Zahl wichen die späteren Ergebnisse nur noch wenig ab. Dagegen erfuhren die Angaben über die Flächen der verschiedenen Untergruppen erhebliche Änderungen, die zum Teil auf allmählich genaueren Vermessungen und Berechnungen beruhten. Das land- und alpwirtschaftlich genutzte Areal ohne Wald nahm trotz den Landverlusten durch Straßen, Eisenbahnen, Industrieanlagen usw. zu. In Anbetracht der umfangreichen Bodenverbesserungen ist dies nicht überraschend. Jedenfalls ist die Annahme berechtigt, daß bis zum Beginn des ersten Weltkrieges die Landabtretungen für die genannten Zwecke per Saldo keine Schmälerung der landwirtschaftlichen Bodennutzung zur Folge hatten.

1855 wurden im einzelnen ermittelt:

Ackerland	ungefähr	581 400 ha
Wiesland	ungefähr	636 610 ha
Total	ungefähr	1 218 010 ha
Reben	ungefähr	27 720 ha
Weiden	ungefähr	792 000 ha
Im ganzen	ungefähr	2 037 730 ha

Mit gewissen Vorbehalten läßt sich die Acker- und Wiesenfläche den entsprechenden Ergebnissen der Betriebszählung von 1905 gegenüberstellen. Vor allem ist zu beachten, daß 1905 nur Landwirtschaftsbetriebe von 0,5 und mehr Hektaren gezählt wurden, so daß die Flächen der Zwergbetriebe fehlen. Die folgende Tabelle enthält den Vergleich für die einzelnen Kantone.

Auf die Umfrage des Eidgenössischen Departements des Innern hatten 1855 nur 14 Kantone mit Flächenangaben geantwortet. Für den Kanton Luzern unternahm

Acker- und Wiesland, 1855 und 1905

Kantone	Schätzung Eidgenössisches Departement des Innern, 1855				Eidgenössische Betriebszählung, 9. August 1905		
	Angaben der Kantone aus dem Jahre	Acker-land, in-begriffen Gärten und Kunst-wiesen	Natur-wiesen	Total	Acker-land, in-begriffen Gärten	Wiesland, Kunst-wiesen grössten-teils in-begriffen[5]	Total
		ha	ha	ha	ha	ha	ha
Zürich	1842/43	57 600	39 240	96 840	17 467	69 149	86 616
Bern	1851	140 400	87 840	228 240	71 174	164 903	236 077
Luzern	–	45 000[1]	14 220[1]	59 220[1]	14 519	63 632	78 151
Zug	1842/43	6 840	.	.	550	10 085	10 635
Freiburg	1842/43	47 900	32 940	80 840	20 403	61 918	82 321
Solothurn	1842/43	18 324	17 136	35 460	11 430	28 082	39 512
Basel-Stadt	1820/24, 1842/43	1 742	896	2 638	667	858	1 525
Basel-Land	1842/43	14 400	10 080	24 480	7 082	15 798	22 880
Schaffhausen	1842/43	12 600	2 700	15 300	6 840	7 114	13 954
St. Gallen	1855	19 800	46 800	66 600	2 699	64 799	67 498
Aargau	1854	28 300	55 440[2]	83 740	22 494	49 840	72 334
Thurgau	1854	35 082	21 994	57 076	12 316	41 588	53 904
Waadt	1842/43	70 200	54 000	124 200	38 170	87 327	125 497
Neuenburg	1854	9 681	16 327	26 008	8 654	19 315	27 969
Genf	1842/43	13 001	4 478	17 479	4 194	9 573	13 767
Total		520 870	404 091[3]	918 121[3]	238 109[3]	683 896[3]	922 005[3]
Uri					74	7 098	7 172
Schwyz					375	18 528	18 903
Obwalden					125	7 540	7 665
Nidwalden					19	6 655	6 674
Glarus					101	8 655	8 756
Zug					550	10 085	10 635
Appenzell A.-Rh.					16	11 860	11 876
Appenzell-I.-Rh.					6	4 480	4 486
Graubünden					4 343	58 182	62 525
Tessin					4 430	18 243	22 673
Wallis					7 032	31 278	38 310
Total		60 530[1]	232 519[1]	299 889[4]	17 071[4]	182 604[4]	199 675[4]
Schweiz		581 400	636 610	1 218 010	255 180[6]	866 500	1 121 680

Anmerkungen 1–6 siehe Seite 98 unten.

Quellen: Jahre 1842/43 oder 1851 bis 1855: Beiträge zur Statistik der Schweizerischen Eidgenossenschaft, III. Teil, Bern 1855. 1905: Schweizerische Statistik, 168. Lieferung, Bern 1910.

das Departement eine eigene, aber zu niedrige Sonderschätzung, und für die restlichen 11 beziehungsweise 10 Kantone begnügte es sich mit einer – offenbar zu hohen – Gesamtschätzung. Da die Kunstwiesen 1855 zum Ackerland, 1905 aber zur Hauptsache zum Wiesland gezählt wurden, ist ein zeitlicher Vergleich nur für Äcker und Wiesen zusammen möglich. Von den 13 Kantonen mit vollständigen Angaben (ohne Luzern) weisen 6 eine Zunahme, 7 dagegen eine Abnahme des Acker- und Wiesenareals auf. Im ganzen hat dieses hochwertige Kulturland in den 13 Kantonen von 858 901 ha um die Jahrhundertmitte auf 843 854 ha im Jahre 1905 oder um 1,8 % abgenommen, wobei, wie bereits hervorgehoben, die für 1905 ausgewiesene Fläche etwas unter der tatsächlichen liegt, so daß wahrscheinlich überhaupt keine nennenswerte Abnahme stattgefunden hat.

Durch die Betriebszählung von 1905 ist erstmals für alle Kantone nicht nur das Ackerland im ganzen, sondern auch der Anteil der Getreidefläche erhoben worden. Die Getreidearten selbst ermittelte erst die Anbaustatistik von 1917.

So lassen sich denn nur aus vereinzelten kantonalen Erhebungen und gesamtschweizerischen Schätzungen Anhaltspunkte über die Entwicklung des schweizerischen Ackerbaus in der zweiten Hälfte des 19. Jahrhunderts gewinnen, wie sie im folgenden kurz aufgeführt sind.

Die größte jährliche Abnahme hat das zürcherische Ackerland in der Periode 1874 bis 1884 erfahren (2,41 %); in der Periode 1891 bis 1910 verminderte es sich um 1,82 %, von 1884 bis 1891 um 1,46 % und von 1854 bis 1874 um 0,81 %. Auch beim Getreidebau wiesen die Jahre 1874 bis 1884 die höchste jährliche Einschränkung mit 2,55 % auf. In den vorausgehenden 20 Jahren betrug sie 2,19 %, von 1884 bis 1891 1,76 % und in den folgenden 19 Jahren (1891 bis 1910) noch 1,68 %.

Im Unterschied zum Getreidebau hat der Kartoffelbau nach der Jahrhundertmitte anfänglich noch zugenommen: 1854 wurden 5 470 ha und 1884 6 121 ha festgestellt. In den nächsten 7 Jahren betrug der jährliche Rückgang 1,30 % und zwischen 1891 und 1910 1,88 %.

Anmerkungen zu Seite 97

[1] Schätzung des Eidgenössischen Departementes des Innern.

[2] Wahrscheinlich inbegriffen Kunstwiesen. Im Aide-mémoire de l'Annuaire officiel du canton de Vaud, 6. Jahrgang 1872/73, findet sich auf S. 13 eine neue Schätzung für den Kanton Aargau mit 47 520 ha Ackerland (inbegriffen Kunstwiesen) und 32 400 ha Wiesen, zusammen 83 340 ha.

[3] Ohne Zug.

[4] Mit Zug.

[5] Die dem Kunstfutterbau gewidmeten Grundstücke waren bei Grasmischungen als «Wiesen», sonst aber als «Äcker» anzugeben.

[6] In den Statistischen Quellenwerten der Schweiz, Heft 14, Bern 1931, schätzte das Eidgenössische Statistische Amt die Fläche der reinen Kleeäcker auf 30 000 bis 35 000 ha. Nimmt man rund 33 180 ha an, so ergibt sich eine offene Ackerfläche von 222 000 ha.

Acker- und Wiesland im Kanton Zürich, 1854 bis 1910

Kulturarten	1854 ha	1874 ha	1884 ha	1891 ha	1910 ha
Getreide	37 000[1]	20 789	15 493	13 586	9 246
Kartoffeln	5 470	10 302	6 121	5 564	3 572
Übrige Hackfrüchte	9 919		1 842	1 600	891
Feldfutterbau		11 191	8 630	8 061	5 123
Total Ackerland (ohne Handels- pflanzen und Gemüse)	50 389	42 282	32 086	28 811	18 832
Wiesland	46 638	56 666	67 658	70 866	73 618
Acker- und Wiesland	97 027	98 948	99 744	99 677	92 490

[1] Korn (= Dinkel) 12 676 ha, Weizen 10 444 ha und Roggen 10 833 ha, zusammen 33 953 ha; dazu nicht ausgeschieden Gerste und Hafer, die 1884 3 065 ha umfaßten, eine Fläche, die 1854 kaum kleiner gewesen war.

Das Wiesland nahm bis 1891 fast im gleichen Maße zu, wie das Ackerland zurückging. Erst in der Periode 1891 bis 1910 blieb die Kompensation aus, indem der Abnahme des Ackerlandes um 10 000 ha nur eine Vermehrung der Wiesenfläche um 3 000 ha gegenüberstand.

Der Kanton Bern hielt länger an einem ausgedehnten Getreidebau fest als der Kanton Zürich. Der durchschnittliche jährliche Rückgang zwischen 1847 und 1910 betrug höchstens 0,69 % in der Fünfjahresperiode 1890/95; er lag bei 0,60 % in der Periode 1895 bis 1904 und 0,64 % in der Periode 1904 bis 1910. Zwischen 1847 und 1885 erreichte er nur 0,36 % und von 1885 bis 1890 nur 0,18 %. Nach einer beträchtlichen Zunahme zwischen 1847 bis 1885 blieb die Kartoffelfläche bis 1910

Acker- und Wiesland im Kanton Bern, 1847 bis 1910

Kulturarten	1847 ha	1885 ha	1890 ha	1895 ha	1904 ha	1910 ha
Getreide	55 718	48 166	47 728	46 081	43 343	41 681
Kartoffeln	13 299	21 605	21 208	21 244	21 189	20 713
Übrige Hackfrüchte	·	3 574	4 628	4 964	4 702	4 635
Handelspflanzen	·	795	965	815	354	177
Gemüse	·	4 694[1]	2 467	2 471	2 669	2 691
Kunstwiesen	·	55 250	55 518	58 934	61 661	64 372
Total Ackerland	·	134 084	132 514	134 509	133 918	134 269
Wiesland	·	110 122	111 470	112 008	113 236	112 657
Acker- und Wiesland	·	244 206	243 984	946 517	247 154	246 926

[1] Die rund 2 000 ha, um die die Gemüsefläche zu hoch angenommen wurde, verteilen sich auf die übrigen Kulturen.

annähernd konstant. Von 1885 an wurde die Verminderung des offenen Ackerlandes (vor allem wegen des geringeren Anbaus von Getreide und Handelspflanzen) weitgehend durch einen verstärkten Kunstfutterbau ausgeglichen. Daneben hat sich die Naturwiesenfläche wenig vergrößert, so daß Acker- und Wiesland zusammen von 1885 bis 1910 nicht nur keine Einschränkung, sondern sogar eine leichte Ausdehnung erfuhren.

Nach den Katasterzahlen von 1877 und 1907 hat sich im Kanton Waadt weder die Acker- noch die Wiesenfläche nennenswert verändert. Das offizielle Jahrbuch des Kantons von 1872/73 (Aide-mémoire, 6. Jahrgang, S. 42/43) nennt aber aus einer vorausgegangenen Katasteraufnahme für Ackerland 74 118 ha und für Wiesen 56 990 ha, zusammen 131 108 ha, so daß bis 1877 eine Ausdehnung des Ackerlandes vermutet werden muß.

Acker- und Wiesland im Kanton Waadt, 1877 und 1907

Kulturarten	Kataster 1877 ha	Kataster 1907 ha
Offenes Ackerland .... ⎫		44 426
Kunstwiesen .... ⎬	77 067	33 204 [1]
Wiesland	57 970	57 862
Total Acker- und Wiesland	135 037	135 492

[1] Berechnet als Differenz zwischen der gesamten Erntefläche von Heu und Emd (91 066 ha) laut Erntestatistik und der Katasterfläche für Wiesland.

Aus den Kantonen Solothurn, Schaffhausen, Aargau, Thurgau und Genf liegt zwischen 1855, dem Jahr der Veröffentlichung kantonaler Anbauflächen durch das Eidgenössische Departement des Innern, und 1905 nur je für 1 Jahr eine Anbauerhebung vor; deren Ergebnisse werden nachstehend mit denjenigen von 1855 und 1905 verglichen.

Die Kantone Schaffhausen, Thurgau und Genf wiesen übereinstimmend bis 1882/90 eine relativ wenig veränderte Gesamtfläche der Äcker und Wiesen auf; der unterschiedliche Rückgang des Ackerlandes – im Thurgau besonders ausgeprägt – war von einer entsprechenden Zunahme des Wieslandes begleitet.

Betrieblich wirkte sich die Einschränkung der Ackerfläche in der Ostschweiz in der Regel als Übergang von der verbesserten Dreifelderwirtschaft zur Graswirtschaft aus, im westlichen Mittelland dagegen meistens als Übergang von der verbesserten Dreifelderwirtschaft zur Kleegraswirtschaft, wobei nicht die Ackerflächen, wohl aber die Getreideäcker reduziert wurden.

Acker- und Wiesland in den Kantonen Solothurn, Schaffhausen, Aargau, Thurgau und Genf

Kulturarten	Solothurn			Schaffhausen		
	1842/43 ha	1863 ha	1905 ha	1842/43 ha	1884 ha	1905 ha
Getreide	·	·	6 120	·	4 732	3 866
Übriges offenes Ackerland	·	·	·	·	2 068	·
Kunstwiesen	·	·	·	·	2 165	·
Total Ackerland	18 324	18 337	·	12 600	8 965	·
Naturwiesen	17 136	17 159	·	2 700	5 194	·
Acker- und Wiesland	35 460	35 496	39 512	15 300	14 159	13 954

Kulturarten	Aargau			Thurgau		
	1854 ha	1888 ha	1905 ha	1854 ha	1890 ha	1905 ha
Getreide	} 28 000	16 000	12 270	·	12 601	6 734
Übriges Ackerland		10 000	·	·	4 624	·
Kunstwiesen	·	14 425	·	·	5 769	·
Total Ackerland	·	40 425	·	35 082	22 994	·
Naturwiesen	·	44 328	·	21 994	35 729	·
Acker- und Wiesland	83 740	84 753	72 334	57 076	58 723	53 904

Kulturarten	Genf			
	1842/43 ha	(1866[1]) ha	1882 ha	1905 ha
Getreide	·	(4 320)	5 363	2 255
Übriges Ackerland	·	} (6 480)	2 281	·
Kunstwiesen	·		3 104	·
Total Ackerland	13 000	(10 800)	10 748	·
Naturwiesen	4 478	·	6 466	·
Acker- und Wiesland	17 479	·	17 214	13 767

[1] Dem Eidgenössischen Departement des Innern von der Classe d'agriculture gemeldete Flächen (Ackerfläche im ganzen 40 000 poses à 27 a), davon ein Drittel Getreide = 13 333 poses oder 3 600 ha; dieser Getreideanteil wurde von Ch. Archinard 1883 als zu niedrig geschätzt bezeichnet und auf zwei Fünftel = 4 320 ha erhöht).

5. Getreidebau

Die schweizerische Getreidefläche ist erstmals durch eine eigentliche Zählung 1905 erhoben worden. Wenn dabei die Nichterfassung der Landwirtschaftsbetriebe mit weniger als 0,5 ha sich kaum auf die Getreidefläche ausgewirkt hat, so dürfte hingegen die Feststellung des Eidgenössischen Statistischen Amtes, «daß bei den Inhabern landwirtschaftlicher Betriebe im allgemeinen die Tendenz vorgeherrscht hat, minimale Flächenangaben zu machen», die Annahme rechtfertigen, daß die mit 134 220 ha ausgewiesenen Getreideäcker in Wirklichkeit etwas größer waren. Verschiedene Autoren haben vor 1905 die Getreidefläche zu schätzen versucht. Die Ergebnisse weichen zum Teil erheblich voneinander ab, wie folgende chronologische Übersicht zeigt.

Schätzungen der schweizerischen Getreidefläche

Jahr	Verfasser, Veröffentlichung	Schweiz. Getreide- fläche ha
1873	G. A. Borgeaud, Leiter der landwirtschaftlichen Schule Lausanne, De la production des céréales, 1873: Ein Drittel des schweizerischen Ackerlandes von 1 670 000 Jucharten	201 600
1883	F. G. Stebler, Vorstand der Schweizerischen Samenkontrollstation, Bericht über die schweizerische landwirtschaftliche Ausstellung, 1883: Getreidefläche 800 000 Jucharten	288 000
1886	C. Mühlemann, Vorsteher des bernischen statistischen Büros, Zeitschrift für schweizerische Statistik, 1886.	238 827
1887	F. G. Stebler, Artikel «Getreidebau» in Furrers Volkswirtschafts-Lexikon der Schweiz, Band I, 1887	300 000
1889	A. Kraemer, Professor für Landwirtschaft, Artikel «Landwirtschaft» in Furrers Volkswirtschafts-Lexikon der Schweiz Band II, 1889 . . . . (Der gleiche Verfasser erwähnt in der Schrift «Die Landwirtschaft im schweizerischen Flachlande» eine Getreidefläche von 306 500 ha.)	300 000
Mitte der 1890er Jahre	Schweizerisches Bauernsekretariat, Enquête zur Vorbereitung der künftigen Handelsverträge, 1900	200 298
1905	Eidgenössische Betriebszählung . . . . mindestens	134 220
1911	Schweizerisches Bauernsekretariat, Enquête zur Vorbereitung der Handelsverträge, 1914. Ursprüngliche Schätzung 134 220 ha, später reduziert auf	105 000

Die Annahme von Borgeaud für Anfang der 1870er Jahre war gewiss zu niedrig gegriffen, wie umgekehrt die Schätzungen von Stebler und Kraemer zu hoch ausfielen. Da für Mitte des 19. Jahrhunderts eine Getreidefläche von rund 300 000 ha anzunehmen ist und seither, wie namentlich auch aus dem Verlauf der Preisrelationen Weizen zu viehwirtschaftlichen Erzeugnissen (Milch und Schlachtvieh) geschlossen werden muß, eine erhebliche Einschränkung eintrat, scheint die Schätzung des bernischen Kantonsstatistikers Mühlemann mit rund 239 000 ha um 1885 der Wirklichkeit nahe zu kommen; dies um so mehr, als die wohl zuverlässigste Berechnung aus dieser Periode, diejenige des Schweizerischen Bauernsekretariates für Mitte der 1890er Jahre, der eine Umfrage bei den Landwirtschaftsdirektionen der Kantone zugrunde lag, auf noch rund 200 000 ha gelangte. Die schweizerische Getreidefläche wäre demnach von 300 000 ha um 1850 auf 239 000 um 1885, 200 000 um die Mitte der 1890er Jahre, auf mindestens 134 220 ha im Jahre 1905 und 105 000 ha um 1911 zurückgegangen[1].

Das Schweizerische Bauernsekretariat hat die Fläche von 200 298 ha für Mitte der neunziger Jahre auch nach Kantonen und Getreidearten gegliedert, so daß Vergleiche mit den ersten gesamtschweizerischen amtlichen Erhebungen von 1905 (Getreidefläche im ganzen) und 1917 (detaillierte Anbaustatistik) möglich sind.

Getreideflächen nach Kantonen, Mitte der 1890er Jahre, 1905 und 1917

Kantone	Mitte der 1890er Jahre ha	1905 ha	1917 ha	Kantone	Mitte der 1890er Jahre ha	1905 ha	1917 ha
ZH ..	13 586	9 310	8 912	SH ..	4 733	3 866	3 197
BE ..	46 081	36 538	32 111	AR ..	3	1	1
LU ..	7 000[1]	8 824	7 715	AI ...	−	−	1
UR ..	−	−	−	SG ..	1 400	701	1 235
SZ ...	2 007[2]	5	90	GR ..	4 295	2 322	2 084
OW ..	177	2	23	AG ..	16 170	12 270	9 867
NW ..	196	−	4	TG ..	12 601	6 734	4 593
GL ..	800[2]	1	7	TI ...	8 000[2]	2 280	1 281
ZG ..	430	217	187	VD ..	28 497	20 798	19 516
FR ..	22 500[2]	11 728	9 893	VS ...	6 900	3 783	2 925
SO ..	10 298	6 120	5 150	NE ..	4 120	2 795	2 566
BS ...	358	310	296	GE ..	5 370	2 255	2 613
BL ..	4 776	3 360	3 071	CH ..	200 298	134 220	117 338

[1] Vermutlich zu tief.   [2] Vermutlich zu hoch.

Für die Mehrzahl der Kantone scheinen die Angaben des Sekretariats den Entwicklungstendenzen zu entsprechen, wie die nachstehende Übersicht zeigt. Einzig die Luzerner Fläche dürfte um 3000 bis 4000 ha unterschätzt, diejenige für Schwyz, Glarus, Freiburg und das Tessin zusammen um ebensoviel überschätzt worden sein.

[1] Zu ähnlichen Zahlen gelangte J. Landmann in «Volkswirtschaft, Arbeitsrecht und Sozialversicherung der Schweiz», im Auftrage des Bundesrates herausgegen vom Eidgenössischen Volkswirtschaftsdepartement, 1925, S. 87*, indem er annahm: für Mitte des 19. Jahrhunderts etwa 300 000 ha, für Mitte der siebziger Jahre 240 000 ha, anfangs der achtziger Jahre 212 000 ha, für die zweite Hälfte der neunziger Jahre 196 000 ha und für 1914 110 000 ha.

Nach der eidgenössischen Betriebszählung vom Sommer 1905 besaßen von insgesamt 243 710 Landwirtschaftsbetrieben noch deren 144 703 oder 59% Getreideäcker. Da von den übrigen hauptsächlich auf der Nordabdachung der Alpen, in der Zentral- und Ostschweiz sowie im oberen Teil des Kantons Tessin gelegenen 98 907 Betriebe ohne Getreide wohl viele bereits um 1850 auf den Getreidebau verzichtet hatten, scheint es wahrscheinlich, daß der seitherige Rückgang der Getreidefläche von 300 000 auf 105 000 ha weniger durch gänzliche Aufgabe dieses Betriebszweiges als vielmehr durch bloße Flächenreduktion entstanden ist. Wie die Karte Seite 31 zeigt, wiesen sogar noch 1905 fast das ganze schweizerische Mittelland, der Jura, der Kanton Wallis (ohne Bezirk Monthey) und große Teile des Kantons Graubünden mehrheitlich Landwirtschaftsbetriebe mit Getreidebau auf.

Da erst die eidgenössische Anbaustatistik von 1917 gesamtschweizerisch die Verbreitung der einzelnen Getreidearten exakt nachwies, ist man zur Darstellung der Entwicklungstendenzen in früheren Jahren auf kantonale Erhebungen angewiesen: 6 Kantone mit einer Getreidefläche im Ausmass von 59% der schweizerischen Gesamtfläche von 1905 können hiefür zu Rate gezogen werden.

Bei den nordostschweizerischen Kantonen Thurgau, Schaffhausen und Zürich fällt der starke Rückgang des Dinkelanbaus, im Thurgau auch des Hafer- und im Kanton Zürich des Roggenanbaues auf. Im Kanton Bern überwog 1847 Dinkel mit einem Anteil von 52% der Getreidefläche, Hafer nahm 19%, Weizen 11%, Roggen 10% und Gerste 7% in Anspruch. Nach 70 Jahren lag Hafer an erster Stelle, dicht darauf folgten Dinkel und Weizen. Im Kanton Waadt ist der Anbau von Roggen und Mischel prozentual am stärksten zurückgegangen. Entfielen 1884 52% der Getreidefläche auf Weizen und 27% auf Hafer, so waren es im Jahre 1917 55% und 30%. Noch ausgeprägter war sowohl 1884 wie 1917 der Genfer Getreidebau auf Weizen und Hafer ausgerichtet.

Gesamthaft verzeichnen die 6 Kantone, die zwischen den achtziger Jahren und 1917 40,4% ihrer Getreidefläche einbüßten, bei den einzelnen Getreidearten folgende Flächenverluste: Dinkel 59,8%, Weizen 40,5%, Hafer 31,6%, Roggen 25,7% und Gerste 22,1%. Entfielen um 1884 noch 71,5% der gesamten Getreidefläche auf Brotgetreide (Weizen, Roggen, Mischel und Dinkel), so waren es 1917 noch 66,5%. Das stärkere Hervortreten des Futtergetreides (anteilmäßiger Anstieg von 28,5% auf 33,5%) war im wesentlichen der unterschiedlichen Preisentwicklung zuzuschreiben. Weizen als Hauptbrotgetreide galt an den Märkten von Bern und Genf im Jahrfünft 1881/85 durchschnittlich 26.50 Franken je 100 kg, im Jahrfünft 1901/05 noch 19.10 Franken (—27,9%), Hafer hingegen 21.50 Franken und 18.50 Franken (—14,0%).

Von den zwei vorhandenen Schätzungen über den Anteil der einzelnen Getreidearten an der schweizerischen Getreidefläche ist die des Schweizerischen Bauern-

Getreidefläche in 6 Kantonen nach Getreidearten

Kanton Jahr		Weizen	Roggen	Mischel	Dinkel Einkorn Emmer	Gerste	Hafer	Übriges Getreide	Total
		ha	ha	ha	ha	ha	ha	ha	ha
Thurgau	1890	5 030	719	–	1 560	541	4 751	–	12 601
	1917	2 082	233	11	76	597	1 588	6	4 593
Schaffhausen	1884	1 542	365	–	1 278	916	631	–	4 732
	1917	1 437	324	60	141	673	561	1	3 197
Zürich	1854	10 444	10 833	·	12 676		·	·	·
	1884	6 061	3 593	·	2 774	781	2 284	–	15 493
	1891	5 307	3 350	372	1 854	568	2 135	–	13 586
	1910	4 308	2 468	92	340	439	1 599	–	9 246
	1917	4 000	1 735	70	323	801	1 975	8	8 912
Bern	1847	6 201	5 886	29	195	3 667	10 769	–	55 718
	1885	12 537	7 014	15	869	2 719	10 027	–	48 166
	1890	11 730	7 419	14	960	2 606	11 013	–	47 728
	1895	11 358	7 608	13	870	2 359	10 886	–	46 081
	1904	10 757	8 001	12	179	1 714	10 688	5	43 343
	1910	10 240	7 765	10	924	1 684	11 068	–	41 681
	1917	7 504	5 509	1 470	8 084	1 379	8 162	3	32 111
Waadt	1884	16 935	1 265	4 510	–	990	8 922	–	32 622
	1890	16 799	1 005	4 454	–	792	9 676	–	32 726
	1900	14 242	899	3 848	–	626	9 457	–	29 072
	1910	13 932	840	3 606	–	744	9 832	–	28 964
	1917	10 699	449	1 388	20	1 105	5 800	55	19 516
Genf	1866	·	·	·	·	·	·	·	4 320
	1882	3 995	–	–	–	–	1 368	–	5 363
	1917	1 535	27	4	0	77	922	48	2 613
Diese Kantone zusammen um	1884[1]	48 355	15 211	–[2]	21 481	5 947	27 983	–	118 977
	1917	28 759	9 778	–[2]	8 644	4 632	19 129	–[3]	70 942
Rückgang %		40,5	25,7		59,8	22,1	31,6		40,4
Prozentverteilung um	1884	40,6	12,8		18,1	5,0	23,5		100
	1917	40,5	13,8		12,2	6,5	27,0		100

[1] Genf 1882, Zürich, Schaffhausen, Waadt 1884, Bern 1885, Thurgau 1890.
[2] Mischel je zur Hälfte auf Weizen und Roggen verteilt.
[3] Übriges Getreide unter Hafer eingereiht.

sekretariates für die Mitte der 1890er Jahre derjenigen von C. Mühlemann für die Zeit um 1885 vorzuziehen, da sich dieser offenbar zu stark von den bernischen

Verhältnissen leiten ließ und namentlich die Dinkelfläche unwahrscheinlich hoch ansetzte[1].

Die schweizerische Getreidefläche nach Getreidearten, Mitte der 1890er Jahre und 1917

Getreidearten	Fläche in ha		Rückgang in %	Prozentverteilung	
	Mitte der 1890er Jahre	1917		Mitte der 1890er Jahre	1917
Weizen	68 296	41 577	—39,1	34,1	35,4
Roggen	31 303	19 694	—37,1	15,6	16,8
Dinkel, Einkorn, Emmer	39 612	17 799	—55,1	19,8	15,2
Gerste	8 562	7 710	—10,0	4,3	6,6
Hafer	48 375	28 579	—40,9	24,1	24,3
Mais	4 150	1 979	—52,3	2,1	1,7
Total	200 298	117 338	—41,4	100	100
Davon Brotgetreide (Weizen, Roggen, Dinkel)	139 211	79 070	—43,2	69,5	67,4

Gesamtschweizerisch hat zwischen Mitte der 1890er Jahre und 1917 die Getreidefläche im ganzen, und davon die Roggen- und Haferfläche etwas stärker abgenommen, als oben für die 6 Kantone zwischen 1884 und 1917 berechnet wurde. Der Anbau von Weizen, Dinkel und Gerste dagegen wurde im schweizerischen Mittel weniger eingeschränkt als im Gebiet der 6 Kantone. Größere Übereinstimmung besteht bei der Veränderung des Brotgetreideanteils (Schweiz —43,2%, 6 Kantone —44,5%).

In der Einschränkung des Getreidebaus im Mittelland ist die Ostschweiz vorangegangen, lag sie doch mit den bekannten Getreidemärkten Rorschach und Romanshorn am Eingangstor für den ungarischen Weizen. Dieser wurde anfangs der 1860er Jahre erstmals in großen Mengen eingeführt.

Einige Auszüge aus den Rechenschaftsberichten kantonaler Regierungen mögen den unterschiedlichen Verlauf dieses Umstellungsprozesses belegen.

Thurgau «Der landwirtschaftliche Verein kam zu der Ansicht, daß beim Körnerbau mit Rücksicht auf den äußerst niederen Preis der Körnerfrüchte und den wohlfeileren Bezug aus der Ferne eine sichere Rente in Zukunft nicht mehr erzielt werden könne, deshalb der Getreidebau namhaft zu reduzieren und auf den Futterbau in Verbindung mit Milchwirtschaft das Hauptaugenmerk zu richten sei» (1865).

St. Gallen «Dem künstlichen Futterbau wird immer mehr Aufmerksamkeit geschenkt und der Getreidebau auf das Unentbehrliche beschränkt» (1867).

«Bei dem Steigen der Bodenpreise sowie der Arbeitslöhne, der Unterhaltskosten für

---

[1] Siehe Statistisches Handbuch der schweizerischen Landwirtschaft, S. 92.

Dienstboten und dem immer fühlbarer werdenden Mangel an ländlichen Arbeitskräften ist der Getreidebau in fortwährendem Rückgang begriffen und sinkt allmählich zur notdürftigen Strohproduktion herab» (1872).

«In den letzten Jahren wurde ein großer Teil des Ackerlandes in Wiesland und Kleefeld umgewandelt» (1874).

«Die überall eingeführten Käsereien verdrängen den Getreidebau immer mehr» (1877).

Luzern «Man macht die Wahrnehmung, daß der Getreidebau wieder eher an Ausdehnung gewinnt, und zwar hauptsächlich um das zum Erhalten von Dünger notwendige Strohmaterial zu produzieren und anderseits die Obstbäume dadurch geeigneter düngen und in guter Kraft erhalten zu können» (1873).

Aargau «Die aargauische Landwirtschaft wird mit Rücksicht auf die Konkurrenz ausländischen Getreides sich namentlich mehr dem Futterbau widmen müssen» (1869).

Freiburg Nach dem Rechenschaftsbericht 1867 hat sich der Getreidebau im Kanton ungeachtet der erleichterten Zufuhr fremder Provenienzen nicht vermindert, und auch im Bericht von 1868 wird der Weizenbau als lohnend bezeichnet und hervorgehoben, daß in Mitteljahren Produktionsüberschüsse erzielt werden. Erst der Bericht von 1875 führt aus, daß durch den Bau von Eisenbahnen Änderungen in unserem Landbausystem nötig geworden seien. «Unser Kanton soll sein Hauptaugenmerk nicht mehr auf den wenig ertragreichen Getreidebau, sondern auf Artikel richten, welche dem Klima und Boden angepaßt sind und bei denen die ausländische Konkurrenz weniger zu fürchten ist.»

«Der Getreidebau ist mehr und mehr im Abnehmen begriffen» (1876).

Waadt Die Regierung ließ 1873 300 000 Exemplare einer kleinen Schrift des ersten Leiters der landwirtschaftlichen Schule Lausanne (G. A. Borgeaud) verbreiten unter dem Titel «Von der Getreideproduktion in der Schweiz und insbesondere vom Weizenanbau», in der kleinere, aber besser gepflegte Getreideflächen empfohlen werden: «Wenn du Getreide willst, lege Wiesen an und kultiviere Futterpflanzen; die Wiese ernährt das Vieh, das Vieh gibt Dünger, der Dünger Körner, und Körner geben Geld.»

Wallis In den Rechenschaftsberichten von 1864 an bedauert die Regierung wiederholt den Rückgang des Getreidebaues namentlich im Talboden infolge der Umwandlung der Felder in Kunstwiesen und Reben.

Um die Technik des Getreidebaus zu verbessern, haben sich während der Berichtszeit die landwirtschaftlichen Vereine besonders um die Vermittlung von besserem Saatgut durch Veranstaltung von Samenmärkten bemüht. Nachdem 1846 die Aargauische Landwirtschaftliche Gesellschaft mit der Errichtung eines ständigen Verkaufsmagazins den ersten Schritt getan hatte, bürgerten sich Herbst- und später auch Frühjahrssamenmärkte in allen Mittellandkantonen ein, in Zürich (seit 1850), Bern und Schaffhausen (seit 1854), Solothurn (seit 1858), Luzern (seit 1860), Thurgau (seit 1862), in der Waadt und in Neuenburg (seit 1864), Freiburg (seit 1867), Genf (seit 1868) und sogar im Kanton St. Gallen (1873 und 1877). Zuletzt sind jährlich 10 bis 15 Herbstsamenmärkte und 4 oder 5 Frühjahrssamenmärkte abgehalten worden, an denen Getreideposten, die sich durch Reinheit, Gesundheit, Korngröße, Ausgeglichenheit und Raumgewicht auszeichneten, prämiert wurden. Die Landwirte erhielten so Gelegenheit, sich mit guter Ware einzudecken. 1891 übernahm der Schweizerische Landwirtschaftliche Verein die Reorganisation und Zentralisation dieser Märkte, denen ein bescheidener Erfolg nicht abzusprechen war.

In Genf ist 1880 sogar feldbesichtigtes Saatgetreide aufgeführt worden, wie überhaupt dieser Kanton in der Getreidezucht voranging. Ein Mitglied der Classe d'agriculture konnte 1866 Proben aus zwei Erntejahren vorweisen und sich 1887 an der schweizerischen landwirtschaftlichen Ausstellung mit selektioniertem Getreide beteiligen. G. Martinet, ebenfalls ein Westschweizer, kommt das Verdienst zu, um die Jahrhundertwende die systematische Getreidezucht in der Schweiz begründet zu haben. Unter A. Volkart schloß sich 1908 auch die Eidgenössische Samenuntersuchungs- und Versuchsanstalt in Zürich erfolgreich diesen Bestrebungen an.

Weitere Bemühungen fortschrittlicher Kreise galten der Propagierung besserer Pflüge, besonders an Pflugproben, die in der deutschen Schweiz vor allem einem leistungsfähigeren Wendepflug Eingang zu verschaffen suchten. Die Westschweiz blieb lange Zeit bei dem schon von Dombasle in der ersten Jahrhunderthälfte verbesserten Beetpflug, bis auch dieser dem eisernen Selbsthalterpflug in den 1880er Jahren allmählich das Feld räumen mußte.

Von 1856 bis 1858 führte die Aargauische Landwirtschaftliche Gesellschaft Parallelversuche über Hand- und Maschinensaat durch, die die Vorteile der letzteren bestätigten und so die ab 1854 ausgerichteten Beiträge an «Ackerbauvereine» zur gemeinsamen Beschaffung von Geräten und Maschinen, unter denen eine Sämaschine nicht fehlen durfte, rechtfertigten. Nach einer amtlichen Zählung waren 1856 im Kanton Aargau 57 Sämaschinen im Gebrauch. Vergleicht man damit die Ergebnisse der eidg. Betriebszählung von 1905, bei der nach der Zahl der Betriebe gefragt wurde, die in den letzten 12 Monaten Sämaschinen verwendeten, so waren kaum Fortschritte festzustellen, denn von den 17 606 aarg. Betrieben mit Getreide konnten nur 161 oder 0,9% die Frage bejahen. Mit einem Anteil von 15,5% stand damals der Kanton Genf an der Spitze, es folgten die Kantone Bern mit 8,0%, Freiburg mit 3,9%, Neuenburg mit 3,6% und Solothurn mit 3,2%.

Trotz der vorherrschend kleinbäuerlichen und daher maschinenfeindlichen Betriebsstruktur der schweizerischen Landwirtschaft hat sich aber die Prognose Volkarts in seinem 1912 vor der Gesellschaft schweizerischer Landwirte gehaltenen Vortrag: «bei uns wird sogar die Drillkultur, die so entscheidende Vorteile brachte, der weitaus größten Zahl unserer Betriebe für immer verschlossen bleiben», glücklicherweise nicht erfüllt.

Ohne besonderes Zutun der landwirtschaftlichen Vereine hat sich dagegen in den ersten Jahrzehnten nach 1850 im ganzen Mittelland für den Getreideschnitt die Sense an Stelle der Sichel eingebürgert. Dafür sorgten die steigenden Taglöhne und die sinkenden Getreidepreise. Mit der Sichel geschnitten, erforderte eine Hektare Getreide 5 bis 10 Arbeitstage, mit der Sense gemäht jedoch nur 1 bis 2.

Bis 1905 war erst gut ein Drittel der Getreidebetriebe auf Maschinendrusch übergegangen. Das Aufkommen der Stiftendreschmaschine in den 1860er Jahren hat diese Umstellung zwar beschleunigt, aber gleichwohl innert 40 Jahren nur in 5 Kantonen die Mehrheit der Betriebe erfaßt; die übrigen hielten am Flegeldrusch fest.

Getreidebaubetriebe mit Verwendung von Dreschmaschinen nach Kantonen, 1905

Kantone mit mehr als 1 000 Getreidebaubetrieben	Betriebe mit Getreidebau	Getreidefläche		Von den Betrieben mit Getreide verwendeten Dreschmaschinen	
		total ha	je Betrieb mit Getreide a	Anzahl	in %
ZH	11 028	9 310	84	5 413	49,1
BE	31 861	36 538	115	15 738	49,4
LU	6 902	8 824	128	3 063	44,4
FR	8 798	11 728	133	4 241	48,2
SO	6 656	6 121	92	2 495	37,5
BL	4 195	3 360	80	1 526	36,4
SH	3 565	3 866	108	1 839	51,6
SG	1 806	701	39	184	10,2
GR	7 355	2 322	32	1 093	14,9
AG	17 606	12 270	70	2 594	14,7
TG	6 745	6 734	100	3 709	55,0
TI	8 472	2 280	27	483	5,7
VD	13 623	20 798	153	5 304	38,9
VS	11 862	3 783	32	702	5,9
NE	2 336	2 795	120	1 188	50,9
GE	1 498	2 255	151	1 046	69,8
Übrige Kantone	395	535	135	188	47,6
CH	144 703	134 220	93	50 806	35,1

Ein relativ hoher Mechanisierungsgrad zeigt sich auch hier in den Kantonen Genf, Neuenburg, Bern und Freiburg sowie – mehr als bei den Sämaschinen – in den nordostschweizerischen Kantonen Thurgau, Schaffhausen und Zürich.

Zahlenmäßige Schätzungen über den Ausfall der Ernten liegen aus der Zeit zwischen 1850 und 1913 für nachstehende Kantone vor:

Zürich   a) Jährliche Erhebungen der Redaktion der «Schweizerischen Zeitschrift für Land- und Gartenbau», des Organs des Vereins für Land- und Gartenbau im Kanton Zürich, in den Jahren 1850 bis 1859 (das heißt bis zum Verzicht auf die weitere Herausgabe der Zeitschrift).

b) Erhebungen von alt Regierungsrat E. Sulzer über den Erntedurchschnitt in den 4 Jahren 1849 bis 1852.

c) Jährliche Erhebungen des kant. statistischen Büros in den Jahren 1874 bis 1907.

| Bern | a) Jährliche Erhebungen der Ökonomischen Gesellschaft von Bern in den Jahren 1882 bis 1884 (nach dem Notensystem über Menge und Qualität).
	b) Jährliche Erhebungen des bernischen statistischen Büros in den Jahren 1885 bis 1913 (fortgeführt bis 1927).
Freiburg	Jährliche Erhebungen der kantonalen Verwaltung von Mitte der 1860er bis Ende der 1870er Jahre.
Schaffhausen	Erhebung der kantonalen Verwaltung für das Jahr 1884.
Thurgau	Erhebung der kantonalen Verwaltung für das Jahr 1890.
Waadt	Jährliche Erhebungen der kantonalen Verwaltung seit 1852 (mit Lücken) bis 1919.
Genf	a) Jährliche Erhebungen der Classe d'agriculture in den Jahren 1853 bis etwa 1879 bei überdurchschnittlich gut geführten Betrieben.
	b) Erhebung von Ch. Archinard im Jahre 1882 über Durchschnittserträge.
Westschweiz	(Kantone Waadt, Genf, Neuenburg sowie französischsprechende Teile der Kantone Freiburg, Wallis und Bern): Jährliche Erhebungen der Redaktion des «Journal d'agriculture suisse» (Ch. Borel) in den Jahren 1880 bis 1893.
Ganze Schweiz	Jährliche Erhebung des Schweizerischen Bauernsekretariates seit 1902.

Außerdem finden sich in Worte gefaßte Angaben über den Ernteausfall für eine Reihe von Jahren in den Rechenschaftsberichten der Regierungsräte der Kantone Luzern (besonders in den 1860er und 1870er Jahren), St. Gallen (1862 bis 1885), Aargau (1851 bis 1887) und Thurgau (namentlich in den 1860er Jahren) sowie in den Geschäftsberichten des Bundesrates auf Grund kantonaler Ernteberichte (1855 bis 1874).

Nach diesen verschiedenen Quellen sind in Worten ausgedrückt die Getreideerträge je Flächeneinheit in den Jahren 1851 bis 1913 von den Zeitgenossen wie folgt beurteilt worden[1]:

Getreideerträge je Flächeneinheit im schweiz. Mittel nach Beurteilungsnoten

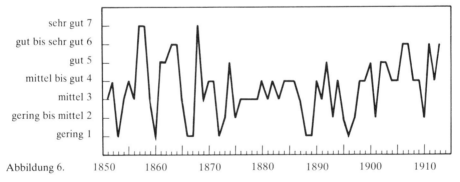

Abbildung 6.

[1] Für die Periode 1885 bis 1907 betrachteten wir das Mittel aus den jährlichen Erhebungen über den Hektarertrag bei Getreide in den Kantonen Zürich, Bern und Waadt als maßgebend. Eine zum Teil davon abweichende Beurteilung der schweizerischen Ernte für die Jahre 1884 bis 1896 findet sich im «Bericht zur vergleichenden Publikation über die Jahre 1885 bis 1895» herausgegeben vom Schweizerischen Zolldepartement, Bern 1897, S. 38.

110

Nur 3 von den 63 Erntejahren (1851 bis 1913) erhielten die Note «sehr gut», nämlich 1857, 1858 und 1868, 8 hingegen die Note «gering» (1853, 1860, 1866, 1867, 1872, 1888, 1889 und 1896). Die dazwischenliegende Skala vereinigte folgende Anzahl Jahrgänge: «gering bis mittel»: 7; «mittel»: 15; «mittel bis gut»: 17; «gut»: 7; «gut bis sehr gut»: 6.

Wenn gering = 1, gering bis mittel = 2, mittel = 3, mittel bis gut = 4, gut = 5, gut bis sehr gut = 6 und sehr gut = 7 angenommen wird, so beträgt der Notendurchschnitt

im Jahrzehnt 1851/60:   3,6,   im Jahrzehnt 1881/90:   3,1,

im Jahrzehnt 1861/70:   4,1,   im Jahrzehnt 1891/1900: 3,2,

im Jahrzehnt 1871/80:   3,0,   und   1901/10:   4,2,

was weitgehend auch mit der Einstellung landwirtschaftlicher Kreise zum Getreidebau übereinstimmt, dessen Notwendigkeit – aber auch Rentabilität – um die Jahrhundertwende wieder stärker betont wurde.

Die vorhandenen Angaben über die pro Flächeneinheit geernteten Getreidemengen bestehen vor allem:

in Ergebnissen der sich über mehrere Jahrzehnte erstreckenden Erntestatistik der kantonalen statistischen Ämter von Zürich und Bern sowie des Landwirtschaftsdepartements des Kantons Waadt,

in einigen Kantonsergebnissen aus übrigen amtlichen und privaten Ernteerhebungen während kürzerer Perioden

und schließlich in langjährigen Aufzeichnungen einzelner Betriebe, für die zwei Beispiele aus dem Kanton Thurgau vorliegen.

Die Ergebnisse der zweiten Gruppe stammten aus 6 Kantonen und verteilten sich wie folgt auf die einzelnen Getreidearten und Jahrgänge:

Getreideerträge je Hektare, in 6 Kantonen

Kantone, Jahre Erhebungsstellen		Dinkel		Wei-zen	Rog-gen	Hafer	Gerste
		ent-spelzt (Ker-nen)	mit Spel-zen				
		q	q	q	q	q	q
Zürich	Durchschnitt 1849 bis 1852, Kantons-mittel (Erhebungen von E. Sulzer)	16,5		16,8	11,2		
	Durchschnitt 1854 bis 1857, 1859, Mittel einiger Gemeinden (Erhebungen der Redaktion der «Zürcherischen Landwirtschaftlichen Zeitung»)			16,8			

Kantone, Jahre Erhebungsstellen		Dinkel		Wei-zen	Rog-gen	Hafer	Gerste
		ent-spelzt	mit Spel-zen				
		q	q	q	q	q	q
Schaffhausen	1884, Kantonsmittel (Erhebungen der kantonalen Verwaltung)	17,7		16,7	14,9	16,5	17,1
Thurgau	1890, Kantonsmittel (Erhebungen der kantonalen Verwaltung)		15,5	13,1	13,0	10,9	14,9
Freiburg	Durchschnitt 1868 bis 1876 (9 Jahre), Kantonsmittel (Erhebungen der kantonalen Verwaltung)			15,5			
Genf	Durchschnitt 1854 bis 1860, 1862 bis 1874 (20 Jahre), Erhebungen der Classe d'agriculture			16,1	13,9		
	Um 1882, Kantonsmittel (Erhebun-gen von Ch. Archinard)			14,6	12,9		
Westschweiz	(Erhebungen der Redaktion des «Journal d'agriculture de la Suisse romande») Durchschnitt 1880 bis 1887, 1889, 1890, 1892 (11 Jahre)						
	Kanton Freiburg (französischer Teil)			19,5	17,9		
	Kanton Waadt (Kantonsmittel)			20,5	20,0		
	Kanton Genf (Kantonsmittel)			18,5	16,8		

Auf jeweils nur 1 Jahr beschränken sich die Ertragszahlen für Schaffhausen und den Thurgau. In beiden Erhebungsjahren wurden mittlere bis gute Erträge erzielt, aber gleichwohl im Thurgau – wegen Steuerfurcht vermutlich – verhältnismäßig tiefe Erträge festgestellt. Für ganze oder doch große Kantonsteile eher zu hoch erscheinen anderseits die Ergebnisse der in den achtziger und neunziger Jahren von der Redaktion des «Journal d'agriculture de la Suisse romande» durchgeführten Erhebungen.

Längjährige Aufzeichnungen einzelner Betriebe über Getreideerträge sind aus dem Thurgau bekannt, wo auf der Staatsdomäne Kalchrain und auf dem Gutsbetrieb Tänikon nach rund 6 Jahrzehnten schließlich durchschnittliche Körnererträge ohne Dinkel von etwas über 20 q erzielt wurden.

Gegenüber diesen meist zeitlich und örtlich eng begrenzten Ertragsreihen besitzen nun die Kantonsmittel aus den Jahren 1883 bis 1907 für Zürich, 1885 bis 1913 für Bern und 1884 bis 1913 für die Waadt eine besondere Bedeutung. Auf

Getreideerträge je Hektare in 2 thurgauischen Gutsbetrieben

Betrieb Erhebungsjahre [1] mit Spelzen	Dinkel[1] q	Weizen q	Roggen q	Hafer q	Gerste q
Staatsdomäne Kalchrain:					
1851 bis 1854, 1856, 1858 bis 1860					
(8 Jahre)	16,1	·	·	13,1	·
1861 bis 1870 (10 Jahre)	21,2	·	·	12,9	·
1881 bis 1890 (10 Jahre)	19,7	15,2	13,2	15,4	14,0
1891, 1892, 1894, 1897, 1899, 1900					
(6 Jahre)	25,5	19,8	16,0	18,7	13,0
1901, 1904 bis 1908, 1910 (7 Jahre)	27,3	19,3	22,1	21,1	18,3
Gutsbetrieb Tänikon:					
1850 bis 1856 (7 Jahre)	20,0	11,5	15,7	15,0	·
1895 bis 1904 (10 Jahre)	21,5	21,0	16,5	20,6	·
1905 bis 1909 (5 Jahre)	23,9	24,1	17,8	24,1	·

diese Kantone entfielen 1905 66 646 ha oder 50 % der schweizerischen Getreidefläche (134 220 ha). Die folgende Tabelle faßt die Ergebnisse zusammen.

Getreideerträge je Hektare in den Kantonen Zürich, Bern und Waadt

Kantone Erhebungsjahre	Dinkel		Weizen	Roggen	Hafer	Gerste
	entspelzt (Kernen) q	mit Spelzen q	q	q	q	q
Zürich						
1883 bis 1892 (10 Jahre)	13,9	·	13,9	11,7	12,6	11,2
1893 bis 1902 (10 Jahre)	13,3	·	13,5	12,0	11,7	10,9
1903 bis 1907 (5 Jahre)	15,7	·	15,7	13,8	13,6	12,1
Bern						
1885 bis 1894 (10 Jahre)	·	20,0	15,5	15,7	15,9	14,3
1895 bis 1904 (10 Jahre)	·	19,0	15,2	15,3	16,4	13,7
1905 bis 1913 (9 Jahre)	·	20,9	16,6	16,8	18,1	15,2
Waadt						
1884 bis 1893 (10 Jahre)	·	·	17,2	11,4	16,2	14,0
1894 bis 1903 (10 Jahre)	·	·	18,3	15,4	17,1	16,1
1904 bis 1913 (10 Jahre)	·	·	19,7	15,9	17,5	17,1

Während für Bern und die Waadt im allgemeinen ähnliche Erträge ausgewiesen
wurden – nur bei Weizen besaß die Waadt regelmäßig einen Vorsprung –, lagen

113

die Zürcher Ergebnisse meistens erheblich tiefer. Zweifel an deren Richtigkeit führten denn auch 1907 zur Aufgabe dieser Erntestatistik durch das statistische Büro[1]. Was jedoch den zeitlichen Verlauf der Ertragskurven betrifft, so zeigte sich in allen 3 Kantonen eine ähnliche Entwicklung, wie das aus der nachstehenden Abbildung 7 für Weizen und Hafer auf Grund der gleitenden Fünfjahresmittel hervorgeht.

Weizen- und Hafererträge je ha in den Kt. Zürich, Bern u. Waadt, 1885 bis 1911

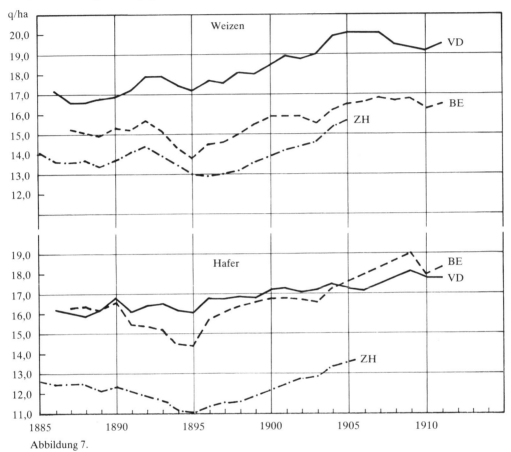

Abbildung 7.

Nach kleineren Schwankungen von Mitte bis Ende der 1880er Jahre fallen die Kurven im nächsten Jahrfünft und steigen dann fast ununterbrochen während

[1] Auch die bernischen und die waadtländischen Ergebnisse hielt man in Fachkreisen – etwa im Gutachten des Schweizerischen Bauernsekretariates von 1914 über «Die Wirkungen der Handelsverträge und des Gebrauchstarifes vom Jahr 1906» – als zu niedrig. Die Waadt verzichtete 1919 und Bern 1927 auf die Weiterführung der Erhebungen.

eines vollen Jahrzehnts. Sie bestätigen damit den bereits erwähnten Verlauf auf Grund der Notendurchschnitte. Im Mittel der Jahre 1903/07 erreichen die Hektarerträge einen Stand, der jenen von 1885/89 bei Weizen im Kanton Zürich um 15%, im Kanton Bern um 8% und in der Waadt um 21% übertrifft; bei Hafer im Kanton Zürich ebenfalls um 9% und in den Kantonen Bern und Waadt um je 8%.

In bezug auf die Gewichtserträge je Hektare haben die Jahre 1905/07 für Zürich und 1911/13 für Bern und die Waadt zu folgenden Ergebnissen bei den einzelnen Getreidearten geführt:

Getreideerträge je Hektare in den Kantonen Zürich, Bern und Waadt zwischen 1903 und 1913

Getreideart	1903/07 Kanton Zürich	1911/13	
		Kanton Bern	Kanton Waadt
	q	q	q
Weizen	16	17	20
Roggen	14	18	19
Dinkel (mit Spelzen)	22	20	–
Hafer	14	18	17
Gerste	12	15	18

Daß diese Mengen wirklich unter den tatsächlich erzielten Erträgen lagen, namentlich was die Hauptgetreideart Weizen in den Kantonen Zürich und Bern anging, aber auch für Roggen, Hafer und Gerste im Kanton Zürich zutraf, zeigten dann die Ergebnisse der vom Schweizerischen Bauernsekretariat erstmals 1916 durchgeführten Erhebungen über die Gewichtserträge je Hektare im Mittel der letzten 10 Jahre. Kombiniert mit den von der gleichen Stelle seit 1911 jährlich ermittelten Erträge in Prozent einer Durchschnittsernte, ergaben sich im Mittel der 3 Jahre 1911 bis 1913 für die ganze Schweiz im Vergleich zu den Erträgen um 1850:

Schweizerische Getreideerträge je Hektare um 1850 und 1911/13

Jahre	Weizen	Roggen	Dinkel	Hafer	Gerste
	q	q	q	q	q
Um 1850[1]	13	12	17	11	12
1911/13	22	18	20	21	19
Zunahme in % ..	69	50	18	91	58

[1] H. Brugger, Die schweizerische Landwirtschaft in der ersten Hälfte des 19. Jahrhunderts, 1956, S. 36.

Der Rückzug auf günstigere Standorte, eine zweckmäßigere Bodenbearbeitung, stärkere Düngung und gegen Krankheiten und Schädlinge widerstandsfähigere Getreidesorten dürften in erster Linie zu dieser beträchtlichen Ertragssteigerung geführt haben. Sie beträgt zum Beispiel beim Weizen nahezu 70% innert 60 Jahren und rund 90% beim Hafer, dem man gegenüber früher ganz besonders eine bessere Pflege angedeihen ließ.

Wie sich die Verminderung der Anbaufläche und die gleichzeitige Zunahme des Hektarertrages auf die Gesamternte auswirkten, läßt sich mit Zahlen aus dem Kanton Waadt zeigen.

Jährliche Getreideernte im Kanton Waadt im Mittel der Jahrzehnte 1852/61 und 1902/1911

Jahresmittel	Brotgetreide (Weizen, Roggen, Dinkel)	Übriges Getreide (Hafer, Gerste)	Total
	q	q	q
1852/61	385 337	152 570	537 907
1902/11	350 259	179 601	529 860
Veränderung 1902/11 gegenüber 1852/61	—9,1%	+17,7%	—1,5%

In diesem wichtigen Getreidebaukanton hat die Gesamternte im Laufe von 50 Jahren nur schwach abgenommen (1,5%). Dafür ist unter dem Druck der ausländischen Konkurrenz eine beträchtliche Verlagerung von der Brotgetreide- auf die Futtergetreideproduktion eingetreten.

Wie schon ein Blick auf die Getreideeinfuhren vermuten läßt, die von 1851/55 bis 1906/10 um das Fünffache zugenommen haben (von jährlich 1,2 auf 6,7 Millionen q), ist für die ganze Schweiz ein viel stärkerer Rückgang der gesamten Getreideernte anzunehmen.

Die nachstehende Tabelle mit den zum Teil der Veröffentlichung des Eidgenössischen Departements des Innern vom Jahre 1855 entnommenen Schätzungen für die Zeit um 1850 sowie den entsprechenden Schätzungen des Schweizerischen Bauernsekretariates für die Jahre 1911/13 erhärtet diese Annahme.

Bis 1911/13 hat die Getreideernte gegenüber 1850 um 42% abgenommen; dies bedeutete pro Jahr einen Ausfall von 1,5 Millionen q. Durch die Steigerung des Hektarertrages um 65% konnte die Auswirkung der Anbauflächenreduktion um ebenfalls 65% auf die Erntemenge abgeschwächt werden.

116

Der schweizerische Getreidebau um 1850 und 1911/13

Jahre	Getreidefläche	Körnerertrag (bei Dinkel Ertrag an Kernen)	Ernte
	ha	q/ha	q
Um 1850 [1]	300 000	12	3 600 000
Jahresmittel 1911/13 [2]	105 000	19,8	2 081 000
Prozentuale Veränderung 1911/13 gegenüber 1850	−65	+65	−42

[1] H. Brugger, Die schweizerische Landwirtschaft in der ersten Hälfte des 19. Jahrhunderts, 1956, S. 31 (Getreidefläche), S. 30 (Durchschnittsertrag). Das Eidgenössische Departement des Innern schätzte 1855 die inländische Getreideernte auf 3 330 000 Malter oder je Hektare 11,1 Malter zu 150 l = 12 q Körnergewicht.

[2] H. Brugger, Statistisches Handbuch der schweizerischen Landwirtschaft, 1968, S. 106/07 (Getreidefläche), S. 126/27 (Gesamternten).

6. Hackfruchtbau

Die wenigen auf Anbauerhebungen beruhenden Angaben über die Hackfruchtfläche in der Berichtsperiode beziehen sich auf die Kantone Zürich und Bern (für mehrere Jahre) sowie auf die Kantone Schaffhausen und Thurgau (für je 1 Jahr). Für den Kanton Waadt ist nur die Kartoffelfläche seit 1894 bekannt. Die Hackfruchtfläche ist im Unterschied zur Getreidefläche durch die eidgenössische Betriebszählung von 1905 nicht gesondert ermittelt worden. Erst 12 Jahre später wurde diese statistische Lücke durch die erste schweizerische Anbaustatistik vom Jahre 1917 ausgefüllt. Deren durch die Kriegsereignisse bereits beeinflussten Ergebnisse sind in der folgenden Übersicht den früheren kantonalen Statistiken beigefügt.

Hackfruchtfläche in den Kantonen Zürich, Bern, Schaffhausen, Thurgau und Waadt

Kantone	Er-he-bungs-jahr	Kar-toffeln	Übrige Hack-früchte	Total	Davon Kar-toffeln	Kantone	Er-he-bungs-jahr	Kar-toffeln	Übrige Hack-früchte	Total	Davon Kar-toffeln
		ha	ha	ha	%			ha	ha	ha	%
ZH ...	1854	5 470	·	·		SH	1884	1 666	240	1 906	87
	1874	·	·	10 302			1917[1]	1 195	291	1 487	80
	1884	6 121	1 842	7 963	77	TG ...	1890	3 112	942	4 054	77
	1891	5 564	1 600	7 164	78		1917[1]	1 876	389	2 265	83
	1910	3 572	891	4 463	78						
	1917[1]	4 272	979	5 251	81	VD ...	1894	7 184		·	
BE	1847	13 299	·	·			1904	7 564		·	
	1885	21 605	3 574	25 179	86		1910[2]	8 036		·	
	1890	21 208	4 628	25 836	82		1913	7 905		·	
	1895	21 244	4 964	26 208	81		1916[3]	7 564		·	
	1904	21 189	4 702	25 891	82		1917[1]	5 920	1 600	7 520	79
	1910[3]	20 713	4 635	25 348	82						
	1917[1]	17 103	2 338	19 441	88						

[1] Schweizerische Anbaustatistik: Kartoffelfläche auch in Nichtlandwirtschaftsbetrieben, übrige Hackfruchtfläche nur in Landwirtschaftsbetrieben.

[2] Jahr mit größter Kartoffelfläche nach den kantonalen Erhebungen.

[3] Der relativ große Abstand zu den Ergebnissen von 1917 deutet darauf hin, daß die von der kantonalen Statistik ausgewiesenen Flächen offenbar zu groß waren.

Den Endstand der Entwicklung im Hackfruchtbau markiert für den Beobachtungszeitraum die Statistik von 1917, deren Ergebnisse kantonsweise auf Seite 119 verzeichnet sind.

Weitaus der größte Teil des Areals der Hackfrüchte entfiel auch in der Berichtszeit auf den *Kartoffelbau*. In den Kantonen Zürich und Thurgau nahm er in den 1880er und 1890er Jahren 77 bis 78%, in den Kantonen Schaffhausen und Bern über 80% der Hackfruchtfläche ein. Bis 1917 hat sich dieser Anteil allgemein erhöht. Im schweizerischen Mittel betrug er 85%, in 8 Bergkantonen sogar über 95%. Wie stark der Kartoffelbau verbreitet war, ist daraus ersichtlich, daß alle Gemeinden größere oder kleinere Kartoffeläcker meldeten.

Das Auftreten der Kartoffelkrankheit (Kraut- und Knollenfäule, *Phytophtora infestans*) von Mitte der 1840er Jahre an hat schon wegen des vermehrten Anbaus von Ersatzpflanzen zu einer vorübergehenden Reduktion der Kartoffelfläche geführt. Nach 1850 trat die Krankheit im allgemeinen weniger stark auf,

Hackfruchtfläche (ohne Areal der Vor-, Zwischen- und Nachfrüchte) nach Kantonen, 1917

Kantone	Kartoffeln ha	Übrige Hackfrüchte ha	Total ha	Davon Kartoffeln %	Kart.-fläche je Ldw.-schaftsbetrieb a	Kantone	Kartoffeln ha	Übrige Hackfrüchte ha	Total ha	Davon Kartoffeln %	Kart.-fläche je Ldw.-schaftsbetrieb a
ZH	4 272	979	5 251	81	20	SH	1 195	292	1 487	80	32
BE	17 103	2 338	19 441	88	33	AR	88	4	92	96	2
LU	3 753	409	4 162	90	35	AI	32	2	34	94	2
UR	106	1	107	99	4	SG	1 548	71	1 619	96	7
SZ	520	17	537	97	9	GR	1 742	17	1 759	99	11
OW ...	158	9	167	95	7	AG	4 663	1 135	5 798	80	20
NW ...	63	2	65	97	5	TG	1 876	389	2 265	83	17
GL	208	2	210	99	6	TI	907	23	930	98	5
ZG	341	37	378	90	24	VD	5 920	1 600	7 520	79	30
FR	4 112	625	4 737	87	31	VS	1 894	270	2 164	88	9
SO ..	2 841	503	3 344	85	30	NE	680	154	834	82	16
BS	187	70	257	73	48	GE	1 178	238	1 416	83	48
BL	1 296	445	1 741	74	20	CH	56 683	9 632	66 315	85	21

aber jedes Jahr zeigten sich je nach den Witterungsverhältnissen Infektionsherde [1]. Die erfolgreiche Bekämpfung durch Bespritzung mit Bordeauxbrühe, einer Mischung von Kupfervitriol und Kalkmilch, setzte erst gegen Ende der 1880er Jahre ein, scheint aber bereits 1856 von einem Landwirt in der bernischen Gemeinde Worb ausprobiert worden zu sein.

Damit die Versorgung der Bevölkerung mit Speisekartoffeln gesichert sei, war das Branntweinbrennen aus Kartoffeln fast während des ganzen Jahrzehnts 1851/ 60 in wichtigen Überschußgebieten verboten: im Kanton Bern von Januar 1846 bis Oktober 1858 und im Fehljahr 1860, im Kanton Luzern von Oktober 1845 bis Dezember 1861, im Kanton Freiburg von Oktober 1846 bis November 1862, im Kanton Solothurn in den Jahren 1855 und 1856 und in Basel-Land (beschränkt auf das fabrikmäßige Kartoffelbrennen) von März 1858 bis 1874.

Eine beträchtliche Wiederausdehnung der Kartoffelfläche hat namentlich im Kanton Bern stattgefunden, wo diese von 13 299 ha im Jahre 1847 auf 21 605 ha im Jahre 1885 anstieg. Im Kanton Zürich kann für das Jahr 1874 mit rund 7 700 ha

---

[1] Das Statistische Büro des Kantons Zürich erhob von 1885 bis 1893 die Ernte an gesunden und kranken, unbrauchbaren Knollen getrennt. Auf letztere entfielen von der Gesamtmenge in Prozent:

1885	1886	1887	1888	1889	1890	1891	1892	1893
6,7	20,0	5,9	32,7	24,7	28,3	29,2	11,7	5,4

(etwa 75% der damals ermittelten Hackfruchtfläche von 10 302 ha) gerechnet werden, verglichen mit 5 470 ha im Jahre 1854.

Nach den späteren Ergebnissen von Anbauerhebungen dieser beiden Kantone wie auch nach denen der Kantone Schaffhausen, Thurgau und Waadt ist wieder ein Rückgang der Kartoffelfläche, nicht zuletzt wegen der Verknappung und Verteuerung der Arbeitskräfte und der allgemeinen Einschränkung des Getreidebaus eingetreten, dies brachten auch die gesamtschweizerischen Schätzungen zum Ausdruck. Hatte das Eidgenössische Departement des Innern für die Jahrhundertmitte noch eine Fläche von 70 000 ha angenommen, so gelangte der bernische Kantonsstatistiker C. Mühlemann für die Mitte der 1880er Jahre auf 107 219 ha und für die Jahrhundertwende – zweifellos viel zu hoch – auf 102 169 ha. Auch die vom Schweizerischen Bauernsekretariat für Mitte der 1890er Jahre veranschlagten 81 319 ha lagen noch an der oberen vertretbaren Grenze. Die für 1911 wiederholte Schätzung in der Höhe von 55 400 ha mußte vom Bauernsekretariat nachträglich auf 46 500 ha ermäßigt werden.

Auch Angaben über Kartoffelerträge sind den oben unter Getreidebau angeführten statistischen Quellen zu entnehmen. Zusammengefaßt ergibt sich folgendes Zahlenbild:

Kartoffelerträge je Hektare in den Kantonen Zürich, Bern, Freiburg, Waadt und Genf

Kantone	Erhebungsstellen	Jahresdurch-schnitt	q/ha
Zürich	Redaktion der «Zürcherischen Landwirtschaftlichen	1854/57	114
	Zeitschrift»	1874/82	56
		1883/92	73
		1893/1902	77
		1903/07	91
Bern	Kantonales statistisches Büro	1885/94	123
		1895/1904	119
		1905/13	121
Freiburg	Kantonale Verwaltung	1868/76	118
	Redaktion des «Journal d'agriculture suisse»		
	(französischer Teil des Kantons)	1881/91	137
Waadt	Redaktion des «Journal d'agriculture suisse»	1881/91	154
	Kantonales statistisches Amt	1894/1903	141
		1904/13	129
Genf	Classe d'agriculture	1864/74	106
	Ch. Archinard	1883	80
	Redaktion des «Journal d'agriculture suisse»	1881/91	113

Trotz ihrem teilweise amtlichen Charakter waren die meisten dieser Ertragsangaben nach begründetem Urteil des Schweizerischen Bauernsekretariates zu niedrig, namentlich für Zürich und Bern[1]. Das Bauernsekretariat berechnete für 1911/13 einen schweizerischen Durchschnitt von 146 q, der im Vergleich zur Mitte des 19. Jahrhunderts folgende Gesamtrechnung ergibt.

Der schweizerische Kartoffelbau um 1850 und 1911/13

Jahre	Kartoffelfläche ha	Kartoffelertrag q/ha	Ernte q
Um 1850[1]	70 000	90	6 300 000
1911/13[2]	46 500	146	6 780 000
%-Veränderung 1911/13 gegen 1850 ...	—34	+62	+8

[1] H. Brugger, Die Schweizerische Landwirtschaft in der ersten Hälfte des 19. Jahrhunderts, 1956, S. 39/40.
[2] H. Brugger, Statistisches Handbuch der schweizerischen Landwirtschaft, 1968, S. 107, 127.

Obschon die Anbaufläche schätzungsweise um 34% abnahm, hat die Kartoffelernte dank einer Steigerung des mittleren Hektarertrages um 62% in der Berichtsperiode noch leicht zugenommen (8%). Den bedeutendsten Anteil an der Marktproduktion von Kartoffeln hatten ausser den Landwirtschaftsbetrieben der beiden Städtekantone Basel und Genf mit Durchschnittsflächen von je 48 a Kartoffeln (siehe S. 119) die der Kantone Luzern, Bern, Schaffhausen, Freiburg, Solothurn und Waadt mit durchschnittlich über 30 a Kartoffelland im Jahre 1917, wogegen der Kartoffelbau in den Landwirtschaftbetrieben der Bergkantone im wesentlichen nur der Selbstversorgung diente.

An den Anbau von Zuckerrüben in ihrer Gemeinde unter dem Regime der Kontinentalsperre (1806 bis 1813) mochten sich wohl noch einige Bauern im waadtländischen Nyon erinnern, als hier 1855, wie in verschiedenen französischen Departementen, erneut damit begonnen wurde, diesmal aber nicht um Zucker, sondern um Alkohol zu erzeugen, dessen Marktpreis nach mehreren Fehlernten im Wein-, Getreide- und Kartoffelbau stark angestiegen war. Ungefähr zur selben Zeit entstand in der Nähe von Ollon VD die Distillerie de betteraves von Saint-Triphon, die Rüben aus dem umliegenden Meliorationsgebiet in der Rhoneebene

[1] «Die bernische Kartoffelernte steht in Wirklichkeit jedenfalls wesentlich über dem schweizerischen Mittel», heißt es im Gutachten des Schweizerischen Bauernsekretariates von 1914, «und dürfte um nahezu die Hälfte höher sein, als die bernische Statistik es annimmt. Daß die zürcherische Bauersame im Mittel nur 93,5 q Kartoffeln auf der Hektar ernte (späte Sorten im Mittel der Jahre 1904/06), ist ganz unglaubhaft.» Enquete zur Vorbereitung der Handelsverträge von 1918, Gutachten des Schweizerischen Bauernsekretariates, Brugg 1914, S. 12.

bezog. Ein ähnlicher Betrieb befand sich seit 1860 in der Genfer Gemeinde Corsier. Alle drei Unternehmen wurden vermutlich noch im gleichen Jahrzehnt aufgelöst.

In den Jahren 1858 und 1859 war die Errichtung einer Zuckerfabrik östlich des Standortes der heutigen Zuckerfabrik Frauenfeld in der Gegend von Herdern, Pfyn und Müllheim geplant, aber bald wieder aufgegeben worden, nachdem Strickhofdirektor Dängeli und der angesehene Berner Agronom R. von Erlach berechtigte Zweifel an der Existenzfähigkeit geäußert hatten.

20 Jahre später versuchte im aargauischen Muri eine «Gesellschaft für Rübenzuckerfabrikation» die Landwirte im Freiamt für den Anbau einer bestimmten Mindestfläche zu gewinnen. Diesmal war es Prof. Kraemer von der landwirtschaftlichen Abteilung des Polytechnikums, der in einem Gutachten zuhanden der Aargauischen Landwirtschaftlichen Gesellschaft die Pflanzer zur Vorsicht mahnte. Als hierauf die Gesellschaft zu Preiskonzessionen bereit war, bildete sich im September 1879 unter dem Vorsitz des Präsidenten der Aargauischen Landwirtschaftlichen Gesellschaft ein besonderes Initiativkomitee aus führenden Landwirten des Bezirkes Muri. Diesem fiel die Aufgabe zu, bei einem in Aussicht gestellten Rübenpreis von Fr. 2.20, sofern der Anbau während dreier aufeinanderfolgender Jahre geschieht, die Produzenten zur Anpflanzung einer Mindestfläche von 1 000 Jucharten (360 ha) zu bewegen. Nach Ablauf der Zeichnungsfrist waren aber nur Verpflichtungsscheine für 500 Jucharten eingegangen, so daß auch dieses Projekt, das zudem auch finanziell noch nicht gesichert war, nicht zustande kam.

Dasselbe Schicksal erlitt in den Jahren 1887 und 1888 der Plan zur Gründung einer Rübenzuckerfabrik in Hochdorf LU.

Dagegen kam 1891 im Kanton Wallis die Aktiengesellschaft «Schweizerische Zuckerfabrik Helvetia» zustande, die im November 1892 den Betrieb in Monthey aufnahm und während dreier Jahre durchhalten konnte. Die verarbeiteten Rüben (1892 34 000 q, 1893 50 000 q und 1894 80 000 q) mußten wider Erwarten in steigendem Maß aus dem weit entfernten Broyetal, dem bernischen Seeland und sogar aus dem Kanton Solothurn bezogen werden, so daß die hohen Frachtkosten infolge des ungünstigen Standortes entscheidend zur Schließung der Fabrik beitrugen. Zudem wurde es der Gesellschaft verwehrt, durch Einfuhr von Rohzucker zu Vorzugsbedingungen die Rentabilität zu verbessern, indem eine entsprechende Petition an den Bundesrat von diesem im März 1895 abgewiesen wurde.

Diese drei Betriebsjahre der Walliser Fabrik hatten aber genügt, namentlich in dem durch die Juragewässerkorrektionen entsumpften Gebiet den Bauern die Vorteile vor Augen zu führen, welche die Kultur der Zuckerrübe bietet: günstigen Einfluß auf den Fruchtwechsel, Anfall von Rübenschnitzeln als wertvolles Futtermittel, Marktproduktion zu festgesetzten Preisen usw. Im Oktober 1898 wurde die Zuckerfabrik Aarberg unter finanzieller Beteiligung von Kanton, Kantonalbank, Gemeinden und Privaten gegründet und im Oktober 1899 in Betrieb gesetzt. Um den Rübenanbau noch speziell zu fördern, hatte vorher der Staat Bern die Entrichtung einer Anbauprämie von 10 Rappen für jeden im Kanton Bern produzierten und in Aarberg verarbeiteten Doppelzentner Rüben beschlossen. Als diese mit Inkrafttreten der Brüsseler Konvention von 1903 dahinfiel und die Schutzwirkung des relativ hohen Einfuhrzolles von Fr. 7.50 je 100 kg Roh- und Kristallzucker mit dessen Reduktion auf Fr. 5.– auf Grund des neuen Handelsvertrages mit Frankreich von 1906 sich verminderte, begannen schwierige Zeiten für die Fabrik. 1909 erklärte sie den Konkurs. Das Unternehmen wurde von der Kantonalbank von Bern erworben und weitergeführt – bis die Fabrik am 28. Januar 1912 niederbrannte. Eine neue Aktiengesellschaft mit starker Beteiligung des Kantons wurde gebildet und der Betrieb nach einem Jahr Unterbruch mit der Kampagne 1912/13 wiederaufgenommen. In den 13 Jahren 1899 bis 1905, 1907 bis 1911 und 1913 hat die Zuckerfabrik Aarberg aus der Schweiz durchschnittlich pro Jahr 158 000 q Rüben verarbeitet, was bei einem mittleren Hektarertrag von 340 q der Lieferung ab einer Fläche von etwa 465 ha entsprach.

7. Anbau anderer Ackergewächse

Der Anbau von Öl- und Gespinstpflanzen, Hopfen und Tabak hat während der Berichtszeit gesamthaft stark abgenommen. Noch waren kaum 100 Jahre seit den ersten Rapsanbauversuchen in der Schweiz verflossen, als etwa ab 1860 diese besonders im westlichen Mittelland angebaute Ölpflanze dem Petroleum weichen mußte. Um 1865 maß die waadtländische Rapsfläche noch etwa 200 bis 250 ha, die bernische im Jahre 1885 100 ha, wogegen im Jahre 1917, als die hohen Ölpreise der Kriegszeit bereits zu einem Mehranbau geführt hatten, die gesamtschweizerische Rapsfläche nicht mehr als 255 ha umfaßte, wovon 54% auf den Kanton Waadt und je 14% auf die Kantone Freiburg und Bern entfielen.

Als anfangs der 1860er Jahre steigende Hypothekarzinssätze und sinkende Getreidepreise namentlich die Betriebe im Mittelland bedrängten, sahen manche Fachleute nicht nur im vermehrten Futterbau, sondern auch im Mehranbau von Handelsgewächsen eine lohnende Ausweichmöglichkeit. Im Vordergrund stand der Flachsanbau, der gerade damals wegen der gestiegenen Baumwollpreise als Folge des amerikanischen Sezessionskrieges von 1861 bis 1865 auf längere Zeit rentabel erschien. Im Auftrag der aargauischen Regierung bereiste 1866 der Lehrer für Landwirtschaft am Lehrerseminar in Wettingen Flachsanbaugebiete in Deutschland und Belgien, 1867 folgte ihm der Vorsteher der landwirtschaftlichen

Anbauflächen von Öl- und Gespinstpflanzen, 1865 bis 1917

Handelspflanzen, Kantone	1865 ha	1884 ha	1885 ha	1887/88 ha	1890 ha	1917 ha
Ölpflanzen (Raps und Mohn)						
Zürich						7
Bern			100		85	37
Schaffhausen		16				6
Thurgau					17	4
Waadt	250–300			150–200		192
Übrige Kantone						101
Schweiz						347
Gespinstpflanzen (Flachs und Hanf)						
Zürich		90				3
Bern			659		609	41
Schaffhausen		68				2
Thurgau					14	1
Waadt	600			200		8
Übrige Kantone						31
Schweiz						86

Schule Rütti, der in Belgien einen Lehrer für Flachsbau für die Schule gewinnen
konnte. All diese Bestrebungen, für die auch der Geschäftsbericht des Bundesrates pro 1869 anerkennende Worte fand, konnten aber die Ursachen des weiteren Niedergangs des Hanf- und Flachsanbaues nicht beseitigen: die wieder einsetzende Konkurrenz der Baumwolle, die zunehmende Verwendung von Jute für
grobe Gewebe, die Bevorzugung ausländischer Provenienzen von hoher Qualität
in den mechanischen Flachsspinnereien[1] und der zunehmende Mangel an Arbeitskräften auch in kleineren Landwirtschaftsbetrieben. Im Kanton Bern, dem
wichtigsten Flachsanbaugebiet der Schweiz, setzte besonders in den 1890er Jahren ein beschleunigter Rückgang ein, wie die folgende Tabelle zeigt.

---

[1] Wie 1862 in folgendem Beispiel gezeigt wurde: Aus 100 kg einheimischem Rohflachs der Ernte
1861 erzielte die Flachsspinnerei Burgdorf 38 kg langen und kurzen Flachs, 57 kg Kuder und 5 kg
Abfälle, aus 100 kg belgischem Rohflachs dagegen 60 kg langen und kurzen Flachs, 35 kg Kuder und
5 kg Abfälle (Landwirtschaftliche Volksschriften, hrsg. von der Ökonomischen Gesellschaft des Kantons Bern, erste Lieferung: Flachsbau und Flachsbereitung, Bern 1862).

Hanf- und Flachsanbau im Kanton Bern, 1855 bis 1910

Jahre	Anbaufläche			Erhebungsgemeinden				
	Hanf	Flachs	Total	Total	Davon meldeten			
					Hanfanbau		Flachsanbau	
	ha	ha	ha		Anzahl	in %	Anzahl	in %
1885	343	316	659	.	.	.	.	.
1890	301	308	609	.	.	.	.	.
1895	328	368	696	509	338	66	368	72
1904	117	194	311	507	192	38	241	48
1910	55	105	160	508	102	20	171	34

Daß die Abnahme der Hanf- und Flachsfläche zwischen 1895 und 1910 von 696 auf 160 ha oft gleichzeitig den gänzlichen Verzicht der Betriebe auf diese Kulturarten bedeutete, ersieht man daraus, daß 1895 noch 66% aller bernischen Gemeinden Hanfanbau und noch 72% Flachsanbau meldeten, 1910 aber nur 20 beziehungsweise 34%.

Auf diesem Stand war der Kanton Zürich bereits 1884 angelangt, indem von den 200 Gemeinden deren 133 oder 66% keinerlei Anbau von Handelspflanzen mehr kannten; in 22 Gemeinden wurde «hier und da Hanf und Flachs zum Selbstgebrauch gepflanzt», und in den restlichen 45 Gemeinden waren noch 85 ha mit Handelspflanzen bestellt.

Die erste eidgenössische Anbauerhebung von 1917 ergab 71 ha Flachs (davon 39 ha oder 55% im Kanton Bern), verteilt auf 7170 Pflanzer (davon 3374 oder 47% im Kanton Bern), somit 1,0 a je Pflanzer, was den Selbstversorgungscharakter dieses Anbaues kennzeichnet. Außerdem wurden 15 ha Hanf (davon 9 ha oder 59% in den Kantonen Wallis und Graubünden) von 1849 Pflanzern (davon 992 oder 54% in den Kantonen Wallis und Graubünden) ermittelt, je Pflanzer somit 0,8 a. Flachsanbau war in 48 von 213 politischen Bezirken (23%) unbekannt, Hanfanbau in 87 Bezirken (41%).

Was die Rebe an den Ufern des Genfer- und des Neuenburgersees, das bedeutet die Kultur des *Tabaks* für das Broyetal. Diese relativ regenarme Gegend war von jeher das schweizerische Hauptanbaugebiet für Tabak. Der hohe Erntewert je Hektare hat ebenfalls wie im Rebbaugebiet schon früh Anlaß zu statistischen Erhebungen über Anbauflächen, Erntemengen und -wert gegeben.

Tabakanbau in den Kantonen Freiburg und Waadt, 1865 bis 1913

Jahre / Jahresmittel	Anbaufläche ha		Ertrag an dachreifem Tabak q je ha		Ernte an dachreifem Tabak q		Wert der Ernte Total, 1 000 Fr.		Fr. je q	
	Freiburg	Waadt	Freiburg	Waadt	Freiburg	Waadt	Freiburg	Waadt	Freiburg	Waadt
1865	·	·	·	·	·	4 291	·	·	·	·
1871	·	·	·	·	·	6 070	·	·	·	·
1878	·	·	·	·	·	7 532	·	·	·	·
1879	375	·	·	·	·	·	·	·	·	·
1880	555	·	13,8	·	7 661	9 258	·	658	·	71
1881	·	·	·	·	·	7 486	·	534	·	71
1882	·	·	·	·	4 974	5 340	290	342	58	64
1883	·	·	·	·	·	4 459	·	342	·	77
1884	·	·	·	·	·	6 577	·	486	·	74
1885	415	·	17,5	·	7 273	6 117	409	374	56	61
1886	·	·	·	·	·	6 914	·	394	·	57
1887	·	·	·	·	·	5 257	·	282	·	54
1888/90 . .	366	·	13,7	·	5 015	7 156	309	476	60	67
1891/95 . .	269	299	16,3	21,6	4 389	6 448	266	441	61	68
1896	·	280	·	18,7	·	5 414	·	354	·	65
1897/1900	145	260	19,6	19,0	2 838	4 945	181	346	64	70
1901/05 . .	213	251	20,4	19,8	4 339	4 969	265	339	61	68
1906/10 . .	180	194	18,0	17,2	3 241	3 337	230	241	71	72
1911/13 . .	90	128	17,2	20,2	1 550	2 590	120	184	77	71

Die Ernteangaben dieser Übersicht umfassen für den Kanton Waadt sämtliche Jahre von 1880 bis 1913 sowie 3 vorangehende Einzeljahre und für den Kanton Freiburg 28 Jahre innerhalb des Zeitraums von 1880 bis 1913. Die maximale Ausdehnung des Tabakbaus fiel zusammen mit der Erhöhung des Einfuhrzolles auf Rohtabak von bisher 7 auf 25 Franken je 100 kg durch das Bundesgesetz vom 20. Juni 1879. Die Schutzwirkung dieses Finanzzolles hielt aber nicht lange an. Der mittlere Erntewert je 100 kg, im Thurgau noch 90 Franken in den Jahren 1878 und 1879, lag schon 1880 und 1881 bei 71 Franken im Kanton Waadt und sank hier später zeitweise auf 54 Franken (1887), so daß der Anbau wegen fehlender Rendite eingeschränkt wurde. Die ungünstige Preisentwicklung scheint zum Teil die Folge einer ungenügenden Organisation der Produzenten gewesen zu sein. Dazu führte der Enquetebericht das Schweizerischen Bauernverbandes von 1900 aus: «In den Kreisen der Tabakbauern schreibt man die Hauptschuld der ungünstigen Marktlage dem Umstand zu, daß die Landwirte für den Absatz ihres

Tabaks nicht organisiert sind und deshalb von ihren Abnehmern vielfach über-
vorteilt werden.»

Inselartig verteilten sich die übrigen Gegenden mit Tabakbau auf die Kantone
Bern (Bezirk Laupen), Tessin (Bezirke Mendrisio und Lugano[1]), Graubünden
(Bezirk Bernina und hier besonders die Gemeinde Brusio), Thurgau (Bezirke
Dießenhofen und Frauenfeld[2]), St. Gallen (Rheintal), Aargau und Wallis.

Für die ganze Schweiz sind bei den Vorarbeiten zur Einführung des Tabakmonopols für das Jahrfünft 1889/93 folgende Anbau- und Erntezahlen veröffentlicht
worden, denen die entsprechenden Angaben für 1911/13 beigefügt sind.

Schweizerischer Tabakanbau im Jahresmittel 1889/93 und 1911/13

Anbaugebiet	1889/93[1]			1911/13[2]		
	Anbau-fläche ha	Ernte-menge q	Ernte-wert Fr.	Anbau-fläche ha	Ernte-menge q	Ernte-wert Fr.
FR/VD	592	11 649	756 837	218	4 140	304 000
BE	21	366	21 270	6	44	3 000
TI	85	1 500	90 000	· }	380	27 000
Übrige Gebiete	82	1 485	91 893	· }		
Schweiz	780	15 000	960 000	·	4 564	334 000

[1] E. W. Milliet und Alf. Frey, Gutachten betreffend den mutmaßlichen Ertrag eines eidgenössischen Tabakmonopols, März 1895, S. 7/8.

[2] H. Brugger, Statistisches Handbuch der schweizerischen Landwirtschaft, 1968, S. 148/49.

Die schweizerische Tabakfläche maß 1889/93 780 ha und nach der Anbauerhebung von 1917 noch 225 ha. In der Zwischenzeit vollzog sich eine Konzentration
auf die Kantone Freiburg und Waadt, die 1889/93 zusammen 76% der schweizerischen Gesamtfläche und 1917 96% bebauten. Entsprechend stieg ihr Anteil an der
Erntemenge von 78% 1889/93 auf 91% 1911/13 und 93% im Jahre 1917. Längst

[1] Für den Kanton Tessin enthalten die Rechenschaftsberichte des Regierungsrates pro 1893 bis 1896
Angaben über den Tabakbau dieser Jahre:

Jahre	Anbaufläche ha	Erntemenge q	Ertrag je ha q	Erntewert in Fr. Total	je q
1893	189,5	2 520	13,3	170 763	67,8
1894	100,8	2 008	19,9	125 932	62,7
1895	76,8	1 407	18,3	75 463	53,6
1896	76,2	1 207	15,8	65 574	54,3

[2] Angaben über Erntemenge und -wert in den Jahren 1878 bis 1891, siehe H. Brugger, Geschichte
der thurgauischen Landwirtschaft von 1835 bis 1935, S. 96.

waren auch die in den 1880er Jahren gegründeten Tabakbaugesellschaften der Kantone Aargau und Thurgau aufgelöst worden.

Im Vergleich zu den vorerwähnten Kulturarten hat der Anbau von *Hopfen* während der Berichtszeit nie eine größere Bedeutung erlangt, so daß er auch meistens von den amtlichen Anbauerhebungen ausgeschlossen wurde. Nur für Schaffhausen sind nach der Erhebung von 1884 5,93 ha und für den Kanton Waadt jährlich zwischen 1895 und 1905 1 bis 3 ha ausfindig gemacht worden. Zudem liegen für letzteren Kanton Ernteerhebungen aus den Jahren 1865, 1871, 1878, 1880 bis 1887 und 1895 bis 1905 vor, welche Mengen von 10 bis 56 q ergaben. Es fehlte namentlich in den 1860er Jahren und anfangs der 1880er Jahre nicht an Empfehlungen von seiten einzelner Vereins- und Behördemitglieder, wenigstens versuchsweise dem Beispiel Süddeutschlands zu folgen. So ließ die Ökonomische Gesellschaft von Bern 1866 mit Unterstützung der Regierung einen Mann in Deutschland zum Hopfenbauer ausbilden, und 1867/68 standen die Förderung des Hopfenanbaues und die Sicherung des Hopfenabsatzes auch auf der Traktandenliste des Schweizerischen Landwirtschaftlichen Vereins. Dessen Umfrage hatte Hopfengärten in 14 Kantonen mit annähernd 35 000 Stöcken auf einer Fläche von 8 bis 9 ha festgestellt. Die schweizerischen Brauereien bezogen 1882 insgesamt 4 058 q Hopfen, davon nur 45 q aus dem Inland (Ertrag von 3 bis 4 ha), so daß manche Hopfenpflanzer gezwungen waren, ihre Ernte ins Ausland zu verkaufen. Bei den in der Handelsstatistik von 1850 bis 1890 und von 1905 bis 1909 ausgewiesenen Exportmengen bis zu jährlich 696 q (1882[1]) muß es sich zur Hauptsache um den Reexport eingeführter Posten gehandelt haben. Der Mißerfolg der meisten einheimischen Hopfenpflanzungen war auf hohe Anlagekosten, großen Handarbeitsaufwand und ungenügende Absatzorganisation zurückzuführen.

8. Gemüsebau

Der bedeutende Anteil des Gemüses an der Selbstversorgung der landwirtschaftlichen Betriebe mit Nahrungsmitteln erklärt die weite Verbreitung seines Anbaues besonders im Mittelland. Von den 251 594 landwirtschaftlichen Produzenten in der Schweiz, die 1917 offenes Ackerland besaßen, widmeten sich 174 718 oder 69 % dem Anbau von Hülsenfrüchten und 185 577 oder 74 % dem Anbau anderer Gemüsearten.

Der Anbau und Verbrauch von Hülsenfrüchten (ausgekernte Erbsen und Bohnen) war demnach in den ersten Jahrzehnten dieses Jahrhunderts noch stark verbreitet,

---

[1] Albert Hauser und Fritz Kutter, Der Hopfenanbau in der Schweiz, 1956, S. 99/100.

wenn auch nicht mehr so häufig wie früher, wie den kantonalen Anbauerhebungen von Schaffhausen (1884), Thurgau (1890) und Bern (seit 1885) sowie den Ernteschätzungen im Kanton Waadt (aus den Jahren 1858, 1865, 1880 bis 1888) zu entnehmen ist. Namentlich der hohe Kartoffelkonsum hat den Verbrauch von Erbsen und Bohnen zurückgedrängt.

Im allgemeinen dürfte aber in den meisten Landwirtschaftsbetrieben das Sortiment der angebauten Gemüsearten während der Berichtsperiode reichhaltiger geworden sein, besonders seit dem Aufkommen der Gemüsebaukurse für Frauen in den 1870er Jahren[1].

Neben dem Anbau für den eigenen Bedarf der Produzenten entwickelte sich mit der Zunahme der städtischen Bevölkerung die Gemüseproduktion für den Markt. Es entstanden spezialisierte Gemüsebaubetriebe in der Nähe der großen Absatzgebiete der Städte wie auch in Gegenden mit fruchtbarem Boden und günstigem Klima (bernisches Seeland, Gürbetal, Gegend von Wistenlach im Kanton Freiburg usw.). Genf als größte Schweizer Stadt um die Jahrhundertmitte mit mehr als 30 000 Einwohnern wurde von den Gemüsebauern von Plainpalais beliefert, bald aber auch von Produzenten anderer Genfer Gemeinden und des benachbarten Frankreichs. Zum hohen Ansehen des Genfer Gemüsebaus trugen die Gartenbauvereine (Société d'horticulture de Genève, gegründet 1855, Société helvétique d'horticulture de Genève, gegründet 1872), die erste Gartenbauschule der Schweiz (in Châtelaine-Genf, eröffnet 1887) und die Gründung der ersten Fachorganisation der Gemüseproduzenten in unserem Lande (Association des maraîchers de Genève, gegründet 1893) bei.

Im Umkreis von Zürich, einem weiteren Gemüsebauzentrum, haben 1888, als das Statistische Büro des Kantons Zürich auch den Gemüsebau – allerdings nur während zweier Jahre – in seine Ernteerhebungen einbezog, von den insgesamt 32 Gemeinden des Bezirks Zürich deren 19 Gemüseverkauf gemeldet neben 35 andern Gemeinden des Kantons. Die restlichen 146 Gemeinden wiesen nur Gemüsebau «für den Hausbedarf» auf. Die Gemüsefläche selbst wurde im Kanton Zürich teilweise erst 1910 erhoben, wobei 496 ha auf Feldgemüsebau und Gemüsegärtnerei und 1 062 ha auf Hausgärten von Landwirten und Nichtlandwirten (ohne Stadt Zürich) entfielen.

Vom städtischen Gemüseverbrauch ist allerdings ein steigender Anteil durch Einfuhren gedeckt worden. Die Einfuhr von Frischgemüse, die ab 1885 in der Außenhandelsstatistik gesondert erscheint, stieg von jährlich 116 000 q im Mittel des

---

[1] Vorangegangen ist hier Graubünden (1873/74), angeregt durch die Schrift von Regierungsrat Wassali, Chur, Der Gemüsebau im freien Land, 1873 erschienen. Ihm folgten die Kantone Zürich (1874), Thurgau und Bern (1875), Luzern (1876), Aargau und Schaffhausen (1877) usw. Bessere Anbautechnik, Förderung der Volksgesundheit und Weckung des Sinnes für berufliche Ausbildung der Frau bildeten Hauptziele dieser Kurse.

Jahrfünfts 1885/89 auf 557 000 q im Mittel des Jahrfünfts 1909/13, nachdem sie 1851/56 vor dem Bau der Eisenbahnen noch 48 000 q samt frischem Obst umfaßt hatte.

Auch die Errichtung von Konservenfabriken schuf neue Absatzmöglichkeiten für ausgewählte Gemüsearten. Die erste Fabrik zur Herstellung von Gemüsekonserven entstand 1868 in Frauenfeld. Weitere Gründungen erfolgten in Lenzburg (1885), Saxon und Rorschach (1887), Sursee (1888, hier unter Mitwirkung des Schweizerischen Landwirtschaftlichen Vereins), Seon (1890), Kerzers (1900) usw. Im Jahre 1913 verwendeten vier dieser Fabriken (Frauenfeld, Lenzburg, Saxon und Seon) die Ernte von 334 ha, nämlich von 178 ha Erbsen, 116 ha Bohnen, 12 ha Sellerie, 9 ha Spargeln, 6 ha Tomaten und 13 ha Spinat, Rüebli und Rosenkohl[1].

Die erste gesamtschweizerische Anbaustatistik stammt aus dem Kriegsjahr 1917. Sie unterschied – getrennt für Landwirtschaftsbetriebe und Nichtlandwirte – Erbsen und Bohnen, Kohlgewächse und anderes Gemüse mit folgendem Ergebnis:

Schweiz. Gemüsefläche der Landwirtschaftsbetriebe und der Nichtlandwirte, 1917

| Gemüsegruppen | Gemüsefläche | | | | | |
| | der Landwirtschafts-betriebe | | der Nichtlandwirte | | Total | |
	ha	%	ha	%	ha	%
Erbsen und Bohnen						
(ohne Pferdebohnen) ...	1 823	40	891	31	2 714	37
Kohlgewächse	1 709	37	1 383	49	3 092	42
Anderes Gemüse	1 030	23	572	20	1 602	21
Total	4 562	100	2 846	100	7 408	100

In den Landwirtschaftsbetrieben überwog der Anbau von Erbsen und Bohnen, in den Gemüsepflanzungen der Nichtlandwirte der Anbau von Kohlgewächsen. Den Anbau von Hülsenfrüchten bevorzugten die 8 Kantone Schwyz, Freiburg, Solothurn, Aargau, Thurgau, Tessin und Waadt, denjenigen von Kohlgewächsen die 12 Kantone Zürich, Bern, Luzern, Uri, Obwalden, Nidwalden, Glarus, Zug, Basel-Stadt, Basel-Land, Graubünden und Wallis und den «anderer Gemüse» nur Neuenburg und Genf.

[1] Schweizerisches Bauernsekretariat, Enquete zur Vorbereitung der Handelsverträge von 1918, Brugg 1914, S. 56. Oft hatten die Fabriken Schwierigkeiten, genügend Bauern für den Anbau zu den offerierten Bedingungen zu gewinnen, konnte frisches Gemüse doch seit 1869 zollfrei eingeführt werden.

Folgende politische Bezirke mit einer Gemüseanbaufläche von über 5 a je Pflanzer konnten 1917 als Zentren des Erwerbsgemüsebaues betrachtet werden:

Kanton Zürich:	Zürich 8,0 a
Kanton Bern:	Erlach 15,3, Seftigen 5,2 a
Kanton Freiburg:	See 8,6 a
Kanton Basel-Stadt:	Basel-Stadt 7,0 a
Kanton Basel-Land:	Arlesheim 5,6 a
Kanton Waadt:	Avenches 6,7, Morges 5,2, Lausanne 8,4 a
Kanton Wallis:	Martigny 6,3 a
Kanton Neuenburg:	Neuenburg 6,8 a
Kanton Genf:	rechtes Ufer 7,6, linkes Ufer 9,1 a

9. Futterbau

Der Futterbau ist flächen- und wertmäßig in der Schweiz aus natürlichen und wirtschaftlichen Gründen der wichtigste Teil der Pflanzenproduktion. Absolut und prozentual entfielen vom land- und alpwirtschaftlich genutzten Areal ohne Wald um 1855 auf die einzelnen Kulturarten:

Land- und alpwirtschaftlich genutztes Areal (ohne Wald) der Schweiz, um 1855

Kulturarten	ha	%
Äcker und Gärten (inbegriffen Kunstwiesen)	581 400	28,5
Naturwiesen	636 610	31,2
Weiden	792 000	38,9
Übrige Kulturen	27 720	1,4
Total	2 037 730	100

Im Jahre 1905 erfaßte die eidgenössische Betriebszählung in Landwirtschaftsbetrieben von 0,5 und mehr Hektaren die folgenden Kulturarten (ohne Wald):

Fläche der Landwirtschaftsbetriebe von 0,5 und mehr Hektaren, 1905

Kulturarten	ha	%
Äcker und Gärten (inbegriffen Kleeäcker)	255 180	13,5
Wiesen (inbegriffen Kleegras-Kunstwiesen)	866 500	45,9
Weiden	687 540	36,4
Übrige Kulturen	78 223	4,2
Total	1 887 443	100

Somit entfielen allein auf Naturwiesen und Weiden nach beiden Erhebungen, mögen deren Ergebnisse auch im einzelnen nicht ganz vergleichbar sein, mindestens 70%.

Über die Veränderung der *Kunstwiesen*fläche liegen Angaben aus verschiedenen Jahren nur für die Kantone Zürich und Bern vor:

Kunstwiesenfläche im Kanton Zürich, 1854 bis 1910

| Arten | 1854 | 1874 | 1884 | 1891 | 1910 | Prozentuale Veränderung |
	ha	ha	ha	ha	ha	1884–1910
Klee	·	·	3 399	3 517	1 825	−46
Esparsette	·	·	1 442	1 124	159	−89
Luzerne	·	·	2 537	2 209	1 752	−31
Kleegrasmischungen	·	·	1 036	1 011	721	−30
«Wechselwiesen»	·	·	–	–	594	·
Übrige	·	·	216	200	72	·
Total Kunstwiesen	9 000	11 191	8 630	8 061	5 123	−41
(im Vergleich dazu:						
Naturwiesen	46 638	56 666	67 658	70 866	73 618	+ 9)

Die Kunstwiesenfläche war im Kanton Zürich zwischen 1854 und 1874 etwas ausgedehnt worden, ging aber bis 1910 hauptsächlich wegen der Einschränkung des Anbaus von Esparsette (— 89%) und Klee (— 46%) um 41% zurück.

Im Kanton Bern verlief die Gesamtentwicklung seit 1885 umgekehrt.

Kunstwiesenfläche im Kanton Bern, 1885 bis 1910

| Arten | 1885 | 1890 | 1895 | 1904 | 1910 | Prozentuale Veränderung |
	ha	ha	ha	ha	ha	1885–1910
Klee	17 831	16 281	16 930	14 633	13 954	−22
Esparsette	7 218	7 008	7 286	5 476	4 528	−37
Luzerne	2 268	2 339	2 421	3 039	3 833	+ 69
«Futtermischungen»	27 270	28 908	31 066	36 913	39 942	+ 46
Übrige	663	982	1 231	1 600	2 115	+219
Total Kunstwiesen	55 250	55 518	58 934	61 661	64 372	+ 17
(im Vergleich dazu:						
Naturwiesen	110 122	111 470	112 008	113 236	112 657	+ 2)

132

Zwar sind auch hier von 1885 bis 1910 die Klee- und besonders die Esparsette-
äcker reduziert worden, doch ist ihre Abnahme durch eine Vermehrung der übrigen Kunstwiesen mehr als ausgeglichen worden, so daß im ganzen eine Ausweitung
um 17% eintrat.

Im Kanton Luzern sollen anfangs der 1870er Jahre ebenfalls Kunstwiesen, die
entweder nicht klee- oder esparsettesicher waren, oder eine zunehmende Esper-
müdigkeit zeigten, in Kleegraswiesen umgewandelt worden sein.

*Flächenverhältnis zwischen Kunst- und Naturwiesen in den Kantonen Zürich,
Bern, Schaffhausen, Thurgau und Waadt*

Kantone	Jahr	Kunstwiesen	Naturwiesen	Verhältnis zwischen Kunst- und Natur- wiesen, wenn Kunst- wiesen = 1
		ha	ha	
Zürich	1874	11 191	56 666	1: 5,1
	1884	8 630	67 658	1: 7,8
	1910	5 123	73 618	1:14,4
Bern	1885	55 250	110 122	1: 2,0
	1910	64 372	112 657	1: 1,8
Schaffhausen	1884	2 165	5 194	1: 2,4
Thurgau	1890	5 769	35 729	1: 6,2
Waadt	1907	ca. 33 208	57 862	1: 1,7

Man erkennt hier leicht die charakteristischen Unterschiede verschiedener Bodennutzungssysteme: im Kanton Zürich (und ähnlich im Kanton Thurgau) die Entwicklung von der verbesserten Dreifelderwirtschaft zur vorherrschenden Graswirtschaft mit Ackerbau, gekennzeichnet durch den steigenden Anteil des dauernden, nie gepflügten Wieslandes, im Kanton Bern andererseits (und ähnlich im
Kanton Waadt) die große Ausdehnung der Kunstwiesen im System der Kleegras-
wirtschaften.

Um den Bezug von Sämereien für den Kunstfutterbau zu erleichtern und namentlich um Fälschungen in bezug auf Reinheit und Keimfähigkeit zu verhindern,
haben einzelne Kantonalvereine schon frühzeitig die Vermittlung von Futter-
sämereien aufgenommen, so die landwirtschaftlichen Vereine von Aargau, Zürich,
Thurgau, Bern, Solothurn und Luzern. Besonders die Aargauische Landwirtschaftliche Gesellschaft befaßte sich damit. Sie unterhielt von 1846 bis 1878 eine
ständige Samenhandlung und gab 1865 ein spezielles «Reglement über den Verkauf von Samen landwirtschaftlicher Gewächse» heraus, das eine Sämereikom-
mission mit der Aufgabe betraute, von bewährten Samenhandlungen Muster ein-

zuholen und diese sorgfältig «in deren äußerem Aussehen und wenn nötig nach deren Keimkraft» zu prüfen.

Allein diese Maßnahmen genügten nicht, den Käufern einen ausreichenden Schutz vor Betrügereien zu bieten. Eine wirksame Kontrolle des Samenhandels begründete erst F. G. Stebler durch seine besonders nach deutschem Vorbilde (Tharandt, Kiel, Hildesheim, Karlsruhe) im Frühjahr 1876 eröffnete private Samenkontrollstation im Mattenhof bei Bern[1]. Als Stebler im gleichen Jahr als Privatdozent am Polytechnikum nach Zürich übersiedelte, führte er hier die Samenuntersuchungen fort, deren Erfolg schließlich die Umwandlung in eine Annexanstalt des Polytechnikums (ebenfalls unter der Leitung Steblers) gemäß Bundesbeschluß vom 17. März 1877 auf den 1. Januar 1878 bewirkte. Die Gebiete mit bedeutendem Kunstfutterbau haben die nützlichen Dienste der Anstalt verhältnismäßig rasch erkannt. Die Zahl der Handelsfirmen, die ihren Abnehmern kostenfreie Nachuntersuchung durch die Schweizerische Samenkontrollstation gewährten, stieg von 31 im Jahre 1879 auf 60 im Jahre 1887 und 80 im Jahre 1896 und die Zahl der Einsendungen an die Station von 873 im Jahre 1877/78 (1. Juli bis 30. Juni) auf 1 764 im Jahre 1886/87. Von den 14 008 Einsendungen im Laufe der 10 ersten Jahre (1877/78 bis 1886/87) entfielen auf den Kanton Bern 4 565, Zürich 1 534, Luzern 1 508, Thurgau 1 485, Aargau 1 453 und alle übrigen Kantone 3 463, davon auf die Kantone Freiburg, Waadt, Wallis, Neuenburg und Genf 1 104. Mit der Errichtung einer zweiten Bundesanstalt für die Samenkontrolle in Lausanne am 1. Februar 1898 (kurz zuvor als waadtländische Samenkontrollstation gegründet) stieg auch die westschweizerische Beteiligung. Diese war jedoch vor allem wegen der großen Verbreitung der eigenen Nachzucht von Samen nie so lebhaft wie in der deutschen Schweiz.

Da einzelne Landwirte und besonders Kleinbauern sich weniger zur Einsendung von Kontrollmustern entschließen konnten als Vereine und Genossenschaften, suchte Stebler den Samenbezug unter Anwendung der Kontrolle wenn immer möglich genossenschaftlich zu organisieren. Die Gründung zahlreicher landwirtschaftlicher Genossenschaften geht deshalb durchaus nicht auf eine eigentliche wirtschaftliche Notlage, sondern auf die Initiative Steblers zur Hebung des Futterbaus zurück, waren doch mehr als 90% der untersuchten Muster Samen von Futter-

[1] Bereits 1871 hatte der frühere Leiter der chemischen Versuchsstation auf der Rütti, H. Oeffinger, in den Bernischen Blättern für Landwirtschaft auf die Samenkontrolle durch deutsche Versuchsstationen, insbesondere die in Tharandt seit Frühjahr 1869, aufmerksam gemacht. Im Frühjahr 1872 erklärte sich dann die landwirtschaftliche Schule Rütti bereit, Samenprüfungen zu veranstalten und Handelsfirmen unter Kontrolle zu stellen, wie dies schon mit dem künstlichen Dünger geschah, doch scheint das Vorhaben nur während kurzer Zeit verwirklicht worden zu sein (Bernische Blätter für Landwirte vom 25. Mai 1872).

pflanzen. In seinen technischen Jahresberichten finden sich ausführliche Verzeichnisse der landwirtschaftlichen Vereine, die sich mit dem gemeinsamen Ankauf von Sämereien befaßten und die Bezüge durch die schweizerische Samenkontrollstation kontrollieren ließen. Ihre Zahl stieg von 40 im Jahre 1881/82 auf 86 1885/86 und 243 1895/96 (davon 68 im Kanton Bern, 63 in Zürich, 26 im Thurgau, 21 im Aargau usw.).

Von 1882 an ermöglichte die Bewilligung eines jährlichen Sonderbeitrages des Bundes zur Förderung des Futterbaus eine Erweiterung des Aufgabenkreises der Kontrollstation; sie entwickelte sich zu einer Untersuchungs- und Versuchsanstalt, vorerst hauptsächlich auf dem Gebiete des Futterbaus. Um die Kenntnis der Futterpflanzen zu vertiefen, veröffentlichte Stebler unter Mitwirkung von Prof. Schröter die schweizerischen Futterbauwerke (4 Bände, 1883 bis 1898); außerdem gab die Anstalt Sammlungen der besten Futterpflanzen, der Unkräuter der Wiesen usw. heraus.

Von großer praktischer Bedeutung waren auch die 1876 auf dem Versuchsfeld des Polytechnikums vom Dozenten für Pflanzenbau (Prof. A. Nowacki) eingeleiteten Versuche mit Heublumen- und Kleegrassaat. Die nach $3^1/_2$ und 7 Jahren veröffentlichten Ergebnisse zeigten eindeutig die Unzweckmäßigkeit der Heublumensaat. Im Mittel der Jahre 1876 bis 1882 ergab sich ein Hektarertrag von 118,15 q bei Kleegrassaat und 72,30 q bei Heublumensaat. Der Erntewert nach Abzug der Kosten für das Saatgut betrug 407 Franken bei Kleegrassaat und 198 Franken bei Heublumensaat, wobei aber beim Kleegras das Verhältnis zwischen Klee und Gras nicht weiter auseinander als 1:5 sein durfte. Versuche in den Jahren 1880 bis 1882 bewiesen außerdem die Vorteile der Kleegrassaat gegenüber reinen Klee- und Luzernesaaten: Reiner Klee lieferte 87 q, reine Luzerne 105 q, Kleegras dagegen 114 q je Hektare.

Wie den absoluten Flächenangaben in den Tabellen S. 97 zu entnehmen ist, hat in allen Kantonen, ausgenommen vielleicht die Waadt, für die zur Bestimmung der Entwicklungstendenz mindestens zwei Erhebungen vorliegen, die *Naturwiesen*fläche während der Berichtszeit zugenommen.

Vor allem traf dies für die ersten 30 bis 40 Jahre zu. Später erreichte der durchschnittliche jährliche Zuwachs zum Beispiel im Kanton Zürich nur noch 0,3% gegenüber 1,5% im Zeitraum 1854 bis 1884; in den Kantonen Bern (+ 0,1%) und Waadt (— 0,0%) blieb die Wiesenfläche nahezu unverändert.

Durchschnittliche jährliche Veränderung der Naturwiesenfläche in den Perioden 1842/43 bis 1890 und 1877 bis 1910

Periode 1842/43 bis 1890			Periode 1877 bis 1910		
Kantone	Perioden	Jährliche prozentuale Veränderung	Kantone	Perioden	Jährliche prozentuale Veränderung
ZH	1854 bis 1884	+1,5	ZH	1884 bis 1910	+0,3
SH	1842/43 bis 1884	+2,2	BE	1885 bis 1910	+0,1
TG	1854 bis 1890	+1,7	VD	1877 bis 1907	—0,0
VD	1842/43 bis 1877	+0,2			
GE	1842/43 bis 1882	+1,1			

Auch die Qualität der Naturwiesen erfuhr eine namhafte Verbesserung. Für Zürich und Bern ist sie aus folgenden Angaben ersichtlich:

Qualität der Naturwiesen im Kanton Zürich, 1878, 1884, 1891 und 1910

Jahre	Hektaren				Prozentverteilung			
	Natur-wiesen total	davon			Natur-wiesen total	davon		
		gute	mittlere	geringe		gute	mittlere	geringe
1878	61 468	32 257	17 707	11 504	100	52,5	28,8	18,7
1884	67 658	38 481	20 225	8 952	100	56,9	29,9	13,2
1891	70 866	42 424	20 069	8 373	100	59,9	28,3	11,8
1910	73 618	51 382	18 892	3 344	100	69,8	25,7	4,5

Zu ähnlichen Ergebnissen gelangten die bernischen Erhebungen, nur daß bei diesen vermutlich andere Kriterien für die Einteilung in gutes, mittleres und geringes Wiesland verwendet wurden als in Zürich.

Qualität der Naturwiesen im Kanton Bern, 1885, 1890, 1895, 1904 und 1910

Jahre	Hektaren				Prozentverteilung			
	Natur-wiesen total	davon			Natur-wiesen total	davon		
		gute	mittlere	geringe		gute	mittlere	geringe
1885	110 122	33 907	39 089	37 126	100	30,8	35,5	33,7
1890	111 470	34 874	41 427	35 169	100	31,3	37,2	31,5
1895	112 008	36 921	41 411	33 676	100	33,0	37,0	30,0
1904	113 236	40 351	42 469	30 416	100	35,6	37,5	26,9
1910	112 657	44 450	41 668	26 539	100	39,5	37,0	23,5

Die namhafte Zunahme des «guten» Wieslandes auf Kosten des «geringen» ist im wesentlichen auf die Umwandlung von Ackerland in Wiesen, die vermehrte Viehhaltung als Folge der Einschränkung des Acker- und Reblandes und die daraus sich ergebende Zunahme der großenteils dem Wiesland zugeführten Stalldüngeranfalles, die stark erhöhten Zukäufe von Handelsdünger und den günstigen Einfluß der Bodenverbesserungen zurückzuführen.

Dieses größere Leistungsvermögen des Wieslandes ist zum Beispiel aus folgenden Ertragszahlen der Kantone Zürich und Bern ersichtlich:

Heu- und Emdertrag der Naturwiesen in den Kantonen Zürich und Bern

Jahresmittel	Kanton Zürich			Kanton Bern	
	q/ha	wenn 1876/80 = 100	wenn 1886/90 = 100	q/ha	wenn 1886/90 = 100
1876/80	53,0	100		.	
1881/85	54,2	102		.	
1886/90	64,2	121	100	47,2	100
1891/95	61,6	116	96	43,2	92
1896/1900	67,7	128	105	49,8	106
1901/05	69,6	131	108	53,9	114
1906/10	.	.	.	53,8	114

Wird für den Kanton Zürich das Jahresmittel im Jahrfünft 1876/80 gleich 100 angenommen, so ergibt sich für das Jahrfünft 1901/05 eine Steigerung des Hektarertrages an Heu und Emd um 31%. Zwischen 1886/90 und 1901/05 betrug die Zunahme 8%, verglichen mit 14% im Kanton Bern.

Der Ertrag des Wieslandes setzt sich aus den drei Komponenten Heu-, Emd- und Herbstgrasertrag zusammen. Für Zürich und Bern liegen solche Ergebnisse aus

Zusammensetzung der Gesamterträge der Naturwiesen in den Kantonen Zürich, 1884 bis 1907, und Bern, 1890 bis 1909

Jahresmittel	Kanton Zürich				Jahresmittel	Kanton Bern			
	Gesamtertrag	davon prozentualer Anteil von				Gesamtertrag	davon prozentualer Anteil von		
		Heu-	Emd	Herbstgras			Heu	Emd	Herbstgras
	q/ha					q/ha			
1884/88	67,0	61	30	9	1890/94	47,1	62	29	9
1889/93	68,2	59	32	9	1895/99	53,3	67	25	8
1903/07	81,3	62	27	11	1900/04	58,6	65	24	11
					1905/09	65,1	65	23	12

mehreren Jahrfünften vor. Danach lieferte die Heuernte knapp zwei Drittel des Gesamtertrages (Herbstgras auf Trockengewicht umgerechnet), die Emdernte rund ein Viertel und das Herbstgras rund ein Zehntel. Namentlich in den Berner Zahlen läßt sich eine Tendenz sinkender Anteile des Emdertrages und steigender Anteile des Herbstgrases erkennen.

Wie schon für die Getreideerträge auf S. 110 dargestellt, folgt nachstehend auch für die Wiesenerträge je Flächeneinheit (Natur- und Kunstwiesen) nach den gleichen Quellen eine Übersicht der in Worte gefaßten Urteile der Zeitgenossen über die einzelnen Jahrgänge von 1853 bis 1913 (Abbildung 8).

Wiesenerträge je Flächeneinheit im schweizerischen Mittel nach Beurteilungs-noten, 1853 bis 1913

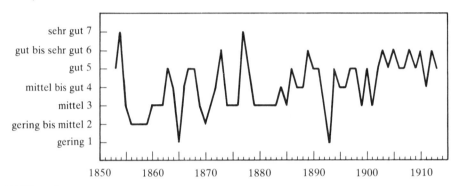

Abbildung 8.

Die Extremnoten «sehr gut» und «gering» fielen nur je 2 Jahrgängen von insgesamt 61 zu: 1854 und 1878 waren extrem gute Futterjahre, während sich 1865 und vor allem 1893 als eigentliche Notjahre erwiesen. Wird die Note gering = 1, gering bis mittel = 2, mittel = 3, mittel bis gut = 4, gut = 5, gut bis sehr gut = 6 und sehr gut = 7 gesetzt, so erhält man für die einzelnen Perioden folgende Notendurchschnitte: 1853/60: 3,3, 1861/70: 3,5, 1871/80, 1881/90 und 1891/1900 je 4,0 und 1901/10: 5,2, was auf eine zunehmende Ertragssicherheit schließen läßt.

Zur Kenntnis von Umfang, Zustand und Ertrag der *Alpen* sowie zur Hebung dieses Ertrages hat die Berichtszeit Vieles beigetragen. Den Anstoß gab die 1852 erschienene erste Fassung der Schrift «Die Zunahme der Land- und Abnahme der Alpenwirtschaft der Schweiz» und noch mehr deren 2. Ausgabe von 1862 von Josef Schild, einem Schüler Justus v. Liebigs, in welcher auf Grund der Ersatzstofftheorie eine vermehrte Düngung der Alpen gefordert wurde.

Es folgten in den Jahren 1858, 1859 und 1860 Beobachtungen und Vorschläge der vom Bundesrat 1858 eingesetzten Kommission zur Untersuchung der Gebirgswaldungen. Wegen der engen Zusammenhänge zwischen Forstwirtschaft und Alpwirtschaft behandelten die drei von Prof. E. Landolt in Zürich verfaßten Kommissions-Berichte von 1859 (Kantone Tessin, Graubünden, St. Gallen und beide Appenzell), 1860 (Kantone Glarus, Zug, Schwyz, Uri, Ob- und Nidwalden, Luzern und Bern ohne Jura) und 1861 (Kantone Wallis, Waadt, Freiburg und das Juragebiet der Kantone Waadt, Neuenburg, Bern, Solothurn und Baselland sowie Zusammenfassung) auch die Alp- und Juraweiden. «Leider läßt sich aber von ihnen,» heißt es in der Zusammenfassung, «wenig rühmliches berichten. In vielen Gegenden hat die Alpwirtschaft eher Rückschläge als Fortschritte gemacht und im ganzen ist sie seit wohl 500 Jahren ziemlich gleich geblieben. Am meisten Aufmerksamkeit wurde den Voralpen oder sogenannten Maiensäßen... zugewendet... Sobald man aber in die eigentlichen Alpen gelangt, so hört, ehrenvolle Ausnahmen abgerechnet, alle Pflege auf. Hier will der Mensch nur ernten und nichts für die Erhaltung tun... Dieses höchst unerfreuliche Bild unserer Alpwirtschaft paßt für den größten Teil der Bündner und Tessiner Alpen und einen nicht unbedeutenden Teil der Appenzeller, St. Galler, Glarner, Urner, Berner, Walliser Alpen, während man sich an andern Orten, namentlich im Kanton Schwyz, Unterwalden, im Entlebuch, Emmental, Simmental, in den Freiburger Bergen und im Jura Mühe gibt, die Weiden von Steinen und Felstrümmern zu reinigen und nasse Stellen zu entwässern. Selbst hier wird aber dem Dünger noch zu wenig Sorgfalt zugewendet, der Verbesserung des Graswuchses noch sehr wenig Aufmerksamkeit geschenkt, die Entwässerung und Reinigung von Steinen und von als Viehfutter nicht geeigneten Pflanzen mit zu geringem Eifer betrieben, für Heuvorräte zur Fütterung des Viehs bei schlechtem Wetter nicht genügend gesorgt und mehr nach der Vergrößerung der Alpen als nach innerer Verbesserung derselben gestrebt.» So mündet denn der Schlußbericht in folgende Vorschläge zur Verbesserung der Alpwirtschaft aus:

»1. Bessere Pflege der Alpen mit Beziehung auf die Räumung derselben von Steinen, holzigen Sträuchern, Entwässerung nasser Stellen, Verhinderung der allzuraschen Erweiterung der Schutthalden, Abrutschungen, Ab- und Ausschwemmungen und auf die Düngerbereitung.

2. Herstellung von Ställen...

3. Vermeidung der Überstellung der Alpen

4. Verhinderung der Umwandlung der Alpen und Weiden in Heuberge

5. Beschränkung, wenn möglich Beseitung der Einzelalpung...

6. Verwendung größerer Sorgfalt auf die Erhaltung und Nachzucht der immer mehr verschwindenden Schirmbäume auf den Alpen.»

Mit dem Jahre 1859 beginnen unter dem Titel «Schweizerische Alpenwirtschaft» die von R. Schatzmann herausgegebenen und größtenteils auch verfaßten sieben Jahreshefte 1859–1866, denen 1859 folgende Leitsätze gewidmet waren:» Mit solchen Gedanken trat der Verfasser der vorliegenden Schrift an seine Arbeit: Auf vielen Wanderungen durch die Alpen haben sich ihm immer und immer wieder jene beiden Gegensätze, die zerstörende Macht der Natur und der aufbauende Fleiß der Menschen, vor die Augen gestellt, und von beiden möchte er reden, möchte andern die Augen öffnen über die Gefahren, welche unsern Alpenlandschaften drohen, und zugleich die Mittel und Wege besprechen, um diese Gefahren – soweit es noch möglich ist – zu brechen und abzuwenden…»

1863 entstand hauptsächlich auf Initiative von J. Schild und Pfarrer Schatzmann der Schweizerische alpwirtschaftliche Verein und noch im gleichen Jahr gelangte Schatzmann an das Eidg. Departement des Innern mit dem Anerbieten, bei der Ausarbeitung einer schweizerischen alpwirtschaftlichen Statistik behilflich zu sein. Als dieses zustimmte, kam innert dreier Jahre trotz schwierigster Umstände eine Erhebung zustande, deren Ergebnisse zwar in bezug auf den Gesamtbestand an Alpen Lücken aufwies, so namentlich in den Kantonen Bern, Wallis und Freiburg, die jedoch in bezug auf Verhältniszahlen Angaben lieferte, die erstaunlich gut mit denjenigen der späteren, weit vollständigeren Alpstatistik der Jahre 1893–1911 übereinstimmen. Einen besonders wertvollen Einblick gewährt die Alpstatistik von 1864 über die Beschaffenheit und Pflege der Alpen. Die Urteile über die Beschaffenheit waren mit 8 Noten (sehr gut, gut, ziemlich gut, ordentlich, mittelmäßig, gering, schlecht und sehr schlecht) anzugeben und die Urteile über die Pflege durch Einreihung der betreffenden Alp in eine der vier Gruppen: «1. Alpen, die gereinigt und gedüngt oder sonst verbessert werden, 2. Alpen, die nur geräumt werden, 3. Alpen, die nur zuweilen geräumt werden und 4. Alpen, wo gar nichts getan wird.»

Werden die 18 Kantone mit Alpen (ohne Appenzell A.-Rh., für das keine Angaben über die Pflege der Alpen vorliegen) nach der Höhe des %-Anteils der besser gepflegten bzw. besser beschaffenen Alpen an der Gesamtzahl der Alpen mit entsprechenden Angaben gegliedert, so ergibt sich die in der folgenden Tabelle aufgeführte Reihenfolge.

Unter den ersten 9 Kantonen in beiden Reihen befinden sich die 5 Kantone Zug, Freiburg, Baselland, Bern und Neuenburg, und unter den letzten 9 die 5 Kantone Tessin, Wallis, Graubünden, Uri und Schwyz, was annähernd mit den Beobachtungen der eidgenössischen Kommission für Gebirgswaldungen in den Jahren 1858–1860 übereinstimmt.

Zustand der Alpen (Pflege und Beschaffenheit) nach Kantonen 1864

Pflege				Beschaffenheit			
Kt.	Anzal Alpen mit Angaben über deren Pflege	Davon Alpen, die gereinigt und gedüngt oder sonst verbessert wurden[1] in %	Rang	Kt.	Anzahl Alpen mit Angaben über deren Beschaffenheit	Davon Alpen mit den Noten sehr gut bis ordemtlich (Noten 1–4) in %	Rang
ZG	3	100	1.	ZG	3	99,9	1.
FR	97	97.9	2.	AI	55	96,0	2.
LU	78	94,9	3.	VD	294	78,2	3.
BL	18	94.4	4.	FR	136	75,7	4.
SO	24	87,5	5.	NW	61	70,5	5.
NE	391	87,5	6.	BL	36	66,7	6.
BE	237	77,6	7.	BE	500	64,2	7.
OW	109	68,7	8.	NE	408	63,3	8.
SG	124	66,2	9.	GL	76	61,9	9.
NW	50	64,0	10.	SG	195	59,6	10.
SZ	72	63,9	11.	LU	176	58,6	11.
UR	43	58,2	12.	SO	51	52,9	12.
VD	253	56,9	13.	VS	221	45,6	13.
GL	87	52,6	14.	GR	458	39,7	14.
GR	315	48,3	15.	SZ	111	38,7	15.
VS	136	41,9	16.	OW	168	31,5	16.
AI	58	27,6	17.	UR	53	22,6	17.
TI	87	25,3	18.	TI	372	19,4	18.
Total	2 182	65,6		Total	3 365	52,1	

[1] sowie Alpen, die nur geräumt wurden (Gruppen 1 und 2)

Für 2 765 von insgesamt 4 559 erfaßten Alpen waren, wie verlangt, auch Angaben über die Ertragsfähigkeit der Alpen in früheren Zeitpunkten gemacht worden. Danach hatte sich diese bei 1 587 Alpen nicht verändert, 559 Alpen wiesen eine Vermehrung und 579 eine Verminderung der Stoßzahl auf. Gesunken war diese in 7 Kantonen (Glarus mit der höchsten Abnahme von 11,1 %, dann folgen Graubünden, Schwyz, Bern, Solothurn, St. Gallen und schließlich Appenzell-Innerrhoden mit der minimen Abnahme von 0,1 %), gestiegen hingegen bei 12 Kantonen (Basel-Land mit 12,2 %, dann folgen Neuenburg, Obwalden, Zug, Waadt, Appenzell-Außerrhoden, Nidwalden, Luzern, Freiburg und schließlich Uri mit + 0,3 %). Gesamthaft ergab sich eine Abnahme um 2,8 %, die verschiedene Ursachen haben konnte, wie Vernachlässigung der Pflege, Besatz mit größeren Viehschlägen, Sorge für bessere Ernährung der Tiere usw.

Das Förderungsprogramm des Schweizerischen Alpwirtschaftlichen Vereins wurde ein erstes Mal nach dem frühen Tode Schilds, 1866, geändert, indem Düngungsfragen etwas zurückgedrängt und die Förderung der Milchverwertung mehr in den Vordergrund gerückt wurde, in Anbetracht der Tatsache, daß damals laut Alpstatistik 1864 nahezu vier Fünftel des Alpertrages aus dem Ertrag der Kühe stammte. Nur rund 15% der Alpen waren nicht mit Kühen bestoßen.

Als sich Schatzmann 1880 Rechenschaft gab, welche Fortschritte die schweizerische Alpwirtschaft in den letzten 20 Jahren zu verzeichnen hatte, glaubte er diese hauptsächlich in einer besseren Pflege des Viehs (mehr Ställe, bessere Wasserversorgung, größere Heuvorräte) zu sehen. Die zweite Kursänderung in der Tätigkeit des Schweizerischen Alpwirtschaftlichen Vereins erfolgte nach dem Tode Schatzmanns, 1886, durch den Übergang zur Förderung der Alpwirtschaft nach allen Richtungen, das heißt auch der allgemeinen Bildung der Bergbevölkerung, der Hauswirtschaft, des Verkehrs usw.

Von 1893 bis 1911 hat der Verein die Kantonsbände einer neuen Alpstatistik herausgegeben, deren Zuverlässigkeit bei Revisionserhebungen in den Jahren 1904 bis 1909 für zehn Kantone, die ein erstes Mal 1893 bis 1899 bearbeitet worden waren, weitgehend bestätigt wurde. Danach betrug

die Zahl der Alp- und Juraweiden: 10 756, revidiert 10 815
die sogenannte normierte Stoßzahl (das heißt die Stoßzahl wie sie in Alpbüchern dem angenommenen Futterertrag entspricht): 411 522,
die tatsächlich festgestellte Stoßzahl: 411 151, revidiert 414 897,
die durchschnittliche Weidezeit pro Stoß: 90 Tage (1864 waren es 93).

Lieferten die Alp- und Juraweiden somit für 414 897 Stück Großvieh das Futter für 3 Monate, so entsprach dies dem Futterbedarf von 103 700 Stück Großvieh während 12 Monaten. Schätzt man sodann mit Stebler[1] den jährlichen Futterbedarf pro Stück Großvieh auf 50 q Heu oder Heuwert, so kann für die Zeit um 1910 der Ertrag der schweizerischen Alpen mit ungefähr 5,2 Millionen q gleichgesetzt werden. Wird diese Erntemenge schließlich durch den mittleren Hektarertrag von 81,3 q im Mittel der Jahre 1903/07 nach den Erhebungen im Kanton Zürich dividiert, erhält man eine Wiesenfläche von 64 000 ha (der Kanton Zürich wies 1910 73 618 ha Naturwiesen auf).

10. Rebbau

Seit dem Jahre 1893 liegen über Rebflächen und Weinernten aus den Erhebungen des Eidgenössischen Statistischen Amtes Jahresangaben für die meisten Rebbaukantone vor. Fast ebenso vollständige Zahlen über die Rebfläche sind außerdem

[1] F. G. Stebler, Alp- und Weidewirtschaft, Berlin 1903.

für die Jahre 1858, 1877 und 1884 vorhanden. Die Ergebnisse sind nachstehend regionsweise zusammengestellt.

Rebfläche nach Kantonen, 1858 bis 1914, ha

Kantone	1858	1877	1884	1894	1904	1914
GR	324	320	320	305	354	297
SG	801 (1864)	730	730	558	439	257
AR	10	10	10	8	5	2
TG	2 016	1 810	1 820	1 810	1 130	369
SH	1 008	1 076	1 170	1 105	1 064	723
ZH	4 151	5 279	5 580	5 003	4 409	2 431
SZ	54	50	50	58	47	20
GL	–	–	–	6	5	1
Total Ost- und Nordostschweiz	8 364	9 275	9 680	8 853	7 453	4 100
ZG	30	20	20 [1]	5	–	–
LU	83	60	60	31	11	4
AG	2 270	2 520	2 660	2 430	2 018	1 237
BL	641	690	700	415	318	160
BS	72	70	80	59	36	19
SO	.	130	130	76	83	49
Total Zentral- und Nordwestschweiz		3 490	3 650	3 016	2 466	1 469
(ohne SO)	3 096	3 360	3 520	2 940	2 383	1 420
BE	.	790	800	665	567	403
NE	1 294	1 250	1 250	1 233	1 158	1 006
FR	.	300	280	220	215	158
VD	5 562	6 570	6 430	6 561	6 518	5 440
GE	1 630 (1867)	1 930	1 930	1 858	1 788	1 128
VS	.	1 140	2 340	2 585	2 765	2 900
Total Westschweiz	.	11 980	13 030	13 122	13 011	11 035
Total Westschweiz (ohne BE, FR, VS)	8 486	9 750	9 610	9 652	9 464	7 574
Schweiz (ohne Tessin)	.	24 745	26 360	24 991	22 930	16 604
Tessin	.	.	.	3 135 (1897)	3 135 (1897)	ca. 2 695
Schweiz	.	.	.	28 126	26 065	19 299
Schweiz (ohne BE, FR, SO, TI, VS)	19 946	22 385	22 810	21 445	19 300	13 094

[1] Statt der im Statistischen Handbuch aufgeführten 70 ha.

Quelle: Statistisches Handbuch der schweizerischen Landwirtschaft, 1968, S. 152–155.

Danach hat die Rebfläche in den aufgeführten 6 Stichjahren im Gebiet der Schweiz ohne die Kantone Bern, Freiburg, Solothurn, Tessin und Wallis von 1858 bis 1884 um 14 % auf 22 810 ha zugenommen, in den darauffolgenden 30 Jahren aber einen beschleunigten Rückgang auf 13 094 ha erfahren (— 43 %). Unter Einbezug von Bern, Freiburg, Solothurn und Wallis zeigt die Entwicklung seit 1877 einen ähnlichen Verlauf (— 33 %). Nach Regionen unterschieden, ergeben sich von Erhebung zu Erhebung folgende Veränderungen:

Rebfläche nach Regionen, 1858 bis 1914

Erhebungs-jahre	Ost- und Nordost-schweiz		Zentral- und Nord-westschweiz		Westschweiz		Total Schweiz (ohne Tessin)	
	ha	Prozen-tuale Verände-rung gegenüber vorangeh. Erhebung	ha	Prozen-tuale Verände-rung gegenüber vorangeh. Erhebung	ha	Prozen-tuale Verände-rung gegenüber vorangeh. Erhebung	ha	Prozen-tuale Verände-rung gegenüber vorangeh. Erhebung
1858	8 364		.		.		.	
1877	9 275	11	3 490	.	11 980	.	24 745	.
1884	9 680	4	3 650	5	13 030	9	26 360	7
1894	8 853	— 9	3 016	—17	13 122	1	24 991	— 5
1904	7 453	—16	2 466	—18	13 011	— 1	22 930	— 8
1914	4 100	—45	1 469	—40	11 035	—15	16 604	—28
1914 gegen-über 1877		—56		—58		— 8		— 33

Die Westschweiz als Ganzes weist noch 1894 gegenüber 1884 eine Zunahme der Rebfläche auf, und auch der Rückgang bis 1904 hielt sich in engen Grenzen, während sowohl die Ost- und die Nordostschweiz wie die Zentral- und die Nordwestschweiz die maximale Ausdehnung zu Beginn der 1880er Jahre erreichten; schon im folgenden Jahrzehnt ergab sich eine starke Einschränkung.

Flächenangaben für weitere als die genannten Jahre lassen den Gang der Entwicklung in einigen Weinbaukantonen noch schärfer erkennen:

In den Kantonen Thurgau und St. Gallen begann der Rückgang bereits nach der Jahrhundertmitte. Schaffhausen verzeichnete infolge rückläufigen Weinexportes nach Süddeutschland anfänglich Flächeneinbußen; diese wurden aber in den 1870er Jahren infolge gestiegenen Inlandabsatzes durch Neuanpflanzungen mehr als ausgeglichen, so daß 1882 die größte Rebfläche während der Berichtszeit ermittelt wurde. Das Rebgebiet der Kantone Zürich und Aargau nahm von 1881 bis 1883 zu. In der Westschweiz stand dem ununterbrochenen Anstieg der Rebfläche im Kanton Wallis eine allmähliche Abnahme im Kanton Neuenburg und eine vorübergehende, das heißt bis tief in die 1880er Jahre reichende Ausdehnung in den Kantonen Waadt und Genf gegenüber.

Besondere Schwierigkeiten bereitet die Ermittlung vergleichbarer Rebflächen im Kanton Tessin. Die vorherrschende Doppelkultur, in der Rebbau und Ackerbau auf demselben Grundstück nebeneinander gepflegt werden, läßt die Möglichkeit offen, die ganze Parzelle oder nur einen Teil davon als Rebfläche zu bezeichnen. So wurde diese bei den Umfragen von 1877 und 1884 mit 7 970 ha angegeben, und bei den Erhebungen des Eidgenössischen Statistischen Amtes von 1893 bis 1902 mit 6 562 ha, von 1903 bis 1907 mit 5 180 bis 5 680 ha und von 1908 bis 1913 mit 4 880 ha. Das entsprach, bezogen auf die Erntemenge im Mittel der Jahre 1893 bis 1913, einem Weinertrag von nur 10 hl je Hektare, während zum Beispiel im gleichen Zeitabschnitt für den Kanton Waadt 55 hl je Hektare ermittelt wurden. Im Jahre 1922 ist dann die Tessiner Rebfläche von 5 000 ha im Vorjahr auf 2 097 ha und 1939 nochmals erheblich von 1 900 ha im Vorjahr auf 1 493 ha reduziert worden. Diese Zahl ergab sich auf Grund eines Bestandes von 5 970 280 Rebstöcken und der Annahme einer Fläche von 2,5 m² je Rebstock. Damit hob sich der Weinertrag je Hektare zum Beispiel im Mittel der Jahre 1939 bis 1943 auf 19 hl, verglichen mit 61 hl im Kanton Waadt; dies kann eher als vergleichbar angesehen werden.

Nun sind im Jahre 1897, als die Reblaus im Tessin entdeckt wurde, durch eine außerordentliche Erhebung ebenfalls die Rebstöcke gezählt worden, nämlich 12 539 499 Stück, die bei einem Flächenbedarf von 2,5 m² eine voll bestockte Rebfläche von 3 135 ha ergeben, das heißt nur knapp die Hälfte (48 %) der damals dem Eidgenössischen Statistischen Amt gemeldeten Fläche von 6 562 ha. Der Rückgang der Tessiner Rebfläche zum Beispiel zwischen 1897 und 1939 ist somit kleiner, als er in den im «Statistischen Jahrbuch» veröffentlichten, nach unterschiedlichen Methoden berechneten Flächen zum Ausdruck kommt: also nicht ein Rückgang von 6 562 ha auf 1 493 ha oder um 77 %, sondern «nur» von 3 135 auf 1 493 ha oder um 52 %.

Werden zu den oben in der Kantonstabelle aufgeführten Flächen ohne den Kanton Tessin in den Jahren 1894 und 1904 diese 3 135 ha addiert, so ergeben sich als *gesamtschweizerische Rebfläche* 1894 28 126 ha und 1904 26 065 ha. Im Jahre 1914 betrug sie bei Annahme von 55 % der für den Kanton Tessin damals angegebenen Fläche (55 % von 4 900 ha = 2 695 ha) 19 299 ha, also 8 827 ha oder 31 % weniger als 1894.

Der Rückgang der Rebfläche führte an den meisten Orten zu einer Konzentration auf günstigere Lagen oder doch Gebiete, wo keine andere Kultur lohnender war. Entfielen im Kanton Zürich 1881 auf die vier Weinlandbezirke Winterthur, Andelfingen, Bülach und Dielsdorf sowie den Seebezirk Meilen 72 % der zürcherischen Rebfläche, so waren es 1910 83%. Im Thurgau stieg der Rebflächenanteil der drei Bezirke Frauenfeld, Steckborn und Weinfelden von 66% im Jahre 1852 auf 77% im Jahre 1907. Im Kanton Schaffhausen lagen 1882 52% der Rebberge in den Bezirken Ober- und Unterklettgau, 1913 dagegen 63%. Im Aargau vermochten die Bezirke Baden und Brugg ihren Anteil am Rebland von 43% (1881) auf 53% (1910) zu erhöhen und im Kanton Bern die Bezirke Neuenstadt und Nidau von ebenfalls 43% im Jahre 1883 auf 62% im Jahre 1910. Verhältnismäßig klein waren die Verschiebungen in den Flächenanteilen der Bezirke im Kanton Waadt zwischen 1888 und 1913. Die acht am Genfersee gelegenen Bezirke vereinigten in beiden Jahren 82% der kantonalen Rebfläche und die vier nördlichen Bezirke Orbe, Yverdon, Grandson und Avenches je 17%; in der ersten Gruppe haben sich die Anteile von Aigle, Lavaux, Rolle und Aubonne auf Kosten derer von Lausanne, Nyon und Vevey etwas erhöht.

Da bei der eidgenössischen Betriebszählung vom August 1905 die kleinsten Betriebe mit einer Fläche von weniger als 0,5 ha von der Zählung ausgeschlossen waren und gerade Rebland in solchen Betrieben nicht selten vorkommt, ist der Betriebszählung ein Teil der Rebfläche entgangen. Sie ergab 24 794 ha, das heißt 1 271 ha weniger, als oben für das Jahr 1904 festgestellt wurden. Die erfaßte Rebfläche gehörte zu 69 247 Landwirtschaftsbetrieben von insgesamt 243 710, was einem Anteil von 28,4% im Landesmittel entspricht. Höhere Anteile wiesen folgende 11 Kantone auf: Schaffhausen 79,9%, Genf 79,0%, Wallis 63,9%, Tessin 62,1%, Zürich 56,5%, Basel-Stadt 54,5%, Waadt 42,5%, Aargau 42,3%, Basel-Land 37,9%, Thurgau 37,0% und Neuenburg 28,7%. Das Kulturland im engeren Sinne, das heißt Acker- und Gartenland, Wiesen und Reben sämtlicher Landwirtschaftsbetriebe, maß 1905 1 146 474 ha, so daß die 24 794 ha Reben nur 2,2% davon erreichten. Darüber lagen die Anteile in den 8 Kantonen Tessin mit 12,7%, Genf 10,8%, Wallis 6,7%, Schaffhausen 6,2%, Zürich 4,7%, Waadt 4,4%, Neuenburg 3,6% und Aargau mit 2,5%.

Häufiger und früher als die Rebflächen sind wohl infolge ihrer größeren Schwankungen die Weinernten jährlich erhoben worden. Aus den Erhebungen des Eidgenössischen Statistischen Amtes sind die schweizerischen Ernten vollständig seit 1901 und zu 95 bis 96% seit 1893 bekannt. In der nachstehenden Übersicht wurden die restlichen 4 bis 5%, die auf 5 Kantone mit unregelmäßigen Angaben entfallen, geschätzt, so daß die Entwicklung der Gesamternte ab 1893 überblickbar ist.

In den 29 Jahren schwankte die Erntemenge zwischen 2,1 (1900) und 0,2 Millionen hl (1913)! Lag sie bis 1908 noch meistens über der Ein-Millionen-Grenze, so führte im letzten Jahrfünft eine Reihe von Mißernten zu einem Durchschnitt von nur 0,5 Millionen hl pro Jahr.

146

Jahre	16 Weinbaukantone [1]	Restliche 5 Wein-baukantone [2] (1893 bis 1900 ge-schätzt)	Schweiz
	hl	hl	hl
1893	1 604 835	65 165	etwa 1 670 000
1894	1 326 735	53 265	etwa 1 380 000
1895	968 300	51 700	etwa 1 020 000
1896	1 208 521	51 479	etwa 1 260 000
1897	1 004 064	45 936	etwa 1 050 000
1898	854 749	35 251	etwa 890 000
1899	866 544	43 456	etwa 910 000
1900	2 028 577	61 423	etwa 2 090 000
1901	1 311 794	44 532	1 356 326
1902	1 146 788	43 341	1 190 129
1903	946 578	50 297	996 875
1904	1 221 172	59 317	1 280 489
1905	1 226 230	64 085	1 290 315
1906	1 260 182	24 333	1 284 515
1907	657 149	24 555	681 704
1908	1 013 068	41 746	1 054 814
1909	395 252	19 383	414 635
1910	240 000	4 082	244 082
1911	732 337	20 695	753 032
1912	648 644	15 252	663 896
1913	179 283	3 914	183 197

[1] ZH, BE, LU, FR, SO, BS, SH, AR, SG, GR, AG, TI, VD, VS, NE, GE.
[2] SZ, GL, ZG, BL, TG.

Die Ergiebigkeit der einzelnen Jahrgänge ist für die Berichtszeit aus den folgen-den zwei Tabellen über die Erträge je Hektare ersichtlich. Die Angaben für die Periode von 1851 bis 1880 stammen aus kantonalen Erhebungen (Zürich seit 1874, Schaffhausen und Aargau) und Notierungen einzelner Rebgüter der Kan-tone Zürich, Bern, Waadt, Neuenburg und Genf. Das aus 6 beziehungsweise 7 Reihen berechnete arithmetische Mittel dürfte vermutlich etwas über dem tat-sächlichen schweizerischen Mittelertrag stehen, da sich unter den erfaßten Reb-gütern wohl mehrheitlich überdurchschnittlich gut bewirtschaftete befinden. Für die Periode von 1881 bis 1913 stand das Ertragsmittel der Kantone Zürich, Schaffhausen, Aargau sowie Bern und Waadt zur Verfügung, das weitgehend mit dem schweizerischen Mittelertrag übereinstimmt, wie der Vergleich für die Jahre 1901 bis 1913 zeigt.

Weinertrag je Hektare, 1851 bis 1880

Jahre	Kt. Zürich		Kt. Schaffhausen	Kt. Aargau	Kt. Bern	Kt. Waadt	Kt. Neuenburg	Kt. Genf	Mittel[6]
	1 Rebgut[1]	Kantonsmittel	Kantonsmittel	Kantonsmittel	1 Rebgut[2]	2–5 Rebgüter[3]	2–3 Rebgüter[4]	1–2 Rebgüter[5]	
	hl	hl	hl	hl	hl	hl	hl	hl	hl
1851	61	.	.	21	48	112	65	41	58
1852	61	.	.	34	41	78	85	100	67
1853	57	.	.	13	18	27	83	68	44
1854	19	.	.	24	17	26	32	12	22
1855	58	.	. .	17	32	60	60	78	51
1856	83	.	.	23	38	66	80	49	57
1857	70	.	.	57	62	86	110	99	81
1858	104	.	.	68	90	105	104	118	98
1859	66	.	.	46	63	78	100	103	76
1860	44	.	.	25	26	79	46	64	47
1861	50	.	11	14	39	83	66	49	45
1862	58	.	62	32	22	62	66	78	54
1863	49	.	73	65	72	113	130	118	89
1864	66	.	37	39	42	75	71	90	60
1865	87	.	40	36	53	80	86	106	70
1866	48	.	72	58	104	137	164	96	97
1867	35	.	58	38	36	34	72	6	40
1868	72	.	75	61	83	98	129	76	85
1869	44	.	60	55	85	105	174	73	85
1870	68	.	45	28	42	79	72	49	55
1871	94	.	64	61	109	146	123	122	103
1872	49	.	37	16	22	38	46	61	38
1873	14	.	40	26	9	28	40	14	24
1874	.	74	72	43	107	110	129	21	79
1875	.	112	106	83	72	111	75	16	82
1876	.	72	57	51	44	47	51	51	53
1877	.	59	51	26	35	65	82	44	52
1878	.	50	59	36	54	58	97	51	58
1879	.	14	30	12	15	24	38	25	23
1880	.	20	27	7	15	72	99	54	42

[1] Rebgut Traubenberg in Zollikon, 2,88 ha.

[2] Rebgut der Stadt Bern in Neuenstadt, 17 bis 25 ha.

[3] 1851 bis 1870 Mittel von 5 Rebgütern:
Nr. 1: Rebgut von Stadt und Spital Vevey, ca. 20 ha, Nr. 2: Rebgut in Riez,
Nr. 3 Rebgut in Morges, 0,45 ha, Nr. 4: Rebgut in Essertines-sur-Rolle, 4,48 ha,
Nr. 5: Rebgut in Bonvillars bei Grandson, 7,2 ha;¦1871 bis 1880: Mittel von Nr. 1 und 3.

Weinertrag je Hektare, 1881 bis 1913

Jahre	5 Kantone: Zürich, Schaffhausen, Aargau, Bern und Waadt			Ganze Schweiz, seit 1901		
	Ernte im ganzen	Fläche im ganzen		Ernte im ganzen	Fläche im ganzen (Tessin korrigiert)	(Tessin korrigiert)
	hl	ha	hl/ha	hl	ha	hl/ha
1881	742 143	16 791	44	.	.	.
1882	411 893	16 902	24	.	.	.
1883	444 262	16 780	26	.	.	.
1884	737 172	16 643	44	.	.	.
1885	930 858	16 578	56	.	.	.
1886	710 189	16 687	43	.	.	.
1887	510 739	16 630	31	.	.	.
1888	438 798	16 621	26	.	.	.
1889	397 087	16 518	24	.	.	.
1890	499 888	16 460	30	.	.	.
1891	233 194	16 016	15	.	.	.
1892	615 162	16 025	38	.	.	.
1893	1 109 138	15 997	69	.	.	.
1894	888 324	15 764	56	.	.	.
1895	667 944	15 868	42	.	.	.
1896	824 519	15 687	53	.	.	.
1897	621 963	15 588	40	.	.	.
1898	505 236	15 311	33	.	.	.
1899	515 308	15 221	34	.	.	.
1900	1 267 728	15 202	83	.	.	.
1901	800 680	15 156	53	1 356 326	26 685	51
1902	694 532	14 790	47	1 190 129	26 239	45
1903	561 489	14 665	38	996 875	26 320	38
1904	723 512	14 576	50	1 280 489	26 054	49
1905	769 107	14 513	53	1 290 315	25 686	50

Anmerkungen zu Seite 148

[4] 1851 bis 1870: Mittel von zwei Rebgütern: Nr. 1: Rebgut in Bevaix, 1,4 bis 3 ha,
Nr. 2: Rebgut in Vandijon, Colombier, 5,6 ha; 1871 bis 1880: Mittel von drei Rebgütern:
Nr. 1, Nr. 2 und Nr. 3: Rebgut in Auvernier, 12 ha.

[5] 1851 bis 1860: Mittel von einem Rebgut: Villette, 3,1 ha;
1861 bis 1870: Mittel von zwei Rebgütern: Villette, 3,1 ha und Château du Crest, etwa 10 ha;
1871 bis 1880: Mittel von einem Rebgut: Château du Crest.

[6] Mittel der Angaben: 1851 bis 1860 Angaben aus 6 Kantonen; 1861 bis 1880 Angaben aus
7 Kantonen.

Jahre	5 Kantone: Zürich, Schaffhausen, Aargau, Bern und Waadt			Ganze Schweiz, seit 1901		
	Ernte im ganzen	Fläche im ganzen		Ernte im ganzen	Fläche im ganzen (Tessin korrigiert)	(Tessin korrigiert)
	hl	ha	hl/ha	hl	ha	hl/ha
1906	746 216	14 091	53	1 284 515	25 343	51
1907	362 626	13 930	26	681 704	24 691	28
1908	626 672	13 818	45	1 054 814	24 202	44
1909	178 010	13 091	14	414 635	23 384	18
1910	51 834	12 126	4	244 082	22 463	11
1911	417 694	11 738	36	753 032	21 524	35
1912	360 792	11 360	32	663 896	20 886	32
1913	57 905	10 876	5	183 197	20 150	9

In der folgenden Abbildung 9 ist neben dem Auf und Ab der einzelnen Jahrgänge auch die im gleitenden Fünf-Jahres-Mittel zum Ausdruck kommende längerfristige Tendenz des Weinertrages aufgezeichnet. Das schon hervorgehobene Jahr 1900

Weinerträge je Hektare, 1851 bis 1913
(1851 bis 1860: Mittel von Angaben aus sechs Kantonen und 1861 bis 1880: Mittel von Angaben aus sieben Kantonen nach Tabelle S. 148 und 1881 bis 1913: Mittel von fünf Kantonsgebieten nach Tabelle S. 149/50.)

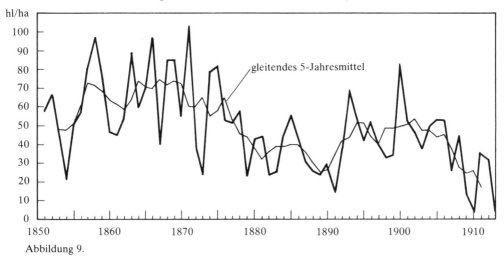

Abbildung 9.

zählt zu den 7 ertragreichsten Weinjahren der ganzen Berichtszeit, neben 1858, 1871 und nicht weniger als 4 der sechziger Jahre: 1863, 1866, 1868 und 1869. Dieser verhältnismäßig langen und günstigen Periode von Ende der fünfziger bis gegen Ende der siebziger Jahre folgte ein Jahrzehnt mit unterdurchschnittlichen Erträgen und diesem eine Erholungsperiode bis etwa 1900; die darauf einsetzende weitverbreitete Krisenlage verschärfte sich besonders 1907, 1909, 1910 und 1913. Von diesen Ernteschwankungen ging ein entscheidender Einfluß auf die Weinpreise aus. Ihr Verlauf (siehe Abbildung 10) und besonders ihr gleitendes Fünf-Jahres-Mittel läßt folgende vier Phasen erkennen: eine erste mit leicht sinkender Preistendenz bis Ende der sechziger Jahre, eine zweite mit kräftigem Anstieg bis anfangs der neunziger Jahre, eine dritte mit starkem Rückgang bis zur Jahrhundertwende und eine vierte mit ebenso steiler Erholung bis 1910/11.

Weinpreise je Hektoliter im schweizerischen Mittel, 1851 bis 1913

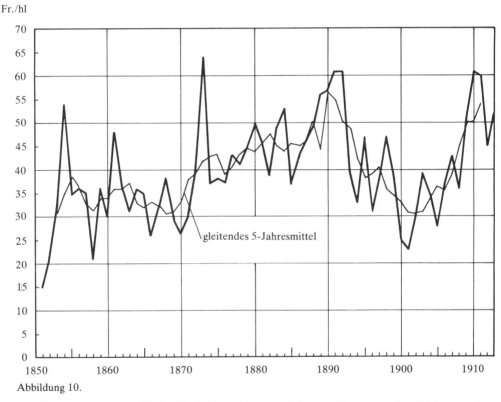

Abbildung 10.

In 48 von 63 Jahren (1851 bis 1913) haben sich Hektoliterertrag je Hektare und Preis je Hektoliter gegenläufig bewegt, wie des nähern die folgende Übersicht zeigt. Aber außer dem mengenmäßigen Ausfall der Ernte waren auch Wein-

151

einfuhren, die Konkurrenz anderer Getränke, wie Bier und Obstwein; sowie die allgemeine Wirtschaftslage preisbestimmend.

Weinertrag je Hektare und Weinpreise je Hektoliter (Schweizerisches Mittel) 1851 bis 1913

Jahre	Ernte-ertrag hl/ha	Durch-schnitts-preis[1] Fr./hl	Jahre	Ernte-ertrag hl/ha	Durch-schnitts-preis[1] Fr./hl
1851	58	14.60	1886	43	42.50
1852	67	20.90	1887	31	46.00
1853	44	32.10	1888......	26	48.50
1854	22	53.50	1889	24	55.50
1855	51	35.30	1890	30	57.30
1856	57	36.30	1891	15	61.30
1857	81	35.20	1892	38	61.00
1858	98	21.10	1893	69	39.50
1859	76	35.90	1894	56	32
1860	47	29.60	1895	42	47
1861	45	48.20	1896	53	31
1862	54	36.20	1897	40	38
1863	89	31.30	1898	33	47
1864	60	35.70	1899	34	39
1865	70	34.80	1900	83	25
1866	97	26.00	1901	53	23
1867	40	32.40	1902	47	30
1868	85	38.10	1903	38	39
1869	85	29.40	1904	50	35
1870	55	26.10	1905	53	28
1871	103	29.90	1906	53	37
1872	38	41.30	1907	26	43
1873	24	64.00	1908	45	36
1874	79	36.50	1909	14	51
1875	82	37.60	1910	4	61
1876	53	37.10	1911	36	60
1877	52	42.50	1912	32	45
1878	58	40.50	1913	5	53
1879	23	44.80			
1880	42	49.50			
1881	44	45.90			
1882	24	39.00			
1883	26	49.00			
1884	44	53.30			
1885	56	36.80			

[1] Statistisches Handbuch der schweizerischen Landwirtschaft, 1968, S. 351, 353.

Man könnte versucht sein, mit Hilfe dieser Zahlen durch Multiplikation des Hektoliterertrages mit dem Preis je Hektoliter den Weinerlös je Hektare zu berechnen. Vermutlich erhielte man dabei aber zu hohe Werte, da sich die Preisangaben wohl in der Regel auf Notierungen für Posten von überdurchschnittlicher Qualität beziehen. Im Abschnitt Preise wird statt dessen auf die Erhebungen in 5 Kantonen über Rebfläche, Gesamtmenge und -wert der Weinernte abgestellt, die allerdings den wertmäßigen Ertrag je Hektare erst ab 1881 berechnen lassen.

Hauptsächlich als Folge des gesteigerten Warenverkehrs mit dem Ausland ist die Ertragsfähigkeit der Reben zunehmend durch Parasitenbefall gefährdet worden. Aus England drang der echte Mehltau *(Oidium)* über Frankreich und Italien um 1851 in die Schweiz ein, wo er besonders im Tessin von 1852 bis 1854 verheerend auftrat und hier den Anstoß zum Anbau der widerstandsfähigen amerikanischen Isabella-Rebe gab. Als Bekämpfungsmittel bewährte sich in der Folge das Bestäuben mit Schwefel.

Sodann gelangte mit amerikanischen Reben die Reblaus *(Phylloxera vastatrix)*, eine Blattlausart, nach Europa, wo 1867 zuerst in Südfrankreich Herde entdeckt wurden und hier innert weniger Jahre gewaltige Schäden auftraten. Die europäischen Reben reagierten auf den Befall der Wurzeln besonders empfindlich und gingen meistens nach wenigen Jahren zugrunde. Mit Schrecken stellte man 1874 im Kanton Genf den ersten Reblausbefall fest. Im Kanton Neuenburg traten 1877 und in den Kantonen Waadt und Zürich erst 1886 Fälle von infizierten Reben auf. Nur auf sich selbst gestellt, wäre der Weinbauer gegenüber diesem gefährlichen Feind machtlos gewesen. Wie kaum bei einem andern Betriebszweig hat sich deshalb im Weinbau eine enge Zusammenarbeit von Praxis und Wissenschaft zur Bekämpfung der verschiedenen Schadenursachen herausgebildet. So konnte insbesondere durch Bodendesinfektionen mit Schwefelkohlenstoff die Weiterverbreitung stark verlangsamt werden. Die zerstörte Rebfläche blieb bis 1894 auf 88 ha und bis 1900 auf 207 ha begrenzt, während sie zum Beispiel in Frankreich bis 1894 1,5 Millionen ha umfaßte, in Österreich-Ungarn bis zum gleichen Zeitpunkt 185 000 ha, in Italien 187 000 ha, wogegen Deutschland, das ähnlich strenge Maßnahmen wie die Schweiz ergriffen hatte, eine infizierte Rebfläche von 190 ha verzeichnete. Auf die Dauer erwies sich allerdings nur die Erneuerung der Rebberge mit reblauswiderstandsfähigen veredelten amerikanischen Reben nach dem Vorgehen Frankreichs als wirksame Bekämpfungsmethode. Ende der 1870er Jahre gelangte auch der falsche Mehltau *(Peronospora viticola)*, ebenfalls aus Nordamerika, nach Frankreich und von da in wenigen Jahren in die übrigen Rebgebiete Europas. In der Schweiz erschien die Krankheit noch vor 1880, ziemlich häufig aber 1883 und, begünstigt durch feuchtwarmes Wetter, allgemein 1886 und 1887. Die in Frankreich verwendete Bordeauxbrühe, zusammengesetzt aus 2 kg Kupfervitriol, 2 kg gebranntem Kalk und 100 l Wasser, fand als bestes Bekämpfungsmittel von 1887 an auch in der Schweiz Anwendung. Wegen Unterlassung dieser vorbeugenden Maßnahme oder durch ihre nicht rechtzeitige oder zu wenig häufige Vornahme entstanden nun jährlich je nach den Witterungsverhältnissen mehr oder weniger bedeutende Mehltauschäden, die häufig die übrigen Ernteverluste übertrafen.

Im Kanton Waadt hat das Landwirtschaftsdepartement seit 1892 die jährlichen Ernteschäden im Rebbau zu ermitteln versucht. Die Ergebnisse sind nachstehend aufgeführt und mit dem verbliebenen Erntewert verglichen.

Rebschäden und Wert der Weinernte im Kanton Waadt, 1892 bis 1913

Jahresmittel	Rebschäden in 1 000 Franken				Wert des geernteten Weins in 1 000 Franken
	durch Hagel	durch Heu- und Sauer- wurm («vers de la vigne»)	durch falschen Mehltau, andere Krank- heiten und Schäden (z. B. Frost)	Total	
1892/1896	714	692	681	2 087	18 995
1897/1901	928	987	1 451	3 366	14 662
1902/1906	678	963	3 522	5 163	14 512
1907/1913	933	2 094	5 687	8 714	9 078
1892/1913	824	1 267	3 094	5 185	13 836
%	16	24	60	100	

Danach haben im Mittel der Jahre 1892 bis 1913 Hagelschläge 16% des vielleicht von den Berichterstattern etwas überschätzten Gesamtschadens verursacht, die Schäden durch Heuwurm 24% und die restlichen Schäden, darunter vor allem die Mehltauschäden, 60%, obgleich die Regierung bereits 1889 die Rebenbespritzung obligatorisch erklärt hatte.

Eine ähnliche Untersuchung über die Verminderung des Erntewertes durch ungünstige Witterung und Rebenkrankheiten führte in den Jahren 1885 bis 1893 das statistische Büro des Kantons Zürich durch, wobei hinsichtlich der Aussagekraft ein ähnlicher Vorbehalt wie beim Kanton Waadt zu machen ist. Die durch Regen und Kälte während der Blüte entstandenen Schäden wurden nicht berücksichtigt. Von der gesamten Schadensumme entfielen 21% auf Hagelschäden, 47% auf Schäden durch Frost und Schneefall und 32% auf Schäden durch Krankheiten aller Art. Das Verhältnis zwischen der Schadensumme und dem Wert des geernteten

Weines war 1:1,4 und somit ungünstiger als im Kanton Waadt. Auch im Kanton Zürich war 1890 die obligatorische Rebenbespritzung im Kampf gegen den falschen Mehltau eingeführt worden.

Einen großen Einfluß auf die Entwicklung des Rebbaus übten sodann die Verkehrsverhältnisse, namentlich der Ausbau des internationalen und des schweizerischen Eisenbahnnetzes in der zweiten Hälfte des 19. Jahrhunderts, aus. Nicht nur verschärfte dieser die Konkurrenz der ausländischen Weine, sondern er führte auch innerhalb der schweizerischen Produktion zu erheblichen Verlagerungen. Wie aus der Tabelle auf S. 143 hervorgeht und hier nochmals auch durch Verhältniszahlen verdeutlicht wird, ist der Anteil des klimatisch begünstigten Rebgebietes der Westschweiz an der schweizerischen Rebfläche (ohne Tessin) von

Anteil der drei Regionen an der schweizerischen Rebfläche ohne Tessin, 1877 bis 1914

Regionen	1877		1884		1894		1904		1914	
	ha	%	ha	%	ha	%	ha	%	ha	%
Ost- und Nordostschweiz	9 275	37,5	9 680	36,7	8 853	35,4	7 453	32,5	4 100	24,7
Zentral- und Nordwestschweiz	3 490	14,1	3 650	13,9	3 016	12,1	2 466	10,8	1 469	8,8
Westschweiz	11 980	48,4	13 030	49,4	13 122	52,5	13 011	56,7	11 035	66,5
Total (ohne Tessin)	24 745	100	26 360	100	24 991	100	22 930	100	16 604	100

48,4% im Jahre 1877 auf 66,5% im Jahre 1914 gestiegen, während gleichzeitig der Anteil der Ost- und der Nordostschweiz von 37,5% auf 24,7% und derjenige der Zentral- und der Nordwestschweiz von 14,1% auf 8,8% gesunken ist. Setzte der Rückgang der Rebfläche in der Ost- und der Nordostschweiz sowie in der Zentral- und der Nordwestschweiz schon zwischen 1884 und 1894 ein, so begann er in der Westschweiz erst zwischen 1894 und 1904, und wenn davon nur die beiden größten Rebbaukantone Waadt und Wallis zusammen betrachtet werden, sogar erst zwischen 1904 und 1914. Der Eisenbahnbau hat das Walliser Produktionsgebiet mit der Eröffnung der Linien Bouveret–Saint-Maurice–Martigny im Jahre 1859, Martigny–Sitten 1860, Saint-Maurice–Lausanne 1861 und Sitten–Siders 1868 erschlossen. Nun konnten neben Wein auch Tafeltrauben und Sauser vermehrt verladen werden, wobei sich die deutsche Schweiz – übrigens auch für Waadtländer, Neuenburger und Genfer Weine – als zunehmend aufnahmefähiges Absatzgebiet erwies.

Nicht wenig hatten die eidgenössischen Feste und die sieben schweizerischen allgemeinen Landwirtschaftsausstellungen seit 1873 zum Bekanntwerden hervorragender Inlandweine beigetragen. Verbrauchsfördernd wirkte auch der Wegfall des Ohmgeldes (das heißt des Eingangszolles auf der Einfuhr von Wein und anderen geistigen Getränken), auf den 1. September 1887, der in 13 Kantonen (Bern, Luzern, Uri, Obwalden, Nidwalden, Glarus, Zug, Freiburg, Solothurn, Basel-Land, Graubünden, Aargau und Genf – hier nur in den 2 städtischen Gemeinden Genf und Carouge –) auf in- und ausländischen Provenienzen und in 4 Kantonen (Basel-Stadt, Tessin, Waadt und Wallis) nur auf ausländischen Getränken erhoben worden war. Auf die 12 Kantone, die schon vor 1887 keine Besteuerung inländischer Weine kannten (neben den vier zuletzt genannten auch Zürich, Schwyz, Schaffhausen, Appenzell-Ausserrhoden, Appenzell-Innerrhoden, St. Gallen, Thurgau und Neuenburg) entfielen 1894 79% der schweizerischen Rebfläche, was hinreichend ihren Verzicht auf die Erschwerung des Weinhandels erklärt.

Die Bedeutung der Weineinfuhr für die Weinversorgung der Schweiz in der Berichtzeit geht annäherungsweise aus der folgenden Übersicht hervor. Da die jährlichen Ausfuhrmengen durchschnittlich 10 000 hl nicht erreichten, kann die in Millionen Hektolitern aufgeführte Einfuhr zugleich als Einfuhrüberschuß betrachtet werden.

Jährlicher Weinverbrauch der Schweiz im Mittel der Jahrzehnte 1851/60 bis 1901/10 in Millionen Hektolitern

Positionen	1851/60	1861/70	1871/80	1881/90	1891/1900	1901/10
Produktion	1,1	1,2	1,3	1,25	1,2	1,0
Einfuhr	0,2	0,4	0,8	0,7	1,1	1,3
Verbrauch	1,3	1,6	2,1	1,95	2,3	2,3
Einfuhr in % des Verbrauches	15	25	38	36	48	57

Bei anfänglich tendenzmäßig steigenden, von 1881/90 an aber fallenden Inlandernten und einer fast ständig zunehmenden Einfuhr hob sich die jährliche Verbrauchsmenge von 1,3 Millionen hl im Jahrzehnt 1851/60 auf 2,3 Millionen hl im Jahrzehnt 1901/10. Der Anteil der Einfuhr stieg dabei von 15 auf 57%.

Markante Unterbrechungen der tendenziell steigenden Einfuhr verursachten zu Beginn der 1880er Jahre die durch die Reblausinvasion in den südlichen Nachbarländern aufgetretene Weinknappheit, dann in den Jahren 1893 und 1894 die

Auswirkungen des Zollkrieges mit Frankreich vom 1. Januar 1893 bis 18. August 1895, in den Jahren 1900 und 1901 die außerordentlich hohe Inlandernte von annähernd 2 Millionen hl im Jahre 1900 und im Jahre 1906 die Erhöung des Einfuhrzolles von Fr. 3.50 auf Fr. 8.– je Hektoliter Faßwein, was den Handel zu einem gewaltigen Vorbezug im Jahre 1905 bewog. Wie nicht anders zu erwarten, schuf die Eröffnung wichtiger an die Schweizer Grenze führender Eisenbahnlinien, wie der Linie Lyon–Genf 1858, der Linie Como–Chiasso 1876 mit der Fortsetzung durch den Gotthard 1882 sowie der Arlbergbahn 1884 beträchtliche Importerleichterungen für französische, spanische, italienische und ungarische Weine. Aber wie diese tatsächlich genutzt wurden, hing zu einem wesentlichen Teil von den Produktionsverhältnissen in den betreffenden Exportländern ab. Seit Ende der 1880er Jahre herrschte zunehmend Überproduktion: In Italien war die mit Reben bepflanze Fläche (Mischkulturen inbegriffen) von 1,9 Millionen ha im Jahresmittel 1870/74 auf 3,1 Millionen ha im Jahresmittel 1879/83 ausgedehnt worden, und in Frankreich erwiesen sich die energisch vorangetriebenen Neupflanzungen veredelter Reben meist leistungsfähiger als die alten Bestände. So ergab sich für den schweizerischen Weinbau sowohl eine wachsende Mengen- wie auch eine schärfere Preiskonkurrenz. Letztere zeigte sich in einem Rückgang der mittleren Einfuhrwerte franko Grenze unverzollt für Faßwein von 36 Franken im Mittel der Jahre 1885/89 auf 28 Franken im Mittel des Jahrfünfts 1895/99 und 24 Franken im Mittel des Jahrfünfts 1905/09.

Obwohl die auf S. 257 aufgeführten und auch in der anschließenden Graphik dargestellten Ernteerlöse je Hektare nur über die mutmaßlichen Einnahmen Aufschluß geben, so kann doch kein Zweifel darüber bestehen, daß die seit Ende der 1870er Jahre rückläufigen Gelderträge nicht von sinkenden Produktionskosten begleitet waren; bei diesen sind nur die Düngerkosten etwas gesunken, während die Auslagen für die Bekämpfung von Krankheiten und Schädlingen und besonders die Arbeitskosten, auf die in der Regel mindestens die Hälfte der Betriebskosten im Rebbau entfallen, stark anstiegen. Ein untrügliches Zeichen für den manchenorts eingetretenen Rückgang des Reinertrages ist die Entwertung des Rebareals. Darüber liegen für einen längeren Zeitraum Zahlen aus den Kantonen Schaffhausen, Zürich und Bern vor.

Die Entwertung zwischen 1886/90 und 1911/13 stellt sich in diesen 3 Kantonen auf 27% (Bern) bis 32/33% (Schaffhausen und Zürich), wobei nicht zu übersehen ist, daß wegen der inzwischen erfolgten Rodung von geringerwertigem Rebland die Entwertung beim restlichen Areal in Wirklichkeit noch größer war.

Kanton Schaffhausen			Kanton Zürich			Kanton Bern		
Jahre	Steuertaxationswert		Jahre	Rebkatasterwert		Jahre	Kapitalwert	
	Fr. je ha	1886/90 = 100		Fr. je ha	Mittel 1886 und 1890 = 100		Fr. je ha	1886/90 = 100
1863	7 911	93	1881	8 849	103			
1873/78	8 477	99	1886	8 731	102			
1886/90	8 532	100	1890	8 412	98	1886/90	8 034	100
1891/95	8 613	101	Mittel 1886 und 1890 .	8 572	100	1891/95	7 380	92
1896/1900 ..	8 598	101	1894	8 446	99	1896/1900 ..	7 425	92
1901/05	8 118	95	1898	8 307	97	1901/05	6 756	84
1906/10	6 692	78	1902	7 773	91	1906/10	6 784	84
1911/13	5 783	68	1906	6 758	79	1911/13	5 852	73
			1910	5 863	68			
			1914	5 603	65			

11. Obstbau

Im Unterschied zum Rebbau stand der Obstbau während der Berichtzeit im Aufwind der Konjunktur. Er zählte nicht nur zu den durch die Verbesserung der Verkehrswege und -mittel am meisten begünstigten landwirtschaftlichen Betriebszweigen, sondern profitierte auch von minimalen Importerschwerungen unserer Nachbarländer. Die steigende Marktproduktion hob allgemein das Interesse am Obstbau und weckte unter anderem auch das Bedürfnis nach genaueren Angaben über Obstbaumbestand, Obstsorten und Obsterträge.

Die erste kantonale Obstbaumzählung fand 1859 im Thurgau, dem damals fortgeschrittensten Obstanbaugebiet, statt. Im folgenden Jahr ernannte der 1858 gegründete Schweizerische Landwirtschaftliche Zentralverein, dem anfänglich Kantonalvereine der Ostschweiz als Sektionen angehörten, eine Kommission zur Vorbereitung einer schweizerischen Obstbaustatistik. Ihrer Anregung sind die Obstbaumzählungen in den Kantonen Waadt (1862), Bern (1863, Ergebnisse nicht veröffentlicht), Basel-Land (1863), Aargau (1864/65), Solothurn (1870) und nachträglich wohl auch Zürich (1877/78) zu verdanken. Zwischen 1884 und 1889 haben dann 18 Kantone Bestandeserhebungen angeordnet, die meisten (einer Anregung des schweizerischen Landwirtschaftsdepartementes folgend) anläßlich der Untersuchung der Apfelbäume auf das Vorkommen der Blutlaus, weshalb sich auch 7 Kantone auf die Zählung dieser Baumart beschränkten. Bis zur ersten gesamtschweizerischen Bestandesaufnahme im Rahmen der eidgenössischen Betriebszählung von 1929 wiederholten 5 Kantone die Erhebung, wie dies aus der folgenden Übersicht hervorgeht:

Zähljahre und Umfang der kantonalen Obstbaumzählungen zwischen 1859 und 1928

(S = sämtliche Obstbaumarten, A = Apfelbäume, B = Birnbäume, K = Kirschbäume)

Kantone	Vorher	1880er Jahre	Nachher
ZH	1877/78 S ———————	1886 S	
BE		1888 S ———————	1928 S
LU, ZG, FR		1886 A	
OW		1885 S	
NW, GL		1886 S	
SO	1870 S ———————	1885 A	
BS		1886 A	
BL	1863 S ———————	1886 S	
SH		1886 S ———————	1926 S
SG		1886 S ———————	1927 S
AG	1865 S ———————	1885 S ———————	1910 S
TG	1859 S ———————	1884 S	
TI		1889/90 ABK	
VD	1862 S	1888 A	
VS		1886 A ———————	1926 S

So kann denn die Entwicklung des Obstbaumbestandes in der zweiten Hälfte des 19. Jahrhunderts auf Grund von je zwei Zählungen in 5 Kantonen (Waadt fällt außer Betracht, da aus der ersten Zählung nur die Gesamtzahl der Obstbäume und aus der zweiten nur die Zahl der Apfelbäume bekannt ist) und in den späteren Jahren an Hand von je zwei Zählungen in weiteren 5 Kantonen verfolgt werden.

Im ganzen dürfte sich der Bestand an Obstbäumen in der Schweiz bis zum Ersten Weltkrieg vermehrt haben, allerdings nicht annähernd in dem Maße, wie in den letzten Jahrzehnten dieser Periode häufig vermutet wurde, als vielfach zu Unrecht den Landwirten die Absicht zugeschoben wurde, nach dem alten Sprichwort zu handeln: «Hast einen Raum, pflanz einen Baum und pflege sein, er bringt dir's ein.» So standen zum Beispiel in den 1870er und 1880er Jahren viele Bauern den damaligen Bestrebungen, längs der Straßen und diese zum Teil überschattend, Obstbaumalleen anzulegen, skeptischer gegenüber als manche Obstfachleute. Zur Überraschung der letztern verwarf das Thurgauer Volk am 29. Juli 1880 mit 10 269 gegen 4 171 Stimmen einen Gesetzesentwurf, der diese Pflanzungen fördern wollte, was den Präsidenten des Schweizerischen Landwirtschaftlichen Vereins zur Bemerkung veranlaßte: «Vom Thurgau mit seinem mit Recht renom-

Veränderung des Obstbaumbestandes (Hoch- und Halbstämme) in der zweiten Hälfte des 19. Jahrhunderts

Kantone Jahre	Apfel- bäume	Birn- bäume	Kirsch- bäume	Zwetsch- gen- und Pflaumen- bäume	Nuß- bäume	Total
Zürich						
1877/78	726 482	568 261	143 567	190 962	26 277	1 655 549
1886	727 880	564 574	106 353	164 213	24 958	1 587 978
Veränderung	+1 398	−3 687	−37 214	−26 749	−1 319	−67 571
Veränderung, % ..	+0,2	−1	−26	−14	−5	−4
Basel-Land						
1863	148 734	59 990	131 820	58 338	11 716	410 598
1886	178 320	62 474	169 916	121 225	14 232	546 167
Veränderung	+29 586	+2 484	+38 096	+62 887	+2 516	+135 569
Veränderung, % ..	+20	+4	+29	+108	+21	+33
Aargau						
1865[1]	466 325	319 610		519 032		1 304 967
1885	535 085	358 927		541 541		1 435 553
Veränderung	+68 760	+39 317		+22 509		+130 586
Veränderung, % ..	+15	+12		+4		+10
Thurgau						
1859	281 776	417 555	50 673	120 716	6 881	877 601
1884	488 089	318 267	28 763	118 728	14 992	968 839
Veränderung	+206 313	−99 288	−21 910	−1 988	+8 111	+91 238
Veränderung, % ..	+73	−24	−43	−2	+118	+10
Solothurn						
1870	209 551	100 009		287 383	15 637	612 580
1885	257 942					
Veränderung	+48 391					
Veränderung, % ..	+23					

[1] Niederstämme und Spalierbäume vermutlich inbegriffen (höchstens 3 % des Gesamtbestandes).

mierten Obstbau hatten wir einen derartigen Querstreich in diese fortschrittliche Bestrebung nie erwartet[1].»

Eine sehr starke Zunahme der Baumzahl ist nur im Kanton Wallis eingetreten, wo um die Jahrhundertwende die Massenproduktion weniger Sorten (Aprikosen der Sorte Luizet, Williamsbirnen und Kanadareinetten) einsetzte, was den Bahn-

[1] Landwirtschaftliches Volksblatt, 1888, Nr. 34.

Veränderung des Obstbaumbestandes (Hoch- und Halbstämme) zwischen den 1880er und 1920er Jahren nach den kantonalen Zählungen

Kantone Jahre	Apfel-bäume	Birn-bäume	Kirsch-bäume	Zwetsch-gen und Pflaumen-bäume	Nuß-bäume	Total
Bern						
1888	1 170 439	385 738	624 566	434 193	78 604	2 693 540
1928	1 207 179	327 177	441 246	432 817	63 516	2 471 935
Veränderung	+36 740	−58 561	−183 320	−1 376	−15 088	−221 605
Veränderung, % ..	+3	−15	−29	−0	−19	−8
Schaffhausen						
1886	76 840	35 520	36 213	86 926	6 800	242 299
1926	84 407	43 753	27 194	54 940	6 775	217 069
Veränderung	+7 567	+8 233	−9 019	−31 986	−25	−25 230
Veränderung, % ..	+10	+23	−25	−37	−0	−10
St. Gallen						
1886	550 994	443 408	71 757	121 424	38 211	1 225 794
1927	528 043	456 972	44 197	75 931	16 066	1 121 209
Veränderung	−22 951	+13 564	−27 560	−45 493	−22 145	−104 585
Veränderung, % ..	−4	+3	−38	−37	−58	−9
Aargau						
1885	535 085	358 927	226 952	270 943	43 646	1 435 553
1910[1]	.	.	.	.	.	1 540 729
Veränderung	.	.	.	.	.	+105 176
Veränderung, % ..	.	.	.	.	.	+7
Wallis						
1886	57 659					
1926	233 907					
Veränderung	+176 248					
Veränderung, % ..	+306					

[1] Niederstämme und Spalierbäume inbegriffen (höchstens 3% des Gesamtbestandes).

verlad von Frischobst von 6 000 q im Mittel der Jahre 1883/1892 auf 8 000 q im Mittel der Jahre 1893/1902 und auf 17 000 q im Mittel der Jahre 1903/12 ansteigen ließ. Sodann kann eine mäßige Vermehrung des Gesamtbestandes für den Kanton Thurgau (hier infolge wesentlich größerer Apfelbaumbestände), für die Zentralschweiz, wo wahrscheinlich auch die Birnbäume und zum Teil die Kirschbäume vermehrt wurden, und für die Nordwestschweiz, wegen Ausdehnung des

Kirschenanbaus, angenommen werden. In den meisten übrigen Gebieten dürfte dagegen bloß der Rückgang der Zahl der Steinobstbäume als Folge des abnehmenden Dürrobstverbrauches und damit der Selbstversorgung des Haushaltes durch eine Vermehrung der Apfelbäume ausgeglichen worden sein.

Unter den verschiedenen Obstbaumarten hat in erster Linie der Apfelbaum durch die Ausrichtung des Obstbaus auf vermehrte Marktproduktion an Bedeutung gewonnen, vereinigt doch besonders der Apfel die erwünschten Eigenschaften, wie lange Haltbarkeit, Transportfähigkeit und vielseitige Verwendbarkeit. Mit Ausnahme von St. Gallen weisen alle in den Tabellen aufgeführten Kantone eine Zunahme der Apfelbäume auf. Da aus den Zählungen in den 1880er Jahren der Apfelbaumbestand für 18 Kantone bekannt ist, wurde mit den Ergebnissen der eidgenössischen Obstbaumzählung von 1929 versucht, den Bestand der restlichen 7 Kantone zu schätzen. 1929 entfielen auf diese 7 Kantone 5% des Bestandes der ersterwähnten 18 Kantone. Bei Annahme eines ungefähr gleich großen Anteils in den 1880er Jahren ergibt sich ein schweizerischer Gesamtbestand von 5 511 000 Apfelbäumen. Der Vergleich mit 1929 hat davon auszugehen, daß in diesem Jahr wahrscheinlich nur die tragfähigen Bäume erfaßt wurden. In der Tat liegen die Ergebnisse der ebenfalls in den 1920er Jahren durchgeführten kantonalen Obstbaumzählungen bei den Apfel- und Birnbäumen rund 20% und bei

Ergebnisse kantonaler Obstbaumzählungen zwischen 1926 und 1928, verglichen mit den Ergebnissen der eidgenössischen Obstbaumzählung von 1929

Obstbaumarten	Kt. Bern Ergebnisse von 1928 sind um ... % höher als Ergebnisse von 1929	Kt. Schaffhausen Ergebnisse von 1926 sind um ... % höher als Ergebnisse von 1929	Kt. St. Gallen Ergebnisse von 1927 sind um ...% höher als Ergebnisse von 1929	Kt. Wallis Ergebnisse von 1926 sind um ...% höher als Ergebnisse von 1929
Apfelbäume	22	22	16	18
Birnbäume	24	26	15	55
Kirschbäume	29	37	21	25
Zwetschgen- und Pflaumenbäume ...	41	37	32	26
Nußbäume	30	34	19	31
Total	27	29	17	31

den übrigen Obstarten rund 30% über denen der eidgenössischen Zählung. Erhöht man die 1929er Zahlen bei den Apfelbäumen um 20%, so erhält man als

Apfelbaumbestand (Hoch- und Halbstämme) in den 1880er Jahren und nach den eidg. Zählungen von 1929 (korrigiert, das heißt um 20% erhöht) und 1951

Kantone	Zählung in den 1880er Jahren		Eidgenössische Zählung von 1929				Eidgenössische Zählung von 1951[2]
	Jahr	Bestand	nicht korrigiert	korrigiert (d. h. um 20% erhöht)[1]	Veränderung des korrigierten Bestandes gegenüber den Ergebnissen der 1880er Jahre		
					Anzahl	%	
ZH	1886	727 880	552 067	662 480	− 65 400	− 9	687 412
BE	1888	1 170 439	946 742[1]	1 207 179	+ 36 740	+ 3	1 074 268
LU	1886	372 876	327 525	393 030	+ 20 154	+ 5	514 751
OW	1885	24 770	20 020	24 020	− 750	− 3	31 445
NW	1886	17 078	14 130	16 960	− 118	− 1	24 402
GL	1886	24 277	11 769	14 120	− 10 157	− 42	17 483
ZG	1886	95 334	77 306	92 770	− 2 564	− 3	111 426
FR	1886	152 970	196 687	236 020	+ 83 050	+ 54	240 766
SO	1885	257 942	183 946	220 740	− 37 202	− 14	213 477
BS	1886	17 242	5 720	6 860	− 10 382	− 60	6 767
BL	1886	178 320	105 828	126 990	− 51 330	− 29	169 015
SH	1886	76 840	65 566[1]	84 407	+ 7 567	+ 10	67 175
SG	1886	550 994	445 676[1]	528 043	− 22 951	− 4	597 447
AG	1885	535 085	471 017	565 220	+ 30 135	+ 6	637 236
TG	1884	488 089	690 441	828 530	+340 441	+ 70	901 409
TI	1890	31 779	44 594	53 510	+ 21 731	+ 68	85 522
VD	1888	468 957	261 878	314 250	−154 707	− 33	371 359
VS	1886	57 659	192 452[1]	233 907	+176 248	+306	507 679
Total 18 Kantone		5 248 531	4 613 364	5 609 036	+360 505	+ 7	6 259 039
Übrige 7 Kantone:							
UR			7 575	9 090			12 815
SZ			46 652	55 980			86 836
AR			46 254	55 500			52 576
AI			9 519	11 420			10 720
GR			63 035	75 640			97 879
NE			20 200	24 240			29 110
GE			35 201	42 240			36 531
Total 7 Kantone ..		262 469	228 436	274 110	+ 11 641	+ 4	326 467
in % des Totals der 18 Kantone		5 (Annahme)	4,95				5,22
Schweiz		5 511 000	4 841 800	5 883 146	372 146	+ 7	6 585 506

[1] Ergebnisse der kant. Erhebungen von 1926 (Schaffhausen, Wallis), 1927 (St. Gallen) und 1928 (Bern).

[2] Landwirtschaftlicher Obstbau und Erwerbsobstplantagen

Vergleichszahl zu den 5 511 000 der 1880er Jahre 5 883 000 für 1929, das heißt eine Zunahme um 7%.

Mit der Ausdehnung der Graswirtschaft auf Kosten des Ackerlandes ging in der Regel eine Vermehrung der Obstbäume, insbesondere der Kernobstbäume, einher, da der Obstbau als Doppelkultur auf Naturwiesen vorteilhafter ist als auf Ackerland. Daß sich diese Ausweitung des Obstbaus aber in den letzten Jahrzehnten mehr auf Apfel- als auf Birnbäume bezog, hat seinen Grund außer in den oben genannten Vorzügen des Apfels, in der während der Berichtszeit eingetretenen Geschmacksverschiebung zugunsten des Apfelmostes. Das wirkte sich auch in den Mostobstpreisen aus (siehe S. 236). Deshalb dürfte der Birnbaumbestand im Landestotal seit den 1880er Jahren eher ab- als zugenommen haben, obgleich die Erntemenge gestiegen sein mag.

Bei den Steinobstbäumen ist wohl gesamthaft gesehen ein Rückgang anzunehmen, der bei Kirschbäumen vor allem durch die weitverbreitete Schrotschußkrankheit verursacht wurde. In einzelnen Gegenden, zum Beispiel in der Ostschweiz, hat durch den Ausbau der Verkehrswege auch eine verschärfte Konkurrenz des nordwest- und zentralschweizerischen Anbaugebietes etwa auf dem Markt für Tafelkirschen den eigenen Anbau zurückgedrängt. Überdies bewirkte die gesichertere Ernährungslage der Bevölkerung allgemein eine Abnahme der Wertschätzung von Dörrobst aller Art als Nahrungsreserve.

Die sehr unterschiedliche Verbreitung der einzelnen Obstbaumarten geht bereits aus den Ergebnissen der kantonalen Zählungen zwischen 1859 und 1928 in den Tabellen S. 160/61 hervor. Einen umfassenden Überblick über das gegenseitige Verhältnis vermittelte aber erst die eidgenössische Obstbaumzählung von 1929, die in bezug auf die absoluten Bestände zwar zu niedrige Zahlen lieferte, aber, weil dies mehr oder weniger für alle Baumarten zutraf, die Anteile der verschiedenen Obstbaumarten doch annähernd richtig wiedergab, und zwar wohl auch für die unmittelbare Vorkriegszeit, da bis 1929 keine tiefgreifenden Strukturänderungen bekannt sind.

Mit einem Anteil von 59,8% wies der Thurgau den größten Prozentsatz an Apfelbäumen auf. Auch in den Kantonen Appenzell-Innerrhoden und Bern belief sich diese Quote auf über 50%. Über dem schweizerischen Mittel von 41,3% lagen ferner die Anteile in den Kantonen Appenzell-Außerrhoden, St. Gallen, Glarus, Solothurn, Zürich und Aargau. Bei den Birnbäumen stand mit 53,1% der Kanton Nidwalden an der Spitze, es folgten 5 Kantone der Zentral- und der Ostschweiz mit 40 bis 50%. Apfel- und Birnbäume zusammen machten mit Ausnahme von Basel-Land und Tessin in allen Kantonen über 50% aus; daher die überragende Bedeutung des Kernobstes in der schweizerischen Obstproduktion. Auf 100 Apfelbäume entfielen zwischen 229 (Nidwalden) und 30 (Bern) Birnbäume (in Schwyz 197, Obwalden 157, Uri 136, Luzern 129, Zug 115, Basel-Stadt 114,

Prozentanteile am gesamten Obstbaumbestand[1] in den Landwirtschaftsbetrieben (Halbstämme, Spalier- und Zwergbäume), 1929

Apfelbäume		Birnbäume		Apfel- und Birnbäume total		Kirschbäume		Zwetschgen- und Pflaumenbäume		Kirsch-, Zwetschen- u. Pflaumenbäume total	
Kt.	%	Kt.	%	Kt.	%	Kt.	%	Kt.	%	Kt.	%
TG	59,8	NW	53,1	TG	89,4	BL	33,0	NE	26,2	BL	49,3
AI	51,4	SZ	46,1	SG	88,6	SZ	21,7	OW	20,1	NE	48,5
BE	50,6	LU	46,0	AR	85,8	SO	19,4	FR	19,6	SO	35,7
AR	47,2	ZG	42,1	AI	85,6	UR	16,8	BS	19,2	BS	35,5
SG	47,0	OW	42,0	ZH	82,2	BE	16,6	SH	18,0	FR	35,1
GL	45,9	SG	41,6	LU	81,7	BS	16,3	SO	16,3	VD	31,8
SO	43,9	ZH	39,1	GL	81,6	VD	15,7	BL	16,3	BE	30,1
ZH	43,1	AR	38,6	ZG	78,7	FR	15,5	VD	16,1	AG	27,0
AG	42,4	GL	35,7	NW	76,3	AG	14,8	BE	13,5	SZ	26,9
FR	40,5	GE	34,8	SZ	69,5	ZG	14,5	AG	12,2	SH	26,9
ZG	36,6	AI	34,2	SH	69,0	NE	12,3	GR	10,6	OW	25,9
GR	35,8	SH	33,4	OW	68,8	GR	11,7	GE	10,6	UR	24,0
LU	35,7	UR	33,0	AG	68,7	LU	9,3	VS	10,1	GR	22,3
SH	35,6	GR	30,4	GE	67,4	SH	8,9	NW	9,6	GE	19,5
BL	34,2	TG	29,5	GR	66,2	GE	8,7	ZH	8,9	ZG	18,9
GE	32,6	BS	29,5	BE	66,0	GL	7,5	AI	7,8	VS	17,5
VS	31,8	AG	26,3	SO	60,2	VS	7,4	UR	7,2	NW	15,8
NE	31,5	VS	25,9	FR	58,1	AR	6,3	TG	6,6	LU	15,6
VD	30,5	VD	25,0	VS	57,7	NW	6,2	GL	6,5	ZH	14,7
OW	26,8	NE	21,9	UR	57,3	ZH	5,8	AR	6,3	GL	14,0
BS	26,0	FR	17,6	VD	55,5	OW	5,8	LU	6,3	AI	13,1
UR	24,3	SO	16,3	BS	55,5	TI	5,5	SG	5,5	AR	12,6
SZ	23,4	BE	15,4	NE	53,4	AI	5,3	SZ	5,2	SG	9,1
NW	23,2	BL	12,6	BL	46,8	SG	3,6	ZG	4,4	TI	9,0
TI	10,1	TI	10,0	TI	20,1	TG	2,2	TI	3,5	TG	8,8
CH	41,3	CH	28,5	CH	69,8	CH	11,2	CH	10,7	CH	21,9

[1] Apfel-, Birn-, Quitten-, Kirsch-, Zwetschgen- und Pflaumen-, Aprikosen-, Pfirsich-, Nuß- und andere Obstbäume.

Genf 107, im Tessin 100, in Schaffhausen 94, Zürich 91, St. Gallen 89, Graubünden 85, Appenzell-Außerrhoden, in der Waadt und im Wallis je 82, in Glarus 78, Neuenburg 70, Appenzell-Innerrhoden 67, im Aargau 62, im Thurgau 49, in Freiburg 43 und in Solothurn und Basel-Land je 37).

Mit 33 % den höchsten Anteil an Kirschbäumen innerhalb des Obstbaumbestandes verzeichnete Basel-Land, es folgte Schwyz mit 21,7 %, während Neuenburg mit

26,2% an der Spitze der Kantone mit verhältnismäßig hohem Anteil an Zwetsch-
gen- und Pflaumenbäumen stand.

Eine Vielzahl von Sorten und synonymen Sortenbenennungen wurde so lange
nicht als erheblicher wirtschaftlicher Nachteil empfunden, als der Obstbau überwiegend hauswirtschaftlich, das heißt auf Selbstversorgung, ausgerichtet war.
Dies änderte sich mit zunehmender Marktproduktion. Dem bestehenden Sorten-
wirrwar wurde zuerst von den landwirtschaftlichen Kantonalvereinen Zürich
(Obstausstellung 1854, Herausgabe von Sortenbeschreibungen von 1855 und
1864) und Thurgau (Obstbaustatistik von 1861), dann vom Schweizerischen
Landwirtschaftlichen Verein (Herausgabe des Bilderwerks «Schweizerische Obstsorten» von 1863 bis 1872) und vom 1864 gegründeten Schweizerischen Obst-
und Weinbauverein der Kampf angesagt. Eine vom Berner Regierungsrat eingesetzte kantonale Kommission für Obstbaumzucht stellte 1865 ein «Stammregister
vorzüglicher Kernobstsorten für den Kanton Bern» mit 60 Apfel- und 50 Birnensorten auf, reduzierte diese aber 1886 auf 28 Apfel- und 31 Birnen- und 1919
auf 12 Apfel- und 6 Birnensorten. Ähnliche Verzeichnisse empfehlenswerter
Obstsorten entstanden auch in andern Kantonen; in der Westschweiz zuerst im
Kanton Wallis mit dem Katalog von 1887, der 44 Apfel- und 49 Birnensorten
empfahl; dessen revidierte Ausgabe von 1907 schränkte die Auswahl auf 11 Apfel-
und 7 Birnensorten ein.

Da durch Umpfropfen schneller als durch Pflanzung junger Bäume eine quali-
tative Verbesserung der Obstproduktion zu erreichen war, organisierte von 1877
an der Schweizerische Obst- und Weinbauverein die unentgeltliche, später (von
1900 an) verbilligte Abgabe von Pfropfreisern empfehlenswerter Obstsorten
durch eine Reihe von Stationen mit jeweils der Gegend angepaßten Sortimenten.
Deren Zusammensetzung wurde mit den Jahren nicht nur den Marktbedürfnissen
entsprechend vereinfacht, sondern auch dem Stand der Obstbaumzüchtung angepaßt; der Usterapfel etwa, als damals wohl verbreitetste Süßapfelsorte, wurde
1896 von den Listen gestrichen, dagegen 1900 die vorzügliche Mostapfelsorte
Tobiäßler und 1901 die Tafelsorten Boskop und Berner Rosen aufgenommen.
Trotzdem herrschte im allgemeinen auch nach 1900 das Vielerlei vor, wie die
Prämiierung von Hofstatten und Obstbaumanlagen in den Kantonen Bern (1902)
und Solothurn (1912) sowie eine thurgauische Obstsortenerhebung von 1903
ergaben.

Im Kanton Bern hatten 1902 72 Wettbewerbsbetriebe den Fragebogen über den
Obstbaumbestand ausgefüllt. Im Durchschnitt besaßen sie 128 Apfel-, 32 Birn-,
2 Quitten-, 35 Kirsch-, 28 Pflaumen- und Zwetschgen- und 5 Nußbäume. Unter
den 69 Anmeldungen für die Prämiierung befanden sich 12 Betriebe, deren Bestand an Apfelbäumen und -sorten nachstehend mit den entsprechenden Ergebnissen für 11 solothurnische Betriebe verglichen werden.

Apfelbäume und -sorten in einigen Betrieben der Kantone Bern, 1902 und Solothurn, 1912

12 Betriebe im Kanton Bern (1902)				11 Betriebe im Kanton Solothurn (1912)			
Nr. des Betriebs	Zahl der Apfelbäume je Betrieb	Zahl der Apfelsorten	Zahl der Apfelbäume pro Sorte	Nr. des Betriebs	Zahl der Apfelbäume je Betrieb	Zahl der Apfelsorten	Zahl der Apfelbäume pro Sorte
1	26	21	1,2	1	39	18	2,2
2	28	15	1,9	2	59	25	2,4
3	33	24	1,4	3	63	49	1,3
4	42	33	1,3	4	73	26	2,8
5	48	32	1,5	5	74	25	3,0
6	62	35	1,8	6	75	43	1,7
7	69	37	1,9	7	91	41	2,2
8	84	50	1,7	8	321	42	7,6
9	116	85	1,4	9	422	39	10,8
10	130	40	3,3	10	532	20	26,6
11	150	90	1,7	11	666	55	12,1
12	151	52	2,9				

In der Regel trugen in Beständen mit unter 100 Apfelbäumen im Kanton Bern knapp 2 und im Kanton Solothurn 2 bis 3 Bäume die gleiche Sorte, ein typisches Kennzeichen eines vorwiegend auf Selbstversorgung und Belieferung des lokalen Marktes ausgerichteten Obstbaus.

Für den Thurgau ergab 1903 eine Umfrage, an der sich 188 von insgesamt 212 Ortsgemeinden beteiligten, folgendes ungefähre Sortenbild bei hochstämmigen Feldobstbäumen im Vergleich zum Sortenverzeichnis der ersten Obstbaustatistik von 1861:

Apfel- und Birnensorten im Kanton Thurgau, 1861 und 1903

Obstsorten	Im Jahre 1861 ermittelte Sorten (ohne Garten- und höchst seltene Sorten)	Im Jahre 1903 ermittelte Sorten				
		Sorten von 1861	Somit Abgang	Neue, im Verzeichnis von 1861 nicht enthaltene Sorten	Totalbestand an Sorten	Rückgang gegenüber 1861 %
Apfelsorten . .	380	127	253	137	264	31
Birnensorten .	246	98	148	74	172	30

Obschon somit ein Rückgang um 116 Apfel- und 74 Birnensorten oder um 31 beziehungsweise 30% innert 40 Jahren eingetreten war, sah sich 1914 der damalige Obstbaulehrer an der thurgauischen landwirtschaftlichen Winterschule zu der kritischen Bemerkung veranlaßt: «Wie viel ist nicht die letzten Jahre über Vereinheitlichung unseres Sortiments geschrieben und gesprochen worden, und wie wenig haben wir erreicht.»

Für ein ganzes Kantonsgebiet ist die Verbreitung einzelner Apfel- und Birnensorten aus Erhebungen des statistischen Büros des Kantons Zürich in den Jahren 1889 bis 1893 bekannt. Auf die Frage «Welche Obstsorten haben sich in Ihrer Gemeinde durch reichlichen Ertrag ausgezeichnet?» antworteten die zürcherischen Gemeindeberichterstatter:

Obstsorten mit «reichlichem Ertrag» im Kanton Zürich, 1889 bis 1893

Obstsorten	Zahl der berichtenden Gemeinden (von insgesamt 200)				
	1889	1890	1891	1892	1893
Birnen					
Theilersbirne	128	146	141	64	103
Gelb- und Grünmöstler	30	85	69	41	66
Säurlerbirne (Sülibirne)	34	43	30	7	36
Marxenbirne	9	41	19	29	23
Schweizer Wasserbirne (Turgibirne)	·	36	58	17	50
Kalkbühler	22	28	18	14	11
Äpfel					
Usterapfel	·	134	94	58	100
Oberrieder Glanzreinette	·	102	74	110	59
Hansuli	·	53	62	45	39
Goldparmäne	·	42	43	36	8
Champagnerreinette	·	31	29	25	19
Danziger Kant	·	22	12	13	26

Die Sorten Theilersbirne, Gelb- und Grünmöstler sowie Usterapfel und Oberrieder Glanzreinetten waren danach fast über den ganzen Kanton verbreitet.

Über die Höhe der *Obsternten* vermitteln die im letzten Viertel des 19. Jahrhunderts von vier kantonalen statistischen Ämtern begonnenen jährlichen Erhebungen genaueren Aufschluß, und zwar für ein Gebiet, das 1929 einen Anteil am schweizerischen Obstbaumbestand (ohne Spalier- und Zwergbäume) von 43% bei Apfel- und Birnbäumen und 45% bei sämtlichen Obstbäumen aufwies. Diese Unterlagen verwendete das Schweizerische Bauernsekretariat 1900 für die erste Schätzung der schweizerischen Obsternte in Normaljahren, die es auf

168

5,1 Millionen q veranschlagte. Jährliche Obsternteerhebungen des Sekretariats setzten 1912 ein und ergaben für dieses gute Obstjahr 6,2 Millionen q und für das darauffolgende Fehljahr 1,2 Millionen q.

Die nachstehende Übersicht enthält die Ergebnisse der kantonalen Obsternteerhebungen in bezug auf das Kernobst (Äpfel und Birnen), das die große Masse

Index der Kernobsternten (Äpfel und Birnen) der Kantone Zürich, Aargau, Bern und Waadt, 1889/93 = 100

Jahre	Kanton Zürich	Kanton Aargau	Kanton Bern	Kanton Waadt
1880	.	.	.	10
1881	.	.	.	45
1882	.	.	.	21
1883	.	.	.	57
1884	183	.	.	79
1885	133	.	.	49
1886	60	.	.	36
1887	24	35	43	60
1888	282	377	274	237
1889	34	33	17	36
1890	162	166	176	112
1891	102	106	59	60
1892	47	64	178	148
1893	154	131	69	146
1894	.	70	96	.
1895	29	45	33	60
1896	28	81	60	58
1897	9	32	9	18
1898	125	188	152	82
1899	5	24	12	7
1900	240	367	325	455
1901	28	37	32	87
1902	73	91	191	49
1903	.	100	41	24
1904	82	112	168	88
1905	.	62	20	28
1906	93	107	143	64
1907	.	59	72	55
1908	.	128	202	155
1909	.	.	63	97
1910	.	56	131	157
1911	.	52	30	90
1912	.	152	182	166
1913	.	19	8	24

der Obsternte (etwa 85 bis 87%) darstellt, wobei zum besseren gebietsweisen Vergleich Indexzahlen auf der Basis 1889/93 = 100 berechnet wurden.

1888 und 1900 waren die besten Obstjahre zwischen 1851 und 1913: das erste mit Rekordernten in der Ost- und der Zentralschweiz, das zweite mit einer Vollernte in der westlichen Landeshälfte. Mißernten brachten anderseits namentlich die Jahre 1897, 1899 und 1913. Auffällig ist in der Tabelle der regelmäßige Wechsel zwischen Jahren mit größerer und mit geringerer Kernobsternte im Kanton Bern. Das gleiche Auf und Ab überwiegt auch in den andern Kantonen, wobei aber vereinzelt auch 2 oder 3 Jahre mit ununterbrochenem Anstieg oder Rückgang vorkommen. Betrachtet man die Entwicklung in den 3 Kantonen mit den längsten Zeitreihen: Aargau, Bern und Waadt, so stellt man für 17 Jahrgänge von den insgesamt 22 (1888 bis 1913 ohne 1894, 1895 sowie 1909 und 1910) tendenzmäßig in allen drei Gebieten den gleichen Ernteverlauf fest.

Diese Wahrnehmung verleiht den aargauischen Zahlen über die Mostproduktion, die ihrerseits annähernd die gleichen Schwankungen wie die Angaben über die aargauische Kernobsternte aufweisen, einen besonderen Wert. Da sie bis 1857 zurückreichen, ermöglichen sie den Ausfall der aargauischen und der übrigen schweizerischen Kernobsternte auch in den Jahren genauer zu verfolgen, in denen sonst noch keine jährlichen Erhebungen über die Obsternte stattfanden. Wie die folgende Abbildung 10 zeigt, bestätigt der entgegengesetzte Verlauf der thurgauischen Mostobstpreise weitgehend die Aussagen der Indexzahlen über die aargauische Mostproduktion.

Danach folgten dem guten Obstjahr 1857 nur noch drei sehr gute Obsternten bis 1888: jene von 1862, 1868 und 1870. Wie im Weinbau häuften sich die Fehlernten in den 1870er Jahren: 1871, 1873, 1876 und 1880.

Unter den verschiedenen *Obstverwertungsarten* kam der Mostproduktion in den Kantonen Thurgau und Zug sowie in Teilen der Kantone St. Gallen, Zürich, Schwyz, Luzern und Aargau schon zu Beginn der Berichtszeit die Hauptbedeutung zu; diese erhöhte sich später mit dem Rückgang des Weinbaus in diesen Gegenden noch.

Während zum Beispiel im Kanton Aargau die Weinernten von 101 000 hl im Jahresmittel 1861/70 auf 43 000 hl im Jahresmittel 1901/10 abnahmen, stieg die jährliche Mostproduktion in der gleichen Zeitspanne von 75 000 hl auf 84 000 hl. Im Kanton Bern fand diese erst in den 1860er Jahren größere Beachtung, als Regierung und Vereine darin ein Mittel zur Bekämpfung des übermäßigen Branntweingenusses sahen. Die hier und in der übrigen Westschweiz beim Kernobst vorherrschenden Tafelobst- und Wirtschaftssorten sowie die relativ geringe Obstbaumdichte bewirkten, daß die Obsternte dieser Gegenden in erster Linie als Tafel- und Kochobst verwertet wurde.

Die Selbstversorgung mit Dörrobst ist überall wegen der Holzverteuerung, der

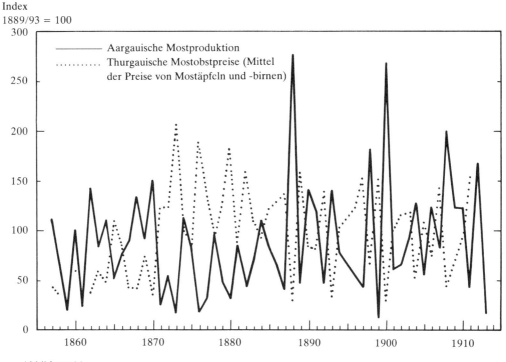

Index
1889/93 = 100

——— Aargauische Mostproduktion
·········· Thurgauische Mostobstpreise (Mittel
        der Preise von Mostäpfeln und -birnen)

Abbildung 11.

verschärften Konkurrenz ausländischer Dörrprodukte und wegen veränderter Ernährungsgewohnheiten allmählich zurückgegangen.

Dagegen erlangte die Ausfuhr von frischem Obst, zuerst aus grenznahen Überschußgebieten, wie namentlich dem Thurgau und den angrenzenden sanktgallischen Bezirken und später mit dem Ausbau des Eisenbahnnetzes auch aus Obstgegenden mehr im Landesinnern, steigende Bedeutung. Obwohl die Außenhandelsstatistik bis 1884 frisches Obst mit andern frischen Feld- und Gartengewächsen, lebenden Pflanzen, jungen Bäumen und zeitweise sogar mit Kartoffeln vermengte, läßt sich wegen des starken Überwiegens des frischen Obstes doch ein annäherndes Bild über dessen Export gewinnen. Von 1870 bis 1884 enthielten die Zolltabellen noch keine Bestimmungsländer bei ausgeführten Waren, sondern unterschieden nur die Grenzabschnitte, über die die Waren versandt wurden; bei einem Massengut wie Obst war das Grenzland meistens zugleich das Bestimmungsland.

In jedem Jahrzehnt hat die Ausfuhr ein neues Maximum erreicht: 1851/60: 58 000 q im Jahre 1857; 1861/70: 173 000 q im Jahre 1870; 1871/80: 249 000 q im Jahre 1874; 1881/90: 426 000 q im Jahre 1890; 1891/1900: 745 000 q im Jahre 1898 und 1901/10: 764 000 q im Jahre 1906. Schon daraus ist ersichtlich,

171

Ausfuhr von frischem Obst und frischen Feld- und Gartengewächsen, 1851 bis 1913, in 1000 q

Jahre	Kartoffeln	Lebende Pflanzen, junge Bäume, Sträucher, Reben usw.	Frisches Obst, frische Feld- und Gartengewächse	Davon Ausfuhr über die Grenze gegen			
				Frankreich	Deutschland	Österreich	Italien
1851		12					
1852		39					
1853		25					
1854		20					
1855		45					
1856		25					
1857		58					
1858		51					
1859		27					
1860		22					
1861		25					
1862		143					
1863		93					
1864		56					
1865		86					
1866		130					
1867		48					
1868		105					
1869	5	0	136				
1870	27	1	173	5	155	13	0
1871	40	1	150	9	136	5	0
1872	8	1	192	9	174	9	0
1873	16	46		3	37	6	0
1874	11	249		4	230	15	0
1875	10	92		5	62	25	0
1876	9	20		4	13	3	0
1877	6	64		2	54	8	0
1878	6	121		1	104	16	0
1879	12	47		4	41	1	1
1880	9	56		3	49	4	0
1881	9	81		5	71	5	0
1882	19	0	50	2	44	4	0
1883	6	0	66	3	45	18	0
1884	9	0	220	3	211	6	0

Jahre	Frisches Obst total	davon nach Deutschland
1885	81	74
1886	271	253
1887	77	63
1888	384	197
1889	109	87
1890	426	378
1891	270	246
1892	444	428
1893	291	251
1894	214	194
1895	65	45
1896	153	144
1897	32	16
1898	745	714
1899	31	27
1900	644	586
1901	123	100
1902	563	520
1903	237	213
1904	371	334
1905	158	140
1906	764	720
1907	290	267
1908	752	702
1909	420	380
1910	419	383
1911	101	85
1912	607	534
1913	34	22

daß nicht immer die besten Obstjahre zugleich die besten Exportjahre des betreffenden Jahrzehnts waren. So vermißt man vor allem die Jahre 1888, 1900 und 1908, während es sich bei den Jahren 1857, 1870 und 1874 mit großer Wahrscheinlichkeit wirklich um die ergiebigsten der jeweiligen Jahrzehnte handelte. Während des ganzen Zeitraums bestand die Ausfuhr größtenteils aus Mostobst. Hauptabnehmer war Deutschland[1], das Einfuhren vom 1. September bis Ende November jeweils zollfrei zuließ.

---

[1] Mit einem Anteil von 91 % an der Gesamtausfuhr im Mittel der letzten 20 Jahre, 1894 bis 1913.

III. Tierhaltung

1. Allgemeines

Eine gesteigerte in- und ausländische Nachfrage nach viehwirtschaftlichen Erzeugnissen (Zucht- und Nutzvieh, Fleisch, Milch und Milcherzeugnisse) und verhältnismäßig günstige Produktions- und Preisverhältnisse haben während der Berichtsperiode zu einer beträchtlichen Ausdehnung der Tierhaltung in der Schweiz geführt. Die Entwicklung seit der ersten nach einheitlicher Methode durchgeführten gesamtschweizerischen Viehzählung von 1866 ist aus der Tabelle auf S. 175 mit den Ergebnissen der anfänglich alle 10 Jahre (1866 bis 1896), später alle 5 Jahre (1896 bis 1911) angeordneten Zählungen ersichtlich.
Für den Zeitabschnitt von 1850 bis 1866 liegen eine Reihe kantonaler Viehzählungen vor. Unter diesen sind 14 mit vergleichbaren Ergebnissen der nachstehenden neuen Schätzung zugrunde gelegt, indem angenommen werden darf, daß den ermittelten prozentualen Veränderungen weitgehend für die ganze Schweiz repräsentativer Charakter zukommt.

Schweizerischer Viehbestand, 1866 und um 1850

Viehgattungen	Schweizerischer Bestand von 1866 (laut eidgenössischer Zählung)	Bestandesentwicklung in 14 Kantonen[1] (laut kantonalen Zählungen): Bestand um 1850, wenn Bestand um 1865 = 100	Daraus berechnet sich ein schweizerischer Bestand um 1850 von ungefähr (neue Schätzung)	Schätzung des Eidg. Dep. des Innern für anfangs der 1850er Jahre[2]
	Stück		Stück	Stück
Pferde	100 324	107	107 000	100 000
Rindvieh	993 291	91	900 000	875 000
davon Kühe ...	553 205	93	513 000	525 000
		92	280 000	279 000
Schweine	304 428	92	474 000	405 000
Schafe	447 001	106		
Ziegen	375 482	88	331 000	376 000

[1] Anteil dieser Kantone (ZH, BE, LU, UR, NW, FR, SO, SH, AG, TG, VD, VS, NE, GE) am schweizerischen Bestand von 1866: bei Pferden 84%, bei Rindvieh im ganzen 71%, bei Kühen 73%, bei Schweinen 79%, bei Schafen 64% und bei Ziegen 55%.
[2] Veröffentlicht in den Beiträgen zur Statistik der Schweizerischen Eidgenossenschaft, III. Teil, Bern 1855.

Die neue Schätzung und die des Eidgenössischen Departementes des Innern über den Viehbestand um 1850 differieren relativ wenig bei Pferden, Rindvieh und Schweinen, erheblich jedoch bei Schafen und Ziegen. Im folgenden werden wir uns an die neue Schätzung halten.

Schweizerischer Viehbestand, 1866 bis 1911

Jahre	Pferde, Maultiere, Esel	Rindvieh	Schweine	Schafe	Ziegen	Total	Auf je 1 000 Kopf der Bevölkerung
			in Stück				
1866....	105 799	993 291	304 428	447 001	375 482		
1876....	106 191	1 035 856	334 507	367 549	396 001		
1886....	103 410	1 212 538	394 917	341 804	416 323		
1896....	113 834	1 306 696	566 974	271 901	415 817		
1901....	129 762	1 340 375	555 261	219 438	354 634		
1906....	140 204	1 498 144	548 970	209 997	362 117		
1911....	148 845	1 443 483	570 226	161 414	341 296		
			in Großvieheinheiten (GVE)				
1866....	146 286	801 766	96 997	77 018	65 259	1 187 326	447
1876....	146 648	839 824	107 731	63 309	68 825	1 226 337	443
1886....	141 396	965 877	124 521	58 893	72 357	1 363 044	469
1896....	159 260	1 025 900	180 496	46 849	72 069	1 484 574	471
1901....	182 163	1 074 282	176 768	37 809	61 635	1 532 657	459
1906....	197 515	1 185 009	173 534	36 183	62 936	1 655 177	465
1911....	210 538	1 149 623	192 436	27 811	59 889	1 640 297	434
	Wenn 1866 (Bestand in Großvieheinheiten) = 100 (siehe auch Abbildung 12)						
1866....	100	100	100	100	100	100	
1876....	100,2	104,7	111,1	82,2	105,5	103,3	
1886....	96,7	120,5	128,4	76,5	110,9	114,8	
1896....	108,9	128,0	186,1	60,8	110,4	125,4	
1901....	124,5	134,0	182,2	49,1	94,4	129,4	
1906....	135,0	147,8	178,9	47,0	96,4	139,4	
1911....	143,9	143,4	198,4	36,1	91,8	138,2	
	Wenn Total Großvieheinheiten = 100 (siehe auch Abbildung 13)						
1866....	12,3	67,5	8,2	6,5	5,5	100	
1876....	11,9	68,5	8,8	5,2	5,6	100	
1886....	10,4	70,9	9,1	4,3	5,3	100	
1896....	10,7	69,1	12,2	3,2	4,8	100	
1901....	11,9	70,1	11,5	2,5	4,0	100	
1906....	11,9	71,6	10,5	2,2	3,8	100	
1911....	12,8	70,1	11,7	1,7	3,7	100	

Werden die Stückzahlen der einzelnen Viehgattungen auf Großvieheinheiten umgerechnet und die Bestände von 1866 gleich 100 gesetzt, so verzeichnete die
Zählung von 1911 bei den Schweinen nahezu eine Verdoppelung, bei den Tieren
des Pferdegeschlechts und beim Rindvieh eine Zunahme um rund zwei Fünftel,
bei Ziegen und Schafen hingegen einen Rückgang um 8 beziehungsweise 64 %,
so daß sich gesamthaft das Groß- und Kleinvieh um 38 % vermehrte.
Die durchschnittliche jährliche Zunahme des gesamten Viehbestandes erreichte
im Jahrfünft 1901 bis 1906 mit 1,60 % die höchste Quote. Zwischen 1876 und
1886 betrug die Zuwachsrate 1,11 %, von 1886 bis 1896 0,88 %, von 1896 bis
1901 0,64 % und von 1866 bis 1876 0,33 %. Einzig zwischen 1906 und 1911 trat
eine leichte Reduktion von jährlich 0,18 % ein. Die Veränderungen der verschiedenen Viehgattungen seit der Jahrhundertmitte können der Abbildung 12 entnommen werden.

Schweizerischer Viehbestand, um 1850 und 1866 bis 1911

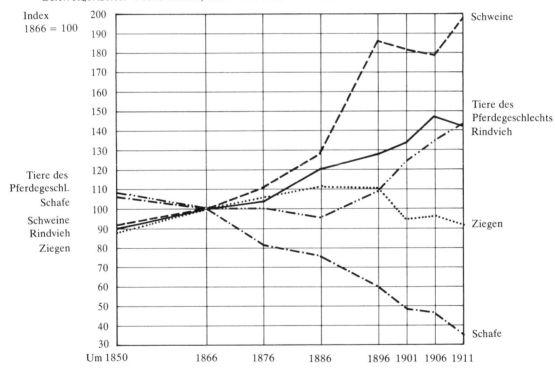

Abbildung 12.

Mit Anteilen zwischen 67,5 % (1866) und 71,6 % (1906) am Total der Vieheinheiten kam der Rindviehhaltung jederzeit die größte Bedeutung zu. Die Pferdehaltung belegte mit Prozentanteilen zwischen 10,4 (1886) und 12,8 (1911) den

176

zweiten Platz, dicht darauf folgt die Schweinehaltung mit Anteilen zwischen 8,2 und 12,2%. Den vierten und fünften Rang nahmen 1866 die Schafe und die Ziegen ein; von 1876 an vertauschten sie die Reihenfolge (Abbildung 13).

%-Anteile der 5 Viehgattungen am schweiz. Viehbestand in GVE, 1850 bis 1911

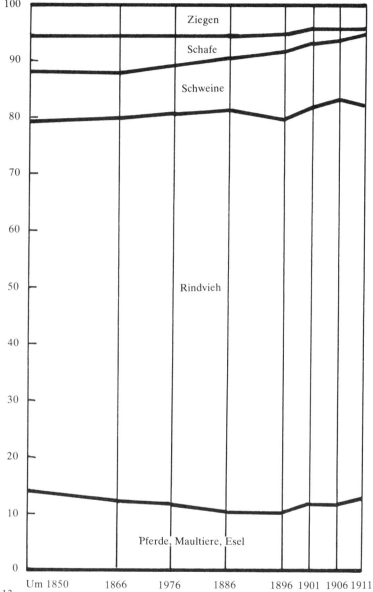

Abbildung 13.

177

Viehbestand in den Berg- und übrigen Kantonen, 1866 bis 1911

Jahre	Pferde (ohne Maultiere und Esel)	Rindvieh	Schweine	Schafe	Ziegen	Total
		Bergkantone[1], in Stück				in Großvieheinheiten
1866	12 468	289 611	61 741	213 211	182 866	339 482
1876	13 104	291 763	65 526	188 674	183 552	340 586
1886	12 765	318 980	76 397	185 265	188 071	360 625
1896	13 869	313 047	117 510	161 113	182 610	362 107
1901	16 368	321 862	104 940	145 566	162 722	367 939
1906	17 707	347 004	108 786	135 829	173 581	387 743
1911	18 429	324 090	115 600	114 912	168 413	372 523
		Bergkantone, 1866 = 100				
1866	100	100	100	100	100	100
1876	105,1	100,7	106,1	88,5	100,4	100,3
1886	102,4	110,1	123,7	86,9	102,8	106,2
1896	111,2	108,1	190,3	75,6	99,9	106,7
1901	131,2	111,1	170,0	68,3	89,0	108,4
1906	142,0	119,8	176,2	63,7	94,9	114,2
1911	147,9	111,9	187,2	53,9	92,1	109,7
		Übrige Kantone, in Stück				in Großvieheinheiten
1866	87 856	703 680	242 687	233 790	192 616	843 322
1876	87 829	744 093	268 981	178 875	212 449	881 369
1886	85 857	893 558	318 520	156 539	228 252	998 429
1896	95 100	993 649	449 464	110 888	233 207	1 118 413
1901	108 528	1 018 513	450 321	73 872	191 912	1 160 663
1906	117 665	1 151 140	440 184	74 168	188 536	1 263 407
1911	125 699	1 119 393	454 626	46 502	172 883	1 263 843
		Übrige Kantone, 1866 = 100				
1866	100	100	100	100	100	100
1876	100	105,7	110,8	76,5	110,3	104,5
1886	97,7	127,0	131,2	67,0	118,5	118,4
1896	108,2	141,2	185,2	47,4	121,1	132,6
1901	123,5	144,7	185,6	31,6	99,6	137,6
1906	133,9	163,6	181,4	31,7	97,9	149,8
1911	143,1	159,1	187,3	19,9	87,4	149,9

[1] 11 Kantone mit über 50% der landwirtschaftlichen Nutzfläche (ohne Alp- und Juraweiden) von 1965 im Berggebiet laut eidgenössischem landwirtschaftlichem Produktionskataster: Uri, Schwyz, Obwalden, Nidwalden, Glarus, Appenzell-Außerrhoden, Appenzell-Innerrhoden, Graubünden, Tessin, Wallis, Neuenburg.

178

Auf die erheblichen kantonalen Unterschiede in der Entwicklung des Viehbestandes wird später noch hingewiesen werden. Hier seien nur die Bergkantone, in denen laut dem eidgenössischen landwirtschaftlichen Produktionskataster über 50% der landwirtschaftlichen Nutzfläche (ohne Sömmerungsweiden) im Berggebiet liegen, im ganzen deren 11, gesamthaft erwähnt und ihnen die Gruppe der übrigen 14 Kantone gegenübergestellt. Nach der Arealstatistik von 1972 entfielen auf diese Bergkantone 42% des land- und alpwirtschaftlich genutzten Areals der Schweiz.

Die beiden Kantonsgruppen unterscheiden sich nicht wesentlich in bezug auf die prozentuale Veränderung des Pferde-, Schweine- und Ziegenbestandes zwischen 1866 und 1911. Bei den Schafen büßten hingegen die Bergkantone bis 1911 nur die Hälfte des Bestandes von 1866 ein, die übrigen Kantone vier Fünftel. Bei der wichtigsten Kategorie, dem Rindvieh, verzeichneten die Bergkantone die verhältnismäßig schwache Vermehrung von 12% im Vergleich zu der Zunahme von 59% in der übrigen Schweiz. Beim gesamten Viehbestand ergibt sich ein Anstieg von 10% in den Bergkantonen und von 50% außerhalb davon. Der Unterschied erklärt sich vor allem aus dem ungleichen Anteil der ertragsschwachen und einer intensiveren Bewirtschaftung schwer zugänglichen Sömmerungsweiden am land- und alpwirtschaftlich genutzten Areal. In den Bergkantonen betrug er im Jahre 1972 75%, in den übrigen Kantonen 26%.

Die Zunahme des Viehbestandes hat in den meisten Zählintervallen mit derjenigen der Bevölkerung Schritt gehalten. Die Viehdichte (Großvieheinheiten je 1 000 Personen) fiel nur 1876 (443) und 1911 (434) leicht unter den Anfangsstand von 447 Großvieheinheiten. Wegen des inzwischen aber gestiegenen durch-

Bevölkerung und Viehbestand in der Schweiz, 1866 bis 1911

Jahre	Bevölkerung[1]		Viehbestand im ganzen		Davon Kühe		Viehdichte: auf 1 000 Personen entfallen ... Großvieheinheiten
	Personen	1866 = 100	Großvieheinheiten	1866 = 100	Anzahl (= Großvieheinheiten)	1866 = 100	
1866.....	2 655 001	100	1 187 326	100	553 205	100	447
1876.....	2 767 900	104,3	1 226 337	103,3	592 413	107,1	443
1886.....	2 907 000	109,5	1 363 044	114,8	663 102	119,9	469
1896.....	3 151 100	118,7	1 484 574	125,0	688 052	124,4	471
1901.....	3 340 600	125,8	1 532 657	129,1	739 922	133,8	459
1906.....	3 559 900	134,1	1 655 177	139,4	785 950	142,1	465
1911.....	3 775 900	142,2	1 640 297	138,2	796 909	144,1	434

[1] In den Viehzählungsjahren, ausgenommen 1866; für dieses Jahr mußte die Wohnbevölkerung von 1870 zum Vergleich gewählt werden.

schnittlichen Lebendgewichtes der einzelnen Tiere und der ebenfalls erhöhten Umtriebsgeschwindigkeit übertraf die Leistung des Viehbestandes im Verhältnis zur Bevölkerung auch 1911 den Stand von 1866. Was im besonderen die Kühe betrifft, so läßt bereits die Entwicklung der Stückzahl auf eine reichlichere Versorgung der Bevölkerung mit Konsum- und Verarbeitungsmilch schließen, wobei allerdings auch der Käseexport stark zunahm.

Schweiz. Bevölkerung, gesamter Viehbestand und Kühe, 1866 bis 1911, 1866 = 100

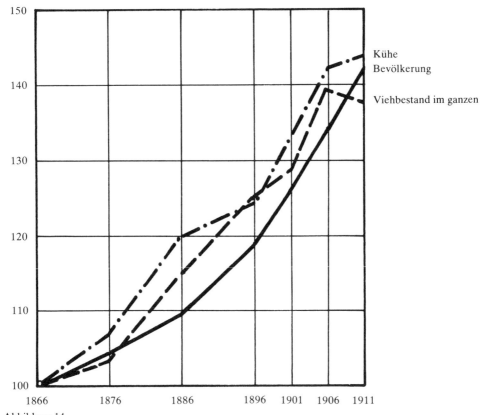

Abbildung 14.

Anderseits blieb die Zunahme der Viehbesitzer im ganzen bis 1886 hinter derjenigen der Stückzahl zurück, später trat sogar eine entgegengesetzte Entwicklung ein (Tabelle S. 181 und anschließend Abbildung 16). Die Folge war eine beträchtliche Erhöhung der Durchschnittsbestände je Besitzer. So entfielen auf 100 Besitzer der betreffenden Viehgattung 1866 und 1911: Rindvieh 458 und 701 Stück, Schweine 249 und 414, Schafe 488 und 552, Ziegen 270 und 333. Nur bei den Pferden blieb die Besitzgröße fast konstant. Daß die Zunahme des gesamten

Viehbesitzer und Viehbestand je Besitzer, 1866 bis 1911

Jahre	Besitzer von					
	Pferden, Maultieren, Eseln	Rindvieh	Schweinen	Schafen	Ziegen	Vieh nebenstehender Art überhaupt
1866[1] ...	55 734	216 711	122 109	91 522	139 218	280 232
1876	56 933	215 866	129 104	76 869	147 461	284 478
1886	56 499	219 193	139 682	67 686	145 760	289 274
1896		215 208	168 192	50 123	138 177	287 430
1901	68 799	213 715	152 061	40 189	121 023	278 213
1906	73 476	214 520	146 347	37 100	113 449	274 532
1911	77 975	205 944	137 725	29 242	102 392	264 007
			1866 = 100			
1866	100	100	100	100	100	100
1901	123,4	98,6	124,5	43,9	86,9	99,3
1906	131,8	99,0	119,8	40,5	81,5	98,0
1911	139,9	95,0	112,8	32,0	73,5	94,2
			Davon Besitzer mit Landwirtschaftsbetrieb			
1901	etwa 56 000	212 556	136 091	36 932	87 436	221 911
1906	etwa 61 000	211 913	131 562	34 598	87 841	226 155
1911	etwa 64 000	204 724	122 326	26 803	80 448	218 220
1911 % aller Besitzer	82,1	99,4	88,8	91,7	78,6	82,7

Tiere (Stück) je 100 Besitzer

	Pferde, M., E.	Rindvieh	Schweine	Schafe	Ziegen
1866	190	458	249	488	270
1876	187	480	259	478	269
1886	183	553	283	505	286
1901	189	627	365	546	293
1906	191	698	375	566	319
1911	191	701	414	552	333

[2] GVE = Großvieheinheiten

Tiere (Stück) je 100 Viehbesitzer überhaupt

	Pferde, M., E.	Rindvieh	Schweine	Schafe	Ziegen	Total in GVE[2]	1866 = 100
1866	38	354	109	159	134	424	100
1876	37	364	118	129	139	431	101,7
1886	36	419	137	118	144	471	111,1
1896	40	455	197	95	145	516	121,7
1901	47	482	200	79	127	551	130,0
1906	51	546	200	76	132	603	142,2
1911	56	547	216	61	129	621	146,5

[1] Im Jahre 1866 fand in den Kantonen Schaffhausen und St. Gallen keine Zählung der Viehbesitzer statt; in diesen Kantonen wurden die Ergebnisse vom Jahre 1876 auch für 1866 eingesetzt.

Viehbesitzer in der Schweiz, 1866 bis 1911

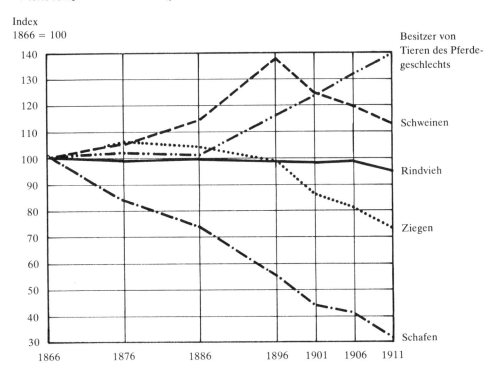

Abbildung 15.

Viehbestandes bis 1896 vorwiegend und seither ausschließlich auf der Zunahme der Stückzahl je Besitzer beruhte, zeigt auch die Abbildung 16.

Wieweit Viehbesitz mit Besitz eines Landwirtschaftsbetriebes verbunden war, läßt sich den Viehzählungsergebnissen von 1901, 1906 und 1911 entnehmen. Danach besaßen im schweizerischen Mittel 1911:

von 100 Ziegenbesitzern	deren 79 einen Landwirtschaftsbetrieb,
von 100 Pferdebesitzern	deren 82 einen Landwirtschaftsbetrieb,
von 100 Schweinebesitzern	deren 89 einen Landwirtschaftsbetrieb,
von 100 Schafbesitzern	deren 92 einen Landwirtschaftsbetrieb und
von 100 Rindviehbesitzern	deren 99 einen Landwirtschaftsbetrieb.

Umgekehrt ist das Vorkommen der verschiedenen Viehgattungen in den Landwirtschaftsbetrieben über 0,5 ha aus der Betriebszählung von 1905 bekannt: Von 100 Landwirtschaftsbetrieben besaßen damals deren 84 Rindvieh, 66 Schweine (hätte die Zählung statt im August im Winter stattgefunden, wären es mehr Be-

182

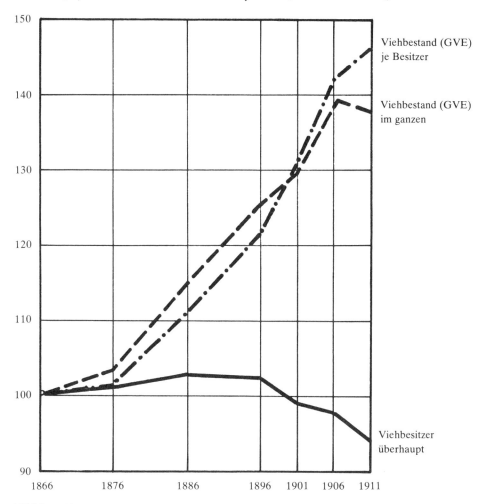

Viehbesitzer, Viehbestand u. Viehbestand je Besitzer in der Schweiz, 1866 = 100

Viehbestand (GVE)
je Besitzer

Viehbestand (GVE)
im ganzen

Viehbesitzer
überhaupt

Abbildung 16.

triebe gewesen), 36 Ziegen, 22 Pferde, 13 Schafe und deren 2 Maultiere und
Esel. Daß die in Klammern beigefügten Zahlen über die Viehbesitzer mit Landwirtschaftsbetrieb nach der Viehzählung von 1906, mit Ausnahme derjenigen
über die Schweinebesitzer, höher sind als die Angaben der Betriebszählung, erklärt sich zur Hauptsache aus der engeren Fassung des Begriffes Landwirtschaftsbetriebe in dieser letztern, indem dabei nur Betriebe mit über 0,5 ha Kulturland
erfaßt wurden. Anderseits ist der größere Bestand an Landwirtschaftsbetrieben

Viehhaltung der Landwirtschaftsbetriebe mit 0,5 und mehr Hektaren Kulturland mit Wald, 1905

Art der Betriebe	Land- wirtschafts- betriebe	Viehbesitzer		Tierbestand	
		in % aller Landwirt- schafts- betriebe	(mit Ldw.- betrieb nach der Viehzählg. von 1906)	Total	je Betrieb
Landwirtschaftsbetriebe im ganzen ..	243 710				
Davon					
Betriebe mit Rindvieh	205 092	84,2	(211 913)		
Rindviehbestand				1 410 265	6,88
Betriebe mit Schweinen	159 927	65,6	(131 562)		
Schweinebestand				518 757	3,24
Betriebe mit Ziegen	87 159	35,8	(87 841)		
Ziegenbestand				268 451	3,08
Betriebe mit Pferden	54 177	22,2	(57 437)		
Pferdebestand				85 027	1,57
Betriebe mit Schafen	30 912	12,7	(34 598)		
Schafbestand				193 134	6,25
Betriebe mit Maultieren und Eseln	3 989	1,6	(·)		
Bestand an Maultieren und Eseln				4 252	1,07

mit Schweinen nach der Betriebszählung vor allem auf den späteren Zähltermin (9. August gegenüber 20. April der Viehzählung) zurückzuführen, weil dadurch auch jene zahlreichen Selbstversorgerbetriebe berücksichtigt wurden, die ihre Ställe erst nach Ende April wieder besetzen.

Zu den in der letzten Kolonne aufgeführten mittleren Tierbeständen je Betrieb liefert die folgende Tabelle Einzelheiten über die Größenstruktur der Betriebe, gemessen an der Zahl der von diesen gehaltenen Tiere.

Am stärksten vertreten sind die Ein-Tier-Betriebe in der Pferdehaltung, wo mehr als die Hälfte der Pferdebetriebe auf diese Kategorie entfällt. Bei den Betrieben mit Rindvieh zeigt sich eine ähnliche Verteilung auf die Größenklassen wie bei den Betrieben mit Schafen. Noch größer ist die Übereinstimmung zwischen den Betrieben mit Schweinen und denen mit Ziegen, deren drei unterste Gruppen mit 1, 2 und 3 bis 5 Tieren ähnlich besetzt sind und zusammen 88 beziehungsweise 90% aller Betriebe umfassen.

Landwirtschaftsbetriebe nach der Größe des Nutztierbestandes, 1905

Größenklassen (Tiere je Betrieb)	Betriebe mit Pferden	Betriebe mit Rindvieh	Betriebe mit Schweinen	Betriebe mit Schafen	Betriebe mit Ziegen
	in nebenstehender Anzahl				
1	30 506	17 431	47 787	4 110	28 914
2	15 893	26 461	57 563	5 121	25 700
3 bis 5	7 179	68 067	35 019	10 218	23 752
6 bis 10	523	58 303	11 931	7 636	5 600
11 bis 20	60	27 287	6 042	3 161	} 3 193
21 und mehr	16	7 543	1 585	665	
Total	54 177	205 092	159 927	30 912	87 159
	in Prozent des Totals				
1	56	9	30	13	33
2	30	13	36	17	30
3 bis 5	13	33	22	33	27
6 bis 10	1	28	7	25	6
11 bis 20	0	13	4	10	} 4
21 und mehr	0	4	1	2	
Total	100	100	100	100	100

2. Pferdehaltung

Die Viehzählungen haben folgende Zusammensetzung des schweizerischen Pferdebestandes ergeben:

Bestand an Tieren des Pferdegeschlechtes, 1866 bis 1911

Jahre	Zuchthengste	Zuchtstuten	Übrige Pferde			Pferde total	Maultiere	Esel	Total
			Pferde unter $4^1/_4$ Jahren	Arbeitspferde	total				
1866...	428	9 515	·	·	90 381	100 324	5 475		105 799
1876...	321	6 410		·	94 202	100 933	3 145	2 113	106 191
1886...	272	6 888	18 960	72 502	91 462	98 622	2 742	2 046	103 410
1896...	178	5 999	15 312	87 480	102 792	108 969	3 125	1 740	113 834
1901...	181	6 507	16 862	101 346	118 208	124 896	3 077	1 789	129 762
1906...	156	5 496	17 344	112 376	129 720	135 372	3 153	1 679	140 204
1911...	157	6 424	17 498	120 049	137 547	144 128	3 151	1 566	148 845

Bei Pferden, Maultieren und Eseln ging der Bestand anfänglich zurück, erhöhte sich dann aber infolge des zunehmenden Bedarfes sowohl der Land- wie der übrigen Wirtschaft bis 1911 beträchtlich. Nur in den 4 Kantonen Appenzell-Innerrhoden (—36%), Uri (—11%), Schaffhausen (—5%) und Obwalden (—4%) war die Zahl geringer als 1866, während anderseits zum Beispiel die großen Bergkantone Wallis (+24%), Graubünden (+66%) und Tessin (+152%) vor allem dank dem vermehrten Post- und Reiseverkehr erhebliche Zunahmen verzeichneten.

In der Landwirtschaft führte neben dem Ausbau des Gemeindestraßennetzes besonders die fortschreitende Verwendung von Maschinen in den größeren Betrieben zu häufigerer Pferdehaltung. Im Betriebszählungsjahr 1905 schwankte der Prozentanteil der Landwirtschaftsbetriebe mit Pferdehaltung an der Gesamtzahl der Landwirtschaftsbetriebe zwischen 1,8% im Kanton Uri und 41,7% im Kanton Neuenburg. Über dem schweizerischen Mittel von 21,5% lagen außer Neuenburg die Kantone Waadt (40,3%), Freiburg (36,6%), Genf (36,0%), Bern (33,8%), Luzern (29,5%), Basel-Stadt (27,6%) und Thurgau (24,1%). Diese 8 Kantone sowie die nächstfolgenden Solothurn (19,7%) und Zug (19,4%) zählten denn auch zu den 10 Kantonen mit der häufigsten Verwendung der Mähmaschinen.

Innerhalb des Pferdebestandes ging die Zahl der Zuchttiere besonders von 1866 bis 1876 zurück. Später blieb die Haltung von Stuten annähernd konstant, genügte aber je länger je weniger für die Deckung des Pferdebedarfes aus landeseigener Nachzucht. Die Sorge um die Beschaffung der erforderlichen Pferde für die Armee bewog den Bund 1868, sich erstmals mit der direkten Förderung eines landwirtschaftlichen Betriebszweiges zu befassen. Durch die Einfuhr von Halb- und Vollbluthengsten beabsichtigte er vor allem eine vermehrte Produktion von Reitpferden für die Kavallerie, mußte aber in den 1890er Jahren erkennen, daß unter den gegebenen natürlichen und betriebswirtschaftlichen Verhältnissen das Ziel zu hoch gesteckt war. Von 1896 an wurde auch die Zucht des Arbeitspferdes durch Importe von Hengsten des Zugschlages gefördert, womit sowohl der Armee – in der Beschaffung von Zugpferden für die Bespannung der Armeefahrzeuge – wie der Landwirtschaft gedient war.

3. Rindviehhaltung

Über Zusammensetzung und Veränderung des Rindviehbestandes von 1866 bis 1911 gibt folgende Tabelle Auskunft:

Rindviehbestand, 1866 bis 1911

Jahre	Kälber bis ½ Jahr		Jungvieh von ½ bis 1 Jahr	Rinder	Kühe	Zuchtstiere	Ochsen	Rindvieh im ganzen
	zum Schlachten	zur Aufzucht						
				in 1 000 Stück				
1866....		130		248	553	10	52	993
1876....		139		242	592	10	53	1 036
1886....	33	150	103	187	663	19	58	1 213
1896....	37	177	113	207	688	22	63	1 307
1901....	43	157	87	242	740	20	51	1 340
1906....	42	186	112	284	786	26	62	1 498
1911....	39	188	94	258	797	26	41	1 443
Veränderung 1911 gegenüber 1866								
%		+74,6		+42,0	+44,1	+160	−21,2	+45,3
				in % des Totals				
1866....		13,1		25,0	55,7	1,0	5,2	100
1876....		13,4		23,4	57,1	1,0	5,1	100
1886....	2,7	12,4	8,5	15,4	54,7	1,5	4,8	100
1896....	2,8	13,5	8,6	15,9	52,7	1,7	4,8	100
1901....	3,2	11,7	6,5	18,1	55,2	1,5	3,8	100
1906....	2,8	12,4	7,5	19,0	52,5	1,7	4,1	100
1911....	2,7	13,1	6,5	17,9	55,2	1,8	2,8	100

Die bedeutend stärkere Zunahme der Rinder als die der Kühe, besonders zwischen 1886 und 1906 – auf 100 Kühe entfielen 1886 28 und 1906 36 Rinder –, deutet auf eine Verkürzung der Haltungsdauer der Kühe hin.

Von 1866 bis 1911 hat sich der Rindviehbestand um 45% erhöht. Diese Zunahme ist leicht größer als die des Kuhbestandes (44%) und erklärt sich aus der stärkeren Vermehrung der Kälber bis ½ Jahr und besonders der Zuchtstiere. Der anfänglich oft beklagte Übelstand einer zu niedrigen Zahl von Zuchtstieren im Verhältnis zu den zuchtfähigen weiblichen Tieren ist dadurch weitgehend behoben worden. Von den 26 000 Zuchtstieren im Jahre 1911 gehörten 95% Privaten, 5% Genossenschaften und 2% Gemeinden, gemeindeähnlichen Korporationen und dem Staat.

Von den nach Alter und Nutzungsart gegliederten Rindviehkategorien hat seit 1866 einzig der Kuhbestand ständig zugenommen. Sein Anteil am gesamten Rindviehbestand ist stückmäßig nie unter 52% (Schwankungen zwischen 52,7 und 57,1%) und in Großvieheinheiten nie unter 66% (Schwankungen zwischen

66,3 und 70,4%) gefallen. Von diesen schweizerischen Mittelzahlen weichen die Prozentanteile der Kantone je nach der in ihnen vorherrschenden Produktions- richtung in der Rindviehhaltung nicht unerheblich ab. Wird unterschieden zwi- schen: 1. Kantonen mit stark vorherrschender Milchproduktion (mehr als 60% des Rindviehbestandes entfallen auf Kühe), 2. Kantonen mit hervortretender Milchproduktion und etwas Nachzucht oder Mast (55 bis 60% Kühe), 3. Kanto- nen mit bedeutender Milchproduktion sowie Nachzucht oder Mast (45 bis 54% Kühe) und 4. Kantonen mit Milchproduktion und stark hervortretender Nach- zucht (weniger als 45% des Rindviehbestandes entfallen auf Kühe), so ergibt sich für 1866 und 1911 folgende Besetzung der einzelnen Gruppen:

Vorherrschende Produktionsrichtung in der Rindviehhaltung nach Kt., 1866 u. 1911

Jahr, Produktionsrichtung (%-Anteil der Kühe am ges. Rdv.-best.)		Kantone mit Prozentanteil der Kühe am gesamten Rindviehbestand
1866	Gruppe 1 (mehr als 60%) ...	BS 87, GE 79, ZG 72, AR 71, AI 69, BL 68, NW, GL je 65, NE 61
	Gruppe 2 (55 bis 60%)	TG 60, OW, SH, SG je 59, SO, VD je 58, BE, VS je 57, ZH 56, AG 55
	Gruppe 3 (45 bis 54%)	LU, UR je 54, FR 48, SZ 47, TI 45
	Gruppe 4 (weniger als 45%)	GR 41
1911	Gruppe 1 (mehr als 60%) ...	BS 81, GE 76, ZG 70, LU 65, AR, TG je 64, BL 62
	Gruppe 2 (55 bis 60%)	SG 59, SO 58, VD 57, NW, AI je 56, ZH, TI, NE je 55
	Gruppe 3 (45 bis 54%)	BE, GL je 54, AG 53, SH 52, FR, VS je 51, OW 50, UR 46, SZ 45
	Gruppe 4 (weniger als 45%)	GR 38

Nur in 4 Kantonen lag 1911 der Prozentanteil der Kühe am gesamten Rindvieh- bestand höher als 1866 (Luzern, Freiburg, Thurgau, Tessin), und nur in 2 Kan- tonen blieb er unverändert (Solothurn, St. Gallen). Zur ersten Kantonsgruppe mit stark vorherrschender Milchproduktion zählten 1966 9, 1911 noch 7 Kan- tone, zur zweiten Gruppe mit etwas Nachzucht oder Mast 1966 10, 1911 8 Kan- tone, zur dritten Gruppe mit mehr Nachzucht oder Mast 1966 5, 1911 9 Kan- tone und zur vierten Gruppe mit stark hervortretender Nachzucht in beiden Jah- ren nur Graubünden. In der Regel erfolgte von 1866 bis 1911 ein Wechsel nur zur Nachbargruppe. Eine Ausnahme bilden die Kantone Luzern und Glarus, der erstere durch den Wechsel von der dritten zur ersten Gruppe und Glarus umge- kehrt von der ersten zur dritten Gruppe. In den 11 Bergkantonen (siehe Tabelle S. 189) zeigte sich im gleichen Zeitraum eine deutlich rückläufige Tendenz in der Kuhhaltung, wie nachstehender Übersicht zu entnehmen ist.
Die Zunahme des Rindviehbestandes um etwa 60% zwischen 1850 und 1911 war

Prozentanteil der Kühe am gesamten Rindviehbestand, 1866 bis 1911

Gebiet	1866	1876	1886	1896	1901	1906	1911
11 Bergkantone	51	54	51	49	50	47	49
Übrige Kantone	57	58	56	54	57	54	57
Schweiz	56	57	55	53	55	52	55

auch von einer Erhöhung des durchschnittlichen Lebendgewichtes begleitet. Diese ergab sich aus der allmählichen Anhebung des Landesmittels an das seit der ersten schweizerischen Viehausstellung im Jahre 1857 relativ wenig veränderte Lebendgewicht prämiierter Tiere. Zunehmend wurde auf die Einfuhr von Nutzvieh leichter Viehschläge aus Süddeutschland und den benachbarten Gebieten Österreichs durch die Kantone an der Nord- und Ostgrenze verzichtet. Auch inländische leichte Viehschläge verschwanden mehr und mehr. Der Übergang vom leichten zum mittelschweren oder schweren Viehschlag, wie ihn das Hochzuchtgebiet der betreffenden Viehrasse lieferte, vollzog sich im Braunviehgebiet wohl zuerst im Kanton Glarus, dann im bündnerischen Bezirk Heinzenberg und im Toggenburg. Es folgten Ob- und Nidwalden, die beiden Appenzell, der größere Teil des übrigen Bündnerlandes und schließlich Uri, Bern (Bezirk Oberhasli), Wallis (Oberwallis mit den Bezirken Goms und Brig) und Tessin. Im Fleckviehzuchtgebiet wurden der Brienzer- (BE), Ormont- (VD), Val-d'Illiez- (VS), Lötschen- (VS) und Freiberger-(BE)-Schlag größtenteils oder vollständig verdrängt.

Über die Veränderung des Lebendgewichtes der Kühe liegen aus der Berichtszeit zwei ziemlich umfassende Erhebungen vor. Die erste datiert aus dem Jahre 1864 und bildete einen Teil der schweizerischen Alpstatistik (herausgegeben vom Eidgenössischen Statistischen Büro), während die zweite im Anschluß an die eidgenössische Viehzählung von 1896 mit Hilfe von 200 Sonderberichterstattern ebenfalls vom Eidgenössischen Statistischen Büro durchgeführt wurde. Die in der Alpstatistik von 1864 veröffentlichten und als «richtig» bezeichneten Angaben für das Alpgebiet sind nachstehend, nach Rassen getrennt, den entsprechenden Zahlen von 1896 gegenübergestellt.

Die Schwankungsbreite der durchschnittlichen Lebendgewichte ist sowohl innerhalb des Braunvieh- wie des Fleckviehgebietes kleiner geworden. Im Mittel stieg das Lebendgewicht der Braunviehkühe von 324 auf 475 kg oder um 47%, das der Fleckviehkühe von 416 auf 556 kg oder um 34% und das ungewogene Mittel beider Rassen von 370 auf 515 kg oder um 39% innert 32 Jahren. Für Deutschland wurde eine Zunahme von 32% zwischen 1860 und 1900 festgestellt[1].

[1] H.L. Reinhardt, Aufgaben und Wirtschaftlichkeit der Nutzviehhaltung im Wandlungsprozeß, Bayerisches Landwirtschaftliches Jahrbuch 1974, Sonderheft 1.

Durchschnittliches Lebendgewicht der Kühe, 1864 und 1896

Kantone Bezirke	Braunvieh			Kantone Bezirke	Fleckvieh		
	1864 kg	1896 kg			1864 kg	1896 kg	
	im Original	im Mittel			im Original	im Mittel	
Bern, Oberhasli ..	200–225	213	400	Bern, Frutigen	300	300	575
Luzern, Entlebuch	200–300	250	470	Bern, Interlaken ..	150–200	175	450
Uri, Kanton	175–200	188	450	Bern, Saanen	500–600	550	725
Schwyz, Kanton ..	450–500	475	500	Bern, Signau	400–600	500	550
Obwalden, Kanton	450–500	475	430	Freiburg, Kanton .	375–400	388	580
Glarus, Kanton ...	425–450	438	503	Solothurn, Kanton	550–600	575	522
Appenzell A.-Rh., Kanton	325–350	338	480	Neuenburg, Kanton	300	300	545
St. Gallen, Sargans	450–500	475	464	Mittel[2]		416	556
Graubünden, Kanton	200–250[1]	225	477				
Mittel[2]		324	475				

[1] «In einigen Landesteilen mehr.»
[2] Nach dem Kuhbestand der einzelnen Gebiete im Jahre 1896 gewogenes Mittel.

Das Eidgenössische Statistische Büro hat 1896 das gesamtschweizerische Mittel auf 510 kg berechnet, so daß gegenüber den in vorstehender Tabelle aufgeführten 515 kg für das Alpgebiet nur ein geringer Unterschied besteht. Man darf wohl annehmen, daß dies annähernd auch für das Jahr 1864 zutrifft, in welchem das Alpgebiet einen Durchschnitt von 370 kg verzeichnete.

In seinen Berechnungen über die inländische Fleischproduktion hat das Schweizerische Bauernsekretariat 1900 und 1914 das vom Eidgenössischen Statistischen Büro 1896 ermittelte Durchschnittsgewicht der Kühe übernommen (510 kg Lebendgewicht = 255 kg Schlachtgewicht) und ihm folgende Gewichte anderer Schlachtvieharten beigefügt.

Mittlere Schlachtgewichte, Kilogramm je Stück, 1886, 1896 und 1911

Jahre	Kälber	Jungvieh	Rinder	Stiere	Ochsen	Kühe
1886	50	110	190	303	375	240
1896	55	120	200	311	358	255
1911	52	121	233	336	384	273

Bei Annahme einer Schlachtausbeute von 50% auch im Jahre 1911 stellt sich das mittlere Lebendgewicht von Kühen auf 546 kg, so daß seit 1864 eine Zunahme um 48% resultiert.

Zur Hebung und Vereinheitlichung der Leistungsfähigkeit der Tiere hat besonders der durch den Bau von Eisenbahnen und besseren Straßen ermöglichte vermehrte Austausch von Zuchtmaterial zwischen Berg und Tal beigetragen. Die Angleichung geschah vor allem durch den Ankauf von Aufzuchtkälbern im Unterland durch die Viehzüchter im Alpgebiet, wo der relativ kleine Kuhbestand (siehe Tabelle S. 188) eine im Vergleich zu den Aufzuchtmöglichkeiten zu geringe Zahl von Aufzuchttieren liefert und umgekehrt durch den Bezug von trächtigen Rindern und jungen Kühen aus den Bergen durch Betriebe in Gegenden mit vorherrschender Milchwirtschaft. Wichtige Umschlagplätze im Braunviehzuchtgebiet waren zum Beispiel Lachen SZ, Zug, Luzern und Altstätten SG.

Nach den ersten beiden Rassenerhebungen von 1886 und 1911 setzte sich der schweizerische Rindviehbestand wie folgt zusammen:

Rindviehrassen, 1886 und 1911

Rassen	1886		1911		Veränderung 1911 gegenüber 1886, %
	Stück	%	Stück	%	
Braunvieh	509 262	42,0	545 588	37,8	+ 7,1
Simmentaler Fleckvieh ..	619 919	51,1	793 943	55,0	+33,6
Schwarzfleckvieh			34 246	2,4	
Eringer	83 357	6,9	30 439	2,1	−16,4
Kreuzungen			39 267	2,7	
Im ganzen	1 212 538	100	1 443 483	100	+19,0

Das Fleckviehzuchtgebiet hat sich zwischen 1886 und 1911 ausgedehnt. Nahm der gesamte Rindviehbestand in dieser Zeit um 19% zu, so vermehrte sich das Fleckvieh um rund 34%, das Braunvieh dagegen nur um 7%. Anteilmäßig erhöhte sich die Zahl der Tiere der Fleckviehrasse von 51,1% 1886 auf 55,0% 1911.

Unter den sechs auf der Grenzlinie zwischen Braunvieh und Simmentaler Fleckvieh gelegenen und deshalb relativ viele gemischte Bestände aufweisenden Kantonen Thurgau, Zürich, Aargau, Luzern, Bern und Wallis verzeichnete nur der Kanton Thurgau eine Zunahme des Braunviehs. Im Kanton Luzern blieb die Rassenverteilung nahezu unverändert, während in den übrigen Gebieten das Simmentaler Vieh im Vormarsch war. Dieser begann schon vor 1886, wie die jährlichen Rassenzählungen bei zuchtfähigem Rindvieh (Rinder über $1^1/_2$ Jahre, Kühe und Zuchtstiere) im Kanton Aargau seit 1869 zeigen.

Um die Jahrhundertmitte ist Braunvieh wegen seiner Milchergiebigkeit im Kanton Genf bevorzugt worden. An den jährlichen Viehausstellungen der landwirtschaftlichen Klasse war von 1850 bis 1858 nur Braunvieh prämienberechtigt. Später wendete man sich aber mehr den beiden Fleckviehrassen zu, deren Hochzuchtgebiet näher lag als das des Braunviehs und dessen massigere Formen eher dem Wunsche nach vermehrter Fleischproduktion entsprachen. Der Kanton Genf verzeichnete aber noch 1911 mit 5,2% einen größeren Anteil Braunvieh als die Kantone Waadt (2,4%) und Neuenburg (1,2%).

Die Rassenzählung von 1886 hat das Simmentaler Vieh und das vorwiegend im Kanton Freiburg gehaltene Schwarzfleckvieh wegen der jahrzehntelang geduldeten Kreuzung der beiden Rassen in einer Zahl zusammengefaßt. Besonders die schweizerische landwirtschaftliche Ausstellung in Neuenburg von 1887 und die gleichzeitig einsetzenden Maßnahmen des Bundes zur Förderung der Rindviehzucht gaben den Anstoß zu konsequenter Reinzucht der Schwarzfleckviehrasse, ohne daß aber vorerst die rückläufige Tendenz in der Bestandesgröße aufgehalten werden konnte, wie die freiburgischen Viehzählungen in den 1890er Jahren und die eidgenössische Zählung von 1911 ergaben.

Ebenfalls Ende der 1880er Jahre wandte man sich im Wallis vermehrt der Reinzucht der hauptsächlich im mittleren Kantonsteil verbreiteten Eringer Rasse zu. Die Zahl der reinrassigen Tiere war damals auf einige Hundert Stück zusammengeschmolzen.

Ein hervorragendes Ereignis in der Geschichte der schweizerischen Rindviehzucht war die erste internationale Viehausstellung in Paris vom Jahre 1855, an der sich neben französischen, englischen und holländischen auch schweizerische Viehzüchter beteiligten. Sie gab einerseits den Anstoß zu verstärkter Förderung der Reinzucht der beiden Hauptrassen (Gründung der Zürcherischen Gesellschaft für Rassentierzucht 1857, erste schweizerische Viehausstellung in Bern 1857, Aufnahme einer Bestimmung über Einführung des Herdebuches im bernischen Viehzuchtgesetz von 1862 usw.) – anderseits bewog sie vor allem westschweizerische Viehzüchter, die damals in Frankreich empfohlene Kreuzung einheimischer Rassen mit der einseitig auf Fleischleistung gezüchteten englischen Shorthorn- (Durham-) Rasse, die an der Pariser Ausstellung dominierte, versuchsweise einzuführen. Ein Zentrum dieser Bestrebungen war Moudon, wo sich 1855 ein Verein für den gemeinsamen Ankauf von Durham-Zuchtvieh bildete. Die 1856 gegründete Société vaudoise pour l'amélioration des races des espèces bovine, ovine et porcine in Lausanne hat anfänglich diese Versuche unterstützt, später sich aber auf die Pacht von Jungviehalpen beschränkt. Rund 30 Jahre dauerten die wenig erfolgreichen Kreuzungen, bis sie zugunsten der Selektion des Simmentaler Fleckviehs, das sich steigender Wertschätzung erfreute, aufgegeben wurden. Noch 1881 verteilten sich die 46 im Kanton Waadt pämiierten Zuchtstiere auf folgende Rassen: reine Simmentaler 26, reine Freiburger 5, reine Landrasse 2, reines «Fleckvieh» 2, reine Durham 1; im ganzen 36 Stück reiner Rasse. Kreuzungen: Simmentaler/Durham 3, Landrasse/Durham 1, Durham/Kreuzung 1, Simmentaler/Landrasse 3, Simmentaler/Braunvieh 1, Freiburger/Braunvieh 1; im ganzen 10 Stück Kreuzungen.

Die zweite Rassenzählung von 1911 hat erstmals die Besitzer nach der gehaltenen Rinderrasse unterschieden und dabei festgestellt, daß im schweizerischen Mittel 74% der Rindviehbesitzer nur eine Rasse hielten, 16% zwei oder mehr Rassen, 8% Rassentiere und Kreuzungen und 2% nur Kreuzungen. Bis zur dritten Rassenzählung im Jahre 1936 hat sich der Anteil der Rindviehbesitzer mit nur einer Rasse auf 80% erhöht.

Sowohl das Braunvieh wie die beiden Fleckviehrassen sind in der Schweiz auf drei wirtschaftliche Nutzleistungen gezüchtet worden, nämlich außer auf Milch und Fleisch auch auf Arbeit, für die während der Berichtsperiode besonders in kleineren Betrieben selten Pferde zur Verfügung standen, wie der Betriebszählung von 1905 zu entnehmen ist:

Landwirtschaftsbetriebe mit Rindvieh und Pferden, 1905

Betriebsgrößen-klasse	Landwirt-schaftsbe-triebe im ganzen	Davon Betriebe mit Rindvieh		Von diesen Betrieben mit Rindvieh entfallen auf Betriebe		
				ohne Pferde		mit Pferden
ha		Anzahl	wenn To-tal = 100	Anzahl	in %	
0,5 bis 3	100 390	69 397	33,9	64 330	92,7	5 067
3,1 bis 10	101 529	96 618	47,1	72 201	74,7	24 417
10,1 bis 15	19 763	19 348	9,4	7 631	39,4	11 717
15,1 bis 30	14 744	14 397	7,0	3 728	25,9	10 669
30,1 bis 70	4 620	4 151	2,0	1 122	27,0	3 029
Über 70	2 664	1 181	0,6	433	36,7	748
Total	243 710	205 092	100	149 445	72,9	55 647

Von den 205 092 Landwirtschaftsbetrieben mit Rindvieh (81% davon waren Betriebe der beiden kleinsten Größenklassen von 0,5 bis 3 und 3,1 bis 10 ha) hielten 149 445 oder 72,9% keine Pferde. Sie waren damit größtenteils auf die Zugarbeit des Rindviehs angewiesen. Von größeren Betrieben besonders geschätzt waren selbst in Grenzzonen mit vorherrschender Braunviehzucht die Fleckviehochsen im Alter von 2 bis 5 Jahren als Zugtiere zum Pflügen und überhaupt für schwerere Zugarbeiten. Den zahlenmäßigen Nachweis erbrachte die zürcherische Rassenzählung von 1886, die als bisher einzige Erhebung die Rassenverteilung beim Rindvieh nicht nur gesamthaft, sondern auch für die einzelnen Alters- und

Nutzungskategorien ermittelt hat. Danach betrug der Anteil des Fleckviehs bei den Ochsen 83% gegenüber 35% bei den Kühen, 53% bei den Zuchtstieren und 45% im Mittel aller Kategorien. Ebenso läßt sich für den Kanton Aargau auf Grund amtlicher Erhebungen über Rassenzugehörigkeit des Zuchtviehs (Rinder über 1½ Jahre, Kühe und Zuchtstiere) annehmen, daß zum Beispiel 1911 mindestens 90% der Ochsen auf Fleckvieh entfielen, während beim Gesamtbestand der Fleckviehanteil nur 75% erreichte.

Die in vorstehender Tabelle aufgeführten Landwirtschaftsbetriebe mit Rindvieh wiesen in den einzelnen Betriebsgrößenklassen im ganzen und je Betrieb folgende Bestände auf:

Landwirtschaftsbetriebe mit Rindvieh, 1905

Betriebe und Rindviehbestände	Betriebsgrößenklassen						
	0,5 bis 3 ha	3,1 bis 10 ha	10,1 bis 15 ha	15,1 bis 30 ha	30,1 bis 70 ha	über 70 ha	Total
Betr. mit Rindvieh ...	69 397	96 618	19 348	14 397	4 151	1 181	205 092
Rindviehbestand	199 783	611 178	214 197	232 601	101 313	51 193	1 410 265
Rindvieh je Betrieb, Stück	2,9	6,3	11,1	16,2	24,4	43,3	6,9

Das Gegenstück zu dieser Gliederung der Rindviehbetriebe nach der Größe der Betriebsfläche auf Grund der Ergebnisse der eidgenössischen Betriebszählung von 1905 bildet die Gliederung der Rindviehbesitzer nach der Größe des Rindviehbestandes an Hand der eidgenössischen Viehzählungen.

Die beiden untersten Größenklassen bei den Rindviehbesitzern (1 bis 10 Stück) und bei den Landwirtschaftsbetrieben (0,5 bis 10 ha) weisen nicht nur annähernd die gleiche Anzahl Tiere der Rindergattung (1906: 807 000 Stück, 1905: 811 000 Stück), sondern auch fast dieselbe Anzahl Besitzer beziehungsweise Betriebe auf (1906: 174 000; 1905: 166 000). Wie bereits im Abschnitt über die Betriebsverhältnisse erwähnt, vermitteln deshalb die Viehzählungen wertvolle Anhaltspunkte über die Veränderung der Landwirtschaftsbetriebe vor 1905. Zwischen 1866 und 1906 hat die Zahl der Rindviehbesitzer mit 1 bis 10 Stück Rindvieh um 25 064 abgenommen, während sich die Gesamtzahl der Rindviehbesitzer nur um 2 191 verminderte. Neben diesen 2 191 eingegangenen Rindviehhaltungen, die wohl fast ausschließlich der untersten Größenklasse angehört hatten, sind also mindestens 23 873 durch Kauf oder Pacht von Land oder durch vermehrte

Futterzukäufe oder auch durch Erweiterung der eigenen Futterbasis in andere Größenklassen aufgestiegen.

Rindviehbesitzer und Rindviehbestand, 1866 bis 1911

Jahre	Größenklassen: Stück Rindvieh je Besitzer					Rindviehbestand	
	1–4 Stück	5–10 Stück	11–20 Stück	über 20 Stück	Total	total Stück	je Besitzer Stück
	Anzahl Besitzer						
1866[1] ...	140 607	58 702	14 611	2 791	216 711	993 291	4,6
%	64,9	27,1	6,7	1,3	100		
1876	136 197	60 880	15 705	3 084	215 866	1 035 856	4,8
1886	122 146	71 053	21 322	4 672	219 193	1 212 538	5,5
1896	107 804	76 832	25 074	5 498	215 208	1 306 696	6,1
1901	104 309	76 346	26 988	6 072	213 715	1 340 375	6,3
1906	92 510	81 735	32 106	8 169	214 520	1 498 144	7,0
1911	87 999	79 153	30 954	7 838	205 944	1 443 483	7,0
%	42,7	38,5	15,0	3,8	100		
Veränderung 1911 gegenüber 1866 ..	−52 608	+20 451	+16 343	+5 047	−10 767	+450 192	2,4
%	−37,4	+34,8	+111,9	+180,8	−5,0	+45,3	+52,2
	Rindviehbestand in 1 000 Stück						
1901	260	528	377	175	1 340		
1906	235	572	451	240	1 498		
1911	223	556	433	231	1 443		
	Rindviehbestand je Besitzer, Stück						
1906	2,5	7,0	14,0	29,4	7,0		
1911	2,5	7,0	14,0	29,5	7,0		

[1] In den Kantonen Schaffhausen und St. Gallen fanden 1866 keine Zählungen der Viehbesitzer statt. Für diese Kantone wurden die Ergebnisse der folgenden Zählung (1876) eingesetzt (siehe Eidgenössische Viehzählungsergebnisse 1896, S. 19–29).

4. Schweinehaltung

Nach den jeweils im Frühjahr durchgeführten eidgenössischen Viehzählungen hat sich der Schweinebestand wie folgt verändert:

Schweinebestand, 1866 bis 1911

Jahre	Jungschweine unter 6 Monaten	Mastschweine über 6 Monate	Zuchtschweine Mutterschweine	Eber	Total	Davon in 3 Kantonen mit bedeut. Käsereimast[1]	3 Kantonen mit bedeut. Zucht[2]	4 Kantonen mit bedeut. Marktprodukt. u. Zucht[3]	6 Kantonen mit vorwieg. Selbstversorgung[4]
1866	272 656		30 228	1 544	304 428	20 661	10 185	157 640	77 544
1876	302 066		30 801	1 640	334 507	23 942	13 055	177 995	78 964
1886	356 867		36 551	1 499	394 917	30 346	17 410	213 385	89 320
1896	510 499		54 363	2 112	566 974	55 267	30 890	297 899	119 743
1901	499 644		53 626	1 991	555 261	57 753	31 510	299 945	110 607
1906	329 314	167 698	50 030	1 928	548 970	68 578	31 908	284 665	106 986
1911	302 327	209 890	55 905	2 104	570 226	76 841	32 219	298 179	102 254
Veränderung 1911 gegenüber 1866 in % ..	+87,9		+84,9	+36,3	+87,3	+271,9	+216,3	+89,2	+31,9

[1] NW, SG, TG. [2] SH, AR, AI. [3] BE, LU, FR, VD. [4] ZH, SO, BL, AG, TI, VS.

Nachdem bereits zwischen 1850 und 1866 eine gesamtschweizerische Bestandesvermehrung um rund 6% eingetreten war, folgten nach den Zählungsergebnissen von 1876, 1886 und 1896 weitere Zunahmen, so daß sich bei Annahme eines Bestandes von 288 000 Stück um 1850 bis Ende des Jahrhunderts nahezu eine Verdoppelung ergab. Die Voraussetzungen dafür lagen außer in der verstärkten Nachfrage nach Schweinefleisch vor allem in der Zunahme der Milchproduktion und der daraus sich ergebenden größeren Käseproduktion. Dadurch fielen Milchrückstände an, die sich besonders als Schweinefutter eigneten. Deshalb verzeichneten auch die 3 Kantone mit bedeutender Käsereischweinemast, Thurgau, St. Gallen und Nidwalden, zwischen 1866 und 1911 die größte Bestandeszunahme. Die sie hauptsächlich beliefernden 3 Kantone mit bedeutender Zucht, Schaffhausen und beide Appenzell, konnten ihren Schweinebestand ebenfalls mehr als verdreifachen. Ungefähr dem schweizerischen Mittel entsprach die Vermehrung in den 4 Kantonen mit bedeutender Marktproduktion und Zucht, Bern, Luzern, Freiburg und Waadt, während Kantone mit vorwiegender Selbstversorgung, Zürich, Solothurn, Basel-Land, Tessin und Wallis, den geringsten Anstieg verzeichneten. Namentlich hier hing der Umfang der Schweinehaltung von der betriebseigenen Futtergrundlage ab, speziell vom Ernteausfall bei Kartoffeln, andern

Hackfrüchten, Getreide usw., wobei die hohe Vermehrungsfähigkeit des Schweins die Anpassung an die wechselnde Futterversorgungs- und Marktlage erleichterte. Daß häufig die Kartoffelernten den Ausschlag gaben, ist aus der nachstehenden Abbildung 17 ersichtlich. Die eine Kurve stellt die jährlich ermittelten aargaui-

Schweinebestand im Kanton Aargau und Kartoffelpreise auf dem Markt in Langenthal, 1858 bis 1894

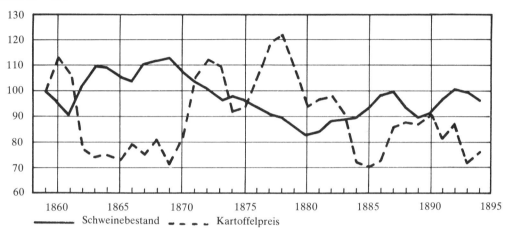

Index
1858/60 = 100

———— Schweinebestand   - - - - Kartoffelpreis

Abbildung 17.

schen Schweinebestände je in der zweiten Jahreshälfte von 1858 bis 1895 dar, die andere die für große Teile des Kantons Aargau maßgebenden Kartoffel-preisnotierungen auf dem Langenthaler Wochenmarkt je im Mittel der Monate August bis November. Die beiden Kurven (gleitende Drei-Jahres-Mittel der auf Basis Jahresmittel 1858/60 = 100 berechneten Indexziffern) zeigen meistens einen entgegengesetzten Verlauf.

Mit der bestandesmäßigen Ausweitung der Schweinehaltung war eine ebenso bedeutungsvolle züchterische Verbesserung der Schweinerassen und die Ausnützung ihrer Anlagen durch verbesserte Fütterungs- und Haltungsbedingungen verbunden. Auf dem Wege der Veredelungskreuzung der verschiedenen meist spät-reifen Landschläge, vorwiegend mit der englischen Yorkshire-Rasse, entstanden frühreifere und schnellwüchsigere Typen. Daneben wurden englische Rassen durch Reinzucht vermehrt. Bis zum ersten Weltkrieg war die organisierte Zucht so weit fortgeschritten, daß sich die Zuchtförderung auf zwei anerkannte Rassen beschränken konnte: das Edelschwein (Abkunft vom englischen Yorkshire), vorwiegend

197

in der Westschweiz, im Kanton Bern und Teilen der Kantone Thurgau und St. Gallen gehalten, und das veredelte Landschwein (Abkunft vom englischen Yorkshire, von einheimischen Landschlägen und von veredelten Landschweinen aus Deutschland), mehr in der Ost-, Zentral- und Südschweiz verbreitet. Die Genfer Erhebungen über die Schweinerassen in den Jahren 1844 bis 1868 und 1879 bis 1891 (gesamtschweizerische Erhebungen beginnen erst 1941) lassen den steigenden Einfluß der englischen Züchtungsrassen auf die Landeszucht erkennen:

Schweinebestand im Kanton Genf, Prozentverteilung

Jahrfünft	Rassentiere		Kreuzungstiere	Total
	englische %	savoyardische %	%	%
1846/50	18	46	36	100
1887/91	7	6	87	100

Bekanntlich verdankt die schweizerische Landwirtschaft dem Genfer Agronom Charles Martin (1790 bis 1876) die erste Einfuhr englischer Züchtungsrassen (1830).

Rechnete das Schweizerische Bauernsekretariat im Jahre 1900 bei der Schätzung der Schweinefleischproduktion von 1896 noch mit einer durchschnittlichen Haltedauer der Mastschweine von 1 Jahr, das heißt mit durchschnittlich einjährigem Umsatz der Schlachttiere, so reduzierte es 1914 diese Annahme auf 11 Monate und fügte bei: «Es läßt sich nicht bestreiten, daß die Mästung jetzt rascher vor sich geht, besonders seit der Gründung großer Zucht- und Mastanstalten und seitdem die Käsereien, speziell in der Ostschweiz, immer mehr die Schweinemast betreiben[1].»

In der ersten Hälfte der Zeitspanne von 1866 bis 1911 ist die Zahl der Schweinebesitzer in allen Größenklassen angestiegen. Von 1896 an nahm sie dann mehr und mehr ab, namentlich in der Größenklasse mit 1 bis 3 Stück, in der die Schweinehaltung hauptsächlich der Selbstversorgung dient. Entfielen auf diese Gruppe 1866 noch 85% aller Schweinebesitzer und ungefähr 58% des gesamten Schweinebestandes, so waren es 1911 noch 73 beziehungsweise 30%. Da im Landestotal der Schweinebestand bis 1896 zunahm und später annähernd konstant blieb, hat sich die Stückzahl je Besitzer stetig erhöht.

---

[1] Enquete zur Vorbereitung der Handelsverträge von 1918, 2. Teil, Brugg 1914, S. 136.

Schweinebesitzer und Schweinebestand, 1866 bis 1911

Jahre	Größenklassen: Schweine je Besitzer					Schweinebestand	
	1–3 Stück	4–10 Stück	11–50 Stück	über 50 Stück	total	total	je Besitzer
	Anzahl Besitzer						
1866	103 792	14 864		3 453	122 109	304 428	2,49
In %	85,0	12,2		2,8	100		
1876	109 181	16 235		3 688	129 104	334 507	2,59
1886	113 428	21 196		5 058	139 682	394 917	2,83
1896	127 324	31 976		8 892	168 192	566 974	3,37
1901	111 350	31 446		9 265	152 061	555 261	3,65
1906	108 619	28 477	8 708	543	146 347	548 970	3,75
1911	100 908	26 117	9 981	719	137 725	570 226	4,14
In %	73,3	19,0	7,2	0,5	100		
	Schweinebestand, Stück						
1866[1]	176 450	74 320		53 658	304 428		
In %	58,0	24,4		17,6	100		
1911	172 422	150 014	170 648	77 142	570 226		
In %	30,2	26,3	29,9	13,6	100		

[1] Bei Annahme eines durchschnittlichen Bestandes von 1,7 Stück in der Größenklasse 1 bis 3 und von 5 Stück in der Größenklasse 4 bis 10 Stück.

5. Schafhaltung

Bis 1936 haben die eidgenössischen Viehzählungen den Schafbestand ohne Gliederung in Alters- und Nutzungskategorien ausgewiesen.

Sowohl der Schafbestand als auch die Zahl der Schafbesitzer sind von Zählung zu Zählung zurückgegangen; beim Schafbestand hatte sich die mittlere jährliche Abnahme von 1,8% zwischen 1866 und 1876 auf 0,7% im folgenden Jahrzehnt vermindert, dann aber wieder zunehmend erhöht, zwischen 1886 und 1896 auf 2,1% und zwischen 1896 und 1901 auf 3,7%; zwischen 1901 und 1906 ging sie auf 0,9% zurück, hob sich jedoch wieder im letzten Jahrfünft auf 4,6%.

Nach den kantonalen Viehzählungen vor 1866 muß angenommen werden, daß der schweizerische Schafbestand in den 1850er Jahren, nach anfänglichem Rückgang, gegen Ende des Jahrzehnts und im Laufe der 1860er Jahre zugenommen hat; dazu trugen vor allem die gestiegenen Wollpreise als Folge der Baumwollverknappung während des amerikanischen Bürgerkrieges von 1861 bis 1864 bei. Mit dieser günstigeren Marktlage hing auch wohl zusammen, daß sich das erste

Jahre	Schaf-bestand Stück	Schafbesitzer							
		Anzahl				Prozentverteilung			
		mit 1–5 Stück	mit 6–25 Stück	mit 26 und mehr Stück	total	mit 1–5 Stück	mit 6–25 Stück	mit 26 und mehr Stück	total
1866	447 001	64 367	26 556	599	91 522	70,3	29,0	0,7	100
1876	367 549	54 951	21 559	359	76 869	71,5	28,0	0,5	100
1886	341 804	46 470	20 717	499	67 686	68,7	30,6	0,7	100
1896	271 901	33 108	16 598	417	50 123	66,1	33,1	0,8	100
1901	219 438	26 054	13 827	308	40 189	64,8	34,4	0,8	100
1906	209 997	23 977	12 755	368	37 100	64,6	34,4	1,0	100
1911	161 414[1]	19 126	9 876	240	29 242	65,4	33,8	0,8	100
Veränderung 1911 gegenüber 1866 in %	—63,9	—70,3	—62,8	—59,9	—68,0				

[1] Davon 52 116 Stück bei Besitzern von 1 bis 5 Stück (= 32,3%), was 2,7 Stück je Besitzer ergibt. Bei Annahme des gleichen Durchschnittes im Jahre 1866 hätten damals die 64 367 Besitzer von 1 bis 5 Stück im ganzen 174 000 Stück oder 38,9% des Gesamtbestandes besessen.

Preisausschreiben des eben gegründeten Schweizerischen Landwirtschaftlichen Vereins auf die Schafzucht bezog, um «Vorschläge für die Beseitigung der Übelstände und die Einführung von durchgreifenden Verbesserungen» zu erhalten[1].

Schon 1866 war der Schafbestand sehr ungleich verteilt. Gemessen an der Zahl der Rindviehbesitzer, der verbreitetsten Gruppe von Viehhaltern, die nach der Betriebszählung von 1905 in 21 Kantonen (ohne Obwalden, Glarus, Schaffhausen und Genf) zu 75 bis 95% mit der Zahl der Landwirtschaftsbetriebe übereinstimmte, betrug 1866 die Zahl der Schafhalter in 5 Kantonen weniger als 10% der Rindviehhalter (Schaffhausen, Thurgau, Zürich, Appenzell-Außerrhoden und Aargau). Dagegen machte sie in 3 Kantonen mehr als 90% (Graubünden, Uri und Obwalden) und in 4 weiteren Kantonen zwischen 60 und 75% (Waadt, Wallis, Bern und Freiburg) aus.

Rückläufig war die Schafhaltung von 1866 bis 1911, wenn nur die Kantone mit über 1 000 Schafbesitzern im Jahre 1866 in Betracht gezogen werden, besonders in den acht Kantonen Basel-Landschaft (94%), Aargau (90%), Solothurn (88%), Waadt (87%), Obwalden (85%), Neuenburg (81%), Luzern (80%) und Bern (79%), weniger jedoch in den 7 Kantonen Graubünden, Wallis

[1] Landwirtschaftliche Zeitung, Jahrgang 1864, Nr. 17; Jahrgang 1865, Nr. 15.

(je 38%), Tessin (56%), Uri (58%), Freiburg (66%), St. Gallen (67%) und Schwyz (69%); dies bedeutete eine zunehmende Konzentration in den Gebirgskantonen.

In der Verteilung der Schafbesitzer nach der Größe des Schafbestandes hat sich während der Berichtszeit relativ wenig geändert. Den Grundstock bildeten 1866 und 1911 die Besitzer von 1 bis 5 Schafen mit einem Anteil von 70 beziehungsweise 65% an der Gesamtzahl der Schafbesitzer und einem Anteil von etwa 39 beziehungsweise 32% am Schafbestand. Da sich die Zahl der Schafbesitzer von 1866 bis 1911 um 68%, die des Schafbestandes um 63,9% verminderte, hat sich die durchschnittliche Stückzahl je Besitzer leicht von 4,9 auf 5,5 vergrößert.

Die maßgebenden Gründe für den Niedergang der Schafhaltung lagen in der Senkung der Wollpreise und der höheren Rendite der Rindvieh-, insbesondere der Milchviehhaltung, wie sich schon aus dem bloßen Preisvergleich ergibt:

Entwicklung der Preise von Erzeugnissen der Schaf- und Rindviehhaltung

Jahresmittel	Index der Wollpreise 1913 = 100 [1]	Preis für fette Schafe in Genf [2] Fr./kg Schlachtgew.	Preis für fette Ochsen, schweiz. Mittel [2] Fr./kg Schlachtgew.	Preis für Milch, schweiz. Mittel [2] Fr./100 kg
1861/70	114,1	1.38	1.37	9.73
1901/10	84,1	1.86	1.77	16.19
Veränderung 1901/10 gegenüber 1861/70 in %	—26,3	+34,8	+29,2	+66,4

[1] A. Jacobs, H. Richter, Die Großhandelspreise in Deutschland von 1792 bis 1934, Sonderheft Nr. 37 des Instituts für Konjunkturforschung, Berlin 1935, S. 76.
[2] Statistisches Handbuch der schweizerischen Landwirtschaft, Bern 1968, S. 323 ff.

Nach deutschen Marktnotierungen, die auch für die Schweiz angenommen werden dürfen, sind die Wollpreise zwischen 1861/70 und 1901/10 um 26% gesunken. Dies trifft auch für den Tauschwert der Wolle in jenen häufigen Fällen zu, bei denen die Tuchfabriken die Wolle nicht gegen Bargeld, sondern gegen Stoffe entgegennahmen. Anderseits sind die Preise für fette Schafe im gleichen Zeitabschnitt zwar mindestens so stark wie die Preise für fette Ochsen gestiegen, jedoch gegenüber dem Milchpreis weit zurückgeblieben. Den Hauptnutzen zog die Schafhaltung daher zunehmend aus der Fleischproduktion, wie nachstehende Berechnung des Schweizerischen Bauernsekretariates für 1911 und die entsprechende Schätzung für 1866 bei gleichen Annahmen (geschlachtete Tiere 51% des Schafbestandes; Durchschnittsgewicht der Schlachttiere 22 kg; Wollertrag je Schaf 1,79 kg) zeigen:

201

1866:	Schafbestand	447 001 Stück, Fleischanfall	Fr.	%
		50 150 q à Fr. 125.–	= 6 269 000.–	70
	Wollanfall	8 000 q à Fr. 340.–	= 2 720 000.–	30
	Rohertrag im ganzen (ohne Düngerwert)		8 989 000.–	100
1911:	Schafbestand	161 414 Stück, Fleischanfall		
		17 955 q à Fr. 200.–	= 3 591 000.–	79
	Wollanfall	2 890 q à Fr. 325.–	= 939 000.–	21
	Rohertrag im ganzen (ohne Düngewert)		4 530 000.–	100

Der Anteil der Wolle am gesamten Rohertrag betrug 1866 30%, 1911 dagegen noch 21% und dürfte in den 1890er Jahren sogar unter 20% gesunken sein. Diese Preisverhältnisse und eine die Haltung von Großvieh ermöglichende intensivere Bodennutzung im Mittelland und im Voralpengebiet trieben die Schafhaltung zunehmend ins Berggebiet, wo sich der Graserfrag der hoch- und abgelegenen, steilen und steinigen Alpweiden nur durch Schmalvieh verwerten läßt.

Bis zu Beginn des laufenden Jahrhunderts sömmerten zudem auf Bündner Alpen zahlreiche Herden ausländischer Schafe, die in den Ergebnissen der eidgenössischen Viehzählungen, weil jeweils im Juni eingetrieben, nicht enthalten waren. Nach den Erhebungen der bündnerischen Grenzorgane gelangten in den Jahren 1867 bis 1871 durchschnittlich 41 700 Schafe (vorwiegend italienische der Bergamasker-Rasse) über die Grenze und 1882/86 nach den letzten jährlichen Erhebungen des Kantons 26 559, neben 7 514 Stück Rindvieh, 1 058 Ziegen und 426 Tieren anderer Gattungen.

Mehrere Abkommen mit Italien (so diejenigen von 1891 und 1901) suchten die Gefahr der Seucheneinschleppung, die häufig mit diesem Tierverkehr verbunden war, zu vermindern, indem zum Beispiel nach der Übereinkunft von 1901 die Einfuhr auf die bündnerischen Täler außerhalb des Einzugsgebietes des Rheins beschränkt war. Nach der Kündigung des Abkommens durch die Schweiz im Jahre 1908 und infolge des Kriegsausbruches 1914 hörte der Eintrieb von fremdem Sömmerungsvieh auf.

Die Veredelung der verschiedenen Landrassen und -schläge durch Kreuzung mit ausländischen, das heißt wiederum vorwiegend englischen Rassen, hatte anfänglich geringeren Erfolg als in der Schweinehaltung und führte bis Ende der Berichtsperiode auch noch zu keiner Vereinheitlichung der Zuchtziele, die vielmehr erst 1938 gesamtschweizerisch zustande kam.

6. Ziegenhaltung

Über den Umfang der Ziegenhaltung seit 1866 und die erstmals aus den Ergebnissen von 1911 ersichtliche Zusammensetzung des Ziegenbestandes unterrichtet die nachstehende Tabelle:

Ziegenbestand und -besitzer, 1866 bis 1911

Jahre	Ziegenbestand, Stück					Ziegenbesitzer			
	Gitzi		Böcke	Milch-ziegen	Total	mit 1–5 Stück	mit 6 und mehr Stück	Total	Davon mit 1–5 Stück %
	zum Schlach-ten	zur Auf-zucht							
1866 ...	·	·	·	·	375 482	126 765	12 453	139 218	91,1
1876 ...	·	·	·	·	396 001	135 608	11 853	147 461	92,0
1886 ...	·	·	·	·	416 323	132 407	13 353	145 760	90,8
1896 ...	·	·	·	·	415 817	124 309	13 868	138 177	90,0
1901 ...	·	·	·	·	354 634	109 985	11 038	121 023	90,9
1906 ...	37 060		325 057		362 117	101 128	12 321	113 449	89,1
1911 ...	30 922	52 784	5 764	251 826	341 296	90 211	12 181	102 392	88,1
Veränderung 1911 gegenüber 1866 in %					—9,1	—28,8	—2,2	—26,5	

Der Ziegenbestand nahm bis 1886 zu und hielt sich bis 1896 annähernd auf dieser Höhe. Dem Rückgang bis 1901 folgte ein Wiederanstieg in den nächsten 5 Jahren und auf diesen eine erneute Abnahme, so daß 1911 im Vergleich zu 1866 eine Verminderung um 9% zu verzeichnen war. Bereits von 1876 an zeigte sich auch ein Rückgang der Ziegenbesitzer, der bis 1911 ununterbrochen anhielt und in diesem Zeitpunkt den Stand von 1866 um 29% unterschritt.

Wie aus dem hohen Anteil der Milchziegen am gesamten Ziegenbestand hervorgeht (74% im Jahre 1911), liegt der Hauptnutzen der Ziegenhaltung im Milchertrag. Nach der Berechnung des Schweizerischen Bauernsekretariates für das Jahr 1911 setzte sich damals der Gesamtrohertrag der Ziegenhaltung, ohne Berücksichtigung des Wertes der verfütterten Ziegenmilch sowie des Düngers, aus 81% Milch- und 19% Fleischertrag zusammen. Nun hatte aber die mit der starken Vermehrung des Kuhbestandes eingetretene allgemeine Verbesserung der Konsummilchversorgung der Bevölkerung ländlicher und halbstädtischer Orte sowie die gestiegene Kaufkraft weiter Bevölkerungskreise zur Folge, daß namentlich im Mittelland die Kuhmilch zunehmend die Ziegenmilch verdrängte. Bei den Ziegenbesitzern äußerte sich dies vor allem im Rückgang der Selbstversorgerbetriebe, das heißt der Halter von 1 bis 5 Ziegen.

Im schweizerischen Mittel entfielen 1866 auf 100 Ziegen 147 Kühe, 1911 hingegen 233 Kühe. 6 Gebirgskantone wiesen 1866 mehr Ziegen als Kühe auf (Uri, Obwalden, Glarus, Appenzell-Innerrhoden, Graubünden und Tessin); 1911 waren es deren 5 (Uri, Glarus, Graubünden, Tessin und Wallis).

Nach der Übersicht auf S. 178 büßten bis 1911 die 14 Nicht-Bergkantone 12,6%
und die 11 Bergkantone 7,9% ihres Ziegenbestandes von 1866 ein. Das 1876 er-
lassene Bundesgesetz über die eidgenössische Oberaufsicht über die Forstpolizei
im Hochgebirge trug mit seinen den Weidgang in Schutzwäldern einschränken-
den Bestimmungen wesentlich zur Schmälerung der Futterbasis der Ziegen im
Berggebiet bei. Durch das Forstgesetz von 1902 wurde das grundsätzliche Weide-
verbot in Wäldern auf das ganze Gebiet der Schweiz ausgedehnt.

Das Bedürfnis nach züchterischer Verbesserung der Ziegen trat auffallend spät
auf, erklärt sich aber hauptsächlich aus dem schlechten Ruf der Ziege («Feindin
des Waldes») und aus der großen Zahl von Besitzern einzelner Tiere oder kleiner Bestände, deren Nutzen lediglich der Selbstversorgung dient. Die Anregung
zu vermehrter Nachzucht von einheimischen Rasseziegen in der Schweiz scheint
Ende der 1870er Jahre von englischen milchwirtschaftlichen Ausstellungen ausgegangen zu sein. Erst an der dritten schweizerischen allgemeinen landwirtschaftlichen Ausstellung von 1881 wurden auch einige Ziegen aufgeführt; dies hat den
Verfasser des offiziellen Berichtes zur Bemerkung veranlaßt, daß «wir uns stau-
nend fragen müssen, warum dieses in vieler Hinsicht so überaus nützliche Tier,
die Kuh der Armen, fast gänzlich von der Ausstellung fern geblieben sei». Den
hohen züchterischen Wert einiger schweizerischer Ziegenrassen, insbesondere
der Saanen- und Toggenburger-Ziegen, erst eigentlich ans Licht gebracht zu haben,
ist das Verdienst der fünften schweizerischen allgemeinen landwirtschaftlichen
Ausstellung in Neuenburg vom Jahre 1887 und zweier im gleichen Jahr erschie-
nener Schriften von F. Fankhauser, Adjunkt des Eidgenössischen Oberforstam-
tes, und F. Anderegg, damals Sekretär des Schweizerischen Landwirtschaftlichen
Vereins[1]; auch ein schon 1885 vom Schweizerischen Landwirtschaftlichen Verein
bei Prof. Julius Kühn von der Universität Halle an der Saale eingeholtes Gutachten hatte auf die Vorzüge schweizerischer Ziegenrassen hingewiesen; darauf entwickelte sich dann allmählich ein nicht unbedeutender Export von Zuchtziegen.

7. Geflügelhaltung

Die kritische Lage der Nahrungsmittelversorgung der Schweiz hat 1918 zur ersten
gesamtschweizerischen Geflügelzählung geführt, nachdem bereits seit 1886 jeweils bei der Vorbereitung der allgemeinen Viehzählungen von einigen Kantonen
und ornithologischen Vereinen auch die Zählung des Nutzgeflügels verlangt worden war.

Die Kantone Tessin und Waadt sowie einige zürcherische Gemeinden sind dem

[1] F. Fankhauser, Die Bedeutung der Ziegenwirtschaft für die schweizerischen Gebirgsgegenden in
forstlicher und statistisch-volkswirtschaftlicher Hinsicht, in: Zeitschrift für Schweizerische Statistik,
1887, S. 50–134.
F. Anderegg, Die Schweizer Ziegen, Bern 1887.

204

Bunde auf diesem Gebiete vorangegangen; die beachtlichen Ergebnisse finden sich in der folgenden Tabelle zusammen mit denen der Zählung vom 19. April 1918:

Geflügelbestand in den Kantonen Tessin, 1897 und 1918, und Waadt, 1910 und 1918, in 8 Zürcher Gemeinden, 1912 und 1918, sowie in der ganzen Schweiz, 1918

Geflügelart	Kanton Tessin		Kanton Waadt		8 zürcherische Gemeinden [3]				Ganze Schweiz 1918
	1897 [1]	1918	1910 [2]	1918	Besitzer		Bestand		
					1912	1918	1912	1918	
	Stück	Stück	Stück	Stück			Stück	Stück	Stück
Hühner	129 604	97 916	248 964	232 350	945	1 170	16 856 [4]	10 053	2 383 527
Enten	863	438	·	1 560	·	43	723	170	15 293
Gänse	440	266	·	377	·	8	57	20	3 265
Perl- und Truthühner	979	730	1 297	255	·	·	·	·	2 851
Total	131 886	99 350	250 261	234 497	·	·	·	·	2 404 936

[1] Schweizerische Blätter für Ornithologie, Jahrgang 1898, S. 321.

[2] Département de l'agriculture, de l'industrie et du commerce du canton de Vaud, Statistique agricole de 1910, Lausanne 1911, S. 111.

[3] Affoltern a.A., Dietikon, Dietlikon, Meilen, Rüti, Seebach, Weiningen und Wülflingen; siehe H. Keller-Nägeli, Die zürcherische Kleintierzählung 1912, veranstaltet vom Zürcher Kantonalverband für Ornithologie, Geflügel- und Kaninchenzucht, Aarau 1914.

[4] Davon 76% Landhühner und Kreuzungen, 13% reinrassige Italienerhühner, 11% übrige Rassen.

Im Kanton Tessin sowie in 8 zürcherischen Gemeinden ist die Zählung von ornithologischen Gesellschaften (im Tessin zusammen mit dem landwirtschaftlichen Kantonalverein unter Leitung von G. Donini) durchgeführt worden, wogegen die waadtländische Zählung vom Staate offenbar auf die schweizerische landwirtschaftliche Ausstellung in Lausanne hin angeordnet wurde. Der Kommentar des Eidgenössischen Statistischen Amtes zu den Ergebnissen von 1918 enthält keinen Hinweis auf die vorangegangenen Zählungen, doch vermutet er, daß «die Geflügelhaltung infolge der eingetretenen Schwierigkeiten in den Futterverhältnissen sehr zurückgegangen» sei. In der Tat sind die erfaßten Bestände von 1897, 1910 und 1912 wesentlich höher als 1918, zum Teil allerdings wegen des unterschiedlichen Zähltermins (im Tessin und in den zürcherischen Gemeinden war es der Herbst, der in der Regel den Höchstbestand während des Jahres aufweist, bei der eidgenössischen Zählung der 19. April).

Trotz diesem zähltechnisch beeinflußten und kriegsbedingten Rückgang war die Geflügelhaltung 1918 der verbreitetste Zweig der Tierhaltung in der Schweiz. Außer 197 029 Geflügelbesitzern mit Vieh aller Art (Tieren des Pferdegeschlechtes, Rindvieh, Schweinen Schafen, Ziegen) ermittelte die Zählung 54 723 Geflügelbesitzer ohne Vieh, im ganzen somit 251 752, während die nächsthäufige Rindviehhaltung sich auf 205 483 Besitzer verteilte.

Während der zweiten Hälfte des 19. Jahrhunderts kann eine Zunahme des Geflügelbestandes angenommen werden. Das vermehrte Interesse an der Geflügel- und speziell der Hühnerhaltung zeigte sich zuerst in der Westschweiz. Hier wurde, ausgehend von Veranstaltungen der Classe d'agriculture Genfs, die Geflügelhaltung auch an landwirtschaftlichen Ausstellungen berücksichtigt. Die schweizerischen allgemeinen landwirtschaftlichen Ausstellungen enthielten erst von 1883 an eine Geflügelabteilung. Sodann ist die Geflügelzucht von den meisten ornithologischen Vereinen gefördert worden, die ab 1869 (Gründungsjahr der Ornithologischen Gesellschaft von Zürich) aufkamen und sich namentlich in den 1880er und 1890er Jahren stark vermehrten. Schließlich trugen die relativ günstigen Preise für Geflügelprodukte zur Ausdehnung dieses Betriebszweiges bei, der nach den Lageberichten des Schweizerischen Bauernsekretariates von 1900 und 1914 zu den rentableren Zweigen der landwirtschaftlichen Produktion zählte[1]. Obgleich sehr stark zugenommen, hat die Eiereinfuhr eine Erhöhung der Eierpreise auf nahezu das Doppelte des Standes von 1851/60 und damit eine Annäherung an die Milchpreisentwicklung nicht verhindert, wie folgender Übersicht zu entnehmen ist.

Eiereinfuhr und Index der Eier- und Milchpreise 1850 bis 1910

Jahresmittel	Eiereinfuhr[1]	Index (1851/60 = 100)	
	q	der Eierpreise[2]	der Milchpreise[3]
1851/60	2 823	100	100
1861/70	8 529	118	122
1871/80	24 171	152	172
1881/90	38 201	153	162
1891/1900	70 686	165	185
1901/10	111 311	194	204

[1] Statistisches Handbuch der schweizerischen Landwirtschaft, Bern 1968, S. 278.
[2] Berechnet nach den Notierungen von Bern, Langenthal, Königsfelden, Münsterlingen, Westschweiz; Statistisches Handbuch der schweizerischen Landwirtschaft, S. 306 ff.
[3] Statistisches Handbuch der schweizerischen Landwirtschaft, S. 354, 355.

Für inländische Produzenten lohnend war namentlich der Verkauf von Frischeiern. Hier kam der Entfernungsschutz noch voll zur Geltung. Aber eine wesentliche Ausdehnung der Eierproduktion, die damals sehr große saisonale Schwankungen aufwies (Überschuß im Frühjahr und Mangel in den Herbst- und Wintermonaten), war wegen Fehlens einer kollektiv organisierten Eierannahme und

[1] Enquete zur Vorbereitung der künftigen Handelsverträge, erster, allgemeiner Teil, 1900, S. 139, und Enquete zur Vorbereitung der Handelsverträge von 1918, zweiter Teil, 1914, S. 158.

-verwertung nicht möglich. Deshalb konnte die gesteigerte Nachfrage der Fremdenorte und vieler städtischer Haushaltungen nicht voll genutzt werden. Vereinzelt haben ornithologische Vereine kleinere Mengen vermittelt, so 1905 18 Sektionen der Schweizerischen Ornithologischen Gesellschaft. Die beiden einzigen Versuche, den Eierabsatz genossenschaftlich zu organisieren, 1894/95 in Altstetten-Zürich und 1902 bis 1904 in Ostermundigen, schlugen, kaum hatten sie begonnen, fehl. Lähmend auf die Entwicklung der Hühnerhaltung wirkte auch die häufige Einschleppung von Seuchen mit lebendem Geflügel, das infolge der geringen eigenen Junghennenaufzucht in großen Mengen aus dem benachbarten Italien eingeführt wurde. Diese schönen rebhuhnfarbigen Tiere haben als meistgehaltene ausländische Rasse in der Schweiz innert weniger Jahrzehnte, neben kleineren Einfuhren vor allem schwererer Rassen aus England, Amerika, usw., die alten, leistungsschwächeren Landrassen zunehmend verdrängt. Von italienischen Hühnern erwartete man eine Jahresleistung von 70 bis 100 Eiern[1], während die Legeleistung einheimischer Rassen auf 50 bis 70 geschätzt wurde[2]. Frankreich war anderseits Hauptlieferant von Schlachtgeflügel, das in der Schweiz in noch sehr geringen Mengen anfiel.

8. Bienenhaltung

Mit allen eidgenössischen Viehzählungen, diejenigen von 1866 und 1906 ausgenommen, waren auch Bienenzählungen verbunden. Zwischen 1850 und der ersten Zählung von 1876 haben jedoch in 11 Kantonen Erhebungen stattgefunden, die hinreichend Anhaltspunkte über die Entwicklung der Bienenhaltung von den 1850er und 1860er Jahren an liefern; diese Kantonsresultate finden sich in der folgenden Tabelle, wobei nur die Ergebnisse der Tessiner Zählung von 1866 und der waadtländischen von 1862, die als unvollständig oder unsicher gelten, weggelassen wurden.

Die Häufung kantonaler Bienenzählungen anfangs der 1860er Jahre ist auf eine entsprechende Anregung des Schweizerischen Landwirtschaftlichen Zentralvereins (gegründet 1858, Vorgänger des 1863 gegründeten Schweizerischen Landwirtschaftlichen Vereins) vom Jahre 1861 zurückzuführen. Zugleich entstanden in dieser Zeit die ersten Bienenzüchtervereine, die sich dann oft mit der Zählung befaßten. Da die 9 Kantone 1876 und 1886 je 45% des schweizerischen Bestandes an Bienenvölkern aufwiesen, dürften in den 1860er Jahren bei Annahme des

---

[1] Das Schweizerische Bauernsekretariat hat 1900 und 1914 in den erwähnten Enqueteberichten 100 Eier je Henne und Jahr angenommen, G. Domini in der «Neuen Zürcher Zeitung» vom 10. Januar 1912 (Nr. 37) 70 Stück («Bei einer rationellen Haltung und namentlich durch fortgesetzte Zuchtwahl nach Leistung hin dürfte die Durchschnittsproduktion auch bis 100 Eier pro Henne gehen»).

[2] E. Brodmann, Redaktor der «Tierwelt», in einem Vortrag am 6. November 1905 in Kemptthal («Tierwelt», Jahrgang 1905).

Bienenvölker in 9 Kantonen nach kantonalen und eidgenössischen Zählungen

Kantone	Kantonale Zählungen in den 1850er und 1860er Jahren		Eidgenössische Zählungen Bienenvölker	
	Jahr	Bienenvölker	1876	1886
Zürich	1862	21 009	15 418	20 060
Luzern	1863	14 813	16 097	15 970
Schwyz	1863	2 622	2 015	3 320
Solothurn	1860	7 462	7 254	8 831
Schaffhausen	1868	2 234	1 427	1 888
St. Gallen	1857	9 029	9 158	13 907
Aargau	1859	15 523	14 629	15 952
Thurgau	1862	7 091	8 827	8 984
Neuenburg	1862	5 379	4 723	4 589
9 Kantone total		85 162	79 548	93 501
In % des schweizerischen Bestandes		wenn 45%	44,9	45,1
Schweizerischer Bestand		etwa 189 000	177 120	207 384

gleichen Anteils im ganzen ungefähr 189 000 Völker vorhanden gewesen sein, somit etwa 7% mehr als 1876. Auch die Schätzung des damals bekannten Bienenfachmannes A. Menzel aus dem Jahre 1871 (181 000 Völker) läßt bis 1876 einen Rückgang vermuten; aber bereits im folgenden Jahrzehnt wurde dieser mehr als ausgeglichen.

Bienenvölker und -besitzer nach den eidgenössischen Zählungen, 1876 bis 1911

Jahre	Bienenvölker				Bienenbesitzer			
	in Stabilbau	in Mobilbau	total	je Besitzer	total	davon mit		
						1 oder 2 Völkern	3–10 Völkern	11 und mehr Völkern
1876	.	.	177 120	4,3	41 237	.	.	.
1886	.	.	207 384	5,0	41 136	.	.	.
1896	.	.	254 109	5,7	44 583	17 061	21 852	5 670
1901	.	.	242 544	5,7	42 257	16 674	20 067	5 516
1911	35 332	189 698	225 030	6,6	34 351	13 165	15 507	5 679
Veränderung								
1911 gegenüber 1876 in % ...			+27,0	+53,5	−16,7			
1911 gegenüber 1896 in % ...			−11,4	+15,8	−23,0	−22,8	−29,0	+0,2

Hauptsächlich infolge hoher Einfuhren von italienischen und Krainer Bienen, unter denen sich besonders die letztern wegen ihrer ausgeprägten Schwarmlust stark vermehrten, hat die Bienenhaltung in den 1890er Jahren den Höhepunkt erreicht. Bald zeigte sich aber, daß die fremden Rassen schlecht zu unsern Klima- und Trachtverhältnissen nördlich der Alpen paßten, so daß sich die Bienenstände wieder entvölkerten.

Von 1896 bis 1911 sank die Zahl der Bienenvölker um 11% auf 225 000 und die der Bienenbesitzer um 23% auf 34 000. Zur Aufgabe der Bienenhaltung besonders durch Kleinimker trug auch die bereits in den 1850er Jahren begonnene Umstellung in der Betriebsweise vom Stabil- zum Mobilbau bei. Die vom Schweizer Bienenforscher François Huber (1750 bis 1831) erfundene und von den Deutschen Dzierzon (1811 bis 1906) und Berlepsch (1815 bis 1877) verbesserte bewegliche Bienenwabe verdrängte allmählich die herkömmlichen unbeweglichen Waben in Strohkörben oder hölzernen Behältern. Dieser Übergang vom Stabil- zum mindestens doppelt so ertragreichen Mobilbau erforderte jedoch mehr Bienenkenntnisse und einen größeren Arbeits- und Kapitalaufwand.

So ist denn zwischen 1896 und 1911 die Zahl der Besitzer von höchstens 2 Bienenvölkern um 23% und die der Besitzer von 3 bis 10 Völkern um 29% zurückgegangen, während sich die Zahl der Besitzer von 11 und mehr Völkern wenig veränderte.

Der Anteil der Bienenvölker in Mobilbau («Kastenvölker») an der Gesamtzahl belief sich nach der Zählung von 1911 (die erstmals diese Unterscheidung vornahm) auf 84%, wobei die Kantonsmittel zwischen 32% (Appenzell-Innerrhoden) und 98% (Uri) schwankten. Aus 7 Kantonen liegen indessen schon aus früheren Jahrzehnten Angaben über die Verbreitung des Mobil- und des Stabilbaus vor, die den züchterischen Fortschritt verfolgen lassen:

Prozentanteil der Bienenvölker in Mobilbau an der Gesamtzahl der Bienenvölker nach den kantonalen Erhebungen und nach der eidg. Bienenzählung von 1911

Kantone	Kantonale Bienenzählungen		Kantonsergebnisse nach der eidgenössischen Zählung von 1911:
	Jahre und Prozentanteil der Völker in Mobilbau		Prozentteil der Völker in Mobilbau
St. Gallen	1857: 4,1		79,9
Aargau	1859: 0,6		86,1
Luzern	1863: 1,5		86,0
Obwalden	1885: 24,3;	1895: 49,0	90,1
Zürich	1886: 24,8;	1896: 58,5	92,4
Neuenburg ...	1890: 34,6;	1897: 57,7	83,9
Waadt	1891: 35,5;	1901: 57,2	76,3

Der Verein schweizerischer Bienenfreunde hat unter seinen Mitgliedern in den Jahren 1890, 1905 und 1913 ebenfalls solche Erhebungen durchgeführt, die Prozentanteile der Bienenvölker in Mobilbau von 53, 92 und 98 ergaben und deutlich die technische Überlegenheit der organisierten Bienenbesitzer zeigten.

Angaben über die jährliche Honigleistung der Bienenvölker im Durchschnitt größerer Gebiete sind aus der Berichtszeit vorhanden:

für den Kanton Waadt aus den Erhebungen des waadtländischen Landwirtschaftsdepartementes seit 1880: Mittelertrag je Volk in den 34 Jahren 1880 bis 1913: 4,8 kg;

für die ganze Schweiz aus den Schätzungen von U. Kramer, gewesenem Präsidenten des Vereins schweizerischer Bienenfreunde, in den Jahren 1884 bis 1904: Mittelertrag je Volk in diesen 21 Jahren: 7,7 kg, und

für die deutsche Schweiz aus den Erhebungen der Redaktion der «Schweizerischen Bienenzeitung» seit 1900: Mittelertrag je Volk in den 14 Jahren 1900 bis 1913: 9,0 kg.

Werden für den Kanton Waadt die gleichen Jahre wie für die Vergleichsgebiete berücksichtigt, so ergeben sich von 1884 bis 1904 4,8 kg gegenüber 7,7 kg im schweizerischen Mittel und von 1900 bis 1913 5,8 kg gegenüber 9,0 kg im deutsch-schweizerischen Mittel. Die verhältnismäßig niedrige Honigleistung je Volk im Kanton Waadt dürfte zum Teil erhebungstechnisch bedingt, zum Teil aber auf den überdurchschnittlich hohen Anteil sowohl der Völker in Stabilbau wie der Besitzer von höchstens zwei Völkern in diesem Kanton zurückzuführen sein.

9. Seidenraupenzucht

Die Seidenraupenzucht erlangte in den 1850er Jahren auch nördlich der Alpen, so in den Kantonen Genf, Waadt, Bern, Aargau, Basel-Land, Zürich und St. Gallen, etwelche Bedeutung, die weniger in der Produktion von Kokons als in der Gewinnung von Eiern bestand, die infolge der damals in Italien und Südfrankreich verbreiteten Raupenkrankheit zu günstigen Preisen abgesetzt werden konnten. Als anfangs der 1860er Jahre die Seuche auch auf die Schweiz übergriff, befaßte sich sogar die Bundesversammlung mit der Frage, «wie man im Interesse der Seidenzucht den schweiz. Seidenzüchtern Seidenwürmer von gesundem Samen verschaffen könnte» (Motion Bruni, Dez. 1863). Durch Vermittlung der schweiz. Gesandtschaft in Tokio wurden während einiger Jahre japanische Rassen eingeführt; der Erfolg blieb jedoch aus, so daß bis Mitte der 1870er Jahre der Seidenbau in den genannten Kantonen verschwand. Einzig im Kanton Tessin erhielt er sich als wichtiger Wirtschaftszweig, der von 1870 bis 1873 und von 1888 an auch Gegenstand jährlicher umfassender amtlicher Erhebungen war. Freilich

Seidenraupenzucht im Kanton Tessin, 1870/73 und 1888 bis 1913

Jahresmittel	Züchter	Zur Zucht verwendete Eier	Kokons-Produktion			
			Menge		Erlös	
			total	je kg zur Zucht verwendete Eier	total	je kg
		g	kg	kg	Fr.	Fr.
1870/73	·	·	198 634	·	1 008 614	5.08
1888/90	·	·	98 648	·	339 145	3.44
1891/95	·	·	81 714	·	274 642	3.36
1896/1900	2 830	57 065	84 583	1 482	266 450	3.15
1901/05	2 348	41 059	64 396	1 568	220 933	3.43
1906/10	2 067	35 763	62 459	1 746	229 592	3.68
1911/13	1 292	27 228	39 135	1 437	135 140	3.45

ging er auch hier besonders im Sopraceneri mit den Bezirken Leventina, Blenio, Riviera, Bellinzona, Vallemaggia und Locarno infolge Arbeitskräftemangels und gesunkener Kokonspreise stark zurück. Damit sank der Produktionserlös im ganzzen Kanton von 1,0 Millionen Franken im Mittel der Jahre 1870/73 auf 0,1 Millionen Franken 1911/13. Von den 93 Tessiner Gemeinden mit Seidenraupenzucht im Jahre 1913 entfielen 88 Gemeinden auf die beiden Bezirke Lugano und Mendrisio.

10. Veränderung des Tierbestandes in den Kantonen

Zusammenfassend verzeichneten die Kantone bei den einzelnen Tiergattungen von 1866 (beziehungsweise 1876) bis 1911 folgende Bestandesänderungen:

Kantone	1911 gegenüber 1866						1911 gegenüber 1876: Bienenvölker %	Viehdichte 1911 Großvieheinheiten je ha[3]
	Pferde[2]	Rindvieh	Schweine	Schafe	Ziegen	Total[1]		
	Prozentuale Veränderung der Stückzahl							
Zürich	141,6	58,2	8,3	—49,7	0,2	59,1	53,5	1,19
Bern	34,3	62,2	114,0	—80,3	— 24,0	45,2	28,3	0,95
Luzern	89,7	73,0	78,6	—79,6	— 31,8	66,5	48,1	1,39
Uri	— 11,0	8,8	70,3	—59,5	— 48,1	— 12,1	186,9	0,29
Schwyz	6,2	45,7	181,1	—60,2	6,1	38,7	110,4	0,66
Obwalden	— 3,9	45,2	98,6	—87,8	— 47,4	28,4	147,4	0,45
Nidwalden	45,2	43,0	118,7	—85,8	— 22,3	43,1	189,0	0,62
Glarus	8,7	23,4	30,8	—91,8	3,2	14,4	102,3	0,32
Zug	82,9	86,3	40,1	—79,0	— 5,4	77,3	67,9	1,01
Freiburg	7,0	70,2	109,2	—67,6	39,9	51,5	18,5	0,99
Solothurn	56,2	49,9	29,6	—86,6	— 7,8	40,4	19,2	1,03
Basel-Stadt	78,8	— 7,4	27,9	—29,0	— 31,9	40,8	73,7	2,99
Basel-Land	61,6	63,9	52,1	—92,9	13,3	50,5	0,9	1,08
Schaffhausen	— 5,2	40,5	105,1	—90,9	23,8	41,1	88,5	1,10
Appenzell A.-Rh. ..	20,6	37,7	330,3	—63,8	1,0	54,6	— 0,8	1,38
Appenzell I.-Rh.	— 35,5	42,2	324,9	—85,2	— 37,9	62,3	— 15,3	1,09
St. Gallen	48,4	53,0	261,7	—77,7	— 11,7	56,8	44,1	0,91
Graubünden	65,5	— 4,7	19,9	—33,8	— 6,0	— 3,6	54,3	0,27
Aargau	67,8	48,3	16,8	—87,3	17,2	44,1	25,7	1,10
Thurgau	107,9	93,7	326,7	—69,5	1,7	106,9	22,1	1,30
Tessin	152,1	— 7,2	7,3	—63,5	— 17,5	— 7,5	54,3	0,42
Waadt	12,1	39,4	47,9	—88,5	— 16,7	21,5	— 29,0	0,79
Wallis	24,1	9,4	143,2	—41,6	37,7	10,7	72,2	0,38
Neuenburg	66,3	34,9	132,5	—81,3	— 7,8	41,9	— 22,0	0,67
Genf	49,6	5,4	34,4	58,9	133,1	24,6	— 1,9	0,90
Schweiz	43,7	45,3	87,3	—63,9	— 9,1	38,2	27,0	0,76

[1] Prozentuale Veränderung des Gesamtbestandes in Großvieheinheiten (inbegr. Maultiere und Esel). Siehe auch Abbildung 18. [2] Ohne Maultiere und Esel.
[3] Auf Großvieheinheiten umgerechnete Bestände an Tieren des Pferdegeschlechts, Rindvieh, Schweinen, Schafen und Ziegen vom Jahre 1911 je Hektare land- und alpwirtschaftlich genutztes Land ohne Wald und Reben nach der Arealstatistik von 1912 und den Erhebungen des Eidgenössischen Statistischen Amtes über die Rebfläche von 1912.

Auf Großvieheinheiten reduziert, hat der Bestand an Tieren des Pferdegeschlechts, an Rindvieh, Schweinen, Schafen und Ziegen von 1866 bis 1911 in

3 Bergkantonen Graubünden (—3,6%), Tessin (—7,5%) und Uri (—12,1%)
abgenommen, in den übrigen um 10,7% (Wallis) bis 106,9% (Thurgau) zugenommen. Der Rückgang in den 3 Kantonen ist vor allem den hier besonders ins
Gewicht fallenden Abgängen bei Ziegen und Schafen zuzuschreiben, zu denen
im Kanton Uri noch eine Abnahme des Pferdebestandes und in den Kantonen
Graubünden und Tessin eine solche des Rindviehbestandes kam.

An der Spitze der Kantone mit größerer Viehhaltung stehen Thurgau, Zug und
Luzern, das heißt Kantone mit fortgeschrittenster Milchwirtschaft, in denen vor
allem mehr Kühe, aber auch mehr Schweine und Pferde, diese wegen der aufkommenden Mechanisierung der Futterernte, gehalten wurden.

Die Abbildung 18 läßt die unterschiedliche Entwicklung der Viehhaltung in den
Kantonen bis 1911 noch deutlicher erkennen.

Prozentuale Veränderung des Viehbestandes in Großvieheinheiten, 1866 bis 1911

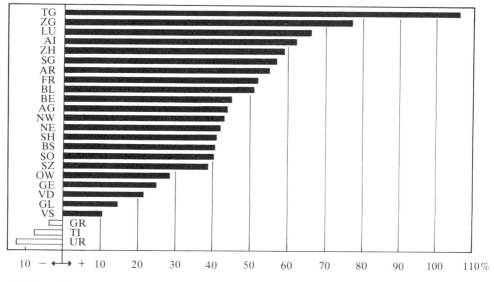

Abbildung 18.

Der in Großvieheinheiten berechnete Viehbestand von 1911 (Tiere des Pferdegeschlechts, Rindvieh, Schweine, Schafe und Ziegen), auf das land- und alpwirtschaftlich genutzte Areal ohne Wald und Reben von 1912 bezogen, ergibt je
nach der Fruchtbarkeit, Düngung und Nutzungsweise des Bodens sowie der Höhe
der Futterzukäufe eine Viehdichte für die einzelnen Kantone zwischen 0,27 und
2,99 Großvieheinheiten je Hektare. Über dem Landesmittel von 0,76 Großvieheinheiten je Hektare liegen die Zahlen von 16 Kantonen und Halbkantonen. Die
5 höchsten darunter beziehen sich auf die Kantone Zürich, Thurgau, Appenzell-

Außerrhoden, Luzern und Basel-Stadt. Den Schluß der Reihe bilden mit 0,27 bis 0,42 Großvieheinheiten die 5 Bergkantone Tessin, Wallis, Glarus, Uri und Graubünden.

Bezieht man das 1912 festgestellte land- und alpwirtschaftlich genutzte Areal ohne Wald (2 321 234 ha) abzügl. die seinerzeit für 1858 erhobene oder geschätzte Rebfläche von 28 695 ha, somit 2 292 539 ha, auf den Viehbestand von 1866 (1 258 000 Großvieheinheiten), so ergeben sich für dieses Jahr ungefähr 0,55 Großvieheinheiten als schweizerisches Mittel. Bis 1911 hätte damit eine Zunahme von 0,21 Großvieheinheiten oder von 38% stattgefunden.

Das traf wohl mindestens in diesem Ausmaß zu in Anbetracht der eingetretenen Steigerung der Futterproduktion auf meliorierten und besser gedüngten Böden, die zudem vermehrt als Wiesen genutzt wurden, sowie infolge der starken Zunahme der Futtermitteleinfuhr, wie sie allein schon aus den folgenden Mengenangaben (ohne ganzes Getreide) ersichtlich ist:

Einfuhr von Futtermitteln, ohne ganzes Getreide, 1850 bis 1910, in 1 000 q

Jahresmittel	Heu und Stroh			Kraftfutter		
	Heu	Stroh	total	Futter- mehl	Andere Kraftfutter	Total
1851/60	55	28	83	86	·	·
1861/70	·	·	77	84	·	·
1871/80	·	·	194	108	·	·
1881/90	·	·	243	138	133	271
1891/1900 ...	176	227	403	164	243	407
1901/10	396	649	1 045	225	458	683

Im Zeitraum zwischen der ersten Bienenzählung von 1876 und der von 1911 hat die Zahl der Bienenvölker um 27,0% zugenommen. Gemeinsames Merkmal der Kantone mit überdurchschnittlicher Vermehrung ist ein relativ niedriger Anteil der veralteten Korbbienenzucht und der Bienenbesitzer von höchstens 2 Völkern. So betrug 1911 bei den 5 Kantonen mit mehr als doppelter Völkerzahl von 1876 (Nidwalden, Uri, Obwalden, Schwyz und Glarus) der Prozentanteil der Völker in Stabilbau 11 und jener der Bienenbesitzer von maximal 2 Völkern 28, wogegen bei den 5 Kantonen mit einer Abnahme des Bienenbestandes (Waadt, Neuenburg, Appenzell-Innerrhoden, Genf und Appenzell-Außerrhoden) die entsprechenden Anteile 24 und 49% lauten.

Angesichts dieser sehr unterschiedlichen Entwicklung der kantonalen Bestandeszahlen bei den einzelnen Tiergattungen erhebt sich die Frage, ob im Endergebnis die Verteilung der Tierbesitzer auf die Kantone in der Zwischenzeit gleichmäßiger geworden ist oder nicht. Die Berechnung der Standardabweichung vom arithmetischen Mittel gibt darüber folgenden Aufschluß:

Verteilung (Streuung) der Besitzer von landwirtschaftlichen Nutztieren auf die Kantone, 1866 beziehungsweise 1876 und 1911 beziehungsweise 1918

Besitzer	Prozentuale Abweichung der Standardabweichung vom arithmetischen Mittel			
	Anfangsperiode		Endperiode	
	1866 %	1876 %	1911 %	1918 %
von Tieren des Pferdegeschlechts	39,3		25,8	
von Rindvieh	2,0 [1]		6,0	
von Schweinen	16,0		23,1	
von Schafen	58,1		71,4	
von Ziegen	19,9		15,3	
von Bienenvölkern		25,7	22,9	
von Hühnern				2,7

[1] Beispiel: Besitzer von Rindvieh.
Gesamtzahl der Rindviehbesitzer in der Schweiz, 1866: 216 711.
Arithmetisches Mittel der Kantonsziffern: 216 711 : 25 = 8 668.

Standardabweichung nach der Formel $\sqrt{\dfrac{\sum d^2}{25}}$, wobei d die Abweichung der einzelnen Kantonsziffern von deren arithmetischem Mittel bedeutet; im vorliegenden Fall beträgt die Standardabweichung 8 843.
Prozentuale Abweichung der Standardabweichung vom arithmetischen Mittel: 2,0%.

Danach ist von 1866 beziehungsw. 1876 bis 1911 die Verteilung der Pferde-, Ziegen- und Bienenbesitzer nach Kantonen ausgeglichener, die der Rindvieh-, Schweine- und Schafbesitzer ungleichmäßiger geworden. Ausgleichend wirkte bei der Pferdehaltung vor allem die häufigere Verwendung von Zugmaschinen in den Landwirtschaftsbetrieben des Mittellandes und bei der Ziegen- und Bienenhaltung die größere Beteiligung von nebenberuflichen und Nichtlandwirten. Die an sich schon relativ geringe Streuung der Kantonszahlen bei der Rindviehhaltung – kleiner ist sie nur bei der auch viele Selbstversorger zählenden Hühnerhaltung – hat sich nur geringfügig vergrößert und ergab sich besonders durch den Rückgang in stark industrialisierten Kantonen. Auch bei der Schweinehaltung wuchsen die Unterschiede zwischen Städte- und Industriekantonen und den übrigen

Gebieten, vor allem dort, wo die gestiegene Milchproduktion zu einer breiteren Futterbasis führte. Die bedeutendste Umschichtung vollzog sich bei der Schafhaltung. Manche Mittellandkantone wiesen 1911 nur noch kleine Restbestände auf; nahezu drei Viertel der Schafbesitzer befanden sich in den 4 Kantonen Bern, Graubünden, Tessin und Wallis.

11. Tierkrankheiten

Infektionskrankheiten, akute und chronische, sowie andere Krankheiten der Haustiere, haben auch während der Berichtszeit, ungeachtet namhafter Fortschritte in der Veterinärmedizin und in der Abwehr durch polizeiliche Maßnahmen, hohe Schäden verursacht.

Über die Verbreitung der wichtigsten akuten Infektionskrankheiten liegen für die Jahre 1873 bis 1885 Angaben über die infizierten Ställe und Weiden und von 1886 an Zahlen über die verseuchten oder verdächtigen Tiere vor. Diese letzteren finden sich in der nachstehenden Tabelle.

Anzeigepflichtige Tierseuchen in der Schweiz, 1886 bis 1913

Jahresmittel	Lungen-seuche	Rausch-brand	Milz-brand	Maul- und Klauen-seuche		Wut	Rotz	Räude der Pferde, Schafe und Ziegen	Stäbchen-rotlauf und Schweine-seuche
				Großvieh	Kleinvieh				
Verseuchte und verdächtige Tiere									
1886/90 ..	50	322	240	7 454	1 874	13	.	702	.
1891/95 ..	6	496	303	11 820	5 588	60	.	505	.
1896/1900 .	–	754	282	21 252	12 910	88	.	478	.
1901/05 ..	–	733	276	3 318	2 783	17	55	594	7 786
1906/10 ..	–	823	308	6 720	2 333	4	24	321	10 810
1911/13 ..	–	794	256	30 709	16 879	10	28	318	9 822
Davon umgestandene oder abgetane Tiere									
1886/90 ..	50	322	240	83	48	13	31	5	688
1891/95 ..	6	496	303	349	243	60	44	11	2 004
1896/1900 .	–	754	282	.	.	88	65	45	3 269
1901/05 ..	–	733	276	.	.	17	29	1	2 220
1906/10 ..	–	823	308	.	.	4	12	2	2 297
1911/13 ..	–	794	256	.	.	10	10	51	1 946

Beim Beginn dieser Erhebungen war bereits eine der gefährlichsten Tierseuchen, die Rinderpest, dank verstärkten veterinärpolizeilichen Maßnahmen an der

Grenze, endgültig verschwunden. Nach 1850 war sie nur noch im September und Oktober 1866 in 3 sanktgallischen Gemeinden und in Chur infolge Einschleppung aus Österreich-Ungarn und im Februar 1871 beim Übertritt der französischen Ostarmee im Kanton Neuenburg aufgetreten. Im Jahre 1895 wurde sodann der letzte Fall von Lungenseuche, einer bis anhin häufig aus Deutschland eingeschleppten und jeweils weitverbreiteten gefährlichen Rinderkrankheit, gemeldet. Zu den seltener gewordenen anzeigepflichtigen Tierseuchen zählten Wut, Rotz und Räude. Kaum verändert haben sich die Fälle von Milzbrand, während die an Rauschbrand erkrankten Tiere in vorwiegend gealpten Beständen eher zunahmen. Die von französischen Forschern anfangs der 1880er Jahre entwickelte Schutzimpfung gegen Rauschbrand ist von 1882 an mit unterschiedlichem Erfolg auch in der Schweiz – im Kanton Waadt war sie von 1900 bis 1913 verboten – angewendet worden. Mit der Zunahme der Schweinebestände und zum Teil wegen besserer Diagnose haben sich die gemeldeten Fälle von Stäbchenrotlauf und Schweineseuche vermehrt. Unter allen akuten Infektionskrankheiten hat sich aber die Maul- und Klauenseuche zur Hauptgefahr für die schweizerische Landwirtschaft entwickelt, so daß ihre Bekämpfung zunehmend das zentrale Anliegen der kantonalen und eidgenössischen seuchenpolizeilichen Maßnahmen war, auf die näher im Abschnitt über «Staat und Landwirtschaft» eingegangen wird.

Berechnungen über die durch anzeigepflichtige Tierseuchen entstandenen direkten und indirekten Schäden für die Landwirtschaft sind von verschiedenen Autoren versucht worden. Wir stützen uns im folgenden auf die Berechnungen von G. Grandchamp, der seinerseits vor allem die Arbeiten von G. Flückiger und E. Feißt zu Rate zog.

Durch anzeigepflichtige Tierseuchen entstandener mutmaßlicher Schaden für die schweizerische Landwirtschaft, 1886 bis 1913, in 1 000 Franken

Jahresmittel	Lungenseuche	Rauschbrand	Milzbrand	Maul- und Klauenseuche	Rotz	Stäbchenrotlauf und Schweineseuche	Total	Davon Maul- und Klauenseuche in %
1886/90	32	206	154	2 431	22	34	2 879	84,4
1891/95	4	312	191	3 863	30	56	4 456	86,7
1896/1900 ..	–	475	174	7 040	32	164	7 885	89,3
1901/05	–	432	163	1 018	22	105	1 740	58,5
1906/10	–	543	203	2 279	12	132	3 169	71,9
1911/13	–	651	210	13 351	10	136	14 358	93,0

Diese Schadenbeträge beruhen unter anderem auf Viehpreisen, die jeweils während 5 aufeinanderfolgender Jahre ab 1886, 1891, 1896, 1901, 1906 und 1911 unverändert angenommen wurden. Im ganzen erhöhten sie sich zwischen 1886 und 1911 um 28 % bei Rindvieh, um 47 % bei Schweinen, um 50 % bei Pferden, und um 200 % bei Schafen und Ziegen. In allen Fünf-Jahres-Perioden und namentlich 1911/13 verursachte die Maul- und Klauenseuche mit Anteilen von 59 bis 93 % oder von durchschnittlich 80 % den größten Schaden.

Auf Grund der kantonsweisen Ermittlungen von J. Bühlmann, die besonders für die Jahre 1851 bis 1872 eine wertvolle Ergänzung der eidgenössischen Seuchenbulletins von 1873 bis 1885 (über verseuchte Ställe und Weiden) und von 1886 bis 1913 (auch über erkrankte oder seuchenverdächtige Tiere) darstellen, läßt sich die Verbreitung der Maul- und Klauenseuche in den einzelnen Jahren von 1851 bis 1913 wenigstens durch die Zahl der verseuchten Kantone angeben, die im großen ganzen ähnlich verläuft wie die ab 1886 vorhandene Jahreszahl der erkrankten oder verdächtigen Tiere.

Verbreitung der Maul- und Klauenseuche, 1851 bis 1913
(Zahl der Kantone mit Seuchenfällen, ohne Appenzell-Innerrhoden und Tessin)

Jahre	1	2	3	4	5	6	7	8	9	0
1851 bis 1860	4	7	7	16	19	19	9	10	8	12
1861 bis 1870	12	16	20	19	15	7	11	1	16	23
1871 bis 1880	21	21	22	23	21	19	21	16	15	14
1881 bis 1890	13	17	23	20	18	16	11	12	16	17
1891 bis 1900	19	18	19	18	14	16	19	21	22	20
1901 bis 1910	17	14	9	8	7	12	16	13	10	9
1911 bis 1913	18	19	23							

Von diesen 63 Jahren gab es nur deren 13, in denen höchstens 10 Kantone von insgesamt 23 (für Appenzell-Innerrhoden und Tessin waren die Unterlagen von 1851 bis 1872 lückenhaft) verseucht waren. In den übrigen 50 Jahren wiesen 14 sogar Seuchenfälle in 20 und mehr Kantonen auf.

Betrachtet man das ganze Gebiet der Schweiz, so läßt sich von 1851 bis 1913 kein einziges maul- und klauenseuchefreies Jahr feststellen, wohl aber für jeden Kanton, sogar für den Kanton Graubünden, deren 2 gegenüber 53 für den Kanton Obwalden.

Maul- und klauenseuchefreie Jahre in den 63 Jahren von 1851 bis 1913, nach Kantonen

Kanton	GR	ZH	BE	VD	TG	LU, AR, SG	AG	NE	GL, BS, BL
Anzahl Jahre	2	5	8	10	11	je 12	13	18	je 19

Kanton	VS, GE, SO	SZ	FR	SH	ZG	UR	NW	OW
Anzahl Jahre	je 21	22	25	29	33	44	52	53

Mit welch unterschiedlichem Erfolg es den einzelnen Kantonen gelang, die Maul-
und Klauenseuche von ihren Grenzen fernzuhalten, geht auch aus der folgenden
Übersicht hervor. Darin werden die von J. Bühlmann festgestellten verseuchten
und verdächtigen Tiere des Großviehs in den Jahren 1886 bis 1914 dem Rindviehbestand im Mittel der Jahre 1886 und 1911 gegenübergestellt.

Maul- und Klauenseuche von Großvieh, nach Kantonen, 1886 bis 1914

Kantone	Verseuchte und verdächtige Tiere (Großvieh) in den Jahren 1886 bis 1914		Rindviehbestand im Mittel der Jahre 1886 und 1911		Prozentanteil der verseuchten und verdächtigen Stück Großvieh am mittleren Rindviehbestand 1886 und 1911 %
	Stück	%	Stück	%	
BS	3 221	0,88	1 867	0,14	172,5
GR	113 934	31,31	78 124	5,88	145,8
AI	9 166	2,51	8 660	0,65	105,8
GL	11 529	3,16	11 335	0,85	101,7
SG	60 166	16,53	97 455	7,34	61,7
AR	11 087	3,47	19 666	1,48	56,4
VD	45 828	12,59	99 676	7,51	46,0
GE	3 159	0,86	7 783	0,59	40,6
TI	17 514	4,81	46 138	3,47	38,0
SH	2 623	0,72	11 504	0,87	22,8
TG	11 589	3,18	57 300	4,32	20,2
VS	13 665	3,75	69 285	5,22	19,7
SZ	5 604	1,54	32 435	2,44	17,3
ZH	15 811	4,34	99 836	7,52	15,8
BL	2 854	0,78	20 340	1,53	14,0
NE	3 229	0,88	24 006	1,81	13,5
ZG	1 473	0,40	11 951	0,90	12,3
AG	8 649	2,37	83 998	6,32	10,3
LU	7 405	2,03	99 420	7,48	7,4
UR	739	0,20	12 181	0,92	6,1
SO	1 605	0,44	38 136	2,87	4,2
FR	3 379	0,92	89 700	6,75	3,8
BE	9 414	2,61	287 510	21,65	3,3
NW	241	0,08	8 042	0,61	3,0
OW	153	0,04	11 706	0,88	1,3
CH	364 037	100	1 328 011	100	27,4

Diese Darstellung der Häufigkeit der Maul- und Klauenseuche bei Großvieh
(= Rindvieh) erstreckt sich auf 29 Jahre. In diesem Zeitraum wurden in der ganzen Schweiz 364 037 verseuchte und verdächtige Stück Großvieh festgestellt, bei
einem mittleren Rindviehbestand von 1 328 011 Stück, was einen «Verseuchungsgrad» von 27,4 % ergibt. Höher war dieser in den 11 zuerst aufgeführten Kantonen, bei denen zugleich der Prozentanteil an der schweizerischen Gesamtzahl der
verseuchten und verdächtigen Tiere größer war als der Prozentanteil am schweizerischen Rindviehbestand. Den höchsten Verseuchungsgrad verzeichneten neben
Basel-Stadt die ostschweizerischen Kantone, den geringsten die Zentralschweiz
sowie die Kantone Bern, Freiburg und Solothurn.
Da in fast allen Jahren die Maul- und Klauenseuche aus dem Ausland über die
südliche und südwestliche Grenze, weniger häufig über die nördliche und nord-
östliche Grenze, durch Schlachtvieh oder durch Sömmerungsvieh eingeschleppt
wurde, waren besonders Graubünden, die übrige Ostschweiz, die Kantone Tessin
und Waadt sowie die Städtekantone Genf und Basel-Stadt von der Seuche be-
droht.
Für die letzten 23 Jahre unserer Berichtszeit liegen darüber besondere Erhebungen des Bundes bei den Kantonen vor, die folgende Ergebnisse zeitigten:

Einschleppungen der Maul- und Klauenseuche aus dem Ausland, 1891 bis 1913

Jahresmittel	Einschleppungen aus				
	Frankreich	Deutschland	Österreich-Ungarn	Italien	Total
	Anzahl				
1891/95	27	36	79	204	346
1896/1900	76	12	8	139	235
1901/05	12	6	1	60	79
1906/10	26	–	–	61	87
1911/13	122	2	3	80	207
1891/1913	263	56	91	544	954
	Prozentverteilung				
1891/95	7,8	10,4	22,8	59,0	100
1896/1900	32,3	5,1	3,4	59,2	100
1901/05	15,2	7,6	1,3	75,9	100
1906/10	29,9	–	–	70,1	100
1911/13	58,9	1,0	1,4	38,7	100
1891/1913	27,6	5,9	9,5	57,0	100

Quelle: Geschäftsberichte des Bundesrates.

Vor allem hat der Anschluß des schweizerischen Eisenbahnnetzes an ausländische Strecken, wie die Eröffnung der Gotthardbahn im Jahre 1882 und die der Arlbergbahn im Jahre 1884, die Seuchenfälle vermehrt.

Von 1887 an mußte zwar jedes in die Schweiz einzuführende Tier an der Grenze durch patentierte, vom Bunde angestellte Tierärzte untersucht werden, doch gelangten immer wieder Tiere zur Einfuhr, die die Seuche im Inkubationsstadium aufwiesen. Im Innern des Landes war die einmal eingeschleppte Seuche schwer zu bekämpfen. Namentlich in pferdearmen Gegenden fehlte es lange Zeit an ausgebildeten Tierärzten. Sodann standen für die Bekämpfung nur seuchenpolizeiliche Maßnahmen zur Verfügung: Absperrmaßnahmen, allgemeine Verkehrsbeschränkungen usw., die namentlich bei längerer Dauer schwere wirtschaftliche Störungen verursachten, so daß die Anordnungen vielfach durchbrochen wurden. Eine praktisch ausreichende Immunisierung in Form der Schutzimpfung ist in der Schweiz erst seit 1938 möglich. Die in der Botschaft des Bundesrates von 1870 noch als zwar «höchst ansteckende, aber bei Stallfütterung meistens ganz gutartige Krankheit, welche in der Regel von selbst in kurzer Zeit heilt», charakterisierte Maul- und Klauenseuche zeigte bereits in den 1880er und 1890er Jahren eine verstärkte Virulenz mit nachhaltigen direkten und indirekten Schädigungen. Diese waren um so gravierender, je mehr sich der Zucht- und Nutzungswert des Viehbestandes erhöhte.

Mit der systematischen Tilgung der sich nur allmählich ausbreitenden, meist langwierigen chronischen Tierseuchen, insbesondere der Tuberkulose, ist in den 1890er Jahren begonnen worden. Der Anstoß war von der Fédération des sociétés d'agriculture de la Suisse romande ausgegangen, die den Bundesrat in einer Eingabe von 1889 um Aufnahme der Tuberkulose in die Kategorie der anzeigepflichtigen Tierseuchen laut Seuchengesetz ersucht hatte. Die Bekämpfung durch das Mittel der obligatorischen Viehversicherung erwies sich aber in der Folge als wenig erfolgreich, indem die Zahl der wegen Tuberkulose geschlachteten Tiere nicht oder nur unbedeutend zurückging, wie dies auch die nachstehende Schadenursachenstatistik der Kantone Zürich und Aargau zeigt.

Andere wichtige Krankheiten, die in diesen Kantonen zu Schlachtungen geführt haben, waren beim Rindvieh Krankheiten der Verdauungsorgane, bei den Ziegen Geburtsfolgen und bei den Schweinen Krankheiten der Verdauungs- sowie der Atmungs- und Zirkulationsorgane.

Schlachtungsursachen bei Schadenfällen der Viehversicherungskassen der Kantone Zürich und Aargau
(Schadenfälle je 10 000 versicherte Tiere)

Schlachtungsursachen	Rindvieh				Ziegen		Schweine
	Kanton Zürich		Kanton Aargau		Kanton Zürich	Kanton Aargau	Kanton Zürich
	1896/1900	1901/23	1909/13	1914/23	1896/1900	1909/13	1896/1900
Tuberkulose	128	125	70	63	186	72	28
Andere Infektionskrankheiten	6	7	8	5	6	4	15
Krankheiten der Verdauungsorgane	59	90	78	81	98	117	71
Krankheiten der Geschlechts- und Harnorgane	63	53	45	46	171	183	26
Krankheiten der Atmungs- und Zirkulationsorgane	15	20	16	19	98	62	66
Krankheiten der Nervensystems ...	19	15	10	6	40	12	23
Äußerliche Leiden und Unfälle ...	40	44	42	45	89	80	52
Übrige Krankheiten	–	–	17	9	–	97	–
Total	330	354	286	274	688	627	281

12. Fleisch- und Milchproduktion

Ohne Zuhilfenahme von Schätzungen ist der Verlauf dieser beiden wichtigsten Zweige der Tierproduktion – selbst heute noch – nicht zu ermitteln.

Die erste ausführliche Schätzung der schweizerischen Fleischproduktion stammt von Prof. Kraemer für das Viehzählungsjahr 1886. Später hat das Schweizerische Bauernsekretariat die Berechnungsmethode in den Enqueteberichten von 1900 und 1911 wesentlich verbessert.

Schweizerische Fleischproduktion, 1866 bis 1911

Jahre	Rindfleisch (Fleisch von Rindvieh)		Schweine-fleisch	Schaf-fleisch	Ziegen-fleisch	Total	
	total	davon Kalbfleisch					1886 = 100
	q	q	q	q	q	q	
1866	·	·	240 250	50 150	23 050	·	
1876	·	·	270 070	41 240	24 320	·	
1886	592 350	113 410	333 350	38 350	25 560	989 610	100
1896	775 520	123 330	504 620	30 510	25 530	1 336 180	135
1911	841 130	188 410	608 900	17 960	19 330	1 487 320	150

Größere Rindvieh- und Schweinebestände, höhere Schlachtgewichte je Tier und rascherer Umtrieb führten von 1886 bis 1911 zu einer Steigerung der inländischen Fleischproduktion um 50%. Der Anfall von Rindfleisch stieg um 42%, derjenige von Schweinefleisch um fast das Doppelte (83%), so daß sein Anteil an der gesamten Fleischproduktion sich von 34 auf 41% erhöhte. Innerhalb der Rindfleischproduktion nahm der Anfall von Fleisch abgehender Kühe und Stiere und besonders von Kalbfleisch zu, war hier die Rendite doch wesentlich besser als bei der Rinder- und Ochsenmast. Schafe und Ziegen lieferten 1911 noch eine Fleischmenge von 37 000 q gegenüber 64 000 q im Jahre 1886, was deren Anteil an der gesamten Fleischproduktion in diesem Zeitabschnitt von 6,5 auf 2,5% senkte.

Unter Berücksichtigung des Außenhandels vermittelt die nachstehende Übersicht für die beiden Hauptfleischarten ein Gesamtbild über Produktion und Verbrauch.

Produktion und Verbrauch von Rind- und Schweinefleisch in der Schweiz, 1886 bis 1911

Jahre	Absolut q					1886 = 100				
	Produktion	Ausfuhr	Bleibt Produktion für das Inland	Einfuhr	Verbrauch	Produktion	Ausfuhr	Bleibt Prod. für das Inland	Einfuhr	Verbrauch
Rindfleisch (Fleisch von Rindvieh)										
1886	592 350	13 500	578 850	141 890	720 740	100	100	100	100	100
1896	775 520	6 640	768 880	182 670	951 550	131	49	133	129	132
1911	841 130	2 630	838 500	301 930	1 140 430	142	19	145	213	158
Schweinefleisch										
1886	333 350	3 320	330 030	88 720	418 750	100	100	100	100	100
1896	504 620	1 420	503 200	142 800	646 000	151	43	152	161	154
1911	608 900	1 000	607 900	162 500	770 400	183	30	184	183	184
Zusammen										
1886	925 700	16 820	908 880	230 610	1 139 490	100	100	100	100	100
1896	1 280 140	8 060	1 272 080	325 470	1 597 550	138	48	140	141	140
1911	1 450 030	3 630	1 446 400	464 430	1 910 830	157	22	159	201	168
Prozentverteilung										
1886	81,3	1,5	79,8	20,2	100					
1896	80,1	0,5	79,6	20,4	100					
1911	75,9	0,2	75,7	24,3	100					

Beim Schweinefleisch vermochte die Inlandproduktion der Verbrauchsentwicklung knapp zu folgen, dagegen blieb sie beim Rindfleisch mit einer Zunahme von

42% wesentlich hinter der Verbrauchssteigerung von 58% zurück. Im ganzen deckte die im Inland verbliebene Produktion (Produktion abzüglich Ausfuhr) 1886 79,8 und 1911 75,7% des Landesverbrauches.

Neben den Ergebnissen der Viehzählungen über den Bestand an Kühen und Milchziegen bilden die Erhebungen und Schätzungen über die durchschnittliche Milchleistung, von denen die folgenden 2 Tabellen eine Auswahl der wichtigsten Angaben enthalten, die Grundlagen für die Berechnung der Milchproduktion.

Schätzungen über die durchschnittliche Milchleistung je Milchziege

Quelle	Prozent-anteil der Milchzie-gen am ge-samten Ziegen-bestand	Milchleistung je Milch-ziege und Jahr			Gebiet, auf das sich die Schätzung bezieht
		Jahr	Original-angabe	kg	
Landwirtschaftsdepartement des Kantons Solo-thurn, Beiträge zur Statistik über Landbau, Viehzucht und Milchwirtschaft, 1863		1863	225 Maß	348	Kanton SO
Ad. Kraemer, in: Furrers Volkswirtschaftslexi-kon, II. Band, 1889	70	1886	200 l	206	Schweiz
F. Merz, in: Furrers Volkswirtschaftslexikon, II. Band, 1889	67	1886	250 l	258	Schweiz
Landwirtschaftsdepartement des Kantons Tes-sin, in: Rechenschaftsbericht des Regierungs-rates, 1888	67	1886	250 l	258	Kanton TI
Landwirtschaftsdepartement des Kantons Thur-gau, in: Rechenschaftsbericht des Regierungs-rates, 1886	50	1886	200 l	206	Kanton TG
G. Martinet, La situation de l'industrie laitière, 1891	50	1886	250 l	258	Schweiz

Im Enqueteberichtvon 1900 ging das Schweizerische Bauernsekretariat bei der Schätzung der Milchleistung von dem durch die Viehzählung von 1896 ermittel-ten Durchschnittsgewicht der Kühe von 510 kg aus und nahm nach allgemeiner Regel das 4,75fache als Milchleistung pro Jahr an. Für die vorausgegangenen Viehzählungsjahre ermäßigte es das Kuhgewicht je um 30 kg und dementspre-chend die Milchleistung, so daß sich folgende Reihe ergab: 1896: 2 422 kg, 1886: 2 280 kg, 1876: 2 137 kg, 1866: 1 995 kg. Wie auch die Abbildung 19 mit den Eintragungen der in der Tabelle aufgeführten Schätzungen verschiedener Auto-ren zeigt, erscheinen diese Mengen als schweizerische Mittel vertretbar. Bei den niedrigen Angaben für das Alpgebiet nach den Alpstatistiken von 1864 und 1899 bis 1912 sowie nach den vorliegenden Schätzungen für einzelne Alpkantone

Schätzungen über die durchschnittliche Milchleistung von Kühen

Quelle	Milchleistung je Kuh und Jahr			Gebiet, auf das sich die Schätzung bezieht
	Jahr	Original angabe	kg[6]	
Landwirtschaftsdepartement des Kantons Solothurn, Beiträge zur Statistik über Landbau, Viehzucht und Milchwirtschaft, 1863	1863	1 500 Maß	2 318	Kanton SO
Eidgenössisches Statistisches Büro, Die Alpwirtschaft der Schweiz (Alpstatistik 1864), 1868	1864	1 200 Maß[1]	1 854	Alpgebiet
Ch. Grenier, in: Le cultivateur de la Suisse romande, 1873	1873	1 478 Maß	2 284	Westschweiz
A. Mühlebach, in: Zeitschrift für schweizerische Statistik, 1905	1876	2 350 kg	2 350	Kanton TG
F. Wassali, Beiträge zur Kenntnis landwirtschaftlicher und allgemein volkswirtschaftlicher Zustände der Schweiz und insbesondere Graubündens, 1877	1878	913 Maß	1 410	Kanton GR
Landwirtschaftsdepartement des Kantons Freiburg, Rechenschaftsbericht				
für das Jahr 1873	1873	1 600 Maß	2 472	Kanton FR
für das Jahr 1879	1879	2 370 l	2 441	Kanton FR
für das Jahr 1909	1909	3 100 kg	3 100	Kanton FR
Landwirtschaftsdepartement des Kantons Luzern, in: Staatsverwaltungsbericht für die Jahre 1882 und 1883	1881	2 300 l	2 369	Kanton LU
Ch. Archinard, Statistique agricole du canton de Genève, 1883	1883	2 200 l	2 266	Kanton GE
A. Kraemer, in: Furrers Volkswirtschaftslexikon, II. Band, 1889	1886	2 190 l	2 256	Schweiz
F. Merz, in: Furrers Volkswirtschaftslexikon, II. Band, 1889	1886	2 400 l	2 472	Schweiz
G. Martinet, La situation de l'industrie laitière, 1891	1886	2 300 l	2 369	Schweiz
Landwirtschaftsepartement des Kantons Thurgau, in: Rechenschaftsbericht des Regierungsrates, 1886	1886	2 200 l	2 266	Kanton TG
Landwirtschaftsdepartement des Kantons Tessin, in: Rechenschaftsbericht des Regierungsrates, 1888	1888	1 400 l	1 442	Kanton TI
E. de Vevey, 1. Jahresbericht der freiburgischen Milchstation, 1889	1888	2 555 l	2 632	Kanton FR
Statistisches Büro des Kantons Zürich, Statistische Mitteilungen betreffend den Kanton Zürich, 1908	1896	2 100 l[2]	2 163	Kanton ZH
C. Baechler, in: N. Reichesberg, Handwörterbuch der schweizerischen Volkswirtschaft, III. Band, 1911	1896	2 550 kg[3]	2 550	Schweiz
Landwirtschaftsdepartement des Kantons Wallis, in: Rechenschaftsbericht des Regierungsrates, 1900	1900	1783 bzw. 1932 l[4]	1836 bzw. 1990	Kanton VS
Landwirtschaftsdepartement des Kantons Waadt, Statistique agricole	1897	2 311 kg	2 311	Kanton VD
	1901	2 360 kg	2 360	Kanton VD
	1906	2 346 kg	2 346	Kanton VD
	1911	2 525 kg	2 525	Kanton VD

Anmerkungen 1 bis 4 und 6 auf Seite 226.

Schätzungen über die durchschnittliche Milchleistung von Kühen
Schluß

Quelle	Milchleistung je Kuh und Jahr			Gebiet, auf das sich die Schätzung bezieht
	Jahr	Original angabe	kg[6]	
Bernisches statistisches Büro, Statistik der Milchwirtschaft im Kanton Bern pro 1911	1911	2 830 kg	2 830	Kanton BE
A. Mühlebach und E. Pfenninger, Thurgauische Milchwirtschafts- und Käsereistatistik 1909/10, in: Jahresbericht der landwirt- schaftlichen Schule Arenenberg, 1912/13	1911	2 735 kg	2 735	Kanton TG
Schweizerischer Alpwirtschaftlicher Verein, Schweizerische Alp- statistik (Schlußband), 1914	1899– 1912	2 100 l[5]	2 163	Alpgebiet
A. Peter, in: Schweizerischer Molkereikalender pro 1912	1912	2 700 kg	2 700	Schweiz

[1] Milchertrag pro Tag der während durchschnittlich 93 Tagen gealpten Kühe: 4 Maß. Bei Annahme von 300 Melktagen zu 4 Maß ergibt sich eine Mindestmenge – die Milchleistung während der Alpung ist relativ gering – von 1 200 Maß.

[2] Anläßlich der eidgenössischen Viehzählung vom 20. April 1896 im Kanton Zürich ermittelter Milchertrag am Vortag, dem 19. April 1896: Kantonsmittel: 7 l. Annahme: 300 Melktage zu 7 l = 2 100 l.

[3] Anläßlich der eidgenössischen Viehzählung vom 20. April 1896 in der Schweiz ermitteltes Lebendgewicht je Kuh: 510 kg. Der Autor nimmt an, daß die Milchleistung dem fünffachen Lebendgewicht entspricht.

[4] Vom Regierungsrat geschätzte Milchproduktion im Kanton Wallis: 650 000 hl. Sofern diese Menge nur Kuh- milch betrifft, ergibt sich bei einem Kuhbestand von 33 651 Stück (1896) ein durchschnittlicher Ertrag von 1932 l, und sofern in der Gesamtmenge auch Ziegenmilch enthalten ist, von rund 1783 l.

[5] Milchertrag pro Tag der während durchschnittlich 91 Tagen gealpten Kühe: 7,0 l. Unsere Annahme: 300 Melk- tage zu 7 l = 2 100 l als Mindestmenge (die Milchleistung während der Alpung ist relativ gering).

[6] 1 Maß = 1,5 l und 1 l = 1,03 kg.

(Graubünden, Tessin, Wallis) ist zu beachten, daß der Anteil des Berggebietes am schweizerischen Kuhbestand während der Berichtszeit dauernd zurückging und für 11 Bergkantone zum Beispiel 1911 noch 20% betrug, gegenüber 27% im Jahre 1866.

Auf die genannten Schätzungen des Bauernsekretariates und die in dessen En- quetebericht von 1914 veröffentlichten Zahlen für 1901 und 1906 sowie auf die Schätzung der Schweizerischen Milchkommission für 1911 stützen sich die An- gaben über die Milchleistung in der folgenden Tabelle, Seite 228.

Der Vollständigkeit halber sind auch Schätzungen über die relativ kleine Ziegen- milchproduktion beigefügt, die ebenfalls den Enqueteberichten von 1900 und 1914 entnommen sind.

Mit der Zunahme der Milchleistung von 1 990 auf 2 810 kg je Kuh und Jahr zwi- schen 1866 und 1911 war nun allerdings das Leistungsvermögen des Braun- und

Schätzungen der jährlichen Milchleistung je Kuh, 1873 bis 1912

kg Milch
je Kuh und Jahr

(Durch Linie verbundene Punkte: Schätzungen des Schweizerischen Bauernsekretariates)

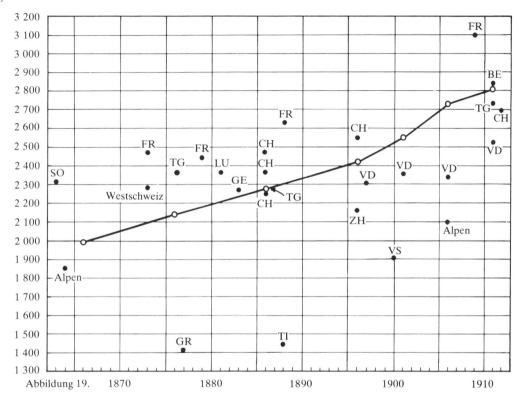

Abbildung 19.

Fleckviehs nicht ausgeschöpft. Die von Gutsbetrieben landwirtschaftlicher Schulen und anderer kantonaler Anstalten sowie von privaten Viehzüchtern seit den 1870er Jahren vorgenommenen Leistungserhebungen ergaben im allgemeinen weit höhere Mengen. So wurde auf dem Strickhof im Mittel der Jahre 1903/12 für braune Kühe ein Stalldurchschnitt von 3 390 und für Simmentaler Kühe ein solcher von 3 387 kg, ferner in der freiburgischen Anstalt Drognens für Schwarzfleckkühe im Mittel der Jahre 1904/12 ein Durchschnitt von 3 296 kg berechnet. Die Fortschritte auf dem Gebiete der Zuchtwahl, Fütterung und Haltung der Milchtiere fanden offenbar in größeren Betrieben im allgemeinen eher Eingang als in kleineren, wo zudem die Kühe weit häufiger auch als Zugtiere benützt werden mußten.

Einen deutlichen Zusammenhang zwischen Betriebsgröße und Höhe der Milchleistung hat das statistische Amt des Kantons Basel-Stadt im Mai 1913 in einer Erhebung über die Milchversorgung in 12 Schweizer Städten bei 1 154 Betrieben mit 8 815 Kühen festgestellt. Während die 545 Betriebe mit 1 bis 5 Kühen eine durchschnittliche Milchleistung je Kuh von täglich 8,90 l aufwiesen, verzeichneten die 352 Betriebe mit 6 bis 10 Kühen einen Durchschnitt von 9,16 l, die 242 Betriebe mit 11 bis 30 Kühen einen solchen von 9,24 l und die am wenigsten repräsentative Gruppe von nur 15 Betrieben mit über 30 Kühen einen Durchschnitt von 9,08 l.

Die Leistungssteigerung im schweizerischen Mittel seit 1866 ist deshalb auch dem absoluten und relativen Rückgang der kleinen Rindviehbesitzer zuzuschreiben. Die Zahl der Rindviehbesitzer mit 1 bis 4 Stück Rindvieh ist von 1866 bis 1911 von 140 607 auf 87 999 oder in Prozent der Gesamtzahl der Rindviehbesitzer von 65 auf 43 % zurückgegangen.

Schweizerische Milchproduktion, 1866 bis 1911

Jahre	Kuhmilchproduktion			Ziegenmilchproduktion			Milch-produktion total
	Kühe	Milch-leistung je Kuh	Kuhmilch-produktion	Milch-ziegen [1]	Milch-leistung je Milch-ziege	Ziegen-milchpro-duktion	
	Stück	kg	1 000 q	Stück	kg	1 000 q	1 000 q
1866	553 205	1 990	11 009	263 000	300	789	11 798
1876	592 413	2 140	12 678	277 000	300	831	13 509
1886	663 102	2 280	15 119	291 000	300	873	15 992
1896	688 052	2 420	16 651	291 000	310	902	17 553
1901	739 922	2 550	18 868	248 000	310	769	19 637
1906	785 950	2 730	21 456	253 000	350	886	22 342
1911	796 909	2 810	22 393	251 826	400	1 007	23 400
			1866 = 100				
1876	107	108	115	105	100	105	115
1886	120	115	137	111	100	111	136
1896	124	122	151	111	103	114	149
1901	134	128	171	94	103	97	166
1906	142	137	195	96	117	112	189
1911	144	141	203	96	133	128	198
			1886 = 100				
1896	104	106	110	100	103	103	110
1911	120	123	148	86	133	115	146

[1] Bei Annahme eines Anteils der Milchziegen am gesamten Ziegenbestand von 70 % in den Jahren 1866 bis 1896.

Die zwischen 1866 und 1911 eingetretene Vermehrung des Kuhbestandes um 44 % und die gleichzeitige Leistungssteigerung um 41 % führte zu einer gut doppelt so hohen Kuhmilchproduktion. Hinsichtlich der gesamten Milchproduktion wies von den einzelnen Perioden das Jahrfünft 1901/06 mit 2,76% den größten jährlichen Zuwachs auf. Ihm folgten das Jahrfünft 1896/1901 mit 2,37% und die Jahrzehnte 1876/86, 1866/76 und 1886/96 mit je 1,84%, 1,45% und 0,98%. Die niedrigste jährliche Zunahme fiel ins Jahrfünft 1906/11 mit 0,95%.

Von 1886 bis 1911 ist damit die Kuhmilchproduktion etwas stärker als die Rindfleischproduktion gestiegen (48% gegen 42%); dies hing in erster Linie mit der ausgedehnten Kälbermast auf Kosten der Jungviehmast zusammen.

Über die Verwertung der Milchproduktion nach Schätzungen des Schweizerischen Bauernsekretariates in den beiden Enqueteberichten von 1900 und 1914 sowie nach einer späteren Neuberechnung für das Jahr 1911 gibt folgende Tabelle Auskunft:

Schweizerische Milchverwertung, 1866 bis 1911 [1]

Jahre	Fütterungs- milch	Trink- milch	Werkmilch		Ausfuhr von Frischmilch	Total
			für Dauer- milchwaren	für übrige Milch- erzeugnisse		
	in 1 000 q					
1866	2 190	6 670	–	2 933	5	11 798
1876	2 440	7 080	150	3 829	10	13 509
1886	2 720	7 430	400	5 423	19	15 992
1896	2 910	7 900	595	6 126	21	17 553
1911	4 200	9 390	1 200	8 458	152	23 400
	Total = 100					
1866	18,6	56,5	–	24,9	0,0	100
1876	18,1	52,4	1,1	28,3	0,1	100
1886	17,0	46,5	2,5	33,9	0,1	100
1896	16,6	45,0	3,4	34,9	0,1	100
1911	18,0	40,1	5,1	36,2	0,6	100
	1866 = 100					
1886	124	111	·	185	380	136
1896	133	118	·	209	420	149
1911	192	141	·	288	3 040	198

[1] Die absoluten Zahlen für 1866 bis 1896 weisen gegenüber denen im Statistischen Handbuch der schweizerischen Landwirtschaft (S. 257) kleine, methodisch bedingte Abweichungen auf.

Noch 1866 und 1876 beanspruchte die Versorgung der Bevölkerung mit Trinkmilch mehr als die Hälfte der verfügbaren Milchmenge. Später stieg der Trinkmilchbedarf zwar weiter, doch ging sein Anteil an der Gesamtmenge bis 1911 auf 40% zurück. In diesem Jahr entfiel erstmals die Hauptmenge auf Werkmilch. Die zur Kälberaufzucht und -mast sowie zur Aufzucht von Ziegen und Schweinen bestimmte Milchmenge veränderte sich anteilmäßig mit 17 bis 19% wenig (Abbildung 20).

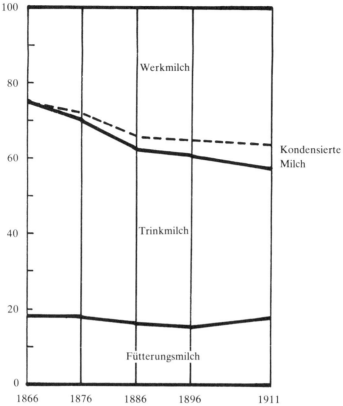

Abbildung 20.

Bei der Schätzung des Trinkmilchverbrauchs ging das Schweizerische Bauernsekretariat von einem jährlichen Pro-Kopf-Verbrauch von 250 l oder 258 kg in den Jahren 1866 bis 1896 aus. Für 1911 erhöhte es das Gesamtmittel auf 281 kg, das sich aus 375 kg für die landwirtschaftliche Bevölkerung (nach den Buchhaltungserhebungen) und 245 kg für die nichtlandwirtschaftliche Bevölkerung zusammensetzte. Diese 245 kg entsprachen einem Tagesverbrauch von 0,67 kg oder 0,65 l, somit annähernd dem Durchschnitt, der im Mai 1913 für 12 Städte mit 760 000 Einwohnern vom statistischen Amt des Kantons Basel-Stadt ermittelt worden ist, nämlich 0,67 l oder 0,69 kg[1].

[1] Die Kopfquoten betrugen in Litern: Luzern 0,92, Biel 0,79, Baden 0,78, Solothurn 0,77, Bern 0,73, Aarau 0,70, Basel und Genf je 0,67, Zürich 0,63, Lausanne und St. Gallen je 0,62 und Le Locle 0,56. Vergleiche «Zeitschrift für schweizerische Statistik», 50. Jahrgang, 1914, 2. Heft.

Wegen der wachsenden Distanz zwischen Konsumenten und Produzenten besorgten an Stelle selbstausmessender Landwirte zunehmend Milchhändler und Großmolkereien in den Städten, Industriezentren und Fremdenverkehrsorten den Milchvertrieb. Die Großmolkereien trugen auch wesentlich zur Hebung der Milchqualität bei. Sie wurden hierin durch die von den 1870er Jahren an in verschiedenen Kantonen eingeführten amtlichen Lebensmittelkontrollen unterstützt. Das Bundesgesetz über den Verkehr mit Lebensmitteln und Gebrauchsgegenständen von 1905 hat diese 1909 auf die ganze Schweiz ausgedehnt.

Großmolkereien mit bedeutendem Umsatz waren

in Basel: die Molkerei des Allgemeinen Consumvereins, 1884 gegründet,

in Zürich: die Molkerei Dr. Gerber, 1887 gegründet, und die Zentralmolkerei, 1889 gegründet, beide 1909 zusammengeschlossen in den Vereinigten Zürcher Molkereien,

in Genf: die Laiterie centrale, 1889 gegründet, und die Grande laiterie centrale, 1904 gegründet, beide 1910 zusammengeschlossen in den Laiteries genevoises réunies.

Unter den seit 1904 straffer organisierten Milchproduzentenverbänden hat der nordwestschweizerische 1913 zuerst eine eigene Stadtmolkerei in Solothurn errichtet.

Ein Großteil der Werkmilch gelangte in den zahlreichen Käsereien zur Verarbeitung. Besonders die Herstellung von Emmentaler-Käse nahm dank der gestiegenen Nachfrage aus dem In- und Ausland zu. Das Produktionsgebiet erweiterte sich allmählich über den Kanton Bern hinaus auf die Kantone Luzern, Freiburg, Solothurn, Aargau, St. Gallen und Thurgau. Die größeren Milcheinlieferungen erlaubten mit der Zeit an vielen Orten zum Ganzjahrsbetrieb überzugehen. Die luzernischen Ämter Hochdorf, Sursee und Willisau besaßen zum Beispiel 1889 83 Ganzjahresbetriebe von insgesamt 197 Käsereien, 1909 dagegen 202 von insgesamt 205[1]. Die intensivere Düngung und Fütterung in den Landwirtschaftsbetrieben stellte in Käsereigebieten die Milchproduzenten und -verwerter vor schwierige Fragen. Die Käsereitauglichkeit der Milch zu heben war das Ziel der 1905 von den interessierten Kreisen aufgestellten «Goßauer Thesen».

1867 ist in Cham die erste Kondensmilchfabrik in Europa durch die von den Gebrüdern Page 1866 gegründete Anglo-Swiss Condensed Milk Company eröffnet worden, und 1868 nahm in Vevey Henry Nestlé die Fabrikation von Kindermehl auf. Die den Alpen vorgelagerte Hügelzone wurde in den 1870er und 1880er Jahren zum Standort zahlreicher Fabriken der Dauermilchindustrie. Außer Cham und Vevey kamen in Betracht: in der Ostschweiz: Arnegg, Goßau, Luxburg, Egnach und Uttwil; in der Westschweiz: Epagny, Düdingen, Flamatt, Broc, Thun,

---

[1] Hans Brugger, Landwirtschaftliche Statistik des Kantons Luzern, 1959, S. 104.

Steffisburg, Stalden, Neuenegg, Bercher, Avenches, Payerne, Echandens und Orbe; ein Großteil dieser Fabriken ist allerdings nach relativ kurzer Zeit wieder eingegangen, so daß vor Ausbruch des ersten Weltkrieges noch etwa 10 existierten. Die für einige west- und zentralschweizerische Gebiete große Bedeutung der Milchsiedereien geht daraus hervor, daß im Mittel der Jahre 1911/13 im Kanton Freiburg 45% [1] und im Kanton Waadt 30% [2] der Verkehrsmilch auf Siedereimilch entfielen. Im Kanton Zug stammte schon 1876 die nach Cham gelieferte Milch aus 7 von den insgesamt 11 zugerischen Gemeinden [3]. Die eindrucksvolle Entwicklung der Kondensmilchproduktion läßt sich den Exportzahlen entnehmen, da der Inlandverbrauch im Vergleich dazu von untergeordneter Bedeutung war [4]. 1884

Schweizerischer Kondensmilchexport, 1868 bis 1913, in 1 000 q Nettogewicht
(Gewicht von Ware samt Büchse [1])

Jahre	1	2	3	4	5	6	7	8	9	0
1868 bis 1870								1	1	3
1871 bis 1880	7	16	22	35	31	41	40	47	57	67
1881 bis 1890	85	85	88	107	118	131	111	119	109	134
1891 bis 1900	152	155	166	192	188	186	202	204	221	283
1901 bis 1910	307	362	330	308	307	281	317	274	298	316
1911 bis 1913	390	417	406							

[1] Kondensmilch wird in der Außenhandelsstatistik seit 1875 separat aufgeführt, von 1875 bis 1884 allerdings mit dem Bruttogewicht (Gewicht von Ware, Büchse und Verpackung). In der Botschaft des Bundesrates vom 20. November 1888 finden sich die Nettogewichte (73% des Bruttogewichtes) für die Jahre 1878 bis 1884. Für 1875 bis 1877 wurden diese vom Verfasser auf Grund des gleichen Prozentsatzes berechnet. Die Zahlen für die Jahre 1868 bis 1874 entstammen einem Vortrag von J. J. Spörri, Direktor der Kondensmilchfabrik Düdingen (Filiale von Cham) und betreffen die schweizerische Fabrikation der Anglo-Swiss Condensed Milk Co., Cham (Anzahl Büchsen zu je 500 g), die bis zur Aufnahme der Kondensmilchfabrikation durch Nestlé im Jahre 1878 stark dominierte. Die berechneten Gewichte wurden auf Tausender abgerundet.

überschritt die Ausfuhrmenge 100 000 q, 1897 200 000 q und 1912 400 000 q. Der steile Anstieg um die Jahrhundertwende stand unter dem Einfluß der Kriege in Südafrika (Burenkrieg, 1899 bis 1902) und in China.

[1] Rechenschaftsberichte des Regierungsrates für die Jahre 1911 bis 1913.
[2] Statistisches Handbuch der schweizerischen Landwirtschaft, 1968, S. 252, 253.
[3] Der Zuger Bauer, 1851 bis 1951, Baar 1951.
[4] Der 17. Geschäftsbericht der Anglo-Swiss Condensed Milk Company für das Jahr 1883 bemerkt darüber: «Zur Zeit genügt eine Tagesproduktion unserer beiden schweizerischen Fabriken für den ganzen Jahreskonsum der Schweiz.»

IV. Außenhandel mit landwirtschaftlichen Erzeugnissen

Seit Beginn der offiziellen Gliederung des Gesamtwertes der aus- und eingeführten Waren in Lebens- und Futtermittel, Rohstoffe und Fabrikate im Jahre 1889 entfielen bis 1913 bei der Ausfuhr nie weniger als 10% und bei der Einfuhr nie weniger als 27% auf Lebens- und Futtermittel. Von dieser zum größten Teil aus landwirtschaftlichen Erzeugnissen zusammengesetzten Gruppe gibt die nachstehende Tabelle einen Überblick über die Einfuhrmengen einiger wichtiger Konkurrenzprodukte der schweizerischen Landwirtschaft von 1851 bis 1913.

Mittlere jährliche Einfuhrmengen landwirtschaftlicher Erzeugnisse, 1851 bis 1913

Erzeugnisse	Einheit	1851/60	1861/70	1871/80	1881/90	1891/1900	1901/10	1911/13
Getreide	q	1 206 998[1]	1 652 431[1]	2 835 968[1]	3 687 664	5 005 671	6 453 580	8 223 279
davon Weizen	q	.	.	.	2 833 387	3 580 724	4 193 688	4 847 170
Roggen	q	.	.	.	44 331	55 644	118 138	185 191
Hafer	q	.	.	.	372 695	759 806	1 275 149	1 812 064
Gerste	q	.	.	.	142 820	119 772	164 262	248 924
Mais	q	.	.	.	290 910	484 607	694 280	1 116 563
anderes Getreide . . .	q	.	.	.	3 521	5 118	8 063	13 367
Wein in Fässern	hl	201 172	377 246	800 347	742 115	1 090 166	1 324 473	1 501 356
Tiere des Pferdegeschlechts								
Pferde	St.	3 254	3 682	5 609	6 401	9 247	12 786	13 530
Füllen	St.	909	1 085	1 090	1 352	1 649	2 116	2 290
Maultiere, Esel	St.	198	176	334	183	376	531	547
Rindvieh								
Großvieh und Kälber über 40 bzw. 60 kg	St.	55 299	77 680	109 748	101 809	72 416	70 604	83 936
Kälber bis 40 bzw. 60 kg	St.	20 083	5 963	1 825	2 969	2 736	595	43
Schweine	St.	45 944	59 390	76 339	78 370	91 042	82 292	50 800
Schafe	St.	52 524	57 330	71 782 }	65 035	79 618	{ 107 922	110 409
Ziegen	St.	11 117	10 300	6 625 }			607	347
Fleisch, Fleischwaren, totes Geflügel und Wildbret	q	1 889	5 791	18 206	27 199	73 911	129 006	252 344
Eier	q	2 823	8 529	24 171	38 201	70 686	111 311	141 257
Honig	q	1 591	1 598	2 568	2 752	3 350	4 047	4 394

[1] Inbegriffen kleine Mengen Hülsenfrüchte: 1876/80 jährlich im Mittel 21 230 q.

Die während der ganzen Periode nur mit einem Zollansatz von 30 Rappen je 100 kg belegte Einfuhr von Getreide erreichte bis 1911/13 im Jahresmittel die 6,8fache Menge von 1851/60. In keinem Jahrzehnt lag die Zunahme gegenüber der Vorperiode unter einem Viertel, 1871/80 sogar bei 72%. Diese gewaltige Mehreinfuhr ergab sich aus der teilweisen Verdrängung der Inlandproduktion, der Vermehrung der Bevölkerung und ihrer verbesserten Lebenshaltung sowie namentlich aus dem größeren Bedarf an Futtergetreide. Die Gliederung in die verschiedenen Getreidearten seit den 1880er Jahren zeigt dementsprechend bis 1911/13 einen Rückgang der Weizenquote, dagegen eine starke Erhöhung des Hafer- und Maisanteils. Große Verschiebungen traten bei den Herkunftsländern im Zusammenhang mit dem Ausbau des Eisenbahnnetzes, der Schiffahrt und des Nachrichtendienstes ein. Erstreckte sich das Bezugsgebiet anfänglich auf die vier Nachbarländer, Deutschland, Österreich-Ungarn, Frankreich und Italien, so kamen von den 1860er Jahren an als Hauptlieferanten die Donauländer und schließlich Rußland in Betracht, bei zunehmender Konkurrenz durch die Vereinigten Staaten (die 1906/12 erst 5%, 1913 dagegen 20% des schweizerischen Getreidebedarfes deckten), Kanada und Argentinien.

Ebenso stark wie die Getreideeinfuhr hat in der Berichtszeit die Weineinfuhr zugenommen, nur daß ihr Anstieg sprunghafter verlief. So verzeichneten gegenüber dem vorangegangenen Jahrzehnt die 1870er Jahre eine Zunahme um 112%, worauf in den 1880er Jahren ein Rückgang um 7% folgte. Auf das Verhältnis zur Inlanderernte und die wichtigsten Bezugsländer ist bereits im Abschnitt Weinbau hingewiesen worden.

In dem Maße, wie die Zahl der Zuchtpferde und damit die inländische Nachzucht bei steigendem Pferdebestand abnahmen, erhöhte sich die Nachfrage nach ausländischen Pferden: von 1851/60 bis 1911/13 stiegen die Importe von Fohlen um das 2,1fache und die von älteren Pferden um das 4,2fache.

Umgekehrt hat in der Rindviehhaltung die Nutzviehproduktion derart zugenommen, daß die Schweiz gegen Ende der Berichtsperiode auf den Bezug ausländischen Nutzviehs nahezu verzichten konnte. Während die Einfuhr 1886 nach den Berechnungen des Schweizerischen Bauernsekretariates noch rund ein Fünftel des Nutzviehbedarfes deckte, betrug der Anteil 1911 knapp 1%. Hingegen hat die Einfuhr von Schlachttieren (Rindvieh und Kleinvieh) und namentlich von Fleisch aller Art im Laufe der Jahrzehnte zugenommen. Auch wurden fortwährend größere Mengen an Eiern und Honig, nicht zuletzt unter dem Einfluß des zunehmenden Fremdenverkehrs, eingeführt.

Neben der Belieferung des Inlandmarktes exportierten die schweizerische Landwirtschaft und die ihr nahestehenden Verarbeitungsgewerbe und -industrien folgende Haupterzeugnisse:

Mittlere jährliche Ausfuhrmengen, 1851 bis 1913

Waren	1851/60	1861/70	1871/80	1881/90	1891/1900	1901/10	1911/13
Frisches Obst [1], q	32 539	99 724	103 794	176 451	289 010	409 870	247 505
Rindvieh, Stück							
Großvieh und Kälber							
über 40 bzw. 60 kg	45 452	57 492	62 124	60 018	31 821	28 334	17 698
Kälber bis 40 bzw.							
60 kg	6 181	8 418	11 657	12 210	7 988	3 875	2 548
Käse, q	57 192	108 960	180 063	245 014	235 574	279 729	321 568
		1868/70:					
Kondensmilch, q	–	1 700	36 349	108 822	194 993	310 012	404 260

[1] 1851 bis 1868 inbegriffen frische Feld- und Gartengewächse, lebende Pflanzen, junge Bäume, Sträucher, Reben usw., Kartoffeln;
1869 bis 1884 wie 1851 bis 1868, jedoch ohne Kartoffeln;
1885 bis 1913 nur frisches Obst.

Offenbar wegen der geringen Bedeutung, die dem Export von *Frischobst* ursprünglich beigemessen wurde, ist diese Warengattung in der Handelsstatistik vorerst mit andern pflanzlichen Erzeugnissen in einer Position zusammengefaßt worden. Sie gehörte jedoch bald mit Rindvieh (vor allem Zucht- und Nutzvieh), Käse und später auch Kondensmilch zu den wichtigsten Posten des landwirtschaftlichen Exportes. 1885 erhielt Frischobst eine besondere Zolltarifnummer, und von 1906 an wurde die Verpackungsart berücksichtigt. Die Trennung nach Verwendungszwecken (Most- und Tafelobst) und Obstarten (Kernobst und anderes Obst) erfolgte erst zwischen den beiden Weltkriegen.
Die Zahlen über die mittleren jährlichen Obstausfuhren zeigen von Jahrzehnt zu Jahrzehnt einen ununterbrochenen Anstieg bei sehr großen jährlichen Schwankungen, die sowohl in der Schweiz wie auch in den Bestimmungsländern durch den Ernteausfall verursacht wurden. Während der ganzen Berichtsperiode bestand die Exportmenge zum weit überwiegenden Teil aus Mostobst, wie den von 1885 an erhobenen Exportwerten entnommen werden kann.

Der handelsstatistische Mittelwert des ausgeführten Frischobstes franko Grenze (Ankaufspreis plus Fracht usw.) betrug im Vergleich zu den auf dem Obstmarkt in Frauenfeld erzielten Produzentenpreisen:

Durchschnittswert des ausgeführten Frischobstes und Obstpreise auf dem Obst-markt in Frauenfeld 1885 bis 1910, Franken je 100 kg

Obstarten	1885/90	1891/95	1896/1900	1901/05	1906/10
Wert der Ausfuhr von Frischobst ..	11	10	15	14	12
Marktpreise in Frauenfeld					
Mostäpfel	10	9	11	10	9
Mostbirnen	12	10	11	10	8
Tafeläpfel	18	15	20	22	20

In den Zolltabellen ist der Außenhandel von 1850 bis 1869 nach Zollgebieten (deren 6), von 1870 bis 1884 nach Grenzstrecken (deren 4) und erst von 1885 an nach Herkunfts- und Bestimmungsländern ausgeschieden worden. Da Frisch-obst wie auch Zucht- und Nutzvieh und in geringerem Maße auch Käse Waren mit im Vergleich zum Wert hohem Gewicht darstellen, die lange Zeit der Kosten wegen keinen weiten Transport ertrugen, somit praktisch nur in den Nachbar-staaten abgesetzt werden konnten, ist für die meisten landwirtschaftlichen Export-erzeugnisse auch schon die wenig differenzierte Handelsstatistik aus der Zeit vor 1885 aufschlußreich.

Drei Viertel bis vier Fünftel der ausgeführten Frischobstmenge (inbegriffen kleine Mengen anderer pflanzlicher Erzeugnisse) passierten zwischen 1851 und 1869 die Grenzen zum Deutschen Zollverein und zu Österreich-Ungarn (Zollgebiete II, III und teilweise I). Im Mittel der Jahre 1870/84 erreichte der Versand über die deutsch-schweizerische Grenze 88% und über die österreichisch-schweize-rische Grenze 9% der Gesamtausfuhr. Von 1885 bis 1913 bezog Deutschland jährlich im Durchschnitt ebenfalls 88%, Österreich-Ungarn 7%, Frankreich 3%, Italien und die übrigen Länder je 1%.

Die Frage nach den Absatzgebieten für Schweizer Obst sucht folgende Tabelle zu beantworten.

Anmerkungen zu Seite 237

[1] 1851 bis 1868, inbegriffen frische Feld- und Gartengewächse, lebende Pflanzen, junge Bäume, Sträucher, Reben usw., Kartoffeln; 1869 bis 1884 wie 1851 bis 1868, jedoch ohne Kartoffeln; 1885 bis 1913 nur frisches Obst.

[2] Durch die Abtretung von Elsaß-Lothringen an Deutschland erfuhr die Grenzstrecke ab 1871 eine entsprechende Änderung.

[3] Was die Nachweise über den Handel mit den einzelnen Ländern betrifft, so ist eine zuverlässige Vergleichbarkeit auf Grund der schweizerischen Statistik erst von 1892 an möglich, da erst mit diesem Jahr die Vorschrift betreffend Deklaration des «Erzeugungslandes» und des «Verbrauchs-landes» in Kraft getreten ist, während von 1885 bis 1891 formal das Land des letzten beziehungs-weise nächsten Umsatzes als Herkunfts- beziehungsweise Bestimmungsland gegolten hat. Für die uns im folgenden interessierenden Bestimmungsländer für die wichtigsten landwirtschaftlichen Exporterzeugnisse Frischobst, Rindvieh und Käse, bei denen es sich in der Berichtzeit fast aus-schließlich um Nachbarländer handelte, beeinträchtigte diese handelsstatistische Neuerung die Ver-gleichbarkeit der Ergebnisse wenig.

Mittlere jährliche Ausfuhr (in Stück) von Rindvieh (ohne Kälber bis 40 beziehungsweise 60 kg) nach Grenzzonen und Bestimmungsländern, 1851 bis 1913

Jahresmittel	1851 bis 1869: nach Zollgebieten (Grenzlinien der Kantone)						
	I BE, SO, BS, BL, AG	II ZH, SH, TG	III SG, GR	IV TI	V VD, NE	VI VS, GE	Total
In q							
1851/60 (10 Jahre)	3 489	16 570	8 870	253	2 054	1 303	32 539
1861/69 (9 Jahre) ..	21 496	42 022	22 644	488	2 739	2 013	91 402
Prozentuale Verteilung							
1851/60	10,7	50,9	27,3	0,8	6,3	4,0	100
1861/69	23,5	46,0	24,8	0,5	3,0	2,2	100

	1870 bis 1884: nach Grenzstrecken				
	Deutschland	Österreich	Italien	Frankreich	Total
In q					
1870/79 (10 Jahre)	100 505[2]	10 306	153	4 464[2]	115 428
1880/84 (5 Jahre) ..	83 843	7 605	48	3 133	94 629
Prozentuale Verteilung					
1870/79	87,1	8,9	0,1	3,9	100
1880/84	88,6	8,0	0,1	3,3	100

	1885 bis 1913: nach Bestimmungsländern[3]					
	Deutsch-land	Österreich-Ungarn	Italien	Frank-reich	Übrige Länder	Total
In q						
1885/90 (6 Jahre) ..	175 356	12 162	363	31 105	5 491	224 477
1891/1900 (10 Jahre)	265 126	19 771	633	2 264	1 216	289 010
1901/10 (10 Jahre)	375 807	28 751	569	4 254	489	409 870
1911/13 (3 Jahre)	213 743	22 450	8 587	2 628	97	247 505
Prozentuale Verteilung						
1885/90	78,1	5,4	0,2	13,9	2,4	100
1891/1900	91,7	6,9	0,2	0,8	0,4	100
1901/10	91,7	7,0	0,1	1,1	0,1	100
1911/13	86,3	9,1	3,5	1,1	0,0	100

Anmerkungen 1 bis 3, Seite 236 unten.

Der Rindviehexport hat bis Mitte der 1880er Jahre zugenommen, wobei damals noch ein beträchtlicher Teil der gesamten Stückzahl, wohl mindestens ein Drittel, auf Schlachtvieh, insbesondere abgehende Kühe, entfiel. Der darauf folgende Rückgang betraf hauptsächlich diese Kategorie, so daß sich der Exportwert infolge des wachsenden Anteils des wertvolleren Zuchtviehs, vor allem der Zuchtstiere, weniger stark verminderte.

Aus der nachstehenden Tabelle ist vorerst nur für das Großvieh im ganzen (eine weitere Aufgliederung kannte die schweizerische Handelsstatistik bis 1884 nicht) die Exportrichtung und von 1885 an das Absatzgebiet ersichtlich:

Mittlere jährliche Ausfuhr (in Stück) von Rindvieh (ohne Kälber bis 40 beziehungsweise 60 kg) nach Grenzzonen und Bestimmungsländern, 1851 bis 1913

Jahresmittel	1851 bis 1869: nach Zollgebieten (Grenzlinien der Kantone)						
	I BE, SO, BS, BL, AG	II ZH, SH, TG	III SG, GR	IV TI	V VD, NE	VI VS, GE	Total
In Stück							
1851/60 (10 Jahre) ...	9 925	3 714	10 387	16 489	1 224	3 713	45 452
1861/69 (9 Jahre)	23 453	4 867	8 309	15 038	2 420	5 230	59 317
Prozentuale Verteilung							
1851/60	21,8	8,2	22,8	36,3	2,7	8,2	100
1861/69	39,5	8,2	14,0	25,4	4,1	8,8	100

	1870 bis 1884: nach Grenzstrecken				
	Deutschland	Österreich–Ungarn	Italien	Frankreich	Total
In Stück					
1870/79 (10 Jahre) ...	26 126	2 578	14 027	16 377	59 108
1880/84 (5 Jahre)	31 783	4 321	17 414	17 046	70 564
Prozentuale Verteilung					
1870/79	44,2	4,4	23,7	27,7	100
1880/84	45,0	6,1	24,7	24,2	100

	1885 bis 1913: nach Bestimmungsländern					
	Deutsch-land	Österreich–Ungarn	Italien	Frank-reich	Übrige Länder	Total
In Stück						
1885/90 (6 Jahre)	26 077	1 037	15 379	10 003	601	53 097
1891/1900 (10 Jahre)	18 213	305	9 265	3 663	477	31 921
1901/10 (10 Jahre) ...	15 933	650	9 630	951	1 170	28 334
1911/13 (3 Jahre)	4 830	3 118	8 046	613	1 091	17 698
Prozentuale Verteilung						
1885/90	49,1	2,0	29,0	18,8	1,1	100
1891/1900	57,0	1,0	29,0	11,5	1,5	100
1901/10	56,2	2,3	34,0	3,4	4,1	100
1911/13	27,3	17,6	45,4	3,5	6,2	100

238

Nach dieser Übersicht kann vermutet werden, daß vor 1885 Frankreich und Italien mehr, Deutschland hingegen weniger Vieh aus der Schweiz bezogen als in den darauf folgenden 28 Jahren. Wie beim Obstexport gingen über 90% in die vier großen Nachbarländer, aber im Unterschied zum Obst fand das Zuchtvieh in den übrigen Ländern einen deutlich zunehmenden Absatz.

Für Verhandlungen über Handelsverträge hatte das Eidgenössische Statistische Büro in den 1870er Jahren wiederholt den Handelsverkehr der Schweiz mit einigen Ländern auf Grund der Handelsstatistik dieser Staaten untersucht. Diese Zusammenstellungen gestatten weitgehend einen Vergleich mit den erst ab 1892 vorliegenden Länderergebnissen der schweizerischen Handelsstatistik. So liegen für die Jahre 1866 bis 1874 detaillierte Zahlen über den Bezug von Rindvieh aus der Schweiz durch Frankreich, Deutschland, Österreich–Ungarn und Italien vor, von denen die folgende Tabelle die Ergebnisse im Jahrfünft 1866/70 mit denjenigen der Jahre 1892/96 und 1909/13 vergleicht.

Ausfuhr von Rindvieh (in Stück) nach Bestimmungsländern im Mittel der Jahre 1866/70, 1892/96 und 1909/13

Fünf-Jahres-Mittel	Stück					Prozentuale Verteilung				
	Stiere und Ochsen	Kühe	Jung-vieh	Kälber	Total	Stiere und Ochsen	Kühe	Jung-vieh	Käl-ber	Total
Deutschland										
1866/70	188	1 318	1 489	925	3 920	5	34	38	23	100
1892/96	1 840	12 141	2 798	9 873	26 652	7	46	10	37	100
1909/13	1 424	1 829	396	1 614	5 263	27	35	7	31	100
Österreich – Ungarn										
1866/70	14	224	193	1 490	1 921	1	12	10	77	100
1892/96	71	63	241	185	560	13	11	43	33	100
1909/13	304	1 162	662	318	2 446	12	48	27	13	100
Italien										
1866/70	96	5 604	1 512	12 140	19 352	1	29	8	62	100
1892/96	416	2 279	6 816	583	10 094	4	23	67	6	100
1909/13	1 314	2 860	5 782	179	10 135	13	28	57	2	100

Ausfuhr von Rindvieh (in Stück) nach Bestimmungsländern im Mittel der Jahre 1866/70, 1892/96 und 1909/13

Schluß

Fünf-Jahres-Mittel	Stück					Prozentuale Verteilung				
	Stiere und Ochsen	Kühe	Jung-vieh	Kälber	Total	Stiere und Ochsen	Kühe	Jung-vieh	Käl-ber	Total
	Frankreich									
1866/70	2 900	19 603	2 171	16 625	41 299	7	48	5	40	100
1892/96	262	3 214	1 066	3 684	8 226	3	39	13	45	100
1909/13	149	309	178	587	1 223	12	25	15	48	100
	Diese Nachbarländer total									
1866/70	3 198	26 749	5 365	31 180	66 492	5	40	8	47	100
1892/96	2 589	17 697	10 921	14 325	45 532	6	39	24	31	100
1909/13	3 191	6 160	7 018	2 698	19 067	17	32	37	14	100
	Übrige Länder									
1866/70	·	·	·	·	2 978	·	·	·	·	100
1892/96	18	356	146	4	524	3	68	28	1	100
1909/13	239	686	203	1	1 129	21	61	18	0	100

Quellen: 1866 bis 1870: Eidgenössisches Statistisches Büro: nach ausländischen Quellen, veröffentlicht in: Schweizerische Viehzählung vom 21. April 1876, Erster Teil, S. 122; 1892 bis 1896, 1909 bis 1913: Schweizerische Außenhandelsstatistik.

Die Abnahme des Rindviehexportes nach den vier Nachbarländern von 66 000 Stück im Mittel der Jahre 1866/70 auf noch durchschnittlich 19 000 Stück von 1909 bis 1913 ist dem Rückgang des Exportes von Kälbern nach Italien und Frankreich und von Kühen besonders nach Frankreich zuzuschreiben. Überall waren die führenden landwirtschaftlichen Kreise bestrebt, die einheimischen Rassen zu veredeln, so daß sich mit der Zeit größere Bezüge von weiblichen Tieren erübrigten und nur noch vorzügliche Zuchtstiere aus der Schweiz importiert wurden.

Einen günstigeren Verlauf nahm der Käseexport. Auch nach dem Anstieg der Exportmenge bis Mitte der 1880er Jahre setzte sich die Aufwärtsbewegung nach Überwindung einer Krisenperiode noch vor der Jahrhundertwende wieder fort, so daß die Jahresmittel 1901/10 und 1911/13 alle bisherigen Höchstmengen übertrafen. Auch hier zählten die Nachbarstaaten zu den Hauptabnehmern. Bis Ende der 1860er Jahre bezog Italien teils über die schweizerisch-italienische,

*Mittlere jährliche Ausfuhrmengen von Käse nach Grenzzonen und Bestimmungs-
ländern, 1851 bis 1913*

Jahresmittel	1851 bis 1869: nach Zollgebieten (Grenzlinien der Kantone)						
	I BE, SO, BS, BL, AG	II ZH, SH, TG	III SG, GR	IV TI	V VD, NE	VI VS, GE	Total
In q netto							
1851/60 (10 Jahre)	19 123	5 333	2 003	14 071	3 578	13 083	57 191
1861/69 (9 Jahre) ..	38 467	8 384	4 904	15 876	12 153	24 297	104 081
Prozentuale Verteilung							
1851/60	33,4	9,3	3,5	24,6	6,3	22,9	100
1861/69	37,0	8,1	4,7	15,2	11,7	23,3	100

	1870 bis 1884: nach Grenzstrecken				
	Deutschland	Österreich– Ungarn	Italien	Frankreich	Total
In q netto					
1870/79 (10 Jahre)	78 910	5 071	13 086	78 736	175 803
1880/84 (5 Jahre) ..	61 281	3 425	30 132	128 575	223 413
Prozentuale Verteilung					
1870/79	44,9	2,9	7,4	44,8	100
1880/84	27,4	1,5	13,5	57,6	100

	1885 bis 1913: nach Bestimmungsländern						
	Deutsch- land	Öster- reich – Ungarn	Italien	Frank- reich	Übrige Länder		Total
					Total	dav. USA	
In q netto							
1885/90 (6 Jahre) ...	49 527	11 407	72 902	83 632	37 290	19 195	254 758
1891/1900 (10 Jahre)	52 104	15 075	44 986	66 405	57 004	24 132	235 574
1901/10 (10 Jahre)	57 367	21 623	31 123	71 450	98 166	48 954	279 729
1911/13 (3 Jahre) ..	52 300	32 804	33 361	66 519	136 584	78 637	321 568
Prozentuale Verteilung							
1885/90	19,4	4,5	28,6	32,8	14,7	7,5	100
1891/1900	22,1	6,4	19,1	28,2	24,2	10,2	100
1901/10	20,5	7,7	11,1	25,6	35,1	17,5	100
1911/13	16,3	10,2	10,4	20,7	42,4	24,5	100

teils über die schweizerisch-französische Grenze mehr als die Hälfte des Gesamt-exportes, wie nachstehender Tabelle auf Grund der italienischen und französischen Außenhandelsstatistik zu entnehmen ist. Daraufhin stand Frankreich an der Spitze der Bezugsländer, bis es 1911/13 von den USA abgelöst wurde. (Vergleiche über den Käseexport auch S. 248 bis 250.)

Ausfuhrmengen von Käse nach Bestimmungsländern im Mittel der Jahre 1862/65, 1866/70, 1871/74, 1892/96 und 1909/13

Jahresmittel	In q				Prozentuale Verteilung			
	Italien	Frank-reich	Übrige Länder	Total	Italien	Frank-reich	Übrige Länder	Total
1862/65	58 817	11 610	14 882	85 309	68,9	13,6	17,5	100
1866/70	70 659	45 631	18 365	134 655	52,5	33,9	13,6	100
1871/74	46 051	54 711	79 201	179 963	25,6	30,4	44,0	100
1892/96	53 147	61 948	114 207	229 302	23,2	27,0	49,8	100
1909/13	37 050	68 260	213 376	318 686	11,6	21,4	67,0	100

Quellen: 1862 bis 1874: Eidgenössisches Statistisches Büro, Handel der Schweiz mit Italien, 3 Teile, Bern 1864 (1855 bis 1861), 1875 (1862 bis 1873) 1880 (1874 bis 1878); Handel Frankreichs mit der Schweiz von 1862 bis 1874, Zürich 1876;
1892 bis 1896, 1909 bis 1913: Schweizerische Außenhandelsstatistik.

Eine ungeahnte Entwicklung verzeichnete die Kondensmilchausfuhr. Die 1867 in der Schweiz begonnene Fabrikation führte im Jahrzehnt 1871/81 zu einer jährlichen Ausfuhrmenge von durchschnittlich 36 000 q, die 1901/14 auf 310 000 q und 1911/14 auf 404 000 q anstieg, womit sogar die Exportmenge von Käse überschritten wurde. Der Vollmilchbedarf für diese letztere war allerdings bedeutend größer, da für 1 kg Emmentaler 12,5 kg Vollmilch, für 1 kg Kondensmilch aber nur etwa 2,84 kg benötigt werden.

Für die Exportmenge von Käse und Kondensmilch benötigte Milchmenge, 1871 bis 1913 in 1 000 q

Milchverwertung	1871/80	1881/90	1891/1900	1901/10	1911/13
Milch für Exportkäse	2 250	3 060	2 940	3 500	4 020
Milch für Exportkondensmilch	100	310	550	880	1 150
Total	2 350	3 370	3 490	4 380	5 170
davon für Kondensmilch, %	4	9	16	20	22

England und seine Kolonien blieben während der ganzen Berichtsperiode Hauptabnehmer von Kondensmilch.

V. Preise landwirtschaftlicher Erzeugnisse und Produktionsmittel und wirtschaftliche Lage der Landwirtschaft

1. Preise landwirtschaftlicher Erzeugnisse

Ein zunehmender Teil der landwirtschaftlichen Produktion ist während der Berichtszeit auf den Markt gelangt. Von den dabei erzielten Preisen hing weitgehend der Ertrag der landwirtschaftlichen Betriebe ab.

Unter den *pflanzlichen Erzeugnissen* wies das Getreide kurz nach der Jahr-

Preise von Weizen, Hafer und Stroh, 1851 bis 1914, Franken je 100 kg
(Mittel der Marktpreise von Bern und Genf)

Jahre	1	2	3	4	5	6	7	8	9	0
Weizen										
1851 bis 1860	24.87	28.22	34.03	44.61	42.69	40.70	35.72	22.94	24.27	32.31
1861 bis 1870	33.17	29.61	27.26	25.38	22.70	26.51	34.43	32.72	26.42	29.64
1871 bis 1880	33.69	33.30	36.35	34.43	27.43	28.03	31.72	29.98	28.56	30.80
1881 bis 1890	29.95	29.91	25.45	24.46	22.82	21.93	21.60	21.17	21.12	21.68
1891 bis 1900	22.52	22.43	19.80	17.78	16.83	17.48	20.52	23.30	19.59	18.81
1901 bis 1910	18.53	19.19	18.53	19.01	20.33	20.25	20.88	22.68	23.71	23.07
1911 bis 1914	23.18	24.28	24.00	25.23						
Hafer										
1851 bis 1860	15.80	17.01	19.48	27.03	24.97	22.19	22.74	22.43	22.10	22.34
1861 bis 1870	20.55	19.95	19.97	19.89	21.18	21.75	22.76	23.58	21.24	23.86
1871 bis 1880	24.47	20.32	22.14	27.02	24.58	24.90	23.90	22.42	20.83	21.68
1881 bis 1890	22.57	22.47	20.77	20.86	20.58	19.92	17.06	17.04	17.47	19.27
1891 bis 1900	19.79	18.98	19.91	17.89	17.32	17.12	17.03	18.76	18.13	18.00
1901 bis 1910	18.37	19.91	18.24	17.84	18.38	18.84	19.92	19.40	19.11	17.78
1911 bis 1914	18.94	21.26	19.94	22.36						
Stroh										
1853 bis 1860			3.93	3.58	4.02	5.92	6.14	5.00	5.63	6.38
1861 bis 1870	7.26	6.91	4.51	4.37	5.87	7.54	4.77	4.64	6.24	8.84
1871 bis 1880	9.31	5.53	5.38	5.63	7.62	9.49	7.05	5.39	5.81	6.99
1881 bis 1890	7.23	6.76	6.24	6.84	7.47	7.75	7.61	8.19	7.16	5.55
1891 bis 1900	5.65	6.86	9.89	6.76	5.22	6.07	7.44	7.18	5.71	5.94
1901 bis 1910	7.33	8.03	6.66	5.69	5.77	6.03	6.50	5.80	6.10	6.98
1911 bis 1914	6.98	6.69	6.21[1]	6.71[1]						

[1] Extrapoliert. Quelle: Statistisches Handbuch der schweizerischen Landwirtschaft, Bern 1968.

hundertmitte den höchsten Preisstand in der Zeit bis zum ersten Weltkrieg auf. Seine Preise richteten sich bis in die Mitte der 1870er Jahre noch hauptsächlich nach der Höhe der Inlandernte und waren wie diese durch relativ große Schwankungen gekennzeichnet. Als dann die durch keine Schutzzölle gehemmten Einfuhren aus Ländern mit niedrigeren Produktionskosten zunahmen, folgte ein ausgeglichener Preisverlauf auf wesentlich tieferem Niveau. Der sinkende Preistrend hielt mit einer kurzen Unterbrechung zwischen 1890 und 1892 bis Mitte der 1890er Jahre an. Erst 1914 wurde der mittlere Preisstand der 1880er Jahre wieder erreicht.

Wegen des geringeren Wertes von Hafer und Stroh wirkte sich der Entfernungsschutz bei den Hafer- und vor allem bei den Strohpreisen stärker aus als beim Weizenpreis. Die Hafer- und übrigens auch die Kartoffelpreise gerieten weniger unter Druck, und die Strohpreise lagen sogar nie unter dem Niveau von 1853/60, wie die folgende Zusammenfassung zeigt (siehe auch Abbildung 21).

Preise von Weizen, Hafer, Stroh und Kartoffeln, 1851 bis 1910

Jahresmittel	Preise je 100 kg[1]				1851/60 = 100			
	Weizen	Hafer	Stroh	Kartoffeln	Weizen	Hafer	Stroh	Kartoffeln
1851/60	33.04	21.61	5.08[2]	9.85	100	100	100	100
1861/70	28.78	21.47	6.10	8.51	87	99	120	86
1871/80	31.43	23.23	6.82	8.78	95	107	134	89
1881/90	24.01	19.80	7.08	7.31	73	92	139	74
1891/1900	19.91	18.29	6.67	6.69	60	85	131	68
1901/10	20.62	18.78	6.49	7.82	62	87	128	79

[1] Mittel der Marktpreise von Bern und Genf. [2] Mittel von 8 Jahren.

Quelle: Statistisches Handbuch der schweizerischen Landwirtschaft, Bern 1968.

Da je Hektare Weizen der Strohertrag jeweils das 1,8 bis 2fache des Körnerertrages erreichte, vermochte diese relativ günstige Preislage für Stroh die Rentabilität des Getreidebaus im ganzen doch so positiv zu beeinflussen, daß er in weiten Gebieten des Mittellandes nicht aufgegeben wurde. Die Betriebszählung von 1905 hat in 10 Kantonen dieser Region (Zürich, Bern, Luzern, Freiburg, Solothurn, Schaffhausen, Aargau, Thurgau, Waadt und Genf, die zusammen 154 247 Landwirtschaftsbetriebe zählten, noch 108 282 Betriebe mit Getreide (= 70%) festgestellt.

Fr./100 kg

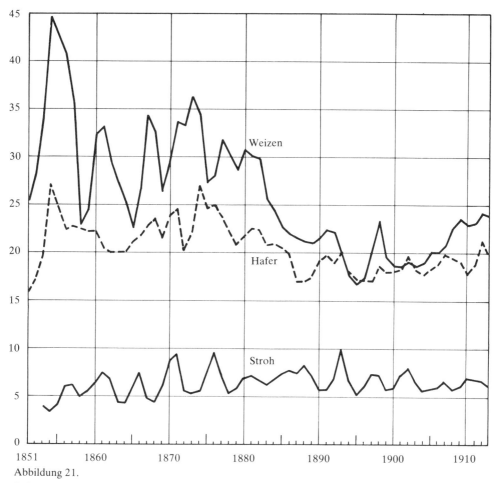

Abbildung 21.

Die Preisentwicklung bei *tierischen Erzeugnissen* verlief günstiger als bei pflanzlichen. Für die zwei hier ausgewählten Schlachtvieharten und für Milch führten die Veränderungen in der Berichtszeit (Tabelle S. 246 oben und Abb. 22) schließlich zu einem im Vergleich zum Anfangsstand wesentlich höheren Preisniveau. So lagen die Mittelpreise von 1901/10 um 49% (fette Ochsen und Rinder), 101% (Milch) und 133% (fette Kälber) über den Mittelpreisen von 1851/60 (Tabelle S. 246). Ferner hielten sich die jährlichen Preisschwankungen dank den stabileren Naturalertrags- und Angebotsverhältnissen in der Viehwirtschaft in engeren Grenzen. Verglichen mit der Periode 1851/60 sind die Preise für

Preise von Schlachttieren und Milch, 1851 bis 1914

Jahre	1	2	3	4	5	6	7	8	9	0
Fette Ochsen, Fr. je 100 kg Schlachtgewicht										
1851 bis 1860	86	92	101	113	119	127	149	126	137	142
1861 bis 1870	136	132	131	131	128	136	145	139	148	142
1871 bis 1880	174	172	183	164	165	170	170	172	165	160
1881 bis 1890	154	163	170	167	151	150	135	137	148	154
1891 bis 1900	158	154	146	162	162	154	153	157	155	153
1901 bis 1910	159	166	169	175	181	175	182	184	188	189
1911 bis 1914	199	197	192	200						
Fette Kälber, Fr. je 100 kg Lebendgewicht										
1851 bis 1860	44	46	53	55	54	59	62	55	75	76
1861 bis 1870	65	65	77	74	66	65	73	72	79	78
1871 bis 1880	86	102	107	96	108	110	117	118	108	108
1881 bis 1890	113	111	119	122	112	118	104	101	115	118
1891 bis 1900	109	97	101	118	124	120	125	124	120	117
1901 bis 1910	120	127	133	128	127	134	137	140	146	157
1911 bis 1914	163	162	158	141						
Milch, Fr. je 100 kg										
1851 bis 1860	6.60	7.70	7.70	8.00	7.70	7.60	8.20	8.40	9.50	9.20
1861 bis 1870	9.20	8.70	8.70	9.30	9.20	8.80	9.10	9.60	13.90	10.80
1871 bis 1880	11.90	14.50	16.20	12.20	12.00	13.80	15.70	14.70	12.80	13.40
1881 bis 1890	13.70	12.40	12.80	13.70	12.70	11.50	11.90	12.80	12.90	14.70
1891 bis 1900	14.90	14.20	14.60	15.20	14.90	14.70	14.70	14.70	14.70	14.50
1901 bis 1910	14.50	14.70	15.10	14.90	15.30	16.50	17.30	17.60	17.60	18.40
1911 bis 1914	19.50	20.90	19.30	18.60						

Quelle: Statistisches Handbuch der schweizerischen Landwirtschaft, Bern 1968.

Preise von Schlachttieren und Milch, 1851 bis 1910 (Mehrjahresmittel)

Jahresmittel	Preise je 100 kg			Wenn 1851/60 = 100		
	Fette Ochsen und Rinder	Fette Kälber	Milch	Fette Ochsen und Rinder	Fette Kälber	Milch
	Fr.	Fr.	Fr.			
1851/60	119	58	8.06	100	100	100
1861/70	137	71	9.73	115	122	121
1871/80	170	106	13.72	143	183	170
1881/90	153	113	12.91	129	195	160
1891/1900	155	116	14.71	130	200	183
1901/10	177	135	16.19	149	233	201

246

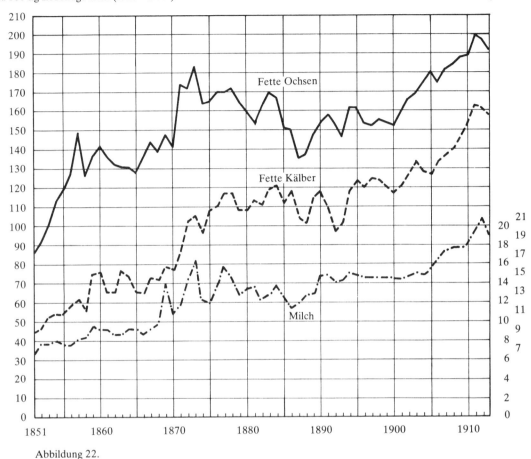

Preise von Schlachtochsen, Schlachtkälbern und Milch, 1851–1913

Fr./100 kg Schlachtgewicht (fette Ochsen)
Fr./100 kg Lebendgewicht (fette Kälber)

Fr./100 kg Milch

Abbildung 22.

großes Mastvieh prozentual am wenigsten gestiegen, namentlich in der Periode 1881 bis 1910. Daraus erklärt sich die Zurückhaltung der Landwirtschaft in der Ausdehnung der Rindviehmast, die indessen nach der Milchwirtschaftskrise von 1886 und 1887 allgemein empfohlen und auch durch eine namhafte Erhöhung des Einfuhrzolles im Jahre 1888 in Verbindung mit einer verschärften Seuchen-polizei zu fördern versucht worden ist. Um so lohnender war die Kalbfleischpro-duktion, die sogar im Mittel der 1880er und 1890er Jahre mit steigenden Prei-sen rechnen konnte.

Die Milchpreise zogen vor allem Ende der 1860er Jahre mit der stärkeren Aus-breitung der Käsefabrikation sowie mit der Gründung von Milchsiedereien an und hielten sich bis Mitte der 1880er Jahre auf einem um 65 bis 70% höheren Stand als 1851/60. Der auf den Preissturz in den Jahren 1886 und 1887 folgende Aufschwung kam in den 1890er Jahren auf beachtlicher Höhe zum Stehen, bis unter dem Einfluß einer erneut steigenden in- und ausländischen Nachfrage eine weitere Erholung eintrat, so daß der Endstand (1901/10) die doppelte Höhe der Preise von 1851/60 erreichte.

Da der Milchpreis seit den 1860er Jahren zunehmend durch die Lage im Käseexportgeschäft bestimmt wurde, sei nochmals kurz auf dessen Verlauf hingewiesen. Die Entwicklung von Exportmenge, mittlerem Exportwert beziehungsweise Käsepreis[1] und gesamten Exporterlös läßt in der Berichtszeit vier Phasen erkennen, wie folgender Übersicht zu entnehmen ist.

Merkmale des Käseexportes

Periode	Käseexport-menge	Mittlerer Exportwert bzw. Preis	Gesamter Käse-exportwert
1851 bis anfangs der 1870er Jahre	stark steigend	steigend	stark steigend
Anfangs der 1870er bis zweite Hälfte der 1880er Jahre	steigend	sinkend	leicht steigend
Zweite Hälfte der 1880er Jahre bis 1900	sinkend	leicht steigend	stagnierend
1900 bis 1913	stark steigend	steigend	stark steigend

Der wegen Überproduktion und Qualitätsmängeln in der Käsefabrikation besonders in der zweiten Hälfte der 1880er Jahre entstandene Druck auf die Milch-

[1] Bis Ende 1884, das heißt bis zur amtlichen Feststellung des mittleren Exportwertes ab 1. Januar 1885 (von 1885 bis Ende 1894 wurde dieser von Experten geschätzt, von 1895 an von den Exportfirmen selbst deklariert), wurde auf die bernischen Preise für Emmentaler Käse abgestellt, da, wie der Jahresbericht der Handelsstatistik pro 1897 bemerkt, «der Durchschnittspreis des gesamten Käseexportes durch den Emmentaler Käse bestimmt wird.»

Die Innerschweizer Käsepreise wiesen eine ähnliche Entwicklung auf (A. Flüeler, Über die Bodenverschuldung in Nidwalden, Landwirtschaftliches Jahrbuch der Schweiz, 1894, S. 346).

Jahresmittel	Käsepreise in Nidwalden		Preise für Emmentaler Käse im Kanton Bern	
	je 100 kg, Fr.	wenn 1851/60 = 100	je 100 kg, Fr.	wenn 1851/60 = 100
1851/60	96	100	115	100
1861/70	112	117	130	113
1871/80	142	148	167	145
1881/90	138	144	153	133

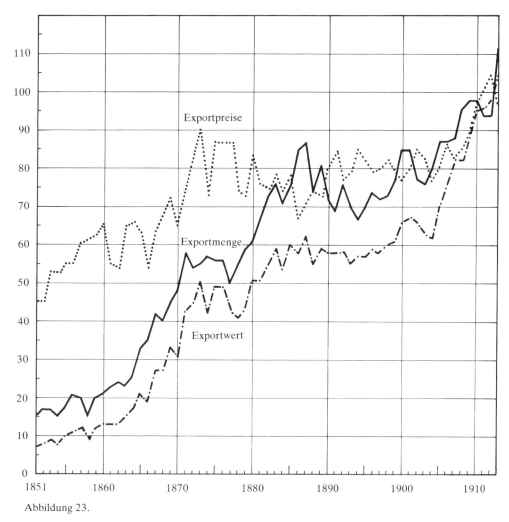

Käseexport (Menge, Preise und Wert im ganzen), 1851–1913
(wenn 1911/13 = 100)

Index
1911/13 = 100

Exportpreise

Exportmenge

Exportwert

Abbildung 23.

preise dauerte nur relativ kurze Zeit, so daß das mittlere Milchpreisniveau der
1890er Jahre wieder über dem der 1880er und sogar über dem der 1870er Jahre

249

lag (siehe Abbildung 23). Gleichwohl mehrten sich damals die Stimmen, die eine Entlastung des Milchmarktes durch Ausdehnung der Rindviehmast und der Nachzucht von Nutzvieh forderten. Zuerst hat daraufhin die Rindviehzucht dank den erwähnten relativ günstigen Preisverhältnissen sowohl im Flachland wie auch im Berggebiet an Boden gewonnen; im Berggebiet bahnte sich diese Spezialisierung zudem durch die zunehmende Verdrängung der Alpkäserei durch die fortgeschrittenere Talkäserei auf. So verzeichneten zum Beispiel die meisten Bezirke des Berner Oberlandes sowie die Kantone Uri, Glarus, Graubünden, Tessin und Wallis zwischen 1886 und 1911 abnehmende Kuhbestände.

Noch ausgeprägter als innerhalb der pflanzlichen Haupterzeugnisse (siehe Tabelle S. 243) haben sich daher die Preisverhältnisse zwischen diesen und wichtigen tierischen Erzeugnissen verändert. Die folgende Tabelle enthält neben den absoluten Preisen auch ihr Verhältnis zu den Weizenpreisen, die für jedes Jahrzehnt mit 100 angenommen werden.

Verhältnis zwischen Weizenpreis und Preisen anderer landwirtschaftlicher Erzeugnisse, 1851 bis 1910

Jahresmittel	Preise je 100 kg (fette Ochsen und Rinder je 100 kg Schlachtgewicht)						Wenn Weizenpreis = 100					
	Wei-zen	Hafer	Stroh	Kar-toffeln	Fette Ochsen und Rinder	Milch	Wei-zen	Hafer	Stroh	Kar-tof-feln	Fette Och-sen und Rinder	Milch
	Fr.	Fr.	Fr.	Fr.	Fr.	Fr.						
1851/60	33.04	21.61	5.08	9.85	119	7.99	100	65	15	30	360	24
1861/70	28.78	21.47	6.10	8.51	137	9.73	100	75	21	30	476	34
1871/80	31.43	23.23	6.82	8.78	170	13.72	100	74	22	28	541	44
1881/90	24.01	19.80	7.08	7.31	153	12.91	100	82	29	30	637	54
1891/00	19.91	18.29	6.67	6.69	155	14.71	100	92	34	34	779	74
1901/10	20.62	18.78	6.49	7.82	177	16.19	100	91	31	38	858	79
Veränderung 1901/10 gegenüber 1851/60												
in %	—38	—13	+28	—21	+49	+103	–	+40	+107	+27	+138	+229

Von der Preisseite her betrachtet hat sich die Rentabilitätslage des Brotgetreideanbaus im Laufe der Berichtszeit gegenüber der Produktion aller aufgeführten Erzeugnisse verschlechtert. Die Umwandlung von Ackerland in Dauerwiesen, die Ausdehnung des Futterbaus auf dem Acker und größere Anteile der Hafer- und Kartoffelfläche am offenen Ackerland waren die Folgen.
Werden die verschiedenen Preisreihen sowie die bereits im Abschnitt Weinbau aufgeführten Weinpreise zu Indexreihen je für pflanzliche, tierische und sämtliche

landwirtschaftliche Erzeugnisse zusammengefaßt, so ergeben sich mit 1914 als Basisjahr folgende jährliche Veränderungen des Preisniveaus (siehe auch Abbildung 24).

Preisindexziffern 1851 bis 1914, 1914 = 100

Jahre	1	2	3	4	5	6	7	8	9	0
Pflanzliche Erzeugnisse										
1851 bis 1860	55	75	91	120	104	96	100	64	74	94
1861 bis 1870	102	77	71	76	73	71	98	87	69	75
1871 bis 1880	75	89	105	82	74	82	90	94	96	86
1881 bis 1890	82	79	90	79	67	68	70	72	83	82
1891 bis 1900	82	80	66	60	67	63	69	77	67	55
1901 bis 1910	59	67	70	67	68	75	74	67	78	98
1911 bis 1914	100	94	86	100						
Tierische Erzeugnisse										
1851 bis 1860	40	43	47	50	49	51	57	54	58	56
1861 bis 1870	57	54	55	56	55	57	59	60	70	63
1871 bis 1880	74	79	83	73	76	79	82	80	74	75
1881 bis 1890	75	72	75	78	71	67	66	69	71	79
1891 bis 1900	79	76	76	82	81	79	79	74	79	78
1901 bis 1910	79	81	83	83	85	89	93	94	95	99
1911 bis 1914	107	112	104	100						
Gesamtindex										
1851 bis 1860	45	54	62	74	68	66	72	57	63	69
1861 bis 1870	72	62	60	63	61	62	73	69	70	67
1871 bis 1880	74	82	91	76	75	80	85	85	81	79
1881 bis 1890	78	74	80	78	70	67	67	70	75	80
1891 bis 1900	80	77	73	74	76	73	76	75	75	70
1901 bis 1910	72	76	79	78	79	84	86	85	89	98
1911 bis 1914	104	106	98	100						

Quelle: Statistisches Handbuch der schweizerischen Landwirtschaft, Bern 1968.

Die Preisindexziffern der ausgewählten pflanzlichen Erzeugnisse schwankten von 1851 bis 1914 zwischen 55 (1851, 1900) und 120 (1854), die der tierischen Erzeugnisse zwischen 40 (1851) und 112 (1912) und beide zusammen zwischen 45 (1851) und 106 (1912). Preissteigerungen von 10 und mehr Prozent von einem Jahr zum andern traten beim Gesamtindex besonders in den 1850er und anfangs der 1870er Jahre auf (Mißernten, Kriegseinfluß). Ebenso hohe Preisrückgänge ergaben sich von 1857 auf 1858 (21%), von 1873 auf 1874 (16%), von 1861 auf 1862 (14%) und von 1884 auf 1885 (10%).
Länger andauernde Preisänderungen in gleicher Richtung haben die wirtschaftliche Lage der Landwirtschaft besonders nachhaltig in den beiden Vier-Jahres-

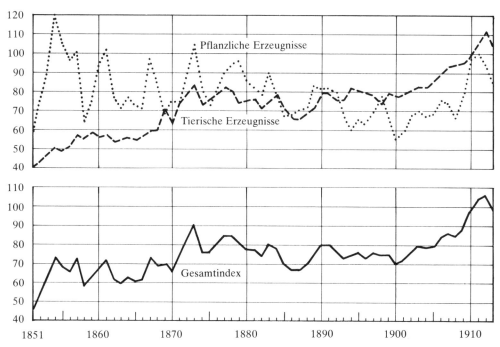

Abbildung 24.

Perioden 1878 bis 1882 (Preisrückgang im ganzen von 16%) und 1908 bis 1912 (Preissteigerung im ganzen von 25%) sowie in den Drei-Jahres-Perioden 1851 bis 1854 (Preisanstieg von 64%), 1870 bis 1873 (+36%), 1858 bis 1861 (+26%), 1887 bis 1890 (+19%) und 1883 bis 1886 (Preisrückgang um 16%) beeinflußt.

Im Preisindex tierischer Erzeugnisse ist Zucht- und Nutzvieh, weil für die gesamtschweizerische Landwirtschaft vorwiegend Produktionsmittel, nicht vertreten. Für die Berglandwirtschaft stellt es aber ein Verkaufsprodukt dar, das zu den wichtigsten Ennahmequellen zählt. Diese Preise sind nach Aufzeichnungen einer führenden Viehhandelsfirma im Kanton Schwyz aus den Jahren 1851 bis 1899 bis zum Ende der 1880er Jahre gestiegen. Erst im folgenden Jahrzehnt fielen sie etwas, wohl hauptsächlich wegen des Exportrückgangs; dem stand indessen eine größere Inlandnachfrage gegenüber (siehe Tabelle S. 253 oben). Nach 1900 erholten sie sich jedoch wieder [1].

[1] Statistisches Handbuch der schweizerischen Landwirtschaft, Bern 1968, S. 355, 357.

252

Preise von einem Paar Senten (= zwei Milchkühe mittlerer bis besserer Qualität) 1851 bis 1899[1]

Jahresmittel	Preis von 2 Stück Fr.	1851/60 = 100
1851/60	722	100
1861/70	882	114
1871/80	1 244	161
1881/90	1 278	166
1891/99	1 137	147

[1] Schweizerisches Bauernsekretariat, Enquete zur Vorbereitung der künftigen Handelsverträge, Brugg 1900, S. 94, 95.

Mit gestiegenen Nutzviehwerten, größtenteils basierend auf gestiegenen Preisen, rechnete auch das Eidgenössische Statistische Büro bei seinen Schätzungen über den Wert des schweizerischen Viehbestandes im Zeitpunkt der Viehzählungen, wie nachstehende Übersicht zeigt.

Wert des schweizerischen Viehbestandes (Tiere des Pferdegeschlechts, Rindvieh, Schweine, Schafe und Ziegen), 1866 bis 1911

Jahre	Vom Eidg. Stat. Amt berechneter Gesamtwert zu laufenden Stückwerten		Gesamtwert bei konstant angenommenen Stückwerten		Index der Stückwerte: $\dfrac{\text{Wertindex zu laufenden Stückwerten}}{\text{Wertindex zu konstanten Stückwerten}} \times 10$
	Mio. Fr.	1866 = 100	Mio. Fr.	1866 = 100	1866 = 100
1866 ...	320	100	320	100	100
1876 ...	332	104	332	104	100
1886 ...	449	140	375	117	120
1896 ...	592	185	410	128	145
1901 ...	625	195	424	133	147
1906 ...	729	228	468	146	156
1911 ...	748	234	459	143	164

Den Berechnungen pro 1866 und 1876 legte das Büro – wohl eine zu grobe Annahme – die gleichen Stückwerte zugrunde, erhöhte diese dann aber 1886 um 20%, 1896 nochmals um 21% und in den folgenden drei Jahrfünften um weitere 1,4%, 6,1% und 5,1%.

2. Erntewerte

Außer den Erntemengen sind in verschiedenen Kantonen auch die Erntewerte von pflanzlichen Erzeugnissen jährlich erhoben worden. Für Wein liegen Angaben aus 5 Kantonen vor: aus Zürich, Bern, Schaffhausen, dem Aargau und der Waadt, während für andere Produkte nur die Kantone Zürich, Bern und Waadt in Betracht fallen. Im Kanton Zürich dauerten die amtlichen Erhebungen von 1876, größtenteils aber von 1884 bis 1907, im Kanton Bern von 1885 bis 1927 und im Kanton Waadt von 1881 (zum Teil auch von 1880) bis 1919. Verspätungen bei der Veröffentlichung der Ergebnisse, gewisse Zweifel an deren Richtigkeit und Parallelerhebungen des Schweizerischen Bauernsekretariates hatten schließlich zur Folge, daß alle 3 Kantone leider auf die Weiterführung verzichteten.

Diese Erntewerte, besonders wenn sie auf die Flächeneinheit bezogen werden können, vermitteln gebietsweise vergleichbare Anhaltspunkte über die Rohertragsentwicklung im Pflanzenbau. Für das wichtigste Brotgetreide, den Weizen, liegen folgende Angaben vor:

Weizenerträge in Zentnern und Franken je Hektar in den Kantonen Zürich, Bern und Waadt

Jahresmittel	q/ha			Fr./q			Fr./ha		
	Kt. Zürich	Kt. Bern	Kt. Waadt	Kt. Zürich	Kt. Bern	Kt. Waadt	Kt. Zürich	Kt. Bern	Kt. Waadt
1876/80	13,9	·	·	29.3	·	·	407	·	·
1881/85	13,3	·	17,7	24.7	·	24.8	324	·	439
1886/90	13,7	15,1	16,6	19.8	20.1	20.8	271	303	346
1891/95	14,0	15,2	17,9	18.5	19.0	18.2	259	289	326
1896/1900 ..	13,2	15,0	18,1	19.3	19.0	18.6	255	285	336
1901/05	14,6	15,6	19,0	18.7	18.8	18.6	273	294	353
1906/10	·	16,7	19,5	·	22.1	21.9	·	369	428
1911/13	·	17,2	20,4	·	23.7	23.0	·	408	470
1906/07 (2 J.)	16,4	17,6	20,8	21.2	21.2	20.8	347	373	433
wenn 1906/07 (2 Jahre) = 100									
1876/80	85	·	·	138	·	·	117	·	·
1881/85	81	·	85	117	·	119	93	·	101
1886/90	84	86	80	93	95	100	78	81	80
1891/95	85	86	86	87	90	88	75	77	75
1896/1900 ..	80	85	87	91	90	89	73	76	78
1901/05	89	89	91	88	89	89	79	79	82
1906/10	·	95	94	·	104	105	·	99	99
1911/13	·	98	98	·	112	111	·	109	109
1906/07	100	100	100	100	100	100	100	100	100

Im Kanton Zürich erzielten die Weizenproduzenten im Mittel der Jahre 1876/80 je Hektare 407 Franken bei einem Naturalertrag von 13,9 q, aber 20 Jahre später, 1896/1900, noch 255 Franken (—37%) bei einem Naturalertrag von 13,2 q. Auch im Kanton Waadt fiel der Hektarertrag zwischen 1881/85 und 1896/1900 um 103 Franken (—23%), das heißt prozentual ähnlich wie im Kanton Zürich (—21%).

Fünfjahresmittel der Weizenerträge in Franken je Hektare in den Kantonen Zürich, Bern und Waadt, wenn Zweijahresmittel 1906/07 = 100

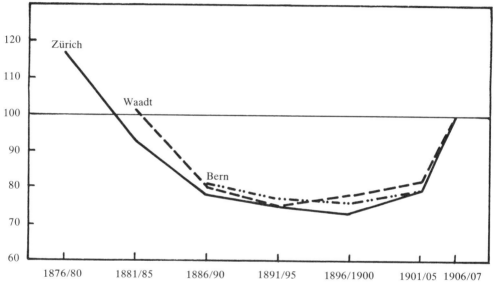

Abbildung 25.

Diese Rohertragseinbuße erlitten besonders die Gebiete mit verbesserter Dreifelderwirtschaft und vorherrschender Kleegraswirtschaft, das heißt die Kantone Zürich (nördlicher Teil), Thurgau (nordwestlicher Teil), Schaffhausen, Aargau, Basel-Land, Luzern (nördliche Bezirke) und die am Südfuß des Juras entlang gelegenen Kantone Solothurn, Bern, Freiburg, Waadt und Genf.
Wie die folgende Abbildung 26 noch ergänzend zeigt, weichen auch die jährlichen Schwankungen des Erntewertes je Hektare Weizen in den drei Untersuchungsgebieten nicht stark voneinander ab. Sie führten 1887/88 zu einem ersten größeren Einschnitt, die Talsohle wurde aber erst 1895 und 1896 erreicht.

255

Jährliche Weizenerträge in Franken je Hektare in den Kantonen Zürich, Bern und Waadt, 1875 bis 1913

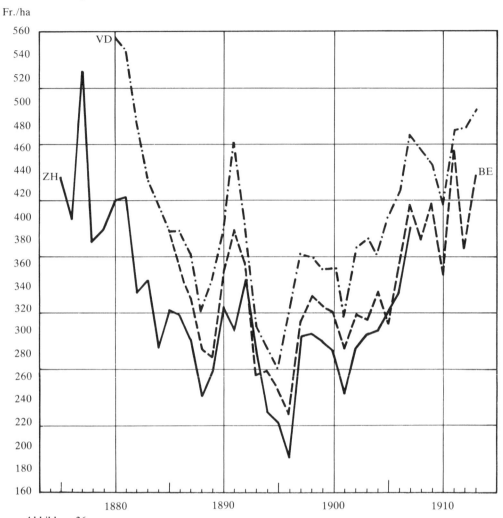

Abbildung 26.

Anderthalb Jahrzehnte später als beim Brotgetreide begann auch beim Wein eine längere Periode sinkender oder bei Fehlernten den Ernteausfall nicht kompensierender Preise. Im Mittel der 5 genannten Kantone mit jährlichen Weinernteerhebungen – zusammen umfaßten sie 1909/13 49,6% der schweizerischen Rebfläche – sank daher der Erntewert je Hektare von 1 839 Franken im Durchschnitt der Jahre 1891/95 auf 1 358 Franken 1906/10 (—26%) und stellte sich auch 1911/13 auf nur 1 402 Franken (—24% gegenüber 1891/95).

Weinerträge in den Kantonen Schaffhausen, Zürich, Aargau, Bern und Waadt, 1881 bis 1913

Jahresmittel	Mittel der 5 Kantone			Franken je Hektare im Kanton				
	hl/ha	Fr./hl	Fr./ha	Schaff-hausen	Zürich	Aargau	Bern	Waadt
1881/85	38,8	38.6	1 498	1 368	1 037	703	1 706	2 271
1886/90	30,8	41.6	1 281	1 296	774	463	1 042	1 978
1891/95	44,0	41.8	1 839	1 404	1 199	565	1 165	2 667
1896/1900 ..	48,6	37.6	1 827	1 426	1 226	791	1 527	2 373
1901/05	48,2	30.4	1 465	1 070	1 148	787	1 250	1 931
1906/10	28,4	47.8	1 358	1 038	916	559	1 361	1 601
1911/13	24,3	57.7	1 402	1 232	809	388	1 213	1 854
	Wenn 1881/84 (4 Jahre) = 100							
	35 hl	40 Fr.	1 400 Fr.	1 139 Fr.	947 Fr.	613 Fr.	1 697 Fr.	2 250 Fr.
	= 100	= 100	= 100	= 100	= 100	= 100	= 100	= 100
1881/85	111	97	107	120	110	115	101	101
1886/90	88	104	92	114	82	76	61	88
1891/95	126	105	131	123	127	92	69	119
1896/1900 ..	139	94	131	125	129	129	90	105
1901/05	138	76	105	94	121	128	74	86
1906/10	81	120	97	91	97	91	80	71
1911/13	69	144	100	108	85	63	71	82

Die einzelnen Kantone verzeichneten einen nicht ebenso ausgeglichenen Verlauf des Erntewertes je Hektare wie beim Weizen, doch zeigte sich fast immer die gleiche Bewegungsrichtung. So fiel dieser Wert in allen 5 Kantonen von 1881/85 auf 1886/90 und von 1896/1900 auf 1901/05 sowie in 4 beziehungsweise 3 Kantonen nach 1901/05, während eine Wertsteigerung in 5 beziehungsweise 4 Kantonen in den beiden Jahrfünften der 1890er Jahre eintrat (vergleiche auch Abbildung 27).

So haben denn manche Betriebe in niederschlagsärmeren Gegenden des Mittellandes den unrentablen Getreide- und Weinbau eingeschränkt oder ganz aufgegeben und sind auf vermehrte viehwirtschaftliche Produktion durch Vergrößerung der Futterfläche ausgewichen. Das Tempo dieses Umstellungsprozesses hing vielenorts von der Möglichkeit ab, eine größere Milchproduktion zu verwerten. Dies läßt sich gut an der Zunahme des Kuhbestandes nach 1866 ablesen. Verhältnismäßig früh setzte sie im Thurgau ein. Von allen Kantonen wiesen zwischen 1886 und 1911 Luzern, Zug, Freiburg und Thurgau die größte Vermehrung der Milchviehhaltung auf. Sie beruhte in den Kantonen Luzern und Thurgau auf zahl-

*Fünfjahresmittel der Weinerträge in Franken je Hektare in den Kantonen Schaff-
hausen, Zürich, Aargau, Bern und Waadt, 1881 bis 1913, wenn Fünfjahresmittel
1881/84 = 100*

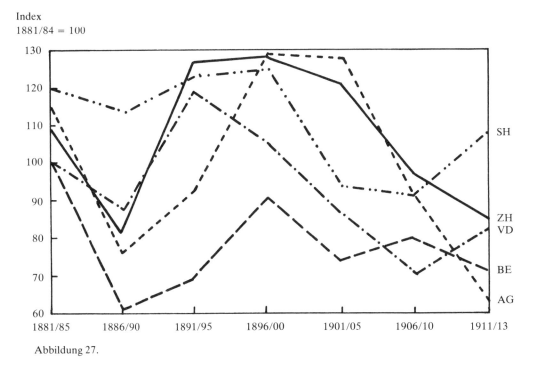

Abbildung 27.

reicheren Käsereien, im Kanton Freiburg außerdem auf der Milchverarbeitung
durch Siedereien; dies traf vor allem auch für den Kanton Zug zu.

Wie schon hervorgehoben, liegen für die 3 Kantone Zürich, Bern und Waadt, auf
die 1904 44% der schweizerischen Rebfläche, 1905 50% des gesamten Ackerlandes und 37% des gesamten Wieslandes sowie 1929 bei der ersten gesamtschweizerischen Obstbaumzählung 37% des gesamten Obstbaumbestandes entfielen, auch Erntewerte für die übrigen Kulturen vor.
Eine erstmals vorgenommene einheitliche Gliederung in Ackerbauerzeugnisse,
Obst und Wein sowie Futter von Natur- und Kunstwiesen ergibt – bezogen auf
den Wert im Durchschnitt der 4 Jahre 1885/88 – die in der folgenden Tabelle
aufgeführten Indexreihen, deren Verlauf auch aus der Abbildung 28 ersichtlich
ist.

258

Wert der Ernten in den Kantonen Zürich, Bern und Waadt, 1885/88 = 100

Jahre	Ackererzeugnisse			Obst und Wein			Futter von Natur- und Kunstwiesen			Im ganzen		
	ZH	BE	VD	ZH	BE	VD	ZH	BE	VD	ZH	BE	VD
1881			123			113			94			109
1882			112			66			87			90
1883			102			71			84			87
1884	111		103	162		156	84		85	103		111
1885	110	106	105	155	99	106	100	105	101	111	105	104
1886	101	101	101	81	68	116	93	92	92	92	93	102
1887	104	98	97	62	58	84	96	102	95	91	97	93
1888	86	95	96	102	175	95	112	101	112	106	104	102
1889	98	89	96	67	52	75	92	90	92	88	86	89
1890	98	101	101	128	165	103	83	74	90	94	90	97
1891	83	101	110	81	79	55	97	82	85	92	88	86
1892	97	106	114	86	173	148	119	106	126	109	111	128
1893	104	107	105	109	83	178	119	96	116	115	99	129
1894	76	88	93	75	108	116	85	74	101	82	81	102
1895	78	84	88	113	81	110	79	81	92	85	82	96
1896	67	76	99	75	91	106	98	83	109	89	81	105
1897	81	93	103	58	36	101	101	94	122	90	89	110
1898	92	98	111	118	161	110	103	94	115	104	100	112
1899	98	98	110	58	48	79	113	102	114	101	97	103
1900	93	95	108	124	197	154	112	114	141	111	114	134
1901	94	95	118	59	98	76	115	121	135	101	111	113
1902	96	102	126	81	193	93	110	111	133	102	114	120
1903	99	98	119	97	84	63	96	104	125	97	100	107
1904	100	105	119	95	160	129	101	108	103	100	111	115
1905	103	94	129	78	48	89	116	117	117	107	105	113
1906	113	113	144	106	168	137	135	143	148	126	135	144
1907	124	116	144	82	125	72	163	162	173	141	144	136
1908		106	140		183	115		149	162		138	142
1909		114	147		114	49		165	162		144	126
1910		96	129		153	22		159	160		138	112
1911		137	157		91	143		164	176		150	161
1912		106	143		178	88		152	174		139	140
1913		112	144		24	16		159	171		133	120

Quellen: Zürich: Statistische Mitteilungen betreffend den Kanton Zürich und Statistisches Jahrbuch der Schweiz; Bern: Mitteilungen des kantonalen statistischen Büros; Waadt: Statistique agricole, hrsg. vom Département de l'agriculture, de l'industrie et du commerce.

Danach zählten von den 23 Jahren 1885 bis 1907, in denen Erntewerte aus allen 3 Kantonen vorhanden sind, besonders 1885, 1892, 1893 (trotz der Futternot), 1900, 1902, 1906 und 1907 zu den Jahrgängen mit guten Gesamternten.

Wert der Ernten in den Kantonen Zürich, Bern und Waadt, 1885/88 = 100

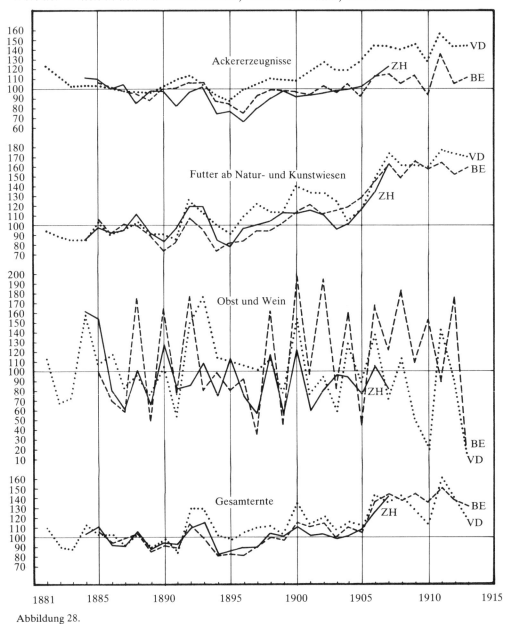

Abbildung 28.

Gleichgerichtete Veränderungen im Total der 3 Kantone gegenüber dem Vorjahr ergaben sich

260

bei Ackergewächsen in 11 Jahren
bei Wiesenfutter in 14 Jahren,
bei Obst und Wein in 15 Jahren und
bei der Gesamternte in 16 Jahren.

Die für die drei Erzeugnisgruppen berechneten Variationskoeffizienten (Standardabweichung in Prozent des Mittelwertes[1]) belaufen sich für die 3 Kantone insgesamt
bei Ackergewächsen auf 9,7%,
bei Wiesenfutter auf 18,0%,
bei Obst und Wein auf 19,7% (Wein allein 25,4%, Obst allein 44,1%) und
bei der Gesamternte auf 13,7%.

Wert der Ernten in den Kantonen Zürich, Bern und Waadt

Jahres-mittel	2 Kantone: Bern und Waadt					3 Kantone: Zürich, Bern und Waadt				
	Acker-bau-er-zeug-nisse	Obst und Wein	Total	Futter von Natur- und Kunst-wiesen	Im ganzen	Acker-bau-er-zeug-nisse	Obst und Wein	Total	Futter von Natur- und Kunst-wiesen	Im ganzen
	in Millionen Franken									
1886/90	61,8	24,5	86,3	94,1	180,4	71,7	34,5	106,2	131,9	238,1
1891/95	62,8	28,7	91,5	92,6	184,1	71,7	39,2	110,9	132,3	243,2
1896/1900	61,3	27,2	88,5	103,7	192,2	70,0	37,1	107,1	145,7	252,8
1901/05	67,2	25,2	92,4	116,1	208,5	77,3	34,5	111,8	158,9	270,7
1906/10	75,3	26,7	102,0	159,0	261,0					
1911/13	81,0	22,1	103,1	164,0	267,1					
	Prozentverteilung									
1886/90	34,2	13,6	47,8	52,2	100	30,1	14,5	44,6	55,4	100
1891/95	34,1	15,6	49,7	50,3	100	29,5	16,1	45,6	54,4	100
1896/1900	31,8	14,2	46,0	54,0	100	27,7	14,7	42,4	57,6	100
1901/05	32,2	12,1	44,3	55,7	100	28,6	12,7	41,3	58,7	100
1906/10	28,9	10,2	39,1	60,9	100					
1911/13	30,3	8,3	38,6	61,4	100					
	wenn 1885/88 = 100									
1886/90	97	98	97	93	95	97	95	96	93	95
1891/95	99	115	103	91	97	97	108	101	94	97
1896/1900	96	109	100	102	101	95	102	97	103	101
1901/05	106	101	104	114	110	105	95	101	112	108
1906/10	118	106	115	156	137					
1911/13	127	88	116	161	140					

Anmerkung [1] auf Seite 262.

Der Prozentanteil des Futterwertes am gesamten Erntewert ist in den 3 Kantonen von 55,4% im Mittel der Jahre 1886/90 auf 58,7% im Zeitraum 1901/05 gestiegen, in den Kantonen Bern und Waadt allein von 52,2% im Jahresmittel 1886/90 auf 61,4% im Jahresmittel 1911/13. Entsprechend zurückgegangen ist der Prozentanteil der beiden größtenteils im Endrohertrag der Landwirtschaft zu berücksichtigenden Erntewerte der Gruppen «Ackererzeugnisse» und «Obst und Wein». Mit der Ausweitung des Futterbaus auf Kosten des Ackerbaus und mit der gleichzeitigen Ausdehnung des Obstbaus hat sich das Ernterisiko in der Landwirtschaft erhöht.

3. Preise landwirtschaftlicher Produktionsmittel

Für landwirtschaftliche Produktionsmittel reichen vergleichbare Preisangaben selten so weit zurück wie für einzelne landwirtschaftliche Produkte. Die nachstehende Preisübersicht beginnt erst mit dem Jahre 1887 und weist auch so noch zahlreiche Lücken auf.

Preise landwirtschaftlicher Produktionsmittel

Jahre	Dünger				Klee- und Gras- samen	Kupfer- vitriol	Futtermittel			Selbst- halter- pflug
	Super- phos- phat	Tho- mas- mehl	Chile- salpeter	Kali- dünger			Gerste, Ein- fuhr- wert (franko Grenze, unver- zollt)	Erd- nuß- extrak- tions- schrot	Import von Heu (franko Grenze, unver- zollt)	
	1% P_2O_5	1% P_2O_5	1% N	1% K_2O						
	Franken je 100 kg									
1887	0,80	·	·	·	·	·	22	·	7.—	·
1888	0,75	·	·	·	·	·	23	·	8.—	·
1889	0,72	·	·	·	·	·	24	·	8.—	·
1890	0,69	·	·	·	·	·	24	·	6.50	·
1891	0,68	·	·	·	·	·	24	18	6.76	·
1892	0,68	·	·	·	·	40	23	21	7.50	·

Anmerkung [1] von Seite 261.
Berechnungsweise für Obst und Wein:
Arithmetisches Mittel des Erntewertes während 23 Jahren: 37,0 Millionen Franken

Standardabweichung nach der Formel $\sqrt{\dfrac{\sum d^2}{23}}$:   7,3 Millionen Franken

Standardabweichung in Prozent des arithmetischen Mittels: 19,7%

Preise landwirtschaftlicher Produktionsmittel

Schluß

Jahre	Dünger				Klee- und Gras- samen	Kupfer- vitriol	Futtermittel			Selbst- halter- pflug
	Super- phos- phat	Tho- mas- mehl	Chile- salpeter	Kali- dünger			Gerste, Ein- fuhr- wert (franko Grenze, unver- zollt)	Erd- nuß- extrak- tions- schrot	Import von Heu (franko Grenze, unver- zollt)	
	1% P₂O₅	1% P₂O₅	1% N	1% K₂O						
	Franken je 100 kg									1 Stück Fr.
1893	0,68	·	·	·	·	32	21	·	12.32	·
1894	0,62	·	·	·	·	40	20	·	7.68	·
1895	0,62	·	·	·	·	40	19	·	4.96	·
1896	0,49	·	·	·	·	43	18	·	5.32	190
1897	0,43	·	1,47	·	·	46	17	·	6.60	·
1898	0,46	·	1,60	·	·	45	17	·	6.27	·
1899	0,52	·	·	·	·	65	18	·	7.11	·
1900	0,48	·	1,51	·	107	64	18	·	7.38	·
1901	0,48	0,34	1,63	·	118	60	18	·	6.77	·
1902	0,48	0,37	1,84	·	128	57	15	·	6.14	·
1903	0,46	0,34	1,73	·	143	53	15	·	6.—	·
1904	0,44	0,30	1,77	0,38	129	55	16	·	5.65	·
1905	0,44	0,32	1,90	0,37	127	57	16	·	5.67	·
1906	0,50	0,33	1,97	0,37	121	60	17	·	7.—	·
1907	0,51	0,34	1,90	0,35	129	70	19	·	8.44	·
1908	0,54	0,36	2,10	0,35	157	55	20	·	7.61	·
1909	0,52	0,38	1,80	0,33	146	50	16	·	8.16	·
1910	0,49	0,35	1,70	0,33	168	49	17	·	7.75	·
1911	0,51	0,33	1,80	0,33	175	56	19	·	7.88	·
1912	0,51	0,32	1,90	0,33	182	56	20	·	8.22	·
1913	0,51	0,33	2,00	0,33	152	56	15	23	7.82	·
1914	0,49	0,32	2,00	0,33	141	57	23	23	8.13	180

Quelle: Statistisches Handbuch der schweizerischen Landwirtschaft, Bern 1968.

Über Dünger- und Futtermittelpreise von 1878 an bis Ende der 1890er Jahre liefern namentlich die jährlich von der schweizerischen agrikulturchemischen Untersuchungsstation in Zürich veröffentlichten Preislisten der von ihr kontrollierten Firmen Anhaltspunkte. Vorwiegend dieser Quelle dürften die nachstehenden von 1882 bis 1890 im westschweizerischen «Journal d'agriculture suisse» erschienenen Frühjahrsdüngerpreise entstammen.

Düngerpreise in der Westschweiz, 1882 bis 1890, Franken je 100 kg

Düngerarten	1882	1883	1884	1885	1886	1887	1888	1889	1890
1% Phosphorsäure (löslich)									
in Superphosphat	1.20	1.18	1.48	1.15	1.13	1.18	0.96	0.96	0.68
1% Stickstoff (löslich)	2.55	2.55	2.53	2.15	1.88	1.69	1.76	1.78	1.68
1% Kali (löslich) in Chlorkali ...	0.55	0.53	0.50	0.53	0.50	0.46	0.47	0.47	0.50
in schwefelsaurem Kali	0.85	0.68	0.75	0.70	0.80	0.52	0.54	0.55	0.60

Die starke Verbilligung der Phosphorsäure in Superphosphat, nach dieser Zusammenstellung von Fr. 1.20 auf Fr. 0.68 je 1% Phosphorsäure zwischen 1882 und 1890, nach den Volg-Preislisten von Fr. −.80 auf Fr. −.69 zwischen 1887 und 1890 und nach den Preislisten der Düngerfabrik Schweizerhall bei Basel von Fr. 1.26 auf Fr. −.81 zwischen 1878/80 und 1890/92 ist der scharfen Konkurrenz des in der zweiten Hälfte der 1880er Jahre aufgekommenen Thomasmehls zuzuschreiben. Dieses wurde zu Fr. −.36 je 1% Phosphorsäure im Mittel der Jahre 1890/92 durch Schweizerhall angeboten und blieb bis 1914 nach den Volg-Offerten im Preise ziemlich stabil.

Rückläufig bis um die Jahrhundertwende waren auch die Preise von Stickstoffdüngern, die in der Westschweiz 1882/83 noch Fr. 2.55 je 1% Stickstoff, 1889/90 aber Fr. 1.73 galten. Schweizerhall offerierte Chilesalpeter 1890 für Fr. 1.77 je 1%, 1896/97 für Fr. 1.67. Später zogen die Notierungen allmählich an, ohne jedoch den Stand der ersten 1880er Jahre zu erreichen, wie die Volg-Preise zeigen.

Unter den verschiedenen Kalidüngern wies Chlorkalium (hauptsächlich von Düngerfabriken bezogen) keine größeren Preisänderungen auf (Schweizerhall offerierte 1% Kaligehalt sowohl 1878/80 wie 1895/97 zu je Fr. −.46), während schwefelsaures Kali nach der westschweizerischen Zusammenstellung von 1882 bis 1890 und das häufig verwendete Kainit nach den Preislisten von Schweizerhall wesentlich billiger wurden (Schweizerhall lieferte Kainit 1878/80 zu Fr. 1.−, 1895/97 zu Fr. −.48 je 1%).

Vom Gesamtwert der Düngereinfuhr, die sich seit 1906 in Phosphorsäure-, Stickstoff- und Kalidünger gliedern läßt, entfielen im Mittel der Jahre 1906/14 27% auf Thomasmehl, 47% auf übrige Phosphorsäuredünger, 15% auf Stickstoff- und 11% auf Kalidünger. Werden die Preisindexreihen für Thomasmehl, Superphosphat, Chilesalpeter und Kainit (1914 = 100) mit diesen Prozentanteilen gewichtet, so ergibt sich gesamthaft eine Preisreduktion bei Düngemitteln zwischen 1890 und 1900 von rund 30% – nach dem bereits in den vorangegangenen 3 Jahrzehnten Preissenkungen eingetreten waren – und ein annähernd unverändertes Preisniveau zwischen 1901 und 1914.

Der noch wichtigere Zukauf von ausländischen Kraftfuttermitteln erfolgte ab 1887 zu Preisen, die bei Gerste rückläufig, bei Ölkuchen eher steigend und bei Heu zwar in den einzelnen Jahren stark schwankend, aber am Schlusse der 27-jährigen Periode nur wenig höher waren als zu Beginn.

Klee- und Grassämereien für den Kunstfutterbau verteuerten sich von Fr. 105.– je 100 kg im Mittel des Jahrfünfts 1900/04 auf Fr. 136.– 1905/09 und Fr. 164.– 1910/14.

In den gleichen Zeitabschnitten erreichte der Importwert von Kupfervitriol, dem ersten in größeren Mengen verwendeten Pflanzenschutzmittel, Fr. 57.80 je 100 kg, dann Fr. 58.40 und schließlich Fr. 54.80.

Trotz technischen Verbesserungen kamen Maschinen und Geräte während der Berichtszeit billiger zu stehen. Der mittelschwere Selbsthalterpflug (Brabant-pflug) Marke Ott, Worb, kostete 1896 Fr. 190.–, 1914 noch Fr. 180.– (—5%). Für Futterschneidemaschinen waren 1870 nach der Preisliste der Maschinen-fabrik J. Rauschenbach, Schaffhausen, Fr. 145.– auszulegen, vor dem ersten Welt-krieg nach Bürki und Holenstein[1] Fr. 80.– bis Fr. 115.– (—31% bei einem Mit-telpreis von Fr. 100.– gegenüber Fr. 145.–). Handdreschmaschinen offerierte die gleiche Fabrik 1868 für Fr. 200.–, 1869 für Fr. 180.– und 1870 für Fr. 175.–, während im Leitfaden von Bürki und Holenstein ein Preis von Fr. 120.– bis Fr. 150.– aufgeführt wird (—32% bei einem Mittelpreis von Fr. 135.– gegen-über Fr. 200.–). Noch größer war die Preisreduktion bei den Mähmaschinen. An der Ausstellung in Yverdon 1861 galten sie zwischen Fr. 550.– und Fr. 650.–, an der schweizerischen landwirtschaftlichen Ausstellung in Freiburg 1877 Fr. 580.– bis Fr. 640.–, an der Mähmaschinenprobe in Sempach 1892 Fr. 400.– bis Fr. 450.– und vor dem ersten Weltkrieg nach Bürki und Holenstein noch Fr. 290.– bis Fr. 330.–. Damit haben sich die Gestehungskosten ungeachtet der gesteigerten Leistungsfähigkeit der Fabrikate innert 50 Jahren halbiert.

4. Einfuhrwert landwirtschaftlicher Produktionsmittel

Diese unterschiedliche Entwicklung der Produkten- und Produktionsmittelpreise blieb nicht ohne Einfluß auf den Einsatz von Produktionsmitteln. Wie sich die Nachfrage nach solchen, speziell nach importierten von 1892 an, als eine neue Zollnomenklatur in Kraft trat, veränderte, geht aus der folgenden Übersicht her-vor, die sich in methodischer Hinsicht auf Zusammenstellungen des Schweizeri-schen Bauernsekretariates in seinen Untersuchungen betreffend die Rentabilität der schweizerischen Landwirtschaft stützt.

[1] Bürki und Holenstein, Geräte- und Maschinenkunde, Leitfaden für den Unterricht an landwirt-schaftlichen Schulen, hrsg. vom Verbande der Lehrer an den landwirtschaftlichen Schulen der Schweiz, 1. Auflage 1906, 3. Auflage 1915.

Mittlerer jährlicher Einfuhrwert landw. Produktionsmittel, 1892 bis 1914

Roh- und Hilfsstoffe	1892/95	1896/1900	1901/05	1906/10	1911/14
	In 1 000 Franken				
Düngemittel	4 644	5 434	5 892	8 585	8 744
Futtermittel	11 834	15 060	18 972	29 646	40 703
Stroh, Streue	1 157	1 537	2 420	4 733	4 693
Sämereien	1 952	1 675	1 912	2 373	2 869
Maschinen, Geräte	1 318	2 443	2 327	3 879	4 314
Nutztiere					
Pferde, Maultiere, Esel	618	1 094	1 252	1 449	1 497
Rindvieh	6 599	5 294	4 912	1 881	307
Schweine, Ziegen	928	269	125	46	41
Geflügel, Bienen	540	527	556	704	788
Total Nutztiere	8 685	7 184	6 845	4 080	2 633
Gesamttotal	29 590	33 333	38 368	53 296	63 956
	Wenn 1892/95 = 100				
Düngemittel	100	117	127	185	188
Futtermittel	100	127	160	251	344
Stroh, Streue	100	133	209	409	406
Sämereien	100	86	98	122	147
Maschinen, Geräte	100	185	177	294	327
Nutztiere					
Pferde, Maultiere, Esel	100	177	203	234	242
Rindvich	100	80	74	29	5
Schweine, Ziegen	100	29	13	5	4
Geflügel, Bienen	100	98	103	130	146
Total Nutztiere	100	83	79	47	30
Gesamttotal	100	113	130	180	216

Zolltarifpositionen:

Düngemittel	1892 bis 1905: 1($^1/_2$), 2, 8, 9, 10; 1906 bis 1914: 161–170
Futtermittel	1892 bis 1905: 6, 184, 409, 416b ($^1/_2$ der Menge zu 14 Fr. je 100 kg); 1906 bis 1914: 7, 212–215, 216a, b, 217, 219
Stroh, Streue	1892 bis 1905: 130 (davon jährlich 100 000 Franken), 185; 1906 bis 1914: 211a, b
Sämereien	1892 bis 1905: 182, 183; 1906 bis 1914: 203, 205
Maschinen, Geräte	1892 bis 1905: 242, 256, 342; 1906 bis 1914: 604, 751, 752, 891–893
Pferde, Maultiere, Esel	1892 bis 1905: 652, 654, 655; 1906 bis 1914: 133c, 134, 135
Rindvieh	1892 bis 1905: ex 656, ex 657, ex 658, ex 659, 660, ex 662; 1906 bis 1914: 136b, 137a, 138b, 139b, 142a, b
Schweine, Ziegen	1892 bis 1905: 664, 666; 1906 bis 1914: 144b, 146
Geflügel, Bienen	1892 bis 1905: 385 ($^1/_2$), 667; 1906 bis 1914: 83 ($^1/_2$), 147

Mittlerer jährlicher Einfuhrwert landw. Produktionsmittel, 1892 bis 1914
Schluß

Roh- und Hilfsstoffe	1892/95	1896/1900	1901/05	1906/10	1911/14
	Prozentverteilung				
Düngemittel	15,7	16,3	15,4	16,1	13,7
Futtermittel	40,0	45,2	49,4	55,6	63,7
Stroh, Streue	3,9	4,6	6,3	8,9	7,3
Sämereien	6,6	5,0	5,0	4,4	4,5
Maschinen, Geräte	4,4	7,3	6,1	7,3	6,7
Nutztiere					
Pferde, Maultiere, Esel	2,1	3,3	3,3	2,7	2,3
Rindvieh	22,3	15,9	12,8	3,6	0,5
Schweine, Ziegen	3,2	0,8	0,3	0,1	0,1
Geflügel, Bienen	1,8	1,6	1,4	1,3	1,2
Total Nutztiere	29,4	21,6	17,8	7,7	4,1
Gesamttotal	100	100	100	100	100

Mit den aufgeführten Zolltarifpositionen ist bei den meisten Produktionsmittelgruppen ein hoher Anteil an der Gesamteinfuhr erfaßt worden, vor allem nach der Erweiterung der Zolltarifnomenklatur im Jahre 1906. Verhältnismäßig große Wertsummen fehlen nur bei den Futtermitteln, wo unverarbeitetes Getreide zu Futterzwecken sowie die Nebenprodukte von im Inland verarbeiteten ausländischen Nahrungsmittelrohstoffen erst später genauer ermittelt werden konnten. Das gleiche gilt für die Sämereien, wo namentlich Saatgetreide und Saatkartoffeln unberücksichtigt blieben. Von 29,6 Millionen Franken im Mittel der Jahre 1892/95 stieg der erfaßte Einfuhrwert franko Grenze unverzollt um 116% auf 64,0 Millionen Franken im Jahresmittel 1911/14. Bei den Produktionsmitteln aus dem Industriesektor (Düngemitteln, Maschinen, Geräten) betrug die Zunahme 119%, bei denen aus dem landwirtschaftlichen Sektor (Futtermitteln, Stroh, Streue, Sämereien und Nutztieren) 115%. Aus der starken Vermehrung des Viehbestandes bei gleichzeitiger Einschränkung des Getreidebaus ergab sich die überdurchschnittliche Steigerung der Nachfrage nach Stroh und Streue (+306%) sowie nach Futtermitteln (+244%). In bezug auf Nutzvieh ist namentlich bei Rindvieh und Schweinen die Abhängigkeit vom Ausland zurückgegangen. Wird zwischen Investitionsgütern (Nutztieren, Maschinen und Geräten) und in den Produktionsprozeß eingehenden Produktionsmitteln (Düngemitteln, Futtermitteln, Stroh, Streue und Sämereien) unterschieden, so hat wegen der Abnahme der Nutzvieheinfuhr eine starke Verschiebung zugunsten der nur in einer Produktionsperiode verwendeten Güter stattgefunden (1892/95: 66,2%, 1911/14: 89,2%).

Landarbeiterlöhne

Während somit wichtige sachliche Produktionsmittel der Landwirtschaft (wie Düngemittel, Geräte und Maschinen) billiger wurden oder doch nur mäßig teurer wie Futtermittel, sind die *Löhne der Landarbeiter* stark gestiegen. Darüber liegen langjährige Erhebungen der Redaktion des «Journal d'agriculture suisse» vor, ferner Aufzeichnungen zweier Gutsbetriebe in den Kantonen Genf und Thurgau sowie Erhebungen mittels Fragebogen durch amtliche Stellen der Kantone Waadt, St. Gallen und Zürich wie auch des Schweizerischen Bauernsekretariates.

In der genferischen Landwirtschaft hat das Lohneinkommen männlicher Taglöhner bis in die 1880er Jahre zugenommen. Nach einem leichten Rückgang in den Krisenjahren setzte sich der Anstieg fort und führte schließlich 1911/14 zur dreifachen Lohnhöhe von 1851/60.

Taglöhne (nebst voller Kost[1]) für männliche Taglöhner in der genferischen Landwirtschaft je im Mittel der Monate März bis September 1851 bis 1914

Jahre:	1	2	3	4	5	6	7	8	9	0	Mittel[2]
					Franken je Tag						
1851 bis 1860 ...	0.96	0.81	0.89	0.73	0.99	1.20	1.27	1.54	1.24	1.27	1.09
1861 bis 1870 ...	1.26	1.32	1.48	1.55	1.56	1.64	1.45	1.26	1.56	1.43	1.45
1871 bis 1880 ...	1.59	1.99	1.83	1.86	2.08	1.99	2.13	2.09	1.76	1.61	1.89
1881 bis 1890 ...	1.76	1.68	1.83	1.75	1.67	1.75	1.80	1.95	1.89	1.74	1.78
1891 bis 1900 ...	2.04	1.82	1.86	1.96	2.04	2.32	2.43	2.14	1.99	2.32	2.09
1901 bis 1910 ...	2.66	2.46	2.68	2.11	2.50	2.33	3.04	3.20	3.40	3.46	2.78
1911 bis 1914 ...	2.86	3.48	3.21	3.95							
					1914 = 100						
1851 bis 1860 ...	24	21	23	18	25	30	32	39	31	32	28
1861 bis 1870 ...	32	33	37	39	39	42	37	32	39	36	37
1871 bis 1880 ...	40	50	46	47	53	50	54	53	45	41	48
1881 bis 1890 ...	45	43	46	44	42	44	46	49	48	44	45
1891 bis 1900 ...	52	46	47	50	52	59	62	54	50	59	53
1901 bis 1910 ...	67	62	68	53	63	59	77	81	86	88	70
1911 bis 1914 ...	72	88	81	100							

[1] 1866 und 1883 auf Fr. 1.35 pro Tag veranschlagt; siehe Bulletin de la Classe d'agriculture, 1866; Ch. Archinard, Statistique agricole du canton de Genève, Genève 1883.

[2] des Jahrzehnts.

Quellen: 1851: Bulletin de la Classe d'agriculture, 1866.
1852 bis 1878: Ch. Archinard, Statistique agricole du canton de Genève, Genève 1883.
1879 bis 1911: Statistisches Handbuch der schweizerischen Landwirtschaft; Journal d'agriculture suisse.

Gegenüber den bis 1895 vorliegenden Aufzeichnungen eines Genfer Gutsbetriebes über die Barlöhne dreier Kategorien von landwirtschaftlichen Dienstboten blieben die erwähnten Taglöhne zurück, lagen diese doch im Mittel der Jahre 1891/95 um 78% über dem Stand von 1851/60, während die Dienstbotenbarlöhne um 92 bis 172% stiegen. Die hauptsächlich aus Savoyen stammenden Taglöhner konnten offenbar leichter beschafft werden als die ständigen Arbeitskräfte.

Barlöhne (nebst voller Kost) von landwirtschaftlichen Dienstboten[1] und Taglöhnern[2] im Kanton Genf 1851 bis 1895

Jahresmittel	Von einem Genfer Gutsbetrieb bezahlte Dienstbotenlöhne, Fr. je Jahr			Im Vergleich dazu: Taglöhne im Kantonsmittel	Wenn 1851/60 = 100			
					Dienstbotenlöhne			Taglöhne
	Landarbeiter (valet) Fr.	Viehwärter (berger) Fr.	Magd (servante) Fr.	Fr.	Landarbeiter	Viehwärter	Magd	
1851/60	232	196	93	1.09	100	100	100	100
1861/70	338	306	140	1.45	146	156	151	133
1871/80	403	419	237	1.89	174	213	255	173
1881/90	461	450	241	1.78	199	230	259	163
1891/95	446	508	253	1.94	192	259	272	178

[1] An der Schweizerischen Landesausstellung in Genf 1895 gezeigte Ergebnisse aus den Jahren 1830 bis 1895, veröffentlicht im Journal d'agriculture suisse, 1896, S. 237, 238.
[2] Siehe vorstehende Tabelle

Wochenbarlöhne von Dienstboten und Kostgeld je Männerkosttag auf dem Gutsbetrieb Tänikon TG, 1860, 1880 und 1891 bis 1909

Dienstbotenarten	1860 Fr.	1880 Fr.	1891/95 Fr.	1896/1900 Fr.	1901/05 Fr.	1906/09 Fr.	wenn 1860 = 100
Meisterknecht	5.81	5.52	13.18	11.70	13.65	17.12	295
Obersenn	5.—	8.—	.	.	.	14.75	295
Untersenn	3.75	6.—	6.97	8.45	9.85	12.—	320
Jungviehsenn	3.50	3.—	5.—	6.10	8.92	11.75	336
Pferdeknecht	5.85	6.50	8.03	9.73	10.98	12.13	207
Ochsenknecht	5.25	6.25	7.65	8.15	9.05	10.75	205
Feldarbeiter	5.10	6.25	6.58	7.30	8.—	9.49	186
Kostgeld je Männerkosttag	1.07	0.98	1.32	1.31	1.42	1.55	145

Auch ein großer thurgauischer Gutsbetrieb verzeichnete 1906/09 gegenüber 1860 Barlohnsteigerungen bei Dienstboten von 86 bis 236% (Tab. S. 269, unten), wobei sich die untere Grenze wie in Genf auf Land- oder Feldarbeiter und die Obergrenze auf Spezialisten bezog. Dem absoluten Betrage nach erreichten die Barlöhne in Tänikon erst zwischen 1901 und 1909 das Genfer Niveau von 1891/95, wenn dieses zu Vergleichszwecken in Wochenlöhnen ausgedrückt wird (Jahreslohn dividiert durch 52). Im Thurgauer Betrieb sind zudem die Verpflegungskosten von 1860 bis 1906/09 um 45% gestiegen.

Durch die einmaligen Erhebungen in 4 weiteren Kantonen sowie durch die gesamtschweizerische Umfrage des Schweizerischen Bauernsekretariates sind die Genfer und die Thurgauer Ergebnisse der betreffenden Jahre größtenteils bestätigt worden, wie nachstehende Zusammenstellung zeigt.

Barlöhne von Dienstboten und Taglöhnern in den Kantonen Aargau, Waadt, St. Gallen, Zürich sowie im schweizerischen Mittel

Erhebungsgebiet und -jahr		Dienstboten, Barlohn je Woche in Franken		Taglöhne je Tag nebst voller Kost in Franken	
		Männer	Frauen	Männer	Frauen
Kanton Aargau,	1887[1]	4.40	2.90	1.20	0.80
Kanton Waadt,	1892[2]	5.80	3.85	2.20	1.30
Kanton St. Gallen.	1899[3]	6.60 bis 10.85	4.15 bis 6.30	1.95 bis 2.76	
Kanton Zürich[4]	Sommer 1902	8.15	5.40	2.70	
	Winter 1902/03	6.50	4.65	2.00	
Schweiz, 1906[5]					
Melker		10.60			
Pferdeknecht		10.20		Sommer 2.80	1.70
Güter- oder Landknecht		8.65		Winter 1.75	1.15
Magd für Haushalt und Ldw.			5.70		

[1] Erhebung des kantonalen statistischen Büros im Juni 1887: Taglöhne und Dienstbotenlöhne für «gewöhnliche, keine besondere Geschicklichkeit erfordernde Arbeiten». Für Dienstboten lauten die Originalangaben bei Männern Fr. 230.– und bei Frauen 150.– je Jahr. Zeitschrift für schweizerische Statistik, Jahrgang 1887.

[2] Erhebung von Gilliéron-Duboux im Auftrage des waadtländischen Landwirtschaftsdepartementes im März 1892, veröffentlicht in der Chronique agricole et viticole, Jahrgang 1893, S. 51, und in der Zeitschrift für schweizerische Statistik, Jahrgang 1899, S. 185. Für Dienstboten lauten die Originalangaben bei Männern Fr. 300.– und bei Frauen Fr. 200.– je Jahr.

[3] Enquete betreffend Arbeitskräfte und Arbeitslöhne in der sanktgallischen Landwirtschaft, im Auftrage des Volkswirtschaftsdepartementes bearbeitet von Dr. G. Heeb. Statistik des Kantons St. Gallen, XVIII. Heft, 1902.

[4] Erhebung des kantonalen statistischen Büros im Februar 1903. Statistische Mitteilungen betreffend den Kanton Zürich, Jahrgang 1905.

[5] Erhebung des Schweizerischen Bauernsekretariates, Mitteilungen Nr. 31, 1907.

6. Zinssätze für Hypothekardarlehen

Am Beispiel des Zinssatzes für erste Hypotheken von fünf Kantonalbanken wird im folgenden die Entwicklung des Preises für langfristiges Leihkapital erwähnt, das für die Erweiterung und Verbesserung der landwirtschaftlichen Produktion zunehmend verwendet werden mußte. Für erste Hypotheken besteht seit jeher ein ziemlich einheitliches und vor allem durch die Kantonalbanken bestimmtes Zinsniveau.

Zinssätze für Hypothekaranlagen (erste Hypotheken) im Durchschnitt von fünf Banken (davon seit 1854 zwei, seit 1871 vier und seit 1913 fünf Kantonalbanken), 1854 bis 1913

Jahre	1	2	3	4	5	6	7	8	9	0
Prozent										
1854 bis 1860				4,32	4,38	4,62	4,75	4,60	4,50	4,45
1861 bis 1870	4,45	4,50	4,50	4,68	4,85	4,85	4,80	4,80	4,65	4,65
1871 bis 1880	4,75	4,75	4,80	4,80	4,82	4,82	4,88	4,92	4,92	4,78
1881 bis 1890	4,60	4,55	4,45	4,35	4,30	4,15	4,05	4,10	4,05	4,00
1891 bis 1900	4,00	4,00	3,95	3,90	3,78	3,82	3,82	3,82	4,05	4,22
1901 bis 1910	4,28	4,05	4,00	4,00	4,00	4,05	4,18	4,35	4,30	4,25
1911 bis 1914	4,32	4,55	4,62	4,68						
1914 = 100										
1854 bis 1860				92	94	99	101	98	96	95
1861 bis 1870	95	96	96	100	104	104	103	103	99	99
1871 bis 1880	101	101	103	103	103	103	104	105	105	102
1881 bis 1890	98	97	95	93	92	89	87	88	87	85
1891 bis 1900	85	85	84	83	81	82	82	82	87	90
1901 bis 1910	91	87	85	85	85	87	89	93	92	91
1911 bis 1914	92	97	99	100						

Quelle: Statistisches Handbuch der schweizerischen Landwirtschaft, Bern 1968.

Die Zinssätze für erste Hypotheken bewegten sich in der Zeit von 1854 bis 1914 zwischen 3,78 (1895) und 4,92 (1878 und 1879) oder, wenn der Zinssatz von 1914 gleich 100 gesetzt wird, zwischen 81 und 105. Das bedeutet viel engere Grenzen als etwa beim Index der Preise landwirtschaftlicher Erzeugnisse, der zwischen 57 (1858) und 106 (1912) schwankte oder beim Index der Genfer Barlöhne für Taglöhner mit den Extremen 18 (1854) und 100 (1914), wie nachstehende Abbildung 29 im einzelnen zeigt. Im allgemeinen folgten die Hypothekarzinssätze den Zinssätzen für Kassaobligationen und Spareinlagen und diese wiederum oft den Geldmarkttendenzen, woran auch die in den meisten Kantonen zum Schutze des Schuldners eingeführten Zinsfußmaxima wenig zu ändern

Indexziffern der Zinssätze für erste Hypotheken von fünf Kantonalbanken, der Barlöhne von Taglöhnern im Kanton Genf und der Preise landwirtschaftlicher Erzeugnisse im schweizerischen Mittel, 1851–1914, wenn 1914 = 100

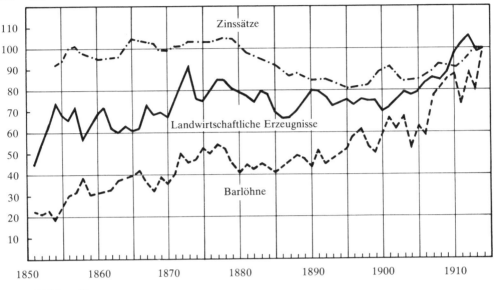

Abbildung 29.

vermochten. Von Mitte der 1850er Jahre an stieg der Hypothekarzins mit einigen Unterbrechungen bis Ende der 1870er Jahre. Die Aufwärtsbewegung dauerte damit etwas länger als bei den Preisen landwirtschaftlicher Erzeugnisse, dafür währte dann der darauf folgende Rückgang bis 1895; nach zwei ansteigenden Wellen erreichte das Zinsniveau 1914 den mittleren Stand der 1860er Jahre.

7. Bodenpreise und Bodenverschuldung

Der bis in die 1870er Jahre dauernde Anstieg des Preisniveaus landwirtschaftlicher Produkte, wie umgekehrt der darauffolgende Rückgang bis in die 1880er Jahre und die nur geringe Erhöhung im nächsten Jahrzehnt, blieben nicht ohne Einfluß auf die Bodennachfrage und damit auf die Bodenpreise. Als sich die Schweizerische Gemeinnützige Gesellschaft 1863 in einer Umfrage über die wirtschaftlichen Folgen der Eisenbahnen erkundigte, erhielt sie über Bodenpreise Meldungen, wonach diese in den Jahren 1852 bis 1862 fast allgemein, besonders aber in der Nähe von Bahnstationen gestiegen seien.

Aus den Antworten einzelner Berichterstatter aus den Kantonen:

Zürich: Durchschnittlicher Anstieg während der letzten 10 Jahre um ein Drittel, besonders ausgeprägt in der Nähe der Eisenbahnen.

Freiburg: Seit 1852 ohne Zweifel gestiegen.

Schaffhausen: Mehr oder weniger im ganzen Kanton gestiegen, vor allem im Weinbaugebiet.

St. Gallen: Namentlich in der Nähe der Eisenbahnstationen der Stadt St. Gallen und der größeren Orte gestiegen. Die größere Nachfrage nach Bodenerzeugnissen, die Bodenverbesserungen und die Fortschritte der Landbautechnik trugen dazu bei.

Graubünden: Der Bodenpreis hat durchschnittlich um ein Drittel zugenommen.

Aargau: Je nach Gegend um 15 bis 30% gestiegen.

Thurgau: Vor allem im Thurtal gestiegen.

Waadt: Ackerland ist im Preis nicht gestiegen, ausgenommen in der Nähe der Eisenbahnen und wachsender Städte. Die Preise für Rebland erhöhten sich nicht stark, weil rückläufige Weinpreise befürchtet werden.

Wallis: Von 1850 bis 1857 rückläufige Bodenpreise wegen Auswanderung und Verkäufen kirchlicher Güter. Von 1858 bis 1862 hingegen starke Preissteigerung, besonders in Gegenden mit Eisenbahnen.

Im Kanton Zürich hat C.K. Müller die Entwicklung der bei Freihandkäufen von Einzelgrundstücken zur Vergrößerung oder Arrondierung bestehender Betriebe bezahlten Bodenpreise in etwa 60 Gemeinden bis 1870 untersucht.

Preise von Einzelgrundstücken im Kanton Zürich, 1841 bis 1870 [1]

Jahresmittel	Rebland		Ackerland		Wiesland (inbegriffen Obstbäume)	
	Franken je Hektare	Zunahme gegenüber der Vorperiode in Prozent	Franken je Hektare	Zunahme gegenüber der Vorperiode in Prozent	Franken je Hektare	Zunahme gegenüber der Vorperiode in Prozent
1841/50	7 104		3 204		3 259	
1851/60	7 889	11	3 926	23	3 910	20
1861/70	11 360	44	4 769	22	4 670	19

[1] C.K. Müller und Strickler, Beitrag zur Geschichte der Statistik der Güterpreise des Kantons Zürich, Zeitschrift für schweizerische Statistik, Jahrgang 1874.

Danach ergaben sich 1851 bis 1860 Preissteigerungen gegenüber dem vorausgegangenen Jahrzehnt von durchschnittlich 11% (Reben) bis 23% (Ackerland) und in den Jahren 1861 bis 1870 von 19% (Wiesen) bis 44% (Reben).

Die Wende in der Preisentwicklung landwirtschaftlicher Erzeugnisse um die Mitte der 1870er Jahre brachte auch bei den Bodenpreisen eine Umkehr. Für Wiesen und Äcker scheinen sie sich im Kanton Zürich anfangs der 1890er Jahre auf tieferem Niveau stabilisiert zu haben, begannen aber gegen 1900 erneut zu steigen.

Die erste auf Grund von Schätzungen der Gemeindebehörden und landwirtschaftlichen Vereine vom kantonalzürcherischen statistischen Büro durchgeführte

Erhebung von 1885 über die «für die Landwirtschaft in Betracht fallenden» mittleren Verkehrswerte ohne Einbeziehung der Obstbäume (mit den oben genannten Zahlen bis 1870 für Einzelgrundstücke nicht vergleichbar) hat für Wiesen 2 940 Franken je Hektare und für Äcker 2 584 Franken je Hektare im Kantonsmittel ergeben. Die zweite und letzte derartige Erhebung von 1892 aber hat 3 000 Franken für Wiesen und 2 677 Franken für Äcker ermittelt. Aus den von E. Landolt den Grundprotokollen entnommenen Eintragungen über die bei Freihandkäufen von Einzelgrundstücken bezahlten Preise in Gemeinden des zürcherischen Weinlandes [1], eines ausgesprochenen Krisengebietes während der 1880er und 1890er Jahre, geht ebenfalls der Rückgang der Preise bis zum Tiefstand zwischen 1900 und 1910 und die darauf folgende Erholung hervor.

Preise von Einzelgrundstücken in den Zürcher Gemeinden Flaach, Kleinandelfingen und Ossingen, 1871 bis 1913, in Franken je Are

Kulturarten	1871/ 1875	1876/ 1880	1881/ 1885	1886/ 1890	1891/ 1895	1896/ 1900	1901/ 1905	1906/ 1910	1911/ 1913
Ackerland	38	39	34	30	27	31	24	29	28
Wiesen	53	48	43	40	34	33	32	31	34

Nach der gleichen Methode, wie sie das zürcherische statistische Büro in den Jahren 1885 und 1892 anwendete, versuchte das bernische statistische Büro 1888 den Wert von gutem, mittlerem und geringem Acker- und Wiesland zu ermitteln; leider verzichtete es später auf eine Wiederholung, so daß ein zeitlicher Vergleich nicht vorliegt. Dagegen hat sich die gleiche Stelle 1893 im Fragebogen über «das landwirtschaftliche Kreditwesen und dessen Einfluß auf die Bodenverschuldung» bei landwirtschaftlichen Vereinen und Kreditinstituten auch über die «Schwankungen der Güterpreise» erkundigt. Die eingegangenen Antworten wiesen mehrheitlich auf einen Rückgang seit den 1870er Jahren hin, namentlich für den Jura, wo nach einem Bericht der Landwirtschaftlichen Gesellschaft von Delsberg «noch zuviel Getreide angebaut» werde.

Beachtenswert sind ferner die bei den drei Hauptrevisionen der Grundsteuerschatzungen von 1866, 1876 und 1906 festgestellten Bodenwerte, die für die folgende Darstellung auf Grund der vorhandenen Berichte auch pro Flächeneinheit berechnet wurden, und zwar getrennt für die drei Kulturarten: 1. Wiesen, Äcker, Gärten, Obstgärten, 2. Weiden, das heißt alle vorherrschend zur Weide benützten Grundstücke, und 3. Reben. Die Schatzungen berücksichtigten jeweils

[1] E. Landolt, Bodenpreise in Gemeinden des zürcherischen Weinlandes 1870 bis 1920, 1921.

neben dem Ertragswert der Liegenschaften auch die während einiger vorausgegangener Jahre in der betreffenden Gegend erzielten Kaufpreise, also den Verkehrswert. Für die einzelnen Landesteile ergaben sich in den genannten Revisionsjahren folgende Bodenwerte je Hektare:

Grundsteuerschatzung für Böden der ersten Kulturart (Wiesen, Äcker, Gärten und Obstgärten) im Kanton Bern, nach Landesteilen [1], 1866, 1876 und 1906

Landesteile	Franken je Hektar			Jährliche Wertzunahme in Prozent	
	1866	1876	1906	1866 bis 1876	1876 bis 1906
Oberland	2 006	2 131	2 547	0,62	0,65
Emmental	1 581	1 772	1 857	1,21	0,16
Mittelland					
ohne Amtsbezirk Bern	2 336	2 495	2 635	0,68	0,19
mit Amtsbezirk Bern	2 375	2 589	2 983	0,90	0,51
Oberaargau	2 386	2 542	2 780	0,66	0,31
Seeland	2 447	2 614	2 689	0,68	0,10
Jura	1 209	1 417	1 384	1,72	—0,08
Kanton (inbegriffen Amtsbezirk Bern)	1 939	2 130	2 349	0,99	0,34

[1] Oberland: Amtsbezirke Frutigen, Interlaken, Oberhasli, Saanen, Niedersimmental, Obersimmental, Thun;
Emmental: Signau, Trachselwald;
Mittelland: Bern, Burgdorf, Fraubrunnen, Konolfingen, Laupen, Schwarzenburg, Seftigen;
Oberaargau: Aarwangen, Wangen;
Seeland: Aarberg, Büren, Erlach, Nidau;
Jura: Biel, Courtelary, Delémont, Franches-Montagnes, Laufen, Moutier, Neuveville, Porrentruy.

Die erste Periode von 1866 bis 1876 fiel in eine Zeit allgemein steigender Bodenwerte. Der jährliche Wertzuwachs in den 6 Landesteilen schwankte zwischen 0,62% (Oberland) und 1,72% (Jura) und lag im Kantonsmittel bei 0,99%. Für die folgende dreißigjährige Periode sind nur die Anfangs- und Endwerte bekannt, da der Bericht über die Hauptrevision 1892/93 keine Unterscheidung der Schatzungssummen nach Kulturarten enthielt. Vermutlich sind in allen Landesteilen die Werte zunächst gefallen und erst von den 1890er Jahren an wieder gestiegen; sie überschritten aber nur im Oberland die Wertzunahme der ersten Periode, während im Jura sogar eine Abnahme gegenüber 1876 eintrat. Wie eine Sonderuntersuchung über das Simmental ergab, erfolgte der Wertanstieg im Oberland namentlich bei Weiden und Alpen zur Hauptsache erst im letzten Jahrzehnt mit dem Aufschwung der Viehzucht im Unterland, als von dessen finanzkräftigen Viehzuchtgenossenschaften eine lebhafte Nachfrage nach Weidland ausging[1]. Im Seeland war die Wertvermehrung in der zweiten Periode trotz der damals beendigten Juragewässerkorrektion auffallend gering. Möglicherweise hing dies mit einer Überbewertung des Meliorationserfolges um 1876 und dem Umstand zusammen, daß der im Vergleich zur Viehhaltung preislich zwischen 1876 und 1906 weniger begünstigte Ackerbau in diesem Gebiet eine relativ große Rolle spielte.

Als 1892 der Bund von den Kantonen Angaben über die Verschuldung landwirtschaftlichen Bodens wünschte, wies die im Kanton Genf mit der Untersuchung betraute landwirtschaftliche Klasse unter anderem auf die Entwicklung der Bodenpreise nach der Statistik über die Handänderungsgebühr hin, die von 1850 bis 1889 zu folgenden Ergebnissen geführt hatte:

Fläche und Wert der im Kanton Genf umgesetzten Liegenschaften[1], *1850 bis 1889*

Jahre	Fünf-Jahres-Summen		Franken je Hektare	Wenn Hektarwert 1850/54 = 100
	Fläche, ha	Wert, 1 000 Fr.		
1850 bis 1854	3 653	10 563	2 892	100
1855 bis 1859	2 815	9 771	3 471	120
1860 bis 1864	2 882	11 058	3 836	133
1865 bis 1869	3 174	12 690	3 998	138
1870 bis 1874	3 171	12 279	3 873	134
1875 bis 1879	4 668	17 887	3 832	133
1880 bis 1884	3 311	10 540	3 184	110
1885 bis 1889	2 888	7 156	2 478	86

[1] Bulletin de la Classe d'agriculture, Jahrgang 1892.

Auch aus diesen Zahlen ist eine Richtungsänderung der Bodenwerte in den 1880er Jahren zu entnehmen. Die Zunahme in den ersten Jahrzehnten nach 1850 dürfte zum Teil mit der Ausdehnung der Rebfläche zusammenhängen.

Für die Berichtsperiode hält es schwer, Genaueres über den Gang der Verschuldung der Landwirtschaft zu ermitteln. Am ehesten ist dies noch möglich aus der Grundbuchstatistik, entfällt doch ein Großteil der Schulden der Landwirtschaft auf grundpfandversicherte. Nach den Buchhaltungserhebungen des Schweizerischen Bauernsekretariates z. B. waren es im Mittel der Jahre 1906/13 88%.

Eine ins 19. Jahrhundert zurückreichende Grundbuchstatistik besitzen nur die Kantone Zürich, Luzern, Zug und Freiburg, die aber den Verkehr mit landwirtschaftlichen Liegenschaften nicht separat aufführen. Hingegen ist es möglich,

[1] E. Imobersteg, Über Verschuldung, Kreditformen und Kreditzwecke in den Alpwirtschaft und Viehzucht treibenden Gegenden. Untersucht am Simmental, 1919.

Neuerrichtungen, Löschungen und Vermehrung der Grundpfandschulden in aus-gewählten ländlichen Bezirken der Kantone Zürich, Luzern und Freiburg sowie im ganzen Kanton Zug, 1871 bis 1910

Fünf-Jahres-Mittel	Neuerrich-tungen in	Löschungen in	Vermehrung in	1906/10 = 100 (siehe Abb. 30)		
	1 000 Fr.	1 000 Fr.	1 000 Fr.	Neuer-richtungen	Löschun-gen	Ver-mehrung
Bezirke Andelfingen, Affoltern, Bülach und Dielsdorf im Kanton Zürich						
1871/75	7 673	5 912	1 761	77	87	56
1876/80	10 171	7 455	2 716	102	110	87
1881/85	7 611	6 189	1 422	77	91	45
1886/90	5 954	5 274	680	60	78	22
1891/95	7 526	5 784	1 742	76	85	56
1896/1900	9 068	6 003	3 065	91	88	98
1901/05	7 715	6 037	1 678	78	89	54
1906/10	9 923	6 796	3 127	100	100	100
Ämter Entlebuch, Sursee und Willisau im Kanton Luzern						
1871/75	3 211	547	2 664	64	96	60
1876/80	3 950	896	3 054	79	157	69
1881/85	2 185	1 148	1 037	44	201	23
1886/90	1 770	964	806	36	169	18
1891/95	2 185	773	1 412	44	135	32
1896/1900	3 222	597	2 625	65	105	59
1901/05	3 326	490	2 836	67	86	64
1906/10	4 985	571	4 414	100	100	100
Kanton Zug						
1871/75	1 070	.	.	40	.	.
1876/80	1 542	.	.	58	.	.
1881/85	1 167	323	844	44	36	48
1886/90	1 059	547	512	40	60	29
1891/95	1 087	284	803	41	31	46
1896/1900	2 048	383	1 665	77	42	95
1901/05	1 539	428	1 111	58	47	63
1906/10	2 666	907	1 759	100	100	100
Kanton Freiburg (ohne Bezirk Sarine)						
1871/75	.	.	.	.	.	.
1876/80	.	.	.	.	.	.
1881/85	.	.	.	.	.	.
1886/90	7 943	6 389	1 554	55	76	26
1891/95	8 790	6 910	1 880	61	83	31
1896/1900	9 251	5 425	3 826	64	65	60
1901/05	11 692	6 843	4 849	81	82	81
1906/10	14 393	8 373	6 020	100	100	100

wenigstens Gebiete mit überwiegend Landwirtschaft auszuscheiden, zum Beispiel im Kanton Zürich die 4 Bezirke Andelfingen, Affoltern, Bülach und Dielsdorf, im Kanton Luzern die 3 Ämter Entlebuch, Sursee und Willisau, im Kanton Freiburg alle Bezirke (ohne Sarine). Der Kanton Zug wurde gesamthaft erfaßt.

Die nachstehenden Angaben beziehen sich auf die Neuerrichtungen, die Löschungen und die sich daraus ergebende Veränderung im Bestand an Grundpfandschulden. Da ausnahmslos die Löschungen kleiner waren als die Neuerrichtungen, trat allgemein eine Vermehrung der Grundpfandschulden ein. Nun muß aber beachtet werden, daß in der Regel nicht alle Abzahlungen und Tilgungen dem Grundbuchamt laufend gemeldet werden[1]. Infolgedessen ist die ausgewiesene Schuldenvermehrung zweifellos etwas zu hoch.

In den vier berücksichtigten Gebieten nahmen sowohl die Neuerrichtungen wie die Vermehrungen einen ähnlichen Verlauf: Sie stiegen bis ins Jahrfünft 1876/80, fielen dann bis in die Jahre 1886/90 und erhöhten sich mit teilweisen Unter-

Neuerrichtungen und Vermehrung von Grundpfandschulden in ausgewählten ländlichen Bezirken der Kantone ZH, LU und FR sowie im ganzen Kanton Zug, 1871 bis 1910, wenn 1906/10 = 100

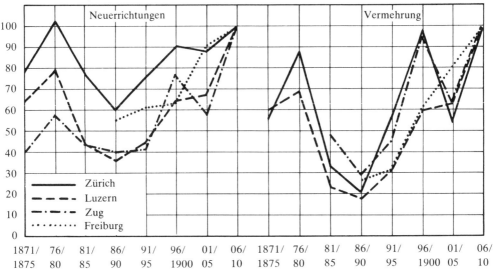

Abbildung 30.

[1] So übertraf im Kanton Luzern die bücherliche Verschuldung (Neuerrichtungen abzüglich Löschungen) die wirkliche beim landwirtschaftlichen Grundbesitz im Jahre 1914 um 9%; beim Grundbesitz allgemein im Kanton Basel-Land (1889) um 12%, in 4 Gemeinden von Nidwalden (anfangs der 1890er Jahre) um 16% und im thurgauischen Kreis Matzingen (anfangs der 1890er Jahre) um 6%. Siehe Statistik der Hypothekarverschuldung im Kanton Luzern mit besonderer Berücksichtigung der Landwirtschaft, Luzern 1916.

brechungen bis 1906/10. In den wirtschaftlich ungünstigen Jahrfünften 1881/85, 1886/90 und 1891/95 war die Zunahme der Vermehrung schwächer als die der Neuerrichtungen, das heißt, die Löschungen, die man in Prozent der Neuerrichtungen ausdrücken kann, erreichten damals einen relativ hohen Stand (Abb. 30). Außer Neuerrichtungen, Löschungen und Vermehrung beziehungsweise Abnahme der Grundpfandschulden sind für die Bezirke des Kantons Zürich (seit 1869) und des Kantons Freiburg (seit 1885) auch der Gesamtbestand an Grundpfandschulden je am Jahresende bekannt (siehe Abbildung 31). In Prozent dieses Gesamtbestandes betrug die mittlere jährliche Vermehrung im Jahrfünft 1886/90 in den zürcherischen Bezirken 0,58 und in den freiburgischen 1,52, im Jahrfünft 1906/10 dagegen 1,97 und 3,43%.

Grundpfandschulden im ganzen in ländlichen Gegenden der Kantone Zürich 1869 bis 1913 und Freiburg 1885 bis 1913, in Millionen Fr.

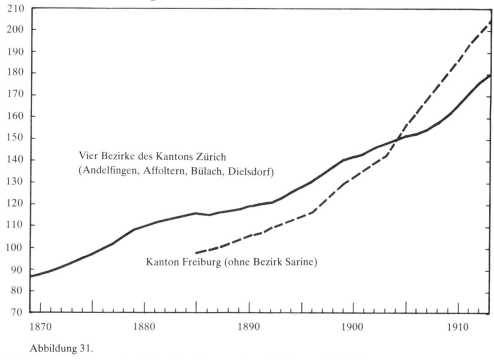

Abbildung 31.

Die relativ weit zurückreichenden Daten über die hypothekarische Verschuldung in den erwähnten zürcherischen Bezirken lassen mit den von der Zürcher Kantonalbank verlangten Zinssätzen für Hypothekardarlehen im ersten Rang, die sich weitgehend mit den entsprechenden Zinssätzen in andern Kantonen decken, den ungefähren Verlauf des Zinsaufwandes der Hypothekarschuldner berechnen.

Wie der folgenden Tabelle und der Abbildung 32 zu entnehmen ist, bewirkten die von 1879 bis 1895 rückläufigen Zinssätze trotz ständig zunehmender Gesamtverschuldung eine Verringerung der Zinslast. Aber auch nach 1896 ist der Zinsaufwand gegenüber dem Stand von 1870 weniger gestiegen als die Gesamtsumme der Grundpfandschulden, lag doch von 1881 bis 1912 der Zinssatz unter demjenigen von 1870 bis 1880.

Gesamtbestand an Grundpfandschulden in den vier zürcherischen Bezirken Andelfingen, Affoltern, Bülach und Dielsdorf; Zinssatz für erste Hypotheken der Zürcher Kantonalbank und daraus berechneter ungefährer Zinsaufwand der Grundpfandschuldner, 1869 bis 1913

Jahre	Grund-pfand-schul-den Mio. Fr.	Zins-satz für 1. Hyp. %	Zins-auf-wand (be-rech-net) Mio. Fr.	1870 = 100 Grund-pfand-schul-den	Zins-satz für 1. Hyp.	Zins-auf-wand	Jahre	Grund-pfand-schul-den Mio. Fr.	Zins-satz für 1. Hyp. %	Zins-auf-wand (be-rech-net) Mio. Fr.	1870 = 100 Grund-pfand-schul-den	Zins-satz für 1. Hyp.	Zins-auf-wand
1869	87	5,00	4,35	99	111	110	1891	120	4,00	4,80	136	89	121
1870	88	4,50	3,96	100	100	100	1892	121	4,00	4,84	138	89	122
1871	89	4,50	4,01	101	100	101	1893	123	3,75	4,61	140	83	116
1872	91	4,50	4,10	103	100	104	1894	126	3,75	4,73	143	83	119
1873	93	4,50	4,19	106	100	106	1895	128	3,75	4,80	145	83	121
1874	95	4,50	4,28	108	100	108	1896	130	4,00	5,20	148	89	131
1875	97	4,50	4,37	110	100	110	1897	134	4,00	5,36	152	89	135
1876	100	4,50	4,50	114	100	114	1898	138	4,00	5,52	157	89	139
1877	102	4,50	4,59	116	100	116	1899	141	4,00	5,64	160	89	142
1878	106	4,75	5,04	120	106	127	1900	143	4,00	5,72	163	89	144
1879	109	4,75	5,18	124	106	131	1901	144	4,00	5,76	164	89	145
1880	110	4,50	4,95	125	100	125	1902	146	4,00	5,84	166	89	147
1881	112	4,25	4,76	127	94	120	1903	148	4,00	5,92	168	89	149
1882	113	4,25	4,80	128	94	121	1904	150	4,00	6,00	170	89	152
1883	114	4,25	4,85	130	94	122	1905	152	4,00	6,08	173	89	154
1884	115	4,25	4,89	131	94	123	1906	153	4,00	6,12	174	89	155
1885	116	4,25	4,94	132	94	125	1907	155	4,00	6,20	176	89	157
1886	115	4,00	4,60	131	89	116	1908	158	4,25	6,72	180	94	170
1887	116	4,00	4,64	132	89	117	1909	162	4,25	6,89	184	94	174
1888	117	4,00	4,68	133	89	118	1910	167	4,25	7,10	190	94	179
1889	118	4,00	4,72	134	89	119	1911	172	4,25	7,31	195	94	185
1890	119	4,00	4,76	135	89	120	1912	177	4,40	7,79	201	98	197
							1913	181	4,50	8,15	206	100	206

Gesamtbestand an Grundpfandschulden in den vier zürch. Bezirken Andelfingen, Affoltern, Bülach und Dielsdorf und mutmaßlicher Zinsaufwand der Grundpfandschuldner 1869 bis 1913, wenn 1870 = 100

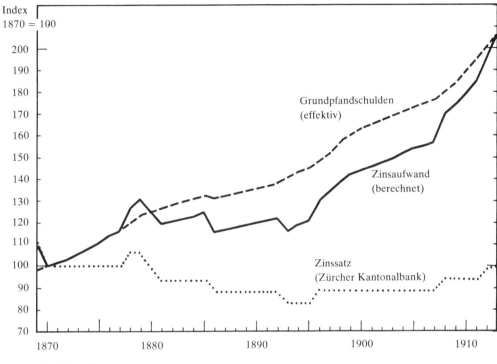

Abbildung 32.

Im Kanton Zürich sind in den Jahren 1875 bis 1891 die Konkurse von Landwirten gesondert ermittelt worden. Höhepunkte der Krise bildeten die Jahre

Konkurse von Landwirten und übrigen Personen im Kt. Zürich, 1875 bis 1891 [1]

Jahre	Anzahl Konkurse			Davon Landwirte %	Wenn Fünf-Jahres-Mittel 1875/79 = 100	
	von Landwirten	von übrigen Personen	total		Landwirte	Übrige Personen
1875	22	187	209	10,5	46	70
1876	32	154	186	17,2	67	58
1877	38	203	241	15,8	79	76
1878	49	309	358	13,7	103	116
1879	98	477	575	17,0	205	179

[1] H. Schneebeli, Die Konkursstatistik als Mittel zur Erkennung der Ursachen des Notstandes in der Landwirtschaft. Basler Dissertation, Bern 1897.

Konkurse von Landwirten und übrigen Personen im Kt. Zürich, 1875 bis 1891 [1]

Schluß

Jahre	Anzahl Konkurse			Davon Landwirte %	Wenn Fünf-Jahres-Mittel 1875/79 = 100	
	von Landwirten	von übrigen Personen	total		Landwirte	Übrige Pers.
1880	149	563	712	20,9	312	212
1881	167	491	658	25,4	349	185
1882	121	476	597	20,3	253	179
1883	197	567	764	25,8	412	213
1884	141	508	649	21,7	295	191
1885	127	306	433	29,3	266	115
1886	147	264	411	35,8	308	99
1887	137	228	365	37,5	287	86
1888	136	252	388	35,1	285	95
1889	127	225	352	36,1	266	85
1890	146	237	383	38,1	305	89
1891	130	213	343	27,9	272	80

1881 und 1883. Beim Vergleich mit den übrigen Konkursen fällt auf, daß diejenigen in der Landwirtschaft von 1884 an kaum mehr zurückgegangen sind, während die übrigen rasch auf den niedrigen Stand in der zweiten Hälfte der 1870er Jahre fielen (Abbildung 33).

Konkurse im Kanton Zürich, 1875 bis 1891, wenn 1875/79 = 100

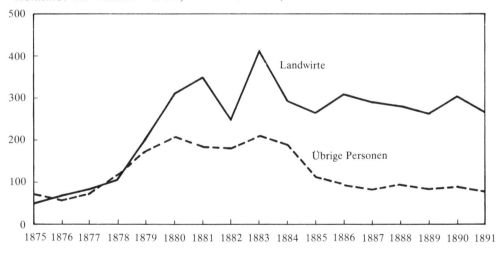

Abbildung 33.

Die nach Berufsklassen und Jahrzehnten gegliederte Konkursstatistik für den Kanton Nidwalden zeigt ebenfalls eine Häufung der Konkurse von Landwirten in den 1880er Jahren. Vgl. A. Flüeler, «Über die Bodenverschuldung in Nidwalden», Landwirtschaftliches Jahrbuch der Schweiz, 1894, S. 347.

Die wirtschaftliche Lage der Landwirtschaft wurde vorstehend mittels Preisreihen, Angaben über Barlöhne, Zinssätze, Erntewerte, Grundpfandschulden und Konkurse darzustellen versucht. Zweifellos wären Ergebnisse von Buchhaltungen typischer Bauernbetriebe aus verschiedenen Gegenden mindestens so aufschlußreich gewesen. In größerer Zahl stehen solche aber erst vom Jahre 1901 an zur Verfügung, als das Schweizerische Bauernsekretariat mit seinen Erhebungen, die sich anfänglich auf mehr als 50 und von 1905 an auf mehr als 200 Betriebe erstreckten, begann. Diese Erhebungsbasis ist ausreichend, um aus der zeitlichen Veränderung des Gesamtmittels des Reinertrages in Prozent des Aktivkapitals (letzte Kolonne der folgenden Tabelle) auf die gesamtschweizerische Entwicklung schließen zu können.

Buchhaltungserhebungen des Schweizerischen Bauernsekretariates, 1901 bis 1913

Jahre	Zahl der Betriebe	Kulturland je Betrieb	Rohertrag				Betriebsaufwand					Reinertrag	
			aus Pflanzenbau	aus Tierhaltung	übriger	total	Abschreibungen	Betriebskosten	Arbeitsaufwand	Feldinventar- u. Vorräteabnahme	total	je Hektare Kulturland	in Prozent des Aktivkapitals
		ha	Franken je Hektare Kulturland										
1901 ...	100	12,81	·	·	·	502	·	·	·	·	407	95	1,64
1902 ...	56	14,32	·	·	·	534	·	·	·	·	395	139	3,00
1903 ...	135	14,88	·	·	·	643	·	·	·	·	481	162	3,31
1904 ...	178	12,24	·	·	·	585	·	·	·	·	431	154	2,90
1905 ...	204	13,75	·	·	·	632	·	·	·	·	476	156	3,05
1906 ...	230	13,16	·	·	·	647	·	·	·	·	463	184	3,58
1907 ...	250	13,46	·	·	·	657	·	·	·	·	452	205	3,73
1908 ...	287	13,24	167	456	67	690	36	145	302	16	499	191	3,63
1909 ...	276	12,28	158	474	77	709	37	157	323	16	533	176	3,15
1910 ...	270	12,58	155	505	78	738	39	162	328	19	548	190	3,53
1911 ...	283	12,63	164	532	71	767	39	179	331	28	577	190	3,44
1912 ...	291	12,67	171	584	94	849	60	191	334	13	598	251	4,40
1913 ...	303	12,84	108	537	79	724	78	183	331	17	609	115	1,98

Darauf beruft sich denn auch die in den Jahresberichten des Schweizerischen Bauernsekretariates über die Buchhaltungsergebnisse enthaltene kurze Charakterisierung der einzelnen Landwirtschaftsjahre, die für 7 der 13 Jahre (1901 bis

1913) mit «gut», für 4 Jahre mit «gut bis sehr gut», für 1907 mit «sehr gut» und nur für 1901 und 1913 mit «unter Mittel» angegeben wurde. Gesamthaft war die Lage der schweizerischen Landwirtschaft somit zwischen 1900 und 1914 befriedigend und mochte an die 1860er und 1870er Jahre erinnern.

Wie für einzelne Landwirtschaftsbetriebe, so liegen auch für den relativ selbständigen und in Weinbaugebieten nicht selten einzig vorhandenen landwirtschaftlichen Betriebszweig Rebbau Buchführungsresultate vor. Veröffentlicht wurden z. B. Ergebnisse folgender Rebgüter:

Privates Rebgut in Bonvillars bei Grandson für die Jahre 1859 bis 1879;
Privates Rebgut Crest im Kanton Genf für die Jahre 1858 bis 1887;
Privates Rebgut Beauregard in Essertines sur Rolle für die Jahre 1849 bis 1878;
Rebgut der Stadt St. Gallen in Rheineck für die Jahre 1892 bis 1912;
Rebgut der Stadt Bern in Neuenstadt für die Jahre 1851 bis 1913.

Da diese Angaben jedoch nicht ausreichen, um als Ergebnisse von allgemeiner Bedeutung gewertet zu werden, seien statt dessen jene Berechnungen erwähnt, die unter der anspruchsvollen Bezeichnung «Rentabilitätserhebungen» von den statistischen Amtsstellen der Kantone Zürich, Bern, Schaffhausen und Waadt während längerer Zeit durchgeführt wurden. Es handelt sich um die Gegenüberstellung von Erntewert und «Kulturkosten», das heißt der Kosten von Düngung, Pflege und Ernte, die man mit Erntefragebogen jährlich oder in größeren Zeitabständen festzustellen versuchte. Auch wenn damit wichtige Produktionskosten wie Verzinsung und Zinsanspruch des investierten Kapitals, Abschreibungen und Steuern nicht erfaßt wurden, geben die Differenzberechnungen doch wertvolle Hinweise auf die Ertragslage.

In der folgenden Tabelle sind zunächst die jährlichen Erntewerte je Hektare

Erntewerte und Kosten (für Düngung, Pflege und Ernte) je Hektare im Rebbau der Kantone Zürich, Bern, Schaffhausen und Waadt

Jahre	Kanton Zürich			Kanton Bern			Kanton Schaffhausen			Kanton Waadt		
	Ernte-wert	Kosten	Ernte-wert-über-schuß	Ernte-wert	Kosten	Ernte-wert-über-schuß	Ernte-wert	Kosten	Ernte-wert-über-schuß	Ernte-wert	Kosten	Ernte-wert-über-schuß
	Fr.	Fr.	Fr.	Fr.	Fr.	Fr.	Fr.	Fr.	Fr.	Fr.	Fr.	Fr.
1871							1 378					
1872							1 196					
1873							2 063	556	1 507			
1874	2 088						2 431	581	1 850			
1875	2 612						2 728	594	2 134			

Erntewerte und Kosten (für Düngung, Pflege und Ernte) je Hektare im Rebbau, in Fr.

Schluß

Jahre	Kanton Zürich			Kanton Bern			Kanton Schaffhausen			Kanton Waadt		
	Ernte-wert	Kosten	Über-schuß	Ernte-wert	Kosten	Über-schuß	Ernte-wert	Kosten	Über-schuß	Ernte-wert	Kosten	Über-schuß
1876	2 062						1 655	619	1 036			
1877	1 796						1 473	722	751			
1878	1 444						1 695	961	734			
1879	470|						794|				
1880	717|						956|		3 397		
1881	1 363			2 080	916	1 164	1 155			2 489		
1882	449|			1 341	898	443	730|		1 448		
1883	875|			1 022	890	132	1 200 [1]			1 512		
1884	1 100			2 346	915	1 431	1 472			3 551		
1885	1 400	866	534	1 742	915	827	2 284			2 356		
1886	746|	866	—120	1 492	915	577	1 056			2 506		
1887	867|	866	— 1	619|	915	—296	1 348			1 766		
1888	589|	866	—277	734|	915	—181	949|		1 851		
1889	757|	866	—109	999	915	84	1 507			1 604		
1890	912	866	46	1 365	915	450	1 622			2 161		
1891	609|	866	—257	286|	915	—629	319|		1 191|	1 289	— 98
1892	1 126	901	225	856|	915	— 59	1 628			3 217	1 312	1 905
1893	1 270	901	369	1 804	915	889	1 653			3 973	1 317	2 656
1894	993|			1 278	915	363	1 455			2 553	1 313	1 240
1895	1 998			1 603	915	688	1 964			2 401	1 312	1 089
1896	1 210			1 037	915	122	1 295			2 320	1 313	1 007
1897	1 086			928	915	13	1 343			2 226	1 311	915
1898	1 256			2 054	915	1 139	1 170			2 344	1 312	1 032
1899	1 243			1 407	811	596	1 287			1 766	1 311	455
1900	1 335			2 211	811	1 400	2 036			3 210	1 311	1 899
1901	932|			717|	811	— 94	878|		1 530	1 256	274
1902	845|			1 215	811	404	893|		2 012	1 342	670
1903	1 641			1 753	811	942	1 278			1 374|	1 413	— 39
1904	1 258			1 857	811	1 046	1 049			2 790	1 414	1 376
1905	1 065			710|	811	—101	1 250			1 948	1 474	474
1906	1 362			2 364	811	1 553	1 733			3 023	1 424	1 599
1907	1 066			1 282	811	471	1 540			1 505	1 422	83
1908	1 076			2 160	811	1 349	1 178			2 343	1 423	920
1909	614|			964	811	153	451|		912|	1 424	—512
1910	463|			33|	811	—778	290|		224|	1 426	–1 202
1911	1 417			1 658	811	847	1 347			3 331	1 497	1 834
1912	667|			1 654	811	843	1 291			1 927	1 498	429
1913	342|			327|	811	—484	1 057			304|	1 626	–1 322

| Jahre mit tatsächlichem (Erhebungsjahre) oder vermutetem Kostenüberschuß.

[1] Geschätzt.

aufgeführt (Zürich 1874 bis 1913; Bern 1881 bis 1913; Schaffhausen 1871 bis 1913, Waadt 1880 bis 1913); sodann für einen Teil dieser Jahre die Kosten je Hektare von Düngung, Pflege und Ernte (Zürich 1885 bis 1893; Bern 1881 bis 1913; Schaffhausen 1873 bis 1878; Waadt 1891 bis 1913), die sich im Kanton Zürich auf 866 bis 901 Franken, im Kanton Bern auf 811 bis 916 Franken, im Kanton Schaffhausen auf 556 bis 961 Franken und im Kanton Waadt auf 1 256 bis 1 626 Franken beliefen. Dabei sind auch außerhalb von Erhebungsjahren die Jahrgänge ersichtlich, in denen der Erntewert selbst diese Teilkosten nicht oder nur annähernd zu decken vermochte. Solche Fehljahre waren im letzten Viertel des 19. Jahrhunderts in den Rebgebieten der Kantone Zürich und Bern offensichtlich zahlreicher als im Kanton Waadt. Sie traten aber nach 1900 auch hier häufiger auf.

VI. Landwirtschaftliche Vereinigungen

Der Zusammenschluß der Landwirte auf lokaler, regionaler und vor allem Landesebene ist bis zum ersten Weltkrieg zu einem gewissen Abschluß gelangt. Vermehrt hatten sich seit 1850 vor allem die wirtschaftlich tätigen Vereinigungen auf dem Gebiete der Milchverwertung, der Warenvermittlung (Bezug und Absatz), der Viehzucht, der Viehversicherung und der Kreditvermittlung. Nach dem Inkrafttreten des Schweizerischen Obligationenrechts am 1. Januar 1883 nahmen sie in der Regel die Rechtsform der Genossenschaft an.

1. Milchwirtschaftliche Vereinigungen

Die Zahl der *Käsereigesellschaften* belief sich um die Jahrhundertmitte in 8 Kantonen nach privaten und amtlichen Erhebungen auf rund 1 000 und in der ganzen Schweiz schätzungsweise auf etwa 1 100. Stellt man diesen Zahlen die Ergebnisse der gesamtschweizerischen Erhebung des Schweizerischen Bauersekretariates vom Jahre 1910 gegenüber, die als Minimalzahlen zu werten sind, so zeigt sich, daß neue Milchverwertungsvereinigungen besonders im Flachland entstanden sind. Hier führte die Umstellung auf vermehrte Milchproduktion zwangsläufig zu einer verstärkten technisch bedingten Zusammenarbeit der Milchlieferanten. Einzig die Westschweiz besaß bereits um 1850 ein dichtes Netz von Talkäsereien, wie denn auch die erste bernische Talkäserei, diejenige von Kiesen, 1815 gegründet, auf genferischen Einfluß hin zustande kam. Kiesen war hingegen in der Schweiz die erste Emmentalerkäserei im Talgebiet.

Von den Alpsennereien abgesehen, entstanden in den Berggegenden wegen Milchmangels in den Wintermonaten Gesellschaftskäsereien meistens später, im Kanton Tessin zum Beispiel erst 1885. Sie haben sich hier dann aber ziemlich rasch vermehrt, bis 1895 bereits auf 44 Genossenschaften.

Örtliche Milchverwertungsvereinigungen nach Kantonen, um 1850 und im Jahre 1910 (ohne Alpsennereien)

Kantone	Um 1850		1910
	Erhebungsjahr	Anzahl	Anzahl
Waadt	1840	430	470
Freiburg	1858	333 [1]	262
Bern	1840	119	600
Zürich	1842	98	270
Genf	1844	46	56
Aargau	1850	8	147
Thurgau	1850	5	154
Solothurn	1836	3	100
Luzern			207
Schwyz			30
Zug			27
Basel-Land			63
St. Gallen			156
Graubünden			89
Tessin			33
Wallis			56
Neuenburg			53
Übrige Kantone			12
Schweiz		etwa 1 100	2 785

[1] Alpsennereien wahrscheinlich zum Teil inbegriffen, ohne diese 1868: 244.

In den 1870er Jahren begannen sich auch die Käser zu organisieren. Ihre Vereine nahmen bald darauf auch Milchproduzenten als Mitglieder auf, wodurch gemeinsame Aktionen zur Hebung der Milchqualität, wie Stall- und Käsereiinspektionen, leichter durchzuführen waren. Es entstanden

1873 der freiburgische Käserverein;

1875 in Sulgen TG die aus 8 Käsern gebildete Assoziation schweizerischer Käser für den gemeinsamen Käseexport (löste sich nach einigen Jahren wieder auf);

1881 der ostschweizerische Käserverein;

1882 für einige Jahre ein luzernischer Sennenverein;

1883 der Verband bernischer Interessenten für Milchwirtschaft und Käseindustrie (der Ausdruck «Interessenten» läßt die Übernahme einer damals in Deutschland gebräuchlichen Bezeichnung vermuten), dem einzelne Landwirte, Käsereigesellschaften und Händler angehörten;

1885 der bernische Käserverein.

Die bedrängte Lage der Milchwirtschaft nach Mitte der 1880er Jahre, zu deren

Überwindung es der Zusammenarbeit aller Kreise bedurfte, führte 1886 zu einer Reorganisation des ostschweizerischen Käservereins, aus dem 3 kantonale Vereine mit gemischtem Mitgliederbestand hervorgingen:

1886 der thurgauische Käserverein, 1887 umbenannt in thurgauischer Milch-
    interessentenverein;

1886 der zürcherische Milchinteressentenverein, 1887 umbenannt in zürcheri-
    scher milchwirtschaftlicher Verein und

1887 der sanktgallische Käser- und Milchinteressentenverein.

Diese drei Vereine gründeten 1887 den Schweizerischen Milchwirtschaftlichen Verein, dem sich nachträglich auch die beiden genannten bernischen Vereine anschlossen. Aber schon 1890 verließen letztere wegen Meinungsverschiedenheiten in der Frage des Sitzes der vom Bunde zu errichtenden milchwirtschaftlichen Zentralstelle den Verein und riefen 1897 eine Parallelorganisation, den Schwei-zerischen Milchwirtschaftlichen Centralverband, ins Leben; 1901 kehrten sie aber in den Schoß des Schweizerischen Milchwirtschaftlichen Vereins zurück, der schon vorher durch den Beitritt des aargauischen Käservereins (1890, 1895 aber wieder ausgetreten) und den des luzernischen Milchinteressentenvereins (1892) Zuwachs erhalten hatte.

Da die Milchproduzenten ihre Interessen in diesen gemischten, aber von Käsern geleiteten Vereinen bald zu wenig gewahrt sahen, kam es in den 1880er Jahren zu ersten Verbindungen unter lokalen Milchverwertungsvereinigungen. Bereits 1880 hat Schatzmann in Illnau ZH jährliche Delegiertenversammlungen nach deutschem Muster zur Besprechung der Lage auf dem Milchmarkt vorgeschla-gen. Von 1886 bis 1892 fanden solche Zusammenkünfte in loser Form an zen-tralen Orten des Zürcher Oberlandes jedes Frühjahr und von 1893 bis 1895 auch jeweils im Herbst vor den Milchverkäufen statt. Sie führten am 30. August 1896 zur Gründung des Verbandes der Sennereien des Kantons Zürich, dessen Statuten die «Wahrung und Förderung der Interessen der Milchproduzenten und der landwirtschaftlichen Produktion überhaupt» vorsahen.

Um durch Errichtung von Stadtmolkereien den Konsummilchvertrieb zu ratio-nalisieren, schlossen sich 1889 Milchgenossenschaften in der Umgebung Genfs (Errichtung der Laiterie centrale) und 1895 Milchgenossenschaften um Lausanne (Gründung der Laiterie agricole) zusammen. Ebenfalls nicht in erster Linie mit Preisfragen, sondern mit der Anordnung von Käserei- und Stallinspektionen befaßte sich der 1896 gegründete bernische Käsereiverband.

Gegen die Übermacht der Käseexporteure wandte sich der 1890 entstandene emmentalische Käsereigenossenschaftsverband, Goldbach, der zuerst als Ge-nossenschaft und ab 1902 als Aktiengesellschaft im Käseexportgeschäft tätig war (ging während des ersten Weltkrieges an Handelsfirmen über).

Ebenfalls 1890 folgten mehr als 100 Milchverwertungsvereinigungen der Kantone Waadt und Freiburg dem Aufruf der Milchgesellschaft Servion (Bezirk Oron) zur Gründung der Société générale des laiteries vaudoises et fribourgeoises, die es ermöglichen sollte, «die Milch ihrem realen Werte nach, das heißt für 13 bis 15 Rappen je Liter, zu verkaufen». Der Verband kam im April 1890 zustande. Die Statuten sahen vor, daß der Preis für die an Kondensmilchfabriken gelieferte Milch inskünftig vom Vorstand nach Verhandlungen mit den Fabriken festgesetzt wird. Als diese nachträglich aber nicht dazu bereit waren, erklärten viele Sektionen ihren Austritt, und der Verband löste sich auf.

Erstmals ein Zusammenschluß basellandschaftlicher Milchgesellschaften war im Dürrejahr 1893 bei Auseinandersetzungen mit dem Allgemeinen Consumverein (ACV) Basel geplant, kam jedoch nicht zustande. Ein neuer Anlauf wurde 1897 gemacht, als Vertreter von Milchgenossenschaften der Kantone Basel-Land, Aargau, Solothurn, Bern, Zug, Luzern und sogar Zürich und St. Gallen sich am 21. November 1897 in Olten versammelten, um Statuten eines Verbandes schweizerischer Milchproduzenten zu beraten. Der Zweckparagraph war im Entwurf ähnlich formuliert wie in den Statuten des im Vorjahr gegründeten zürcherischen Sennereiverbandes. Da man sich aber im Initiativkomitee auch an späteren Sitzungen über den Inhalt der Statuten nicht einigen konnte, war auch dieser Versuch zu gemeinsamem Vorgehen zum Scheitern verurteilt.

Dafür wurde aber im gleichen Jahr wohl nach zürcherischem Vorbild ein Verband thurgauischer Käsereigesellschaften gegründet, der seinerseits den Anstoß zur Entstehung des Verbandes sanktgallischer Käserei- und Milchgenossenschaften im Jahre 1902 gegeben haben dürfte.

Nachdem auch 1901 eine Versammlung von Milchlieferanten des ACV Basel ergebnislos verlaufen war, trat endlich im Januar 1904 der erhoffte Erfolg ein. Nationalrat Suter hatte im Landrat von Basel-Land eine Motion eingereicht, in der die Regierung ersucht wurde, Bestrebungen, die auf Erlangung höherer Produktenpreise, insbesondere höherer Milchpreise, hinzielen, finanziell zu unterstützen. Die Motion wurde angenommen. Sowohl die Regierung von Basel-Land wie die von Solothurn erklärten sich bereit, einen Teil der Gründungskosten des im Entstehen begriffenen Verbandes nordwestschweizerischer Milchgenossenschaften zu übernehmen. Die Gründungsversammlung fand am 8. Januar 1905 statt. 74 Genossenschaften aus den Kantonen Basel-Land, Aargau, Solothurn und Bern erklärten ihren Beitritt. Die bestehenden Milchlieferungsverträge der Genossenschaften wurden auf den 30. April 1905 gekündigt, und den Käufern wurde mitgeteilt, daß Verkaufsverhandlungen in Zukunft nur von der Verbandsleitung geführt werden. Zur Stärkung der Verhandlungsposition wurde ein Eintrittsgeld von 10 Franken je Genossenschaft und ein Jahresbeitrag für Genossenschaftsmitglieder von 50 Rappen beschlossen.

Innert weniger Jahre folgten nun weitere Regionen mit bedeutender Milchwirtschaft dem nordwestschweizerischen Beispiel. Ein zweiter Verband bildete sich 1905 im Kanton Genf zum Betrieb der Grande laiterie agricole. Im Kanton Zürich fand unter Mitwirkung des Geschäftsführers des nordwestschweizerischen Milchverbandes am 23. Februar 1906 die Umwandlung des Sennereiverbandes in den Verband nordostschweizerischer Käserei- und Milchgenossenschaften statt, und ebenfalls 1906 entstanden

in Payerne die Fédération laitière vaudoise-fribourgeoise;

in Vevey die Fédération laitière de la région du Léman;

in Bern der Verband zentralschweizerischer Milchgenossenschaften, der von 1907 an auch Käsereigenossenschaften als Sektionen aufnahm und sich 1911 mit dem Bernischen Käsereiverband zum Verband bernischer Käserei- und Milchgenossenschaften vereinigte;

in Teufen der Milchproduzentenverband St. Gallen–Appenzell.

Im Jahre 1907 folgten

in Luzern der Verband der Käserei- und Milchgen. der Zentralschweiz;

in Zug der Verband zugerischer, aargauischer und luzernischer Milchgenossenschaften (Einzugsgebiet der Milchsiederei Cham).

Um den Zusammenhalt der Produzenten aller Regionen zu fördern, schlossen sich 1907 auf Anregung des nordwestschweizerischen Verbandes 9 Milchverbände zum Zentralverband schweizerischer Milchproduzenten zusammen, dessen Geschäftsführung nach dem Vorortssystem zuerst beim nordwestschweizerischen Verband lag.

Bis 1914 kamen noch folgende Gründungen von Milchverbänden hinzu:

1909 der Verband aargauischer Käsereigenossenschaften;

1910 der Milchproduzentenverband von Rorschach und Umgebung; der Verband glarnerischer Milchgenossenschaften;

1911 die Fédération vaudoise-genevoise der Sociétés de laiterie;

1912 der Milchproduzentenverband des Oberengadins und angrenzender Täler.

Damit waren von den größeren Kantonen nur noch das Tessin, das Wallis und Neuenburg verbandsfrei.

Die zweite Gruppe wirtschaftlich tätiger Vereinigungen mit örtlichem Wirkungskreis umfaßt die erst in neuerer Zeit hauptsächlich zur Unterstützung einer intensiveren Wirtschaftsweise gegründeten

2. Vereinigungen für Bezug landw. Produktionsmittel und Haushaltswaren sowie den Absatz landw. Erzeugnisse (Bezugs- und Absatzgenossenschaften)
Zuerst und bereits vor 1850 haben landwirtschaftliche Vereinigungen Saatgut vermittelt. Der Übergang von der Dreifelder- zur verbesserten Dreifelderwirt-

schaft hatte zwangsläufig einen erhöhten Bedarf an Gras- und Kleesamen zur Folge, bei dem sich wegen häufiger Fälschungen eine fachmännische Vermittlung aufdrängte. So haben sich denn viele landwirtschaftliche Kantonalvereine, vor allem in der deutschen Schweiz, auch noch von 1850 bis 1880 gelegentlich oder regelmäßig während längerer Zeit als Samenhändler betätigt. Da diese Vermittlung aber nie mit der Absicht einer auch nur bescheidenen Gewinnerzielung betrieben wurde, erwies sie sich als schwerfällig und kostspielig, so daß sie auf die Dauer der Konkurrenz des seriösen privaten Handels nicht gewachsen war.

Ähnliche Erfahrungen machten einige Kantonalvereine mit dem um die Jahrhundertmitte aufkommenden Handel mit Kunstdünger. Die aargauische landwirtschaftliche Gesellschaft hat als einzige ununterbrochen während mehr als 30 Jahren neben Saatgetreide und Feldsämereien auch Handelsdünger umgesetzt, bis sie sich 1878 gezwungen sah, das unrentable Geschäft aufzugeben.

Der schließlich zum Erfolg führende Weg über örtliche Vereinigungen und deren Verbände ist zuerst dort begangen worden, wo Kantonalvereine zur Verstärkung ihres Einflusses ein Netz von lokalen Zweigvereinen geschaffen hatten. Das traf namentlich beim zürcherischen Verein zu, der schon 1861 17 landwirtschaftliche Lokalvereine zählte.

Als in verschiedenen Kantonen von 1870 an zur Ergänzung oder an Stelle von landwirtschaftlichen Schulen wie in Deutschland Wanderlehrer eingesetzt wurden, bildeten diese Lokalvereine als Veranstalter von Vorträgen und Kursen willkommene Vermittler landwirtschaftlichen Fortschritts.

Der zürcherische Kantonalverein schlug zum Beispiel seinen Sektionen 1873 als Thema für Veranstaltungen den «gemeinsamen Bezug künstlicher Düngemittel» vor. Im gleichen Jahre erklärte sich die landwirtschaftliche Schule Strickhof bereit, auf Verlangen der Vereine Bestellungen auszuführen. Es wurde aber wenig Gebrauch davon gemacht, so daß der Kantonalverein 1878 die Gründung einer besonderen «Genossenschaft für den Bezug großer Partien von Dünger, Futtermitteln und Sämereien» mit Vereinen und Privatpersonen als Mitgliedern erwog. Eine außerordentliche Abgeordnetenversammlung vom 26. Januar 1879 beschloß statt dessen nur die Einsetzung eines Verwaltungsausschusses, der den lokalen Vereinen als Vermittlungsstelle dienen sollte.

Ein Jahr zuvor waren am eidgenössischen Polytechnikum als Annexanstalten die schweizerische Samenkontrollstation und die agrikulturchemische Station errichtet worden, die beide in den lokalen Vereinen wichtige Stützpunkte erblickten. Namentlich der Vorsteher der Samenkontrollstation, F.G. Stebler, dessen bereits 1875 in Bern gegründete private Samenkontrollstation 1876 nach Zürich verlegt und auf den 1. Januar 1878 vom Bunde übernommen worden war, sah in den örtlichen Einkaufsgenossenschaften eine Hauptvoraussetzung für die Erweiterung der Kontrolltätigkeit, weil sich die Genossenschaften eher bemühten, die besten Bezugsquellen ausfindig zu machen und die bezogene Ware auf die garantierten Eigenschaften untersuchen zu lassen, als der einzelne Landwirt. Abgesehen davon, war es auch rationeller, den Bezug von Sämereien, Düngern, Kraftfutter usw. von einer Stelle gemeinsam für alle Mitglieder ausführen zu lassen, als wenn jeder einzelne sich darum kümmern mußte. Stebler betrachtete die Genossenschaften sozusagen als ausführende Organe der Samenkontrollanstalt und suchte deren Gründung auch durch Herausgabe von Musterstatuten zu fördern. Er veranlaßte unter anderem 1880 die Gründung der landwirtschaftlichen Konsumgenossenschaft des Kantons Solothurn, eine der ersten Bezugsgenossenschaften der Schweiz, welche speziell zu diesem Zwecke ins Leben gerufen wurde. Auf Stebler geht auch, wie noch ausführlicher zu berichten sein wird, die 1891 beschlossene Aufnahme der Warenvermittlung durch den Schweizerischen Landwirtschaftlichen Verein zurück. Neben C. Schenkel, dem Hauptgründer des Volg, hat F.G. Stebler wohl am meisten zum Aufkommen der landwirtschaftlichen Genossenschaften im engeren Sinn (Bezugs- und Absatzgenossenschaften) beigetragen.

In den ersten Jahresberichten der Samenkontrollstation finden sich ausführliche Verzeichnisse der Vereine und Genossenschaften, die sich in den Dienst der Vermittlung von kontrolliertem Saatgut stellten. Sie bieten eine willkommene Übersicht über die Anfänge dieser Genossenschaftsbewegung bis zur Gründung der Genossenschaftsverbände[1].

Landwirtschaftliche Vereinigungen, die sich von 1881 bis 1896 mit dem gemeinsamen Ankauf von Sämereien befaßten und diese durch die Schweizerische Samenkontrollstation kontrollieren ließen

Geschäftsjahre je vom 1. Juli bis 30. Juni

Positionen	1881/ 1882	1882/ 1883	1883/ 1884	1884/ 1885	1885/ 1886	1886/ 1887	1889/ 1890	1891/ 1892	1893/ 1894	1895/ 1896
Anzahl Vereinigungen ..	40	65	68	72	86	109	137	179	213	243
in ... Kantonen	8	10	11	11	11	11	12	15	15	15

Während auch der zweite Versuch des zürcherischen Kantonalvereins, den Zweigvereinen durch eine zentrale Vermittlungsstelle den Wareneinkauf zu erleichtern, 1879 zu keinem befriedigenden Ergebnis führte, gelang es den beiden landwirtschaftlichen Vereinen Dinhard und Wiesendangen im Nordosten von Winterthur, einige umliegende Vereine, darunter auch den von C. Schenkel 1874 gegründeten landwirtschaftlichen Verein Elsau, zu gemeinsamem Vorgehen

---

[1] Stebler strebte offenbar eine umfassende Genossenschaftsstatistik an (Journal d'agriculture suisse, Jahrgang 1880, S. 327 ff.), doch wurde diese erst 1910 vom Schweizerischen Bauernsekretariat annähernd verwirklicht.

zu bewegen. Die Initiative zu diesem regionalen Zusammenschluß von lokalen Vereinen war von Pfarrer Spinner, dem Präsidenten des landwirtschaftlichen Vereins Dinhard, ausgegangen. Er war es auch, der 1881, nachdem sich diese Zusammenarbeit bewährt hatte, die Statuten für den am 8. Februar 1882 gegründeten landwirtschaftlichen Bezirksverein Winterthur entwarf. Dieser entwickelte sich unter der tatkräftigen Leitung C. Schenkels bald zu einer interkantonalen Organisation[1]. Am 17. Oktober 1886 entstand daraus der *Verband ostschweizerischer landwirtschaftlicher Genossenschaften* (Volg) in Winterthur.

Die mit dieser zentralisierten Nachfrage nach landwirtschaftlichen Bedarfsartikeln erzielten wirtschaftlichen Vorteile fanden auch in andern Landesteilen, wo seit den 1870er Jahren ebenfalls da und dort örtliche Vereine zum gemeinsamen Bezug von Hilfsstoffen übergegangen waren, größte Beachtung. Das führte zunächst in Bern am 8. Januar 1889 zur Gründung des *Verbandes landwirtschaftlicher Genossenschaften von Bern und benachbarter Kantone* und am 13. Januar 1890 in Luzern zur Gründung des *Verbandes landwirtschaftlicher Genossenschaften der Zentralschweiz.*

In den Jahren 1891 bis 1899 beteiligte sich der Schweizerische Landwirtschaftliche Verein durch eine hiefür eingesetzte Genossenschaftskommission mit der Warenvermittlung, hauptsächlich in Verbindung mit Kantonalvereinen. Trotz dem enttäuschenden Verlaufe dieses Warengeschäftes bleibt dem Schweizerischen Landwirtschaftlichen Verein das Verdienst, die Kantonalvereine mit Erfolg zur Gründung von Genossenschaftsverbänden oder auch nur -abteilungen veranlaßt zu haben.

Im Jahre 1896 schlossen sich zürcherische Genossenschaften, die dem Volg aus verschiedenen Gründen (Ablehnung des Konsumgeschäftes, der Solidarhaft usw.) nicht beigetreten waren, zum *Verband zürcherischer landwirtschaftlicher Vereine und Genossenschaften* zusammen. 1897 gründete der thurgauische landwirtschaftliche Kantonalverband eine rechtlich unselbständige Genossenschaftsabteilung. Den gleichen Weg beschritt 1899 die landwirtschaftliche Gesellschaft

---

[1] Schenkel hat in einem Vortrag in der Gesellschaft schweizerischer Landwirte am 16. November 1883 den Erfolg einer Genossenschaft in folgenden Voraussetzungen gesehen: «Als ein Haupterfordernis für dauernden Bestand erachte ich den Grundsatz des Warenverkaufs und das allmähliche Zurücktreten des Prinzips der Gemeinnützigkeit, soweit es die Sachwalter betrifft. Es ist nicht jedermanns Ding, Zeit, Geld und Kraft in die Schanze zu schlagen da, wo alle andern ihren Profit suchen. Dafür schaffe man genauc Kontrolle, sei gegenüber dem anständig besoldeten Verwalter etwas rigoros in bezug auf Klarheit des Weines, den er einschenkt. Endlich sollte wo immer möglich die Sache so eingerichtet werden, daß die Vereine eine Art Wettlauf miteinander machen müßten in puncto guten Einkauf, prompte Verwaltung und billigen Verkauf. Also öffentliche Rechenschaft und Kontrolle. Dazu ehrenvolle oder auch pekuniäre Auszeichnung für gute Leistungen.» (Mitteilungen der Gesellschaft schweizerischer Landwirte, 5. Heft, 1883).

des Kantons St. Gallen mit der Schaffung einer Genossenschaftskommission, aus der jedoch 1905 mit eigener Rechtspersönlichkeit der *Verband landwirtschaftlicher Genossenschaften des Kantons St. Gallen und benachbarter Gebiete* hervorging. Im Kanton Solothurn besaß die 1880 gegründete landwirtschaftliche Konsumgenossenschaft des Kantons Solothurn von Anfang an neben physischen Personen auch Vereine als Mitglieder (deren Präsidenten dem Zentralvorstand angehörten), sie nahm jedoch erst 1905 Verbandsform an, mit der Umwandlung in den *Verband landwirtschaftlicher Genossenschaften des Kantons Solothurn,* aus dem 1914 der *Verband landwirtschaftlicher Genossenschaften der Nordwestschweiz* hervorging. In Graubünden hatte die vom Kleinen Rat (Regierungsrat) 1875 eingesetzte volkswirtschaftliche Kommission während ihres dreijährigen Bestehens Dünger und andere Hilfsstoffe vermittelt. Später besorgte zeitweise ein Mitglied des Regierungsrates den gemeinsamen Bezug und von 1899 an die landwirtschaftliche Schule Landquart, bis sich 1911 der bündnerische landwirtschaftliche Verein dieser Aufgabe annahm. Als letzter Genossenschaftsverband in der deutschen Schweiz entstand 1911 der *landwirtschaftliche Genossenschaftsverband des Kantons Schaffhausen.*

Zurückhaltender verhielten sich die West- und die Südschweiz in der Frage der Verbandsbildung. Im Dürrejahr 1893 führte die erschwerte Futtermittelbeschaffung zur Gründung der *Fédération des syndicats agricoles de Lausanne,* eines kleineren Regionalverbandes. Von der Fédération des sociétés d'agriculture de la Suisse romande ging 1898 die Initiative zum Zusammenschluß der ihr angeschlossenen Sektionen im Syndicat agricole romand aus, das von 1898 bis 1904 bestand und wie die Genossenschaftsabteilung des Schweizerischen Landwirtschaftlichen Vereins Waren nicht selbst an- und verkaufen, sondern nur solche im Auftrage Dritter vermitteln konnte. Erfolgreicher waren die je auf ein Kantonsgebiet beschränkten 3 Verbände:

die Fédération des syndicats agricoles du canton de Fribourg, 1907 gegründet,

der Cercle des agriculteurs du canton de Genève, 1868 als Verein mit Einzelmitgliedern gegründet, mit gelegentlicher Warenvermittlung seit 1878 und regelmäßiger seit 1884; 1914 in einen Verband lokaler Gen. umgewandelt und

die Société vaudoise d'agriculture et de viticulture, 1869 als Kantonalverein gegründet; seit der Angliederung eines Office commercial im Jahre 1914 auch als Genossenschaftsverband tätig.

Im Kanton Tessin befaßten sich die in einem Spezialgesetz von 1861 vorgesehenen und zwischen 1862 und 1878 gegründeten neun Bezirksvereine nebenbei mit dem gemeinsamen Warenbezug, der sich allerdings auch noch Ende der 1890er Jahre in engen Grenzen hielt. Im Mittel der Jahre 1897/99 zum Beispiel betrug der Wert der umgesetzten Waren aller neun Vereine 51 000 Franken[1].

[1] L'agricoltore ticinese, Jahrgang 1899, S. 99, und Jahrgang 1900, S. 280.

Als Bezugs- und Absatzgenossenschaft mit kantonalem Einzugsgebiet entstand 1905 die Cooperativa agricola ticinese, der 1910 1 950 Mitglieder angehörten. Den einzelnen Verbänden waren 1910 folgende Anzahl Genossenschaften angeschlossen:

Verbände der landwirtschaftlichen Bezugs- und Absatzgenossenschaften, 1909/10

Verbände	Geschäfts-jahre	Ange-schlossene Genossen-schaften
Verband ostschweizerischer landwirtschaftlicher Genossenschaften, Winterthur	1910	162
Verband landwirtschaftlicher Genossenschaften von Bern und benachbarter Kantone, Bern	1909/10	184
Verband landwirtschaftlicher Genossenschaften der Zentralschweiz, Luzern	1910	39
Verband zürcherischer landwirtschaftlicher Vereine und Genossenschaften, Winterthur	1910/11	69
Verband landwirtschaftlicher Genossenschaften des Kantons St. Gallen und benachbarter Gebiete, St. Gallen	1909/10	47
Verband landwirtschaftlicher Genossenschaften des Kantons Solothurn, Solothurn	1909/10	34
Fédération des syndicats agricoles du canton de Fribourg, Fribourg	1909/10	26
Genossenschaftsabteilung des thurgauischen landwirtschaftlichen Kantonalverbandes, Bürglen	1909/10	55
Im ganzen		616

Mit den 55 bei der Genossenschaftsabteilung des thurgauischen landwirtschaftlichen Kantonalvereins Dünger beziehenden Genossenschaften waren es 616 «Verbands»-Genossenschaften. Rechnet man ferner die 41 lokalen Genossenschaften hinzu, die das Schweizerische Bauernsekretariat bei seiner Vereins- und Genossenschaftsenquete 1910 in den Kantonen Schaffhausen, Waadt, Wallis, Neuenburg und Genf festgestellt hatte, so gelangt man auf insgesamt 657 lokale Vereinigungen für den Bezug landwirtschaftlicher Hilfsstoffe.

3. Tierzuchtvereinigungen

Hatten vor 1850 erst Pferdezüchter, Schafhalter und Seidenraupenzüchter vereinzelt Vereine gegründet, so folgten ihnen in der zweiten Jahrhunderthälfte Besitzer aller übrigen Haustiergattungen mit lokalen, regionalen und sogar schweizerischen Vereinigungen.

a) Pferdezuchtvereinigungen

Vorläufer der in den 1890er Jahren entstandenen ersten Pferdezuchtgenossenschaften waren einige meist kantonale Vereinigungen, die im Anschluß an den Bundesbeschluß vom 22. Juli 1868 die Maßnahmen des Bundes zur Förderung der Pferdezucht unterstützten. Zu diesen gehörten

die 1872 in Lausanne gegründete Société pour l'amélioration de l'espèce chevaline dans la Suisse romande, die während Jahrzehnten Leistungsprüfungen und Pferderennen in Yverdon veranstaltete und darin der von 1831 bis Ende der 1840er Jahre tätig gewesenen Société pour l'amélioration des chevaux en Suisse glich;

der ebenfalls 1872 gegründete zürcherische Pferdezuchtverein, der am Südwestabhang des Üetlibergs in der Gemeinde Stallikon eine Fohlenweide besaß;

die Fohlenweidegesellschaft Schaffhausen, 1874 gegründet, aber bereits anfangs der 1880er Jahre aufgelöst, Besitzerin einer auf dem Büttenhardter Reiat gelegenen Fohlenweide;

die 1877 gegründete Société hippique fribourgeoise, Besitzerin von Hengsten;

die 1881 gegründete Société pour l'élevage et l'amélioration de la race chevaline des Franches-Montagnes in Bellelay;

ferner sind in einem Verzeichnis von 1884 erwähnt:

Société étalonnière de la Chaux-de-Fonds (ebenfalls Besitzerin von Hengsten), die Gesellschaft zur Verbesserung der Pferdezucht in Nidwalden, sowie Pferdezuchtvereine in Wittenbach und Werdenberg SG[1].

Wie die kurz zuvor entstandenen Rindviehzuchtgenossenschaften suchten die Pferdezuchtgenossenschaften, deren erste 1894 in Burgdorf gegründet wurde, vor allem durch Anschaffung geeigneter männlicher Zuchttiere, strengere Auswahl der weiblichen Zuchttiere und Bereitstellung von Weidegelegenheit die züchterischen Interessen der Mitglieder zu fördern. Die Zahl der Genossenschaften nahm rasch zu, als der Bund 1905 anfing, Beiträge an die Gründungskosten von Zuchtgenossenschaften und Prämien für Stuten und Stutfohlen von Genossenschaftsmitgliedern zu gewähren.

Pferdezuchtgenossenschaften mit prämierten Stuten und Stutfohlen, 1905–1912

Art der Genossenschaften	1905	1906	1907	1908	1909	1910	1911	1912
Genossenschaften zur Zucht des Reitschlages	4	15	21	20	21	21	20	21
Genossenschaften zur Zucht des Zugschlages	11	19	27	29	31	32	35	36
Pferdezuchtgenossenschaften im ganzen	15	34	48	49	52	53	55	57

[1] H. Stüßi, Die Maßnahmen des Bundes zur Hebung der schweizerischen Pferdezucht, 1884.

Die freiburgischen Genossenschaften für die Zucht des Zugpferdes gründeten 1907 die Fédération fribourgeoise des syndicats d'élevage chevalin und die bernischen Genossenschaften der gleichen Zuchtrichtung 1909 den Verband bernischer Pferdezuchtgenossenschaften und Einzelzüchter. 1908 hatten sich die weniger zahlreichen Halbblutpferdezüchter und -pferdezuchtgenossenschaften zum Verband schweizerischer Halbblutpferdezüchter zusammengeschlossen.

b) Rindviehzuchtvereinigungen

Es war die S. 192 erwähnte internationale Viehausstellung in Paris von 1855, die in der Schweiz die Gründung von Vereinigungen von Rindviehzüchtern veranlaßt hat: im Kanton Waadt 1855 eine lokale Vereinigung in der Umgebung von Moudon und 1856 die Société vaudoise pour l'amélioration des espèces bovine, ovine et porcine, die beide hauptsächlich den gemeinsamen Ankauf von Durhamzuchtstieren in England bezweckten. Während die kantonale Vereinigung später auch Stiere der Simmentaler und der Braunviehrasse erwarb und ab 1859 nur noch die Jungviehsömmerung durch Pacht von Alpen förderte, hielt die Gesellschaft in Moudon noch während Jahrzehnten an der Einfuhr von Durhamvieh fest.

Anderseits hat aber die Pariser Ausstellung viele schweizerische Züchter in der Überzeugung bestärkt, daß die notwendigen Rasseverbesserungen nur durch Reinzucht zu erzielen seien. So wiesen die beiden von der bernischen Regierung an die Ausstellung entsandten Abgeordneten darauf hin, daß es im Kanton zu wenig Viehzüchter gebe, «deren Herden zahlreich genug sind, um einmal als zweckmäßig anerkannte Grundsätze der Zuchtveredlung bis zum vollständigen Erfolg ununterbrochen durchführen zu können». Sie empfahlen deshalb den Zusammenschluß von Züchtern zu Gesellschaften, «wie sich aus ähnlichen Gründen für eine schwunghaftere Käsefabrikation Käsereigesellschaften gebildet haben[1]».

Vorwiegend aus diesem Grunde entstand 1857 die zürcherische Gesellschaft für Rassentierzucht, die als Aktiengesellschaft in der Zuger Gemeinde Baar den 108 ha großen Uttingerhof erwarb, um darauf «durch ein rationelles Züchtungsverfahren die vorzüglichsten Viehschläge (Schwyzer und Berner Vieh) in ihrer Reinheit erhalten und verbreiten, namentlich auch den Gemeinden schöne Zuchtstiere liefern und überdies durch eine mit den Unternehmen verbundene Musterwirtschaft jungen Leuten zur praktischen Erlernung des landwirtschaftlichen Berufes Gelegenheit bieten zu können» (Zirkular vom 10. Juni 1857). Der Gesellschaft war leider keine lange Lebensdauer beschieden. Kostspielige Bodenverbesserungen, ungünstige Futterernten und Personalwechsel zwangen schon 1863 zum Verkauf des Betriebes. In der Folge löste sich die Gesellschaft, der

[1] Bernische Blätter für Landwirtschaft, Wald- und Gartenbau, 1855, S. 238.

führende Mitglieder des zürcherischen landwirtschaftlichen Kantonalvereins angehörten, auf.

Namentlich Rudolf Schatzmann hat später den Gedanken kollektiver Selbsthilfe in der Viehzucht durch Gründung von Genossenschaften immer wieder aufgegriffen, ausführlich zum Beispiel 1868 in einem Vortrag über «Associationen für Vieh-, Milch- und Alpenwirtschaft» an der Jahresversammlung des Schweizerischen Alpwirtschaftlichen Vereins in Glarus und ein letztes Mal 1883 in den «Alpwirtschaftlichen Monatsblättern» durch Veröffentlichung von «Grundsätzen» für Viehzuchtgenossenschaften.

Vorerst blieb es aber bei diesen Ratschlägen. Was sich von den 1860er Jahren an «Viehzuchtverein» nannte, waren in Wirklichkeit Weidegenossenschaften. Schon 1859 hatte die eben genannte waadtländische Viehverbesserungsgesellschaft diesen Weg beschritten. Ihr folgte 1861 die Genfer Société pour l'alpage du jeune bétail, die eine Juraweide in der Gemeinde Marchissy VD pachtete. Solche Gesellschaften fanden insbesondere auch in den Kantonen Zürich, Bern, Luzern, Solothurn, Aargau und Neuenburg Eingang, die durch Kauf oder Pacht von Weiden ihren Mitgliedern die Sömmerung von Jungvieh zu erleichtern suchten. Dazu zählten zum Beispiel:

die oberaargauische Gesellschaft für Viehzucht, Aarwangen, 1863 gegründet,
der Viehzuchtverein der innern Ämter im Kanton Solothurn,
der Viehzuchtverein des Kantons Zürich, 1871 gegründet,
die Gesellschaft für Vieh- und Pferdezucht im Kanton Aargau, 1872 gegründet,
die Gesellschaft für Viehzucht des Amtes Fraubrunnen, 1874 gegründet
und andere mehr.

Die verstärkte Nachfrage nach Nutzvieh als Folge der Zurückdrängung der Nutzvieheinfuhr durch seuchenpolizeiliche Maßnahmen, aber auch die Krise im Käseabsatz Ende der 1880er Jahre trugen dazu bei, die Landwirte den viehzüchterischen Bestrebungen geneigter zu machen. In zwei vielbeachteten Vorträgen am Kurs für Landwirte im Februar 1887 am Polytechnikum wies Prof. Kraemer auf die Vorteile der genossenschaftlichen Zucht hin, die zum Beispiel schon längst in der süddeutschen Nachbarschaft zur Gründung zahlreicher Viehzuchtgenossenschaften geführt hatten.

Die praktische Verwirklichung der Genossenschaftsidee in der Rindviehzucht ist das Verdienst von J. von Wattenwyl, dem Verfasser der überzeugenden Propagandaschrift «Aufruf zur Bildung von Viehzuchtgenossenschaften im Kanton Bern und Entwurf-Statuten für solche», Bern 1889, der auch die erste Fleckviehzuchtgenossenschaft, diejenige in Schoßhalde bei Bern, am 11. März 1888 gegründet hat. Die erste Braunviehzuchtgenossenschaft entstand in Dürnten ZH am 26. April 1888.

Als von 1890 an der Bund Gründungsbeiträge an im Handelsregister eingetragene

Rindviehzuchtgenossenschaften ausrichtete, konnten bereits im ersten Jahrzehnt 1890/99 322 Genossenschaften davon profitieren.

Viel trugen zu dieser Entwicklung die 5 zwischen 1890 und 1899 entstandenen Genossenschaftsverbände bei. Sie bemühten sich um die Vereinheitlichung der Viehbeurteilung und übernahmen die Kontrolle der genossenschaftlichen Zuchtbuchführung, die Veranstaltung von Zuchtstiermärkten, die Auswertung von Leistungserhebungen, die Förderung des Zuchtviehabsatzes usw. Am 1. Januar 1910 waren ihnen 534 Genossenschaften in 20 Kantonen (ohne Basel-Stadt, Schaffhausen, Tessin, Wallis und Genf) angeschlossen. Die Eringerviehzuchtgenossenschaften im mittleren Wallis gründeten 1916 ihren Verband.

Verbände der Rindviehzuchtgenossenschaften, 1910

Verbände	Gründungsjahre	Angeschlossene Rindviehzuchtgenossenschaften am 1. Januar 1910
Verband schweizerischer Fleckviehzuchtgenossenschaften (1890 bis 1898: Verband schweizerischer, Berner Fleckvieh züchtender Genossenschaften)	1890	237
Verband schweizerischer Braunviehzuchtgenossenschaften	1897	222
Verband Simmentaler Vieh züchtender Genossenschaften der Ostschweiz	1898	36
Verband für Simmentaler Alpfleckvieh und Alpwirtschaft (umfassend die bernischen Amtsbezirke Frutigen, Interlaken, Ober- und Niedersimmental, Saanen)	1899	20
Verband schweizerischer Schwarzfleckviehzuchtgenossenschaften	1899	28
Im ganzen		534

c) Kleinviehzuchtvereinigungen

In dieser Gruppe von Vereinigungen zur Förderung der Schweine-, Ziegen- und Schafzucht darf sich die 1882 in Morges VD gegründete Société romande pour l'amélioration de l'espèce porcine, die 1890 ihren Namen in Société romande pour l'amélioration du petit bétail änderte, als älteste Kleinviehzuchtvereinigung der Schweiz bezeichnen. Anlaß zur Gründung hatte der kollektive Bezug von Zuchttieren (Schweinen) aus England gegeben, wie dies seinerzeit auch bei den ersten Rindviehzuchtvereinigungen der Fall war. Örtliche und regionale Vereinigungen in größerer Zahl haben sich aber erst nach der Jahrhundertwende gebildet, als die Zuchtziele klarer erkannt und staatliche Beiträge vermehrt und wirksamer eingesetzt wurden. Bei den Ziegenzüchtern hat auch die beginnende Auslandnachfrage besonders nach Saanen- und Toggenburger-Ziegen die genossenschaftliche Tätigkeit angeregt.

Von den 201 Ziegenzucht-, 48 Schweinezucht- und 38 Schafzuchtvereinigungen, die das Schweizerische Bauernsekretariat auf den 1. Januar 1910 ermittelt hat, gaben 84% als Gründungszeit die letzten 10 Jahre an.

Bis 1913 schlossen sich örtliche Ziegenzuchtvereinigungen in den Kantonen Zürich, Bern, Solothurn, St. Gallen, Aargau und Thurgau sowie örtliche Vereinigungen von Züchtern aller drei Kleinviehgattungen in den Kantonen Schwyz, Freiburg und Waadt zu kantonalen Verbänden zusammen. Einzelne dieser Verbände vereinigten sich 1906 zum Schweizerischen Ziegenzuchtgenossenschaftsverband.

Bei den örtlichen Schweinezuchtvereinigungen war die gezüchtete Rasse das verbandsbildende Moment. Genossenschaften zur Zucht des veredelten Landschweins gründeten 1911 den Verband schweizerischer Schweinezuchtgenossenschaften und Einzelzüchter. Im gleichen Jahr entstand aus vorwiegend Genossenschaften zur Zucht des Edelschweines der Verband zentralschweizerischer Schweinezuchtgenossenschaften und Einzelzüchter.

d) Geflügelzuchtvereinigungen

Im 1884 erschienenen Bericht über die 1883 erstmals an einer schweizerischen allgemeinen landw. Ausstellung zugelassenen Geflügelabteilung findet sich die Bemerkung: «Alles, was bisher auf dem Gebiete der Geflügelzucht der Schweiz angeregt und geleistet worden ist, reduziert sich auf private Anstrengungen und in neuester Zeit auf die Bestrebungen der ornithologischen Gesellschaften in den verschiedenen Städten.» Es gab damals in der Schweiz etwa 25 ornithologische Vereine verschiedener Art: Vereine für Geflügelzucht, Kaninchenzucht, Taubenzucht, Vogelliebhaberei und Vogelschutz, darunter als älteste die Gesellschaften von Zürich (1869 gegründet), Basel (1870) und Winterthur (1872), die auch zu den Hauptgründerinnen der 1875 in Zürich ins Leben gerufenen Schweizerischen Ornithologischen Gesellschaft zählten.

Es hat aber noch annähernd 20 Jahre gedauert, bis es zur Gründung einer ausschließlich auf die Förderung der Geflügelzucht spezialisierten größeren Organisation, des 1892 entstandenen *Schweizerischen Geflügelzuchtvereins* mit örtlichen und kantonalen Sektionen[1] kam. Durch dessen Aufnahme in den Schweizerischen Landwirtschaftlichen Verein noch im gleichen Jahre (zusammen mit der Schweizerischen Ornithologischen Gesellschaft) hatte nunmehr auch ein schweizerischer landwirtschaftlicher Hauptverein die Interessen der Geflügelhalter zu vertreten.

Außer für die Selbstversorgung war die Hühnerhaltung anfänglich im allgemeinen kein lohnender Betriebszweig der Landwirtschaft. Nur im Umkreis der

---

[1] Eine der ersten kantonalen Sektionen war die 1896 hauptsächlich von G. Donini gegründete Società cantonale ticinese di pollicoltura.

Städte und Fremdenorte, wo auch in den produktionsstarken Monaten der Eierabsatz zu den für frische Ware erzielbaren Vorzugspreisen größtenteils gesichert war, konnte eine ansehnliche Marktproduktion entstehen. Daran waren hauptsächlich «Kleinbauern, Gemüsegärtner, Milchhändler, Beamte und Lehrer sowie Arbeiter der Stadt, die auf dem Lande wohnen[1]», beteiligt. Auch die Aufzucht von Jungtieren brachte infolge der billigen Massenimporte aus Italien wenig ein.

Vereinzelt haben örtliche ornithologische Vereine in ihrer näheren Umgebung Eier vermittelt, so im Jahre 1902 11 von insgesamt 74 Sektionen der Schweizerischen Ornithologischen Gesellschaft. Zwei Versuche, die Eierverwertung durch besondere Genossenschaften zu fördern, sind jeweils nach kurzer Zeit gescheitert. Die vom Schweizerischen Geflügelzuchtverein 1894 in Altstetten ZH gegründete Genossenschaft für Handel mit Eiern, italienischem Nutzgeflügel und deutschem Marken-Geflügelfutter stellte schon 1896 wegen hoher Verluste ihre Tätigkeit ein. Auch nur 3 Jahre über Wasser hielt sich die «Erste schweizerische Eierverkaufsgenossenschaft» in Ostermundigen BE, die 1902 auf Anregung der Ökonomischen und Gemeinnützigen Gesellschaft des Kantons Bern entstanden war, aber 1905 aufgeben mußte, weil es nicht gelang, eine ständige Kundschaft zu schaffen. Die Eierproduzenten waren nicht bereit oder in der Lage, die Sammelstellen der Genossenschaften auch in der produktionsschwachen Jahreszeit zu beliefern.

e) Bienenzuchtvereine

Die Gründung der ersten Bienenzuchtvereine fiel in die Jahre des Übergangs von der Korbbienenzucht mit stabilem Wabenbau zur ertragreicheren, aber größere Fachkenntnisse voraussetzenden Betriebsweise mit beweglichen Waben und zugleich in eine Zeit, in der von einzelnen Imkern die Einfuhr fremder Bienenrassen, insbesondere italienischer und Krainer Bienen zum Ersatz oder zur Verbesserung der einheimischen schwarzen Bienenrasse, empfohlen wurde.

Obwohl der bewegliche Wabenbau auf eine Erfindung des Genfer Bienenforschers François Huber (1750 bis 1831) zurückgeht, ließen sich die Vereinsgründer in erster Linie von deutschen Anregungen und Erfindungen (Dzierzon, von Berlepsch, Mehring und anderen) leiten und übernahmen aus Deutschland auch die Institution der Wanderversammlungen.

Wenn auch nur mit kurzer Lebensdauer entstand 1858 zuerst ein Verein zürcherischer Bienenfreunde[2]. Drei Jahre später gründeten Imker aus 9 Kantonen in

---

[1] Tierwelt-Redaktor Brodmann in einem Vortrag am 6. November 1905; Tierwelt, Jahrgang 1905.
[2] Landwirtschaftliches Wochenblatt, Jahrgang 1860, S. 6.

Olten den Verein schweizerischer **Bienenfreunde**[1], und 1876 kam, ebenfalls als interkantonaler Verein, die Société romande d'apiculture hinzu. Neben diesen beiden Hauptvereinen, die später in Verbände mit Sektionen umgewandelt wurden, bestanden um 1885 18 Kantonal- und Kreisvereine in der deutschen, 2 in der französischen und 1 Verein in der italienischen **Schweiz**[2]. 1910 waren den 2 Verbänden 141 Sektionen angeschlossen; das italienische Sprachgebiet besaß weitere 2 Vereine.

4. Versicherungsvereinigungen

Von den drei inländischen *Hagelversicherungsgesellschaften,* die in der ersten Hälfte des 19. Jahrhunderts gegründet worden sind, erwies sich keine als lebensfähig. Liquidiert wurde

1858 wegen mangelhafter Organisation die Schweizerische Versicherungsgesellschaft gegen Hagelschäden[3] in Bern, gegründet 1825,

1863 wegen zu hoher Risiken die Gesellschaft zur gegenseitigen Unterstützung der durch Hagel geschädigten Mitglieder im Kanton Luzern, gegründet 1836, und

1881 ebenso wegen ungenügenden Risikoausgleichs innerhalb eines nicht einmal besonders hagelgefährdeten Kantons die Freiburger Hagelversicherungsgesellschaft, gegründet 1831.

Im Kanton Neuenburg bestand von 1875 bis 1933 die Association d'assurance mutuelle contre la grêle entre les propriétaires de vigne du canton de Neuchâtel, Le Paragrêle, die nur Rebenbesitzer innerhalb des Kantons versicherte. Ihre Existenz war trotz relativ niedrigen Versicherungsleistungen – bis 1902 wurden nur Kulturkosten, nicht aber Ernteausfälle entschädigt – oft gefährdet, bis sie dann dem katastrophalen Schadenverlauf von 1932 zum Opfer fiel.

Die heute noch tätige Schweizerische Hagelversicherungsgesellschaft in Zürich verdankt ihre Entstehung im Jahre 1880 der Initiative des Zürcher landwirtschaftlichen Kantonalvereins.

---

[1] Im Aufruf zur Gründung hieß es: «Seitdem die Dzierzonsche Bienenzuchtmethode auch in der Schweiz ihre Verehrer gefunden hat, ist von den verschiedensten Seiten der Wunsch laut geworden, es möchten Schritte getan werden zur Gründung eines schweizerischen Bienenvereins» – Man hatte der Gründungsversammlung vom 1. Oktober 1861 unter anderen folgende Fragen vorgelegt: Auf welche Weise gelangt der schweizerische Bienenfreund am sichersten und wohlfeilsten in den Besitz echter italienischer Bienen? und: Wie verschafft man sich um billigen Preis zweckmäßig konstruierte Dzierzonstöcke? Landwirtschaftliches Wochenblatt, Jahrgang 1861, S. 139.

[2] Artikel Bienenzucht in Furrers Volkswirtschaftslexikon, I. Band, 1885, S. 248.

[3] Das bisher in der Literatur nur vermutete Auflösungsjahr der Gesellschaft, 1858, kann nun als richtig betrachtet werden. Im Berner Staatsarchiv fand sich eine Tabelle über die Rechnungsergebnisse der Gesellschaft in den Jahren 1846 bis 1857 mit dem Vermerk «Aufgelöst Anno 1858».

Bei der *Viehversicherung* bewährte sich statt dessen in der Regel nur eine Vielzahl von kleineren Vereinigungen, da eine wirksame Kontrolle der Viehhalter, deren Verhalten die Höhe und Häufigkeit der Schäden stark beeinflussen kann, bloß aus der näheren Umgebung möglich ist.

Mit der quantitativen und qualitativen Zunahme des Viehbestandes ging in etwa einem Drittel der Kantone auch eine Vermehrung der Viehversicherungsvereinigungen einher. Betrug ihre Zahl um 1850 etwa 350, so stieg sie bis anfangs der 1890er Jahre auf mindestens 600. Kantonale Erhebungen ergaben im einzelnen folgende Bestände:

Viehversicherungsvereinigungen nach Kantonen in den 1860er, 1880er und anfangs der 1890er Jahre

Kantone	1860er Jahre		1880er und anfangs der 1890er Jahre	
	Erhebungsjahr	Anzahl	Erhebungsjahr	Anzahl
Zürich	1867 [1]	181	1895 [4, 8]	204
Schaffhausen	1867 [1]	13	1894 [4]	20
St. Gallen	1867 [1]	53	1890 [4]	95
Thurgau	1867 [1]	«mindestens 150»	1893 [4]	145
Waadt	1867 [2]	35	1892 [2]	54
Genf	1868 [3]	23	1892 [3]	27
Total 6 Kantone		455		545
Andere Kantone:				
Bern			1890 [5]	11
Freiburg			1890 [6]	21
Basel-Land			1880 [4]	14
Aargau			1899 [7]	1
Tessin			1888 [4]	4

[1] Ergebnisse einer Erhebung des Eidgenössischen Departementes des Innern, in: Zeitschrift für schweizerische Statistik 1867, S. 157.

[2] Zeitschrift für schweizerische Statistik, 1899, I. S. 56.

[3] Bulletin de la Classe d'agriculture, 1892, S. 185 f.

[4] Rechenschaftsberichte der Regierungsräte folgender Kantone: Zürich: 1895, Schaffhausen: 1894, St. Gallen: 1890, Thurgau: 1894, Basel-Land: 1880, Tessin: 1888.

[5] Mitteilungen des bernischen statistischen Büros, 1891, II, S. 143.

[6] Zeitschrift für schweizerische Statistik 1899, I, S. 18.

[7] H. Brugger, Geschichte der aargauischen Landwirtschaft seit der Mitte des 19. Jahrhunderts, 1948, S. 203.

[8] Der Bestand bezieht sich auf das erste Jahr der allgemein obligatorischen Rindviehversicherung. Im Jahr zuvor hatten erst 144, das heißt nur ein Teil der bestehenden Versicherungsvereine, ihre Statuten vom Staat genehmigen lassen. Die Zahl von 204 Vereinen dürfte wohl annähernd dem Gesamtbestand von 1894 entsprochen haben.

Einen ungeahnten Aufschwung nahm die Viehversicherung und mit ihr die Zahl der Versicherungsträger (auf kleine Versicherungskreise beschränkte Vereinigungen nach dem Grundsatz der Gegenseitigkeit) ab Mitte der 1890er Jahre, als der Bund die obligatorische Viehversicherung, von der er sich eine Reduktion der an Tuberkulose erkrankten Tiere versprach, zu unterstützen begann. Das Bundesgesetz betreffend die Förderung der Landwirtschaft durch den Bund vom 22. Dezember 1893 ermächtigte den Bund, Beiträge an diejenigen Kantone auszurichten, «welche die obligatorische Viehversicherung im ganzen Kantonsgebiet oder in einzelnen Teilen desselben (Bezirken, Gemeinden usw.) ins Leben rufen, unterstützen und beaufsichtigen» (Artikel 13). Nach Basel-Stadt, das die obligatorische Versicherung einer staatlichen Anstalt übertrug, hat der Kanton Zürich 1895 das allgemeine Obligatorium durch örtliche Versicherungsvereine, die damit zu öffentlich-rechtlichen Körperschaften wurden, eingeführt. Die bereits in vielen Gemeinden vorhanden gewesenen freiwilligen Versicherungsvereine, an die der Staat schon seit 1885 unter gewissen Bedingungen Beiträge gewährt hatte, haben diese Form des Obligatoriums erleichtert. Das gleiche Versicherungssystem übernahmen bis 1909 weitere 5 Kantone (in chronologischer Reihenfolge): Schaffhausen, Thurgau, Glarus, Genf und Solothurn. Demgegenüber wählten das bedingte Obligatorium die Kantone Tessin, Graubünden, Aargau, Neuenburg, Freiburg, Waadt, Bern, Basel-Land, Wallis und Uri. Von 1909 bis 1913 blieb es bei diesen 17 Kantonen, in denen das Schweizerische Bauernsekretariat im Jahre 1920 1 789 Rindviehversicherungsvereinigungen ermittelte (1910 wurden diese nicht erfaßt); dazu kamen 130 freiwillige Versicherungskassen in andern Kantonen (Luzern, Obwalden, beiden Appenzell und St. Gallen, davon in St. Gallen allein 108 und in Appenzell-Außerrhoden 18). Damit ergab sich ein Gesamtbestand von 1 919 Vereinigungen für Rindviehversicherung, teilweise zugleich für Ziegenversicherung. Weitere 45 Gegenseitigkeitsvereine befaßten sich mit Pferdeversicherung und 10 mit Schweineversicherung. Viehversicherungsvereine fehlten einzig in den Kantonen Schwyz, Nidwalden und Zug.

5. Landwirtschaftliche und ländliche Kreditvereinigungen

Als vorwiegend den landwirtschaftlichen Kredit pflegende Selbsthilfevereinigungen sind während der Berichtszeit neben Viehleihkassen und Garantiegenossenschaften namentlich Darlehenskassen nach System Raiffeisen aufgetreten.
Zur Erleichterung der Viehbeschaffung durch Bekämpfung von Wuchergeschäften im Viehhandel entstanden in den 1840er Jahren und namentlich zwischen 1850 und 1880 im Thurgau und vereinzelt in der zürcherischen Nachbarschaft sogenannte *Viehleihkassen;* es waren meistens Gemeindeanstalten, die mit Be-

triebsmitteln der Gemeinde viehpfandgesicherte Darlehen gewährten. In Ausnahmefällen wählten sie die Rechtsform der Genossenschaft; unter den rund 40 Viehleihkassen um 1910 gab es deren 4 (je 2 in den Kantonen Zürich und Thurgau).

Auf den Kanton Zürich beschränkt waren die sogenannten *Garantiegenossenschaften,* gebildet von Grundeigentümern einer Gemeinde zu gegenseitiger Garantie von zur Abzahlung von Schulden erforderlicher neuer Darlehen[1]. Ihre Zahl belief sich 1882 auf 36 (von denen rund drei Viertel nach 1850 gegründet worden sind), 1892 auf 10 und 1902 auf 8[2]. Am verbreitetsten waren sie 1882 in den Bezirken Dielsdorf (17) und Zürich (9); je 4 entfielen auf die Bezirke Affoltern und Horgen und 2 auf den Bezirk Bülach. Als hauptsächlich zur Verbilligung des langfristigen Hypothekarkredites gegründete Vereinigungen haben die Garantie- oder Bürgschaftsgenossenschaften somit bis zur Jahrhundertwende stark an Bedeutung eingebüßt. Das war wohl nicht zuletzt auf das Entgegenkommen der Zürcher Kantonalbank zurückzuführen.

Trotz häufigen Klagen über «Geld- und Kreditnot» hat bis zum Jahrfünft 1881/85 die hypothekarische Verschuldung der Landwirtschaft, wie an anderer Stelle ausgeführt wurde, stark zugenommen. Wer in diesem Zusammenhang von eigentlicher Notlage sprach – wobei Übertreibungen nicht selten waren[3] –, konnte deshalb darunter wohl weniger einen Mangel an erhältlichem Kapital als einen ungenügenden Reinertrag zur Verzinsung der hohen Schulden verstehen. Man hat schon früh die Gründung von Kreditgenossenschaften nach dem Vorbild der deutschen Raiffeisenkassen vorgeschlagen[4], ohne sich vielleicht genügend Rechenschaft

[1] In der Genossenschaftsliteratur fanden sie bisher wenig Beachtung. Zwei Autoren erwähnten sie in Schriften von 1871: K. von Langsdorff (Direktor der landwirtschaftlichen Schule Strickhof von 1867 bis 1870), Ländliche Credit- und Consumvereine, 2. Auflage, Neuwied 1871, und Victor Böhmert, Die Garantiegenossenschaften im Kanton Zürich, in: Schweizerische Zeitschrift für Gemeinnützigkeit, Jahrgang 1871, S. 40–47.

[2] Zahlenangaben in den tabellarischen Übersichten über die Bereinigung der Grundprotokolle und die Garantiegenossenschaften in den Rechenschaftsberichten des zürcherischen Obergerichtes für die Jahre 1882, 1892 und 1902.

[3] Im Abschnitt über die Kreditgenossenschaften des von einer Kommission der Gesellschaft schweizerischer Landwirte erstellten Gutachtens von 1883 meinte C. Schenkel, nachmaliger erster Präsident des Volg, etwas sarkastisch: «Diese Erscheinungen (Notstand, überhandnehmender Wucher) sind unleugbar bedenklich, doch ist zu konstatieren, daß das Lied vom Notstand so lange vorgesungen wurde, daß mancher, der eigentlich vorher nicht daran gedacht, allen musikalischen Sinnes entbehren müßte, stimmte er nicht mit ein.»

[4] H. Schoffer (ehemaliger württembergischer Ökonomierat, von 1863 bis 1867 Direktor der zürcherischen landwirtschaftlichen Schule Strickhof), Die landwirtschaftliche Kreditkrisis unserer Tage, 2. Auflage, Zürich 1867.
Prof. A. Kraemer, Das Genossenschaftswesen in seiner Anwendung in der Landwirtschaft mit besonderer Rücksicht auf das Meliorations- und Kreditwesen und den Bezug von Rohstoffen für den landwirtschaftlichen Betrieb. Schweizerische Landwirtschaftliche Zeitschrift, Jahrgang 1878.

über die bereits vorhandenen Sparkassen, Lokalbanken und namentlich Kantonalbanken zu geben. Diese wurden vom Gesetzgeber meistens zu besonderer Rücksichtnahme auf die Kreditbedürfnisse von Landwirtschaft und Gewerbe verpflichtet. Jedenfalls hielt auch das Gutachten der Genossenschaftskommission der Gesellschaft schweizerischer Landwirte 1883 dafür, «daß es geraten erscheint, da, wo Kantonalbanken sich finden, diese dem Zwecke dienstbar zu machen[1]». Im Jahre 1886 schrieb namentlich auf Anregung von Reg. Rat Ed. von Steiger die Ökonomische Gesellschaft des Kantons Bern mit Unterstützung der Direktion des Innern drei Preise für die ersten drei im Kanton gegründeten Darlehenskassen nach System Raiffeisen aus. Daraufhin entstanden noch im gleichen Jahr der Darlehenskassenverein Schoßhalde und Umgebung und 1887 der Ländliche Darlehenskassenverein der Kirchgemeinde Zimmerwald. 1902 verwandelte sich die erste Kasse in eine landwirtschaftliche Bezugsgenossenschaft, und die zweite nahm allmählich den Charakter einer Lokalbank an.

Erst Pfarrer J.E. Traber in Bichelsee TG ist es 1899 mit der Gründung des dortigen Darlehenskassenvereins und 1902 mit der Zusammenfassung der inzwischen entstandenen Vereine zum *Schweizerischen Raiffeisenverband* gelungen, die Grundlagen für die Schaffung lebensfähiger genossenschaftlich organisierter Darlehenskassen zu schaffen[2].

Innert 12 Jahren hat sich die Zahl der dem Verband angeschlossenen Kassen von 10 auf 166 erhöht.

Dem Schweizerischen Raiffeisenverband angeschlossene Kassen nach Kantonen, 1902 bis 1913[3]

Jahr	LU	SZ	FR	SO	BL	SG	AG	TG	VD	VS	NW	AR	GR	ZH BE	Total	Davon in mehrheitl.	
																katholischen Gemeinden	reformierten Gemeinden
1902	1	2	–	2	1	3	–	1	–	–	–	–	–	–	10	10	–
1903	3	2	–	10	2	4	1	2	–	–	–	–	–	–	25	25	–
1904	6	2	1	13	3	8	2	2	–	–	–	–	–	–	38	38	–
1905	6	2	3	15	5	11	3	2	–	–	–	1	–	–	49	46	3
1906	5	2	4	17	5	15	4	2	1	1	–	3	1	–	61	54	7
1907	5	3	5	21	5	21	6	3	3	1	–	3	1	–	79	67	12
1908	5	3	7	25	6	25	7	3	5	2	–	3	1	–	94	77	17
1909	5	4	13	27	6	26	7	3	5	5	1	3	1	1	108	89	19
1910	5	4	19	28	6	32	7	5	6	13	2	3	2	3	136	112	24
1911	4	5	21	29	6	37	7	6	12	16	2	3	2	3	154	122	32
1912	4	5	21	30	6	39	8	6	12	17	2	3	2	3	159	126	33
1913	4	6	21	34	6	40	8	5	13	17	2	3	3	3	166	132	34

Anmerkungen 1 bis 3 auf Seite 308.

Obwohl sich Pfarrer Traber schon in der ersten Aufklärungsschrift von 1900 bemühte, «alle christlich-sozialen Kräfte, welcher Konfession und Parteifarbe sie auch angehören[1]», für seine Ideen zu gewinnen, führten die Beziehungen zu seinen katholischen Amtsbrüdern doch dazu, daß die Raiffeisensche Genossenschaftsbewegung in den ersten Jahrzehnten vorwiegend katholische Gegenden erfaßte.

6. Wein- und Obstbauvereinigungen

Diese kleinere Gruppe von landwirtschaftlichen Vereinigungen umfaßte bis in die 1880er und 1890er Jahre fast ausschließlich Vereine, die durch belehrende Veranstaltungen vor allem die Produktionstechnik zu fördern suchten. Als dann sowohl der Obst- wie der Weinbau mit zunehmenden Absatzschwierigkeiten zu kämpfen hatten, hier wegen großer Importe, dort wegen steigender Inlandproduktion, entstanden mehr auf die Wein- und Obstverwertung ausgerichtete Organisationen.

Die Westschweiz kannte schon vor 1850 mehrere lokale *Weinbauvereinigungen*. Um 1869 zählte der Kanton Neuenburg deren 4, Mitte der 1870er Jahre der Kanton Genf 3 und der Kanton Waadt 8. Die deutschsprachige Schweiz besaß als bekannteste und wohl auch bedeutendste die 1859 gegründete aargauische Weinbaugesellschaft (bis 1865 unter dem Namen Weinbaugesellschaft des Aarthals). Sie bewirtschaftete Musterrebberge und Rebschulen im Umfange von fast 3 ha in 7 politischen Bezirken des Kantons. Mäßige Erträge und hohe Unterhaltskosten dieses weitläufigen Rebenbesitzes führten zu einer Überschuldung der Gesellschaft und schließlich 1913 zur Auflösung.

Gegen Ausgang des 19. Jahrhunderts gab die ruinöse Konkurrenz ausländischer Weine da und dort den Anstoß zu gemeinsamer Kelterung des Traubengutes, gemeinsamer Einkellerung und gemeinsamem Verkauf der Weine. So entstanden

---

[1] Kurze Aufklärung über Raiffeisensche Darlehenskassenvereine von J. Traber, Pfarrer in Bichelsee, 1900, S. 16.

Anmerkungen 1 bis 3 von Seite 307.

[1] Mitteilungen der Gesellschaft schweizerischer Landwirte, 5. Heft, 1883.

[2] Gemäß den Leitideen Raiffeisens: örtlicher Geschäftskreis, unbeschränkte solidarische Haftung der Mitglieder, ehrenamtliche Tätigkeit von Vorstand und Aufsichtsrat sowie Verwendung des Reinertrages zur bescheidenen Verzinsung der Genossenschaftsanteile und zur Äufnung des Reservefonds.

[3] Zusammengestellt auf Grund der Denkschrift zum 25jährigen Bestand des Verbandes schweizerischer Darlehenskassen, 1902 bis 1927, S. 169–183.

in den Jahren 1893 bis 1895 im Kanton Zürich die Weinbaugarantiegenossenschaften, die die Mitglieder zu sorgfältigerer Ausführung der Weinbergarbeiten, hauptsächlich aber der Weinlese und -kelterung anhielten. Im Kanton Waadt kam es zwischen 1902 und 1907 zur Gründung von 8 Associations viticoles, die mindestens den gemeinsamen Weinverkauf betrieben. Auf kantonaler Ebene bildeten sich unter verschiedenen Bezeichnungen in Neuenburg, Genf und im Waadtland Weinhandelsorganisationen mit Verkaufsstellen in Städten der deutschen Schweiz.

Die Gründung von *Obstbauvereinen* reicht nicht so weit zurück wie die von Weinbauvereinen. Genf besaß 1853 wohl den ersten Verein von Obstbaufreunden. Kantonale Vereine wirkten von 1863 bis 1868 im Aargau und von 1864 an im Thurgau. Winterthur war 1864 der Gründungsort des Schweizerischen Obstbauvereins (ab 1865: Obst- und Weinbauverein), dessen Haupttätigkeit der Förderung des Obstbaus galt. In verschiedenen Kantonen mit erheblichem Obstbau haben aus Fachleuten bestehende Obstbaukommissionen von landwirtschaftlichen Kantonalvereinen spezielle Obstbauvereine entbehrlich gemacht. Dagegen ist der Beistand von Vereinen namentlich von Obstproduzenten in Randzonen geschätzt worden: Nidwalden besaß seit 1901, Glarus seit 1904 einen Obstbauverein. In der Westschweiz haben auch Gartenbauvereine bei der Aufstellung von Verzeichnissen empfehlenswerter Obstsorten mitgewirkt.

Es hätte nicht der in vielen Gegenden der Schweiz sehr großen Obsternte von 1888 bedurft, weiten Kreisen die Dringlichkeit neuer Absatzmärkte im In- und Ausland vor Augen zu führen. Schon früher hatten obstreiche Jahre trotz den durch die Eisenbahnen geschaffenen zusätzlichen Verkaufsmöglichkeiten zu Verwertungsschwierigkeiten und entsprechend tiefen Obstpreisen geführt. Vor allem belastete die wachsende Mostobstmenge den Markt. Hier sah H. Müller-Thurgau, Direktor der 1890 eröffneten deutschschweizerischen Versuchsstation und Schule für Obst-, Wein- und Gartenbau in Wädenswil in der genossenschaftlichen Mostbereitung eine zukunftsreiche Verwertungsart. Durch Anwendung wissenschaftlich und technisch fortgeschrittener Verfahren sollte es diesen Großbetrieben möglich sein, nicht nur preiswertere, sondern auch qualitativ bessere Obstgetränke anzubieten. Er machte diesen Vorschlag 1892 in einem Aufsatz in der «Schweizerischen Zeitschrift für Obst- und Weinbau[1]». Drei Jahre danach wurde in Wädenswil die erste Mostereigenossenschaft der Schweiz gegründet, die Obst- und Traubenweingenossenschaft Wädenswil (ab 1897: Obst- und

[1] Unter dem Titel «In einer Frankfurter Obstweinkelterei» schrieb Müller-Thurgau: «Ich meine aber, die hier beobachteten Vorteile weisen uns des Entschiedensten auf genossenschaftlichen Betrieb des Mostens hin, insbesondere insoweit es sich um Most für den Verkauf handelt. Mitten in jenem musterhaften Betrieb stehend, habe ich mir gesagt, das ist der richtige Weg für unsere schweizerischen Mostproduzenten, um ihrem Produkt wieder die verdiente Würdigung und guten Absatz zu verschaffen.» Jahrgang 1892, S. 337/38.

Weinbaugenossenschaft vom Zürichsee). Als nächste folgten 1900 die Mosterei Egnach TG, dann bis 1911 weitere 6 thurgauische Mostereigenossenschaften, die sich 1912 zum Verband ostschweizerischer Mostereien zusammenschlossen. Großmostereien in der Rechtsform der Genossenschaft entstanden auch in Hitzkirch LU, Düdingen FR und an mehreren Orten des bernischen Mittellandes. Nach einem von H. Müller-Thurgau entwickelten Verfahren nahm 1897 die «Erste schweizerische Aktiengesellschaft zur Herstellung unvergorener und alkoholfreier Trauben- und Obstweine» in Bern die Fabrikation auf.

Vorwiegend mit Obstexport befaßten sich

die Schweizerische Obstexportgesellschaft in Basel (1894 gegründet),

die Centralschweizerische Obsthandelsgenossenschaft in Sursee (1905),

die Bernische Obstexportgenossenschaft (1910), seit 1918: Bernische Obsthandelsgenossenschaft,

wie auch andere Mitglieder des seit 1911 bestehenden Verbandes schweizerischer Obsthandelsfirmen, aus dem 1914 der Verband schweizerischer Obsthandels- und Obstverwertungsfirmen und 1927 schließlich der Schweizerische Obstverband hervorging.

Erst gegen den Schluß der Berichtsperiode haben sich auch Berufsbaumwärter (Verein luzernischer Berufsbaumwärter und Baumwärterverein des Kantons St. Gallen, beide 1912 gegründet, die Baumschulbesitzer (Verband bernischer Baumzüchter, 1907 gegründet) sowie in der Westschweiz die Rebschulbesitzer (Société des viticulteurs-pépiniéristes vaudois, 1904 gegründet, und die Société cantonale des viticulteurs-pépiniéristes neuchâtelois, 1912 gegründet) zusammengeschlossen.

Die Förderung der Landwirtschaft in allen ihren Zweigen bezwecken:

7. Landwirtschaftliche Kantonalvereine,

die zu Beginn der Berichtsperiode erst in 12, am Schlusse jedoch in allen Kantonen bestanden. Beteiligten sich daran anfänglich aus dem landwirtschaftlichen Berufsstand in der Regel nur größere Grundbesitzer und vermögliche Landwirte, so gelang es den Vereinen allmählich, vor allem durch Gründung von Dorfvereinen, auch fortschrittliche Mittel- und Kleinbauern als Mitglieder zu gewinnen.

Aus diesem Grunde haben die meisten ihre ursprüngliche Organisationsform als Zusammenschluß von Einzel- (das heißt physischen) Personen aufgegeben und sich in Verbände entweder mit Sektionen und Einzelmitgliedern oder mit nur Sektionen verwandelt.

Mehrheitlich gründeten sie eigene Fachzeitschriften oder wählten eine durch Private oder durch Verlagsunternehmen herausgegebene Zeitschrift als Vereinsorgan.

Der großen Bedeutung entsprechend, die ihnen in unserem förderalistischen Staat zukommt, werden sie nachstehend einzeln mit Namen, Gründungsjahr, Mitgliederbestand im Jahre 1910 und Publikationsorgan aufgeführt.

Zürich

Name: 1843 bis 1902: Verein für Landwirtschaft und Gartenbau des Kantons Zürich; 1902 ff.: Zürcherischer landwirtschaftlicher Kantonalverein.

Gründungsjahr: 1843.

Mitglieder 1910: 123 lokale Vereine und Genossenschaften; 2 Bezirksvereinigungen; 3 kantonale Vereinigungen.

Vereinsorgan (eigenes): von 1843 bis 1845: Schweizerische Zeitschrift für Landwirtschaft und Gartenbau; von 1846 bis 1859: Schweizerische Zeitschrift für Landwirtschaft; von 1870 an: Der Zürcher Bauer.

Der Verein schuf außerordentlich früh ein dichtes Netz von lokalen Sektionen, um seinen Einfluß zu verstärken. Mit staatlicher Unterstützung veranstaltete er bis 1864 alljährlich, von 1865 bis 1894 jedes dritte Jahr und schließlich bei zunehmender Ausstellungsmüdigkeit 1900 und 1912 landwirtschaftliche Ausstellungen.

Bern

Name: 1759 bis 1889: Ökonomische Gesellschaft Bern; 1889 ff. (nach dem Beitritt der 1867 gegründeten Gemeinnützigen Gesellschaft des Kantons Bern): Ökonomische und gemeinnützige Gesellschaft des Kantons Bern.

Gründungsjahr: 1759.

Mitglieder 1910: 75 lokale und regionale Sektionen; 4 kantonale Sektionen; 10 Einzelmitglieder.

Vereinsorgan (eigenes): von 1846 bis 1896: Bernische Blätter für Landwirtschaft; von 1896 bis 1901: Der Schweizer Bauer und Bernische Blätter für Landwirtschaft; von 1901 an: Der Schweizer Bauer.

Der Kontakt mit der landwirtschaftlichen Bevölkerung und den lokalen und regionalen Vereinigungen ließ bis in die 1880er Jahre zu wünschen übrig. Bis 1883 war die bernische Landwirtschaft im Schweizerischen landwirtschaftlichen Verein auch durch den Gemeinnützigen und Ökonomischen Verein des Oberaargaus vertreten.

Luzern

Name: Bauernverein des Kantons Luzern.

Gründungsjahr: 1859.

Mitglieder 1911: 39 lokale Sektionen; 3 kantonale Sektionen; 261 Einzelmitglieder.

Vereinsorgan (eigenes): von 1865 bis 1868 und von 1870 an: Der Landwirt.

Uri

Name: Bauernverein Uri.

Gründungsjahr: 1908; hervorgegangen aus dem 1904 gegründeten Urnerischen alpwirtschaftlichen Verein.

Mitglieder 1910: 112 Personen (Einzelmitglieder und Mitglieder von Sektionen).

Schwyz

Name: Verband der landwirtschaftlichen Vereine und Alpviehzuchtgenossenschaften des Kantons Schwyz.

Gründungsjahr: 1900.

Mitglieder 1910: vor allem die 3 Bezirks-Bauernvereine Schwyz, March und Einsiedeln, die bis 1906 Sektionen des Schweizerischen landwirtschaftlichen Vereins waren (Schwyz von 1864 bis 1906, March von 1890 bis 1906 und Einsiedeln von 1891 bis 1906). Nicht dem Kantonalverein angeschlossen hatte sich der Bauernverein Höfe, der weiterhin direktes Mitglied des Schweizerischen landwirtschaftlichen Vereins blieb.

Obwalden

Name: Bauernverein Obwalden.

Gründungsjahr: 1860.

Mitglieder 1910: 216 Einzelmitglieder; von 1899 bis 1907 war die Landwirtschaft des Kantons im Schweizerischen landwirtschaftlichen Verein auch durch den Landwirtschaftlichen Verein Kerns vertreten.

Vereinsorgan (eigenes): von 1882 an: Blätter des Obwaldner Bauernvereins.

Nidwalden

Name: Bauernverein Nidwalden.

Gründungsjahr: 1859.

Mitglieder 1910: 300 Personen (Einzelmitglieder und Mitglieder von Sektionen).

Glarus

Name: Landwirtschaftlicher Verein des Kantons Glarus.

Gründungsjahr: 1848.

Mitglieder 1910: 146 Einzelmitglieder.

Zug

Name: Landwirtschaftlicher Verein des Kantons Zug.

Gründungsjahr: 1851, nach Aufhören der Vereinstätigkeit im Jahre 1857, Neugründung im Jahre 1866.

Mitglieder 1910: 180 Einzelmitglieder.

Freiburg

Name: 1848 bis 1890: Société fribourgeoise d'agriculture; 1890 bis 1894: Société cantonale fribourgeoise d'agriculture; von 1894 an: Fédération des Sociétés fribourgeoise d'agriculture.

Gründungsjahr: 1848.

Mitglieder 1910: 34 lokale und Bezirkssektionen; 8 vorwiegend kantonale Sektionen.

Vereinsorgan (eigenes): von 1849 bis 1867, anfänglich regelmäßig, dann gelegentlich: Publications de la Société fribourgeoise d'agriculture. Von 1894 an war die von der kantonalen Milchversuchsstation herausgegebene Zeitschrift Chronique d'industrie laitière et d'économie agricole Vereinsorgan.

Der Namensänderung lagen teilweise auch Änderungen der Vereinsorganisation zugrunde. Bis 1890 besaß der Verein nur Einzelmitglieder, von 1890 bis 1894 Einzelmitglieder und Sektionen und ab 1894 nur Sektionen. Von 1876 bis 1890 war er mit 5 andern Vereinen Sektion der Fédération agricole fribourgeoise, deren einziger Zweck in der Zuteilung von Kantonsbeiträgen bestand. 1890 löste sich dieser Verband auf, und die Société cantonale fribourgeoise d'agriculture übernahm wieder die Funktionen eines Dachverbandes der freiburgischen landwirtschaftlichen Vereine. Besondere Verdienste erwarb sich der Kantonalverein um die Förderung der Alp- und Milchwirtschaft durch Inspektionen und Prämiierungen.

Solothurn

Name: Landwirtschaftlicher Kantonalverein Solothurn.
Gründungsjahr: 1845.
Mitglieder 1910: 8 Bezirksvereine und 6 andere Sektionen. Die ursprünglich vom Kantonalverein ziemlich unabhängigen, zwischen 1857 und 1865 entstandenen Bezirksvereine erhielten in mehreren Statutenrevisionen die Stellung von Sektionen. Von 1863 bis 1868 war die solothurnische Landwirtschaft im Schweizerischen landwirtschaftlichen Verein auch durch den Bauernverein Olten-Gösgen vertreten.
Vereinsorgan: von 1860 bis 1863: das in Solothurn erschienene Landwirtschaftliche Volksblatt; von 1874 bis 1885: eine private, unter gleichem Titel erschienene Zeitschrift; von 1910 an: das vom nordwestschweizerischen Genossenschaftsverband herausgegebene Bauernblatt der Nordwestschweiz.

Basel-Stadt

Name: Kantonaler landwirtschaftlicher Verein Basel-Stadt.
Gründungsjahr: 1894.
Mitglieder 1910: 2 Sektionen (Basel-Stadt und Riehen).

Basel-Land

Name: Kantonaler landwirtschaftlicher Verein von Basel-Land.
Gründungsjahr: 1837, nicht 1818, wie häufig angenommen wurde; 1818 bezieht sich auf einen Verein im ungeteilten Kanton Basel, der 1830 die letzte Sitzung abhielt. Nach der Entstehung der Halbkantone 1833 bildete sich 4 Jahre später mit neuen Statuten der basellandschaftliche Verein.
Mitglieder 1910: 1100 Einzelmitglieder.

Schaffhausen

Name: Kantonaler landwirtschaftlicher Verein Schaffhausen.
Gründungsjahr: 1850.
Mitglieder 1910: 18 lokale und 4 kantonale Sektionen.
Vereinsorgan: von 1912 an: Schaffhauser Bauer.

Appenzell-Außerrhoden

Name: Landwirtschaftlicher Kantonalverein von Appenzell-Außerrhoden.
Gründungsjahr: 1882.
Mitglieder 1910: 18 Sektionen.

Appenzell-Innerrhoden

Name: Kantonaler landwirtschaftlicher Verein von Appenzell-Innerrhoden.
Gründungsjahr: 1888.
Mitglieder 1910: 211 Einzelmitglieder, das heißt ohne die Mitglieder des dem kantonalen Verein nicht angeschlossenen, 1899 gegründeten Landwirtschaftlichen Vereins Oberegg.
Vereinsorgan (eigenes): von 1893 an: Der Appenzeller Bur.

St. Gallen

Name: Landwirtschaftliche Gesellschaft des Kantons St. Gallen.

Gründungsjahr: 1819.

Mitglieder 1910: 74 lokale und regionale Sektionen; 4 kantonale und interkantonale Sektionen.

Die Vielgestaltigkeit des Kantons begünstigte die Entstehung von Bezirks- und Lokalvereinen, von denen einzelne so erstarkten, daß es der Gesellschaft Ende der 1870er Jahre einige Mühe kostete, diese mit andern unter ihrer Führung beisammenzuhalten. Sie bediente sich dazu von 1880 an der Delegiertenversammlung, was vom Staate in der Weise unterstützt wurde, daß ab 1881 nur Sektionen der Gesellschaft subventionsberechtigt waren.

Vereinsorgan (eigenes): von 1878 bis 1892: Landwirtschaftliches Wochenblatt; von 1914 an: St. Galler Bauer.

Graubünden

Name: Landwirtschaftlicher Verein des Kantons Graubünden.

Gründungsjahr: 1844.

Mitglieder 1910: 7 Talschaftsvereine; 58 Viehzuchtgenossenschaften; 100 Einzelmitglieder. Das Vorhandensein dreier Sprachgebiete (1860 sprachen von 100 bündn. Familien 44 deutsch, 42 romanisch und 14 italienisch), die Weitläufigkeit des Kantons und Verkehrsschwierigkeiten haben die Entfaltung des Vereins erschwert. Zeitweise setzte die Tätigkeit überhaupt aus, so zwischen 1848 und 1858.

Vereinsorgan: von 1877 bis 1911: Volkswirtschaftliches Blatt für den Kanton Graubünden, 1912 umbenannt in Bündner Bauernblatt.

Aargau

Name: Aargauische landwirtschaftliche Gesellschaft.

Gründungsjahr: 1838.

Mitglieder 1910: 2403 Einzelmitglieder; als solche wurden die aargauischen Abonnenten der landwirtschaftlichen Zeitschrift «Die Grüne», die 1896 für Mitglieder der Gesellschaft obligatorisch erklärt wurde, betrachtet.

Vereinsorgan (eigenes): von 1843 bis 1888: Mitteilungen über Haus-, Land- und Forstwirtschaft; von 1888 bis 1892: Aargauische landwirtschaftliche Mitteilungen.

Thurgau

Name: Thurgauischer landwirtschaftlicher Verein.

Gründungsjahr: 1835.

Mitglieder 1910: 60 lokale Sektionen; 2 kantonale Sektionen; etwa 200 Einzelmitglieder.

Vereinsorgan (eigenes): von 1848 bis 1859: Quartalblätter für Mitglieder des Thurgauischen landwirtschaftlichen Vereins; von 1865 bis 1905: Thurgauer Blätter für Landwirtschaft; von 1906 an: Der ostschweizerische Landwirt.

Tessin

Name: Società cantonale di agricoltura.

Gründungsjahr: 1885; den Anstoß zur Gründung gab der Bundesbeschluß betreffend die Förderung der Landwirtschaft durch den Bund vom 27. Juni 1884, der die Eigenschaft eines landwirtschaftlichen Hauptvereins und damit eines zum direkten Bezug von Bundesbeiträgen berechtigten Vereins

314

auch dem im Entstehen begriffenen Kantonalverein zuerkannte. Gründer waren die 9 Bezirksvereine, die man auf Grund des kantonalen Gesetzes vom 28. November 1861 in den Jahren 1862 bis 1878 ins Leben gerufen hatte.

Mitglieder 1910: 9 Bezirksvereine; 1 weitere Sektion.

Vereinsorgan (eigenes): von 1886 an: L'agricoltore ticinese. Diese Zeitschrift war unter diesem Namen 1869 vom Bezirksverein Mendrisio allein, 1870 gemeinsam mit dem Bezirksverein Lugano, 1871 bis 1873 auch gemeinsam mit dem Bezirksverein Malcantone und 1874 bis 1885 von allen 9 Bezirksvereinen herausgegeben worden.

Waadt

Name: Société vaudoise d'agriculture et de viticulture.

Gründungsjahr: 1869; die relativ späte Gründung ist wohl darauf zurückzuführen, daß viele angesehene Landwirte des Kantons der aus Einzelmitgliedern bestehenden Société d'agriculture de la Suisse romande (1858 gegründet) angehörten, deren Sitz in Lausanne war.

Mitglieder 1910: 6128 Personen (Einzelmitglieder und Mitglieder von Sektionen).

Vereinsorgan: von 1869 bis 1908: Bulletin de la Société vaudoise d'agriculture et de viticulture; von 1909 an: La terre vaudoise.

Wallis

Name: 1878 bis 1888: Fédération valaisanne d'agriculture; von 1888 an: Association agricole du Valais.

Gründungsjahr: 1878, nicht 1888, wie häufig angenommen wird. Der Verein entstand 1878 auf Anregung der Société d'agriculture de la Suisse romande durch den Zusammenschluß der Vereine von Sitten (1868 gegründet), Siders (1872), Martigny (1875) und Chamoson (1877) zur Fédération valaisanne d'agriculture. 1888 wählte diese den Namen Association agricole du Valais, ohne daß damit eine neue Gründung verbunden war.

Mitglieder 1910: 17 lokale Sektionen; 1 kantonale Sektion.

Vereinsorgan (eigenes): von 1903 an: Le Valais agricole.

Neuenburg

Name: 1860 bis 1888: Société neuchâteloise d'agriculture; von 1888 an: Société cantonale neuchâteloise d'agriculture et de viticulture.

Gründungsjahr: 1860.

Mitglieder 1910: 6 Bezirkssektionen. Der Verein hat von jeher eng mit kantonalen Behörden zusammengearbeitet, was auch dadurch zum Ausdruck kommt, daß laut Statuten von 1888 dem Vereinsvorstand auch der Kantonstierarzt, die Direktoren der kantonalen landwirtschaftlichen Schule Cernier und der Versuchsanstalt für Weinbau Auvernier sowie mit beratender Stimme der Vorsteher des kantonalen Landwirtschaftsdepartementes angehörten.

Vereinsorgan (eigenes): von 1863 an: Almanach agricole; seit 1892: Almanach agricole de la Suisse romande; von 1892 an: Bulletin agricole neuchâtelois.

Genf

Im Kanton Genf teilten sich während der Berichtzeit zwei Organisationen in die Aufgaben eines Kantonalvereins:

Name: Classe d'agriculture de la Société des arts de Genève.

Gründungsjahr: 1776. Die Landwirtschaftsklasse als eine der 3 Klassen der Genfer Kunstgesell-

315

schaft ist körperschaftlich organisiert, besitzt aber keine eigene Rechtspersönlichkeit innerhalb der Gesamtgesellschaft.

Mitgliederbestand 1911: neben der durch ein besonderes Auswahlverfahren konstant gehaltenen Zahl von 20 vollberechtigten Komitee- oder Aktivmitgliedern 261 gewöhnliche und 20 korrespondierende Mitglieder.

Vereinsorgan (eigenes): von 1822 an: Bulletin de la Classe d'agriculture de la Société des arts de Genève.

Die Landwirtschaftsklasse hat bis in die 1880er Jahre Hervorragendes für die Genfer und die westschweizerische Landwirtschaft geleistet. Mit dem Aufkommen spezialisierter Vereinigungen, die bisherige Aufgaben der Klasse übernahmen, ging ihr Einfluß allmählich zurück.

Name: Section d'industrie et d'agriculture de l'Institut national genevois.

Gründungsjahr: 1852. Auf Grund des Gesetzes vom 28. April 1852 gründete der Kanton das Nationalinstitut als öffentlich-rechtliche Körperschaft mit 5 Sektionen, darunter die Sektion Industrie und Landwirtschaft. Im Unterschied zu den Klassen der Kunstgesellschaft besitzen die Sektionen des Nationalinstituts eigene Rechtspersönlichkeit.

Mitgliederbestand 1910: 10 Aktivmitglieder; 6 Passivmitglieder; 94 Ehrenmitglieder; 16 korrespondierende Mitglieder.

Vereinsorgan (eigenes): von 1853 an: Bulletin de l'Institut national genevois.

Die Sektion Industrie und Landwirtschaft verfolgte ähnliche Ziele wie die Landwirtschaftsklasse.

Nahezu die Hälfte der landwirtschaftlichen Kantonalvereine entstand somit in den beiden Jahrzehnten 1841 bis 1860. 1910 wiesen 8 vorwiegend kleinere Vereine nur Einzelmitglieder (Obwalden, Glarus, Zug, Basel-Land, Appenzell-Innerrhoden, Aargau und beide Genfer Vereine), 7 Vereine Einzelmitglieder und Sektionen (Bern, Luzern, Uri, Nidwalden, Graubünden, Thurgau und Waadt) und die übrigen 11 nur Sektionen auf.

Landwirtschaftliche Kantonalvereine im Jahre 1913, nach Gründungsperioden

Gründungsperioden	Kantonalvereine	Anzahl
bis 1830	Bern, Genf$_1$, St. Gallen	3
1831 bis 1840	Thurgau, Basel-Land, Aargau	3
1841 bis 1850	Zürich, Graubünden, Solothurn, Glarus, Freiburg, Schaffhausen	6
1851 bis 1860	Zug, Genf$_2$, Luzern, Nidwalden, Obwalden, Neuenburg	6
1861 bis 1870	Waadt	1
1871 bis 1880	Wallis	1
1881 bis 1890	Appenzell-Außerrhoden, Tessin, Appenzell-Innerrhoden, Schwyz	4
1891 bis 1900	Basel-Stadt	1
1901 bis 1910	Uri	1
Im ganzen		26

Um ihrer Aufgabe sowohl auf technischem wie wirtschaftspolitischem Gebiet gerecht zu werden, sahen sich viele Kantonalvereine im Laufe der Zeit genötigt, die Mitgliederzahl ihres Vorstandes zu erhöhen und neue Vereinsorgane, vor allem aber auch Fachkommissionen ins Leben zu rufen.

Nachdem noch 1849 ein Versuch zur Gründung eines schweizerischen landwirtschaftlichen Vereins gescheitert war, entstanden von den 1850er Jahren an nacheinander folgende über die Kantonsgrenzen hinausreichende allgemeine Vereine:

1856: Verein schweizerischer Landwirte, aufgelöst 1863;

1858: Société d'agriculture de la Suisse romande;

1858: Schweizerischer Landwirtschaftlicher Bund, 1859 umbenannt in Schweizerischer Landwirtschaftlicher Zentralverein, aufgelöst 1863;

1863: Schweizerischer Alpwirtschaftlicher Verein;

1863: Schweizerischer Landwirtschaftlicher Verein (hervorgegangen aus dem Verein schweizerischer Landwirte und dem Schweizerischen Landwirtschaftlichen Zentralverein);

1881: Fédération des sociétés d'agriculture de la Suisse romande;

1882: Gesellschaft schweizerischer Landwirte;

1897: Schweizerischer Bauernverband.

Der *Verein schweizerischer Landwirte* ist als Verein mit Einzelmitgliedern am 19. Oktober 1856 in Olten gegründet worden. Er verdankt seine Entstehung zu einem wesentlichen Teil dem deutschen Flüchtling Fritz Rödiger, der in seiner ab Februar 1854 erschienenen «Allgemeinen schweizerischen Bauernzeitung» dafür eintrat. Während seines Aufenthaltes im aargauischen Muri fand er im Freiamt und in den benachbarten Kantonen Zug und Luzern überzeugte Anhänger.

Unter der Leitung des früheren aargauischen Regierungsrates Rudolf Lindenmann entfaltete der Verein eine erstaunlich vielseitige Tätigkeit. 1859 veranstaltete er in Zürich eine schweizerische Ausstellung landwirtschaftlicher Geräte und Maschinen, 1861 in Stans eine Ausstellung von Vieh, Erzeugnissen und Gerätschaften der Alpwirtschaft und im gleichen Jahr zusammen mit der Ökonomischen Gesellschaft Bern auf der Rütti eine Ausstellung verbesserter Kochherde.

In Eingaben an den Bundesrat setzte er sich für die Errichtung eines Lehrstuhls für Landwirtschaft am Polytechnikum, für die Vornahme agrikulturchemischer Analysen an dieser Anstalt, für die Förderung der Pferdezucht und der Hagelversicherung, für die Wahrung der landwirtschaftlichen Interessen bei den Handelsvertragsverhandlungen mit Frankreich usw. ein.

Vorträge an den Jahresversammlungen behandelten die Hebung der Alpwirtschaft, die Einführung eines Herdebuches, Pläne für landwirtschaftliche Bauten, den landwirtschaftlichen Unterricht an Lehrerseminarien und Volksschulen, die Bekämpfung der Schnapspest, Maßnahmen zum Schutz der nützlichen Vögel, den Abschluß eines Konkordates über einheitliche Dienstbotenbücher usw.

Hatte der Mitgliederbestand im Oktober 1858 schon 748 erreicht, so stieg er bis November 1859 auf 1325, wobei allerdings drei Viertel auf die Kantone Bern, Luzern, Solothurn und Aargau entfielen. In einem «Aufruf an alle schweizerischen Landwirte zum Beitritt» von Mitte 1857 war welschen Mitgliedern die Herausgabe einer französischen Fassung der geplanten Vereinszeitschrift in Aussicht gestellt worden, sofern mindestens 500 Abonnenten gefunden würden. Da diese Zahl aber nicht erzielt wurde, erschien anfangs 1858 die von Rödiger an den Verein abgetretene «Schweizer Bauernzeitung» nur in deutscher Sprache. Dafür bildete sich noch im gleichen Jahr auch in der Westschweiz ein interkantonaler landwirtschaftlicher Verein. Schwach vertreten war auch die Ostschweiz, wo 1858 ebenfalls mit dem Anspruch auf ein gesamtschweizerisches Einzugsgebiet ein Verein, aber in Verbandsform, entstand.

Im November 1863 kam es zur Verschmelzung des in seiner Mitgliederzahl gegenüber 1859 etwas kleiner gewordenen Vereins schweizerischer Landwirte mit dem die gleichen Ziele verfolgenden eben genannten «ostschweizerischen» Verein, wobei die Organisationsform des letzteren den Sieg davontrug. Die Fusion bedeutete deshalb für den Verein schweizerischer Landwirte im Grunde genommen die Auflösung, was noch während Jahren von manchen ehemaligen Mitgliedern schmerzlich empfunden wurde.

Die *Société d'agriculture de la Suisse romande,* im Dezember 1858 gegründet, trug anfänglich, das heißt bis zum Beitritt von Mitgliedern aus dem Berner Jura im Jahre 1862 den Namen Société d'agriculture des cinq cantons de la Suisse romande. Die erfolgreichste Periode des ebenfalls aus Einzelmitgliedern bestehenden Vereins war die Zeit von der Gründung bis Ende der 1870er Jahre, als der Mitgliederbestand von 307 im Jahre 1859 auf 621 im Jahre 1871 anstieg und bis 1880 nicht unter 400 fiel. Die Leitung war einem Vorstand von 19 Mitgliedern (pro Kanton 3 bis 5 Mitglieder) und einem Büro von 5 Mitgliedern übertragen, die sich in die Arbeit teilten und von denen ein voller Einsatz für den Verein erwartet wurde[1]. In den 21 Jahren von 1860 bis 1880 wurden an 10 verschiedenen Orten 13 Ausstellungen durchgeführt. Darunter waren 1871 die erste landwirtschaftliche Ausstellung im Wallis, 1874 die erste größere Ausstellung und Probe von Mähmaschinen, Heuwendern und Pferderechen in der Schweiz (in Céligny GE), 1877 die zweite allgemeinschweizerische Landwirtschaftsausstellung in Freiburg und 1880 eine Schlachtviehausstellung in Genf, die erste derartige Veranstaltung in unserem Land. Kommissionen wurden ein-

[1] Präsident A. de Haller erinnerte an der Jahresversammlung vom 20. Januar 1889 an die Worte des ersten Präsidenten, A. Cornaz: «Que chacun de vous se fasse un devoir d'entourer de ses soins cette jeune société, que l'un lui prête l'aide des lumières de son expérience; que l'autre lui voue une portion de son temps; que le troisième la dote d'une partie de son superflu. Que tous aient pour elle quelque peu de sentiment de paternité.»

gesetzt zur Untersuchung der Dienstbotenfrage (1863), der Juragewässerkorrektion (1864), der Prämiierung ganzer Betriebe (1865), der Obstsorten (1865), der Gründung einer westschweizerischen landwirtschaftlichen Schule (1869), der Einführung von Schlachtviehausstellungen (1872), der Viehseuchenbekämpfung (1874), der Einführung des Herdebuches (1878). Vom 1. Januar 1860 an gab der Verein eine eigene Zeitschrift heraus, das «Journal de la Société d'agriculture de la Suisse romande».

Als in der zweiten Hälfte der 1870er Jahre die Zahl der Mitglieder zurückging, die landwirtschaftlichen Kantonalvereine aber erstarkten und die Kontakte mit den eidgenössischen Behörden sowie der Spitzenorganisation der deutschen Schweiz, dem Schweizerischen Landwirtschaftlichen Verein, zunahmen, erhoben sich Stimmen, die eine umfassendere Vertretung der westschweizerischen Interessen für notwendig hielten. An der Frühjahrsversammlung 1878 sah der Vorsitzende als möglichen Weg dazu die Umwandlung des Vereins in einen Verband von Vereinen, der 1880 namentlich auch im Genfer C. Borel einen einflußreichen Befürworter fand. Als dann am 6. Dezember 1881 die Fédération des sociétés d'agriculture de la Suisse romande ins Leben trat und gleichwohl der Weiterbestand der Muttergesellschaft beschlossen wurde, lag nunmehr deren Hauptzweck in der Schaffung freundschaftlicher Beziehungen zwischen den Mitgliedern der verschiedenen Regionen durch Veranstaltung von Vorträgen und Exkursionen.

Der *Schweizerische Alpwirtschaftliche Verein* ist hauptsächlich auf Initiative von Schild, Schatzmann und Landolt am 27. Januar 1863 in Olten entstanden. Obschon landesweit tätig, zählte er bis zur Reorganisation von 1890 nur zwischen 80 und 150 Mitglieder. Erst von 1890 an war die Aufnahme von Sektionen möglich, deren Zahl bis 1913 auf 24 vorwiegend lokale land- und alpwirtschaftliche Vereine anstieg. Dazu kamen in diesem Jahr 797 sogenannte direkte Mitglieder.

In den ersten 3 Jahren bis zum frühen Tod von Präsident Schild befaßte sich der Verein besonders mit Düngerfragen, indem er auf verschiedenen Alpweiden Versuchsstationen zur Abklärung des Düngerbedarfes errichtete und jahrelang unterhielt. 1866 übernahm Schatzmann die Leitung des Vereins, der ihm 1867 die Redaktion des neugeschaffenen Vereinsorgans, der monatlich erscheinenden «Alpwirtschaftlichen Monatsblätter», übertrug. Vorläufig erledigte Schatzmann diese Arbeiten neben seiner Stellung als Direktor des thurgauischen und später des bündnerischen Lehrerseminars, 1872 aber trat er ganz in den Dienst des Vereins, indem er auch die Leitung der von diesem errichteten Milchversuchsstation übernahm.

War auch der ursprüngliche Plan, der von 1872 bis 1875 in Thun und von 1875 bis zum Tode Schatzmanns 1886 in Lausanne bestehenden Milchversuchsstation ein Laboratorium unter Leitung eines Chemikers sowie eine Versuchskäserei anzugliedern, am Fehlen genügender Mittel gescheitert – die Station mußte mit einem Bundesbeitrag von 5000 Franken und Kantonsbeiträgen von 2000 bis 2500 Franken auskommen –, so wußte Schatzmann sie doch zu einer wertvollen «Schweizerischen Station für Alp- und Milchwirtschaft» (so bezeichnet im Jahresbericht 1874/75 der Milchversuchsstation) zu machen. Dies geschah durch unzählige Vorträge und Kurse – von 1875 bis 1885 hielt Schatzmann auch jeden Winter Vorlesungen über Land- und Milchwirtschaft an der kantonalen landwirtschaftlichen Winterschule in Lausanne – und in vielen, wegen ihrer klaren, einfachen Sprache stark verbreiteten Schriften. Wie keiner vor ihm hat sich Schatzmann für das bisher vernachlässigte, in der wirtschaftlichen Entwicklung zurückgebliebene Alp- und Juragebiet eingesetzt. Auch die Milchwirtschaft im Mittelland verdankte ihm viele wichtige Anregungen sowie Hinweise auf im Ausland erprobte Neuerungen.

Aber gerade auf diesem Gebiete erwuchs dem Schweizerischen Alpwirtschaftlichen Verein Konkurrenz von seiten der inzwischen entstandenen milchwirtschaftlichen Spezialvereine und der in Gründung begriffenen milchwirtschaftlichen Stationen und Schulen. Er war gut beraten, als er 1885, also noch zu Lebzeiten Schatzmanns, beschloß, seine künftige Tätigkeit einzig auf die Förderung der Alpwirtschaft zu beschränken. Das Hauptanliegen war nun die Durchführung von Alp-Wanderkursen, die Erstellung einer neuen Alpstatistik und die weitere Herausgabe der «Alpwirtschaftlichen Monatsblätter». Die mit eingehenden Untersuchungen über mögliche Alpverbesserungen und einer Auszeichnung vorbildlicher Alpbewirtschaftung verbundenen statistischen Aufnahmen begannen 1891 und konnten 1914 abgeschlossen werden.

Der *Schweizerische Landwirtschaftliche Verein* ging 1863 aus dem Zusammenschluß des Vereins schweizerischer Landwirte und des Schweizerischen Landwirtschaftlichen Zentralvereins hervor. 1858 hatten sich die 3 Kantonalvereine Zürich, St. Gallen und Thurgau in Weinfelden zum Schweizerischen Landwirtschaftlichen Bund vereinigt, dem Ende 1858 auch die Ökonomische Gesellschaft Bern und 1859 nach der Statutenrevision und Annahme des Namens Schweizerischer Landwirtschaftlicher Zentralverein der Engadiner Verein Compagnia alpina sowie 1860 der bündnerische landwirtschaftliche Verein beitraten.

Von den 17 Vereinen, die am 2. November 1863 der Gründungsversammlung in Bern beiwohnten, erklärten 8 ihren Beitritt sofort, darunter die 3 «Gründersektionen» Zürich, St. Gallen und Thurgau, während die übrigen 9, darunter die meisten aus dem Haupteinzugsgebiet des ehemaligen Vereins schweizerischer Landwirte, mit einiger Zurückhaltung 1864 folgten, die Ökonomische Gesellschaft Bern definitiv sogar erst 1868. Von 1864 bis 1913 sind aus der Zentralschweiz, den beiden Basel und Appenzell nochmals 10 Kantonalvereine hinzugekommen, so daß sich ihre Gesamtzahl auf 20 erhöhte, wie der nachstehenden

Übersicht zu entnehmen ist. Die angeschlossenen Lokal-, Bezirks- und Kreisvereine verminderten sich infolge Anschlusses an Kantonalvereine gleichzeitig von 5 auf 1, während die Fachvereine (Schweizerischer Obst- und Weinbauverein, Verein schweizerischer Bienenfreunde, Schweizerischer Geflügelzuchtverein usw.) von 2 auf 8 zunahmen.

Sektionen des Schweizerischen Landwirtschaftlichen Vereins, 1864 bis 1913

Jahre	Kantonal-vereine	Lokal-, Bezirks- und Kreisvereine	Fachvereine	Total
1864	10	5	2	17
1870	14	2	2	18
1880	12	2	2	16
1890	17	4	5	26
1900	18	6	8	32
1910	20	2	7	29
1913	20	1	8	29

Da dem Verein schon bald nach der Gründung alle wichtigeren Kantonalvereine eines Gebietes, in dem etwa drei Viertel der hauptberuflichen Landwirte der Schweiz lebten, angehörten, ferner einige Fachvereine mit landesweitem Einzugsgebiet, wie der Schweizerische Alpwirtschaftliche Verein, der Schweizerische Obst- und Weinbauverein und der Schweizerische Milchwirtschaftliche Verein, beigetreten waren und zudem durch Vereinbarungen von 1870 und 1884 Kontakte zur Société d'agriculture de la Suisse romande und deren Nachfolgerin, der Fédération des sociétés d'agriculture de la Suisse romande bestanden, kam ihm allmählich die Bedeutung eines Spitzenverbandes der Landwirtschaft zu. Als der Bund in den 1880er Jahren den wirtschaftlichen Hauptvereinen des Landes Beiträge zur Schaffung ständiger Sekretariate gewährte, zählte auch der Schweizerische Landwirtschaftliche Verein zu den Bezügern, neben dem Schweizerischen Handels- und Industrieverein, dem Schweizerischen Gewerbeverein und dem Schweizerischen Arbeiterbund. Bei der Wahl des Sekretärs im Jahre 1882 hatte der Vorstand aber keine glückliche Hand. Diese Stelle mußte schon 1888 wegen Überschuldung des Vereins aufgehoben werden.

Dem statutarischen Vereinszweck, Hebung und Förderung der Landwirtschaft in allen ihren Zweigen (Statuten von 1863, 1867, 1882), entsprach auch die von der Vereinsleitung ausgeübte Tätigkeit, die häufig durch die Mitarbeit von Sepzialkommissionen erweitert und vertieft wurde. Dabei sind im Laufe der Jahre auch gewisse Arbeitsgebiete an jüngere Organisationen abgetreten worden, so daß sich der Schweizerische Landwirtschaftliche Verein in manchen Fällen als deren Vorläufer und Wegbereiter betrachten konnte.

Der Verein bezeichnete sein wöchentlich erscheinendes Organ als «Landwirtschaftliche Zeitung», die 1864 die Nachfolge des «Landwirtschaftlichen Wochenblattes» (von 1860 bis 1863 Organ des Schweizerischen Landwirtschaftlichen Zentralvereins) und der «Schweizer Bauernzeitung» (1854 bis 1863, von 1858 an Organ des Vereins schweizerischer Landwirte) antrat. 1872 erhielt die Zeitung den Namen «Schweizerische landwirtschaftliche Zeitschrift»; sie erschien von 1872 bis 1888 monatlich, 1889 monatlich zweimal, 1890 alle 14 Tage und von 1891 an wöchentlich. Enthielt der erste Jahrgang 1864 für 3 Franken Jahresabonnementspreis 226 Seiten, so umfaßte der Jahrgang 1913 für Fr. 4.20 deren 1 260.

Da es in den ersten Jahrzehnten vielfach an Fachliteratur mangelte, die den schweizerischen Verhältnissen Rechnung trug, gab der Verein selbst Schriften heraus oder unterstützte schweizerische Autoren mit Druckkostenbeiträgen. Bis 1913 vermehrte er so das einheimische Schrifttum um 22 Arbeiten, unter denen die zwischen 1863 und 1872 in Farbendruck erschienenen 10 Hefte über schweizerische Obstsorten das größte und schönste Werk darstellten.

In Verbindung mit Kantonal- und Lokalvereinen, und seit 1870 auch zusammen mit der Schwesterorganisation in der Westschweiz, hat der Verein von 1864 bis 1910 zahlreiche landwirtschaftliche Ausstellungen durchgeführt. Auf die Ausstellungen in Solothurn 1864, Aarau 1865 und Langenthal 1868 folgte die Reihe der großen allgemeinschweizerischen landwirtschaftlichen Ausstellungen in den Jahren 1873, 1877, 1881, 1883, 1887, 1895, 1903 und 1910, unterbrochen durch eine Ausstellung und Probe von Maschinen zur Futterernte in Zürich 1875 und eine schweizerische Kleinviehausstellung in Solothurn 1885.

Zur Weiterleitung an die Sektionen und für eigene Unternehmungen erhielt der Verein von 1864 an regelmäßig Bundesbeiträge. In den 50 Jahren von 1864 bis 1913 erreichten sie zusammen 1 Million Franken, wovon 666 000 Franken oder 65% den Sektionen zuflossen.

Fédération des sociétés d'agriculture de la suisse romande. Über die Entstehung dieses Verbandes ist bereits bei der Société d'agriculture de la Suisse romande berichtet worden. Neben einigen die ganze Westschweiz umfassenden Vereinen (Kleinviehzüchter, Bienenzüchter, Saatzüchter usw.) gehörten ihm die Kantonalvereine (aus den Kantonen Freiburg und Wallis, anfänglich auch zahlreiche Lokalvereine) sowie die Lokalvereine im Berner Jura an. Ihre Gesamtzahl stieg von 16 im Gründungsjahr 1881 auf 42 im Jahre 1905 und fiel bis 1913 auf 31. An beitragspflichtigen Mitgliedschaften der Sektionen zählte der Verband 1881 4 406, 1891 9 670, 1901 15 199 und 1913 25 990. Zugenommen haben diese vor allem in den Kantonen Freiburg und Waadt, am wenigsten in den Kantonen

Neuenburg und Genf, die schon früh einen hohen Organisationsgrad aufwiesen.

Eine eigene Zeitschrift hat der Verband nie besessen, doch stand ihm das verbreitetste landwirtschaftliche Fachblatt der Westschweiz, das vom 1. Oktober 1879 an erschienene «Journal d'agriculture suisse» (hervorgegangen aus der Verschmelzung des «Cultivateur de la Suisse romande» und der «La Ferme suisse») für Mitteilungen zur Verfügung. Dessen Besitzer und Redaktor war zugleich einer der geistigen Väter des Verbandes und von 1881 bis 1915 ununterbrochen auch dessen Sekretär (C. Borel).

Der Aufgabenkreis des Verbandes deckte sich weitgehend mit dem des Schweizerischen Landwirtschaftlichen Vereins. Oft durchgeführt wurden von 1887 an Prämiierungen ganzer Betriebe, von 1901 an abwechselnd mit Prämiierungen einzelner Zweige des Pflanzenbaus. Auch diesem Hauptverein oblag die Verteilung von Bundesbeiträgen an die Sektionen.

Lausanne war nicht nur statutarischer Sitz, sondern seiner zentralen Verkehrslage wegen auch häufigster Tagungsort des Verbandes.

Die *Gesellschaft schweizerischer Landwirte* ist 1882 während einer inneren Krise des Schweizerischen Landwirtschaftlichen Vereins entstanden. Prof. Kraemer hatte auf Ende September 1881 die Redaktion der «Schweizerischen landwirtschaftlichen Zeitschrift», des Organs des Schweizerischen Landwirtschaftlichen Vereins, niedergelegt und auf 1. Oktober die Redaktion der Wochenbeilage der «Neuen Zürcher Zeitung», des «Schweizerischen landwirtschaftlichen Centralblattes», übernommen, das in gewissem Sinne als Konkurrenzblatt anzusehen war. Zur gleichen Zeit hatte sich unter Führung Viktor Fehrs von Ittingen TG ein Initiativkomitee zur Reorganisation und Aktivierung des Schweizerischen Landwirtschaftlichen Vereins gebildet. Dessen Abgeordnetenversammlung vom 6. Oktober 1881 wählte zwar einen neuen Präsidenten und bestellte eine Kommission zur Aufstellung neuer Statuten, doch wartete das Komitee die von der nächsten Abgeordnetenversammlung vom 21. Mai 1882 tatsächlich beschlossene Neufassung der Statuten nicht ab, sondern schritt am 3. Februar 1882 in Zürich zur Gründung eines neuen Vereins, der Gesellschaft schweizerischer Landwirte.

Wie seinerzeit der Verein schweizerischer Landwirte umfaßte die Gesellschaft Einzelmitglieder, deren Zahl erst 1898 200 überschritt. Auch 1914 waren es nur 279, davon 145 aus dem Kanton Zürich und je 25 aus den Kantonen Bern, Aargau und Thurgau. Gleichwohl entfaltete die Gesellschaft, namentlich unter dem Einfluß Kraemers, eine vielseitige und fruchtbringende Tätigkeit. Die Führung in der Vertretung landwirtschaftlicher Interessen lag bis zur Reorganisation des Schweizerischen Landwirtschaftlichen Vereins im Jahre 1888 (10 Jahre später trat die Gesellschaft dem Schweizerischen Landwirtschaftlichen Verein bei) eindeutig bei der Gesellschaft. Sie hat zum Beispiel bis zur Gründung des Schweizerischen Bauernverbandes 1897 den Behörden 69 Gutachten und Gesuche eingereicht. Später lag ihr Hauptzweck in der regelmäßig in den Monaten November bis April veranstalteten Vorträgen und Aussprachen über Tagesfragen, zu denen führende Personen aus Forschung und landwirtschaftlicher Praxis verpflichtet werden konnten. Das 1884 zum Vereinsorgan erklärte «Schweizerische landwirtschaftliche Centralblatt» wurde 1903 aufgegeben.

Wenn es auch vor 1897 über die Sprachgrenzen hinaus zu keinem gesamtschweizerischen Zusammenschluß der Landwirte gekommen ist – der Schweizerische Alpwirtschaftliche Verein umfaßte zwar alle Sprachgebiete, aber doch nur einen Teil der Schweiz –, so hat es doch nicht an gelegentlichen und sogar regelmäßigen Kontakten zwischen den Hauptvereinen gefehlt.

Vor allem verständigte man sich über die Abhaltung von allgemeinschweizerischen landwirtschaftlichen Ausstellungen. Im Regulativ vom 29. Mai und 26. Juli 1870 vereinbarten die beiden Hauptvereine, der Schweizerische Landwirtschaftliche Verein und die Société d'agriculture de la Suisse romande (– 1881 trat an deren Stelle die Fédération des sociétés d'agriculture de la Suisse romande –) jeweils gemeinsam Zeitpunkt, Ort, Programm und Zusammensetzung des Preisgerichts festzulegen. Solche Großveranstaltungen fanden hierauf abwechslungsweise in der östlichen, westlichen und mittleren Schweiz statt, anfänglich alle 4 Jahre, später unregelmäßig in größeren Zeitabständen.

Ein weiteres Abkommen zwischen den genannten Vereinen vom 15. Juli 1870 betraf den gegenseitigen Austausch von Informationen über die Vereinstätigkeit und gelegentliche Tagungen der beiden Vereinsvorstände.

Dieser Beschluß ist am 28. Mai 1884 erneuert und erweitert worden. Die Vereinsvorstände sollten danach jährlich mindestens einmal zur Behandlung von Fragen allgemeiner Natur einberufen werden. Tatsächlich sind die beiden Gremien 1885, 1887, 1890 und 1896 zusammengetreten.

Der *Schweizerische Bauernverband* verdankt seine Entstehung der Initiative von Mitgliedern der Bundesversammlung. Einige National- und Ständeräte, die z. T. der zürcherischen und schweizerischen Bauernbundbewegung seit 1890 nahestanden, hatten während der Dezembersession 1896 ein Gründungskomitee gebildet, das die größeren Organisationen aller Landesteile auf den 7. Juni 1897 nach Bern zu einer Delegiertenversammlung einlud. Für viele überraschend, wurde diese zur Gründungsversammlung des Schweizerischen Bauernverbandes, indem die vorgelegten Statuten mit wenig Änderungen sofort angenommen und ein Vorstand gewählt wurden. Obwohl grundsätzlich mit der Gründung des Verbandes einverstanden, lehnten aber die größten landwirtschaftlichen Vereine, der Schweizerische landwirtschaftliche Verein und die Fédération des sociétés d'agriculture de la Suisse romande, verschiedene Statutenbestimmungen in bezug auf die aufnahmeberechtigten Vereinigungen, die Sektionsbeiträge und die Vertretung der verschiedenen Sprachgebiete in den Organen (Vorstand, Leitender Ausschuß und Bauernsekretariat) ab und wurden hierin nachträglich von der Bundesversammlung bei der Behandlung eines Subventionsgesuches des Sekretariates (analog der Bundesunterstützung für andere Spitzenverbände der Wirtschaft) unterstützt. Infolgedessen mußte auf den 27. März 1898 erneut eine Delegiertenversammlung einberufen werden, an der dann die ersten Statuten entsprechend revidiert wurden.

Folgende Vereinigungen traten von 1898 bis 1913 dem Verband bei:

Sektionen des Schweizerischen Bauernverbandes, 1898 bis 1913

| Jahre | Ldw. Hauptvereine [1] | Verbände | | | Kantonale Bauernbünde | Gemüse-, Obst-, und Weinbauvereinigungen | Gartenbauvereine | Verband schw. Unterförster | Mühlen und Brennereigenossenschaften | Lokale Bezugsund Absatzgenossenschaften | Total Sektionen | Mitglieder der Sektionen (beitragspflichtiger-Bestand) |
		von Bezugsund Absatzgenossenschaften	von Milchgenossenschaften	von Rindviehzuchtgenossenschaften								
1898	4	4	2	2	4	3	–	–	–	1	20	74 227
1899	4	4	2	2	3	3	1	–	–	1	20	76 048
1900	4	4	2	2	2	3	1	–	–	1	19	78 319
1901	4	4	2	2	2	2	1	–	–	1	18	80 489
1902	4	4	2	2	2	2	1	1	–	1	19	82 888
1903	4	4	2	2	2	2	1	1	–	1	19	83 595
1904	4	4	2	3	2	2	1	1	–	1	20	86 254
1905	4	4	2	3	2	2	1	1	–	1	20	88 868
1906	4	4	2	3	2	1	1	1	–	1	19	92 962
1907	4	4	2	3	2	1	1	1	–	1	19	98 144
1908	4	4	2	3	2	1	1	1	–	1	19	111 789
1909	4	4	7	4	2	1	1	1	–	1	24	139 952
1910	4	4	7	4	2	–	1	1	–	1	24	144 377
1911	4	4	7	4	2	–	1	1	–	1	24	151 468
1912	4	4	6	4	2	–	1	1	–	1	23	163 943
1913	4	5[2]	6[3]	4[4]	2	–	1	1	2	1	26	176 798

[1] Schweizerischer Landwirtschaftlicher Verein, Fédération des sociétés d'agriculture de la Suisse romande, Tessin, Schweizerischer Alpwirtschaftlicher Verein.

[2] Volg, Bern, Zentralschweiz, Solothurn, Zürich.

[3] Nordostschweiz, Nordwestschweiz, St. Gallen, Aargau, Thurgau, Waadt, Freiburg.

[4] Verbände von Genossenschaften zur Zucht von Braunvieh, Fleckvieh, Ostschweizerischer Fleckviehzuchtverband, Schwarzfleckviehverband.

Erstmals beteiligte sich der Tessiner Kantonalverein an einem ihm übergeordneten Verband. Sodann schlossen sich neben den übrigen landwirtschaftlichen Hauptvereinen die Genossenschaftsverbände als wichtigste Selbsthilfeorganisationen dem Bauernverbande an. Die Zahl dieser Verbände hat sich bis 1913 fast verdoppelt, wobei die Milchverbände, deren Entstehung das Bauernsekretariat selbst stark gefördert hat, schließlich überwogen.

In der Entwicklung und Tätigkeit des Schweizerischen Bauernverbandes und des am 1. Oktober 1898 in Bern eröffneten und im Herbst 1900 nach Brugg verlegten Sekretariates, unter der zielbewußten, erfolgreichen Führung des schweizerischen Bauernsekretärs Ernst Laur, lassen sich bis zum Ausbruch des ersten Weltkrieges zwei Perioden unterscheiden. Die erste umfaßt die Jahre von 1898 bis etwa 1906. Es ist die Periode der innern Festigung durch engen Kontakt mit den landwirtschaftlichen Vereinigungen aller Landesgegenden, der Kämpfe um den Zolltarif von 1903 und die Handelsverträge, der Einflußnahme auf das eidgenössische Lebensmittelgesetz von 1906 und die für die Landwirtschaft wichtigen Bestimmungen des schweizerischen Zivilgesetzes. Die zweite Periode erstreckt sich über die Jahre 1906 bis 1913. In ihr widmet sich das Bauernsekretariat namentlich dem Ausbau der 1900 begonnenen Untersuchungen über die Rentabilität der Landwirtschaft, der Aufklärung und direkten materiellen Förderung der Landwirte durch die Schaffung der Preisberichtstelle (1908) und des Schätzungsamtes für Bewertung von Liegenschaften usw. (1913) sowie der Förderung der Produkteverwertung im Inland, so durch die Mithilfe bei der Gründung der Genossenschaftsverbände für Milchverwertung.

Informationen über die Verbandstätigkeit und das Marktgeschehen vermittelten die «Schweizerische Bauernzeitung» (ab Juli 1901) und die «Schweizerische landwirtschaftliche Marktzeitung» (ab Januar 1911), die als Monats- beziehungsweise Wochenbeilage zu landwirtschaftlichen Fachblättern herausgegeben wurden.

VII. Landwirtschaftliche Schulen

Von größter Bedeutung für die Entwicklung der landwirtschaftlichen Schulen in ihren verschiedenen Formen war die an der Eidgenössischen Polytechnischen Schule (ab 1911: Eidgenössische Technische Hochschule) in Zürich 1871 eröffnete landwirtschaftliche Abteilung.

Diese zählt somit, im Unterschied zur forstwirtschaftlichen Abteilung, nicht zu den alten, schon bei der Gründung des Polytechnikums 1855 geschaffenen Abteilungen. Robert von Erlach in Hindelbank, «ein ebenso gebildeter als praktischer Landwirt», wie ihn die Botschaft des Bundesrates vom 12. Januar 1859 bezeichnet[1], gab seinem Unmut darüber im Bericht über die Viehausstellung in Paris von 1855, den er als Delegierter des Bundesrates 1856 erstattete, mit den Worten Ausdruck: «Es ist wirklich unbegreiflich und muß das höchste Erstaunen erregen, daß dieser für das Wohl der großen Mehrzahl, nicht nur einiger, wichtigste Zweig der Realwissenschaften so ganz und gar vergessen oder absichtlich übersehen worden ist[2].»

Zuerst hat von den landwirtschaftlichen Vereinen die Section d'industrie et d'agriculture de l'Institut genevois in ihrer Eingabe vom 16. April 1856 die Einführung des landwirtschaftlichen Unterrichts am Polytechnikum verlangt, indem die Schaffung einer VII. Abteilung mit angegliedertem Gutsbetrieb nach französischem Vorbild (zum Beispiel Grignon) vorgeschlagen wurde. Aus Kostengründen lehnten sowohl der Schulrat (17. Juli 1856) wie der Bundesrat (23. Juli 1856) dieses Projekt ab. Es war dann namentlich den 1856 und 1858 entstandenen schweizerischen landwirtschaftlichen Vereinen vorbehalten, mit ihren Begehren vom 22. Oktober 1858 (Verein schweizerischer Landwirte) und 12. Dezember 1858 (Schweizerischer Landwirtschaftlicher Bund) insofern einen größeren Erfolg zu erzielen, als vorerst Schul- und Bundesrat von der Notwendigkeit der Einführung theoretischen landwirtschaftlichen Unterrichts überzeugt werden konnten, nachdem sich auch – auf Grund einer Umfrage des Eidgenössischen Departements des Innern vom 4. Dezember 1858 – zum Beispiel der

[1] Botschaft des Bundesrates betreffend die Eidgenössische Polytechnische Schule vom 12. Januar 1859, Schweizerisches Bundesblatt, 1859, S. 75.

[2] R. von Erlach, Bericht an den Bundesrat ... über die Viehausstellung in Paris vom Jahre 1855, Bern 1856.

Zürcher Regierungsrat sowie der vom Bundesrat beigezogene Experte R. von Erlach in positivem Sinne dazu geäußert hatten. In der Botschaft an die Bundesversammlung vom 12. Januar 1859 veranschlagte der Bundesrat die mutmaßlichen jährlichen Mehrkosten auf 6 000 bis 7 000 Franken. «Durch eine solche Anstalt», sagt die Botschaft, «würde jedenfalls die Verbreitung richtiger Begriffe über die wissenschaftlichen Anforderungen an die Landwirtschaft allgemeiner. Besitzt die Schweiz auch wenige große Güterwirtschaften mit mannigfaltigen Kultur- und landwirtschaftlichen Gewerbearten, so bleiben nichtsdestoweniger die wissenschaftlichen Grundsätze von Ursache und Wirkung dieselben, ob sie sich auf kleine oder große Grundstücke, auf einen kleinern oder größern Viehstand beziehen, und die Modifikationen, welche die landwirtschaftliche Lehre in ihrer Anwendung auf zufällige oder örtliche Umstände eines Landes erleiden mag, werden immerhin an einer einheimischen Anstalt mehr als in einer ausländischen für die Schweiz berücksichtigt werden.» Die Vorlage scheiterte dann in der Januarsession 1859 am Veto des Ständerates, der die Mehrausgaben nicht als gerechtfertigt betrachtete. Mit diesem Entscheid konnten sich aber die maßgebenden landwirtschaftlichen Vereine nicht abfinden[1]. Der Schweizerische Landwirtschaftliche Zentralverein (Nachfolger des Schweizerischen Landwirtschaftlichen Bundes) wiederholte 1860 und 1863 das Gesuch um Errichtung eines landwirtschaftlichen Lehrstuhles. Besonders ausführlich und sorgfältig abgefaßt war die Denkschrift des Schweizerischen Landwirtschaftlichen Vereins an die Bundesversammlung vom 5. Dezember 1864. Ihr Hauptverfasser war Elias Landolt, damals Aktuar des Vereins und Inhaber der Professur für Forstwirtschaft am Polytechnikum, von 1867 bis 1871 auch dessen Direktor (Bezeichnung für Rektor bis 1911). Nach der Zustimmung des Schulrates und nach mehrfach unterbrochenen Verhandlungen mit dem Kanton Zürich unterbreitete schließlich der Bundesrat den eidg. Räten am 26. Nov. 1869 den Entwurf zu einem Bundesgesetz betreffend Erweiterung der Forstschule des Eidgenössischen Polytechnikums in eine land- und forstwirtschaftliche Schule. National- und Ständerat stimmten dem Gesetz am 22. und 23. Dezember 1869, also 10 Jahre nach der ersten Behandlung der Frage im eidgenössischen Parlament, zu, so daß die landwirtschaftliche Abteilung am 16. Oktober 1871 eröffnet werden konnte.

Unterricht und Forschung in den eigentlichen Landwirtschaftsfächern bestritten anfänglich drei Professoren (Kraemer, Nowacki und Schulze) und ein Lehrbeauftragter (Kohler), alle deutscher Herkunft. Bedingt durch die Ausweitung der

---

[1] Über die heftige Reaktion in der landwirtschaftlichen Presse vgl. zum Beispiel die Schweizerische Bauernzeitung (Organ des Vereins schweizerischer Landwirte) vom 11. Februar, 4. und 11. März 1859, die Bernischen Blätter für Landwirtschaft (Organ der Ökonomischen Gesellschaft Bern) vom 18. November 1859 und die Mitteilungen über Haus-, Land- und Forstwirtschaft für die Schweiz (Organ der aargauischen landwirtschaftlichen Gesellschaft) vom 26. Februar 1859.

Fachgebiete trat allmählich eine Vergrößerung des Lehrkörpers ein, dem vor dem ersten Weltkrieg fünf landwirtschaftliche Fachprofessoren (Laur, Moos, Schellenberg, Düggeli und Wiegner) und ein Lehrbeauftragter (Peter) angehörten.

Schon 1872 (Zeitpunkt des Inkrafttretens des Reglementes) ging das zu knapp bemessene viersemestrige Studienprogramm der Abteilung in ein fünfsemestriges über, und 1909 kam ein weiteres Semester dazu.

Immatrikulierte Studierende der Abteilung Landwirtschaft und der übrigen Abteilungen der Eidgenössischen technischen Hochschule, 1871/72 bis 1913/14

Jahresmittel	Abteilung Landwirtschaft				Übrige Abteilungen			
	Schweizer	Ausländer	total	davon Schweizer %	Schweizer	Ausländer	total	davon Schweizer %
1871/72 bis 1875/76 ...	6	7	13	46	282	400	682	41
1876/77 bis 1880/81 ...	6	9	15	40	304	270	574	53
1881/82 bis 1885/86 ...	9	7	16	56	213	186	399	53
1886/87 bis 1890/91 ...	25	9	34	74	236	332	568	42
1891/92 bis 1895/96 ...	15	13	28	54	389	321	710	55
1896/97 bis 1900/01 ...	39	8	47	83	525	360	885	59
1901/02 bis 1905/06 ...	42	10	52	81	733	438	1 171	63
1906/07 bis 1910/11 ...	42	8	50	84	774	492	1 266	61
1911/12 bis 1913/14 ...	38	4	42	90	897	415	1 312	68

Quelle: Statistisches Jahrbuch der Schweiz.

Mit durchschnittlich nur 14 Studierenden, davon 6 Schweizer, blieb der Bestand im ersten Jahrzehnt unter den Erwartungen, doch zeigte sich dann bei den Schweizern, zum Teil infolge der Gewährung von Stipendien auch durch den Bund gemäß Bundesbeschluß vom 27. Juni 1884, ein erfreulicher Anstieg. Im Vergleich zu den übrigen Abteilungen des Polytechnikums verzeichnete die Abteilung Landwirtschaft bis Mitte der 1890er Jahre einen ähnlichen, später jedoch bedeutend höheren Anteil schweizerischer Studierender.

Die Berücksichtigung der Landwirtschaft am Polytechnikum ist von den meisten Initianten vor allem mit dem Bedürfnis der Heranbildung der notwendigen Zahl von Fachlehrern an den mittleren landwirtschaftlichen Schulen begründet worden – so schon von der Industrie- und Landwirtschaftssektion des Genfer Nationalinstituts im Jahre 1856. Vor 1871 waren diese Anstalten auf Lehrkräfte aus andern Fachgebieten (Förster, Gärtner, Tierärzte usw.), sowie auf ausländische Agronomen angewiesen und nicht selten von ehemaligen Volksschullehrern und Pfarrern geleitet worden.

Immatrikulierte Studierende der Abteilung Landwirtschaft der Eidgenössischen technischen Hochschule, 1871/72 bis 1913/14

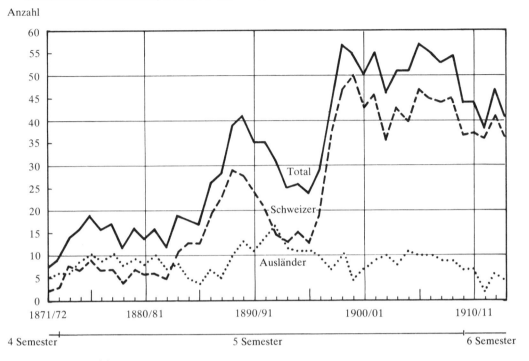

Abbildung 34.

Während der Berichtszeit existierten, in chronologischer Reihenfolge ihrer Gründung aufgeführt, nachstehende landwirtschaftliche Jahres- und Winterschulen.

Eröffnungs- und Aufhebungsjahre von landwirtschaftlichen Jahres- und Winterschulen, bis 1914

Jahresschulen (ursprüngliche Bezeichnung: Theoretisch-praktische Ackerbauschule)	
1. Kreuzlingen TG	1839 bis 1869
2. Hauterive (Altenryf) FR	1850 bis 1858
3. Strickhof ZH	1853
4. Bois-Bougy bei Nyon VD	1856 bis 1865
5. Rütti BE	1860
6. Muri AG	1861 bis 1873
7. Cernier NE	1885
8. Ecône VS	1892

330

Eröffnungs- und Aufhebungsjahre von landwirtschaftlichen Jahres- und Winterschulen, bis 1914
Schluß

Winterschulen			
1. Lausanne	1870	13. Winterthur-Wülflingen ZH	1905
2. Sursee LU	1885	14. Langenthal BE	1905 bis 1913
3. Zug	1885 bis 1887	15. Cernier NE	1905
4. Brugg AG	1887	16. Münsingen	
5. Pérolles FR	1891	(Schwand-Münsingen) BE	1908
6. Rütti BE	1895	17. Schaffhausen	1908
7. Custerhof SG	1896	18. Sargans SG	1908
8. Plantahof GR	1896	19. Solothurn	1909
9. Strickhof ZH	1897	20. Affoltern am Albis ZH	1912
10. Pruntrut BE	1897	21. Wetzikon ZH	1912
11. Châtelaine GE	1899	22. Wädenswil ZH	1913
12. Frauenfeld-Arenenberg TG	1904	23. Stäfa ZH	1914

Alle 8 Jahresschulen waren mit größeren Gutsbetrieben versehen und führten 2 Jahresklassen. Nur Bois-Bougy war eine Privatschule, die jedoch vom Kanton Waadt subventioniert und beaufsichtigt wurde. Cernier entstand als Gründung von 12 Gemeinden des Val-de-Ruz, die im zweiten Jahr des Bestehens an den Kanton überging. Bei Ecône handelte es sich um eine vom Kanton unterhaltene Schule auf einer von Augustiner-Chorherren des Hospizes Großer St. Bernhard gepachteten Domäne.

Von den 6 Jahresschulen, die bis zur Übernahme der Hälfte der Unterrichtskosten (Auslagen für Lehrkräfte und Lehrmittel) durch den Bund im Jahre 1885 gegründet wurden, sind nur 2, Strickhof und Rütti, übriggeblieben, die andern gingen wegen schwachen Besuches und hoher Unterhaltskosten ein. Die ungenügende Schülerzahl war nicht zuletzt die Folge der vorherrschend klein- und mittelbäuerlichen Struktur der Landwirtschaft in den betreffenden Kantonen, die bei den damaligen Einkommensverhältnissen die Mitarbeit Jugendlicher im elterlichen Betrieb während des Sommers nötig machte. Es lag aber auch oft am ungenügend vorgebildeten und praktisch zu wenig erfahrenen Lehrpersonal sowie an einer nicht volkstümlichen Schulleitung, wenn sich in der landwirtschaftlichen Bevölkerung Interesselosigkeit und Mißtrauen gegenüber dem von den Schulen vermittelten Wissen zeigte. Für den Staat waren die Jahresschulen kostspielig, weil die mit ihnen verbundenen Gutsbetriebe besonders wegen hoher Investitionen in Gebäuden, totem und lebendem Inventar zu Unterrichtszwecken einen relativ geringen Ertrag abwarfen.

Als Ausweg aus diesen unbefriedigenden Schulverhältnissen bot sich die Gründung von Winterschulen an, wie sie schon in den 1860er Jahren in Süddeutschland bestanden und deshalb nicht zufällig von dem 1863 an die Leitung des Strickhofs berufenen Württemberger F. Schoffer wohl als erstem um 1865 empfohlen wurden. Danach sollte sich der Unterricht auf zwei Winter erstrecken, mit guter naturwissenschaftlicher Grundlage im ersten und gründlicher Fachbildung im zweiten. Der Vorschlag Schoffers fand im revidierten Strickhofgesetz vom 24. Juni 1867 und noch bestimmter im Kantonsratsbeschluß vom 22. April 1871 insofern Beachtung, als der Besuch des vierten (Sommer-) Semesters fakultativ erklärt wurde.

Zu spät stand die Umwandlung der von der Schließung bedrohten Jahresschule in eine zweikursige Winterschule 1869 im Thurgau zur Diskussion. Als das kantonale Erziehungsdepartement in den Zeitungen dazu aufforderte, sich für den Besuch eines allfälligen Winterkurses vormerken zu lassen, trafen nur zwei Anmeldungen ein, wodurch das Schicksal der Kreuzlinger Schule besiegelt war.

Dagegen kam es 1868 an der mit ähnlichen Schwierigkeiten kämpfenden aargauischen Jahresschule in Muri zu einem Versuch, neben dem ordentlichen Jahreskurs einen Winterkurs durchzuführen. Anfänglich schien das Unternehmen zu gelingen, doch bald mangelte es auch hier an Schülern, so daß sich die Reorganisationspläne später nur noch auf die Jahresschule bezogen, die dann 1873 ebenfalls aufgegeben wurde.

Nachdem in der Westschweiz die Schule in Bois-Bougy 1865 geschlossen worden war, hat sich die Société d'agriculture de la Suisse romande um eine Neugründung bemüht. Der Bericht einer dafür eingesetzten Untersuchungskommission wurde auch den welschen Kantonen im März 1869 unterbreitet, von denen besonders der Kanton Waadt die Anregung begrüßte. Dieser eröffnete denn auch am 20. August 1869 an der kantonalen Industrieschule eine landwirtschaftliche Abteilung mit zweijährigem Lehrplan. Das Ergebnis befriedigte jedoch nicht (die Aufhebung der Abteilung erfolgte 1873), und so veranlaßte der damalige Chef des Erziehungsdepartementes und spätere Bundesrat Louis Ruchonnet, dem Rat verschiedener Lehrer der Industrieschule folgend, die Errichtung einer einkursigen landwirtschaftlichen Winterschule in Lausanne, der ersten lebensfähigen Schule dieser Art in der Schweiz. Sie stand unter der Leitung der Waadtländer G. H. Borgeaud (1870 bis 1876), eines Absolventen des Versailler Institut national agronomique, und S. Bieler (1876 bis 1911), eines Absolventen der Tierarzneischule Alfort (Frankreich). Der in der Regel während 18 Wochen von November bis März dauernde Unterricht für Schüler im Alter von mindestens 16 Jahren fand von 1870 bis 1884 nacheinander in verschiedenen städtischen Lokalen und von 1884 an in Stadtnähe (Champ-de-l'Air) statt. Er wurde universitätsähnlich von einer größeren Zahl von Spezialisten, zum Beispiel 1870/71 von 10 Dozenten für 12 Fächer, erteilt. Für Demonstrationszwecke standen größere Modellsammlungen zur Verfügung.

Das waadtländische Beispiel fand in der übrigen Schweiz zunächst keine Nachahmung. Auch den in Burgdorf, Solothurn und Winterthur unternommenen Versuchen mit nur vier- bis neunwöchigen Winterkursen mangelte die nötige Anziehungskraft, und sie mußten jeweils nach zwei oder drei Wiederholungen aufgegeben werden[1].

Später trat namentlich Prof. Kraemer für die Einführung der zweikursigen Winterschule ein, so auch im Enquetebericht an das schweizerische Handels- und Landwirtschaftsdepartement von 1882, der zum Bundesbeschluß betreffend die Förderung der Landwirtschaft durch den Bund vom 27. Juni 1884 und der darin vorgesehenen jährlichen Bundessubvention an «theoretisch-praktische Ackerbauschulen und landwirtschaftliche Sommer- und Winterkurse» führte.

In rascher Folge entstanden nun in 13 Kantonen bis 1914 22 Winterschulen, die meisten vorerst ohne angegliederten Gutsbetrieb. Bei ungefähr gleicher Leistung im theoretischen Unterricht kosteten diese je Schüler nur rund ein Drittel des Betrages, den die theoretisch-praktischen Ackerbauschulen erforderten, wie ein Vergleich für das Schuljahr 1889/90 ergab:

Kosten für den Staat je Schüler in Jahres- und Winterschulen, 1889/90

Schulen	Schüler	Aufwendungen der Kantone		Daran leistete der Bund
		Total Fr.	je Schüler Fr.	Fr.
Theoretisch-praktische Ackerbauschulen mit Gutsbetrieb: Strickhof, Rütti, Cernier ...	123	87 121	708	32 340
Winterschulen ohne Gutsbetrieb: Lausanne, Sursee, Brugg	116	30 051	259	12 471

Die Winterschulen mit Gutsbetrieb waren in der Regel entweder Anstalten, die auf Schenkungen beruhten (Custerhof SG, Plantahof GR und Arenenberg TG), oder Winterschulen in Verbindung mit Jahresschulen (Rütti, Strickhof und Cernier).

---

[1] Burgdorf, veranstaltet von der Ökonomischen und gemeinnützigen Gesellschaft.
Je ein Kurs von Januar bis März in den Jahren 1872 und 1874; ein dritter Kurs fiel 1876 wegen ungenügenden Anmeldungen weg.
Solothurn, veranstaltet vom kantonalen Erziehungsdepartement. Je ein Kurs von Januar bis Februar in den Jahren 1874, 1875 und 1876.
Winterthur, veranstaltet vom Landwirtschaftlichen Verein Winterthur mit Unterstützung der Stadt Winterthur und des Kantons:
Erster Kurs von Februar bis März 1876; zweiter Kurs von Januar bis Februar 1877; dritter Kurs von Dezember 1881 bis Februar 1882; ein vierter Kurs von Dezember 1882 bis Februar 1883 vorgesehen, fand wegen ungenügender Beteiligung nicht statt.

Die Frequenz der Winterschulen hat bereits in den 1890er Jahren die der Jahresschulen übertroffen, wie folgender Übersicht zu entnehmen ist.

Frequenz der landwirtschaftlichen Jahres- und Winterschulen, 1851 bis 1913

Jahresmittel	Schüler von Jahresschulen	Schüler von Winterschulen
1851/60	67	–
1861/70	106	–
1871/80	95	16
1881/90	119	57
1891/1900	129	244
1901/10	147	621
1911/13	202	994

Einen günstigen Einfluß auf den Schulbesuch übte das Institut der Wanderlehrer aus, das Ende der 1860er Jahre im Kanton Waadt und anfangs der 1870er Jahre in den Kantonen Zürich und Bern aufkam. Es führte zu einem besseren Kontakt zwischen Schule und landwirtschaftlicher Bevölkerung, indem namentlich Landwirtschaftlehrer beauftragt wurden, in den verschiedenen Gegenden Vorträge zu halten und Kurse zu leiten. In erhöhtem Maße traf dies für das Lehrpersonal der Winterschulen während der schulfreien Monate zu.

Bis zur Gründung einer Winterschule behalfen sich die Kantone Solothurn und Tessin eine Zeitlang mit der Anstellung von hauptberuflichen Wanderlehrern: der Kanton Solothurn von 1904 bis 1909 und der Kanton Tessin von 1902 bis 1915, hier durch die nach italienischem Vorbild gegründete Cattedra ambulante di agricoltura mit Sitz in Locarno.

Mit der zunehmenden Intensivierung der landwirtschaftlichen Produktion erlangten die mit ihr verbundenen Nebengewerbe erhöhte Bedeutung. Bald genügten auch für sie eine theoretische Ausbildung in Kursen und Vorträgen nicht mehr, weshalb sie durch Unterricht an Spezialschulen ergänzt wurden. Von 1886 an entstanden kantonale Molkereischulen in Sornthal SG (1886 bis 1896), auf der Rütti BE (seit 1887), in Moudon VD (seit 1889) und in Pérolles-Freiburg (seit 1890). In Genf wurde 1887 eine private Gartenbauschule unter der Leitung von E. Vaucher eröffnet, die 1891 verstaatlicht wurde. Wädenswil ZH besaß von 1890 bis 1914 die deutschschweizerische Obst-, Wein- und Gartenbauschule, an der die 15 Kantone Zürich, Bern, Luzern, Schwyz, Glarus, Zug, Solothurn, Basel-Stadt, Basel-Land, Schaffhausen, Appenzell-Außerrhoden, St. Gallen, Graubünden, Aargau und Thurgau beteiligt waren. Die durch das Auftreten der Reblaus und anderer Rebschädlinge erforderliche neue Rebbaupraxis wurde von 1893 bis 1905 an der kantonalen Weinbauschule in Praz über Vevey gelehrt, und von 1891 bis 1907 war auch eine neuenburgische Weinbauschule in Betrieb. Als später die notwendigen Kenntnisse auch an den betreffenden Winterschulen und in kurzfristigen Kursen an den Versuchsanstalten für Weinbau erworben werden konnten, gingen die beiden Schulen ein. Die Abbildung 35 vermittelt einen Überblick über die während der Berichtszeit entstandenen Schulen.

Landwirtschaftliche Jahres-, Winter- und Spezialschulen, 1850 bis 1914

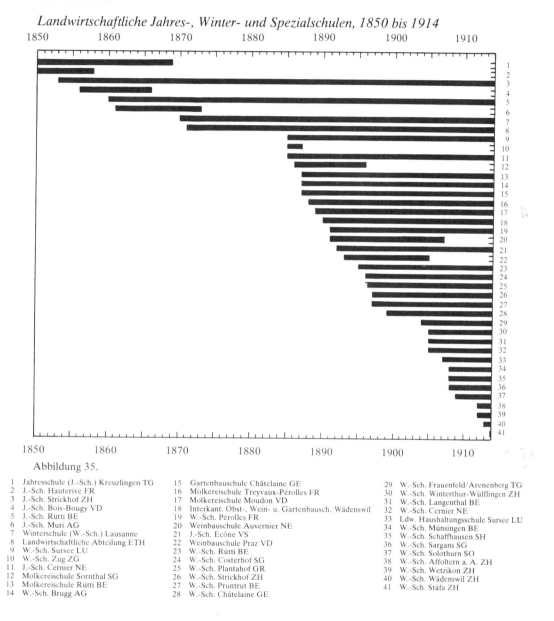

Abbildung 35.

1 Jahresschule (J.-Sch.) Kreuzlingen TG	15 Gartenbauschule Châtelaine GE	29 W.-Sch. Frauenfeld/Arenenberg TG
2 J.-Sch. Hauterive FR	16 Molkereischule Treyvaux-Pérolles FR	30 W.-Sch. Winterthur-Wülflingen ZH
3 J.-Sch. Strickhof ZH	17 Molkereischule Moudon VD	31 W.-Sch. Langenthal BE
4 J.-Sch. Bois-Bougy VD	18 Interkant. Obst-, Wein- u. Gartenbausch. Wädenswil	32 W.-Sch. Cernier NE
5 J.-Sch. Rütti BE	19 W.-Sch. Pérolles FR	33 Ldw. Haushaltungsschule Sursee LU
6 J.-Sch. Muri AG	20 Weinbauschule Auvernier NE	34 W.-Sch. Münsingen BE
7 Winterschule (W.-Sch.) Lausanne	21 J.-Sch. Ecône VS	35 W.-Sch. Schaffhausen SH
8 Landwirtschaftliche Abteilung ETH	22 Weinbauschule Praz VD	36 W.-Sch. Sargans SG
9 W.-Sch. Sursee LU	23 W.-Sch. Rütti BE	37 W.-Sch. Solothurn SO
10 W.-Sch. Zug ZG	24 W.-Sch. Costerhof SG	38 W.-Sch. Affoltern a. A. ZH
11 J.-Sch. Cernier NE	25 W.-Sch. Plantahof GR	39 W.-Sch. Wetzikon ZH
12 Molkereischule Sornthal SG	26 W.-Sch. Strickhof ZH	40 W.-Sch. Wädenswil ZH
13 Molkereischule Rütti BE	27 W.-Sch. Pruntrut BE	41 W.-Sch. Stäfa ZH
14 W.-Sch. Brugg AG	28 W.-Sch. Châtelaine GE	

Landw. Schulen	ZH	BE	LU	UR	SZ	OW	NW	GL	ZG	FR	SO	BS	BL	SH
Jahresschulen														
Strickhof	41	–	1	–	1	–	–	4	–	–	–	1	1	1
Rütti	3	55	1	–	–	–	–	1	–	–	–	1	1	1
Cernier[1]	3	14	–	–	–	–	–	–	–	–	1	–	–	–
Ecône	–	–	–	–	–	–	–	–	–	–	–	–	–	–
Grangeneuve[2]	.	.	.	.	.	.	.	.	.	.	.	.	.	.
Total, ohne Grangeneuve	47	69	2	–	1			5	–	–	1	2	2	2
Winterschulen														
Strickhof	29	–	–	–	–	–	–	–	–	–	1	–	3	–
Winterthur	38	–	–	–	–	–	–	–	–	–	–	–	–	–
Wetzikon	20	–	–	–	–	–	–	–	–	–	–	–	–	–
Affoltern	20	–	–	–	–	–	–	–	–	–	–	–	–	–
Rütti	2	105	1	–	–	–	–	–	–	2	1	1	6	1
Langenthal	2	32	–	–	–	–	–	–	–	–	–	1	2	–
Münsingen	–	32	–	–	–	–	–	–	–	2	–	–	–	1
Pruntrut	–	28	–	–	–	–	–	–	–	–	2	–	–	–
Sursee	–	–	94	–	3	2	–	–	9	–	–	–	–	–
Pérolles	1	3	1	–	1	–	–	–	–	53	3	–	–	1
Solothurn	–	–	–	–	–	–	–	–	–	–	45	–	2	–
Schaffhausen	–	–	–	1	–	–	–	–	–	–	–	–	–	31
Custerhof-Sargans	1	–	1	–	1	–	–	–	–	–	–	1	–	–
Plantahof	2	–	–	–	1	–	1	2	–	–	–	–	–	–
Brugg	2	–	1	–	–	–	–	–	1	–	–	–	10	–
Arenenberg	2	1	2	–	–	–	–	–	–	–	–	–	–	–
Lausanne	1	1	–	–	–	–	–	–	–	–	–	–	–	–
Genf	1	–	–	–	–	–	–	–	–	–	–	–	–	–
Total	121	202	100	1	6	2	1	2	10	57	52	3	23	34
Jahres und Winterschulen	168	271	102	1	7	2	1	7	10	57	53	5	25	36
Molkereischulen														
Rütti	2	30	4	–	–	1	–	–	1	–	–	–	–	1
Pérolles	1	3	–	–	–	1	–	–	–	10	–	–	–	–
Moudon	1	2	–	–	–	1	–	–	–	–	1	–	–	1
Total	4	35	4	–	–	3	–	–	1	10	1	–	–	2
Obst-, Wein- und Gartenbauschulen														
Wädenswil	7	3	1	–	–	–	–	1	–	–	1	–	2	–
Genf	2	2	2	–	–	–	–	1	–	–	–	2	–	–
Total	9	5	3	–	–	–	–	2	–	–	1	2	2	–

AR	AI	SG	GR	AG	TG	TI	VD	VS	NE	GE	CH	Ausld	Total	Landw. Schulen
														Jahresschulen
4	–	3	1	2	1	–	2	–	1	2	66	1	67	Strickhof
–	–	–	2	2	2	–	–	–	1	–	70	–	70	Rütti
–	–	–	–	–	1	–	6	1	21	2	49	4	53	Cernier
–	–	–	–	–	–	–	–	32	–	1	33	–	33	Ecône
.		.	.	.	.	.	.	.	.	.	.	.	.	Grangeneuve
4	–	3	3	4	4	–	8	33	23	5	218	5	223	Total, ohne Gr.neuve
														Winterschulen
–	–	–	–	–	–	–	–	–	–	–	33	–	33	Strickhof
–	–	1	1	–	–	–	–	–	–	–	40	–	40	Winterthur
–	–	–	–	–	–	–	–	–	–	–	20	–	20	Wetzikon
–	–	–	–	–	–	–	–	–	–	–	20	–	20	Affoltern
–	–	1	1	1	1	–	6	–	–	–	129	2	131	Rütti
–	–	–	–	–	–	–	1	–	–	–	38	–	38	Langenthal
–	–	–	–	–	1	–	–	–	–	–	36	–	36	Münsingen
–	–	–	–	–	–	–	–	–	–	–	30	–	30	Pruntrut
–	–	–	2	1	–	1	–	–	–	–	112	–	112	Sursee
–	–	1	–	1	–	–	–	–	–	1	66	6	72	Pérolles
–	–	–	–	–	–	–	–	–	–	–	47	–	47	Solothurn
–	–	–	–	–	–	–	–	–	–	–	32	–	32	Schaffhausen
8	1	75	1	–	2	1	–	–	–	–	92	–	92	Custerhof-Sargans
1	–	1	52	–	–	–	–	–	–	–	60	2	62	Plantahof
–	–	–	–	98	–	–	1	–	–	–	113	–	113	Brugg
–	–	1	–	–	89	–	–	–	–	–	95	–	95	Arenenberg
–	–	–	–	–	–	–	44	2	–	1	49	8	57	Lausanne
–	–	–	–	–	–	–	2	–	–	20	23	4	27	Genf
9	1	80	57	101	93	2	54	2	–	22	1 035	22	1 057	Total
13	1	83	60	105	97	2	62	35	23	27	1 253	27	1 280	*Jahres- und Winterschulen*
														Molkereischulen
–	–	4	–	2	5	–	2	–	–	–	52	3	55	Rütti
–	1	2	–	1	–	–	–	–	1	–	20	7	27	Pérolles
–	–	–	–	–	2	–	10	–	–	–	18	–	18	Moudon
–	1	6	–	3	7	–	12	–	1	–	90	10	100	Total
														Obst-, Wein- und Gartenbauschulen
–	–	7	–	1	1	1	–	–	–	1	26	–	26	Wädenswil
–	–	–	–	–	–	–	15	1	2	24	51	4	55	Genf
–	–	7	–	1	1	1	15	1	2	25	77	4	81	Total

Auf die Landesausstellung in Bern 1914 haben die kantonalen Landwirtschafts-direktionen erstmals die Kantonszugehörigkeit der Schüler an den landwirtschaftlichen Jahres-, Winter- und Spezialschulen in einem bestimmten Schuljahr (1912/13) erhoben. Bei kleineren Kantonen dürften die Ergebnisse eines einzigen Jahrgangs zufallsbedingt sein, bei größeren jedoch in groben Zügen doch Aufschluß über den Erfolg der staatlichen Bestrebungen zur Förderung der landwirtschaftlichen Fachbildung geben (Tabelle auf den Seiten 336 und 337).

Am Gesamtbestand an Schülern der Jahres- und Winterschulen waren 1913 alle 25 Kantone beteiligt, am zahlreichsten die 5 Kantone Bern, Zürich, Aargau, Luzern und Thurgau; bei den Molkereischulen stammten die Schüler aus 14 Kantonen, am häufigsten aus den 5 wichtigsten Käsereigebieten: den Kantonen Bern, Waadt, Freiburg, Thurgau und St. Gallen, und bei den Obst-, Wein- und Gartenbauschulen aus 15 Kantonen, vor allem aus den 5 Kantonen Genf, Waadt, Zürich, St. Gallen und Bern. In der Regel wiesen somit die über Schulen verfügenden Kantone die höchste Frequenz auf. Die verhältnismäßig geringe Vertretung Luzerns bei den Molkereischulen erklärt sich daraus, daß Milchwirtschaft an der Winterschule Sursee einen wichtigen Platz im Unterrichtsprogramm einnahm.

Die höchste Quote außerkantonaler Schüler verzeichnete unter den Jahresschulen Cernier (57% außerkantonale, gemessen am Bestand an schweizerischen Schülern), unter den Winterschulen Pérolles (20%) und unter den Molkereischulen ebenfalls Pérolles (50%). Sprachliche und konfessionelle Momente sowie Alter und Lage der Schule spielten dabei eine wichtige Rolle.

Ausländer bevorzugten vor allem die Schulen im französischen Sprachgebiet: unter den Jahresschulen Cernier (8%), unter den Winterschulen Genf (15%) und unter den Molkereischulen Pérolles (26% Ausländer am gesamten Schülerbestand).

Die hauswirtschaftliche Ausbildung der weiblichen Landjugend begann in den 1870er Jahren mit Gemüsebaukursen. Vorher hatte die Aargauische Landwirtschaftliche Gesellschaft zwar die Gründung von Haushaltungsschulen vorgeschlagen, war damit aber bei der Regierung 1862 nicht durchgedrungen. Ebenso blieb es bei der Anregung einer Kommission des Bauernvereins des Kantons Luzern von 1874, es sei eine private Schule zur Ausbildung von Bauerntöchtern zu gründen.

Wohl der erste Gemüsebaukurs fand in Rheinau ZH 1874 statt, dem bald gleiche

Anmerkungen zu den Seiten 336 und 337.

[1] Inbegriffen 24 Schüler der Winterschule.

[2] Die Schule Grangeneuve wurde als nicht vom Bunde subventionierte und überwiegend von Ausländern besuchte Schule nicht berücksichtigt.

Bericht zur Kollektivausstellung der kantonalen Landwirtschaftsdirektionen an der schweizerischen Landesausstellung 1914, Brugg 1914, S. 23.

Veranstaltungen in andern Kantonen, wie Bern, Thurgau, St. Gallen, Luzern, Aargau und Solothurn, folgten. Ihr Zweck war, nicht nur den Ertrag der Hausgärten zu heben, sondern auch die Ernährung der Bauernfamilien zuträglicher und reichhaltiger zu gestalten.

Für eine bessere Ausbildung im Kochen und übrigen Haushalten setzte sich zuerst der Bauernverein des Kantons Luzern ein. 1879 organisierte er in Nebikon und 1880 in Malters je einen Koch- und Haushaltungskurs, deren Erfolg die Schweizerische Gemeinnützige Gesellschaft bewog, ihre Tätigkeit auf die Förderung des hauswirtschaftlichen Unterrichts und insbesondere die Heranbildung von Haushaltungslehrerinnen auszudehnen.

Die Luzernerin Pauline Wyder-Ineichen hat als erste Wanderlehrerin Koch- und Haushaltungskurse geleitet. In der Zeit von 1881 bis 1884, das heißt vor der Eröffnung ihrer eigenen ständigen Haushaltungsschule in Reußport bei Luzern, gab sie 24 solcher Kurse in 9 deutschschweizerischen Kantonen. Sie war auch Mitbegründerin und Präsidentin des 1888 entstandenen Gemeinnützigen Frauenvereins des Kantons Luzern, der mit Unterstützung des Bauernvereins des Kantons Luzern von 1889 an auch Kurse über Gemüsebau, Zwerg- und Beerenobstkulturen sowie Konservenbereitung veranstaltete.

An diese Tradition anknüpfend, gründete der Kanton Luzern 1907 an der landwirtschaftlichen Winterschule Sursee eine landwirtschaftliche Haushaltungsschule, die erste und bis zur Errichtung der bernischen Haushaltungsschule Schwand-Münsingen 1913 die einzige kantonale Schule dieser Art in der Schweiz.

VIII. Landwirtschaftliche Versuchsstationen

In der zweiten Hälfte des 19. Jahrhunderts begannen die Fortschritte der Naturwissenschaften stärker als bisher auch die landwirtschaftliche Technik zu beeinflussen. Gefördert wurde dieser Prozeß des Eindringens wissenschaftlicher Verfahren vor allem durch größere Betriebe, theoretisch-praktische Ackerbauschulen, landwirtschaftliche Vereine und insbesondere durch private und staatliche Versuchsstationen.

Unter Führung der Classe d'agriculture zeigten sich besonders Genfer Grundbesitzer für Neuerungen aufgeschlossen. Moderne Geräte und Maschinen fanden weiteste Verbreitung, die Bodenentwässerung durch Drainröhren und die Kreuzungszucht in der Schweinehaltung sind von Genf ausgegangen. Die landwirtschaftlichen Jahresschulen Kreuzlingen, Hauterive, Strickhof, Rütti, Muri und Ecône, die alle mit Gutsbetrieben ausgestattet waren, benützten diese nicht nur für Unterrichtszwecke, sondern auch für der Praxis dienende planmässige Versuche. Zahlreiche landwirtschaftliche Vereine unterstützten sodann diese Bestrebungen. Der Schweizerische Alpwirtschaftliche Verein zum Beispiel führte von 1864 bis Mitte der 1870er Jahre Alpdüngungsversuche in 11 Kantonen durch, der Schweizerische Landwirtschaftliche Verein ordnete 1864 Analysen von Handelsdünger an und befaßte sich von 1868 bis 1878 mit der Lagerkontrolle in Düngerfabriken, die Aargauische Weinbaugesellschaft unterhielt von 1860 an Versuchsrebberge usw.

Von den Versuchsstationen, zu denen im folgenden auch Untersuchungs- und Kontrollanstalten gerechnet werden, ist als erste im Jahre 1865 die *chemische Versuchsstation* an der landwirtschaftlichen Schule Rütti entstanden. In einem Berner Verlag hat R. Th. Simler im Jahr zuvor die Schrift «Über die Notwendigkeit landwirtschaftlich chemischer Laboratorien und Versuchsstationen in der Schweiz» herausgegeben. Bern war auch der Ausgangspunkt für ähnliche Bemühungen J. Schilds, Lehrer für Chemie an der Kantonsschule und 1863/64 auch auf der Rütti, im Schweizerischen Alpwirtschaftlichen Verein. Von 1865 bis 1886 befand sich die chemische Versuchsstation am Sitz der Schule und von 1886 bis zur Übernahme durch den Bund am 1. August 1897 in Bern (im Laboratorium des Kantonschemikers und anschließend im chemischen Institut der Universität).

Leiter der Station waren die jeweiligen Lehrer für Chemie an der landwirtschaftlichen Schule. Die Tätigkeit erstreckte sich hauptsächlich auf Dünger- und Futtermitteluntersuchungen, im Durchschnitt pro Jahr bis 1886 allerdings auf weniger als 100.

Ähnliche Dienste leistete der Landwirtschaft *E. Risler* mit seinem *privaten Laboratorium in Calèves bei Nyon VD,* das von 1872 bis 1877 auch im Auftrage der Société d'agriculture de la Suisse romande insbesondere Düngeranalysen vornahm. Diesen Arbeiten waren in den Jahren 1867 bis 1870 Düngungsversuche mit verschiedenen Handelsdüngern vorausgegangen. Mit Bodenuntersuchungen hatte sich Risler, der 1878 einem Ruf an das Institut national agronomique de France in Paris folgte, auch an der Erstellung der 1879 erschienenen geologischen Karte des Kantons Genf beteiligt.

Die 1872 vom Schweizerischen Alpwirtschaftlichen Verein in Thun errichtete *Schweizerische Milchversuchsstation* hätte nach dem von ihrem Initianten und späteren Leiter R. Schatzmann aufgestellten Programm auch eine Versuchskäserei umfassen und einen Chemiker beschäftigen sollen. Beides ließen aber die spärlichen Mittel, darunter ein jährlicher Beitrag des Bundes von höchstens 5 000 Franken und der Kantone von durchschnittlich unter 3 000 Franken nicht zu, so dass Schatzmann schon im 3. Jahresbericht von 1874/75 die Aufgabe der Station in der «populären Vermittlung von Wissenschaft und Praxis» sah und deshalb die Bezeichnung «Schweizerische Station für Alp- und Milchwirtschaft» für zutreffender hielt. In diesem Rahmen hat sie dann, unter R. Schatzmann Hervorragendes geleistet durch Vorträge, Kurse, Ausstellungen, Publikationen und die Gründung von Musterkäsereien (unter anderem in den Kantonen Freiburg, Graubünden und Wallis) zur Ausbildung von Lehrlingen. Nach Merz hielt Schatzmann von 1872 bis 1886 499 Wandervorträge und außer den viermonatigen Winterkursen an der landwirtschaftlichen Winterschule in Lausanne, wohin die Station 1875 verlegt wurde, 66 Käserkurse in den verschiedenen Teilen der Schweiz[1]. Die Station hat den Tod ihres Leiters im Jahre 1886 nicht überdauert.

Nochmals ist die Errichtung einer Versuchsstation auf privater Basis 1876 unternommen worden, als der junge Naturwissenschafter *F. G. Stebler* nach Studien in Deutschland auf dem Mattenhof in Bern eine *Samenkontrollstation* gründete. Wie ähnliche von ihm besuchte deutsche und dänische Anstalten hatte diese den Zweck, durch Untersuchung von Samenmustern Verkäufer und Käufer über den Wert der Ware zu orientieren und die Samenhandlungen (Kontrollfirmen) vertraglich zu verpflichten, dem Landwirt für bestimmte Prozente der Reinheit und Keimfähigkeit Garantie zu leisten.

Kurz vorher hatte der Nationalrat unterm 23. Juni 1875 die Motion Baumgartner erheblich erklärt, in der unter anderem die Errichtung einer chemischen Ver-

---

[1] Furrers Volkswirtschaftslexikon der Schweiz, II. Band, Bern 1887, S. 455.

suchsstation in Verbindung mit dem chemischen Laboratorium am eidgenössischen Polytechnikum verlangt wurde. Als der Bundesrat am 22 Mai 1876 beschloß, den Räten die Zustimmung zu diesem Projekt zu empfehlen, trat Stebler mit dem Vorschlag an die Öffentlichkeit, der Bund möchte gleichzeitig am Polytechnikum eine Samenkontrollstation errichten. Die Bundesversammlung stimmte dem zu, und so entstanden gemäß Bundesbeschluß vom 17. März 1877[1] die ersten beiden eidg. landw. Versuchsstationen: auf den 1. Januar 1878 durch Übernahme der inzwischen nach Zürich verlegten Steblerschen Station die *Schweizerische Samenkontrollstation* und auf den 15. März 1878 die *Schweizerische Agrikulturchemische Untersuchungsstation*.

Die zweite Etappe in der Einflußnahme des Bundes auf die Entwicklung der landwirtschaftlichen Versuchsstationen bildete der Bundesbeschluß betreffend die Förderung der Landwirtschaft durch den Bund vom 27. Juni 1884, in welchem Artikel 4 bestimmte: «Der Bund kann je nach Bedürfnis die Errichtung und den Betrieb von Milchversuchsstationen, Musterkäsereien, Obst- und Weinbauversuchsstationen sowie weitere landwirtschaftliche Untersuchungsstationen subventionieren.» Damit wurden subventionsberechtigt

die 1886 hauptsächlich zur Bekämpfung der Reblausschäden gegründete waadtländische Weinbaustation in Lausanne (Station viticole cantonale vaudoise);

das 1889 vom Kanton Bern an der Molkereischule Rütti ins Leben gerufene bakteriologische Laboratorium;

die 1890 von 14 Kantonen (denen sich 2 Jahre später auch der Aargau anschloß) gegründete deutschschweizerische Versuchsstation und Schule für Obst-, Wein- und Gartenbau in Wädenswil;

die 1892 erfolgte Gründung der neuenburgischen Weinbaustation in Auvernier (Station cantonale d'essais viticoles);

die 1895 entstandene kantonale agrikulturchemische Anstalt in Lausanne (Etablissement cantonal d'essais et d'analyses agricoles).

Nach der Liquidation der Schweizerischen Milchversuchsanstalt in Lausanne gelangte die Frage einer Neugründung durch die Motion Häni vom 17. Dezember 1887 vor die eidgenössischen Räte[2]. Es dauerte 9 Jahre, bis sich der Bundesrat auf Grund verschiedener Gutachten, und sogar einer Erkundigungsreise des Vorstehers des Landwirtschaftsdepartementes nach Deutschland und Dänemark, in der Botschaft vom 12. März 1896 und einer Ergänzung vom 29. September 1896 zur Empfehlung einer «land- und milchwirtschaftlichen Versuchs- und Unter-

---

[1] Bundesbeschluß betreffend Errichtung einer Stelle für landwirtschaftliche Untersuchungen an der eidgenössischen polytechnischen Schule vom 17. März 1877

[2] Die Motion lautete: «Der Bundesrat wird eingeladen, die Frage der Errichtung einer oder mehrerer Zentralstellen für Milchwirtschaft zu prüfen und mit tunlichster Beförderung darüber Bericht zu erstatten.»

suchungsanstalt» in Liebefeld BE entschließen konnte. Umstritten war vor allem die Sitzfrage gewesen, indem anfänglich besonders Zürich wegen des Polytechnikums im Vordergrund stand, während die Berner Regierung und die hinter ihr stehenden bernischen milchwirtschaftlichen Organisationen mit Nachdruck den Sitz für Bern als Hauptort des größten landwirtschaftlichen Kantons und zugleich Mittelpunkt der Käsefabrikation und des Käseexporthandels beanspruchten. 1890 behielt sich der Kanton Bern den Rücktritt von der Übereinkunft über die Gründung der deutschschweizerischen Versuchsstation für Obst-, Wein- und Gartenbau in Wädenswil vor, «falls die noch schwebende Frage betreffend Einrichtung einer schweizerischen Zentralstelle für Milchwirtschaft eine den dortigen Anschauungen widersprechende Lösung finden sollte [1]».

Inzwischen hatte man noch die Rechtsgrundlage für die Errichtung bundeseigener landwirtschaftlicher Versuchsstationen geschaffen. Sah der Bundesbeschluss vom 27. Juni 1884 erst die finanzielle Unterstützung von Versuchsstationen vor, so ermächtigte nun das Bundesgesetz betreffend die Förderung der Landwirtschaft durch den Bund vom 22. Dezember 1893 die Eidgenossenschaft, eigene landwirtschaftliche Versuchsanstalten zu errichten und zu unterhalten.

Diese Vorarbeiten führten zum Bundesbeschluß betreffend die landwirtschaftlichen Versuchs- und Untersuchungsanstalten vom 26. März 1897, der drei Neuerungen brachte:

1. die Schaffung einer schweizerischen land- und milchwirtschaftlichen Versuchs- und Untersuchungsanstalt auf dem Liebefeld in Bern, wozu der Kanton Bern eine Liegenschaft schenkungsweise abtrat, mit gleichzeitiger Übernahme der beiden kantonalbernischen Versuchsstationen: der chemischen Versuchsstation und des bakteriologischen Laboratoriums;
2. die Unterstellung der beiden Annexanstalten des Polytechnikums in Zürich, nämlich der Schweizerischen Agrikulturchemischen Untersuchungsstation und der Schweizerischen Samenkontrollstation unter das Landwirtschaftsdepartement (statt wie bisher unter das Departement des Innern);
3. die Übernahme der waadtländischen Versuchsstation in Lausanne (Etablissement cantonal d'essais et d'analyses agricoles) sowie der dort im Entstehen begriffenen Samenkontrollstation.

Im einzelnen geschah die Neuordnung wie folgt:
Übernahme der chemischen Station Bern am 1. August 1897;
Übernahme der Versuchs- u. Untersuchungsanstalt Lausanne am 1. Aug. 1897;
Unterstellung der Annexanstalten des Polytechnikums unter das Landwirtschaftsdepartement am 1. Januar 1898;
Übernahme der Samenkontrollstation Lausanne am 1. Februar 1898;
Übernahme des bakteriologischen Laboratoriums Bern am 1. Januar 1899.

[1] Zürcher Bauer vom 16. August 1890.

343

Die Neubauten auf dem Liebefeld konnten im Sommer 1901 von den vier verschiedenen Abteilungen bezogen werden, von denen die bakteriologische und die milchwirtschaftliche auf den 1. April 1907 einem einzigen Leiter unterstellt wurden.

Als 1902 die auf vorläufig 12 Jahre abgeschlossenen kantonalen Verträge zur Errichtung der deutschschweizerischen Versuchsstation für Obst-, Wein- und Gartenbau in Wädenswil abliefen, stellte sich auch hier die Frage der Übernahme durch den Bund. Das Zürcher Volk stimmte am 27. April 1902 der unentgeltlichen Abtretung der Liegenschaften, der Gebäude und der Fahrhabe der Anstalt an den Bund zu, so daß auf Grund des Bundesbeschlusses vom 27. Juni 1902[1] die Übergabe auf den 1. September 1902 stattfinden konnte. Damit erhöhte sich die Zahl der seit 1897 zu den damaligen zwei Stationen neu hinzugekommenen eidgenössischen Versuchsstationen auf sechs. Die Leistungen dieser bundeseigenen Anstalten für die Landwirtschaft lassen sich allein schon aus folgenden Ausgabenbeträgen[2] ersehen:

Ausgaben des Bundes für die eidgenössischen landwirtschaftlichen Versuchsanstalten, 1878 bis 1913

Jahresmittel	Anzahl Bundesanstalten	Bruttoausgaben in 1 000 Fr.	Nettoausgaben in 1 000 Fr.
1878/1880	2	13	·
1881/1890	2	25	·
1891/1900	2–7	89	·
1901/1910	7–8	399	307
1911/1913	8	529	400

Verhandlungen über die Übernahme der noch verbliebenen kantonalen Weinbauversuchsstationen in Lausanne und Auvernier – die Abbildung 36 vermittelt ein Bild über Bestand und Art der landwirtschaftlichen Versuchsstationen in der Schweiz bis 1914 – zwecks Errichtung einer westschweizerischen Weinbauversuchsanstalt wurden 1902 aufgenommen, kamen jedoch erst 1915 mit der Errichtung der Station fédérale d'essais viticoles in Lausanne und der in einem Abkommen mit dem Kanton Neuenburg zugesicherten Bundesunterstützung der kantonalen Versuchsstation in Auvernier zum Abschluß.

[1] Bundesbeschluß betreffend Übernahme der Versuchsanstalt für Obst-, Wein- und Gartenbau in Wädenswil durch den Bund und die Bewilligung eines Kredits für die Errichtung eines Laboratoriums und eines Keltergebäudes.
[2] Statistisches Handbuch der schweizerischen Landwirtschaft, Bern 1968, S. 376.

Landwirtschaftliche Versuchsstationen, 1850 bis 1914

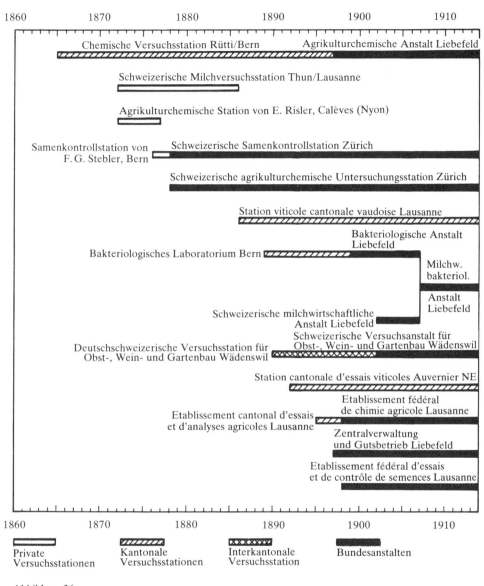

Abbildung 36.

IX. Staat und Landwirtschaft

Die staatliche Förderung der Landwirtschaft fiel auch in der Berichtszeit vorwiegend in den Aufgabenkreis der Kantone, doch stand diesen zunehmend, vor allem nach 1884 und 1893, der Bund anregend, ermutigend und unterstützend zur Seite.

1. Agrarpolitik des Bundes

Für landwirtschaftliche Fragen war in der Bundesverwaltung bis Ende 1878 das Departement des Innern zuständig. Ihm hätte nach der Motion Weber (Bern) 1863 je eine beratende Kommission für Landwirtschaft und Forstwirtschaft beigegeben werden sollen, doch hielt dies der Bundesrat mit Zustimmung der Räte für «entbehrlich und unzweckmäßig». Desgleichen widersetzten sich Bundesrat und Bundesversammlung 1876 und 1877 der Schaffung einer «Centralstelle für Landwirtschaft» als ständige Verwaltungsabteilung, wie sie in der Motion der Nationalräte Baumgartner, Flückiger, Beck-Leu und Wuillémoz vom 23. Juni 1875 und in der Petition des Schweizerischen Landwirtschaftlichen Vereins vom 1. Oktober 1876 verlangt wurde. In seiner Botschaft vom 6. November 1876 bezweifelte der Bundesrat, «daß ein ständiger Beamter zur Erledigung der Fragen, welche sich auf die Landwirtschaft beziehen, durchaus erforderlich sei und hinlänglich Beschäftigung für das ganze Jahr haben werde».

Schon die Bildung eines «Handels- und Landwirtschaftsdepartements» auf den 1. Januar 1879 aus der bisher dem Eisenbahn- und Handelsdepartement zugeteilten Handelsabteilung und einem Teil des Geschäftskreises des Departements des Innern deutet darauf hin, daß der Bund der staatlichen Förderung der Landwirtschaft nun vermehrte Beachtung schenkte. Auf Grund des Bundesgesetzes vom 27. Juni 1881 betreffend die Organisation des Handels- und Landwirtschaftsdepartements ist ab 11. Oktober 1881 in diesem Departement eine besondere «Sektion Landwirtschaft» (neben den zwei Sektionen Handel und Industrie und Forstwesen) geschaffen worden, die 2 Jahre später auf Grund des Bundesgesetzes vom 21. April 1883 (in Kraft getreten am 31. Juli 1883) in Abteilung Landwirtschaft umbenannt wurde, die nunmehr 7 statt der bisherigen 3 Beamtenstellen zählte. Der neue Posten eines Abteilungschefs wurde 1884 durch die Wahl von Franz Müller von Zug besetzt.

In den eidgenössischen Staatskalendern von 1885 bis 1887 wird der Personalbestand der Abteilung Landwirtschaft mit je 7 Beamten aufgeführt. Nach Abtrennung des Auswanderungsamtes genügten 1888 5 und 1889 6 Beamte. Das Verzeichnis von 1890 nennt erstmals die Stelle eines der Abteilung Landwirtschaft unterstellten eidgenössischen Viehseuchekommissärs sowie 74 Grenztierärzte, nachdem der Bund durch das Bundesgesetz über polizeiliche Maßregeln gegen Viehseuchen vom 1. Juli 1886 zu weiteren Interventionen ermächtigt worden war.

Eine weitere Personalvermehrung ergab sich durch das Bundesgesetz betreffend die Förderung der Landwirtschaft durch den Bund vom 22. Dezember 1893 und namentlich durch den Bundesbeschluß betreffend die landwirtschaftlichen Versuchs- und Untersuchungsanstalten vom 26. März 1897.

Dem föderalistischen Aufbau der Eidgenossenschaft entsprechend bildete der Vollzug der Bundeserlasse durch die Kantone – unter Aufsicht des Bundes – die Regel. Zu den bundeseigenen Anstalten und Institutionen zählten während der Berichtszeit:

die eidgenössischen Versuchsanstalten in Zürich, Liebefeld, Lausanne und Wädenswil,

der eidgenössische Fohlenhof in Thun von 1874 bis 1882,

das eidgenössische Hengstendepot in Thun von 1890 bis 1898,

das eidgenössische Hengsten- und Fohlendepot in Avenches von 1898 an

und seit 1886 die Grenztierärzte zur Ausübung der Viehseuchenpolizei.

Im Jahre 1913 umfaßte die Abteilung Landwirtschaft innerhalb des Handels-, Industrie- und Landwirtschaftsdepartements (diese Bezeichnung galt seit 1897) neben 10 Beamten der Zentralverwaltung 48 Beamte der schweizerischen Versuchs- und Untersuchungsanstalten, 2 Beamte des Hengsten- und Fohlendepots in Avenches und 78 Beamte der Unterabteilung Viehseuchenpolizei, davon 74 Grenztierärzte.

In einigen Fällen nahm der Bund auch die Dienste von Privaten in Anspruch, so in der Pferdezuchtkommission von 1864 bis 1885 und von 1901 bis 1906, in der 1874 ernannten Phylloxerakommission und in der Aufsichtskommission für die schweizerischen Versuchs- und Untersuchungsanstalten von 1898 beziehungsweise 1903 (Wädenswil) an.

Besonders vor 1884 floß ein Großteil der Bundesbeiträge zur Förderung der Landwirtschaft über die landwirtschaftlichen Hauptvereine, zu denen gerechnet wurden der Schweizerische Landwirtschaftliche Verein (und seine beiden 1856 und 1858 gegründeten Vorgänger),

der Schweizerische Alpwirtschaftliche Verein nach dessen 1887 erfolgter Anerkennung als Hauptverein,

die Société d'agriculture de la Suisse romande von 1858 bis 1881,

die Fédération des sociétés d'agriculture de la Suisse romande seit 1881,

die Società cantonale di agricoltura seit 1885.

Am umfassendsten waren die Förderungsmaßnahmen des Bundes während der Berichtszeit im Bundesbeschluß betreffend die Förderung der Landwirtschaft durch den Bund vom 27. Juni 1884 und an dessen Stelle 9 Jahre darauf im Bundesgesetz betreffend die Förderung der Landwirtschaft durch den Bund vom 22. Dezember 1893 geregelt.

Der Bundesbeschluß von 1884 ermächtigte den Bund, Beiträge an Kantone und landwirtschaftliche Vereine auszurichten für

landwirtschaftlichen Unterricht,

landwirtschaftliche Versuchsstationen,

Rindviehzucht, Pferdezucht und Kleinviehzucht,

Bodenverbesserungen,

Maßnahmen gegen Schäden, welche die landw. Produktion bedrohen,

Ausstellungen,

Ausbau der landwirtschaftlichen Statistik.

Vorläufer dieses Beschlusses waren einzelne Erlasse über die Viehzählung (1865), die Hebung der Pferdezucht (1868, 1874 und 1881) und der Rindviehzucht (1882) sowie die Bekämpfung der Reblaus (1877, 1878, 1881 bis 1883).

An wesentlichen Neuerungen gegenüber dem Bundesbeschluß von 1884 enthielt das Bundesgesetz von 1893

die Ausrichtung von Bundesbeiträgen auch an die Hagel- und Viehversicherung[1], an kantonale kulturtechnische Büros und an die kantonale Förderung der Kleinviehzucht,

das Recht des Bundes auf Eröffnung bundeseigener Versuchsanstalten und auf Haltung (nicht nur Vermittlung) von Zuchthengsten,

die teilweise Erhöhung bisheriger Subventionsansätze,

an Stelle der bloßen Ermächtigung zur Beitragsgewährung (gemäß der Textformel «Der Bund kann ...») einen teilweise positiveren Wortlaut.

Unverändert blieb die Vorschrift, daß die Beihilfe des Bundes nicht eine Verminderung der bisherigen Leistungen der Kantone, Gemeinden und landwirtschaftlichen Vereine zugunsten der Landwirtschaft zur Folge haben dürfe.

Auf dieser gesetzlichen Grundlage sind im harmonischen Zusammenwirken der

---

[1] Die im Bundesbeschluß vom 6. April 1889 nur für die Jahre 1890 bis 1892 vorgesehenen Beiträge an die Hagelversicherung wurden damit auf unbestimmte Zeit zugesichert.

eidgenössischen und der kantonalen Behörden sowie der landwirtschaftlichen Vereinigungen namentlich die landw. Berufsbildung, die Versuchsanstalten, die Rindvieh- und Pferdezucht, die Bodenverbesserungen, die Maßnahmen gegen pflanzliche Schädlinge und Krankheiten sowie die Hagel- und Viehversicherung gefördert worden. Die Milchwirtschaft suchte man über die Unterstützung von Käserei- und Stallinspektionen, Milchversuchsstationen und Musterkäsereien zu heben (Artikel 3 und 4 des Bundesgesetzes von 1893), während der Getreidebau unerwähnt blieb, also ganz den Bestrebungen der Hauptvereine überlassen war.

Zu den wenigen landwirtschaftlichen Erlassen des Bundes, die entweder in die Zeit vor 1884 fielen oder, wenn später ergangen, sich nicht auf den Bundesbeschluß von 1884 beziehungsweise das Bundesgesetz von 1893 stützten, gehören die drei Beschlüsse über die Errichtung und Erweiterung der landwirtschaftlichen Abteilung des eidgenössischen Polytechnikums von 1869 (Bundesgesetz vom 23. Dezember 1869), 1877 (Bundesbeschluß vom 17. März 1877: Gründung der Samenkontrollstation und der agrikulturchemischen Untersuchungsstation) und 1886 (Bundesbeschluß vom 25. Juni 1886: Angliederung einer Kulturingenieurschule) sowie die seit 1872 erlassenen Beschlüsse über viehseuchenpolizeiliche Maßnahmen, die alle auf Verfassungsbestimmungen beruhten, nämlich auf Artikel 22 (Befugnis zur Errichtung einer Universität und einer polytechnischen Schule) und Artikel 59 (Maßnahmen gegen gemeingefährliche Viehseuchen) der Bundesverfassung von 1848. Sodann bildete der Bundesbeschluß vom 27. September 1907 die Rechtsgrundlage für die seit 1908 geleisteten Beiträge an die Wiederherstellung der durch die Reblaus zerstörten Rebberge mit widerstandsfähigen Reben.

Vereine und inländische landwirtschaftliche Ausstellungen. Die ersten und bis Mitte der 1860er Jahre einzigen Bundesbeiträge an die Landwirtschaft sind den *Vereinen* und den von ihnen veranstalteten *Ausstellungen* zugeflossen. Sie wurden jeweils auf Grund besonderer Gesuche der Vereine von der Bundesversammlung anläßlich der Budgetberatung festgesetzt, bis sie dann 1884 im Bundesbeschluß vom 27. Juni eine gesetzliche Regelung fanden. Die Vereine verwendeten diese Mittel in erster Linie für Kurse und Vorträge, für die Verbreitung von Fachschriften und für die Prämiierung bei Wettbewerben und schweizerischen allgemeinen landwirtschaftlichen Ausstellungen. Gemäß dem unter Mitwirkung des Departementes des Innern zwischen den deutsch- und den westschweizerischen Hauptvereinen im Jahre 1870 getroffenen Übereinkommen, verlängert durch den Bundesbeschluß vom 27. Juni 1884, sollten diese großen Ausstellungen nicht öfter als von 4 zu 4 Jahren und nach dem Bundesgesetz vom 22. Dezember 1893 nicht öfter als von 6 zu 6 Jahren stattfinden. Auch so noch beanspruchten sie

Bundessubventionen an die Landwirtschaft, 1855 bis 1913 [1]
(Fünf-Jahres-Summen, ausgenommen 1855 bis 1860 [Sechs-Jahres-Summe] und 1911 bis 1913 [Drei-Jahres-Summe])

Jahre	Boden verbesserungen	Rebberg rekonstruktionen	Schädlings bekämpfung	Hagel versicherung	Vieh versicherung	Pferde zucht	Rindvieh haltung	Kleinvieh haltung	Viehseuchen bekämpfung	Vereine in inld. Ausstellungen	Ldw. Ausbildung	Übrige Verwendungszwecke	Total
					in 1 000 Franken								
1855–60 [2]	–	–	–	–	–	–	–	–	–	73	–	–	73
1861–65	–	–	–	–	–	–	–	–	–	99	–	–	99
1866–70	–	–	–	–	–	68	–	–	–	71	–	–	139
1871–75	–	–	1	–	–	77	–	–	–	89	–	–	167
1876–80	–	–	21	–	–	120	10	–	7	119	–	–	277
1881–85	1	–	200	–	–	168	104	–	21	419	24	44	981
1886–90	87	–	350	28	–	437	617	–	491	341	409	15	2 775
1891–95	582	–	380	408	6	1 009	1 230	44	687	466	771	512	6 095
1896–1900	1 340	–	750	661	745	2 692	1 993	106	706	355	1 076	77	10 501
1901–05	2 312	–	644	750	1 737	2 527	2 248	122	762	616	1 249	81	13 048
1906–10	3 433	647	965	897	3 548	2 469	2 798	190	941	754	1 443	86	18 171
1911–13	3 984	496	740	710	2 778	494	1 791	160	733	511	963	23	13 383
					Total = 100								
1855–60	–	–	–	–	–	–	–	–	–	100	–	–	100
1861–65	–	–	–	–	–	–	–	–	–	100	–	–	100
1866–70	–	–	–	–	–	48,9	–	–	–	51,1	–	–	100
1871–75	–	–	0,6	–	–	46,1	–	–	–	53,3	–	–	100
1876–80	–	–	7,6	–	–	43,3	3,6	–	2,5	43,0	–	–	100
1881–85	0,1	–	20,4	–	–	17,1	10,6	–	2,1	42,7	2,5	4,5	100
1886–90	3,1	–	12,6	1,0	–	15,8	22,2	–	17,7	12,3	14,7	0,6	100
1891–95	9,5	–	6,2	6,7	0,1	16,6	20,2	0,7	11,3	7,6	12,7	8,4	100
1896–1900	12,8	–	7,2	6,3	7,1	25,6	19,0	1,0	6,7	3,4	10,3	0,7	100
1901–05	17,7	–	4,9	5,8	13,3	19,4	17,2	0,9	5,9	4,7	9,6	0,6	100
1906–10	18,9	3,6	5,3	4,9	19,5	13,6	15,4	1,0	5,2	4,2	7,9	0,5	100
1911–13	29,8	3,7	5,5	5,3	20,7	3,7	13,4	1,2	5,5	3,8	7,2	0,2	100

[1] Ohne die Ausgaben des Bundes für die eidgenössischen landwirtschaftlichen Versuchsanstalten.

[2] Furrers Volkswirtschafts-Lexikon der Schweiz, II. Band, 1889, Tabelle I zu S 320 m

Quelle: Statistisches Handbuch der schweizerischen Landwirtschaft, 1968, S. 376–381.

einen erheblichen Teil der insgesamt für «Vereine und inländische Ausstellungen» in der Tab. S. 350 verzeichneten Summen. An die erste der 10 nach dem Abkommen von 1870 durchgeführten schweizerischen allgemeinen landwirtschaftlichen Ausstellungen gab der Bund in Form von Prämien 1873 (Weinfelden) 43 000 Franken, an die letzte im Jahre 1910 (Lausanne) 268 000 Franken. Mit den übrigen Bundesgeldern suchten die Vereine namentlich Betriebszweige zu fördern, die vom Bund nicht direkt unterstützt wurden, wie Acker- und Gemüsebau, Obstbau, Milchwirtschaft, Kleinviehzucht, Bienenhaltung, Seidenraupenzucht usw., doch machten diese Beträge gegen Ende der Berichtsperiode nur noch wenige Prozent der gesamten Bundessubventionen an die Landwirtschaft aus.

Pferdezucht. Nachdem Klagen militärischer Kreise über zunehmende Schwierigkeiten bei der Beschaffung von militärtauglichen Pferden auch durch die ungünstigen Ergebnisse der interkantonalen Pferdeausstellungen von Stans (1861 im Rahmen einer innerschweizerischen Viehausstellung) und in Aarau (1865, schweizerische Pferdeausstellung) bestätigt worden waren, übernahm der Bund von 1868 bis 1872 und von 1877 bis 1899 einen Teil der Ankaufskosten von ausländischen Hengsten, von 1874 bis 1881 den Unterhalt eines Fohlenhofes und von 1877 bis 1899 den eines Hengstendepots in Thun; hinzu kamen Prämien ab 1882 an weibliche Zuchttiere, ab 1885 an Fohlenweiden und ab 1905 an Pferdezuchtgenossenschaften; 1900 erfolgte die Einrichtung eines eigenen Hengstenund Fohlendepots in Avenches. Insgesamt erreichten die Bundesbeiträge an die Pferdezucht zwischen 1866 und 1880 43 bis 49% und von 1881 bis 1910 durchschnittlich etwa ein Sechstel sämtlicher Bundessubventionen für landwirtschaftliche Zwecke.

Schädlingsbekämpfung. Das außerordentliche Aufsehen, das in der Schweiz die Ausbreitung der Reblausschäden im benachbarten Frankreich und wenig später das Erscheinen der Reblaus im eigenen Lande (1874) erregte, mag die verhältnismäßig frühen und energischen Gegenmaßnahmen des Bundes erklären, der 1877 sogar die Initiative zur Einberufung einer internationalen Phylloxerakonferenz in Lausanne vom gleichen Jahre mit der Wiederholung in Bern 1881 ergriffen hat. Übernahm der Bund von 1872 bis 1879 namentlich Expertenentschädigungen, so vergütete er ab 1880 den Kantonen teilweise auch Rodungskosten (Auslagen für Untersuchungen, Vertilgungsarbeiten und -mittel sowie Entschädigungen für die Zerstörung der hängenden Ernte). Ebenfalls subventionsberechtigt war ab 1910 die Bekämpfung des falschen Mehltaus der Reben mit Hilfe von Kupfersalzen. In den Jahren 1884 bis 1886 unterstützte der Bund zudem mit 21 000 Franken die Vertilgung der Blutlaus an Obstbäumen.

Rebbergrekonstruktionen. Bei den im Kampf gegen die Reblaus gerodeten Reb-flächen stellte sich bald auch die Frage der Wiederbepflanzung mit widerstands-fähigen Rebsorten. Nach langjährigen Versuchen, in denen geeignete amerikani-sche Reben geprüft wurden, erklärte sich der Bund auf Grund des Bundesbe-schlusses vom 27. September 1907 bereit, den Kantonen die Hälfte ihrer Aus-lagen für Rebbergrekonstruktionen zurückzuerstatten, was bis 1913 die Bundes-kasse mit etwas über 1 Million Franken belastete.

Viehseuchenbekämpfung. Im ersten Bundesgesetz über polizeiliche Maßregeln gegen Viehseuchen vom 8. Februar 1872 ging es mehr um Polizeivorschriften als um finanzielle Hilfen an seuchengeschädigte Tierbesitzer. Bundesbeiträge sah das Gesetz nur in Fällen von Rinderpest (Ersatz der Hälfte der vom Kanton er-brachten Opfer) und bei starkem Auftreten von Lungenseuche vor. Die Rinder-pest trat in der Schweiz aber letztmals 1871, das heißt noch vor dem Erlaß des Bundesgesetzes, und die Lungenseuche bis zum Erlöschen im Jahre 1895 selten häufig auf, so daß die Bundeskasse dadurch wenig in Anspruch genommen werden mußte. Die 1886 einsetzenden jährlichen Aufwendungen von über 100 000 Franken (1886: 115 000 Franken, 1913: 251 000 Franken) für Viehseuchen-bekämpfung sind größtenteils der Übernahme der grenztierärztlichen Kontrolle durch den Bund zuzuschreiben.

Viehversicherung. Hatten 1895 erst 2 Kantone die obligatorische Viehversiche-rung eingeführt, so waren es 1913 deren 17 mit 873 033 versicherten Tieren (832 087 Stück Rindvieh und 90 946 Stück Kleinvieh) für die sich in diesem Jahr der Bundesbeitrag auf 989 000 Franken belief. Im Mittel der Jahre 1911/13 entfiel ein Fünftel der Bundessubventionen für die Landwirtschaft auf die Förde-rung der Viehversicherung.

Hagelversicherung. Manche unverschuldete Not ist seit 1890 auch durch die Bundesunterstützung der Hagelversicherung gemildert worden. Von 1890 bis 1894, zuerst provisorisch und von 1895 an definitiv, übernahm der Bund einen Teil der Policekosten und Versicherungsprämien sowie im Kanton Tessin, der die Hagelversicherung nicht subventionierte und deshalb auch keine Bundesbeiträge bezog, zeitweise einen Teil der Ausgaben für Hagelschießversuche. Von 1890 bis 1913 stieg die Bundessubvention von 28 000 auf 217 000 Franken, die Zahl der Versicherungspolicen jedoch von 10 294 auf 63 407 und die Versicherungs-summe von 11,5 auf 71,2 Millionen Franken.

Rindviehhaltung. Wie andere landwirtschaftliche Betriebszweige partizipierte seit den 1850er Jahren jeweils auch die Rindviehhaltung an den von landwirtschaftlichen Hauptvereinen namentlich für Prämiierungen an Ausstellungen bezogenen Bundesbeiträge. Zu einer ersten direkten Förderung durch den Bund kam es 1879 mit Beiträgen an die Verbesserung der kleinen Rindviehschläge in den um den Gotthard liegenden Zuchtgebieten der Kantone Bern, Uri, Graubünden, Tessin und Wallis, die bis 1883 gewährt wurden. Für dieses Jahr bewilligte die Bundesversammlung einen zusätzlichen Kredit von 30 000 Franken zur Erhöhung der von den Kantonen ausgerichteten Prämien für Zuchtstiere und Stierkälber. Ab 1884 bestand im Bundesbeschluß vom 27. Juni 1884 die Vorschrift, daß im eidgenössischen Budget «alljährlich ein Posten zur Hebung und Verbesserung der Rindviehzucht von mindestens 100 000 Franken» aufzunehmen sei. Das Bundesgesetz vom 22. Dezember 1893 erhöhte diesen Betrag auf «mindestens 400 000 Franken». Nacheinander wurden nun unter Führung der Abteilung Landwirtschaft insbesondere ihres Chefs, Franz Müller – vom Ende der 1890er Jahre an zunehmend unterstützt von den Viehzuchtverbänden –, Vorschriften erlassen über eidgenössische Prämien für Zuchtstiere ab 1883, Zuchtbestände und -familien ab 1885 und Kühe und Rinder ab 1894. Sodann wurden Beiträge beschlossen an die Gründungskosten von Rindviehzuchtgenossenschaften ab 1890, an die Viehzuchtverbände und Zuchtstiermärkte ab 1897, an die Transport- und Versicherungskosten bei der Beschickung ausländischer Viehausstellungen ab 1902 sowie an inländische Schlachtviehausstellungen zur Hebung der Rindviehmast ab 1903. Von den Gesamtausgaben des Bundes zur Förderung der Rindviehzucht entfielen in der Zeit von 1884 bis 1912 60% auf Zuchtstierprämien, 21% auf Prämien für Zuchtbestände und -familien und 14% auf Prämien für Kühe und Rinder.

Kleinviehhaltung. In Artikel 12 des Bundesbeschlusses betreffend die Förderung der Landwirtschaft durch den Bund vom 27. Juni 1884 wurden in Übereinstimmung mit dem bisherigen Vorgehen ausdrücklich den landwirtschaftlichen Hauptvereinen Bundesbeiträge für die «Hebung der Kleinviehzucht» in Aussicht gestellt; diese fanden in der Regel Verwendung in Form von Prämien an schweizerischen Ausstellungen und von Beiträgen an die Bezugskosten ausländischer Zuchttiere. Das gleichnamige Bundesgesetz vom 22. Dezember 1893 brachte dann die regelmäßige Förderung der Kleinviehzucht durch den Bund erstmals über staatliche, das heißt kantonale Organe, wie sie Artikel 8 umschrieb: «Unter Bedingungen, die der Bundesrat feststellen wird, werden den Kantonen auch Beiträge zur Hebung der Kleinviehzucht verabfolgt werden.» Gestützt darauf sind von 1893 bis 1902 eidgenössische Prämien für Zuchteber und Ziegenböcke und von 1903 an auch für Widder ausgerichtet worden, im ganzen von 1893 bis 1912 490 000 Franken, davon 278 000 Franken für Zuchteber, 170 000 Franken für Ziegenböcke und 42 000 Franken für Widder. Dazu kamen jährliche Bundesbeiträge an zentrale Märkte für Zuchttiere ab 1905 und an Kleinviehzucht-genossenschaften ab 1906.

Bodenverbesserungen. Der Bund erhielt im Bundesbeschluß vom 27. Juni 1884 die Ermächtigung zur finanziellen Unterstützung privater Bodenverbesserungen. Diese setzte die Mitbeteiligung des betreffenden Kantons voraus und konnte maximal 40% der Gesamtkosten (ohne Unterhaltskosten) erreichen. Noch im gleichen Jahre nahm die Bundesversammlung ein Postulat an, das einen Ausbau der landwirtschaftlichen Abteilung am eidgenössischen Polytechnikum durch Einrichtungen zur Ausbildung von Kulturtechnikern forderte. Dies geschah durch den Bundesbeschluß vom 25. Juni 1886, dem 1888 die Eröffnung der Kultur-ingenieurschule als Studienrichtung C der land- und forstwirtschaftlichen Abteilung folgte. Das Bundesgesetz vom 22. Dezember 1893 betreffend die Förderung der Landwirtschaft durch den Bund hielt im wesentlichen an den bisherigen Bedingungen für die Gewährung von Beiträgen für Bodenverbesserungen fest, führte aber neu die Beteiligung des Bundes an der Besoldung kantonaler Kulturtechniker bis auf 50% derselben ein. Beschäftigten 1894 erst St. Gallen und der Aargau beamtete Kulturtechniker, so besaßen 1912 13 Kantone solche Amtsstellen. Dadurch nahm die Qualität und zugleich die Zahl der Projekte stark zu. Die Bundesbeiträge an Bodenverbesserungen (1885/1912 27% der Gesamtkosten deckend) stiegen von 0,6 Millionen Franken im Jahrfünft 1891/95, auf 1,3 Millionen 1896/1900, 2,3 Millionen 1901/05 und 3,4 Millionen 1906/10. Sie verteilten sich im Zeitraum von 1885 bis 1912 zu 66% auf Verbesserungen im Tale und zu 34% auf solche von Alpen und Weiden, wobei sie sich von Anfang an außer auf bauliche Maßnahmen zur Verbesserung der Bodensubstanz und der Wasserverhältnisse auch auf solche zur Erleichterung der Bewirtschaftung bezogen. Bei den Bodenverbesserungen im Tale lag das Schwergewicht bei der ersten Gruppe (Entwässerungen, Bewässerungen, Kanalisationen, Urbarisierungen mit einem Anteil von 72%), während bei den Alp- und Weideverbesserungen die Maßnahmen zur Erleichterung der Bewirtschaftung (Weganlagen, Stallbauten, Einfriedungen, Wasserversorgungen) mit einem Anteil von 87% überwogen.

Während des letzten Jahrzehnts der Berichtsperiode sind die Aufwendungen des Bundes für Bodenverbesserungen verschiedentlich als zu hoch bezeichnet worden [1]. Die unmittelbar darauf folgenden Jahre haben aber der Ansicht recht gegeben, die die Abteilung für Landwirtschaft in dem auf die Landesausstellung 1914 herausgegebenen Bericht über «Das Bodenverbesserungswesen der Schweiz» vertrat: «Je mehr die Erzeugungsfähigkeit des Landes gehoben und je intensiver

---

[1] Mitteilungen der Gesellschaft schweizerischer Landwirte, Jahrgang 1904, Nr. 4, und Jahrgang 1914, Nr. 3.

der vaterländische Boden bewirtschaftet wird, eine desto zahlreichere Bevölkerung vermag er ... zu ernähren ... Die hiefür aufgewendeten Opfer liegen im eigensten Interesse der Erhaltung des Staates, sie sind ein gut angelegtes Kapital, das für die schweizerische Volkswirtschaft reiche Zinsen abwerfen wird.»

Landwirtschaftliche Ausbildung. Unter dieser Bezeichnung figurieren die Bundesbeiträge an landwirtschaftliche Jahres-, Winter- und Fachschulen, die eidgenössischen Studien- und Reisestipendien sowie die Bundesbeiträge an die von den Kantonen veranstalteten Vorträge und Kurse. Auch dafür bildete der Bundesbeschluß betreffend die Förderung der Landwirtschaft durch den Bund vom 27. Juni 1884 die erste rechtliche Grundlage. Er sicherte namentlich die Existenz der damals bestehenden drei Schulen Strickhof, Rütti und Lausanne und führte bis 1913 zu zahlreichen neuen landw. Fachschulen verschiedener Art.

Bei den «*übrigen Verwendungszwecken*» fällt der hohe Betrag im Jahrfünft 1891/95 auf; er war zu 90% zur Linderung der Futternot im Jahre 1893 bestimmt.

Eine Reihe anderer bundesrechtlicher Bestimmungen haben die bisher genannten ausschließlich landwirtschaftlichen Erlasse des Bundes ergänzt, so insbesondere die Bundesgesetze betreffend gebrannte Wasser vom 23. Dezember 1886, 29. Juni 1900 und 22. Juni 1907 (Unterstellung der Kartoffel- und Getreidebrennerei unter das Monopolregime, während das Brennen von Wein, Obst, Trauben- und Obstabfällen, wildwachsenden Beeren und Wurzeln inländischer Herkunft frei blieb), das Bundesgesetz betreffend den Verkehr mit Lebensmitteln und Gebrauchsgegenständen vom 8. Dezember 1905 (erstmals eidgenössische Regelung der Lebensmittelpolizei, die die Landwirtschaft als Produzentin und Konsumentin betraf, als Produzentin namentlich bei Wein, Milch und Milchprodukten, Fleisch und Fleischwaren) und das schweizerische Zivilgesetzbuch vom 10. Dezember 1907, in Kraft am 1. Januar 1912 (mit den die Landwirtschaft besonders interessierenden Bestimmungen über Erbrecht, Grundbuch und Bodenverbesserungen).
Von größter wirtschaftlicher Bedeutung für die Landwirtschaft war sodann die Zollgesetzgebung, verankert in Artikel 25 der Bundesverfassung von 1848 und wenig verändert in Artikel 29 der Bundesverfassung von 1874. Die Zolltarife erschienen als Gesetze in den Jahren 1851, 1878 (Entwurf), 1884, 1887, 1891 und 1902. Gegen die beiden letzten wurde das Referendum ergriffen, mit dem Ergebnis, daß in beiden Volksabstimmungen die Ja-Stimmen beträchtlich überwogen[1]. Diese Gesetze enthielten den sogenannten Generaltarif, der gegenüber

[1] Abstimmung vom 18. Oktober 1891: 218 636 Ja gegen 159 072 Nein;
Abstimmung vom 15. Oktober 1902: 332 001 Ja gegen 225 123 Nein.

jenen Staaten unverändert angewendet wurde, mit denen kein spezieller Handelsvertrag, in welchem niedrigere Zollansätze bei entsprechenden Konzessionen des
Vertragsstaates festgelegt waren, bestand; für den so durch Handelsverträge
reduzierten Generaltarif ist die Bezeichnung Gebrauchstarif üblich. Er kam vor
allem im Warenaustausch mit den Nachbarstaaten zur Anwendung und beein-
flußte auf diese Weise den größten Teil unseres landwirtschaftlichen Außenhandels. Die zeitliche Aufeinanderfolge der Zolltarifgesetze und der auf ihnen jeweils basierenden Handelsverträge mit den vier Nachbarstaaten zeigt folgende
Übersicht:

*Eidgenössische Zolltarifgesetze und mit den Nachbarstaaten abgeschlossene
Handelsverträge, seit 1851*

Datum der Verträge mit			
Frankreich	Italien	Deutschland	Österreich– Ungarn
unter den eidgenössischen Zolltarifgesetzen von 1851 bis 1902			
	Eidgenössisches Zolltarifgesetz vom 27. 8. 1851		
30. 6. 1864	22. 7. 1868	13. 5. 1869	14. 7. 1868
	Eidgenössischer Zolltarifentwurf vom 28. 6. 1878		
23. 2. 1882	22. 3. 1883	23. 5. 1881	
	Eidgenössisches Zolltarifgesetz vom 26. 6. 1884		
	Eidgenössisches Zolltarifgesetz vom 17. 12. 1887		
	23. 1. 1889	11. 11. 1888	23. 11. 1888
	Eidgenössisches Zolltarifgesetz vom 10. 4. 1891		
25. 6. 1895[1]	19. 4. 1892	10. 12. 1891	10. 12. 1891
	Eidgenössisches Zolltarifgesetz vom 10. 10. 1902		
20. 10. 1906	13. 7. 1904	12. 11. 1904	9. 3. 1906

[1] Eine am 23. 7. 1892 mit Frankreich abgeschlossene Zollvereinbarung wurde nachträglich von der
französischen Deputiertenkammer abgelehnt; dies löste am 1. 1. 1893 einen Zollkrieg aus, der mit
der provisorischen handelspolitischen Verständigung vom 25. 6. 1895 zu Ende ging.

Der Zolltarif von 1851 erfüllte nur fiskalische Zwecke; das schloß nicht aus, daß
er bei einzelnen Positionen, zum Beispiel beim Wein, auch eine gewisse Schutzwirkung ausübte; er blieb bis Ende 1884 gültig. Erst die schutzzöllnerische Strö-
mung in Europa gegen Ende der 1870er Jahre, teilweise verursacht durch die
gestiegenen Finanzbedürfnisse der Staaten, bewog auch die Schweiz zur allmählichen Abkehr von ihrer freihändlerischen Tradition, indem in mehreren Zoll-
tarifrevisionen und einem System von Handelsverträgen versucht wurde, durch
Kampf- und schließlich gemäßigte Schutzzölle der Wirtschaft die Absatzbedin-
gungen im In- und Ausland zu verbessern.

Zu einer ersten größeren handelspolitischen Kundgebung der Landwirtschaft kam es anfangs der 1860er Jahre, als waadtländische Gemeinden sich in einer Petition erfolgreich gegen die von Frankreich während der Handelsvertragsverhandlungen mit der Schweiz verlangte Herabsetzung des Weinzolles wehrten[1]. Anderseits setzte sich eine 1865 von nord- und ostschweizerischen Kantonen unter Führung Schaffhausens an den Bundesrat gerichtete Eingabe insbesondere für den Abbau der vom Deutschen Zollverein erhobenen Weinzölle ein, also für die Sicherung des ausländischen Absatzmarktes. Der erst 1869 zustande gekommene Handelsvertrag brachte dann nur einen Teilerfolg.

Der schutzzöllnerische Tarif Deutschlands vom Jahre 1879 gab in der nördlichen Schweiz zu erneuten Aktionen landwirtschaftlicher Kreise Anlaß. Nachdem schon an Versammlungen des Zürcherischen Landwirtschaftlichen Vereins vom 11. Januar 1880 und des Thurgauischen Landwirtschaftlichen Vereins vom 25. April 1880 ein besserer Schutz der Inlandproduktion gefordert worden war, bekannte sich am 30. Mai 1880 auch der Schweizerische Landwirtschaftliche Verein in Liestal mit großem Mehr zu schutzzöllnerischen Gegenmaßnahmen. Wortführer dieser Bewegung war vor allem Viktor Fehr, Gutsbesitzer in der Kartause Ittingen TG, der 2 Jahre später zu den Hauptgründern der Gesellschaft schweizerischer Landwirte gehörte, deren Vizepräsident er bis 1912 war. Ihm ist es wohl zuzuschreiben, daß die anfänglich unter dem Einfluß Kraemers eher freihändlerische Einstellung der Gesellschaft bald aufgegeben und statt dessen zusammen mit dem Schweizerischen Landwirtschaftlichen Verein schutzzöllnerische Forderungen vertreten wurden.

Ohne besondere Interventionen dieser Vereinigungen erfolgten bereits im Zolltarifgesetz von 1884 bei zahlreichen landwirtschaftlichen Positionen Erhöhungen, von denen die meisten unverändert in den Gebrauchstarif von 1885 übergingen.

Als sich dann die Lage der Landwirtschaft weiter verschlechterte, hauptsächlich verursacht durch die Überproduktion an Milch, so daß ab 1885 die Käse- und Käsereimilchpreise fielen, blieb die Reaktion auf die weitere Heraufsetzung der deutschen Einfuhrzölle im Jahre 1885 und die in Aussicht stehenden Zollerhöhungen in Frankreich nicht aus. Im Auftrage des landwirtschaftlichen Bezirksvereins Winterthur verfaßte Ende 1885 die Gesellschaft schweizerischer Landwirte eine Eingabe an die Bundesbehörden, in der zur Entlastung der Käseproduktion durch vermehrte Butter- und Fleischproduktion höhere Einfuhrzölle für Rindvieh, Schweine und Butter vorgeschlagen wurden. Der Schweizerische Landwirtschaftliche Verein schloß sich 1886 diesem Begehren an, verlangte aber außerdem eine leichte Erhöhung des Getreide- und Käsezolles, sowie einen dem

---

[1] Der von der Schweiz erhobene Weinzoll war für sie einer der wichtigsten Finanzzölle, die eine Hauptquelle der Zolleinnahmen des Bundes darstellten.

schweizerischen Mittel der kantonalen Ohmgelder entsprechenden Zoll auf Wein und andere alkoholische Getränke.

Kaum waren diese Forderungen erhoben, trafen aus Italien Nachrichten von beabsichtigten neuen Schutzzöllen ein, die besonders den schweizerischen Export von Käse und Nutzvieh bedrohten. Auf Einladung der Bundesverwaltung reichten wieder die Gesellschaft schweiz. Landwirte und der Schweiz. Landw. Verein 1887 fast gleichlautende Anträge für erhöhte Einfuhrzölle ein, die in erster Linie als Kampf- oder richtiger, Verhandlungszölle gedacht waren.

Um auf die Erneuerung der Handelsverträge, die für alle Nachbarstaaten auf den 1. Februar 1892 abliefen, gerüstet zu sein, gelangte der Bund bereits 1889 auch an die Landwirtschaft um Bekanntgabe der Revisionswünsche zum Generaltarif von 1887. Zu den beiden Hauptorganisationen, die schon bisher die Zollinteressen der Landwirtschaft vertraten, gesellte sich nunmehr auch die 1881 entstandene Fédération des sociétés d'agriculture de la Suisse romande. Stimmten die Ansätze der deutschschweizerischen Vereinigungen für die gleichen Tarifpositionen annähernd überein, so ergaben sich, den unterschiedlichen regionalen Verhältnissen entsprechend, größere Abweichungen gegenüber den Vorschlägen des westschweizerischen Verbandes, die im allgemeinen niedriger lauteten.

Als von 1897 an der Schweizerische Bauernverband die Führung in der Vertretung der wirtschaftspolitischen Interessen der Landwirtschaft übernahm, oblag ihm auch die Formulierung der Forderungen der Landwirtschaft in bezug auf den künftigen Generaltarif, der nach 1903 die Grundlage für die Erneuerung der Handelsverträge zu bilden hatte. Die Delegiertenversammlung des Verbandes am 22. Februar 1902, an der die Vorschläge des Verbandes bereinigt wurden, stellte fest, daß die schweizerische Landwirtschaft noch nie so wohlgerüstet an die Revision eines Zolltarifes herangetreten sei wie diesmal, umfaßten doch die gesammelten Unterlagen 828 Druckseiten. Wie der Übersicht auf S. 359 zu entnehmen ist, liefen die neuen Vorschläge auf eine Verstärkung des Kampf- und Schutzzollcharakters der meisten Positionen hinaus.

Anmerkungen zu Seite 359.

[1] Dem schweizerischen Mittel der kantonalen Ohmgelder für ausländische Weine entsprechend.
[2] Proportional den Viehzöllen.   [3] Rind-, Kuh-, Ochsen- und Schweinefleisch.

Quellen:

1885, 1886: Schweizerische landwirtschaftliche Zeitschrift, 1886, S. 20, 332; Der Landwirt, Organ des Bauernvereins des Kantons Luzern, 1886, S. 120, 123.

1887: W. Kupper, Die Zollpolitik der schweizerischen Landwirtschaft seit 1848, 1929, S. 64; Schweizerische landwirtschaftliche Zeitschrift, 1887, S. 148, 149.

1889: Eingabe einer Anzahl schweizerischer landwirtschaftlicher, industrieller und gewerblicher Vereinigungen an die hohe Bundesversammlung in Bern, betreffend Revision des schweizerischen Zolltarifs, 1890, S. 50, 51, 52; W. Kupper, Die Zollpolitik der schweizerischen Landwirtschaft seit 1848, 1929, S. 78, 79.

1902: Mitteilungen des Schweizerischen Bauernsekretariats, Nr. 15, 1902, S. 52–54.

Zolltarifforderungen interkantonaler und schweizerischer landwirtschaftlicher Organisationen, 1885 bis 1902

Erzeugnisse	Mengeneinheit	Generaltarif 1884	1885 Gesellschaft schw. Landwirte	1886 Schw. Landw. Verein	1887 Gesellschaft schw. Landwirte	1887 Schw. Landw. Verein	1889 Gesellschaft schw. Landwirte	1889 Schw. Landw. Verein	1889 Fédération des soc. d'agr. de la Suisse romande	1902 Schw. Bauernverband
		Fr.	Fr.	Fr.	Fr.	Fr.	Fr.	Fr.	Fr.	Fr.
Pflanzliche Erzeugnisse										
Getreide	100 kg	0.30		1.—			1.50		—.30	frei
Tabak, roh, in Blättern	100 kg	25.—							30.—	40.—
Wein, in Fässern	100 kg	5.—		[1]	10.—	10.—	10 bis 20.—	6 bis 12.—	12.—	25.—
Obst, gedörrt	100 kg	1.50			12.—	12.—	12.—	12.—		10 bis 15.—
Gemüse, frisch	100 kg	1.—								10.—
Lebende Tiere										
Stiere	1 Stück	5.—	10.—	10.—			35.—	35.—	30.—	60 bis 100.—
Ochsen	1 Stück	5.—	15.—	15.—	25.—	25.—	35.—	35.—	30.—	60.—
Kühe, Rinder	1 Stück	5.—	10.—	10.—	10.—	10.—	30.—	30.—	20.—	60.—
Jungvieh	1 Stück	2.—	4.—	4.—				15.—	5.—	30.—
Kälber	1 Stück	1.—	2.—	2.—				6.—	3.—	20.—
Mastkälber	1 Stück	2.—								30.—
Schweine, unter 40/25/60 kg	1 Stück	1.—	2.—	2.—		5.—	5.—	6.—	3.—	30.—
Schweine, über 40/25/60 kg	1 Stück	2.—	4.—	4.—		5.—	12.—	12.—	6.—	20.—
Geflügel, lebend	100 kg	3.—			10.—	10.—	15.—	8.—	6.—	20.—
Tierische Erzeugnisse										
Hartkäse	100 kg	6.—		8.—	10.—	10.—			6.—	25.—
Weichkäse	100 kg	6.—		8.—	10.—	10.—			8.—	25.—
Butter, frisch	100 kg	3.—	6.—	6.—	15.—	15.—	10.—	8.—	10.—	35.—
Butter, gesotten, gesalzen	100 kg	3.—			25.—	25.—	25.—	20.—	10.—	35.—
Geflügel, tot	100 kg	8.—			25.—	25.—	20.—	20.—	12.—	30.—
Eier	100 kg	1.—			2.—	2.—	4.—	4.—	2.—	15.—
Honig	100 kg	8.—						25.—	15.—	50.—
Fleisch, frisch[3]	100 kg	2.—					12.—	12.—	4.—	[2]

Erzeugnisse	Mengen-einheit	Zoll-tarif 1851	1857	1865	1868	1869	1879	1882	1883
		Fr.	Fr.	Fr.	Fr.	Fr.	Fr.	Fr.	Fr.
Planzliche Erzeugnisse									
Getreide	100 kg	0.30	0.30	0.30	0.30	0.30	0.30	0.30	0.30
Kartoffeln	100 kg	0.02	0.02	0.02	0.02	frei	frei	frei	frei
Flachs, Hanf, roh	100 kg	0.60	0.60	0.60	0.60	0.60	0.60	0.60	0.60
Tabak, roh, in Blättern ...	100 kg	7.—	7.—	7.—	7.—	7.—	25.—	25.—	25.—
Wein, in Fässern	100 kg	3.—	3.—	3.—	3.—	3.—	3.—	3.50	3.50
Obst, frisch	100 kg	0.02	0.08	0.08	0.08	frei	frei	frei	frei
Obst, gedörrt	100 kg	1.50	1.50	1.50	1.50	1.50	1.50	1.50	1.50
Gemüse frisch	100 kg	0.08	0.08	0.08	0.08	frei	frei	frei	frei
Lebende Tiere									
Stiere	1 Stück	0.50	0.50	0.50	0.50	0.50	0.50	0.50	0.50
Ochsen	1 Stück	0.50	0.50	0.50	0.50	0.50	0.50	0.50	0.50
Kühe, Rinder geschaufelt .	1 Stück	0.50	0.50	0.50	0.50	0.50	0.50	0.50	0.50
Jungvieh	1 Stück	0.50	0.50	0.50	0.50	0.50	0.50	0.50	0.50
Kälber	1 Stück	0.10	0.10	0.10	0.10	0.10	0.10	0.10	0.10
Mastkälber	1 Stück	0.10	0.10	0.10	0.10	0.10	0.10	0.10	0.10
Pferde	1 Stück	3.—	3.—	3.—	3.—	3.—	3.—	3.—	3.—
Fohlen	1 Stück	0.50	0.50	0.50	0.50	0.50	0.50	0.50	0.50
Schweine,									
unter 40 bzw. 25,60 kg	1 Stück	0.10	0.10	0.10	0.10	0.10	0.10	0.10	0.10
über 40 bzw. 25,60 kg ..	1 Stück	0.50	0.50	0.50	0.50	0.50	0.50	0.50	0.50
Schafe	1 Stück	0.10	0.10	0.10	0.10	0.10	0.10	0.10	0.10
Ziegen	1 Stück	0.10	0.10	0.10	0.10	0.10	0.10	0.10	0.10
Geflügel, lebend	100 kg	0.40	0.40	0.40	0.40	0.40	0.40	0.40	4.—
Bienenstöcke	1 Stück	0.10	0.10	0.10	0.10	0.10	0.10	0.10	0.10
Tierische Erzeugnisse									
Hartkäse	100 kg	7.—	7.—	4.—	4.—	4.—	4.—	4.—	4.—
Weichkäse	100 kg	7.—	7.—	4.—	4.—	4.—	4.—	4.—	4.—
Butter, frisch	100 kg	1.50	1.50	1.—	1.—	1.—	1.—	1.50	1.50
Butter, gesotten, gesalzen	100 kg	1.50	1.50	1.—	1.—	1.—	1.—	1.50	1.50
Milch, kondensiert	100 kg				7.—	7.—	7.—	7.—	7.—
Milch, frisch	100 kg	frei	frei	frei	frei	frei	frei	frei	frei
Wolle, roh	100 kg	0.60	0.60	0.60	0.60	0.60	0.60	0.60	0.60
Geflügel, tot	100 kg	7.—	7.—	4.—	4.—	4.—	4.—	7.—	7.—
Eier	100 kg	0.02	0.08	0.08	0.08	0.08	0.08	0.08	0.50
Honig	100 kg	3.—	3.—	3.—	3.—	3.—	3.—	3.—	3.—
Fleisch, frisch (s. Anm.[3] S.358)	100 kg	7.—	7.—	1.—	1.—	1.—	1.—	1.—	1.—

Tarife 1884/85		Tarife 1887/88		1889 Ge-brauchs-tarif	Tarife 1891/92		Tarife 1902/06	
General-tarif 1884	Ge-brauchs-tarif 1885	General-tarif 1887	Ge-brauchs-tarif 1888		General-tarif 1891	Ge-brauchs-tarif 1892	General-tarif 1902	Ge-brauchs-tarif 1906
Fr.	Fr.	Fr.	Fr.	Fr.	Fr.	Fr.	Fr.	Fr.
0.30	0.30	0.30	0.30	0.30	0.30	0.30	0.30	0.30
frei	frei	frei	frei	frei	frei	frei	frei	frei
0.30	0.30	0.30	0.30	0.30	0.30	0.30	frei	frei
25.—	25.—	25.—	25.—	25.—	25.—	25.—	25.—	25.—
5.—	3.50	6.—	3.50	3.50	6.—	3.50	20.—	8.—
frei	frei	frei	frei	frei	frei	frei	frei	frei[1]
1.50	1.50	1.50	1.50	1.50	5.—	2.50	5.—	2.—
1.—	frei	1.—	frei	frei	2.—	frei	frei	frei
5.—	5.—	25.—	15.—	15.—	25.—	25.—	50.—	50.—
5.—	5.—	25.—	15.—	15.—	30.—	15.—	50.—	27.—
5.—	5.—	20.—	12.—	12.—	25.—	18.—	50.—	30.—
2.—	2.—	5.—	5.—	5.—	20.—	12.—	25.—	20.—
1.—	1.—	3.—	3.—	3.—	6.—	5.—	15.—	10.—
2.—	2.—	5.—	5.—	5.—	10.—	10.—	20.—	12.—
3.—	3.—	3.—	3.—	3.—	3.—	3.—	10.—	5.—
1.—	1.—	1.—	1.—	1.—	1.—	1.—	10.—	5.—
1.—	1.—	3.—	3.—	3.—	8.—	4.—	20.—	10.—
2.—	2.—	8.—	5.—	5.—	8.—	5.—	15.—	10.—
0.50	0.50	0.50	0.50	0.50	2.—	0.50	2.—	0.50
0.50	0.50	0.50	0.50	0.50	2.—	2.—	2.—	2.—
3.—	3.—	6.—	4.—	4.—	6.—	4.—	15.—	4.—
0.20	0.20	0.20	0.20	0.20	0.20	0.20	2.—	0.40
6.—	4.—	6.—	4.—	4.—	6.—	4.—	12.—	4.— / 10.—[3]
6.—	4.—	6.—	4.—	4.—	10.—	4.—	20.—	4.—
3.—	3.—	8.—	7.—	7.—	8.—	7.—	15.—	7.—
3.—	3.—	8.—	7.—	7.—	15.—	10.—	20.—	20.—
7.—	7.—	7.—	7.—	7.—	7.—	7.—	7.—	7.—
frei	frei	frci	frei	frei	frei	frei	frei	frei
0.30	0.30	0.30	0.30	0.30	0.30	0.30	frei	frei
8.—	8.—	12.—	12.—	6.—	12.—	6.—	20.—	4.—
1.—	0.50[2]	2.—	1.—	1.—	4.—	1.—	5.—	1.—
8.—	8.—	15.—	15.—	15.—	15.—	15.—	40.—	40.—
2.—	2.—	4.—	4.—	3.—	6.—	4.50	17.—	10.—

Wie weit im Anschluß an die Einfuhrzölle von 1851 bis 1884 diese Zollforderungen in den General- und Gebrauchstarifen seit 1884 Berücksichtigung fanden, geht für ausgewählte landwirtschaftliche Erzeugnisse aus Tabelle S. 360/61 hervor. Für einige Positionen des Gebrauchstarifs verdeutlicht im weiteren die Abbildung 37 die Entwicklung.

Den niedrigsten Stand wiesen die Einfuhrzölle für landwirtschaftliche Erzeugnisse in der Zeit von 1869 bis 1879 auf. Nachdem schon 1864 die Schweiz im Handelsvertrag mit Frankreich, um in den Genuß von Zollerleichterungen auf andere Waren zu gelangen, in eine Ermäßigung der Zölle auf Käse, Butter, Fleisch und totes Geflügel eingewilligt hatte, fielen auf Grund des Handelsvertrages mit dem Deutschen Zollverein von 1869 auch die ohnehin schon geringen Zölle auf frisches Obst und Gemüse weg. Eine erste Korrektur nach oben erfuhr aus fiskalischen Gründen 1879 der Zoll auf rohe Tabakblätter. 1882 erfolgte eine kleine Erhöhung der Zölle auf Faßwein und Butter sowie eine Wiederherstellung des vor 1865 gültigen Zolles auf totes Geflügel und 1883 eine Anhebung des Eierzolles.

Der nur vereinzelt vom gesetzlichen Generaltarif abweichende Gebrauchstarif von 1885 verzeichnete Zollerhöhungen bei den meisten Positionen der beiden Gruppen «Lebende Tiere» und «Tierische Erzeugnisse». Noch stärker war dies beim Gebrauchstarif von 1888 der Fall, der damit zwar die Hauptforderungen der führenden landwirtschaftlichen Organisationen von 1885/86, aber nur zum kleinsten Teil jene von 1887 erfüllte. Was die Landwirtschaft nachträglich ver-

Anmerkungen zu den Seiten 360 und 361.

[1] Frei: offen oder in Säcken; Fr. 1.–: in anderer Packung.
[2] Fr. –.50: bis 1. März 1888; Fr. 1.–: ab 1. März 1888.
[3] Anderer als italienischer Hartkäse [in der Abbildung 37 mit «Käse II» bezeichnet].
Quellen:
1851: Bundesgesetz über das Zollwesen vom 27. August 1851 mit Zolltarif der Schweizerischen Eidgenossenschaft vom 27. August 1851.
1857: Änderung des Zollansatzes für frisches Obst und Eier.
1865: Änderung auf 1. Juli 1865 gemäß Handelsvertrag mit Frankreich vom 30. Juni 1864.
1868: Einführung des Zollansatzes für Kondensmilch.
1869: Änderung gemäß Handels- u. Zollvertrag mit dem Deutschen Zollverein vom 13. Mai 1869.
1879: Erhöhung des Tabakzolles auf Grund des Bundesgesetzes vom 20. Juni 1879.
1882: Änderung gemäß neuem Handelsvertrag mit Frankreich vom 23. Februar 1882.
1883: Änderung gemäß neuem Handelsvertrag mit Italien vom 22. März 1883.
1884: Bundesgesetz betreffend einen neuen schweizerischen Zolltarif vom 26. Juni 1884.
1887: Bundesgesetz betr. Abänderung des Gesetzes vom 26. Juni 1884 vom 17. Dezember 1887.
1889: Änderungen gemäß neuen Handelsverträgen mit Österr.–Ungarn, Deutschland u. Italien.
1891: Bundesgesetz betreffend den schweizerischen Zolltarif vom 10. April 1891.
1902: Bundesgesetz betreffend den schweizerischen Zolltarif vom 10. Oktober 1902.

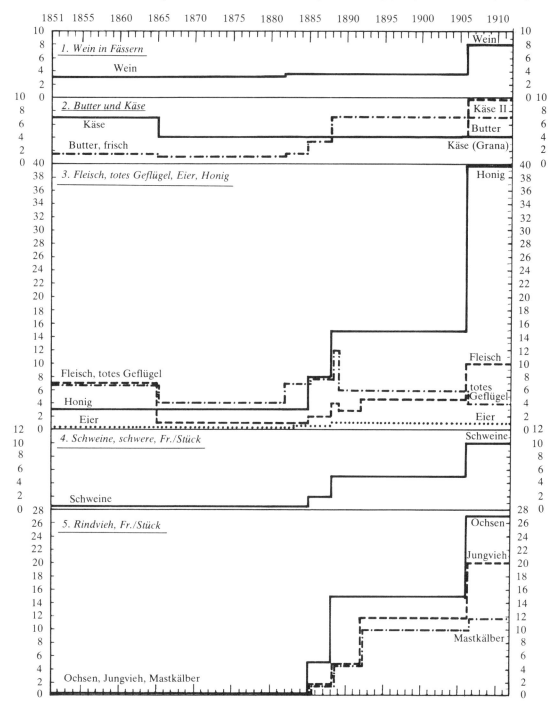

Abb. 37. *Schweiz. Einfuhrzölle des Gebrauchstarifs,* Fr./100 kg (1.–3.) bzw. Fr./Stück (4. u. 5.)

langt hatte, berücksichtigte annähernd wohl der Generaltarif von 1887, doch wurden nun landwirtschaftliche Positionen vermehrt als Kompensationsobjekte auch für die industrielle Kampfzollpolitik verwendet, da die Exportindustrie mangels eines genügenden Innenmarktes nicht ausreichend über eigene Kompensationsmöglichkeiten verfügte. So betrug der wichtige Ochsenzoll im Gebrauchstarif nur 15 gegenüber 25 Franken im Generaltarif, der Zoll für Schlachtschweine 5 gegenüber 8 Franken, der Eierzoll 1 gegenüber 2 Franken und der Faßweinzoll 3.50 gegenüber 6 Franken. Es ist daher verständlich, daß die Landwirtschaft wiederholt (so 1865, 1879, 1880, 1881, 1889 und besonders 1891) von den Bundesbehörden den Beizug eines Vertreters der Landwirtschaft zu den Handelsverhandlungen mit dem Ausland forderte, um mitzubestimmen, was von den Generaltarifzöllen übrig blieb. Sie erreichte dieses Ziel erst 1903 durch die Ernennung von Ernst Laur zum Delegierten für die Verhandlungen mit Italien.

Anzahl und Ausmaß der Einfuhrzollerhöhungen gegenüber dem vorangegangenen Gebrauchstarif waren bei den in Tabelle S. 361 aufgeführten landwirtschaftlichen Positionen 1892 etwas geringer als 1888 und bezogen sich wiederum fast ausschließlich auf lebende Tiere und tierische Erzeugnisse. Erneut stärker schutzzöllnerisch orientiert war der Gebrauchstarif von 1906, dessen Ansätze in den Jahren 1910/13 folgende Schutzwirkung ausübten:

Schweizerische Einfuhrzölle für landwirtschaftliche Erzeugnisse nach dem Gebrauchstarif in Prozent des Einfuhrwertes im Mittel der Jahre 1910/13

Pflanzliche Erzeugnisse			Lebende Tiere und tierische Erzeugnisse		
Tarif-Nr.		Einfuhrzoll in %	Tarif-Nr.		Einfuhrzoll in %
1	Weizen	1,2	136 a, c	Schlachtochsen	4,5
3	Hafer	1,8	141	Mastkälber	6,5
4	Gerste	1,7	143	Schl. schw. über 60 kg	7,8
45	Kartoffeln	–	83	Geflügel, lebend	2,1
1–9	Tabak, roh, in		99 b	Hartkäse, and. als ital.	5,2
	Blättern	18,6	98	Weichkäse	2,7
117 c	Wein, in Fässern	28,2	93 a	Butter, frisch	5,2
23	Obst, frisch, offen		91	Milch, frisch	–
	oder in Säcken	–	455	Wolle, roh	–
26	Obst, gedörrt		84	Geflügel, tot	1,8
	Kernobst	9,4	86	Eier	0,8
25	Obst, gedörrt,		71	Honig	44,0
	Steinobst	3,0	76 c	Rindfleisch	7,4
40 a, b	Gemüse, frisch	–	76 c	Schweinefleisch	6,4

A. Reichlin, Der schweizerische Zolltarif und seine Schutzwirkung, Zürich 1932, S. 55, 56, 58, 59.

Den höchsten Zollschutz genoß die Bienenhaltung, deren ausländisches Konkurrenzprodukt Honig mit einem Zoll von 44% des Einfuhrwertes franko Grenze unverzollt belegt war. Ebenfalls eines kräftigen Schutzes des Inlandmarktes erfreute sich der Weinbau, aber erst seit 1906. Beim Faßwein betrug die Zollbelastung 28,2% des Einfuhrwertes.

Für den Tabakbau bedeutete der seit 1879 unverändert hohe (Finanz-) Zoll von 25 Franken bei Rohtabak in Blättern 1910/13 eine Verteuerung der eingeführten Ware um 18,6% ihres Wertes. Mäßig zollgeschützt waren Rindvieh- und Schweinehaltung. Wenn dabei letztere etwas günstiger abschnitt, was auch der Milchverwertung und dem Kartoffelbau zugute kam, so erhielt die Rindviehhaltung durch die Viehseuchenpolizei an der Grenze zeitweise einen zusätzlichen Schutz. Bei der Milchwirtschaft schwankte die Zollbelastung eingeführter Konkurrenzprodukte zwischen 0 (Frischmilch) und 5,2% ihres Wertes (Butter und anderer Hartkäse als Grana). Im Durchschnitt noch geringer war die Schutzwirkung der Einfuhrzölle bei Erzeugnissen der Geflügelhaltung, indem Eier mit 0,8%, totes Geflügel mit 1,8% und Lebendgeflügel mit 2,1% ihres Wertes verzollt werden mußten. Unbedeutend oder gar unbekannt war der Zollschutz von jeher beim Obst-, Gemüse-, Kartoffel- und vor allem beim Getreidebau. Selbst der Schweizerische Bauernverband konnte sich 1902 nicht entschließen, für einen Getreidezoll einzutreten, «weil wir wohl wissen, daß wir weder in den Behörden noch im Volke mit einem wirksamen Schutzzolle durchdringen würden[1]». Dafür erwartete er, «auf andern Artikeln des täglichen Lebensbedarfes, wo der Schutzzoll für ihre Erhaltung unerläßlich ist, mehr Unterstützung und Verständnis zu finden[2]». Die Folge war, daß die Anbaufläche und noch mehr die Marktproduktion von Brotgetreide zurückgingen.

Über die Zugeständnisse, die die Schweiz auf die Einfuhrzölle der Nachbarstaaten für zwei wichtige landwirtschaftliche Exporterzeugnisse, Zuchtstiere und Hartkäse, durch ihre Kampfzollpolitik erreichte, gibt nachstehende Zusammenstellung Auskunft.

Eine starke Verschlechterung der Exportbedingungen für Zuchtstiere bei den Nachbarstaaten, ausgenommen bei Frankreich, ist, soweit es sich um die Einfuhrzölle handelt, nicht eingetreten. Dagegen haben nicht selten seuchenpolizeiliche Verfügungen die Ausfuhr stark behindert. Der Käseexport hingegen erfreute sich in den letzten Jahrzehnten bei den Hauptabnehmerstaaten Italien, Frankreich und Deutschland günstigerer Zollverhältnisse.

---

[1] Schweizerisches Bauernsekretariat, Enquete zur Vorbereitung der künftigen Handelsverträge, Erster allgemeiner Teil, Brugg 1900, S. 214.

[2] Schweizerisches Bauernsekretariat, Enquete zur Vorbereitung der künftigen Handelsverträge, Zweiter spezieller Teil, Brugg 1900, S. 81.

Einfuhrzölle der Nachbarstaaten (Gebrauchstarife) für Zuchtstiere und Hartkäse, nach Jahren des Inkrafttretens

Jahre	Zuchtstiere, Fr./Stück				Hartkäse, Fr./100 kg			
	Frankreich	Italien	Deutschland	Österr. – Ungarn	Frankreich	Italien	Deutschland	Österr. – Ungarn
1853 ...	3.74				4.—			
1865 ...			9.26	4.41/8.82			12.35	10.50
1868 ...			4.94				12.35	
1870 ...			frei				12.35	
1873 ...			frei				12.35	
1878 ...		15.—		3.15/8.40		8.—		18.90
1879 ...			7.41				24.70	
1881 ...	8.—				4.—			
1882 ...				8.40				21.—
1883 ...		15.—				8.—		
1885 ...	12.—		11.11				24.70	
1887 ...		15.—				8.—		
1888 ...				8.40				10.50
1889 ...						11.—		
1892 ...	10.—[1]	18.—	11.11	8.40	15.—	11.—	18.52	6.—
1895 ...					12.—			
1906 ...	20.—[1]	18.—	11.06	31.40	12.—	4.—	18.52	13.20

[1] Franken je 100 kg Lebendgewicht.

Quellen: Schweizerisches Bauernsekretariat, Enquete zur Vorbereitung der künftigen Handelsverträge, Erster allgemeiner Teil, Brugg 1900.

dito, Der Einfluß des Zolltarifes und der Handelsverträge auf die schweizerische Landwirtschaft, Zweiter spezieller Teil, zweite Unterabteilung, Brugg 1914.

2. Agrarpolitik der Kantone

Während beim Bund die verfassungsmäßige Grundlage für Maßnahmen zur Förderung der Landwirtschaft erst 1947 durch die Annahme der neuen Wirtschaftsartikel der Bundesverfassung (insbesondere des Artikels 31bis) geschaffen wurde, haben eine Reihe von Kantonsverfassungen schon weit früher die Hebung der Landwirtschaft ausdrücklich als Aufgabe des Staates bezeichnet[1].

[1] Als Beispiele seien nachstehend die Verfassungen von Solothurn, Basel-Land, Aargau und Wallis erwähnt.

Solothurn (Verfassung vom 23. Oktober 1887)

Artikel 73: Der Staat unterstützt 1. das gewerbliche und landwirtschaftliche Vereins- und Genossenschaftswesen; 2. die Viehzucht und die Milchwirtschaft; 3. die Bestrebungen von Gemeinden, Korporationen und Privaten für Bodenverbesserungen, Güterzusammenlegungen, Bewässerungen, Entwässerungen, Gewässerkorrektionen, Aufforstungen an offenen Lagen.

Fortsetzung Seite 367 unten.

Mehr als die Hälfte der Kantone hat nach 1850, vor allem in den zwei ersten Jahrzehnten, die Umwandlung der noch bestehenden *Zehnten, Grundzinse und andern Reallasten* in Kapitalschulden (Loskauf) und deren beschleunigte Tilgung gesetzlich geregelt. Besonders in Graubünden, aber auch in andern Gebirgsgegenden stieß die Aufhebung der Weiderechte auf Privatgrundstücken (Gemeinatzung) auf Widerstand. Zweimal, 1864 und 1871, lehnte das Bündner Volk die allgemeine Beseitigung der Gemeinatzung auf gesetzlichem Wege ab, so daß in der Folge nur die schrittweise Aufhebung mittels Gemeindebeschlüssen in Betracht fiel. Bis 1925 hat annähernd die Hälfte der Gemeinden die Gemeinatzung abgeschafft[1].

Bodenverbesserungen im Tale und Alpverbesserungen wurden vor 1884 von den Kantonen auf direkte Weise erst vereinzelt, indirekt über landwirtschaftliche Vereine jedoch schon ziemlich häufig, wenn auch nicht mit großen Beiträgen unterstützt. Als nach 1884 auch der Bund Subventionen in Aussicht stellte und die Kantone die gesetzlichen Voraussetzungen für deren Bezug geschaffen, die notwendigen finanziellen Eigenleistungen gesichert und auch die kulturtechnischen Beratungsstellen errichtet hatten, nahm das Meliorationswerk einen ungeahnten Aufschwung.

[1] J. M. Curschellas, Die Gemeinatzung, Ilanz 1926.

Fortsetzung zu Seite 366.

Basel-Land (Verfassung vom 4. April 1892)

§ 39: Der landwirtschaftliche Betrieb soll möglichst gefördert werden, namentlich durch Unterstützung des landwirtschaftlichen Bildungswesens und durch Errichtung von Haushaltungsschulen, durch Regelung der Feld- und Flurpolizei, Hebung der Tierzucht, Unterstützung von Unternehmungen zur Verbesserung des Bodens und zur Erleichterung seiner Benützung (Feldregulierungen) sowie durch Fürsorge zur Regulierung des Hypothekarwesens. Vereine und Genossenschaften, welche die gleichen Zwecke verfolgen, werden hiefür vom Staate unterstützt.

Aargau (Verfassung vom 23. April 1885)

§ 86: Der Staat fördert das Versicherungswesen, insbesondere die Versicherung gegen Schäden, welche die Landwirtschaft bedrohen. Er erleichtert durch Beiträge an die Prämien die Benutzung der Hagelversicherung.

§ 88: Zur Hebung und Förderung der Landwirtschaft unterstützt der Staat das landwirtschaftliche Bildungs- und Versuchswesen, die Pflanzen- und Tierproduktion sowie die Bodenverbesserung. Er trifft Maßnahmen gegen Schäden, welche die landwirtschaftliche Produktion bedrohen. Er sorgt für eine umfassende landwirtschaftliche Statistik.

Wallis (Verfassung vom 8. März 1907)

Artikel 15: Der Staat fördert und unterstützt ... 1. die Landwirtschaft ...; 2. den beruflichen Unterricht für Landwirtschaft ...; 3. die Viehzucht, die Milchwirtschaft, den Rebbau, den Obstbau, die Alpwirtschaft, die Bodenverbesserungen, die Forstwirtschaft und das landwirtschaftliche und berufliche Genossenschaftswesen.

Artikel 16: Der Staat organisiert und unterstützt die Viehversicherung ...

Die Mehrzahl der kantonalen agrarrechtlichen Erlasse galt der *Bekämpfung der den Pflanzen und Tieren drohenden Schäden*. Von 1851 bis 1913 haben 20 Kantone Vorschriften über die Bekämpfung der Maikäfer und Engerlinge aufgestellt, 7 davon: Zürich, Luzern, Schwyz, Zug, St. Gallen, Graubünden und Aargau, 1870 auch im Rahmen eines Konkordates.

Das waadtländische Gesetz über Vollmachten der Regierung zur Verhinderung der Einschleppung und Verbreitung der Reblaus vom 5. Juni 1871 eröffnete in der Schweiz den jahrzehntelangen Kampf gegen diesen gefürchteten Rebfeind. 1874 wurde der Schädling in der Genfer Gemeinde Pregny zum erstenmal entdeckt. 1877 tauchten Reblausherde auch im Kanton Neuenburg auf, 9 Jahre später in den Kantonen Waadt und Zürich, dann 1896 im Thurgau, 1897 massenhaft im Tessin, 1905 in den Kantonen Bern und Aargau, 1906 im Wallis und in Basel-Land sowie schließlich 1907 im Kanton Freiburg. Wenn die Kantone nicht der Bundesbeiträge verlustig gehen wollten, waren sie auf Grund der Bundesbeschlüsse von 1877, 1878 und 1884 gehalten, Rebberge, Gärten, Baumschulen und Treibhäuser regelmäßig zu überwachen und entdeckte Reblausherde nach Anleitung eidgenössischer und kantonaler Experten zu vernichten. Der Vereinheitlichung des Bekämpfungsverfahrens in der Westschweiz diente das am 25. Mai 1880 zwischen den Kantonen Bern, Freiburg, Waadt, Wallis, Neuenburg und Genf vereinbarte Règlement intercantonal pour la défense des vignobles de la Suisse romande contre le phylloxera.

Dank streng eingehaltenen Vorschriften konnte die gerodete Rebfläche bis 1899 auf 208 ha und ohne die nach 1899 im Kanton Genf zerstörten Reben bis 1910 auf 616 ha oder rund 2% der schweizerischen Rebfläche beschränkt werden. Von 1894 an gestattete der Bund die Wiederbepflanzung gerodeter Rebberge mit widerstandsfähigen veredelten amerikanischen Reben, und von 1908 an leistete er an diese kostspieligen Arbeiten Beiträge.

Zur Deckung der Kosten der Reblausbekämpfung haben 10 Kantone besondere Fonds errichtet, nämlich Waadt (1878), Neuenburg (1878), Wallis (1879), Genf (1880), Zürich (1881), St. Gallen (1897), Thurgau (1897 nachdem 1896 der erste Reblausherd entdeckt und bereits 1888 ein erstes Projekt in der Volksabstimmung abgelehnt worden war), Schaffhausen (1898), Aargau (1906 ebenfalls 1 Jahr nach dem Auftreten der Reblaus und einem vom Volk 1887 abgelehnten Projekt) und Bern (1909). Die Mittel stammten aus dem Ertrag einer den Rebbesitzern auferlegten Rebsteuer und aus Beiträgen von Bund und Kanton. In der deutschen Schweiz betrug die Steuer jährlich 1‰ des Katasterwertes der Reben, in den Kantonen Bern und Wallis 0,5‰, im Kanton Waadt 0,25‰ und in den Kantonen Neuenburg und Genf 15 Rappen beziehungsweise 5 bis 15 Rappen je Are Rebland.

Als gegen Ende der 1880er Jahre der falsche Mehltau in verheerender Weise auftrat, führten größere Rebbaukantone in den Jahren 1889 bis 1891 die obligatorische Rebenbespritzung ein und unterstützten diese später mit Beiträgen.

In den Jahren 1884 bis 1886 veranlaßte auch das Vorkommen der Blutlaus auf Apfelbäumen verschiedene Kantone sowie den Bund zu besonderen Vorkehren, da und dort verbunden mit einer erstmaligen Obstbaumzählung.

Außerordentliche Witterungsschäden durch Trockenheit, Frost, Hagel usw. bewogen öfters zu gemeinsamer Hilfe. Die umfangreichste Hilfsaktion während der Berichtszeit kam den Dürregeschädigten der Nord-, Nordwest- und Westschweiz im Jahre 1893 zugute. Futtermittel wurden verbilligt abgegeben und bedürftigen Viehhaltern für Futterzukäufe zinslose oder niedrig verzinsliche Darlehen gewährt. Der Bund übernahm die Hälfte der kantonalen Aufwendungen und trug auch durch Verzicht auf Futtermittelzölle zur Verbilligung der Futtereinfuhren bei. Im Kanton Luzern gewährte der Staat der kantonalen Hagelversicherungsgesellschaft (1836 bis 1863) Jahresbeiträge, um Landwirten in hagelgefährdeten Gebieten die Versicherung der Kulturen zu erleichtern; ferner unterstützte er ab 1884 die 1880 gegründete Schweizerische Hagelversicherungsgesellschaft, indem er wie die Kantone Schaffhausen und Aargau (diese ab 1886) einen Reservefonds zur Deckung allfälliger Nachschußprämien äufnete. Als sich nach längerem Zögern der Bund zur Subventionierung entschloß, folgten die meisten Kantone seinem Beispiel.

Durch Viehverluste erlittener Schaden ist schon früh durch staatliche Viehseuchenkassen und örtliche Gegenseitigkeitsvereine ganz oder teilweise gedeckt worden. Auch Polizeimaßnahmen erwiesen sich als hilfreich, darunter namentlich jene, welche die 8 Kantone Zürich, Bern, Luzern, Zug, Freiburg, Solothurn, Aargau und Neuenburg 1853 durch ihren Beitritt zum Konkordat über gemeinschaftliche polizeiliche Maßregeln gegen Viehseuchen ergriffen haben. Die gute Erfahrung damit führte dann zum Bundesgesetz vom 8. Februar 1872 über polizeiliche Maßregeln gegen Viehseuchen, das für die ganze Schweiz eine einheitliche Ordnung der Seuchenpolizei mit Oberaufsicht des Bundes brachte.

Bis 1890 entstanden in 16 Kantonen (alle ohne Uri, Obwalden, Nidwalden, Basel-Stadt, Appenzell-Innerrhoden, Graubünden, Tessin, Wallis, Genf) 20 staatliche Viehseuchenkassen, davon 4 schon vor 1850; später kamen einige weitere Kassen hinzu, zum Beispiel im Tessin und in Graubünden, so daß schließlich nur wenige Kantone in Seuchefällen die Staatskasse direkt in Anspruch nehmen mußten. Die Fonds kamen für Seucheschäden und die Kosten der Viehseuchenpolizei auf und leisteten, sofern die gesammelten Mittel es erlaubten, auch Beiträge an Viehschauen und Viehprämien, private Versicherungsvereine (zum Beispiel in Freiburg und St. Gallen) und Viehleihkassen (Thurgau). Die Haupteinnahmen flossen aus dem Erlös für Gesundheitsscheine, aus Viehhandelsgebühren, Bußen, Kantonsbeiträgen und in einigen Kantonen (zum Beispiel Bern, Freiburg und Waadt) aus Beiträgen der Viehbesitzer.

Die Gründung von örtlichen Rindvieh- und Kleinviehversicherungsvereinigungen zur teilweisen Deckung von durch Krankheit oder Unfall entstandenen Viehverlusten, unter Ausschluß der Seuchefälle, ist mit der Einführung der obligatorischen Viehversicherung sprunghaft angestiegen. Das im ganzen Kantonsgebiet oder in einzelnen Teilen davon eingeführte Obligatorium wurde durch das Bundesgesetz betreffend die Förderung der Landwirtschaft durch den Bund vom 22. Dezember 1893 ermöglicht. 1913 war die allgemeine oder teilweise obligatorische Viehversicherung in 17 Kantonen eingeführt.

Hatten schon vor 1850 Maßnahmen zur *Förderung der Tierzucht* in den meisten Kantonen Eingang gefunden, so behielten sie ihre große Bedeutung auch während der Berichtsperiode bei, besonders hinsichtlich der Rindvieh- und Kleinviehzucht (Durchführung von Viehschauen, Anerkennung von Herdebuchtieren, Gewährung von Prämien usw.). Nach 1868 ging die staatliche Förderung der Pferdezucht hauptsächlich an den Bund über. Verschiedentlich schaltete sich der Staat erfolgreich in die Vermittlung von Zuchtvieh, insbesondere von Zuchtstieren ein, und zwar in außerhalb von Hochzuchtgebieten gelegenen Kantonen. So ließ die Zürcher Regierung 1869 Fleck- und Braunvieh versteigern und von 1888 an während etwa 15 Jahren Stiere aus dem Simmental am Zuchtstiermarkt Bülach aufführen. Der Regierungsrat von Basel-Land beschaffte für Gemeinden und Gemeindetierhalter Simmentaler Stiere von 1880 an während mehr als eines Jahrzehnts. Die gleiche Aufgabe übernahm von 1859 an der Staat Schaffhausen. Im Kanton Waadt vermittelte die Regierung Simmentaler Stiere von 1869 an, während mehrerer Jahre und von 1857 bis 1867 auch Anglo-Normänner Hengste. Ein Hengst dieser Rasse ist auf Staatskosten 1869 auch von der Walliser Regierung eingeführt worden.

Die *Förderung des Pflanzenbaus* geschah in der Regel über die mit Beiträgen unterstützten landwirtschaftlichen Vereine. Zu den Fällen einer direkten Einflußnahme können gerechnet werden zum Beispiel
im Kanton Bern: die Ausrichtung von Anbauprämien an Zuckerrübenpflanzer in den Jahren 1899 bis 1906. Sie sollten der Zuckerfabrik Aarberg die Beschaffung der notwendigen Menge Zuckerrüben erleichtern und dadurch in dem durch die Juragewässerkorrektion entsumpften Gebiet eine intensivere Bodennutzung ermöglichen, ferner
die Erstellung eines «Stammregisters vorzüglicher Kernobstsorten für den Kanton Bern» durch eine staatliche Kommission 1865. Die Publikation erschien 1866 in zweiter und 1886 in revidierter Fassung;

im Kanton Basel-Land: die von der Regierung angeordnete Pflanzung von Apfelbäumen längs der Kantonsstraßen. Der Staat lieferte die Jungbäume unentgeltlich und übernahm den Unterhalt in den ersten Jahren. Auf diese Weise wurden bis 1892 an 12 verschiedenen Straßenstrecken insgesamt 1580 Bäume gepflanzt;

im Kanton Wallis: die Gewährung von Staatsbeiträgen an Handelsbaumschulen ab 1888 gegen die Verpflichtung, jährlich mindestens 500 verkäufliche Bäume eines vorgeschriebenen Sortiments zu produzieren. Dadurch sollte die Anpflanzung von Obstbäumen gefördert und zugleich die mit der Einfuhr von solchen verbundene Gefahr der Einschleppung der Reblaus vermindert werden.

Unter den *übrigen Erlassen landwirtschaftlichen Inhalts* ist einmal das thurgauische Gesetz gegen Mißbräuche bei Veräußerung von Liegenschaften vom 26. November 1895 zu nennen, das den seit den 1890er Jahren besonders in den Grenzkantonen der Nordostschweiz aufgetretenen Auswüchsen der spekulativen Bodenzerstückelung («Güterschlächterei») zu begegnen suchte. Zu dieser Materie lagen auch den gesetzgebenden Behörden der Kantone Zürich (1894) und St. Gallen (1908) Gesetzesentwürfe vor, fanden dort aber schließlich keine Zustimmung.

Im Kanton Waadt ergriff der Staat auf Grund des Gesetzes vom 21. Januar 1865 Maßnahmen zur Verhütung von Unfällen bei Benützung von landwirtschaftlichen Maschinen, speziell von Dreschmaschinen. Der Regierungsrat wurde ermächtigt, Vorschriften über Bauart und Sicherheitsvorrichtungen zu erlassen und deren Einhaltung durch die Herstellerfirmen zu kontrollieren. Das Gesetz vom 8. Mai 1903 erweiterte den Geltungsbereich dieser Schutzbestimmungen auf elektrische Installationen und Motoren aller Art.

Der Kanton Genf erließ am 18. November 1899 ein Gesetz über die Bekämpfung von Fälschungen im Handel mit Dünger und andern landwirtschaftlichen Hilfsstoffen.

Zunehmender Mangel an familienfremden Arbeitskräften und aufgetretene Mißstände in den Beziehungen zwischen Dienstboten und Dienstgebern führten nach der Jahrhundertmitte in einigen Kantonen zu Sondergesetzen über den landwirtschaftlichen Dienstvertrag. Während damals das Dienstbotenverhältnis in einzelnen Kantonen im Familienrecht geregelt war, so in Zug, Schaffhausen und besonders ausführlich in Zürich, in einigen andern Kantonen auch nur durch Gewohnheitsrecht (Bern), besaßen die Kantone Waadt und Obwalden neben Städten wie Basel, Bern und Luzern spezielle Dienstbotenordnungen, die ein Gemisch von privatrechtlichen und polizeilichen Bestimmungen enthielten.

Auf Ersuchen des kantonalen Bauernvereins hat auch die Luzerner Regierung unterm 10. August 1864 eine Dienstbotenordnung für den ganzen Kanton erlassen. Sie stieß dabei jedoch auf unerwarteten Widerstand der Dienstboten. Er richtete sich vor allem gegen die Pflicht zum Bezug eines Dienstbüchleins, das für die Eintragung der Daten des Dienstantritts, der Dienstaufkündigung und des Dienstaustritts gedacht war[1]. Gegen den Willen der Regierung und des Bauernvereins des Kantons Luzern hob der Große Rat am 3. Dezember 1864 diese Dienstbotenordnung auf, nachdem ihn dazu eine Eingabe mit 9743 Unterschriften aufgefordert hatte.

Gleichwohl hat auch die Abgeordnetenversammlung des Schweizerischen Landwirtschaftlichen Vereins am 29. Mai 1870 zuhanden der Sektionen eine Dienstbotenordnung angenommen, die inhaltlich der luzernischen weitgehend glich. Nur im Thurgau ist in der Folge nach diesem Muster eine Dienstbotenordnung erlassen worden. In der Abstimmung vom 23. Mai 1875 hat ihr das Volk mit 9746 Ja gegen 4114 Nein zugestimmt.

Diese Sonderregelungen des Dienstbotenverhältnisses mußten dann dem Schweizerischen Obligationenrecht vom 14. Juni 1881, in Kraft getreten am 1. Januar 1883, teilweise und dem Schweizerischen Zivilgesetzbuch vom 10. Dezember 1907, in Kraft getreten am 1. Januar 1912, in den übrigen Teilen weichen. Streitfälle aus dem landwirtschaftlichen Dienstverhältnis wurden von da an nur nach Privatrecht (Obligationenrecht, Artikel 319 bis 362) beurteilt.

Um durch schriftliche Fixierung der Abmachungen Streitfälle möglichst zu vermeiden, aber auch um gesetzliche Lücken in bezug auf die Regelung der Arbeits- und Freizeit, die Lohnzahlung bei Krankheit, Militärdienst und Überzeitarbeit, die Kündigung usw. in fortschrittlichem Sinne auszufüllen, haben die Fédération des sociétés fribourgeoises d'agriculture 1897, der Bauernverein des Kantons Luzern 1909 und das Schweizerische Bauernsekretariat 1911 Musterdienstverträge aufgestellt.

Etliche landwirtschaftliche Vereine zeichneten auch Dienstboten aus, die während längerer Zeit bei der gleichen Familie im Dienste standen. Solche Dienstbotenehrungen, die meistens mit einem Geschenk verbunden waren, haben während einer Reihe von Jahren die Genfer Landwirtschaftsklasse von 1863 an (Legat Bernard Chaix) und von 1881 an (Legat Edmond Vernet), ferner der Ökonomische und Gemeinnützige Verein des Amtes Burgdorf von 1877 an alle 4 Jahre (Legat Bichsel) sowie der Bauernverein des Kantons Luzern von 1905 an veranstaltet.

---

[1] In der Landwirtschaftlichen Zeitung, dem Organ des Schweizerischen Landwirtschaftlichen Vereins, findet sich unterm 11. November 1864 folgende kritische Äußerung dazu: «Man will jedem Dienstboten eine Art Laufzettel anhängen, damit man weiß, wo er gewesen und wie lange er gewesen, während der Meister, der als Bürger durchaus dem Arbeiter gleich steht, keinen Merkzettel oder kein Meisterbüchlein erhält, worin etwa geschrieben stände, daß es selten ein Knecht oder eine Magd bei ihm länger als 14 Tage oder 4 Wochen aushalten könne.»

Was ließen sich die Kantone die Förderung der Landwirtschaft kosten? Die Antwort darauf gab erstmals die Botschaft des Bundesrates betreffend die Förderung der Landwirtschaft durch den Bund vom 4. Dezember 1883, in der auf Grund einer Umfrage die tatsächlichen oder budgetierten Ausgaben in einem der 3 Jahre 1881, 1882 und 1883 für 20 Kantone errechnet wurden. Eine vollständige Übersicht erschien dann auf die Landesausstellung in Bern 1914. Sie enthielt gestützt auf die kantonalen Staatsrechnungen und auf ergänzende Auskünfte der Verwaltungen eine systematische Übersicht der Nettoausgaben (Gesamtkosten abzüglich Bundesbeiträge) für die Jahre 1880, 1890, 1900 und 1912. Freilich ließen sich mit dieser Einschränkung der Erhebung auf 4 einzelne Jahre Zufälligkeiten vor allem bei den kleinen Kantonen und den relativ stark schwankenden Ausgaben für Bodenverbesserungen nicht vermeiden. Unberücksichtigt blieben die Verwaltungskosten der kantonalen Landwirtschaftsdepartemente und die Kosten der Viehseuchenpolizei.

Das erste Erhebungsjahr (1880) fiel noch in die Periode niedriger Bundesbeiträge vor dem Erlaß des Bundesbeschlusses vom 27. Juni 1884. Es handelte sich damals zur Hauptsache um Bundesbeiträge für Hengstenankäufe, für Verbesserung der kleinen Rindviehschläge und für Bekämpfungsmaßnahmen gegen Reblausherde. Der Bundesbeschluß von 1884 machte dann Bundesbeiträge von meistens ebenso hohen Kantonsbeiträgen abhängig und sah Bundeshilfe auch zur Förderung des landwirtschaftlichen Unterrichts, der Versuchsanstalten, der Rindviehzucht, der Bodenverbesserungen sowie zur Bekämpfung von Schädlingen vor. Durch den Bundesbeschluß vom 6. April 1889 wurde auch die Hagelversicherung und durch das Bundesgesetz vom 22. Dezember 1893 die Kleinviehzucht sowie die Viehversicherung als subventionsberechtigt erklärt. Obschon die meisten und wichtigsten der in Aussicht gestellten Bundesbeiträge nur um den Preis mindest gleich hoher oder – bei Bodenverbesserungen – *in der Regel* mindestens gleich hoher kantonaler Leistungen erhältlich waren, spornten sie doch alle Kantone an, wie aus den folgenden Übersichten hervorgeht, ihrerseits beträchtliche Mittel für die Förderung der Landwirtschaft zur Verfügung zu stellen.

Die nachstehenden vier Tabellen enthalten die Ergebnisse, wie sie für die Hauptausgabengruppen «Fachbildung», «Tierzucht», «Bodenverbesserungen» und «Andere Gebiete» im Bericht zur Kollektivausstellung der kantonalen Landwirtschaftsdirektionen an der schweizerischen Landesausstellung Bern 1914 veröffentlicht wurden.

Die höchsten Ausgaben für Fachbildung verzeichnen die Kantone mit eigenen Landwirtschaftsschulen; 1880 waren es erst 3 (Zürich, Bern, Waadt), 1890 bereits 9 (neu: Luzern, Freiburg, St. Gallen, Aargau, Neuenburg, Genf), 1900 deren 11 (neu: Graubünden, Wallis) und 1912 deren 14 (neu: Solothurn, Schaffhausen, Thurgau). Wegen der angespannten Lage der Staatsfinanzen unterblieb

Kantonale Ausgaben zur Förderung der landwirtschaftlichen Fachbildung, 1880, 1890, 1900 und 1912
(Beiträge an Schulen, Vereine, Ausstellungen usw.)

Kantone	1880 Fr.	1890 Fr.	1900 Fr.	1912 Fr.	Kantone	1880 Fr.	1890 Fr.	1900 Fr.	1912 Fr.
ZH	26 774	28 055	60 287	72 990	SH	502	718	3 227	10 996
BE	23 872	37 012	112 601	166 503	AR	25	448	1 484	1 850
LU	3 000	6 360	18 775	33 021	AI	–	102	114	339
UR	–	743	356	70	SG	2 600	21 484	39 204	54 920
SZ	300	399	677	1 333	GR	842	4 249	27 686	37 842
OW	246	230	200	176	AG	–	11 544	27 554	53 345
NW	132	120	75	40	TG	1 180	6 000	687	50 115
GL	200	200	993	2 680	TI	500	3 900	7 200	11 267
ZG	610	843	1 445	2 360	VD	4 000	24 962	51 790	81 376
FR	1 746	18 038	26 575	66 902	VS	–	814	25 526	19 801
SO	854	1 585	2 513	25 634	NE	5 000	31 232	49 694	33 096
BS	–	370	985	780	GE	–	14 705	21 619	55 178
BL	1 019	1 016	4 200	6 025	CH	73 402	215 129	485 467	788 639

1880 im Aargau der sonst übliche Beitrag an die kantonale landwirtschaftliche Gesellschaft.

Der ebenfalls früh einsetzenden Förderung der Tierzucht sind in fast allen Kan-

Kantonale Ausgaben zur Förderung der Tierzucht, 1880, 1890, 1900 und 1912

Kantone	1880 Fr.	1890 Fr.	1900 Fr.	1912 Fr.	Kantone	1880 Fr.	1890 Fr.	1900 Fr.	1912 Fr.
ZH	12 081	23 649	48 863	88 330	SH	2 315	4 122	6 491	11 304
BE	55 048	72 109	121 916	217 927	AR	618	4 157	9 501	13 282
LU	9 769	15 472	29 494	42 072	AI	200	1 973	3 669	6 184
UR	698	2 190	3 165	4 628	SG	17 832	39 219	84 631	104 539
SZ	3 517	6 923	13 278	25 492	GR	10 166	15 067	27 887	101 370
OW	–	3 400	4 755	7 623	AG	3 397	14 301	22 489	30 831
NW	1 457	1 842	4 730	4 735	TG	6 827	8 125	18 024	30 496
GL	3 643	5 364	11 172	17 331	TI	–	3 240	12 923	15 958
ZG	–	2 298	5 741	9 350	VD	38 790	43 222	111 662	112 741
FR	12 529	20 836	43 443	88 950	VS	958	13 629	27 590	30 666
SO	3 245	5 587	13 647	25 981	NE	–	2 735	20 709	18 266
BS	–	–	–	2 448	GE	–	–	6 862	14 025
BL	6 111	5 544	8 414	11 238	CH	189 201	315 004	661 056	1 035 767

tonen, darunter namentlich in den Gebirgskantonen, mehr Mittel zugeflossen als der Hebung der Fachbildung. In den 4 Stichjahren wandten nur Zürich, Neuenburg und Genf und 1912 noch der Aargau und der Thurgau für die Tierzucht weniger auf. Eine Unterteilung der Ausgaben nach Viehgattungen liegt für 1912 vor, nach der im schweizerischen Durchschnitt der Anteil der Rindviehzucht 81%, der Pferdezucht 8%, der Ziegenzucht 5% und der Schweinezucht 4% betrug.

Kantonale Ausgaben für Bodenverbesserungen 1880, 1890, 1900 und 1912 sowie in allen Jahren von 1886 bis 1912

Kan-tone	1880 Fr.	1890 Fr.	1900 Fr.	1912 Fr.	1885 bis 1912 1 000 Fr.
ZH	6 670	11 081	13 061	86 791	447
BE	–	10 000	39 047	95 550	711
LU	–	–	405	77 478	239
UR	–	–	–	12 550	39
SZ	–	–	4 224	8 234	113
OW	77	–	557	15 204	40
NW	748	–	1 009	7 833	21
GL	740	6 342	8 215	16 674	221
ZG	–	–	21 977	13 481	150
FR	–	4 085	16 240	49 568	462
SO	–	–	441	9 798	73
BS	–	–	–	–	–
BL	–	–	11 438	29 792	272
SH	–	–	1 106	11 903	100
AR	–	–	–	6 456	22
AI	–	–	2 000	5 077	24
SG	300	16 300	72 918	111 632	1 214
GR	1 550	10 047	75 000	54 510	722
AG	–	6 000	20 481	54 137	502
TG	653	354	2 798	38 849	96
TI	–	–	5 738	29 588	303
VD	20 506	26 400	46 963	104 960	799
VS	–	1 616	1 344	37 633	228
NE	–	–	111 001	20 904	773
GE	–	–	–	83 496	47[1]
CH	31 244	92 225	455 963	982 098	7 618

[1] Wahrscheinlich wurden auch Projekte voll berücksichtigt, die 1912 noch in Ausführung begriffen waren. Der Kanton Genf subventionierte Bodenverbesserungen erst seit 1907, daher die relativ niedrigen Ausgaben bis 1912 in der Höhe von 47 000 Franken.

Während 1880 erst 8 Kantone Bodenverbesserungen mit zusammen 31 000 Franken unterstützten, waren es 1890 deren 10 mit 92 000 Franken, 1900 deren 21 mit 456 000 Franken und 1912 24 Kantone mit annähernd 1 Million Franken. Diese Entwicklung wird größtenteils bestätigt durch die vom schweizerischen Landwirtschaftsdepartement ebenfalls auf die Landesausstellung 1914 hin veröffentlichte Übersicht über die Kantonsbeiträge an die mit Bundessubventionen ausgeführten Bodenverbesserungen in allen Jahren von 1886 bis 1912. Danach beliefen sich diese im Jahresmittel

	1886/90	1891/95	1896/1900	1901/05	1906/10	1911/12
auf Franken	14 000	84 000	236 000	328 000	497 000	913 000

Die Gesamtsumme der Kantonsbeiträge für sämtliche Jahre von 1886 bis 1912 ist in der vorstehenden Kantonstabelle den Ergebnissen für die 4 Stichjahre beigefügt. Bei den 5 Kantonen mit den höchsten Ausgaben während der achtzehnjährigen Periode: St. Gallen, Waadt, Neuenburg, Graubünden und Bern, ergibt die Summe der Aufwendungen in den 3 Jahren 1890, 1900 und 1912 ebenfalls Höchstbeträge, wie umgekehrt die 4 Kantone mit den niedrigsten Ausgaben in den Jahren 1885 bis 1912, Basel-Stadt, beide Appenzell sowie Nidwalden, ebenso für die 3 Stichjahre 1890, 1900 und 1912 zusammen die kleinsten Summen verzeichnen.

Kantonale Ausgaben für andere landwirtschaftliche Zwecke, 1880, 1890, 1900 und 1912

Kantone	1880 Fr.	1890 Fr.	1900 Fr.	1912 Fr.	Kantone	1880 Fr.	1890 Fr.	1900 Fr.	1912 Fr.
ZH	849	29 039	231 118	311 046	SH	1 181	2 721	23 828	61 048
BE	–	13 436	223 233	278 641	AR	50	2 883	10 488	18 609
LU	85	7 010	7 502	28 917	AI	210	–	92	548
UR	–	–	–	30 964	SG	300	17 803	37 075	37 517
SZ	2 241	734	2 367	7 114	GR	659	2 666	45 273	132 130
OW	123	770	879	855	AG	154	8 354	20 401	117 025
NW	74	642	805	1 744	TG	2 757	2 720	50 184	100 147
GL	73	235	13 899	21 294	TI	672	1 730	6 910	6 979
ZG	890	1 172	1 907	6 625	VD	974	23 624	92 227	278 115
FR	100	5 361	5 956	68 623	VS	379	769	10 301	31 104
SO	1 500	2 853	14 607	53 411	NE	3 000	6 500	18 666	93 771
BS	87	723	6 578	5 593	GE	18 863	34 020	81 941	105 753
BL	–	1 000	11 977	25 841	CH	35 221	166 760	918 214	1 823 414

Diese letzte Gruppe kantonaler Ausgaben für die Landwirtschaft vereinigt die Ausgaben zur Förderung des Pflanzenbaus (Weinbau, Obstbau, Samenmärkte, Bekämpfung pflanzlicher und tierischer Schädlinge usw.), der Milchwirtschaft (Ausgaben für Käserei- und Stallinspektionen, milchwirtschaftliche Stationen usw.) sowie der Hagel- und der Viehversicherung. Die starke Zunahme zwischen 1890 und 1912 ist im wesentlichen auf die Mehrausgaben für den Weinbau und die beiden Versicherungszweige zurückzuführen. Im Jahre 1912 entfielen von den 1,8 Millionen Franken Gesamtausgaben 57% auf Beiträge an die Viehversicherung, 15% auf solche an die Hagelversicherung und 26% auf die Rebbauförderung, was auch erklärt, daß besonders die Kantone mit Rebbau und zugleich obligatorischer Rindviehversicherung die größte Steigerung der Staatsbeiträge seit 1880 aufweisen.

Den Strukturwandel bei den Gesamtausgaben der Kantone zugunsten der Landwirtschaft zwischen 1880 und 1912 verdeutlichen die folgenden absoluten und Prozentzahlen.

Kantonale Gesamtausgaben zur Förderung der Landwirtschaft nach Verwendungszwecken, 1880, 1890, 1900 und 1912

Jahre	Fach-bildung	Tierzucht	Boden-verbesse-rungen	Andere ldw. Zwecke	Total
	in 1 000 Franken				
1880	74	189	31	35	329
1890	215	315	92	167	789
1900	486	661	456	918	2 521
1912	789	1 036	982	1 815	4 622
1912: das ...fache von 1880	10,7	5,5	31,7	51,9	14,0
	Total = 100				
1880	22,3	57,5	9,5	10,7	100
1890	27,3	39,9	11,7	21,1	100
1900	19,3	26,2	18,1	36,4	100
1912	17,1	22,4	21,2	39,3	100

Der Schwerpunkt der kantonalen Förderung der Landwirtschaft hat sich allmählich von der Tierzucht auf andere Gebiete, insbesondere auf Weinbau und Versicherungen, verlagert, wo es galt, die Verluste und Schädigungen, die die landwirtschaftliche Produktion bedrohen, zu mildern und namentlich für den Kleinbauern erträglicher zu gestalten. Auch die Ausgaben für Fachbildung haben ab 1890 im Rahmen des Ganzen an Gewicht verloren und sind 1912 sogar von den Ausgaben für Bodenverbesserungen übertroffen worden.

Die folgende Tabelle faßt die vier Hauptgruppen nach Kantonen zusammen und mißt die Gesamtausgaben an der Größe der landwirtschaftlichen Bevölkerung. Werden von der Gesamtsumme des Jahres 1880 die Anteile der 5 Kantone Basel-Stadt, Appenzell-Innerrhoden, Wallis, Neuenburg und Genf, die in der erwähnten Zusammenstellung der Botschaft des Bundesrates von 1883 fehlen, abgezogen, so ergibt sich eine Restsumme von 300 371 Franken. Diese ist erwartungsgemäß etwas tiefer als das vergleichbare Ergebnis in der Botschaft für ein Jahr (1881 beziehungsweise 1882 oder 1883) in der Höhe von 344 628 Franken und erfährt damit eine weitgehende Bestätigung. Je Kopf der landw. Bevölkerung waren die Staatsausgaben zur Förderung der Landwirtschaft in allen 4 Jahren (1880, 90, 1900, 12) in der Regel am höchsten in den Kantonen Genf, Neuenburg, Glarus, Zürich, Basel-Stadt und Waadt und am niedrigsten in den Kantonen Tessin, Wallis, Uri (bis 1908, als die obligatorische Viehversicherung eingeführt

Kantonale Gesamtausgaben zur Förderung der Landwirtschaft, 1880, 1890, 1900 und 1912

Kantone	In 1 000 Franken				Franken je Kopf der landw. Bevölkerung[1]			
	1880	1890	1900	1912	1880	1890	1900	1912
ZH	46 374	91 819	353 329	558 021	0.51	1.01	4.32	7.25
BE	78 920	132 557	496 797	758 606	0.38	0.64	2.44	3.98
LU	12 854	28 842	56 176	181 488	0.20	0.45	0.89	2.90
UR	698	2 933	3 521	48 212	0.07	0.31	0.40	5.89
SZ	6 058	8 056	20 546	42 023	0.28	0.37	0.94	2.00
OW	446	4 400	6 391	23 858	0.05	0.52	0.81	3.01
NW	2 411	2 604	6 619	14 352	0.46	0.50	1.23	2.71
GL	4 656	12 141	34 279	57 957	0.71	1.84	5.55	10.34
ZG	1 500	4 313	31 070	31 810	0.20	0.57	4.04	4.11
FR	14 375	48 320	92 214	273 386	0.22	0.74	1.41	4.18
SO	5 599	10 025	31 208	114 824	0.20	0.36	1.17	4.59
BS	87	1 093	7 563	8 821	0.05	0.62	6.55	9.61
BL	7 130	7 560	36 029	72 896	0.40	0.42	2.06	4.57
SH	3 998	7 561	34 652	93 207	0.26	0.50	2.53	7.83
AR	693	7 488	21 473	40 197	0.06	0.70	2.14	4.69
AI	410	2 075	5 875	11 965	0.09	0.46	1.05	2.35
SG	21 032	94 806	233 828	305 033	0.33	1.48	3.75	5.41
GR	13 217	32 029	175 846	325 852	0.26	0.62	3.56	7.13
AG	3 551	40 199	90 925	255 338	0.04	0.49	1.18	3.75
TG	11 417	17 199	71 693	219 510	0.29	0.44	1.87	5.92
TI	1 172	8 870	32 771	63 792	0.02	0.13	0.57	1.22
VD	64 270	118 208	302 642	577 133	0.61	1.13	3.11	6.44
VS	1 337	16 828	64 761	119 204	0.02	0.22	0.83	1.59
NE	8 000	40 467	200 070	166 073	0.45	2.28	12.33	10.90
GE	18 863	48 725	110 422	258 452	1.50	3.86	9.83	27.43
CH	329 068	789 118	2 520 700	4 622 010	0.31	0.73	2.44	4.78

[1] Landwirtschaftliche Bevölkerung (Berufstätige und Nichtberufstätige) der Jahre 1888 (bezogen auf die Kantonsbeiträge der Jahre 1880 und 1890), 1900 sowie 1910 (bezogen auf die Kantonsbeiträge des Jahres 1912). Bevölkerungszahlen siehe Statistisches Handbuch der schweizerischen Landwirtschaft 1968, S. 5.

wurde), Schwyz, Appenzell-Innerrhoden und Obwalden. Zweifellos wurde die Höhe der staatlichen Leistungen maßgebend von der Größe, Lage und Finanzkraft der Kantone sowie von der Betriebsstruktur und Produktionsrichtung der Landwirtschaft beeinflußt. Die Unterschiede zwischen den Kantonen waren 1912 bedeutend niedriger als 1880, indem die prozentuale Standardabweichung der absoluten kantonalen Ausgaben vom arithmetischen Mittel derselben 1880 51%, 1912 dagegen noch 5% betrug[1], was nicht zuletzt ein Erfolg der Bundessubventionen und der an sie geknüpften Bedingungen darstellt.

[1] Berechnung nach der Formel $\sqrt{\frac{\Sigma\ d^2}{25}}$, wenn d = die Abweichung der einzelnen Kantonszahlen von deren arithmetischem Mittel bedeutet:

1880 Arithmetisches Mittel der kantonalen Gesamtausgaben
     329 068 : 25 = 13 163 Franken = 100%
     Standardabweichung 19 900 Franken = 151%
1912 Arithmetisches Mittel der kantonalen Gesamtausgaben
     4 622 010 : 25 = 184 880 Franken = 100%
     Standardabweichung 193 600 Franken = 105%

X. Biographisches Verzeichnis

Biographische Daten von Personen, deren Lebenszeit zu einem erheblichen Teil in die Berichtsperiode fällt und die sich um die Entwicklung der schweizerischen Landwirtschaft besondere Verdienste erworben haben.

Bei Dozenten an der Eidgenössischen Polytechnischen Schule (seit 1911: Eidgenössische Technische Hochschule) wurde für letztere einheitlich die Bezeichnung ETH und bei diplomierten Absolventen der landwirtschaftlichen Abteilung die Bezeichnung Ingenieur-Agronom verwendet. Als Quellen wurden unter anderen benutzt:

bei   Dozenten an der ETH: Verzeichnis der Lehrkräfte in der Festschrift Eidgenössische Technische Hochschule 1855–1955, Zürich 1955;

bei   Mitgliedern der eidgenössischen Räte: Erich Gruner und Karl Frei, Die Schweizerische Bundesversammlung 1848–1920, Bd. II, Bern 1966;

bei   den übrigen Personen: Nekrologe in Zeitschriften, Verzeichnisse ehemaliger Vorstandsmitglieder in Jubiläumsschriften, teilweise Erhebungen bei den Zivilstandsämtern.

Abt, Heinrich, von Bünzen AG. *26. 6. 1854 in Bünzen, †15. 11. 1937 in Bünzen. Landwirt. Lehrer an der Ldw. Schule Brugg von 1887 bis 1906, deren Rektor in allen Jahren, ausgenommen 1903/04. Präsident der Aarg. ldw. Gesellschaft von 1891 bis 1893. Mitgründer und Vorstandsmitglied des Volg von 1886 bis 1919, dessen Präsident von 1905 bis 1919. Redaktor des Genossenschafters, Organs des Volg, von 1895 bis 1899. Mitgründer und Präsident des Verbandes schweiz. Braunviehzuchtgenossenschaften von 1897 bis 1912. Vorstandsmitglied des Schweiz. Bauernverbandes von 1897 bis 1901, Mitglied des Leitenden Ausschusses von 1901 bis 1933 und Redaktor der Schweiz. Bauernzeitung, Organs des Schweiz. Bauernverbandes, von 1901 bis 1903. Nationalrat von 1911 bis 1919.

Anderegg, Felix, von Rumisberg BE. *21. 6. 1834 in Rötenbach BE, †8. 5. 1911 in Bern. Primarlehrer. Lehrer für Ldw. an der Kantonsschule Chur von 1874 bis 1883. Aktuar der Bündnerischen volkswirtschaftlichen Kommission von 1874 bis 1877. Gründer und erster Redaktor des Volkswirtschaftlichen Blattes für den Kt. Graubünden von 1877 bis 1883. Ständiger Sekretär des Schweiz. ldw. Vereins von 1883 bis 1888 und gleichzeitig Redaktor seines Organs, der Schweiz. ldw. Zeitschrift. Mitredaktor der Milch-Industrie von 1887 bis 1891. Laut eigener Angabe in seinem Illustrierten Lehrbuch für die gesamte schweiz. Alpwirtschaft, I. Teil, Bern 1897, verfaßte Anderegg bis 1895 450 land-, milch- und alpwirtschaftl. literarische Arbeiten, davon 136 Bücher und Broschüren. Als hiefür 1895 anläßlich der Schweiz. ldw. Ausstellung in Bern zuerst nur die silberne Medaille Anderegg zuerkannt wurde, entschied auf dessen Einsprache hin das Schiedsgericht für die Verleihung der silbervergoldeten Medaille, bemerkte aber: «Bei der außerordentlich großen und höchst ungleichartigen Beschaffenheit der Tätigkeit kann von gründlichem Erfassen der einzelnen Gegenstände kaum die Rede sein. Einer Reihe von Arbeiten geht dann auch die wünschbare Genauigkeit ab, und namentlich lassen die meisten Werke von Prof. F. Anderegg an zutreffenden Definitionen zu wünschen übrig. Lobenswert muß indessen die unermüdliche Tätigkeit hervorgehoben werden. Auch zollen wir den zahlreichen Anregungen die gebührende Anerkennung.»

Archinard, Jean-Charles, von Genf. *6. 4. 1829 in Satigny GE, †21. 12. 1906 in Troinex GE. Agronom. Präsident der Classe d'agriculture in Genf in den Jahren 1861/62, 1870/71 und 1884/85. Erhielt für die Schrift Statistique agricole du canton de Genève, Genf 1883, die höchste Auszeichnung der Classe d'agriculture (silberne Medaille). Veröffentlichte Aufsätze über die Lage der Ldw., die Verbreitung der Viehversicherungskassen, die kantonale Grundsteuer, die Einführung von Erntemaschinen usw. im Bulletin, dem Organ der Classe d'agriculture.

Baumgartner, Bonaventura, von Oensingen SO. *18. 8. 1822 in Oensingen, †4. 3. 1884 in Solothurn. Primarlehrer. Mitglied des Kantonsrates 1861 und 1873 bis 1875. Regierungsrat von 1861 bis 1873 und von 1875 bis 1884. Direktor der Soloth. Hypothekarkasse von 1873 bis 1875. Nationalrat 1875. Präsident des Ldw. Kantonalvereins Solothurn von 1862 bis 1878. Vorstandsmitglied des Vereins schweiz. Landwirte 1862 und 1863 und des Nachfolgevereins, des Schweiz. ldw. Vereins, von 1863 bis 1884, dessen Präsident von 1870 bis 1881. Herdebuchführer des Schweiz. ldw. Vereins von 1879 bis 1884. Redaktor und Herausgeber des Ldw. Volksblattes, Solothurn, von 1873 bis 1884 und der Schweiz. ldw. Zeitschrift, Organs des Schweiz. ldw. Vereins, 1873. Verfasser von: Beiträge zur Statistik über Landbau, Viehzucht und Milchwirtschaft im Kt. Solothurn, Solothurn 1863; Die schweiz. Rindviehrassen, Solothurn 1872; Die vorzüglichsten Schweinerassen, Solothurn 1877.

Beck-Leu, Franz Xaver, von Sursee LU. *6. 3. 1827 in Sursee, †30. 8. 1894 in Sursee. Großbauer. Mitglied des Großen Rates von 1871 bis 1891. Nationalrat von 1869 bis 1894. Mitgründer und Präsident des Bauernvereins des Kts. Luzern 1859 bis 1860. Mitgründer des Schweiz. alpwirtschaftlichen Vereins 1863. Setzte sich als einer der ersten Politiker für land- und alpwirtschaftliche Interessen ein.

Bieler, Samuel, von Préverenges VD. *4. 11. 1827 in Genf, †5. 10. 1911 in Lausanne. Tierarzt. Dr. h. c. der Universität Lausanne 1902 und der Universität Bern 1903. Lehrer von 1858 bis 1865 an der privaten, aber vom Kt. Waadt unterstützten Landwirtschaftsschule in Bois-Bougy bei Nyon VD, gegr. 1856, aufgehoben 1865. Anschließend Kursleiter im Auftrage des Kts. Waadt. Lehrer an der staatlichen ldw. Winterschule Lausanne von 1870 bis 1911, deren Direktor seit 1876. Direktor des Institut agricole in Champ-de-l'Air Lausanne von 1887 bis 1903. Mit Jean Dufour und Ernest Chuard Herausgeber der Chronique agricole et viticole du canton de Vaud von 1888 bis 1890 und ab 1891 (Übernahme der Zeitschrift durch das Institut agricole) deren Mitredaktor bis Ende 1908, als die Zeitschrift einging. Mitredaktor der Nachfolge-Zeitschrift La terre vaudoise von 1909 bis 1911. Präsident der Société d'agriculture de la Suisse romande 1874.

Borel, Charles, von Couvet NE. *23. 4. 1833 in Le Havre (Frankreich), †7. 4. 1915 in Collex-Bossy GE. Landwirt (Studien an der französischen Hochschule Grignon), seit 1863 Besitzer des Schloßgutes Collex. Von 1879 bis 1914 Gründer, Herausgeber und Hauptredaktor des Journal d'agriculture suisse (hervorgegangen aus der von A. Larpin in Lausanne hrsg. La Ferme suisse und des in Genf erschienenen Le cultivateur de la Suisse romande). Die Zeitschrift zeichnete sich u. a. durch ihre sorgfältigen Marktberichte aus und enthielt von 1880 bis 1893 auch Erntetabellen auf Grund besonderer Erhebungen der Redaktion. Herdebuchführer für die Westschweiz von 1880 bis 1890. Hauptgründer der Fédération des sociétés d'agriculture de la Suisse romande 1881, deren Sekretär von 1881 bis 1914. Mitglied des Vorstandes des Schweiz. Bauernverbandes von 1897 bis 1908.

Burri, Robert, von Malters LU und Bern. *13.7.1867 in Cham, †16.5.1952 in Bern. Dipl. Fachlehrer in naturwissenschaftlicher und physikalischer Richtung, Dr. phil. Dr. h. c. der Universitäten Syracuse (NY, USA) 1923 und der Universität Bern 1934. Hilfslehrer von 1899 bis 1903, dann Tit.-Prof. von 1903 bis 1906 für ldw. Bakteriologie an der ETH. Vorstand der Eidg. milchwirtschaftlichen und bakteriologischen Anstalt Liebefeld-Bern von 1907 bis 1937. Prof. für milchwirtschaftliche Bakteriologie an der Universität Bern von 1920 bis 1937. Verzeichnis der Veröffentlichungen in: Schweiz. Landwirtschaftsdepartement, Die Maßnahmen des Bundes zur Förderung der Landwirtschaft 1851 bis 1912, Bern 1914, S. 70–72, und 1913 bis 1924, Bern 1925, S. 83–90.

Chuard, Ernest, von Corcelles-près-Payerne VD. *31.7.1857 in Corcelles, †9. 11. 1943 in Lausanne. Dr. der Chemie. Dr. h.c. der Universität Zürich 1933. Prof. für Chemie an der Akademie (seit 1890 Universität) Lausanne von 1882 bis 1911. Lehrer an der landwirtschaftlichen Winterschule Lausanne von 1884 bis 1912, deren Direktor 1911/12. Direktor des chemischen Laboratoriums der Station viticole Lausanne von 1904 bis 1907 und des Institut agricole von 1903 bis 1911. Mitglied des Großen Rates von 1909 bis 1912, Regierungsrat von 1912 bis 1919, Nationalrat von 1907 bis 1919 und Bundesrat von 1919 bis 1928. Präsident der Soc. vaud. d'agriculture et de viticulture von 1900 bis 1905 und der Féd. des soc. d'agriculture de la Suisse romande von 1906 und 1907. Mitglied des Vorstandes des Schweiz. Bauernverbandes von 1907 bis 1917 und dessen Leitenden Ausschusses von 1917 bis 1920. Mitgründer und -redaktor der Chronique agricole et viticole du ct. de Vaud, Organs des Institut agricole, der Soc. vaud. d'agriculture et de viticulture und der Soc. vaud. des forestiers von 1888 bis 1908. Verfasser wissenschaftlicher Schriften, insbesondere über den Weinbau sowie einer Geschichte der schweiz. Ldw. in: Die Schweiz im 19. Jahrhundert, hrsg. von P. Seippel, Bern und Lausanne 1900.

Dängeli, Johann, von Guggisberg BE. *20.3.1811 in Guggisberg, †6.11.1862 in Zürich. Primarlehrer. Lehrer am Fellenbergschen Institut in Hofwil von 1833 bis 1848,. Lehrer an der Sekundarschule Aarberg von 1848 bis 1853. Direktor der Ldw. Schule Strickhof von 1853 bis 1862. Redaktor der Schweiz. Zeitschrift für Ldw., Organs des Vereins für Ldw. und Gartenbau im Kt. Zürich, von 1857 bis 1859 und der Nachfolge-Zeitschrift Ldw. Wochenblatt, Organs des Schweiz. ldw. Zentralvereins, von 1860 bis 1862. Verfasser von: Bauernbüchlein, Zürich 1860.

Donini, Gaetano, von Gentilino bei Lugano. *1.8.1874 in Gentilino, †28.4.1926 in Gentilino. Ingenieur-Agronom. Mitglied des Großen Rates von 1901 bis 1905 und von 1921 bis 1926. Regierungsrat von 1905 bis 1909. Abteilungsleiter am Internationalen Institut der Ldw. in Rom von 1909 bis 1915. Nationalrat von April 1920 bis November 1922. Sekretär der Società cantonale di agricoltura und gleichzeitig Redaktor ihres Organs, des Agricoltore ticinese, von 1903 bis 1905. Initiant und erster Präsident der Cooperativa agricola ticinese von 1905 an. Gründer und erster Präsident der Società cant. di pollicoltura von 1896 an. Hauptinitiant der 1915 eröffneten Ldw. Schule Mezzana. Hauptgründer und erster Präsident der Tessiner Bauernpartei (Partito agrario populare ticinese) von 1921 bis 1926. Vorstandsmitglied des Schweiz. Bauernverbandes von 1905 bis 1909 und von 1921 bis 1926. Verfasser von: La protezione degli uccelli, 1897; Die rationelle Geflügelzucht mit besonderer Berücksichtigung der ldw. Nutzgeflügelzucht,

1901; Per una scuola d'agricoltura nel cantone Ticino, Rom 1910; Zur Frage der Getreideversorgung in der Schweiz, 1914.

Dufour, Jean, von Le Châtelard-Montreux. *6. 9. 1860 in Lausanne, †15. 12. 1903 in Yverdon. Botaniker. Prof. für allgemeine Botanik, später für Pflanzenphysiologie an der Universität Lausanne von 1886 bis 1903, gleichzeitig Leiter der kant. Weinbaustation in Lausanne. Kant. Rebbaukommissär von 1890 bis 1903. Machte sich besonders um die Bekämpfung der Reblaus und des falschen Mehltaus verdient. Die 1894 in Lausanne veröffentlichte Schrift Guide du vigneron dans la lutte contre le phylloxéra erschien 1895 auch in deutscher Übersetzung.

Fehr, Viktor, von St. Gallen und seit 1897 von Frauenfeld. *29. 5. 1846 in St. Gallen, †21. 1. 1938 in Weinfelden. Gutsbesitzer. Dr. h. c. der ETH 1931. Erwarb 1867 den Gutsbetrieb Kartause Ittingen bei Frauenfeld und 1901 in der Nähe einen weiteren Betrieb und wußte beide als einträgliches Mustergut zu bewirtschaften. Verwendete vor allem moderne Geräte und Maschinen und suchte nach Möglichkeit durch Weiterveredlung in eigenen Hilfsbetrieben (Molkerei, Kelterei, Brennerei) dem Markt Endprodukte zu liefern. Dem Thurg. ldw. Verein stellte er von 1876 an während einiger Jahre auf dem Betrieb eine permanente Ausstellung land- und hauswirtschaftlicher Geräte und Maschinen, verbunden mit Probestation und Verkaufsdepot, zur Verfügung. Setzte sich 1880 im Schweiz. ldw. Verein als erster für vermehrten Zollschutz ein und war 1881 Hauptgründer der Gesellschaft schweiz. Landwirte, bis 1912 deren Vizepräsident und von 1912 bis 1931 Präsident. Präsident des Schwciz. Obst- und Weinbauvereins von 1895 bis 1917. Mitglied des Leitenden Ausschusses des Schweiz. Bauernverbandes von 1897 bis 1936.

Felber, Theodor, von Sursee LU. *25. 2. 1849 in Sursee, †27. 1. 1924 in Zürich. Forstingenieur. Geometer in Solothurn von 1869 bis 1871. Oberförster des Kreises Willisau-Entlebuch von 1871 bis 1874. Oberförster der Oberallmeindkorporation Schwyz von 1874 bis 1877. Kantonsoberförster beider Appenzell von 1877 bis 1880. Kantonsoberförster von Appenzell-Außerrhoden von 1880 bis 1888 und Forstmeister der Stadt Winterthur von 1888 bis 1894. Prof. für Forstwissenschaften an der ETH von 1894 bis 1917. Vorstandsmitglied des Schweiz. ldw. Vereins von 1885 bis 1898. Mitglied der Verwaltungskommission des Schweiz. Fonds für Hilfe bei nicht versicherbaren Elementarschäden von 1904 bis 1924. Verfasser u. a. von: Anleitung zur Ausmessung und Berechnung ldw. Grundstücke und Produkte, Herisau 1880 (1. Aufl.), Zürich 1919 (3. Aufl.); Unfallhäufigkeit und Unfallverhütung bei Forst- und Landwirtschaftsarbeiten in: Zeit-

schrift für Forstwesen 1897; Natur und Kunst im Walde, Frauenfeld 1906
(1. Aufl.) und 1910 (2. Aufl.).

von Fellenberg-Ziegler, Ferd. Albert, von Bern. *4.1.1819 in der Wegmühle,
Gemeinde Bolligen, †5.10.1902 in der Wegmühle. Gutsbesitzer in der Wegmühle
bei Bolligen. Präsident der Ökonomischen Gesellschaft Bern von 1866 bis 1874.
Redaktor ihres Organs, der Bernischen Blätter für Landwirtschaft, von 1856 bis
1861 und von 1866 bis 1874. Mit Fritz Rödiger Herausgeber des Schreibkalenders für die schweiz. Landwirte und Bauern von 1861 bis 1884. Schrieb für Zeitschriften insbesondere über Bauten, Bodenverbesserungen, Düngung, Geräte und
Maschinen, Fütterung und allgemeine Wirtschaftsfragen. Verfasser von Einzelschriften, wie: Der Geist in der Materie (Anleitung zum Konservieren des Stick-
stoffs im Stalldünger durch Gips), Bern 1856; Bewässerungslehre, Luzern 1859;
Über die Trockenlegung und Urbarmachung der Sümpfe, Bern 1864; Beschreibung von Scheunen und Ställen, Bern 1887; Drei Hauptstücke für den schweiz.
Bauer, Aarau 1890. Seit den 1870er Jahren auch Verfasser verschiedener Schriften über homöopathische Heilmethoden.

Fonjallaz, Eugène, von Epesses und Lutry VD. *30.5.1853 in Epesses, †2.2.1917
in Epesses. Rebgutbesitzer. Mitglied des Großen Rates von 1882 bis 1884 und
von 1889 bis 1917. Regierungsrat von 1908 bis 1917. Nationalrat von 1885 bis
1908 und von 1910 bis 1917. Präsident des Syndicat des vins vaudois. Mitglied
des Leitenden Ausschusses des Schweiz. Bauernverbandes und gleichzeitig dessen
zweiter Vizepräsident von 1897 bis 1917. Vertrat in den Parlamenten vor allem
die Interessen der Rebbauern.

Frick, Johannes, von Uttenberg-Mettmenstetten ZH. *8.10.1828 in Uttenberg,
†25.7.1885 in Zürich. Sekundarlehrer. Direktor der Ldw. Schule Strickhof im
Schuljahr 1877/78 und von 1879/80 bis 1884/85. Regierungsrat 1878/79. Vorstandsmitglied des Schweiz. ldw. Vereins von 1877 bis 1885, dessen Präsident von
1882 bis 1885. Dozent für Obstbau an der ETH 1884/85, Präsident des Schweiz.
Obst- und Weinbauvereins von 1873 bis 1885. Redaktor des Zürcher Bauern
von 1883 bis 1885. Schrieb für Zeitschriften namentlich über Fortbildungsschulen,
Viehausstellungen, Ackerbau und besonders Obstbau.

Fritz, Hermann, von Bingen a. Rh. (Hessen, Deutschland). *3.9.1830 in Bingen
a. Rh., †16.8.1893 in Zürich. Hilfslehrer für technisches Zeichnen von 1859 bis
1872, Tit.-Prof. von 1872 bis 1893 an der ETH. Verfasser von: Handbuch der
ldw. Maschinen, Berlin 1880; Die Geräte und Maschinen der Ldw., ein Leitfaden

mit besonderer Berücksichtigung der Verhältnisse der Schweiz und verwandter Länder, Aarau 1884.

Gerber, Niklaus, von Langnau i. E. BE. *8. 6. 1850 in Thun, †9. 2. 1914 in Zürich. Chemiker. Dr. phil. Technischer Leiter der Milchproduktenfabrik Gerber & Co. in Thun. Nach dreijährigem Aufenthalt in den USA Rückkehr in die Schweiz. Mitredaktor der Milch-Industrie von 1885 bis 1887. Gründer und Besitzer der ersten Molkerei in Zürich, 1887 gegr. (Dr. N. Gerber's Molkerei). 1909 erfolgt der Zusammenschluß mit der 1889 gegr. Zürcher Zentralmolkerei zu den Vereinigten Zürcher Molkereien. Initiant des Schweiz. milchwirtschaftlichen Vereins, 1887 gegr. Vertrat gegenüber Schatzmann Mitte der 1880er Jahre in scharfer Form die neuere Richtung der milchwirtschaftlichen Forschung und Praxis. Verbesserte die Milchprüfungsmethode. Verfasser u. a. von: Die praktische Milchprüfung, 6. Aufl., Bern 1895.

Grete, Ernst August, von Celle (Hannover, Deutschland). *29. 9. 1848 in Celle, †26. 3. 1919 in Zürich. Dr. phil. Chemiker. Privatdozent für chemische Fächer an der ETH von 1878 bis 1919. Vorstand der Schweiz. agrikulturchemischen Untersuchungsstation von 1878 bis 1919. Verzeichnis der Veröffentlichungen in: Schweiz. Landwirtschaftsdepartement, Die Maßnahmen des Bundes zur Förderung der Landwirtschaft, 1851 bis 1912, Bern 1914, S. 42, 43.

Gysel, Zacharias, von Wilchingen SH. *25. 1. 1818 in Wilchingen, †15. 12. 1878 in Wilchingen. Lehrer, Jurist, Landwirt. Mitglied des Kantonsrates von 1844 bis 1852 und von 1873 bis 1874. Regierungsrat von 1848 bis 1868, 1871 und von 1875 bis 1878. Ständerat von 1848 bis 1850 und von 1855 bis 1857. Mitgründer und zeitweise Präsident des 1850 entstandenen Kant. ldw. Vereins Schaffhausen. Vorstandsmitglied des Vereins schweiz. Landwirte von 1859 bis 1863. Verfasser von Aufsätzen in ldw. Zeitschriften sowie der Einzelschrift, Der Schaffhauser Bauer, wie er sein sollte und wie er nicht ist, wie er ist und wie er nicht sein sollte, Schaffhausen 1854.

Häni, Rudolf, von Wengi bei Büren BE. *22. 7. 1833 in Wengi, †20. 4. 1896 in Bern. Lehrer. Werkführer von 1860 bis 1864 und Lehrer von 1864 bis 1883 an der Ldw. Schule Rütti, deren Direktor von 1871 bis 1883. Verwalter des kant. Salzamtes von 1883 bis 1896. Nationalrat von 1887 bis 1896. Vorstandsmitglied der Ökonomischen Gesellschaft Bern von 1860 bis 1896, deren Präsident von 1890 bis 1892 sowie Redaktor ihres Organs, der Bernischen Blätter für Ldw., von 1880 bis 1892. Mitredaktor der Milch-Industrie, Organs des Verbandes bernischer Interessenten für Milchwirtschaft und Käse-Industrie, von 1885 bis 1886.

Herausgeber des Schreibkalenders für schweiz. Landwirte und Bauern von 1885 bis 1897. Vorstandsmitglied des Schweiz. ldw. Vereins von 1881 bis 1888, dessen Präsident von 1885 bis 1888. Verfasser von: Spezieller Pflanzenbau, Bern 1876; Der Kartoffelbau, Bern 1889.

Hafter, Adam, von Weinfelden und seit 1879 von Zürich. *10. 3. 1834 in Weinfelden, †24. 8. 1914 in Zürich. Lehrer an der Ldw. Schule Kreuzlingen von 1857 bis 1864, an der Ldw. Schule Muri AG von 1864 bis 1868 und der Ldw. Schule Strickhof von 1868 bis 1877. Direktor dieser Schule von 1870 bis 1877. Regierungsrat von 1877 bis 1882, Mitgründer und erster Präsident der Schweiz. Hagelversicherungsgesellschaft von 1880 bis 1896. Präsident des Vereins für Ldw. und Gartenbau des Kantons Zürich von 1879 bis 1889 und Redaktor seines Organs, des Zürcher Bauern, von 1870 bis 1883. Schrieb für Zeitschriften über die meisten ldw. Betriebszweige. Verfasser u. a. der Einzelschriften: Die Landwirtschaft nach neueren Gesichtspunkten, Zürich 1873; Landwirtschaftliche Wandervorträge, 4 Bände, Zürich 1878–1881.

Hallauer, Johannes, von Trasadingen SH. *19. 5. 1827 in Trasadingen, †7. 8. 1884 in Trasadingen. Landwirt. Regierungsrat von 1859 bis 1872 und von 1879 bis 1884. Dazwischen von 1873 bis 1878 Expropriationskommissär der Gotthardbahngesellschaft. Ständerat von 1865 bis 1873 und von 1878 bis 1879. Vorstandsmitglied und zeitweise Präsident des Kant. ldw. Vereins Schaffhausen. Initiant der 1858 begonnenen amtlichen Weinbaustatistik und Förderer der übrigen ldw. Statistik. Hauptverfasser der im Auftrage einer Konferenz ostschweiz. Kantone dem Bundesrat übergebenen Denkschrift zur Wahrung der schweiz. Interessen der Ldw., insbesondere des inländischen Weinbaues, bei Abschluß eines Handelsvertrages mit den deutschen Zollvereinsstaaten vom 30. 5. 1866.

Heeb, Gebhart, von Lienz, Gemeinde Altstätten SG. *4. 11. 1866 in Lienz, †31. 8. 1905 in Bern. Ingenieur-Agronom. Dr. phil. Sekretär des sanktgallischen Volkswirtschaftsdepartements von 1894 bis 1903. Mitredaktor des Schweizer Bauern in Bern von 1903 bis 1905. Vorstandsmitglied des Schweiz. ldw. Vereins von 1898 bis 1905, dessen Aktuar von 1899 bis 1905. Vorstandsmitglied des Schweiz. Bauernverbandes von 1897 bis 1905. Verfasser von Heft 18 der Statistik des Kts. St. Gallen mit den Abschnitten Rindviehversicherung, Rebareal, Ldw. Arbeitskräfte und Arbeitslöhne, 1902.

Heer, Oswald, von Glarus und Zürich. *31. 8. 1809 in Niederuzwil SG, †27. 9. 1883 in Lausanne. PD Universität Zürich 1834, Prof. 1835 bis 1881, Prof. ETH 1855 bis 1881 für spezielle Botanik. Mitgründer des Vereins für Ldw. und Gartenbau des Kts. Zürich, dessen erster Präsident von 1842 bis 1861 und Mitgründer des 1858 entstandenen Schweiz. ldw. Bundes. Verfasser u. a. von: Landbau u. Alpwirtschaft des Kts. Glarus in der Sammlung Gemälde der Schweiz, Bd. VII, 1846; Die Urwelt der Schweiz, 1864.

Käppeli, Josef, von Rickenbach, Gemeinde Merenschwand AG. *18. 12. 1872 in Rickenbach, †1. 9. 1942 in Luzern. Ingenieur-Agronom. Dr. phil. Lehrer an der Ldw. Schule Sursee 1895/96, an der Ldw. Schule Rütti von 1896 bis 1912, deren Direktor von 1908 bis 1912. Zentralverwalter der schweiz. ldw. Versuchs- und Untersuchungsanstalten in Liebefeld 1912. Direktor der Abt. für Ldw. im Eidg. Volkswirtschaftsdep. 1913–38. Geschäftsführer des Verbandes schweiz. Fleckviehzuchtgenossenschaften von 1896 bis 1908, dessen Präsident von 1909 bis 1913. Verfasser u. a. der Monographie Das Simmentalervieh der Schweiz, 1902; des Leitfadens für ldw. Schulen Allgemeine Tierzucht, 1902; der Festschrift zur Feier des 50jährigen Bestandes der Ldw. Schule Rütti-Bern, 1911.

Knüsel, Peter, von Udligenswil LU und Ehrenbürger von Luzern 1914. *20. 2. 1857 in Udligenswil, †14. 1. 1944 in Luzern. Tierarzt. Dr. h. c. der Universität Zürich 1906. Schlachthausverwalter in Luzern von 1883 bis 1921, Kantonstierarzt von 1921 bis 1937, Lehrer an der Ldw. Schule Sursee von 1885 bis 1893. Mitglied des Großen Rates von 1895 bis 1918, Nationalrat von 1902 bis 1928. Präsident des Verbandes schweiz. Braunviehzuchtgenossenschaften von 1897 bis 1942 und Vorstandsmitglied der Kommission schweiz. Viehzuchtverbände von 1905 bis 1942, deren Präsident von 1917 bis 1942. Zuerst bekannt geworden als Leiter systematischer Fütterungsversuche mit Kraftfutter und Verfasser der Berichte darüber: Kraftfütterung, Luzern 1880 (französische Ausgabe: Alimentation intensive, Lausanne 1881); Erster und zweiter Bericht über Fütterungsversuche 1881, Luzern 1881.

Kohler, Joh. Michael, von Thalheim (Württemberg, Deutschland), seit 1838 von Küsnacht ZH. *6. 10. 1812, †12. 4. 1884 in Küsnacht. Lehrer am 1832 eröffneten Lehrerseminar Küsnacht spätestens von 1836 an bis 1872 (im Regierungsetat für das Jahr 1836 erstmals aufgeführt). Tit.-Prof. mit Lehrauftrag für Garten-, Obst- und Weinbau an der ETH von 1873 bis 1884. Mitgründer des Vereins für Ldw. und Gartenbau des Kts. Zürich 1843, Redaktor seines Organs, der Schweiz. Zeitschrift für Ldw., von 1850 bis 1856. Verfasser u. a. von: Ldw. Beschreibung der Gemeinden Dettenriedt, Höngg, Thalwil, Uitikon, Wangen, Weiach, Zürich 1852; Die wichtigsten Kernobstsorten des Kantons Zürich, Zürich 1864; Der Weinstock und der Wein, Aarau 1869, mit Ergänzungen von 1871 und 1877; Der Weinbau und die Weinbehandlung, Aarau 1878.

Kopp, Joh. Jakob, von Romanshorn. *2.6.1819 in Steckborn TG, †15.3.1889 in Zürich. Forststudium am Karolinum in Braunschweig, Deutschland. Forstmeister und Drainageinspektor des Kts. Thurgau. Prof. für Forstwissenschaft an der ETH von 1860 bis 1889. Präsident der Pomologischen Kommission des Schweiz. ldw. Vereins von 1863 bis 1867. Mitverfasser der Forststatistik des Kantons Thurgau, Frauenfeld 1860 (der ersten kantonalen Statistik dieser Art in der Schweiz); Verfasser der Anleitung zur Drainage, Frauenfeld 1865.

Kraemer, Adolf, von Darmstadt (Deutschland), seit 1898 von Zürich. *25.5.1832 in Berleburg (Westfalen, Deutschland), †2.12.1910 in Zürich. Dr. phil., Prof. für ldw. Betriebslehre u. Tierproduktion sowie Vorstand der ldw. Abtlg. an der ETH von 1871 bis 1905. Redaktor der Schweiz. ldw. Zeitschrift, Organs des Schweiz. ldw. Vereins, von 1874 bis 1881 und des Schweiz. ldw. Centralblattes, Organs der Gesellschaft schweiz. Landwirte, von 1881 bis 1888. Verfasser u. a. von: Die Buchhaltung des Landwirts, Bonn 1881; Beiträge zur Wirtschaftslehre des Landbaues, Aarau 1881; Vergleichende Darstellung der Maßregeln und Einrichtungen zur Förderung der Landwirtschaft in verschiedenen Ländern Europas und ihre Nutzanwendung auf schweizerische Verhältnisse, Zürich 1882; Das schönste Rind, Zürich 1883; Die Landwirtschaft im schweiz. Flachlande, Frauenfeld 1897; Die Landwirtschaft im 19. Jahrhundert, mit besonderer Berücksichtigung schweiz. Verhältnisse, Frauenfeld 1902.

Kramer, Ulrich, von Volken ZH, seit 1894 von Zürich. *24.8.1844 in Volken, †19.8.1914 in Zürich. Primarlehrer in Zürich-Fluntern von 1864 bis 1896. Dr. h. c. der Universität Bern 1908. Vorstandsmitglied des Vereins schweiz. Bienenfreunde, dessen Präsident von 1895 bis 1914. Gründer und Chef der apistischen Beobachtungsstationen von 1884 bis 1906. Mitarbeiter der Schweiz. Bienenzeitung bis 1914 mit rund 300 größeren oder kleineren Aufsätzen. Mit P. Theiler und J. Jecker Verfasser von: Der Schweizerische Bienenvater, 1889 bis 1914, 8 Auflagen; Die Rassenzucht der Schweizer Imker, 1908 bis 1914, 5 Auflagen.

Landolt, Elias, von Kleinandelfingen ZH, seit 1875 von Zürich. *28.10.1821 in Kleinandelfingen, †18.5.1896 in Zürich. Forststudien an den Forstakademien Hohenheim und Tharanth (Deutschland). Forstmeister 1853 des Kts. Zürich, Oberforstmeister 1864. Prof. für Forstwirtschaft an der ETH von 1855 bis 1893. Präsident des Vereins für Ldw. und Gartenbau des Kts. Zürich von 1861 bis 1868 und von 1870 bis 1879. Vorstandsmitglied des Schweiz. ldw. Vereins von 1863 bis 1865 und von 1867 bis 1877. Mitgründer und Vorstandsmitglied des Schweiz. alpwirtschaftlichen Vereins 1863. Verfasser u.a. von: Bericht über die Untersuchung der schweiz. Hochgebirgswaldungen, vorgenommen in den Jahren 1858, 1859 und 1860 (behandelt auch die Alpwirtschaft), 3 Teile: Zürich 1860, Bern 1860 und 1862; Der Wald, seine Verjüngung, Pflege und Benutzung, Zürich 1866 bis 1895, 1. bis 4. Auflage; Forst-Statistik des Kantons Zürich, zusammengestellt im Jahre 1879, Winterthur 1880; Forstliche Betriebslehre, Zürich 1892; Die Bäche, Schneelawinen und Steinschläge und die Mittel zur Verminderung der Schädigungen durch dieselben, Zürich 1886; Redaktor der Schweiz. Zeitschrift für das Forstwesen, Organs des Schweiz. Forstvereins, von 1861 bis 1893.

Laur, Ernst, von Basel. *27.3.1871 in Basel, †30.5.1964 in Effingen AG. Ingenieur-Agronom, Dr. phil. Dr. h.c. der Hochschule für Bodenkultur Wien 1920, der Ldw. Hochschule Hohenheim 1922, der Universität Bern 1934, der Ldw. Hochschule Brünn 1936 und der Palatin-Joseph-Universität Budapest 1941. Lehrer an der Ldw. Schule Brugg von 1894 bis 1898. PD für Agrarpolitik von 1901 bis 1908 und Prof. für Ldw., vorzugsweise Betriebslehre, von 1908 bis 1937 an der ETH. Erster schweiz. Bauernsekretär (Leiter der Geschäftsstelle des 1897 gegr. Schweiz. Bauernverbandes) von 1898 bis 1939. Verfasser u.a. von (bis 1913): Die Hebung des schweiz. Getreidebaues durch ein Getreidemonopol, Aarau 1895; Ldw. Buchhaltung für bäuerliche Verhältnisse, Aarau 1898; Ldw. Betriebslehre für bäuerliche Verhältnisse, Aarau 1907; Grundlagen und Methoden der Bewertung, Buchhaltung und Kalkulation in der Ldw., Berlin 1911.

Lindenmann, Rudolf, von Fahrwangen AG. *24.4.1808 in Fahrwangen, †4.12. 1871 in Köthen (Deutschland). Fürsprecher. Mitglied des Großen Rates von 1834 bis 1852 und von 1856 bis 1862. Regierungsrat von 1841 bis 1851. Kreispostdirektor in Aarau von 1851 bis 1859. Präsident der Aarg. ldw. Gesellschaft von 1858 bis 1863 und Redaktor dessen Organs, der Mitteilungen über Haus-, Land- und Forstwirtschaft, von 1843 bis 1852. Präsident des Vereins schweiz. Landwirte von 1856 bis 1863. Mitinitiant der Aarg. ldw. Lehranstalt in Muri 1861.

Lutz, Jakob, von Thal SG. *30.4.1845 in Thal, †2.5.1921 in Zürich. Primarlehrer. Hausvorstand der Rettungsanstalt Wiesen bei Herisau von 1867 bis 1874, Verwalter der Zwangsarbeitsanstalt Uitikon ZH von 1874 bis 1885. Direktor der Ldw. Schule Strickhof von 1885 bis 1897. Stadtrat von Zürich von 1897 bis 1901. Regierungsrat von 1901 bis 1919. Nationalrat von 1905 bis 1919. Mitgründer und Verwaltungsratsmitglied der Schweiz. Hagelversicherungsgesellschaft von 1880 bis 1921, deren Präsident von 1896 bis 1921. Präsident des Vereins für Ldw. und Gartenbau des Kts. Zürich von 1889 bis 1897 und Redaktor seines Organs, Der Zürcher Bauer von 1889 bis 1897. Vorstandsmitglied des Schweiz.

ldw. Vereins von 1885 bis 1888 und dessen Aktuar von 1888 bis 1897. Präsident des Schweiz. Obst- und Weinbauvereins von 1886 bis 1890. Verfasser zahlreicher Aufsätze in Zeitschriften über die meisten ldw. Betriebszweige.

Martin, Charles-Alexandre, von Genf. *20. 3. 1790 in Genf, †5. 10. 1876 in Genf. Kaufmann und Gutsbesitzer. Setzte sich seit Ende der 1820er Jahre nach langjährigem Aufenthalt in England im Kanton Genf namentlich für fortschrittliche Verfahren in der Tierzucht, wie sie die damalige englische Ldw. auszeichneten, und für Anwendung von Geräten und Maschinen ein. Präsident der Classe d'agriculture 1845/46, 1857/58, 1860/61 und 1866/67, in deren Bulletin seine zahlreichen Aufsätze erschienen. Mitbegründer des ab 1. 1. 1851 wöchentlich erscheinenden Le Cultivateur genevois (ab 1. 1. 1865: Le Cultivateur de la Suisse romande und ab 1. 10. 1879 im Journal d'agriculture suisse aufgegangen). Mitgründer der Société d'agriculture de la Suisse romande 1858.

Martinet, Gustave, von Vuitebœuf bei Yverdon VD. *23. 2. 1861 in Vuitebœuf, †6. 10. 1928 in Lausanne. Primarlehrer, Ingenieur-Agronom, Dr. h.c. der ETH 1921. Lehrer an der Ldw. Schule Lausanne von 1888 bis 1897. Leiter der Station laitière des Institut agricole Lausanne von 1889 bis 1897. Vorstand der Eidg. Samenuntersuchungs- und Versuchsanstalt Mont-Calme, Lausanne, von 1897 bis 1925. Erwarb sich dabei besondere Verdienste um die Förderung der Pflanzenzucht (Getreide, Klee, Kartoffeln, Tabak) und des Getreidebaus im allgemeinen. Gründete 1909 die Association suisse des sélectionneurs, Lausanne, und 1913 die Union suisse des moulins agricoles, Lausanne. Mitglied des Großen Rates von 1901 bis 1925. Präsident der Fédération des soc. d'agriculture de la Suisse romande 1911. Vorstandsmitglied des Schweiz. Bauernverbandes von 1917 bis 1928. Verzeichnis der Veröffentlichungen in: Schweiz. Landwirtschaftsdepartement, Die Maßnahmen des Bundes zur Förderung der Landwirtschaft, 1851 bis 1912, Bern 1914, S. 59/60. Mitredaktor der Terre vaudoise von 1909 bis 1928. Verfasser auch von volkswirtschaftlichen Schriften, wie: La situation de l'industrie laitière en Suisse, Lausanne 1889, und Situation de l'agriculture et de la viticulture, Lausanne 1901.

Merz, Friedrich, von Luzern. *28. 2. 1858 in Luzern, †17. 12. 1919 in Bern. Forstingenieur. Kreisförster im Entlebuch LU von 1879 bis 1885. Forstinspektor des Kreises Bellinzona von 1885 bis 1889. Forstinspektor des Kts. Tessin von 1889 bis 1909. Eidg. Forstinspektor für die Kantone Graubünden und Tessin von 1909 bis 1919 und für die Kantone Tessin, Uri, Schwyz, Ob- und Nidwalden 1919. Sekretär des Landwirtschaftsdepartementes beim Departement des Innern des Kts. Tessin von 1887 an. Präsident des Ldw. Bezirksvereins Bellinzona von

1893 bis 1909, auch zeitweise (z. B. 1898 und 1903) Präsident des Kant. ldw. Vereins. Aktuar des Schweiz. milchwirtschaftlichen Vereins von 1887 bis 1891. Redaktor der Schweiz. Milchzeitung von 1884 bis 1891. Verfasser u. a. von: Das Entlebuch und seine Viehzucht, Alpwirtschaft und Milchwirtschaft, Zürich 1887; Statistische Notizen über die Land- und Forstwirtschaft des Kantons Tessin, 1892; Alpstatistik des Kantons Tessin, 1911, sowie von zahlreichen Aufsätzen im Agricoltore ticinese. Erwarb sich besondere Verdienste um die Tessiner Land- und Forstwirtschaft (Verbauungen, Aufforstungen, Regelung der Nebennutzung des Waldes, Alpverbesserungen usw.).

Micheli, Louis, von Genf. *30. 6. 1836 in Genf, †13. 2. 1888 in Genf. Gutsbesitzer (Domäne Landecy, Gemeinde Bardonnex GE). Mitglied der Classe d'agriculture, deren Präsident 1868/69, 1872/73, 1878/79, 1880/81 und 1886/87. Mitgründer des Cercle des agriculteurs 1868, der regionalen Genfer Weinbauvereine 1873 sowie der Fédération des sociétés d'agriculture de la Suisse romande 1881 und deren erster Präsident.

Moos, Hans, von Schongau LU. *3. 2. 1862 in Aesch LU, †22. 1. 1929 in Zürich. Dipl. Naturwissenschafter mit 2 Semestern an der Ldw. Abteilung der ETH. Dr. med. vet. h.c. der Universität Zürich 1921. Direktor der Ldw. Schule Sursee von 1885 bis 1898. Prof. für Landwirtschaft an der ETH von 1898 bis 1929. Präsident des Bauernvereins des Kts. Luzern von 1905 bis 1929. Mitglied des Leitenden Ausschusses des Schweiz. Bauernverbandes von 1897 bis 1929 und Redaktor seines Organs, der Schweiz. Bauernzeitung, von 1903 bis 1926. Redaktor des Schweiz. ldw. Centralblattes, Organs der Gesellschaft schweiz. Landwirte, von 1896 bis 1900. Verfasser u.a. von: Einige Winke für die Anwendung von Hülfsdünger, Luzern 1888 (vom Schweiz. ldw. Verein herausgegeben); Wie baut der Landwirt zweckmäßig und billig?, 5. Aufl., Frauenfeld 1923; Die Landwirtschaft der Vereinigten Staaten von Amerika in ihrem Lande und an der Weltausstellung in Chicago 1893, Bern 1894.

Müller, Franz, von Zug (Familienfideikommiß Hofsiedlung Roost). *8. 4. 1845 in Zug, †10. 4. 1934 in Zug. Landwirt. Vorstandsmitglied des Ldw. Vereins des Kts. Zug von 1866 bis 1884, dessen Präsident von 1876 bis 1884. Erster Chef der Abteilung für Ldw. des Eidg. Volkswirtschaftsdepartements von 1885 bis 1912. Erwarb sich besondere Verdienste um die Hebung der Rindviehzucht und die Einführung der obligatorischen Rindviehversicherung. Verfasser zahlreicher Aufsätze und größerer Berichte.

Müller, Hermann, von Tägerwilen TG (wählte während des Aufenthaltes in Gei-

senheim, Deutschland, den erweiterten Namen Müller-Thurgau, den er später bei-
behielt). *21. 10. 1850 in Tägerwilen, †18. 1. 1927 in Wädenswil ZH. Sekundarlehrer. Nach einjährigem Unterricht in Stein a. Rh. Studium an der ETH von
1870 bis 1872. Dipl. Naturwissenschafter und Promotion in Würzburg, Deutschland, zum Dr. phil. Dr. h.c. der Universität Bern 1920. Leiter des Instituts für
Pflanzenphysiologie an der Preußischen Lehr- und Forschungsanstalt für Wein-,
Obst- und Gartenbau in Geisenheim von 1876 bis 1890. Direktor der deutsch-
schweizerischen Versuchsstation und Schule für Obst-, Wein- und Gartenbau in
Wädenswil von 1891 bis 1902 und – nach Übernahme durch den Bund – der
Schweiz. Versuchsanstalt für Obst-, Wein- und Gartenbau in Wädenswil (die
Schule blieb bis zur Aufhebung 1914 interkantonales Institut) von 1902 bis 1924.
Redaktor der Schweiz. Zeitschrift für Obst- und Weinbau von 1892 bis 1925.
Züchter der Riesling-Sylvaner-Rebe (in Deutschland und Österreich «Müller-
Thurgau-Rebe» genannt) und wissenschaftlicher Begründer der gärungsfreien
Obst- und Traubenverwertung. Verfasser grundlegender Arbeiten über Bekämp-
fung von Pflanzenkrankheiten und Hebung der Wein- und Obstsaftqualität.

Nägeli, Heinrich, von Zürich-Enge. *1. 7. 1850 in Zürich-Enge, †27. 1. 1932 in
Zürich. Landwirt. Mitglied des Kantonsrates von 1881 bis 1885. Regierungsrat
von 1885 bis 1920. Präsident des Schweiz. ldw. Vereins von 1888 bis 1928, der
ihm namentlich die Überwindung der 1880er Vereinskrise, die starke Verbreitung des Vereinsorgans im Zusammenwirken mit Redaktor Stebler und die erfolgreiche Betätigung auf dem Gebiete der Unfall- und Haftpflichtversicherung
verdankt. Mitglied des Leitenden Ausschusses des Schweiz. Bauernverbandes und
gleichzeitig dessen erster Vizepräsident von 1897 bis 1929.

Naville-Bontems, August-Jules, von Genf. *28. 9. 1816 in Genf, †15. 3. 1878 in
Genf. Gutsbesitzer (Domäne Villette, Gemeinde Chêne-Bougeries). Aktivstes
Mitglied und häufigster Präsident der Classe d'agriculture, nämlich 1852/53,
1854/55, 1856/57, 1862/63, 1867/68, 1869/70, 1871/72, 1875/76 und 1877/78.
Mitgründer der Wochenzeitschrift Le cultivateur genevois 1851 und der Société
d'agriculture de la Suisse romande 1858, deren Präsident 1866. Machte in der
Schweiz erstmals auf die Drainage aufmerksam in der Schrift De l'assainissement
des terres, ou drainage, Genf 1845.

Nowacki, Anton, von Hüttchen bei Schönlanke (Posen, Deutschland) und seit
1905 von Zürich. *30. 12. 1839 in Samolenz (Posen), †29. 8. 1925 in Zürich,
Dr. phil. Prof. für Ldw., vorzugsweise Pflanzenproduktion und Ackerbau, an der
ETH von 1871 bis 1907. Verfasser u. a. von: Der praktische Kleegrasbau, Frauenfeld 1883; Kurze Anleitung zur einfachen Bodenuntersuchung, Zürich 1885;

Anleitung zum Getreidebau, Berlin 1886; Die Streunot und die Mittel zu ihrer Abhülfe, Aarau 1887.

Pfau-Schellenberg, Gustav, von Winterthur. *24. 12. 1815 in Winterthur, †25. 6. 1881 in Christenbühl bei Neukirch-Egnach TG. Optiker. Wegen eines Augenleidens zur Aufgabe des Berufes gezwungen, erwarb er 1838 ein Landgut in Christenbühl und wurde Landwirt mit Vorliebe für Obstbau und Bienenzucht. Führte 1855 eine kantonal-thurgauische Bienenzählung durch, die erste derartige Erhebung in der Schweiz. Hauptverfasser der Statistik des thurg. Obstbaues, Frauenfeld 1861. Leitete mit A. Menzel die vom Schweiz. ldw. Zentralverein 1861 begonnene und 1863 vom Verein schweiz. Bienenwirte weitergeführte schweiz. Bienenstatistik. Mitglied der vom Schweiz. ldw. Zentralverein 1861 eingesetzten und vom Schweiz. ldw. Verein 1863 übernommenen Kommission zur Herausgabe eines Obstbilderwerkes und einer schweiz. Obstbaustatistik. Hauptredaktor der ersten 5 Lieferungen (von insgesamt 10) des Obstbilderwerkes von 1863 bis 1867. Hauptgründer und erster Präsident des Schweiz. Obst- und Weinbauvereins von 1864 bis 1871 sowie Redaktor seines Organs, der Monatsschrift für Obst- und Weinbau, von 1864 bis 1868 und von 1870 bis 1876. Verfasser u. a. von: Weinlauf und Rebbau im Rheintal, St. Gallen 1863; Pomologische Terminologie, Frauenfeld 1873; Beschreibung schweiz. Obstsorten, hrsg. vom Schweiz. Obst- und Weinbauverein, 1. Heft, Frauenfeld 1871, 2. Heft, Frauenfeld 1876.

von Planta, Andreas Rudolf, von Samedan GR. *24. 4. 1819 in Samedan, †19. 4. 1889 in Zürich. Dr. jur., Gutsbesitzer. Mitglied des Großen Rates von 1849 bis 1877 mit einigen Unterbrechungen. Nationalrat von 1848 bis 1869 und von 1876 bis 1881. Mitgründer und Vorstandsmitglied des Schweiz. alpwirtschaftlichen Vereins von 1863 an. Vorstandsmitglied der Gesellschaft schweiz. Landwirte von 1885 bis 1889. Gründer des ldw. Vereins Alpina Oberengadin – einer Sektion des 1859 entstandenen Schweiz. ldw. Zentralvereins – und des Rhätischen Viehzuchtvereins 1883. Reichte 1880 ein von den eidg. Räten angenommenes Postulat ein, was zum Enqueteberich von Prof. Kraemer 1882 und zum Bundesbeschluß betr. die Förderung der Ldw. durch den Bund vom 27. 6. 1884 führte. «Dem Andenken des verdienten Förderers der Alpwirtschaft» widmeten 1889 Stebler und Schröter den Band: Die Alpen-Futterpflanzen.

Rauschenbach, Johann, von Schaffhausen. *27. 1. 1815 in Schaffhausen, †10. 3. 1881 in Schaffhausen. Mechaniker. Eröffnete 1842 eine mechanische Werkstätte in Schaffhausen. Begann 1846 mit dem Bau von Dreschmaschinen. Allmählicher Ausbau der Werkstätte zu einem Fabrikbetrieb. Hauptanliegen war die Fabrika-

tion von Geräten und Maschinen für den kleineren und mittleren Landwirtschaftsbetrieb. Einfach, solid und möglichst billig sollten die Fabrikate sein. Neben
Dreschmaschinen wurden später Futterschneidmaschinen gebaut, die der fabri-
zierten Stückzahl nach um 1880 überwogen, sowie Wein- und Obstpressen. 1872
erfolgte die Angliederung einer Gießerei. Von 1881 an lautete die Firmabezeich-
nung Maschinenfabrik und Eisengießerei vormals J. Rauschenbach.

Risler, Eugène, von Cernay (10 km nordwestlich von Mühlhausen im Elsaß).
*5. 11. 1828 in Cernay, †6. 8. 1905 in Calèves bei Nyon VD. Ingenieur-Agronom
der Ecole d'agriculture von Grignon und des Institut agronomique von Versailles.
Mit einer Genferin verheiratet, seit 1857 Besitzer des Landgutes Calèves bei
Nyon, das zum Muster- und Versuchsgut ausgebaut wurde. Fügte diesem eine
meteorologische Beobachtungsstation und 1872 eine agrikulturchemische Untersuchungsstation an. Lehrer an der Ldw. Schule Lausanne von 1870 bis 1876.
Mitglied der Classe d'agriculture und der Société d'agriculture de la Suisse
romande, deren Präsident 1874. Wegzug nach Paris infolge Berufung an das
Institut national agronomique, dessen Direktor von 1879 bis 1900. Verfasser
zahlreicher Aufsätze, auch volkswirtschaftlichen Inhalts, in den Organen der
Classe d'agriculture (Bulletin) und der Société d'agriculture de la Suisse romande (Journal) und namentlich in der französischen Zeitschrift Journal d'agriculture pratique. Hauptwerke: Traité de Géologie agricole, 4 Bände, Paris 1884
bis 1897; Culture et physiologie du blé, Paris 1885.

Rödiger, Fritz, aus Sachsen (Deutschland), 1848er Flüchtling. *18. 3. 1824,
†25. 11. 1909 in Worben bei Lyß BE. Ließ sich nach mehrmaligem Wohnorts-
wechsel (Schaffhausen, Muri AG, Luzern, Solothurn) 1864 in Bellach SO nieder
und erwarb das Bürgerrecht von Balm bei Messen SO. Kulturtechniker und viel-
seitiger ldw. Schriftsteller. Verfaßte u. a. 1883 im Auftrage des Schweiz. Handels-
und Landwirtschaftsdepartements den Bericht über Förderung des ldw. Meliora-
tionswesens und Einführung des kulturtechnischen Dienstes in der Schweiz und
1889 für das Volkswirtschaftslexikon von Furrer den Abschnitt Geschichte der
schweiz. Landwirtschaft (Bd. II). Gründer und Herausgeber der Schweizer
Bauernzeitung, die 1858 vom Verein schweiz. Landwirte übernommen wurde.
Mitgründer dieses Vereins. Mit Fellenberg-Ziegler Herausgeber des Schreibkalenders für schweiz. Landwirte und Bauern von 1861 bis 1884. Mitglied des
Schweiz alpwirtschaftlichen Vereins. Redaktor seines Organs, der Alpen- und
Jurachronik, von 1887 bis 1889. Verfechter der homöopathischen Heilmethode.

Schatzmann, Rudolf, von Thun. *5. 6. 1822 in Saanen BE, †15. 6. 1886 in Lausanne. Reformierter Theologe. Pfarrer in Guttannen BE von 1847 bis 1850, in

Frutigen BE von 1850 bis 1859 und in Vechigen bei Bern von 1859 bis 1865. Direktor der Ldw. Schule Kreuzlingen TG von 1865 bis 1869. Direktor des Lehrerseminars Chur und Lehrer für Ldw. an der Kantonsschule Chur von 1869 bis 1872. Direktor der von ihm angeregten Milchversuchsstation in Thun von 1872 bis 1875 und in Lausanne von 1875 bis 1886. Mitgründer des Schweiz. alpwirtschaftlichen Vereins 1863 und dessen Präsident von 1866 bis 1886. Präsident der Ökonomischen Gesellschaft Bern von 1864 bis 1865. Redaktor der Bernischen Blätter für Ldw. von 1861 bis 1865, der Thurgauer Blätter für Ldw. von 1865 bis 1869, der sieben Jahreshefte der schweiz. Alpenwirtschaft von 1859 bis 1866, der Alpwirtschaftlichen Monatsblätter von 1867 bis 1886 und des Bulletin de l'industrie laitière von 1876 bis 1879. Lehrer an der Ldw. Schule Lausanne von 1873 bis 1886, Sekretär der Société d'agriculture de la Suisse romande von 1881 bis 1884. Außerordentlich fruchtbarer und erfolgreicher Schriftsteller. Einige seiner Schriften sind in mehreren Auflagen und in französischer und italienischer Übersetzung erschienen. Verfaßte u. a.: Die Butterfabrikation, 1868; Über Organisation und Führung ldw. Fortbildungsschulen, 1871; Anleitung zum Betrieb der Käserei, 1872; Anleitung zum Betrieb der Alpwirtschaft, 1876.

Schellenberg, Hans Konrad, von Zürich. *28.4.1872 in Hottingen-Zürich, †27.10.1923 in Zürich. Ingenieur-Agronom. Dr. phil. Lehrer an der Ldw. Schule Strickhof von 1897 bis 1902, PD von 1901 bis 1907, Tit.-Prof. 1907, Prof. für Ldw., vorzugsweise allgemeiner und spezieller Pflanzenbau von 1908 bis 1923, an der ETH. Mit R. Burri Redaktor des Schweiz. ldw. Centralblattes, Organs der Gesellschaft schweiz. Landwirte, von 1901 bis 1903. Wissenschaftliche Arbeiten insbesondere über parasitäre Erkrankungen durch Pilze bei Obstbäumen, Getreide und forstlich wichtigen Holzarten. Ein Verzeichnis seiner Abhandlungen und Vorträge findet sich im Band 1923 der Verhandlungen der Schweiz. naturforschenden Gesellschaft.

Schenkel, Conrad, von Fulau, Gemeinde Elsau ZH. *18.6.1834 in Fulau, †2.4.1917 in Wellhausen (Schloß Wellenberg) TG. Landwirt. Mitgründer des Verbandes ostschweiz. ldw. Genossenschaften (Volg) in Winterthur, dessen erster Präsident von 1886 bis 1902. Vorstandsmitglied bis 1909. Redaktor des Genossenschafters von 1891 bis 1895. Mitglied des Leitenden Ausschusses des Schweiz. Bauernverbandes von 1897 bis 1901.

Schild, Josef, von Grenchen SO. *5.1.1824 in Grenchen, †11.5.1866 in Bern. Chemiker, promovierte an der Universität Gießen bei Justus von Liebig zum Dr. phil. Lehrer an der Bezirksschule Sins AG. Lehrer für Chemie an der Kantonsschule in Luzern von 1854 bis 1857 und an der Kantonsschule in Bern von

1857 bis 1866. Hauptgründer und erster Präsident des Schweiz. alpwirtschaftlichen Vereins von 1863 bis 1866. Verfaßte u. a.: Die Zunahme der Land- und Abnahme der Alpenwirtschaft, Zürich 1852; Die Drainage, Anregung zu deren Einführung im Kt. Luzern, Luzern 1855; Über Zunahme der Land- und Abnahme der Alpenwirtschaft, Bern 1862 (Erweiterte Ausgabe der Schrift von 1852); Die Branntweinfrage mit besonderer Berücksichtigung des Kantons Bern, Bern 1864; Der Mist in den Alpen und Hochgebirgstälern der Schweiz, Bern 1866.

Schneebeli, Heinrich, von Rutschwil ZH und seit 1908 von Zürich. *21. 3. 1854 in Zürich, †28. 4. 1917 in Zürich. Ingenieur-Agronom, Dr. phil. Hilfslehrer für Ldw. an der ETH von 1887 bis 1897. Lehrer an der Ldw. Schule Strickhof von 1879 bis 1908, deren Direktor von 1897 bis 1908. Redaktor des Schweiz. ldw. Centralblattes, Organs der Gesellschaft schweiz. Landwirte, von 1888 bis 1895 und des Zürcher Bauern von 1886 bis 1887.

Schramm, Carl, *11. 3. 1830 in Mittenwalde, Kreis Teltow, Preußen, †18. 3. 1905 in Mainkur bei Frankfurt a. M. Wurde 1878 nach Verhängung des kleinen Belagerungszustandes auf Grund des Reichsgesetzes gegen die gemeingefährlichen Bestrebungen der Sozialdemokratie aus Berlin ausgewiesen und kam 1879 als Flüchtling in die Schweiz. Inspektor der Kölnischen Hagelversicherungsgesellschaft von 1864 bis 1878. Mitgründer und erster Direktor der Schweiz. Hagelversicherungsgesellschaft Zürich von 1880 bis 1902. Erwarb sich Verdienste um den Ausbau der Hagelschadenstatistik und die finanzielle Erstarkung der Gesellschaft durch zielbewußte, energische Leitung. Verfasser u. a. von: Der Notstand der Landwirtschaft, seine Ursache und ein Mittel zur Abhülfe, Aarau 1881; Der Hagelschaden, praktische Anleitung zur sachgemäßen Beurteilung und Regulierung von Hagelschäden, 3. Aufl., Zürich 1885, sowie zahlreicher Aufsätze volks- und versicherungswirtschaftlichen Inhalts in Zeitschriften.

Schulze, Ernst, von Bovenden bei Göttingen (Deutschland), *31. 7. 1840 in Bovenden, †15. 6. 1912 in Zürich. Dr. phil. Prof. für Agrikulturchemie und ldw. Technologie an der ETH von 1872 bis 1912. Verfasser von Untersuchungsberichten über Düngung, Futterzusammensetzung und Milchwirtschaft im Ldw. Jahrbuch, in der Schweiz. ldw. Zeitschrift und andern Fachblättern.

Simmler, Rud. Theodor, von Zürich. *16. 7. 1833 in Wollishofen-Zürich, †22. 12. 1873 in Zürich. Chemiker. Dr. phil. Lehrer an der Kantonsschule in Chur von 1859 bis 1861. PD an der Universität Bern von 1861 bis 1864. Lehrer an der

Ldw. Lehranstalt in Muri AG von 1864 bis 1871. Redaktor der Mitteilungen über Haus-, Land- und Forstwirtschaft, Organs der Aarg. ldw. Gesellschaft, von 1864 bis 1870. Lehrer an der Ldw. Schule Strickhof von 1871 bis 1873. Mitgründer des Schweiz. Alpenclubs 1863. Verfasser u. a. von: Über die Notwendigkeit ldw. chemischer Laboratorien und Versuchsstationen in der Schweiz, Bern 1863; Die Chemie in ihrer Beziehung zur Ldw. und zum nationalen Haushalt, Bern 1864. Verfasser der ersten schweiz. Ernährungsbilanz in der Zeitschrift für schweiz. Statistik, Jahrg. 1873, 1874 und 1875.

Stebler, Friedrich Gottlieb, von Seedorf BE. *11. 8. 1852 in Safnern BE, †7. 4. 1935 in Lahr (Deutschland). Dr. phil. PD an der ETH von 1876 bis 1900 für technisch-landwirtschaftliche Fächer. Inhaber der privaten ersten Samenkontrollstation in der Schweiz von 1876 bis 1877. Vorstand der Schweiz. Samenkontrollstation (von 1878 bis 1897 Annexanstalt der ETH, später angegliedert an die Abt. für Ldw. des eidg. Volkswirtschaftsdepartements) von 1878 bis 1919. Redaktor der Schweiz. ldw. Zeitschrift Die Grüne von 1881 bis 1882 und von 1889 bis 1917 (mit einem Anstieg der Abonnentenzahl von 324 im Jahre 1888 auf 17 292 im Jahre 1917). Verfasser u. a. von: Die besten Futterpflanzen (mit C. Schröter), I. Teil Bern 1883, II. Teil Bern 1884, III. Teil Bern 1889; Die besten Streuepflanzen, Bern 1898; Alp- und Weidewirtschaft, Berlin 1903. Verzeichnis der Veröffentlichungen in: Schweiz. Landwirtschaftsdepartement, Die Maßnahmen des Bundes zur Förderung der Landwirtschaft, 1851 bis 1912, Bern 1914, S. 54, 55, und 1913 bis 1924, Bern 1925, S. 58, 59.

Traber, Johann Evangelist, von Homburg TG. *24. 3. 1854 in Homburg, †29. 10. 1930 in Bichelsee TG. Katholischer Theologe. Pfarrer in Bichelsee von 1885 bis 1926. Gründer und erster (Vorstands-) Präsident der Darlehenskasse Bichelsee, der ersten lebensfähigen Raiffeisenkasse in der Schweiz, von 1899 bis 1908. Hauptgründer und erster Präsident des Schweiz. Raiffeisenverbandes (seit 1920: Verband schweiz. Darlehenskassen, System Raiffeisen) von 1902 bis 1912. Redaktor und Mitherausgeber des Raiffeisenboten 1912 und 1913, des Vorläufers des Verbandsorgans Schweiz. Raiffeisenbote 1913 ff. Verfasser der Schriften: Kurze Aufklärung über Raiffeisensche Darlehenskassenvereine, 1900; Kurze Aufklärung über Raiffeisensche Darlehenskassenvereine im Lichte eines praktischen Beispiels, 1907; Raiffeisenkassen, Raiffeisenverband und Zentralkasse in der Schweiz, 1912, die der erfolgreichen Propaganda für das schweiz. Raiffeisenwerk dienten.

von Tschudi, Friedrich, von Glarus, seit 1846 von St. Gallen. *1. 5. 1820 in Glarus, †24. 1. 1886 in St. Gallen. Reformierter Theologe. Dr. h.c. der Universität Basel

1860. Pfarrer in Lichtensteig SG von 1843 bis 1847. Später Gutsbesitzer (Melonenhof) und Schriftsteller in St. Gallen. Sekretär der Ldw. Gesellschaft des Kts. St. Gallen von 1851 bis 1857, deren Präsident von 1857 bis 1866. Präsident des Schweiz. ldw. Zentralvereins, gegr. 1859 (hervorgegangen aus dem 1858 gegr. Schweiz. ldw. Bund) und auch erster Präsident des 1863 aus der Vereinigung mit dem Verein schweiz. Landwirte entstandenen Schweiz ldw. Verein bis 1865 und Vorstandsmitglied bis 1877. Mitglied des Großen Rates von 1864 bis 1885, des Regierungsrates von 1870 bis 1873 und von 1875 bis 1885 und des Ständerates von 1877 bis 1885. Mitglied des Schweiz. Schulrates von 1879 bis 1886. Verfasser hauptsächlich zweier weitverbreiteter landwirtschaftlicher Schriften: Landwirtschaftliches Lesebuch, Frauenfeld 1863–1888, (1. bis 8. Aufl., 1867 und 1870 auch in französischer und italienischer Übersetzung erschienen); Der Obstbaum und seine Pflege (mit H. Schultheß), Frauenfeld 1873.

de Vevey, Ch. Emmanuel, von Estavayer-le-Lac und Freiburg. *25. 10. 1862 in Estavayer-le-Lac, †21. 8. 1929 in Villars-sur-Glâne. Chemiker. Kantonschemiker von 1888 bis 1927. Direktor der Milchversuchsstation von 1888 bis 1927 (eröffnet am 1. 2. 1888 in Freiburg, 1890 nach Pérolles bei Freiburg und 1923 nach Grangeneuve verlegt). Direktor der Molkereischule von 1888 bis 1927 (eröffnet am 1. 4. 1888 in Treyvaux, 1890 nach Pérolles und 1923 nach Grangeneuve verlegt). Direktor der Ldw. Schule von 1891 bis 1927 (eröffnet 1891 in Pérolles, 1923 nach Grangeneuve verlegt). Direktor des Institut agricole von 1906 bis 1927. Sekretär der Société fribourgeoise d'agriculture (ab 1894 Fédération des sociétés fribourgeoises d'agriculture) von 1888 bis 1927 sowie Gründer und Redaktor ihres Organs (seit 1894), der Chronique d'industrie laitière et d'économie agricole – von 1920 an Paysans fribourgeois – von 1889 bis 1927. Mitherausgeber des Kalenders Agenda d'industrie laitière von 1912 bis 1927. Verfasser u. a. von: Manuel de la fabrication du Gruyère, 1890, 2. Aufl. 1903; Manuel d'industrie laitière, 3. Aufl. 1921; Manuel de chimie agricole, 1905, 4. Aufl. 1926; Manuel de botanique agricole, 1909, 3. Aufl. 1922; Traité des essais du lait, 1890, 3. Aufl. 1899.

Volkart, Albert, von Zürich. *22. 4. 1873 in Zürich, †3. 8. 1951 in Männedorf ZH. Ingenieur-Agronom. Dr. phil. Prof. für Landwirtschaft, vorzugsweise allgemeinen und speziellen Pflanzenbau und Pflanzenpathologie an der ETH von 1925 bis 1943. Vorstand der Schweiz. ldw. Versuchsanstalt Örlikon-Zürich von 1920 bis 1929. Verdienstvolle Tätigkeit auf dem Gebiete der Getreidezucht und der Förderung des Acker- und Futterbaues überhaupt. Verzeichnis der Veröffentlichungen in: Schweiz. Landwirtschaftsdepartement, Die Maßnahmen des Bundes zur Förderung der Landwirtschaft, 1851 bis 1912, Bern 1914, S. 54, 55, und 1913 bis 1924, Bern 1925, S. 58–60.

Wassali, Friedrich, von Chur. *15.5.1820 in Chur, †18.2.1882 in Chur. Rechtsanwalt und Landwirt (Besitzer des Rußhofes auf dem Gebiet der Gemeinden Zizers und Igis, der vom späteren Eigentümer Rudolf Alexander von Planta 1895 dem Kanton Graubünden zur Errichtung einer ldw. Schule geschenkt wurde). Bürgermeister von Chur von 1848 bis 1850. Mitglied des Großen Rates von 1847 bis 1865. Regierungsrat 1854/55 und 1863/64. Präsident des Ldw. Vereins des Kts. Graubünden von 1858 bis 1870 und von 1878 bis 1882. Vorstandsmitglied des Vereins schweiz. Landwirte von 1859 bis 1863, des Schweiz. ldw. Vereins von 1877 bis 1881 und des Schweiz. Obst- und Weinbauvereins von 1864 bis 1882. Verfasser zahlreicher Aufsätze in ldw. Zeitschriften und des Werkes Beiträge zur Kenntnis landwirtschaftlicher und allgemeiner volkswirtschaftlicher Zustände der Schweiz und insbesondere Graubündens, Chur 1878.

Weber, Johann, von Alchenflüh bei Utzenstorf BE. *19.6.1828 in Wallachern bei Graßwil BE, †23.4.1878 in Luzern. Landwirt. Mitglied des Großen Rates von 1854 bis 1858. Regierungsrat von 1858 bis 1872. Nationalrat von 1860 bis 1868. Ständerat von 1868 bis 1875. Direktor der Gotthardbahn von 1872 bis 1878. Förderte als Regierungsrat die Entsumpfung des Haslitales und des Seelandes und war Mitgründer der Ldw. Schule Rütti 1860 und deren agrikulturchemischer Versuchsstation 1865. Vorstandsmitglied des Schweiz. ldw. Vereins von 1863 bis 1864.

Wyder-Ineichen, Pauline, bis zur Heirat (1861) von Ballwil LU. *3.3.1840 in Ballwil, †1.5.1918 in Basel. Heiratete 1861 Tierarzt Adam Wyder von Hildisrieden LU. Mutter von fünf Kindern, 1863 bis 1871 geboren. Besuchte den Fortbildungskurs am Zollikoferschen Töchterinstitut in Romanshorn. Begann 1881 mit der Leitung von Koch- und Haushaltungskursen zur Weiterbildung der Frauen vor allem in Landgemeinden, nachdem in der Schweiz erstmals durch den Bauernverein des Kts. Luzern 1879 in Nebikon und 1880 in Malters solche Kurse durchgeführt worden waren. Hielt von 1881 bis 1884 24 Kurse in 9 deutschschweizerischen Kantonen. Betrieb von 1885 bis 1894 in Reußport bei Luzern eine Koch- und Haushaltungsschule, wo im Auftrag der Schweiz. Gemeinnützigen Gesellschaft 1887/88 ein erster einjähriger Kurs für Ausbildung von Lehrerinnen für Koch- und Haushaltungskurse stattfand. Mitarbeiterin am Schweiz. Haushaltungsblatt (1888 von Buchdrucker D.H. Keller in Luzern gegr.). Mitgründerin und erste Präsidentin des Gemeinnützigen Frauenvereins des Kantons Luzern von 1888 bis 1891.

Wyßmann, Ernst, von Herzogenbuchsee BE. *17.11.1864 in Utzenstorf, †18.10.1938 in Bern. Landwirt mit zweijährigem Hochschulstudium (1 Semester am

Ldw. Institut in Halle, Deutschland, und 3 Semester an der ETH). Dr. h.c. der ETH 1921. Direktor der 1886 eröffneten, 1896 aufgehobenen sanktgallischen Molkereischule Sornthal TG von 1888 bis 1896, anschließend Direktor der Ldw. Schule und milchwirtschaftlichen Station Custerhof-Rheineck SG von 1896 bis 1913. Direktor der Schweiz. Exportgesellschaft für Emmentalerkäse AG (seit 1920: Emmental AG, Exportgesellschaft für Schweizerkäse) von 1913 bis 1926. Technischer Direktor der Schweiz. Käseunion von 1914 bis 1934. Vorstandsmitglied des Schweiz. milchwirtschaftlichen Vereins von 1891 bis 1911, dessen Präsident von 1893 bis 1902, 1905, 1906, 1910 und 1911. Präsident der Ldw. Gesellschaft des Kts. St. Gallen 1912 und deren Genossenschaftskommission von 1903 bis 1912. Während der 25jährigen Tätigkeit im Kanton St. Gallen hauptsächlich Förderer der Milchwirtschaft im allgemeinen und der Schweinehaltung (Zucht des veredelten Landschweins), später in der Privatwirtschaft erfolgreicher Förderer des Käseexportes.

Zangger, Rudolf, von Mönchaltorf ZH und seit 1875 von Zürich. *30.11.1827 in Mönchaltorf, †6.3.1882 in Zürich. Tierarzt. Lehrer an der Tierarzneischule in Zürich von 1850/51 bis 1882, deren Direktor von 1856 bis 1882. Eidg. Oberpferdarzt von 1869 bis 1882. Eidg. Viehseuchenkommissär von 1872 bis 1882. Mitglied des Kantonsrates von 1858 bis 1878, des Nationalrates von 1866 bis 1875 und des Ständerates von 1875 bis 1878. Nahm Stellung zu tierzüchterischen Fragen u.a. in den Berichten über die Viehausstellungen in Paris 1856, Zürich 1861, London 1862 und Aarau (Pferdeausstellung) 1865. Präsidierte den 3. internationalen tierärztlichen Kongreß in Zürich 1867.

Zwicky, Caspar, von Mollis GL und seit 1905 auch von Zürich. *8.12.1863 in Mollis, †12.8.1935 in Zürich. Bauingenieur mit ergänzenden Studien in kulturtechnischer Richtung an der Ldw. Hochschule in Berlin. Prof. für Kulturtechnik an der ETH von 1888 bis 1933. (Anlaß zur Gründung der Abt. für Kulturingenieur- und Vermessungswesen an der ETH 1888 gab ein von den eidg. Räten 1882 angenommenes Postulat, das den Bundesrat einlud, darüber Bericht zu erstatten, «ob die Ldw. Schule am Poly der vaterländischen Ldw. nicht nutzbarer gemacht werden könnte». Durch den Bundesbeschluß vom 13.12.1884 wurde der Bundesrat hierauf eingeladen, der Bundesversammlung Bericht und Antrag über die am Poly erforderliche Einrichtung zur Ausbildung von Kulturtechnikern vorzulegen).

Zusammenfassung (nach Geburtsjahren)

Vor 1800			1831 bis 1840	
Martin	1790 bis 1876		Kraemer	1832 bis 1910
			Borel	1833 bis 1915
			Simmler	1833 bis 1873
1801 bis 1810			Häni	1833 bis 1896
Lindenmann	1808 bis 1871		Hafter	1834 bis 1914
Heer	1809 bis 1883		Schenkel	1834 bis 1917
			Anderegg	1834 bis 1911
			Micheli	1836 bis 1888
1811 bis 1820			Nowacki	1839 bis 1925
Dängeli	1811 bis 1862		Wyder-Ineichen	1840 bis 1918
Kohler	1812 bis 1884		Schulze	1840 bis 1912
Rauschenbach	1815 bis 1881			
Pfau	1815 bis 1881			
Naville	1816 bis 1878		**1841 bis 1850**	
Gysel	1818 bis 1878		Kramer	1844 bis 1914
von Fellenberg	1819 bis 1902		Müller Franz	1845 bis 1934
von Planta	1819 bis 1889		Lutz	1845 bis 1921
Kopp	1819 bis 1889		Fehr	1846 bis 1938
von Tschudi	1820 bis 1886		Grete	1848 bis 1919
Wassali	1820 bis 1882		Felber	1849 bis 1924
			Gerber	1850 bis 1914
			Nägeli	1850 bis 1932
1821 bis 1830			Müller-Thurgau	1850 bis 1927
Landolt	1821 bis 1896			
Schatzmann	1822 bis 1886			
Baumgartner	1822 bis 1884		**1851 bis 1860**	
Schild	1824 bis 1866		Stebler	1852 bis 1935
Rödiger	1824 bis 1909		Fonjallaz	1853 bis 1917
Beck-Leu	1827 bis 1894		Schneebeli	1854 bis 1917
Hallauer	1827 bis 1884		Traber	1854 bis 1930
Bieler	1827 bis 1911		Abt	1854 bis 1937
Zangger	1827 bis 1882		Knüsel	1857 bis 1944
Weber	1828 bis 1878		Chuard	1857 bis 1943
Frick	1828 bis 1885		Merz	1858 bis 1919
Risler	1828 bis 1905		Dufour	1860 bis 1903
Archinard	1829 bis 1906			
Fritz	1830 bis 1893		**1861 bis 1870**	
Schramm	1830 bis 1905		Martinet	1861 bis 1928

Moos	1862 bis 1929	*1871 bis 1874*	
de Vevey	1862 bis 1929	Laur	1871 bis 1964
Zwicky	1863 bis 1935	Schellenberg	1872 bis 1923
Wyssmann	1864 bis 1938	Käppeli	1872 bis 1942
Heeb	1866 bis 1905	Volkart	1873 bis 1951
Burri	1867 bis 1952	Donini	1874 bis 1924

Quellen- und Literaturverzeichnis

Ungedruckte Quellen

Staatsarchiv Bern

BB VI 1903 A, Heft: Controlle über die vom Regierungsrat genehmigten gemeinnützigen Gesellschaften (Schweiz. Versicherungsgesellschaft gegen Hagelschaden, 1858 aufgelöst).

Staatsarchiv Luzern

Protokoll des Regierungsrates 1864: Dienstbotenordnung.

Staatsarchiv St. Gallen

Protokoll des Großen Rates 1883: Botschaft des Reg. Rates an den Großen Rat betr. Fürsorge gegen allgemeinen Notstand in den Landgemeinden.

Staatsarchiv Zürich

O 13: Zürcherische Gesellschaft für Racenthierzucht.

Archiv der Eidg. Forschungsanstalt Tänikon

Gut Tänikon 1850–1968.

Werkarchiv Georg Fischer, Klostergut Paradies

Maschinenfabrik Johann Rauschenbach.

Verschiedene Zivilstandsämter

Tag und Ort von Geburt und Tod einzelner im Biographischen Verzeichnis aufgeführter Personen.

Literatur

Aargau, Mitteilungen über Haus-, Land- und Forstwirtschaft für die Schweiz (Organ der Aarg. landw. Gesellschaft) 1843–1857; Namensänderungen: Mitteilungen über Haus-, Land- und Forstwirtschaft 1858–1888, Aarg. landw. Mitteilungen 1889–1892 (letzter Jahrg.).
- Aarg. Obstbau-Statistik für das Jahr 1885, Aarau 1888.
- Aarg. statistische Mitteilungen für das Jahr 1888, II. Heft: Landw. Statistik ... nebst kulturhistorischer Darstellung der Entwicklung der Landwirtschaft im Aargau, Aarau 1888.
- Die Landwirtschaft im Kanton Aargau, Festschrift zur Feier des 100jährigen Bestehens der Aarg. landw. Gesellschaft, Aarau 1911.
Abt, Heinrich, Das schweizerische Braunvieh, Frauenfeld 1905.
Abt, Roman, Beiträge zur Geschichte der Entwicklung des landw. Genossenschaftswesens in der Schweiz, Brugg 1910.
Ammann, Jakob, Der zürcherische Bauernbund (1891–1904), Diss. Zürich 1925.
Amsler, F., Bericht über die Schweiz. Pferdeausstellung in Aarau, den 18.–22. Okt. 1865, 1866.

Anderegg, Felix, Eine Sammlung freier Vorträge zur Hebung der Landwirtschaft, Bern 1901.
– Allgemeine Geschichte der Milchwirtschaft, Zürich 1894.
– Illustriertes Lehrbuch für die gesamte schweizerische Alpwirtschaft, I.–III. Teil, Bern 1897 und 1898.
Anderegg, Hans, Die volkswirtschaftliche Bedeutung der Schmalviehhaltung für die Schweiz, Diss. Bern 1897, in: Zeitschrift für schweizerische Statistik 33, 1897.
Anker, M., Bericht ... über die erste schweizerische Viehausstellung in Bern, im Oktober 1857, Bern 1858.
Archinard, Charles, Statistique du canton de Genève, Genève 1883.
Baer, Hans, 45 Jahre obligatorische Viehversicherung im Kanton Zürich 1896–1940, in: Festschrift Prof. Dr. Oskar Bürgi zu seinem siebzigsten Geburtstag, Zürich 1943.
Bähler, Charles, Wasserbauwesen, in: Reichesberg Handwörterbuch der schweiz. Volkswirtschaft, Sozialpolitik und Verwaltung, 3. Band, 2. Teil, Bern 1911.
Baselland, Obstbaumzählung im Kt. Baselland 1886, in: Rechenschaftsber. des Regierungsrates 1886.
Baumgartner, Bonaventura, Die vorzüglichsten Schweinerassen, ihre Aufzucht, Pflege und Mastung, Solothurn 1877.
– Die schweizerischen Rindviehrassen, ihre Zucht, Fütterung und Pflege, 1. Aufl. Solothurn 1872; 2. Aufl. Solothurn 1882.
– Die landwirtschaftliche Krisis und Vorschläge zu deren Beseitigung, Solothurn 1883.
Berchtold, Walter, Grundlagen und Ziele der Verkehrspolitik und Die Verkehrspolitik der Schweiz, in: Ein Jahrhundert Schweizer Bahnen 1847–1947, Erster Band, Frauenfeld 1947.
Berlepsch, H. A., Schweizerkunde. Land und Volk übersichtlich und vergleichend dargestellt, 1. Aufl. 1864; 2. Aufl. 1872/75.
Bern, Wochenblatt für Landwirtschaft und Gartenbau (Organ der Ökonomischen Gesellschaft des Kantons Bern) 1846–1848; Namensänderungen: Bernische Blätter für Landwirtschaft, Wald- und Gartenbau 1849–1856, Bernische Blätter für Landwirtschaft 1857–1896, Der Schweizer Bauer und Bernische Blätter für Landwirtschaft 1897–1901, Der Schweizer Bauer 1901 ff.
– Stammregister vorzüglicher Kernobstsorten für den Kanton Bern nebst kurzer Anleitung zur Pflege der Obstbäume und zu zweckmäßiger Verwertung des Obstes, Bern 1865; 2. Aufl. Bern 1866; Revidiertes Stammregister ... Bern 1886.
– Bericht der Kommission für Weinbau an die Direktion des Innern des Kantons Bern über den Stand der Rebberge des Kantons im Sept. 1871, Bern 1872.
– Mitteilungen des Bernischen statistischen Bureaus, 1883 ff.
– Landwirtschaftliche Schule Rütti-Bern 1860–1910, Bern 1911.
– Verband landwirtschaftlicher Genossenschaften von Bern und benachbarter Kantone. 20 Jahre genossenschaftliche Arbeit. Denkschrift ... verfaßt von Joh. Knuchel, Bern 1910. – 75 Jahre Verband landwirtschaftlicher Genossenschaften von Bern und benachbarter Kantone, von A. Buser, Bern 1964.
Bibliographie der Schweizerischen Landeskunde, Fascikel V 9 ab, Landwirtschaft, Bern 1895.
Bickel, Wilhelm, Bevölkerungsgeschichte und Bevölkerungspolitik der Schweiz seit dem Ausgang des Mittelalters, Zürich 1947.
Bider, Max, Statistische Untersuchungen über die Hagelhäufigkeit in der Schweiz; Wissenschaftliche Mitteilungen Nr. 5 der Eidg. Kommission zum Studium der Hagelbildung und der Hagelabwehr, Zürich 1954.
Bittermann, Eberhard, Die landwirtschaftliche Produktion in Deutschland 1800–1950, in: Kühn-Archiv 70, Halle 1956.
Blanc-Dupont, Culture des arbres fruitiers en plein vent, 2ᵉ édition, Fribourg 1891.
Blocher, Hermann, Der gegenwärtige Stand der Hypothekar-Statistik, Diss. Basel 1898.

Böhmert, Victor, Die Garantiegenossenschaften im Kanton Zürich, in: Schweiz. Zeitschrift für Gemeinnützigkeit X, 1871.
– Arbeiterverhältnisse und Fabrikeinrichtungen der Schweiz, 2 Bände, Zürich 1873.
Böppli, Rudolf Johann, Die Zehntablösung in der Schweiz, speziell im Kanton Zürich, Diss. Zürich 1914.
Borel, Charles, Notice sur la fédération des sociétés d'agriculture de la Suisse romande de 1881 à 1895, Genève 1896.
– La fédération des sociétés d'agriculture de la Suisse romande 1881–1906, Genève 1906.
Borer, J., Bericht über die Prämiierung von Hofstätten und Obstbaumanlagen im Kanton Solothurn im Jahre 1912, Solothurn 1913.
Borgeaud, G. H., De la production des céréales en Suisse et en particulier de la culture du froment, Lausanne 1873.
Boßhard, Ad., und **Kraft,** A., Auswahl der besten Obstsorten, die in der Schweiz als Tafel- und Mostobst zu empfehlen sind, und die in der Schweiz anerkannten besten Tafel- und Weintrauben, Bern 1891.
Bovier, Maurice, L'arboriculture, facteur économique pour le Valais, Diss. Sion 1936.
Brachard, Pierre, L'assurance cantonale du bétail en Suisse subventionnée par la Confédération, Genève 1935.
Bronhofer, Max, Die ausgehende Dreizelgenwirtschaft in der Nordostschweiz unter besonderer Berücksichtigung des Kantons Schaffhausen, Diss. Zürich 1956.
Brüschweiler, Carl, Strukturwandlungen der schweiz. Bevölkerung und Wirtschaft, in: Zeitschrift für schweiz. Statistik und Volkswirtschaft 70, 1934.
Brugger, Hans, Geschichte der thurgauischen Landwirtschaft von 1835 bis 1935, Frauenfeld 1935.
– Die Lage der landwirtschaftlichen Dienstboten im Kanton Thurgau, Diss. Frauenfeld 1936.
– Geschichte der aargauischen Landwirtschaft seit der Mitte des 19. Jahrhunderts, Brugg 1948.
– Die schweizerische Landwirtschaft in der ersten Hälfte des 19. Jahrhunderts, Frauenfeld 1956.
– Landwirtschaftliche Statistik des Kantons Luzern, Luzern 1959.
– Schweizerischer landwirtschaftlicher Verein 1863–1963, Zürich 1963.
– Statistisches Handbuch der schweizerischen Landwirtschaft, Bern 1968.
Buclin, Théodat, Les assurances agricoles dans le canton de Fribourg, Diss. Fribourg 1915.
Büchi, H., Die Zehnt- und Grundzinsablösung im Kanton Solothurn, in: Jahrbuch für solothurnische Geschichte, 1929.
Bühlmann, Jost, Beitrag zur Geschichte der Viehseuchen, speziell der Maul- und Klauenseuche in der Schweiz, Diss. Sursee 1916.
Buomberger, F., Statistik der Hypothekarverschuldung im Kanton Freiburg 1887–1896, in: Zeitschrift für schweiz. Statistik 35, 1899.
Bussinger, Paul, Das gesetzliche Zinsfußmaximum in der Schweiz, Bern 1929.
Burgdorf, 100 Jahre Ökonomischer und gemeinnütziger Verein des Amtes Burgdorf 1869–1969, Burgdorf 1969.
Catalan, Méril, Donnés statistiques sur les fruitières (fromageries) et laiteries du canton, résultant de l'enquête ouverte par la section d'industrie et d'agriculture de l'Institut genevois, Genève 1857.
Christen, Marthel, Die Entwicklung der Hypothekarverschuldung im Kanton Basellandschaft von 1870–1939, Diss. Liestal 1943.
Christinger, Jakob, Die Milchproduktion im Thurgau in ihrem Verhältnis zur Ernährung des Volkes, Frauenfeld 1878.
Chuard, Ernst, Landwirtschaft, in: Die Schweiz im neunzehnten Jahrhundert, hrsg. von Paul Seippel, 3. Band, Bern 1900.

406

100 Jahre Conservenfabrik Frauenfeld, 1868–1968, Frauenfeld 1968.

Curschellas, J. M., Die Gemeinatzung, Ilanz 1926.

Curti, Theodor, Geschichte der Schweiz im XIX. Jahrhundert, Neuenburg 1902.

Cuttat, A., Das Gemeindeareal in der Schweiz als Grundlage einer landwirtschaftlichen Statistik, in: Zeitschrift für schweiz. Statistik 20, 1884.

Deutsch, D., Die rationelle Bodenentwässerung, in: Schweiz. landw. Zeitschrift 9, Aarau 1881.

Donini, Gaetano, Wie kann die schweiz. Geflügelzucht wirklich und rationell gefördert werden?, in: NZZ Nr. 26 und 31 vom 8. und 9. Januar 1912.

– La protezione degli ucceli, 1897.

– Per una scuola d'agricoltura nel cantone Ticino, Roma 1910.

Droz, Numa, Die landwirtschaftliche Krisis. Übersetzt aus dem Französischen von J. Dreifuß, in: Schweiz. landw. Zeitschrift 12, 1884.

Dubois, Jacques, Le vigneron vaudois et ses vins, Lausanne 1944.

Dufour, Jean, Führer des Winzers im Kampf gegen die Reblaus, Aarau 1895. (Übersetzung von: Guide du vigneron dans la lutte contre le phylloxera, Lausanne 1894).

Dumur, C.H.G., Manuel pratique d'agriculture romande, Genève 1889.

Dussaud, B., Tableau de la vie agricole dans les cantons romands, Lausanne 1866.

Edelmann, Arnold, 50 Jahre Verband schweizerischer Darlehenskassen 1902–1952, St. Gallen 1952.

Egli, Albert, Die Getreideversorgung der Schweiz unter Berücksichtigung des Mannheimer Umschlagsplatzes, Zürich 1919.

Emminghaus, C.B. Arwed, Die schweiz. Volkswirtschaft, 2 Bände, Leipzig 1860–1861.

Engeler, W., Das schweizerische Braunvieh, Frauenfeld 1947.

von Erlach, Robert, Bericht an den hohen Bundesrat über die Sendung eines Abgeordneten als Mitglied des Preisgerichts für die Schweiz an die Viehausstellung in Paris vom Jahr 1855, Bern 1856.

Exposition nationale suisse, Genève 1896, groupe 39 Agriculture, Genève 1898.

Fankhauser, F., Die Bedeutung der Ziegenwirtschaft für die schweiz. Gebirgsgegenden in forstlicher und statistisch-volkswirtschaftlicher Hinsicht, in: Zeitschrift für schweiz. Statistik 23, 1887.

Faucherre, Jacques, La société d'agriculture de Moudon, 1856–1956, 1956.

von Fellenberg-Ziegler, Ferd. Albert, Die internationale landw. Ausstellung in Köln vom 2. Juni bis 2. Juli 1865, Bericht an das Eidg. Dep. des Innern, Bern 1865.

– Drei Hauptstücke für den schweizerischen Bauer, Aarau 1890.

Flachsbau und Flachsbereitung. Landwirtschaftliche Volksschriften, hrsg. von der Ökonomischen Gesellschaft des Kantons Bern, Erste Lieferung, Bern 1862.

Fleischmann, Edgar, Das Getreidemonopol in der Schweiz, Zürich 1921.

Flückiger, D., Das Berner Fleckvieh, 1. Aufl. Bern 1873; 2. Aufl. Bern 1887.

Flückiger, G., Die Anwendung der Schutzimpfung bei der inskünftigen Bekämpfung der Maul- und Klauenseuche, in: Schweizer Archiv für Tierheilkunde 84, 1942.

Forschungen auf dem Gebiete der Landwirtschaft, Festschrift zur Feier des 70. Geburtstages von Prof. Dr. Ad. Kraemer, Frauenfeld 1902.

von Frauendorfer, Sigmund, Ideengeschichte der Agrarwirtschaft und Agrarpolitik im Deutschen Sprachgebiet, München 1957.

Frei, Albert, Entwicklung und heutiger Stand der schweizerischen Agrarstatistik, Diss. Zürich 1931.

Freiburg, Centenaire de l'union des paysans fribourgeois 1848–1948, Fribourg 1948.

– Fédération des syndicats agricoles du ct. de Fribourg. 50 ans service de l'agriculture fribourgeoise 1908–1958, Fribourg 1958.

Freyenmuth, W.C., Bienenzucht-Statistik des Vereins schweiz. Bienenfreunde im Jahre 1905/06, 1906.

Freyenmuth, W.C., und **Düßli,** A., Vereins- und Bienenzucht-Statistik vom Jahre 1913, 1914.

Friedezky, Walther, Die Güterzertrümmerung in den Kantonen Zürich und Thurgau von 1900 bis 1918, Diss. Breslau 1922.

Fritz, Hermann, Bericht über die Ausstellung und Prüfung von Futtererntemaschinen in Zürich am 30. und 31. Mai 1875, 1875.

– Handbuch der landwirtschaftlichen Maschinen, Berlin 1880.

Furrer, Volkswirtschafts-Lexikon der Schweiz, hrsg. von A. Furrer, 4 Bände, 1885–1892.

Galli, Antonio, Notizie sul cantone Ticino, volume III, Bellinzona 1937.

Gebistorf, Simon, Die Viehversicherung, insbesondere die staatliche Rindviehversicherung in der Schweiz, Diss. Luzern 1916.

Geering, Traugott, Die Handelspolitik der Schweiz am Ausgang des XIX. Jahrhunderts, Berlin 1902.

Genève, Bulletin de la Classe d'agriculture de la société des arts de Genève 1822ff.

de Gingins, Charles, Bericht an den hohen Bundesrat über die landw. Ausstellung in Chelmsford 1856 und die englische Landwirtschaft; aus dem Französischen übersetzt von R. von Erlach, Bern 1859.

Gläsel, Ernst, Die Entwicklung der Preise landw. Produkte und Produktionsmittel während der letzten 50 Jahre und deren Einfluß auf Bodennutzung und Viehhaltung im deutschen Reiche, in: Landwirtschaftliche Jahrbücher, Berlin 1917.

Grandchamps, Gustave, Statistiques et évaluations des dommages causés par les épizooties en Suisse de 1886 à 1946, Diss. Lausanne 1948.

Graubünden, Bericht der Kommission zur Begutachtung allfälliger Ersatzmittel für den bisherigen Zinsertrag der Bergamaskerschafe an die Regierung, Chur 1882.

– Berichte und Anträge der vom Kleinen Rate bestellten landw. Spezialkommission an den Kleinen Rat und die Standeskommission, Chur 1883.

– 50 Jahre Landwirtschaftliche Schule Plantahof 1896–1946, 1946.

– 100 Jahre Bündner Bauernverband, Chur 1950.

Greulich, Herman, Die Notlage der Landwirtschaft und die Mittel zur Besserung, Zürich 1888.

– Die Notlage der Landwirtschaft, Zürich 1891.

Greuter-Engel, F., Hebung der Geflügelzucht in der Schweiz, Basel 1887.

Gruner, Erich, Die Arbeiter in der Schweiz im 19. Jahrhundert, Bern 1968.

Gruner, Erich, und **Frei,** Karl, Die schweizerische Bundesversammlung 1848–1920, 2 Bände, Bern 1966.

Guide pratique du vigneron valaisan, Sion 1893.

Gut, J.J., Das Mostbüchlein, 1. Aufl. Bern 1864; 8. Aufl.: Obstweinbereitung und Verwertung der Obsttrester, bearb. von G. Stalder, Meggen, Bern 1910.

Gutzwiller, Karl, Landwirtschaftliche Entwicklung und Wanderbewegung im Kt. Baselland im 19. Jahrhundert, Diss. 1911.

– Die Milchverarbeitung in der Schweiz und der Handel mit Milcherzeugnissen, Schaffhausen 1923.

Gygax, Eduard, Selbsthilfe und Staatshilfe in der schweizerischen Landwirtschaft, Diss. Bern 1934.

Hafter, Adam, Die Landwirtschaft nach neuern Gesichtspunkten, Zürich 1873.

– Landwirtschaftliche Wandervorträge in 5 Cyklen, Zürich 1878.

Hauser, Paul, Geschichte der Hagelversicherung in der Schweiz, Zürich 1925.

Held, Franz, Die ländliche Bodenverschuldung unter dem Einfluß der Kriegskonjunktur, mit spezieller Berücksichtigung der Verhältnisse im Kt. Zug, Diss. Zürich 1920.

Held, L., Die schweizerische Landestopographie unter der Leitung von Oberst Hermann Siegfried, in: Jahrbuch des Schweizer Alpenclubs 15, 1879/80.

Herkner, Heinrich, Studien zur schweizerischen Agrarbewegung, in: Schmollers Jahrbuch XXVII, 1903.

Heß, E., Über Viehversicherung, in: Landw. Jahrbuch der Schweiz 7, 1893.

Eidgenössische Technische Hochschule 1855–1955, Zürich 1955.

Hofer, Hermann, Der Zusammenschluß in der schweiz. Milchwirtschaft, Weinfelden 1923.

Hofstetter, Alois, Das Genossenschaftswesen, Luzern 1881.

– Hauptmomente aus der 50jährigen Geschichte des Bauernvereins des Kantons Luzern, in: Der Landwirt, Nr. vom 1. Oktober 1909.

Howald, Oskar, Einführung in die Agrarpolitik, Bern 1946.

Hunziker, W., Der Obstbau in der Nordostschweiz, Frauenfeld 1936.

Iff, W., Der Einfluß des Zolltarifs von 1902 und der Handelsverträge von 1904/06 auf die Gestaltung der wirtschaftlichen Verhältnisse der Schweiz bis zum Ausbruch des Weltkrieges, Aarau 1923.

Imobersteg, Ernst, Über Verschuldung, Kreditformen und Kreditzwecke in den Alpwirtschaft und Viehzucht treibenden Gegenden, untersucht am Simmental, Diss. Bern 1919.

Jacky, Ed., L'élevage du cheval dans le canton de Vaud, Lausanne 1934.

– L'agriculture dans le canton de Genève. Etude historique, Genève 1938.

– 50ᵉ anniversaire de la société cantonale neuchâteloise d'agriculture et de viticulture 1888–1938, Neuchâtel 1938.

– L'élevage du bétail bovin et du cheval dans le canton de Fribourg, Fribourg 1939.

– L'élevage de l'espèce bovine dans le canton de Neuchâtel, Neuchâtel 1939.

– L'élevage du bétail bovin dans le canton de Vaud, Lausanne 1941.

– L'élevage des espèces bovine, chevaline et mulassière en Valais, Sion 1944.

Jacobs, A., und **Richter,** H., Die Großhandelspreise in Deutschland von 1792 bis 1934, Berlin 1935.

Jecker, Kramer, Theiler, Der schweizerische Bienenvater, 1. Aufl. Aarau 1889.

Jenny, O.H., Milchversorgung schweizerischer Städte, Frühjahr 1913, in: Zeitschrift für schweiz. Statistik 50, 1914.

Jöhr, Adolf, Die Volkswirtschaft der Schweiz im Kriegsfall, Zürich 1912.

Julmy, N., Die Ziegenrassen der Schweiz, Bern 1900.

Kaiser, Simon, und von **Steiger,** Die Ursachen der gegenwärtigen landw. Krisis im allgemeinen und die Ursachen der Kreditnot im besondern, Aarau 1883.

Käppeli, Josef, Das Fleckvieh der Schweiz, 1. Aufl. Bern 1912, 2. Aufl.: Das Simmentalervieh der Schweiz, Bern 1913.

Karg, Friedrich, Über den Einfluß der Schweiz auf die Entwicklung der süddeutschen Landwirtschaft, Diss. München 1954.

Kaufmann, Beat, Die Entwicklung des Wallis vom Agrar- zum Industriestaat, Zürich, 1965.

Keller, Konrad, Die Bauernsklaverei der Neuzeit oder Die Bauern im Kampfe mit den Federhelden, Zürich 1889.

Kelly, F. Das Civilveterinärwesen der Schweiz, St. Gallen 1911.

Kettiger, Joh., Landwirtschaftliche Zustände in Basel-Land, Liestal 1857.

Kiener, Albert, Die staatlichen Maßnahmen zur Förderung der Pferdezucht, in: Handbuch der Pferdezucht und -pflege, hrsg. von Thomas Camenzind, Bern 1945.

Knechtli, Ernst, Die Hypothekarverschuldung im Kanton App. A.-Rh., Diss. Zürich 1941.

König, Richard, Die Hypothekarverschuldung im Kanton Bern, Diss. Bern 1918.

Kohler, Joh. Michael, Aufzählung und Beschreibung der wichtigsten Kernobstsorten des Kantons Zürich, Zürich 1864.
– Der Weinstock und der Wein, Aarau 1869.
– Der Weinbau und die Weinbehandlung, Aarau 1878.
– Weinerträge am rechten unteren Ufer des Zürichsees von 1731–1866, in: Schweiz. landw. Zeitschrift 7, 1879.
– Analyse chimique des vins du Valais, Sion 1883.
Koller, Franz, Die appenzellische Land-, Milch- und Alpwirtschaft im Wandel der Zeiten, Appenzell 1964.
Kopp, Joh. Jakob, Anleitung zur Drainage, Frauenfeld 1865.
Kummer, J. J., Die staatlichen Viehversicherungskassen in der Schweiz, in: Zeitschrift für schweiz. Statistik 27, 1891.
Kupper, Walter, Die Zollpolitik der schweiz. Landwirtschaft seit 1848, Diss. Bern 1929.
Kraemer, Adolf, Beiträge zur Wirtschaftslehre des Landbaus, Aarau 1881.
– Vergleichende Darstellung der Maßregeln und Einrichtungen zur Förderung der Landwirtschaft in verschiedenen Ländern Europas und ihre Nutzanwendung auf schweiz. Verhältnisse, Zürich 1882.
– Das schönste Rind, Zürich 1883.
– Die Entwicklung der Landwirtschaft in den letzten 100 Jahren, Basel 1884.
– Die staatlichen Maßregeln zur Förderung der Rindviehzucht in der Schweiz, Berlin 1892.
– Die landw. Schule des eidg. Polytechnikums in Zürich. Festschrift zur Feier ihres 25jährigen Bestehens am Schlusse des Schuljahres 1895/96, Zürich 1896.
– Die Landwirtschaft im schweiz. Flachlande, Frauenfeld 1897.
– Die Landwirtschaft im neunzehnten Jahrhundert. Mit bes. Berücksichtigung schweiz. Verhältnisse, Frauenfeld 1902.
– Stand und Ziele der schweiz. Landwirtschaft, Frauenfeld 1904.
Krzymowski, Richard, Geschichte der deutschen Landwirtschaft (bis zum Ausbruch des 2. Weltkrieges 1939), 2. Aufl. Stuttgart 1951.
Landmann, Julius, Die Agrarpolitik des schweizerischen Industriestaates. Kieler Vorträge Nr. 26, Jena 1928.
Landolt, Elias, Bericht an den hohen Bundesrat über die Untersuchung der Hochgebirgswaldungen.
– – in den Kantonen Tessin, Graubünden, St. Gallen und Appenzell, vorgenommen im Aug. und Sept. 1858, Zürich 1860.
– – in den Kantonen Glarus, Zug, Schwyz, Uri, Unterwalden, Luzern und Bern, vorgenommen im Aug., Sept. und Okt. 1859, Bern 1860.
– – vorgenommen in den Jahren 1858, 1859 und 1860, Bern 1862.
– Wiener Weltausstellung 1873. Bericht über Gruppe II Landwirtschaft, Forstwirtschaft, Wein- und Obstbau und Gartenbau, Schaffhausen 1874.
Landolt, Ernst, Untersuchungen über die Bewegung der Bodenpreise in Gemeinden des zürcherischen Weinlandes während der Jahre 1870–1920, Diss. Zürich 1921.
Lang, Theodor, Entwicklung des Verbandes landw. Genossenschaften der Zentralschweiz, Sempach 1925.
von Langsdorff, Karl, Ländliche Credit- und Consumvereine, 2. Aufl. Neuwied 1871.
Lanz-Stauffer, H., Rommel, Curt, Elementarschäden und Versicherung, I. Band, Bern 1936.
Laur, Ernst, Landwirtschaftliche Betriebslehre, 3. Aufl. Aarau 1912.
– Der Schweizerbauer, seine Heimat und sein Werk, Brugg 1939.
– Erinnerungen eines schweizerischen Bauernführers, Bern 1942.
Lehmann, Sylvia, Grundzüge der schweiz. Auswanderungspolitik, Diss. Bern 1949.

Leist, Hans, Die Entwicklung und der gegenwärtige Stand der Viehversicherung in der Schweiz, in: Landw. Jahrbuch der Schweiz 49, 1935.

Leuenberger, J., Der Tabakbau in der Schweiz, Bern 1880.

Lorenz, Jakob, Der Einfluß des Zolltarifes auf die Lebenshaltung. Kritische Bemerkungen zur Methode Dr. Laur's in Nr. 35 der Mitteilungen des Schweiz. Bauernsekretariates, Basel 1913.

Lüscher, G., Geschichte der Schweiz. ornithologischen Gesellschaft. Verfaßt zur Feier des 50jährigen Jubiläums 1875–1925, Zofingen 1925.

Luzern, Der Landwirt (Organ des Bauernvereins des Kantons Luzern) 1865–1867, 1870 ff.

– Statistik der Hypothekarverschuldung im Kanton Luzern mit besonderer Berücksichtigung der Landwirtschaft, hrsg. vom Dep. der Staatswirtschaft, Luzern 1916 (Stand am 1. 1. 1914).

– Bauernverein des Kantons Luzern, Festschrift anläßlich des 75jährigen Bestehens 1859–1934, Luzern 1935.

– 75 Jahre Kantonale landwirtschaftliche Schule Sursee, 1960.

Markwalder, H., Das Rebgut der Stadt Bern in Neuenstadt am Bielersee, Bern 1946.

Markwalder, R., Die Zukunft des Flachs- und Hanfbaues in der Schweiz, Aarau 1867.

Martinet, Gustave, La situation de l'industrie laitière en Suisse, Lausanne 1889.

– Situation de l'agriculture et de la viticulture, Lausanne 1901.

Mathys, Ernst, Hundert Jahre Schweizerbahnen. Historisch und technisch dargestellt, 1841–1941, 2. Aufl. Bern 1943.

Meisterhans, Emil, Die Raiffeisenschen Kreditgenossenschaften in der Schweiz, Diss. Zürich 1923.

Merz, Friedrich, Das Entlebuch und seine Viehzucht, Alpen- und Milchwirtschaft, Zürich 1887.

– Bestrebungen zur Hebung der Land-, Alp- und Forstwirtschaft im Kanton Tessin, in: Landwirtschaftliches Jahrbuch der Schweiz 19, 1905.

Hundert Jahre Meteorologie in der Schweiz, 1864–1963, Zürich 1964.

Michelet, Cyrille, 50 Jahre Walliser Milchproduzentenverband, 1969.

Sammlung milchwirtschaftlicher Vorträge, gehalten an den Käserkursen in Zollikofen und auf der Rütti (1884), Bern 1885.

Milliet, Ed. Wilh., und Frey, Alfred, Gutachten betr. den mutmaßlichen Ertrag eines eidg. Tabakmonopols, März 1895.

Moos, Hans, Zur Feier des 50jährigen Bestandes des Bauernvereins des Kantons Luzern, in: Der Landwirt, Nr. vom 1. Oktober 1909.

Morgenthaler, J., Die Feinde der Kartoffel und ihre Bekämpfung, Aarau 1892.

– Der echte Mehltau Oidium Tuckeri Berk, Aarau 1899.

Les moulins coopératifs agricoles, notice historique, Lausanne 1922.

Müller, Hans, Die schweizerischen Konsumgenossenschaften, ihre Entwicklung und ihre Resultate, Basel 1896.

Müller, Franz, Punktier- und Meßtabellen nebst kurzer Anleitung zum Messen und Punktieren des Schweizer Braun- und Grauviehes, Zürich 1884.

– Die Tuberkulose des Rindviehs und die Viehversicherung, Bern 1892.

– Über Viehseuchenpolizei, in: Landwirtschaftliches Jahrbuch der Schweiz 8, 1894.

Nachtweh, A., Entwicklungsgeschichte der Verbreitung der Mähmaschine in der Schweiz, in: Landwirtschaftliches Centralblatt 1899.

Naef, Eduard, Tabakmonopol und Biersteuer, Zürich 1903.

Neuchâtel. Almanach agricole, publié par la Soc. cantonale neuchâteloise d'agriculture et de viticulture 1863 ff.

– 75ᵉ Anniversaire de l'école cantonale d'agriculture de Cernier, 1885–1960, 1960.

Neuenschwander, Albert, Trois-Quarts de siècle au service de la formation professionnelle, in: Annales agricoles vaudoises publiées sous les auspices du Dép. de l'agriculture, de l'industrie et du commerce à l'occasion du 75ᵉ anniversaire de l'école cantonale de fromagerie de Moudon 1889–1964, Lausanne 1964.

Noilhan, Henri, Histoire de l'agriculture à l'ère industrielle. Collection fondée par Emile Savoy, Tome V, Paris 1965.

Verband landw. Genossenschaften der Nordwestschweiz. Festschrift zum fünfzigjährigen Bestehen. 1905–1955, 1955.

Notz, Emil, Die säkulare Entwicklung der Kaufkraft des Geldes. Für Basel in den Perioden 1800–1833 und 1892–1923 nebst internationalen Vergleichen dargestellt, Jena 1925.

Nowacki, Anton, Der praktische Kleegrasbau, Frauenfeld 1883.

– Die Streunot und die Mittel zu ihrer Abhülfe, Aarau 1887.

– Anleitung zum Getreidebau, 1. Aufl. Berlin 1886; 3. Aufl. Berlin 1899.

Verband ostschweizerischer landw. Genossenschaften. Festschrift zur Feier seines 25jährigen Bestandes, 1886–1911, Brugg 1911.

– Festschrift zum 50jährigen Bestehen, 1886–1936, verfaßt von Ernst Durtschi, Winterthur 1937.

Pauli, Walter, Der Einfluß wechselnder Preise für Getreide, Kartoffeln, Milch und Fleisch auf die Wahl der Wirtschaftssysteme in der Landwirtschaft des schweizerischen Flachlandes, Bern 1922.

– Ein Beitrag zur Konjunkturbeurteilung und Standortorientierung in der Viehwirtschaft. Ergebnisse der Viehzählung im Kanton Bern vom 21. April 1931. Mitteilungen des Statistischen Büros des Kts. Bern, Neue Folge, Nr. 9, Bern 1931.

Paravicini, Eugen, Erstrebtes und Erreichtes auf dem Gebiete des landw. Versicherungswesens der Schweiz, Basel 1927.

Pettermand, K., Der Allgemeine Consumverein in Basel, Basel 1920.

Pfau-Schellenberg, Gustav, Pomologische Terminologie, Frauenfeld 1873.

Pomologie romande illustré, bearbeitet von der Commission pomologique, hrsg. von der Fédération des sociétés d'horticulture de la Suisse romande, 1916.

Primault, B., La qualité du vin et la météorologie. Arbeitsberichte der Schweiz. meteorologischen Zentralanstalt Zürich Nr. 11, 1971.

Ramseyer, Rudolf, Das altbernische Küherwesen, Bern 1961.

Rassekh, Azizollah, Les institutions coopératives agricoles du canton de Genève, Diss. Genève 1956

Regel, E., Der Obstbau des Kantons Zürich. Eine Aufzählung und Beschreibung der auf dem landw. Fest zu Stäfa im Herbst 1854 ausgestellten Apfelsorten nebst Anleitung zur Kultur der hochstämmigen Obstbäume, 1855.

Rehsteiner, Daniel, Die staatlichen Maßnahmen zur Förderung der Rindviehzucht in der Schweiz, Zürich 1910.

Reichenau, W., Die Bepflanzung der Straßen mit Obstbäumen, Bern 1887.

Handwörterbuch der Schweizerischen Volkswirtschaft, Sozialpolitik und Verwaltung, hrsg. von Naum **Reichesberg,** 3 Bände, Bern 1903–1911.

Reichesberg, Naum, Betrachtungen über die schweizerische Handelspolitik in Vergangenheit und Zukunft, Bern 1918.

Rittmeyer, Hans, Die Geschichte des schweizerischen Zugpferdes mit besonderer Berücksichtigung des Stammesaufbaues des Burgdorferschlages, Bern 1926.

Rödiger, Fritz, Denkschrift über Drainierung im Allgemeinen, insbesondere über die Trockenlegung des dem Kanton Schaffhausen zugehörigen Hofes Griesbach, Schaffhausen 1855.

Roussy, John, La section d'industrie et d'agriculture de l'Institut national genevois. Notice historique présentée à la séance commémorative du 75ᵉ anniversaire le 30. novembre 1929, 1930.

Rossel, A., Kurze Anleitung zur Düngerfabrikation im Kleinen. Dem praktischen Landwirt gewidmet, 3. Aufl. Bern 1888, 4. Aufl. Bern 1894: Kurze Anleitung zur Behandlung der Phosphorsäure-, der Kali- und Stickstoffsubstanzen als Pflanzen-Nahrungsmittel.

Rybark, Joseph, Die Steigerung der Produktivität der deutschen Landwirtschaft im neunzehnten Jahrhundert, Berlin 1905.

St. Gallen. Das Fünfziger Jubiläum der Landwirtschaftlichen Gesellschaft des Kantons St. Gallen, St. Gallen 1869.

– Obstbau-Statistik des Kantons St. Gallen vom Jahr 1886, St. Gallen 1887.

– Statistik des Kantons St. Gallen:

X. Heft: Zuppinger, C., Der Konsum und die Preise des Fleisches im Kt. St. Gallen im Jahre 1896, 1898.

XVIII. Heft: Landwirtschaftliche Statistik, 1902.

XXI. Heft: Gsell, W., Die Entwicklung der st.gallischen Rindviehzucht seit dem Jahre 1895, 1904.

XXVI. Heft: Groß, Paul, Statistik der Güterschlächterei im Kt. St. Gallen nach Erhebungen vom Frühjahr 1909, 1909.

XXXI. Heft: Gsell, W., Die st.gallische Landwirtschaft in den Jahren 1888–1912, 1913.

– Die Landwirtschaft im Kanton St. Gallen, St. Gallen 1907.

Sackmann, Werner, Die Bedeutung der chronischen Tierseuchen für die Milchwirtschaft, Diss. Zürich 1953.

Schaffhausen. Bericht über die landwirtschaftliche Ausstellung von Vieh, Produkten, landwirtschaftlichen Maschinen und Geräten am 5., 6. und 7. Oktober 1867 in Schaffhausen, Schaffhausen 1868.

– Bericht über die Käsereien des Kantons Schaffhausen 1876, Schaffhausen 1877.

– Agrarstatistik des Kantons Schaffhausen für das Jahr 1884, Schaffhausen 1886.

– Obstbau-Statistik des Kantons Schaffhausen vom Jahr 1886, Schaffhausen 1887.

– 100 Jahre Landwirtschaftlicher Verein Schaffhausen, in: Schaffhauser Bauer vom 22. September 1950.

Schatzmann, Rudolf, ausgewählte größere Schriften:

– Die Butterfabrikation, 1868.

– Die Weide- und Milchwirtschaften von Schweden, Dänemark, Holstein und Holland, Aarau 1870.

– Die landwirtschaftlichen Fortbildungsschulen, Bern 1868, 4. Aufl. 1871: Über Organisation und Führung landwirtschaftlicher Fortbildungsschulen, Chur 1871.

– Über Zubereitung und Verwendung des Labs bei der Käsefabrikation, Aarau 1871.

– Anleitung zum Betrieb der Alpwirtschaft, Aarau 1876.

– Zwanzig Jahre schweizerische Alpwirtschaft, Aarau 1880.

– Die Käsefabrikation in der Schweiz, 1881.

– Erfahrungen über Einmachen von Grünfutter 1883, 1884.

– Anleitung zum Betrieb der Sennerei, 1. Aufl. Aarau 1872, 4. Aufl.: Käsereibüchlein, Aarau 1885.

Schatzmann, Rudolf, **Lindt,** O., und **Müller,** Z., Generalbericht über die erste schweizerische Milchproduktenausstellung in Bern vom 1.–11. September 1867, Aarau 1868.

Schild, Josef, Die Zunahme der Land- und Abnahme der Alpen-Wirtschaft der Schweiz, Zürich 1852.

– Der Mist in den Alpen und Hochgebirgstälern der Schweiz, Bern 1866.

Schmid, Ambrosius, Die Wirtschaftspolitischen Maßnahmen zur Förderung der Landwirtschaft in der Schweiz, insbesondere die Subventionen des Bundes, Bern 1916.

– Die Züchtung und Haltung der Ziege, Bern 1946.

Schmid, Peter Heinrich, Die schweizerische Industrie im internationalen Konkurrenzkampf, Zürich 1912.

Schneebeli, Heinrich, Die Konkursstatistik als Mittel zur Erkennung der Ursachen des Notstandes in der Landwirtschaft, Diss. Bern 1897.

Schneider, Fr., Der Obstbau im Kanton Bern, Bearbeitet auf Grund der Erhebung über Hofstätten und Obstbaumanlagen vom Jahre 1902, nebst Bericht über die Prämiierung derselben, Bern 1903.

Schoffer, H., Die landwirtschaftliche Kreditkrisis unserer Tage, 2. Aufl. Zürich 1867.

Schollenberger, J., Grundriß des Staats- und Verwaltungsrechts der schweizerischen Kantone, II. Band, Zürich 1898.

Schramm, Carl, Der Notstand der Landwirtschaft, seine Ursache und ein Mittel zur Abhülfe, Aarau 1881.

Schweiz.

Publikationen privater Organisationen:

Schweizerisches landwirtschaftliches Centralblatt (Organ der Gesellschaft schweizerischer Landwirte), 1882–1903 (letzter Jahrg.).

Mitteilungen der Gesellschaft schweizerischer Landwirte, 1882 ff.

Schweizerische Alpenwirtschaft, 7 Jahreshefte, von 1859–1866, hrsg. von Rudolf Schatzmann.

Alpwirtschaftliche Monatsblätter (Organ des Schweizerischen alpwirtschaftlichen Vereins), 1867–1886, 1891 ff. (von 1887–1890 als Alpen- und Jura-Chronik erschienen).

Schweizerische Alpstatistik (Enqueten des Schweiz. alpwirtschaftlichen Vereins in den Jahren 1891–1911), Schlußband 1914.

Berichte über schweizerische allgemeine landw. Ausstellungen:

Generalbericht über die Schweiz. landw. Ausstellung zu Weinfelden vom 5.–14. Oktober 1873, Frauenfeld 1874.

Rapport général de l'exposition agricole suisse à Fribourg du 17 au 24 septembre 1877, Lausanne 1878.

Generalbericht der Schweiz. landw. Ausstellung in Luzern vom 2.–11. Oktober 1881, Luzern 1882.

Schweiz. Landesausstellung Zürich 1883, Bericht über Gruppe 26: Landwirtschaft, I.–III. Band, Zürich 1884.

Ve Exposition suisse d'agriculture Neuchâtel 1887, Rapport général, Neuchâtel 1888.

Die Schweiz. Ausstellung für Land- und Forstwirtschaft und Fischerei (VI. Schweiz. landw. Ausstellung) in Bern, September 1895, Generalbericht, Bern 1896.

VII. Schweiz. Ausstellung für Landwirtschaft, Forstwirtschaft und Gartenbau vom 18.–27. September 1903 in Frauenfeld, Generalbericht, Frauenfeld 1904.

VIIIe Exposition suisse d'agriculture, viticulture, sylviculture, horticulture à Lausanne du 10 au 19 septembre 1910. Rapport général, Lausanne 1911.

Schweizerische Blätter für Ornithologie 1877 ff. (Organ der Schweizerischen ornithologischen Gesellschaft 1893–1902).

Publikationen des Schweizerischen Bauernsekretariates:

Mitteilungen des Schweiz. Bauernsekretariates Nr. 1 ff.

Untersuchungen betreffend die Rentabilität der Schweiz. Landwirtschaft, in: Landwirtschaftliches Jahrbuch 15 ff. (1901 ff.).

Enquete zur Vorbereitung der künftigen Handelsverträge. Erster, allgemeiner Teil, Brugg 1900.

Enquete zur Vorbereitung der Handelsverträge von 1908. Zweiter Teil: Die Wirkungen der Handelsverträge und des Gebrauchstarifes vom Jahr 1906. Zweite Unterabteilung: Der Einfluß des Zolltarifes und der Handelsverträge auf die schweiz. Landwirtschaft, Brugg 1914.

Allgemeine Schweizer Bauernzeitung 1854–1857; Schweizer Bauernzeitung (Organ des Vereins schweiz. Landwirte), 1858–1863.

75 Jahre Schweizerischer Fleckviehzuchtverband 1890–1965, Bern 1965.

Verhandlungen der Schweizerischen gemeinnützigen Gesellschaft, 1851–1860.

Zeitschrift für Gemeinnützigkeit (Organ der Schweiz. gemeinnützigen Gesellschaft) 1861 ff.

Berichte über Handel und Industrie, erstattet vom Vorort des Schweiz. Handels- und Industrievereins (darin die Abschnitte Getreidehandel und Mühlenindustrie, Viehzucht und Viehhandel, Käsehandel), 1878 ff.
Bericht über die Schweiz. Kleinviehausstellung vom 23.–27. September 1885 in Solothurn, Aarau 1886.
Landwirtschaftliches Wochenblatt (Organ des Schweiz. landw. Zentralvereins) 1860–1863.
Landwirtschaftliche Zeitung 1864–1872 und Schweiz. landw. Zeitschrift (Grüne) 1873 ff. (Organe des Schweiz. landw. Vereins).
Schweizerische Milchzeitung 1875 ff. (Organ des Schweiz. milchwirtschaftlichen Vereins 1886–1893 und 1897 ff.).
Schweizerische Molkereizeitung (Organ des Schweiz. Milchwirtschaftlichen Vereins) 1893–1897.
50 Jahre schweizerische Milchwirtschaft. Festschrift hrsg. vom Schweiz. milchwirtschaftlichen Verein, 1887–1937, 1937.
Monatsschrift für Obst- und Weinbau 1865–1891 und Schweiz. Zeitschrift für Obst- und Weinbau 1892 ff. (Organe des Schweiz. Obst- und Weinbauvereins).
Beschreibung schweizerischer Obstsorten, hrsg. vom Schweiz. Obst- und Weinbauvereins, bearbeitet von der Kommission für Obstbeschreibung. Erstes Heft, Frauenfeld 1870; Zweites Heft, bearbeitet von G. Pfau-Schellenberg unter Mitwirkung der Schweiz. pomologischen Kommission und anderer Obstbaufreunde, Frauenfeld 1876.
25 Jahre Schweizerischer Obstverband 1911–1936, Zug 1936.
Die Tierwelt 1891 ff. (Organ des Schweiz. Geflügelzuchtvereins 1893–1898 und der Schweiz. ornithologischen Gesellschaft 1903 ff.).
Gesetzessammlungen, amtliches Quellenmaterial:
Eidg. Gesetzessammlung. Amtliche Sammlung der Bundesgesetze und Verordnungen, 1849 ff.
Bundesblatt der Schweiz. Eidgenossenschaft, 1849 ff.
Repertorium über die Verhandlungen der Bundesversammlung der schweiz. Eidgenossenschaft, Bd. I, 1848–1874, Freiburg 1942.
Bericht des Bundesrates an die Bundesversammlung über seine Geschäftsführung, 1849 ff.
Eidg. Staatsrechnungen, 1849 ff.
Kantonale Gesetzessammlungen.
Verwaltungsberichte der Kantonsregierungen.
Statistik
Veröffentlichungen des Eidg. statistischen Amtes:
Volkszählungen 1860, 1870, 1880, 1888, 1900, 1910.
Beiträge zur Statistik der Schweiz. Eidgenossenschaft, III. Teil, Statistische Übersichten über den Boden der Schweiz, Bern 1855.
Alpstatistik 1864.
Anbaustatistik 1917.
Arealstatistik 1912.
Betriebszählungen 1905, 1929.
Viehzählungen 1866, 1876, 1886, 1896, 1901, 1906, 1911, 1918 (Geflügelzählung).
Handel Frankreichs mit der Schweiz 1862–1874, Zürich 1876.
Handel der Schweiz mit Italien 1860–1878, Bern 1864, 1875, 1880.
Statistisches Jahrbuch der Schweiz 1891 ff.
Veröffentlichungen der Eidg. Oberzolldirektion:
Übersichtstabelle der Ein-, Aus- und Durchfuhr 1850–1884.
Jahresstatistik des auswärtigen Handels der Schweiz 1885 ff.
Schweizerische Handelsstatistik, Jahresberichte 1890 ff.

Andere Veröffentlichungen von Amtsstellen:

Die Phylloxera (Reblaus), ihr Wesen, ihre Erkennung und Bekämpfung. Vier Vorträge, gehalten an der vom Schweiz. Handels- und Landw. Dep. angeordneten Konferenz von Phylloxeraexperten (Schoch, Moritz, Mühlberg, Kraemer) in Zürich am 9. und 10. April 1880, Aarau 1880.

Schweizerisches Handels- und Landw.-Dep., Auszug aus den Eingaben von Behörden und landwirtschaftlichen Vereinen betr. die landwirtschaftliche Enquete 1883, Bern 1883.

Schweizerisches Landw. Dep., Die Maßnahmen des Bundes zur Förderung der Landwirtschaft 1851–1912, Bern 1914.

Abteilung für Landwirtschaft des eidg. Volkswirtschaftsdepartements, Die Maßnahmen des Bundes zur Förderung der Landwirtschaft 1913–1924, Bern 1925.

Schweizerische Samenkontrollstation in Zürich: 5.–20. Techn. Jahresbericht von 1881/82 bis 1896/97 und Schweizerische agrikulturchemische Untersuchungsstation in Zürich: Verzeichnis und Preislisten derjenigen Firmen, welche ihre Waren der Kontrolle unterstellt haben, in: Schweiz. landw. Zeitschrift 1878–1899.

Die privaten Versicherungsunternehmungen in der Schweiz, Bericht des Eidg. Versicherungsamtes, 1886 ff.

Landwirtschaftliches Jahrbuch der Schweiz 1887 ff., hrsg. vom Eidg. Volkswirtschaftsdepartement.

Die schweizerische Zuckerwirtschaft. Veröffentlichung Nr. 8 der Preisbildungskommission des Eidg. Volkswirtschaftsdepartements, Bern 1932.

Das Bodenverbesserungswesen in der Schweiz. Unter Benützung der kantonalen Berichte zusammengestellt vom Schweiz. Landwirtschaftsdepartement, Bern 1914.

Bericht zur Kollektivausstellung der kantonalen Landwirtschaftsdirektoren an der schweiz. Landesausstellung Bern 1914, Brugg 1914.

Bericht zur Kollektivausstellung der kantonalen Landwirtschaftsdirektionen an der IX. schweiz. Ausstellung für Landwirtschaft, Forstwirtschaft und Gartenbau Bern 1925, Brugg 1925.

Protokoll der Konferenz kantonaler Delegierter betr. Erhebungen über die Bodenverschuldung ... am 20. und 21. April 1892, Bern 1892.

Schweizerische Landwirtschaft und Schweizer Bauerntum, Zürich 1963.

Schwyzer-Reber, F., Die Obstsorten im Thurgau im Jahre 1903, in: Heft XVI der Mitteilungen der Thurg. naturforschenden Gesellschaft, Frauenfeld 1903.

Siegenthaler, Jürg, Zum Lebensstandard schweizerischer Arbeiter im 19. Jahrhundert, in: Schweizerische Zeitschrift für Volkswirtschaft und Statistik 101, 1965.

Simmler, Rud. Theodor, Über die Notwendigkeit landwirtschaftlich-chemischer Laboratorien und Versuchsstationen in der Schweiz, Bern 1864.

– Versuch einer Ernährungsbilanz der schweiz. Bevölkerung (auf den Stand des Jahres 1870), in: Zeitschrift für schweiz. Statistik 9–11, 1873–1875.

Solothurn. Landwirtschaftliches Volksblatt 1861–1863 und 1873–1884 (Organ des Landw. Vereins des Kantons Solothurn). Von 1864–1872 wurde die Zeitschrift zugunsten des Organs des Schweiz. landw. Vereins, der Landw. Zeitung, aufgegeben.

– 100 Jahre Landwirtschaftlicher Kantonalverein Solothurn 1845–1945, Solothurn 1945.

Sooder, Melchior, Bienen und Bienenkultur in der Schweiz, Basel 1952.

Stadelmann, Alfred, Bie Beziehungen der schweizerischen Konsumgenossenschaften zur einheimischen Landwirtschaft, Diss. Basel 1940.

Stalder, O., Der Bauernverein des Kanton Luzern in seinem Wirken innert dem zwanzigjährigen Bestande von 1859 bis 1879, Luzern 1879.

Statistisches Handbuch des schweizerischen Geld- und Kapitalmarktes. Mitteilungen der Volkswirtschaftlichen und statistischen Abteilung der Schweizerischen Nationalbank, 26. Heft, Zürich 1944.

Stebler, Friedrich Gottlieb, Alp- und Weidewirtschaft, Berlin 1903.

Stebler, Friedrich Gottlieb, und **Schröter,** Carl, Die besten Futterpflanzen I.–III. Teil, Bern 1883–1889.

von Steiger, Kurt, Die schweizerische Zollpolitik von 1900–1930, Diss. Bern 1933.

Steinegger, Hans, Die wirtschaftliche und soziale Stellung des landwirtschaftlichen Arbeiters in der Schweiz, Diss. Bern 1943.

Strebel, M., Le bétail bovin fribourgeois, Fribourg 1889.

Studer, Oscar, die Güterschlächterei und ihre Bekämpfung nach schweizerischem Recht unter Berücksichtigung des deutschen Rechts, Diss. Escholzmatt 1919.

Stüßi, Heinrich, Die Maßnahmen des Bundes zur Hebung der schweizerischen Pferdezucht, Zürich 1884.

Stutz, Josef, und **Volkart,** Albert, Pflanzenkunde und Pflanzenkrankheiten, Frauenfeld 1906.

Suter-Zust, Josef, Statistik der Güterschlächterei im Kanton Luzern in der Periode 1891 bis und mit 1911, Bern 1913.

von Tavel, Rudolf, Die wichtigsten Änderungen in der Lebenshaltung der schweizerischen Hochgebirgsbewohner im Laufe des XIX. Jahrhunderts, Diss. Bern 1891.

Tessin. L'agricoltore ticinese 1869 ff. (Organ landw. Bezirksvereine von 1869–1885 und der Società cantonale di agricoltura von 1886 an).

Teucher, Eugen, Unsere Bundesräte seit 1848 in Bild und Wort, Basel 1944.

Thurgau. Quartalblätter für Mitglieder des Thurg. landw. Vereins 1848–1859, Thurgauer Blätter für Landwirtschaft 1865–1905 und Der ostschweiz. Landwirt 1906 ff. (Organe des Thurg. landw. Vereins; von 1860–1863 wurde die Zeitschrift zugunsten des Organs des Schweiz. landw. Zentralvereins, des Landw. Wochenblattes, und 1864 zugunsten des Organs des Schweiz. landw. Vereins, der Landw. Zeitung, aufgegeben).

– Statistik des thurg. Rebbaues, Frauenfeld 1858.

– Statistik des thurg. Obstbaues, Frauenfeld 1861.

– Thurg. Obstbaustatistik für das Jahr 1884, Frauenfeld 1885.

– Thurg. Agrarstatistik für das Jahr 1890, Frauenfeld 1894.

– Die genossenschaftliche Obstverwertung im Kanton Thurgau, Frauenfeld 1910.

– Obstbau und Obstverwertung im Thurgau, Frauenfeld 1925.

von Tschudi, Friedrich, Landwirtschaftliches Lesebuch für die schweizerische Jugend, Frauenfeld 1863.

von Tschudi, Friedrich, und **Schultheß,** A., Der Obstbaum und seine Pflege, Frauenfeld 1871.

Tschudi, P., und **Zwicky,** M., Der Schweizer Bauer, ein landwirtschaftliches Handbuch für den Bauersmann, Zürich 1857.

Vander Vaeren, J., Les faits principaux de l'histoire de l'agriculture Belge durant un siècle 1830–1930, Bruxelles 1930.

Vaud. Annuaire officiel du canton de Vaud 1867–1886.

– Département de l'agriculture et du commerce, Statistique de 1886.

– Station viticole, Statistique agricole de 1887.

– Institut agricole, Statistique agricole 1888 ff.

– Chronique agricole et viticole du canton de Vaud (Organe de l'Institut agricole) 1888–1908 (letzter Jahrgang).

– Fédération vaudoise des syndicats d'élevage de l'espèce bovine, race tachetée rouge et blanche, Lausanne 1912.

– Cinquantenaire de la Station viticole de Lausanne 1886–1936, Lausanne 1936.

- 75e Anniversaire de l'école cantonale vaudoise d'agriculture. 50e Anniversaire de l'association des anciens élèves, Lausanne 1945.
- Société vaudoise d'agriculture, de viticulture, et Agricola, 90 ans d'activité, 1868–1958, in: La terre vaudoise Nr. 47, novembre 1958.

Verda, Antonio, Les vins du canton du Tessin, Bellinzona 1931.

Le vin de nos vignes, Lausanne 1930.

Vogel-Saluzzi, H., Bericht an den Bundesrat über die landw. Ausstellung in Paris im Jahre 1856, Bern 1857.

Vogt, Gottlieb, Hypothekarverhältnisse im Kanton Solothurn, Diss. Bern 1903.

Volkswirtschaft, Arbeitsrecht und Sozialversicherung der Schweiz, Erster, darstellender Teil, Einsiedeln 1925.

Wachter, Martin, Die Gemeinde Mels. Darstellung ihrer landwirtschaftlichen Zustände, St. Gallen 1864.

Wagner, André, L'importation de bétail de boucherie et de viande en Suisse et la police des épizooties, Diss. Lausanne 1924.

Wallis. Catalogue des pommes et des poires du Valais, Fribourg 1887.
- La société sédunoise d'agriculture et de développement agricole de Sion 1868–1908, Sion 1908.

Wassali, Friedrich, Bericht des Preisgerichtes über die vom Verein schweiz. Landwirte angeordnete Ausstellung landw. Geräte und Maschinen während des Eidg. Schützenfestes in Zürich vom 3.–12. Juli 1859, Aarau 1859.
- Bericht des Preisgerichts über die schweiz. landw. Geräte- und Maschinenausstellung in Solothurn 1864, 1865.
- Der Gemüsebau im freien Land, Frauenfeld 1873.
- Beiträge zur Kenntnis landwirtschaftlicher und allgemeiner volkswirtschaftlicher Zustände der Schweiz und insbesondere Graubündens, Chur 1878.

von Wattenwyl-Elfenau, J., Aufruf zur Bildung von Viehzuchtgenossenschaften im Kanton Bern und Entwurf-Statuten für solche, Bern 1889.

Wegener, Eduard, Die schweizerischen Bodenkreditinstitute 1846–1912, München und Leipzig 1915.

Weibel, J., Der schweizerische Hypothekarkredit, Diss. Winterthur 1954.

Weißenbach, Placid, Das Eisenbahnwesen der Schweiz. Erster Teil: Die Geschichte des Eisenbahnwesens, Zürich 1913.

Welti, Felix, Probleme der schweizerischen Weinwirtschaft, Diss. Zürich 1940.

Westschweiz. Journal d'agriculture suisse (Organ der Fédération des sociétés d'agriculture de la Suisse romande, gegr. 1881) 1879ff.; hervorgegangen aus der Vereinigung der beiden Zeitschriften: Le Cultivateur genevois 1851–1864, umbenannt in le Cultivateur de la Suisse romande 1865–1879 und La ferme suisse 1874–1879.
- Journal de la société d'agriculture de la Suisse romande (Organ dieses Vereins) 1860ff.
- Fédération des sociétés d'agriculture de la Suisse romande, Rapport au Dép. féd. du commerce et de l'agriculture, Genève 1883.
- L'agriculture romande 1881 à 1931. Aperçu publié à l'occasion du jubilé de la fédération des sociétés d'agriculture de la Suisse romande, Lausanne 1931.

Wilckens, Martin, Die Alpwirtschaft der Schweiz, des Algäus und der westösterreichischen Alpenländer, Wien 1874.

Willer, Horst, Technischer Fortschritt und Landwirtschaft, Hamburg und Berlin 1967.

Wirth, Ferdinand, Die Hühnerzucht in ihrer volkswirtschaftlichen Bedeutung, Zug 1893.

Wirth, Max, Die in der Schweiz bestehenden Einrichtungen zur Entschädigung und Versicherung der

418

Viehbesitzer gegenüber von Seuchen und Krankheiten, in: Zeitschrift für schweizerische Statistik 3, 1867.

– Allgemeine Beschreibung und Statistik der Schweiz, I. Band, Zürich 1871.

– Die Krisis in der Landwirtschaft und Mittel zur Abhülfe, Berlin 1881.

Wirth, Paul, Die geographische Verbreitung der schweizerischen Viehwirtschaft, Diss. Bern 1942.

Wirz, Jakob, Die Getreideproduktion und Brotversorgung der Schweiz, Diss. Solothurn 1902; 2. Aufl. Zürich 1917.

Zangger, Rudolf, Bericht über die internationale landw. Ausstellung von 1856 in Paris an den schweiz. Kommissär Vogel-Saluzzi in Cham, 1856.

– Die landw. Ausstellung in London vom 23. Juni–2. Juli 1862, Bericht an das Eidg. Dep. des Innern, Zürich 1863.

Zangger, Rudolf, und **Erzinger,** H., Bericht über die schweiz. Ausstellung von Vieh und Produkten der Landwirtschaft und des Gartenbaus in Zürich am 4.–7. Oktober 1861, 1862.

Zehnder, El. Fr., Anleitung zur Obstbaumzucht, Bern 1857.

– Auswahl der besten und abträglichsten Apfelsorten, Bern 1865.

– Auswahl von Birnsorten, Bern 1866.

Zuckerfabrik. 1912–1937 Denkschrift zum 25jährigen Bestehen der Zuckerfabrik und Raffinerie Aarberg AG, Aarberg 1937.

Der Zuger Bauer, ein Bild von der Entwicklung und dem heutigen Stand der zugerischen Landwirtschaft, hrsg. vom Landw. Verein des Kantons Zug zum Anlaß seines hundertjährigen Bestehens 1851–1951, Baar 1951.

Zürcher-Rusconi, Anton, Die Geflügelzucht als Nebenberuf des Landwirts, St. Gallen 1893.

Zürich. Schweizerische Zeitschrift für Land- und Gartenbau 1843–1845, umbenannt in Schweizerische Zeitschrift für Landwirtschaft 1846–1859 und in Der Zürcher Bauer 1870ff. (Organe des Vereins für Landwirtschaft und Gartenbau des Kantons Zürich). Auf diese eigenen Zeitschriften wurde zugunsten des Organs des Schweiz. landw. Zentralvereins, des Landw. Wochenblattes, verzichtet von 1860–1863 und zugunsten des Organs des Schweiz. landw. Vereins, der Landw. Zeitung, von 1864–1869.

– Statistische Mitteilungen betreffend den Kanton Zürich, hrsg. vom Kantonalen statistischen Bureau 1883ff.

– Bericht des Preisgerichts betr. die Prämiierung von Baumanlagen, mit besonderer Berücksichtigung der Vermehrung der Bäume, der Baumpflege und Sortenwahl, Zürich (Strickhof) 1891.

– Festbericht des Vereins für Landwirtschaft und Gartenbau des Kantons Zürich. Bei Anlaß der Jubiläumsfeier seines 50jährigen Bestandes (1843–1892) herausgegeben, Zürich 1892.

– Festschrift der Vet.-med. Fakultät der Universität Zürich 1820–1920, Zürich 1921.

Register

420

Die schweizerische
Landwirtsch

9783719306076 4

6